LEIS DO DESPORTO

LEIS DO DESPORTO

2.ª EDIÇÃO

Organizada e anotada por:

Nuno Barbosa   *Ricardo Costa*

LEIS DO DESPORTO

AUTORES
NUNO BARBOSA, RICARDO COSTA

EDITOR
EDIÇÕES ALMEDINA, SA
Av. Fernão Magalhães, n.º 584, 5.º Andar
3000-174 Coimbra
Tel.: 239 851 904
Fax: 239 851 901
www.almedina.net
editora@almedina.net

PRÉ-IMPRESSÃO | IMPRESSÃO | ACABAMENTO
G.C. – GRÁFICA DE COIMBRA, LDA.
Palheira – Assafarge
3001-453 Coimbra
producao@graficadecoimbra.pt

Maio, 2010

DEPÓSITO LEGAL
308376/10

Os dados e as opiniões inseridos na presente publicação
são da exclusiva responsabilidade do(s) seu(s) autor(es).

Toda a reprodução desta obra, por fotocópia ou outro qualquer
processo, sem prévia autorização escrita do Editor, é ilícita
e passível de procedimento judicial contra o infractor.

Biblioteca Nacional de Portugal – Catalogação na Publicação

PORTUGAL. Leis, decretos, etc.

Leis do desporto / org. e anot. Nuno
Barbosa, Ricardo Costa. – 2ª ed.
(Legislação anotada)
ISBN 978-972-40-4188-9

I – BARBOSA, Nuno
II – COSTA, Ricardo

CDU   796/799

NOTA À 2.ª EDIÇÃO

O panorama da legislação desportiva modificou-se substancialmente desde a 1.ª edição desta colectânea (início de 2003). O Estado-legislador continuou a sua permanente intervenção no fenómeno desportivo – desde então tivemos duas leis de bases! – e inseriu no direito positivo novos regimes em matérias essenciais: federações desportivas e ligas profissionais, violência, corrupção e dopagem no desporto, administração desportiva estatal, financiamento da actividade desportiva, treinador, seguro desportivo, etc. Por outro lado, algumas das novas "leis" reduziram a dispersão de instrumentos legislativos e simplificaram, por isso, a fonte de disciplina dos objectos de regulação normativa.

Essas modificações e os novos relevos da legislação justificaram, por um lado, um retoque na estrutura que guia o utilizador. Por outro, permitiram que se aprofundasse o nosso desiderato de fornecer o que é eminentemente jusdesportivo, sem deixar de dar conta do que, aqui e ali, é necessário consultar para ter o quadro normativo integral (ou até acrescentar, como é o caso das convenções colectivas no futebol). Nessa medida, esta 2.ª edição deve ser vista em conjunto com a 1.ª edição, uma vez que, assim, teremos a noção da evolução do direito positivo nos últimos anos.

A novidade maior desta edição é a selecção de um conjunto de decisões jurisprudenciais, espraiadas por vários temas de referência. Considerámos que a articulação entre velha e nova legislação implica um conhecimento da jurisprudência superior básica, que serve muito ao bom desempenho dos práticos do Direito do Desporto. Esta é e será uma marca desta compilação.

Mais uma vez, que o que se segue sirva para reflectir e estudar, mais do que para simplesmente consultar, é o nosso desejo.

Os Autores, Maio de 2010

Nuno Barbosa
nuno.barbosa@abreuadvogados.com

Ricardo Costa
rcosta@fd.uc.pt

ÍNDICE GERAL

NOTA À 2.ª EDIÇÃO 5

TÍTULO I
DO QUADRO GERAL DO SISTEMA DESPORTIVO

[1] **Constituição da República Portuguesa** 19
    Artigo 64.º (Saúde) 19
    Artigo 70.º (Juventude) 20
    Artigo 79.º (Cultura física e desporto) 20

[2] **Tratado sobre o Funcionamento da União Europeia** 21
    Artigo 165.º 21

[3] **Lei n.º 5/2007, de 16 de Janeiro** – Lei de bases da actividade física e do desporto.... 23

TÍTULO II
DAS ENTIDADES E SUJEITOS DESPORTIVOS

CAPÍTULO 1
Praticantes

[4] **Lei n.º 28/98, de 26 de Junho** – Regime jurídico do contrato de trabalho do praticante desportivo e do contrato de formação desportiva 44

[5] **Contrato Colectivo de Trabalho dos Jogadores, de 15 de Julho de 1999**, entre a Liga Portuguesa de Futebol Profissional e o Sindicato dos Jogadores Profissionais de Futebol 61

[6] **Lei n.º 8/2003, de 12 de Maio** – Regime específico de reparação dos danos emergentes de acidentes de trabalho dos praticantes desportivos profissionais 99

[7] **Decreto-Lei n.º 300/89, de 4 de Setembro** – Regime contributivo aplicável às entidades empregadoras de profissionais de futebol abrangidos pelo regime de segurança social... 103

CAPÍTULO 2
Dirigentes e Técnicos Desportivos

[8] **Decreto-Lei n.º 267/95, de 18 de Outubro** – Estatuto dos dirigentes desportivos em regime de voluntariado.. 109

[9] **Decreto-Lei n.º 248-A/2008, de 31 de Dezembro** – Regime de acesso e exercício da actividade de treinador de desporto 113

[10] **Contrato Colectivo de Trabalho dos Treinadores, de 9 de Novembro de 1996**, entre a Liga Portuguesa de Futebol Profissional e a Associação Nacional dos Treinadores de Futebol 123

CAPÍTULO 3
Associativismo Desportivo

[11] **Decreto-Lei n.º 248-B/2008, de 31 de Dezembro** – Regime jurídico das federações desportivas e das condições de atribuição do estatuto de utilidade pública desportiva . 147

[12] **Lei n.º 112/99, de 3 de Agosto** – Regime disciplinar das federações desportivas 171

[13] **Decreto-Lei n.º 67/97, de 3 de Abril** – Regime jurídico dos clubes e sociedades desportivas 177

[14] **Lei n.º 103/97, de 13 de Setembro** – Regime fiscal específico das sociedades desportivas 191

[15] **Decreto-Lei n.º 272/97, de 8 de Outubro** – Clubes de praticantes 195

[16] **Decreto-Lei n.º 74/98, de 27 de Março** – Plano Oficial de Contabilidade para as federações desportivas, associações e agrupamentos de clubes 199

[17] **Decreto-Lei n.º 279/97, de 11 de Outubro** – Associações promotoras de desporto ... 203

CAPÍTULO 4
Administração Desportiva Estatal

[18] **Decreto-Lei n.º 169/2007, de 3 de Maio** – Instituto do Desporto de Portugal, I. P..... 211

[19] **Portaria n.º 662-L/2007, de 31 de Maio** – Estatutos do Instituto do Desporto de Portugal, I. P. 217

[20] **Decreto-Lei n.º 315/2007, de 18 de Setembro** – Conselho Nacional do Desporto 225

[21] **Decreto Regulamentar n.º 31/97, de 6 de Setembro** – Comissão de Educação Física e Desporto Militar 233

[22] **Resolução da Assembleia da República n.º 31/2000, de 30 de Março** – Conselho Ibero-Americano do Desporto... 237

TÍTULO III
DO DESENVOLVIMENTO DA ACTIVIDADE DESPORTIVA

CAPÍTULO 1
Formação Desportiva

[23] **Decreto-Lei n.º 407/99, de 15 de Outubro** – Regime jurídico da formação desportiva no quadro da formação profissional 253

CAPÍTULO 2
Alta Competição

[24] **Decreto-Lei n.º 272/2009, de 1 de Outubro** – Medidas específicas de apoio ao desenvolvimento do desporto de alto rendimento 268

[25] **Portaria n.º 205/98, de 28 de Março** – Concessão de bolsas académicas a praticantes de alta competição 289

[26] **Decreto-Lei n.º 393-A/99, de 2 de Outubro** – Regimes especiais de acesso e ingresso no ensino superior 293

CAPÍTULO 3
Prémios e Condecorações

[27] **Decreto-Lei n.º 55/86, de 15 de Março** – Medalha desportiva 301

[28] **Portaria n.º 393/97, de 17 de Junho** – Concessão de prémios em reconhecimento do valor e mérito dos resultados desportivos obtidos pelos cidadãos deficientes em competições internacionais 305

[29] **Portaria n.º 211/98, de 3 de Abril** – Prémios a conceder aos praticantes desportivos das disciplinas das modalidades integradas no programa olímpico 309

CAPÍTULO 4
Seguro Desportivo

[30] **Decreto-Lei n.º 10/2009, de 12 de Janeiro** – Regime jurídico do seguro desportivo obrigatório 315

CAPÍTULO 5
Infra-Estruturas desportivas

[31] **Decreto-Lei n.º 141/2009, de 16 de Junho** – Regime jurídico das instalações desportivas de uso público 327

[32] **Decreto-Lei n.º 153-A/90, de 16 de Maio** – Requisição de infra-estruturas desportivas ... 343

[33] **Decreto Regulamentar n.º 2-A/2005, de 24 de Março** – Utilização das vias públicas para a realização de actividades de carácter desportivo, festivo ou outras que possam afectar o trânsito normal 349

[34] **Decreto-Lei n.º 334/91, de 6 de Setembro** – Gestão do parque desportivo escolar 355

[35] **Portaria n.º 68/89, de 31 de Janeiro** – Regulamento de utilização do parque desportivo escolar 361

CAPÍTULO 6
Ética no Desporto

[36] **Resolução da Assembleia da República n.º 11/87, de 10 de Março** – Convenção Europeia sobre a violência e os excessos dos espectadores por ocasião das manifestações desportivas e nomeadamente de jogos de futebol... 371

[37] **Lei n.º 39/2009, de 30 de Julho** – Regime jurídico do combate à violência, ao racismo, à xenofobia e à intolerância nos espectáculos desportivos... 381

[38] **Decreto n.º 2/94, de 20 de Janeiro** – Convenção contra o *Doping*... 405

[39] **Decreto n.º 4-A/2007, de 20 de Março** – Convenção Internacional contra a Dopagem no Desporto... 419

[40] **Lei n.º 27/2009, de 19 de Junho** – Regime jurídico da luta contra a dopagem no desporto... 439

[41] **Portaria n.º 1123/2009, de 1 de Outubro** – Execução regulamentar do regime jurídico da luta contra a dopagem no desporto... 471

[42] **Portaria n.º 82/2010, de 10 de Fevereiro** – Lista de substâncias e métodos proibidos no âmbito do Código Mundial Antidopagem... 487

[43] **Lei n.º 50/2007, de 31 de Agosto** – Regime de responsabilidade penal por comportamentos susceptíveis de afectar a verdade, a lealdade e a correcção da competição e do seu resultado na actividade desportiva... 493

CAPÍTULO 7
Medicina Desportiva

[44] **Lei n.º 119/99, de 11 de Agosto** – Assistência médico-desportiva... 501

[45] **Decreto-Lei n.º 345/99, de 27 de Agosto** – Medicina desportiva... 505

CAPÍTULO 8
Realizações Desportivas

[46] **Decreto-Lei n.º 238/92, de 29 de Outubro** – Policiamento dos espectáculos desportivos realizados em recintos desportivos... 515

[47]	**Portaria n.º 1100/95, de 7 de Setembro** – Licenciamento de provas desportivas na via pública	521
[48]	**Portaria n.º 1522-B/2002, de 20 de Dezembro** – Assistente de recinto desportivo, no âmbito da actividade de segurança privada	525
[49]	**Portaria n.º 1522-C/2002, de 20 de Dezembro** – Obrigatoriedade do recurso à segurança privada nos recintos desportivos e condições do exercício de funções pelos assistentes de recinto desportivo..	532
[50]	**Decreto-Lei n.º 79/2004, de 6 de Abril** – Reconhecimento do direito de livre entrada a certas categorias de agentes públicos em recintos desportivos......................................	537

TÍTULO IV
FINANCIAMENTO DA ACTIVIDADE DESPORTIVA

[51]	**Decreto-Lei n.º 273/2009, de 1 de Outubro** – Regime jurídico dos contratos-programa de desenvolvimento desportivo	543
[52]	**Decreto-Lei n.º 314/95, de 24 de Novembro** – Regulamento da exploração do jogo do bingo...	559
[53]	**Resolução do Conselho de Ministros n.º 17/96, de 8 de Fevereiro** – Distribuição da receita de exploração das salas de jogo do bingo concessionadas a clubes desportivos....	581

TÍTULO V
JURISPRUDÊNCIA SELECCIONADA

[54]	**Jurisprudência Nacional**..	587
[55]	**Jurisprudência Comunitária**	635

Notas de Actualização Geral

1) *Escudos-euros*

Nos termos do Decreto-Lei n.º 136/2002, de 16 de Maio, todas as referências monetárias a escudos contidas em textos legais consideram-se feitas em euros, sendo a sua determinação feita por aplicação da taxa de conversão prevista no Regulamento n.º 2866/98/CE, do Conselho, de 31 de Dezembro (isto é, 200,482), e do disposto no n.º 2 do artigo 7.º do Decreto-Lei n.º 117/2001, de 17 de Abril, quanto ao arredondamento das importâncias em causa.

2) *Referências legislativas à Direcção-Geral dos Desportos, ao INDESP, ao CEFD e ao CAAD*

A Direcção-Geral dos Desportos (DGD) foi extinta, juntamente com o Fundo de Fomento do Desporto, por determinação do artigo 26.º, n.º 1, do Decreto-Lei n.º 143/93, de 26 de Abril (alterado pelo Decreto-Lei n.º 115/95, de 29 de Maio), passando todas as referências legislativas a ser feitas ao Instituto do Desporto (INDESP), nos termos do respectivo n.º 2.

No âmbito da reestruturação do INDESP, o Decreto-Lei n.º 62/97, de 26 de Março, criou o Instituto Nacional do Desporto (IND). O artigo 26.º, n.º 2, desse diploma ditou que «todas as referências ao INDESP constantes de lei, contrato ou documento de outra natureza consideram-se feitas ao IND».

Nesse contexto, o Centro de Estudos e Formação Desportiva (CEFD) foi criado pelo Decreto-Lei n.º 63/97 e o Complexo de Apoio às Actividades Desportivas (CAAD) foi criado pelo Decreto-Lei n.º 64/97, ambos de 26 de Março.

Por sua vez, o Decreto-Lei n.º 96/2003, de 7 de Maio, que criou o Instituto do Desporto de Portugal (IDP), revogou o Decreto-Lei n.º 62/97, o Decreto-Lei n.º 63/97 e o Decreto-Lei n.º 64/97 (artigo 15.º), na medida em que resultou da fusão do IND, do CAAD e do CEFD. O respectivo artigo 3.º, n.º 1, determinou que «o IDP sucede na titularidade de todos os direitos, obrigações e atribuições do IND, CEFD e CAAD, bem como na titularidade do património próprio daqueles organismos...»; o n.º 4 ditou ainda que «as referências feitas na legislação que continua em vigor ao IND, CEFD e CAAD devem entender-se feitas ao IDP».

O Decreto-Lei n.º 169/2007, de 3 de Maio [18], criou o actual Instituto do Desporto de Portugal, I.P. e revogou o Decreto-Lei n.º 96/2003 (artigo 17.º). Os seus Estatutos constam da Portaria n.º 662-L/2007, de 31 de Maio [19].

TÍTULO I
DO QUADRO GERAL DO SISTEMA DESPORTIVO

[1]
Constituição da República Portuguesa

[...]

ARTIGO 64.º
(Saúde)

1. Todos têm direito à protecção da saúde e o dever de a defender e promover.

2. O direito à protecção da saúde é realizado:

a) Através de um serviço nacional de saúde universal e geral e, tendo em conta as condições económicas e sociais dos cidadãos, tendencialmente gratuito;

b) Pela criação de condições económicas, sociais, culturais e ambientais que garantam, designadamente, a protecção da infância, da juventude e da velhice, e pela melhoria sistemática das condições de vida e de trabalho, bem como pela promoção da cultura física e desportiva, escolar e popular, e ainda pelo desenvolvimento da educação sanitária do povo e de práticas de vida saudável.

3. Para assegurar o direito à protecção da saúde, incumbe prioritariamente ao Estado:

a) Garantir o acesso de todos os cidadãos, independentemente da sua condição económica, aos cuidados da medicina preventiva, curativa e de reabilitação;

b) Garantir uma racional e eficiente cobertura de todo o país em recursos humanos e unidades de saúde;

c) Orientar a sua acção para a socialização dos custos dos cuidados médicos e medicamentosos;

d) Disciplinar e fiscalizar as formas empresariais e privadas da medicina, articulando-as com o serviço nacional de saúde, por forma a assegurar, nas instituições de saúde públicas e privadas, adequados padrões de eficiência e de qualidade;

e) Disciplinar e controlar a produção, a distribuição, a comercialização e o uso dos produtos químicos, biológicos e farmacêuticos e outros meios de tratamento e diagnóstico;

f) Estabelecer políticas de prevenção e tratamento da toxicodependência.

4. O serviço nacional de saúde tem gestão descentralizada e participada.

[...]

ARTIGO 70.º
(Juventude)

1. Os jovens gozam de protecção especial para efectivação dos seus direitos económicos, sociais e culturais, nomeadamente:
   a) No ensino, na formação profissional e na cultura;
   b) No acesso ao primeiro emprego, no trabalho e na segurança social;
   c) No acesso à habitação;
   d) Na educação física e no desporto;
   e) No aproveitamento dos tempos livres.
2. A política de juventude deverá ter como objectivos prioritários o desenvolvimento da personalidade dos jovens, a criação de condições para a sua efectiva integração na vida activa, o gosto pela criação livre e o sentido de serviço à comunidade.
3. O Estado, em colaboração com as famílias, as escolas, as empresas, as organizações de moradores, as associações e fundações de fins culturais e as colectividades de cultura e recreio, fomenta e apoia as organizações juvenis na prossecução daqueles objectivos, bem como o intercâmbio internacional da juventude.

[…]

ARTIGO 79.º
(Cultura física e desporto)

1. Todos têm direito à cultura física e ao desporto.
2. Incumbe ao Estado, em colaboração com as escolas e as associações e colectividades desportivas, promover, estimular, orientar e apoiar a prática e a difusão da cultura física e do desporto, bem como prevenir a violência no desporto.

[…]

[2]
Tratado sobre o Funcionamento da União Europeia

[...]

ARTIGO 165.º
(ex-artigo 149.º TCE)

1. A União contribuirá para o desenvolvimento de uma educação de qualidade, incentivando a cooperação entre Estados-Membros e, se necessário, apoiando e completando a sua acção, respeitando integralmente a responsabilidade dos Estados--Membros pelo conteúdo do ensino e pela organização do sistema educativo, bem como a sua diversidade cultural e linguística.

A União contribui para a promoção dos aspectos europeus do desporto, tendo simultaneamente em conta as suas especificidades, as suas estruturas baseadas no voluntariado e a sua função social e educativa.

2. A acção da União tem por objectivo:
— desenvolver a dimensão europeia na educação, nomeadamente através da aprendizagem e divulgação das línguas dos Estados-Membros,
— incentivar a mobilidade dos estudantes e dos professores, nomeadamente através do incentivo ao reconhecimento académico de diplomas e períodos de estudo,
— promover a cooperação entre estabelecimentos de ensino,
— desenvolver o intercâmbio de informações e experiências sobre questões comuns aos sistemas educativos dos Estados-Membros,
— incentivar o desenvolvimento do intercâmbio de jovens e animadores socioeducativos e estimular a participação dos jovens na vida democrática da Europa,
— estimular o desenvolvimento da educação à distância,
— desenvolver a dimensão europeia do desporto, promovendo a equidade e a abertura nas competições desportivas e a cooperação entre os organismos responsáveis pelo desporto, bem como protegendo a integridade física e moral dos desportistas, nomeadamente dos mais jovens de entre eles.

3. A União e os Estados-Membros incentivarão a cooperação com países terceiros e com as organizações internacionais competentes em matéria de educação e desporto, especialmente com o Conselho da Europa.

4. Para contribuir para a realização dos objectivos a que se refere o presente artigo:

— o Parlamento Europeu e o Conselho, deliberando de acordo com o processo legislativo ordinário, e após consulta do Comité Económico e Social e do Comité das Regiões, adoptam acções de incentivo, com exclusão de qualquer harmonização das disposições legislativas e regulamentares dos Estados-Membros,

— o Conselho adopta, sob proposta da Comissão, recomendações.

[...]

[3]
Lei n.º 5/2007, de 16 de Janeiro

Lei de bases da actividade física e do desporto

A Assembleia da República decreta, nos termos da alínea c) do artigo 161.º da Constituição, o seguinte:

CAPÍTULO I
Objecto e princípios gerais

ARTIGO 1.º
Objecto

A presente lei define as bases das políticas de desenvolvimento da actividade física e do desporto.

ARTIGO 2.º
Princípios da universalidade e da igualdade

1. Todos têm direito à actividade física e desportiva, independentemente da sua ascendência, sexo, raça, etnia, língua, território de origem, religião, convicções políticas ou ideológicas, instrução, situação económica, condição social ou orientação sexual.

2. A actividade física e o desporto devem contribuir para a promoção de uma situação equilibrada e não discriminatória entre homens e mulheres.

ARTIGO 3.º
Princípio da ética desportiva

1. A actividade desportiva é desenvolvida em observância dos princípios da ética, da defesa do espírito desportivo, da verdade desportiva e da formação integral de todos os participantes.

2. Incumbe ao Estado adoptar as medidas tendentes a prevenir e a punir as manifestações antidesportivas, designadamente a violência, a dopagem, a corrupção, o racismo, a xenofobia e qualquer forma de discriminação.

3. São especialmente apoiados as iniciativas e os projectos, em favor do espírito desportivo e da tolerância.

ARTIGO 4.º
Princípios da coesão e da continuidade territorial

1. O desenvolvimento da actividade física e do desporto é realizado de forma harmoniosa e integrada, com vista a combater as assimetrias regionais e a contribuir para a inserção social e a coesão nacional.

2. O princípio da continuidade territorial assenta na necessidade de corrigir os desequilíbrios originados pelo afastamento e pela insularidade, por forma a garantir a participação dos praticantes e dos clubes das Regiões Autónomas nas competições desportivas de âmbito nacional.

ARTIGO 5.º
Princípios da coordenação, da descentralização e da colaboração

1. O Estado, as Regiões Autónomas e as autarquias locais articulam e compatibilizam as respectivas intervenções que se repercutem, directa ou indirectamente, no desenvolvimento da actividade física e no desporto, num quadro descentralizado de atribuições e competências.

2. O Estado, as Regiões Autónomas e as autarquias locais promovem o desenvolvimento da actividade física e do desporto em colaboração com as instituições de ensino, as associações desportivas e as demais entidades, públicas ou privadas, que actuam nestas áreas.

CAPÍTULO II
Políticas públicas

ARTIGO 6.º
Promoção da actividade física

1. Incumbe ao Estado, às Regiões Autónomas e às autarquias locais, a promoção e a generalização da actividade física, enquanto instrumento essencial para a melhoria da condição física, da qualidade de vida e da saúde dos cidadãos.

2. Para efeitos do disposto no número anterior, são adoptados programas que visam:

a) Criar espaços públicos aptos para a actividade física;

b) Incentivar a integração da actividade física nos hábitos de vida quotidianos, bem como a adopção de estilos de vida activa;

c) Promover a conciliação da actividade física com a vida pessoal, familiar e profissional.

ARTIGO 7.º
Desenvolvimento do desporto

1. Incumbe à Administração Pública na área do desporto apoiar e desenvolver a prática desportiva regular e de alto rendimento, através da disponibilização de

meios técnicos, humanos e financeiros, incentivar as actividades de formação dos agentes desportivos e exercer funções de fiscalização, nos termos da lei.

2. Junto do membro do Governo responsável pela área do desporto funciona, de forma permanente, o Conselho Nacional do Desporto, composto por representantes da Administração Pública e do movimento associativo desportivo.([1])

3. No âmbito da administração central do Estado, funciona a Autoridade Antidopagem de Portugal, com funções no controlo e combate à dopagem no desporto.([2])

4. As competências, composição e funcionamento dos órgãos referidos nos números anteriores são definidos na lei.

ARTIGO 8.º
Política de infra-estruturas e equipamentos desportivos

1. O Estado, em estreita colaboração com as Regiões Autónomas e com as autarquias locais e entidades privadas, desenvolve uma política integrada de infra-estruturas e equipamentos desportivos com base em critérios de distribuição territorial equilibrada, de valorização ambiental e urbanística e de sustentabilidade desportiva e económica, visando a criação de um parque desportivo diversificado e de qualidade, em coerência com uma estratégia de promoção da actividade física e desportiva, nos seus vários níveis e para todos os escalões e grupos da população.

2. Os instrumentos de gestão territorial devem prever a existência de infra-estruturas de utilização colectiva para a prática desportiva.

3. Com o objectivo de incrementar e requalificar o parque das infra-estruturas desportivas ao serviço da população o Estado assegura:

a) A realização de planos, programas e outros instrumentos directores que regulem o acesso a financiamentos públicos e que diagnostiquem as necessidades e estabeleçam as estratégias, as prioridades e os critérios de desenvolvimento sustentado da oferta de infra-estruturas e equipamentos desportivos;

b) O estabelecimento e desenvolvimento de um quadro legal e regulamentar que regule a edificação e a utilização dos espaços e infra-estruturas para actividades físicas e desportivas, bem como a concessão das respectivas licenças de construção e utilização;

c) A adopção de medidas adequadas à melhoria efectiva das condições de acessibilidade, de segurança e de qualidade ambiental e sanitária das infra-estruturas e equipamentos desportivos de uso público.

4. A comparticipação financeira do Estado na edificação de instalações desportivas públicas e privadas, carece de parecer prévio e vinculativo do membro do Governo responsável pela área do desporto.

5. As comparticipações financeiras públicas para construção ou melhoramento de infra-estruturas desportivas propriedade de entidades privadas, quando a natureza do investimento o justifique, e, bem assim, os actos de cedência gratuita do uso ou da

---

([1]) V. Decreto-Lei n.º 315/2007, de 18 de Setembro [20].

([2]) V. artigo 7.º do Decreto-Lei n.º 169/2007, de 3 de Maio [18], e Lei n.º 27/2009, de 19 de Junho [40].

gestão de património desportivo público às mesmas, são condicionados à assunção por estas de contrapartidas de interesse público.

6. Nos termos da lei, e observadas as garantias dos particulares, o Governo pode determinar, por períodos limitados de tempo, a requisição de infra-estruturas desportivas de propriedade de entidades privadas para realização de competições desportivas adequadas à natureza daquelas, quando o justifique o interesse público e nacional e se verifique urgência.

ARTIGO 9.º
Carta Desportiva Nacional

1. A lei determina a elaboração da Carta Desportiva Nacional, a qual contém o cadastro e o registo de dados e de indicadores que permitam o conhecimento dos diversos factores de desenvolvimento desportivo, tendo em vista o conhecimento da situação desportiva nacional, nomeadamente quanto a:

   a) Instalações desportivas;
   b) Espaços naturais de recreio e desporto;
   c) Associativismo desportivo;
   d) Hábitos desportivos;
   e) Condição física das pessoas;
   f) Enquadramento humano, incluindo a identificação da participação em função do género.

2. Os dados constantes da Carta Desportiva Nacional são integrados no sistema estatístico nacional, nos termos da lei.

ARTIGO 10.º
Investigação

O Estado, em colaboração com as instituições de ensino superior, promove e apoia a realização de estudos e trabalhos de investigação sobre os indicadores da prática desportiva e os diferentes factores de desenvolvimento da actividade física e do desporto.

ARTIGO 11.º
Cooperação internacional

1. No sentido de incrementar a cooperação na área do desporto, o Estado assegura a plena participação portuguesa nas instâncias desportivas europeias e internacionais, designadamente as instituições da União Europeia, o Conselho da Europa, a UNESCO e o Conselho Iberoamericano do Desporto.

2. O Estado estabelece programas de cooperação com outros países e dinamiza o intercâmbio desportivo internacional nos diversos escalões etários.

3. O Estado privilegia o intercâmbio desportivo com países de língua portuguesa, em particular no quadro da Comunidade dos Países de Língua Portuguesa.

4. O Estado providencia para que sejam implementados programas desportivos vocacionados para as comunidades portuguesas estabelecidas em outros países, com vista ao desenvolvimento dos laços com a sua comunidade de origem.

CAPÍTULO III
Associativismo desportivo

SECÇÃO I
Organização Olímpica

ARTIGO 12.º
Comité Olímpico de Portugal

1. O Comité Olímpico de Portugal é uma associação sem fins lucrativos, dotada de personalidade jurídica, que se rege pelos seus estatutos e regulamentos, no respeito pela lei e pela Carta Olímpica Internacional.
2. O Comité Olímpico de Portugal tem competência exclusiva para constituir, organizar e dirigir a delegação portuguesa participante nos Jogos Olímpicos e nas demais competições desportivas realizadas sob a égide do Comité Olímpico Internacional, colaborando na sua preparação e estimulando a prática das actividades aí representadas.
3. O Comité Olímpico de Portugal mantém actualizado o registo dos praticantes desportivos olímpicos.
4. O Comité Olímpico de Portugal tem direito ao uso exclusivo dos símbolos olímpicos em território nacional, nos termos da lei.([3])

ARTIGO 13.º
Comité Paralímpico de Portugal

Ao Comité Paralímpico de Portugal aplica-se, com as necessárias adaptações, o disposto no artigo anterior, relativamente aos praticantes desportivos com deficiência e às respectivas competições desportivas internacionais.

SECÇÃO II
Federações desportivas

SUBSECÇÃO I
Disposições gerais

ARTIGO 14.º
Conceito de federação desportiva

As federações desportivas são, para efeitos da presente lei, pessoas colectivas constituídas sob a forma de associação sem fins lucrativos que, englobando clubes ou

---

([3]) V. Tratado de Nairobi sobre a protecção dos Símbolos Olímpicos, de 26/09/1981, e o Decreto-Lei n.º 1/82, de 4 de Janeiro.

sociedades desportivas, associações de âmbito territorial, ligas profissionais, se as houver, praticantes, técnicos, juízes e árbitros, e demais entidades que promovam, pratiquem ou contribuam para o desenvolvimento da respectiva modalidade, preencham, cumulativamente, os seguintes requisitos:

a) Se proponham, nos termos dos respectivos estatutos, prosseguir, entre outros, os seguintes objectivos gerais:
- *i*) Promover, regulamentar e dirigir, a nível nacional, a prática de uma modalidade desportiva ou de um conjunto de modalidades afins ou associadas;
- *ii*) Representar perante a Administração Pública os interesses dos seus filiados;
- *iii*) Representar a sua modalidade desportiva, ou conjunto de modalidades afins ou associadas, junto das organizações desportivas internacionais, bem como assegurar a participação competitiva das selecções nacionais;

b) Obtenham o estatuto de pessoa colectiva de utilidade pública desportiva.

ARTIGO 15.º
Tipos de federações desportivas

1. As federações desportivas são unidesportivas ou multidesportivas.
2. São federações unidesportivas as que englobam pessoas ou entidades dedicadas à prática da mesma modalidade desportiva, incluindo as suas várias disciplinas, ou a um conjunto de modalidades afins ou associadas.
3. São federações multidesportivas as que se dedicam, cumulativamente, ao desenvolvimento da prática de diferentes modalidades desportivas, em áreas específicas de organização social, designadamente no âmbito do desporto para cidadãos portadores de deficiência e do desporto no quadro do sistema educativo.

ARTIGO 16.º
Direitos desportivos exclusivos

1. Os títulos desportivos, de nível nacional ou regional, são conferidos pelas federações desportivas e só estas podem organizar selecções nacionais.
2. A lei define as formas de protecção do nome, imagem e actividades desenvolvidas pelas federações desportivas, estipulando o respectivo regime contra-ordenacional.

ARTIGO 17.º
Deliberações sociais

1. Nas assembleias gerais das federações desportivas, ligas profissionais e associações de âmbito territorial não são permitidos votos por representação.

2. No âmbito das entidades referidas no número anterior, as deliberações para a designação dos titulares de órgãos, ou que envolvam a apreciação de comportamentos ou das qualidades de qualquer pessoa, são tomadas por escrutínio secreto.

ARTIGO 18.º
Justiça desportiva

1. Os litígios emergentes dos actos e omissões dos órgãos das federações desportivas e das ligas profissionais, no âmbito do exercício dos poderes públicos, estão sujeitos às normas do contencioso administrativo, ficando sempre salvaguardados os efeitos desportivos entretanto validamente produzidos ao abrigo da última decisão da instância competente na ordem desportiva.
2. Não são susceptíveis de recurso fora das instâncias competentes na ordem desportiva as decisões e deliberações sobre questões estritamente desportivas.
3. São questões estritamente desportivas as que tenham por fundamento normas de natureza técnica ou de carácter disciplinar, enquanto questões emergentes da aplicação das leis do jogo, dos regulamentos e das regras de organização das respectivas competições.
4. Para efeitos do disposto no número anterior, as decisões e deliberações disciplinares relativas a infracções à ética desportiva, no âmbito da violência, da dopagem, da corrupção, do racismo e da xenofobia não são matérias estritamente desportivas.
5. Os litígios relativos a questões estritamente desportivas podem ser resolvidos por recurso à arbitragem ou mediação, dependendo de prévia existência de compromisso arbitral escrito ou sujeição a disposição estatutária ou regulamentar das associações desportivas.

SUBSECÇÃO II
Utilidade pública desportiva

ARTIGO 19.º
Estatuto de utilidade pública desportiva

1. O estatuto de utilidade pública desportiva confere a uma federação desportiva a competência para o exercício, em exclusivo, por modalidade ou conjunto de modalidades, de poderes regulamentares, disciplinares e outros de natureza pública, bem como a titularidade dos direitos e poderes especialmente previstos na lei.
2. Têm natureza pública os poderes das federações desportivas exercidos no âmbito da regulamentação e disciplina da respectiva modalidade que, para tanto, lhe sejam conferidos por lei.
3. A federação desportiva à qual é conferido o estatuto mencionado no n.º 1 fica obrigada, nomeadamente, a cumprir os objectivos de desenvolvimento e generalização da prática desportiva, a garantir a representatividade e o funcionamento democrático internos, em especial através da limitação de mandatos, bem como a transparência e regularidade da sua gestão, nos termos da lei.

ARTIGO 20.º
**Atribuição, suspensão e cancelamento do estatuto
de utilidade pública desportiva**

1. Para efeitos da alínea *b*) do artigo 14.º, o estatuto de utilidade pública desportiva só pode ser atribuído a pessoas colectivas titulares do estatuto de mera utilidade pública.
2. As condições de atribuição, por período determinado, do estatuto de utilidade pública desportiva, bem como a sua suspensão e cancelamento, são definidas por lei.([4])

ARTIGO 21.º
Fiscalização

A fiscalização do exercício dos poderes públicos, bem como do cumprimento das regras legais de organização e funcionamento internos das federações desportivas é efectuada, nos termos da lei, por parte da Administração Pública, mediante a realização de inquéritos, inspecções e sindicâncias.

SUBSECÇÃO III
Organização das competições desportivas profissionais

ARTIGO 22.º
Ligas profissionais

1. As federações unidesportivas em que se disputem competições desportivas de natureza profissional, como tal definidas na lei, integram uma liga profissional, sob a forma de associação sem fins lucrativos, com personalidade jurídica e autonomia administrativa, técnica e financeira.
2. As ligas profissionais exercem, por delegação das respectivas federações, as competências relativas às competições de natureza profissional, nomeadamente:

a) Organizar e regulamentar as competições de natureza profissional, respeitando as regras técnicas definidas pelos competentes órgãos federativos nacionais e internacionais;

b) Exercer, relativamente aos seus associados, as funções de controlo e supervisão que sejam estabelecidas na lei ou nos respectivos estatutos e regulamentos;

c) Definir os pressupostos desportivos, financeiros e de organização de acesso às competições profissionais, bem como fiscalizar a sua execução pelas entidades nelas participantes.

3. As ligas profissionais são integradas, obrigatoriamente, pelos clubes e sociedades desportivas que disputem as competições profissionais.
4. As ligas profissionais podem ainda, nos termos da lei e dos respectivos estatutos, integrar representantes de outros agentes desportivos.

([4]) V. artigos 21.º e seguintes do Decreto-Lei n.º 248-B/2008, de 31 de Dezembro [11].

ARTIGO 23.º
**Relações da federação desportiva
com a liga profissional**

1. O relacionamento entre a federação desportiva e a respectiva liga profissional é regulado por contrato a celebrar entre essas entidades, nos termos da lei.

2. No contrato mencionado no número anterior deve acordar-se, entre outras matérias, sobre o número de clubes que participam na competição desportiva profissional, o regime de acesso entre as competições desportivas não profissionais e profissionais, a organização da actividade das selecções nacionais e o apoio à actividade desportiva não profissional.

3. Os quadros competitivos geridos pela liga profissional constituem o nível mais elevado das competições desportivas desenvolvidas no âmbito da respectiva federação.

4. Na falta de acordo entre a federação desportiva e a respectiva liga profissional para a celebração ou renovação do contrato a que se refere o n.º 1, compete ao Conselho Nacional do Desporto regular, provisoriamente e até que seja obtido consenso entre as partes, as matérias referidas no n.º 2, com excepção do apoio à actividade desportiva não profissional que fica submetido ao regime de arbitragem constante da Lei n.º 31/86, de 29 de Agosto.

ARTIGO 24.º
**Regulamentação das competições desportivas
profissionais**

1. Compete à liga profissional elaborar e aprovar o respectivo regulamento de competição.

2. A liga profissional elabora e aprova, igualmente, os respectivos regulamentos de arbitragem e disciplina, que submete a ratificação pela assembleia geral da federação no seio da qual se insere, nos termos da lei.

ARTIGO 25.º
Disciplina e arbitragem

1. Nas federações desportivas em que se disputem competições de natureza profissional, o órgão de arbitragem e de disciplina deve estar organizado em secções especializadas, conforme a natureza da competição.

2. A arbitragem é estruturada de forma a que as entidades que designam os árbitros para as competições sejam necessariamente diferentes das entidades que avaliam a prestação dos mesmos.

SECÇÃO III
Clubes e sociedades desportivas

ARTIGO 26.º
Clubes desportivos

1. São clubes desportivos as pessoas colectivas de direito privado, constituídas sob a forma de associação sem fins lucrativos, que tenham como escopo o fomento e a prática directa de modalidades desportivas.
2. Os clubes desportivos participantes nas competições profissionais ficam sujeitos ao regime especial de gestão, definido na lei, salvo se adoptarem a forma de sociedade desportiva com fins lucrativos.([5])

ARTIGO 27.º
Sociedades desportivas

1. São sociedades desportivas as pessoas colectivas de direito privado, constituídas sob a forma de sociedade anónima, cujo objecto é a participação em competições desportivas, a promoção e organização de espectáculos desportivos e o fomento ou desenvolvimento de actividades relacionadas com a prática desportiva profissionalizada no âmbito de uma modalidade.
2. A lei define o regime jurídico das sociedades desportivas, salvaguardando, entre outros objectivos, a defesa dos direitos dos associados do clube fundador, do interesse público e do património imobiliário, bem como o estabelecimento de um regime fiscal adequado à especificidade destas sociedades.([6])

CAPÍTULO IV
Actividade física e prática desportiva

SECÇÃO I
Actividade física e prática desportiva

ARTIGO 28.º
Estabelecimentos de educação e ensino

1. A educação física e o desporto escolar devem ser promovidos no âmbito curricular e de complemento curricular, em todos os níveis e graus de educação e ensino, como componentes essenciais da formação integral dos alunos, visando especificamente a promoção da saúde e condição física, a aquisição de hábitos e condutas motoras e o entendimento do desporto como factor de cultura.

([5]) V. Decreto-Lei n.º 67/97, de 3 de Abril [13].
([6]) V. Decreto-Lei n.º 67/97, de 3 de Abril [13].

2. As actividades desportivas escolares devem valorizar a participação e o envolvimento dos jovens, dos pais e encarregados de educação e das autarquias locais na sua organização, desenvolvimento e avaliação.

3. As instituições de ensino superior definem os princípios reguladores da prática desportiva das respectivas comunidades, reconhecendo-se a relevância do associativismo estudantil e das respectivas estruturas dirigentes em sede de organização e desenvolvimento da prática do desporto neste âmbito.

ARTIGO 29.º
Pessoas com deficiência

A actividade física e a prática desportiva por parte das pessoas com deficiência é promovida e fomentada pelo Estado, Regiões Autónomas e autarquias locais com as ajudas técnicas adequadas, adaptada às respectivas especificidades, tendo em vista a plena integração e participação sociais, em igualdade de oportunidades com os demais cidadãos.

ARTIGO 30.º
Jogos tradicionais

Os jogos tradicionais, como parte integrante do património cultural específico das diversas regiões do País, são fomentados e apoiados pelo Estado, Regiões Autónomas e autarquias locais.

ARTIGO 31.º
Desporto na natureza

1. A actividade física e a prática desportiva em espaços naturais devem reger-se pelos princípios do respeito pela natureza e da preservação dos seus recursos, bem como pela observância das normas dos instrumentos de gestão territorial vigentes, nomeadamente das que respeitam às áreas classificadas, de forma a assegurar a conservação da diversidade biológica, a protecção dos ecossistemas e a gestão dos recursos, dos resíduos e da preservação do património natural e cultural.

2. As actividades mencionadas no número anterior devem contribuir para a divulgação e interpretação do património natural e cultural, a sensibilização e educação ambientais e a promoção do turismo de natureza.

ARTIGO 32.º
Provas ou manifestações desportivas em espaços públicos

1. Deve ser obrigatoriamente precedida de parecer, a emitir pela respectiva federação desportiva, a realização de provas ou manifestações desportivas, que cumulativamente:

a) Decorram na via pública ou demais espaços públicos;

b) Estejam abertas à participação de praticantes inscritos nas federações desportivas; e *c*) No âmbito das quais se atribuam prémios, em dinheiro ou em espécie, superiores a montante a fixar na lei.

2. A federação desportiva competente deve homologar o regulamento da prova ou manifestação desportiva referida no número anterior, a fim de assegurar o respeito pelas regras de protecção da saúde e segurança dos participantes, bem como o cumprimento das regras técnicas da modalidade.

3. As provas ou manifestações desportivas referidas nos números anteriores são inscritas no calendário da federação respectiva.

ARTIGO 33.º
Associações promotoras de desporto

São associações promotoras de desporto as entidades, sem fins lucrativos, que têm por objecto a promoção e organização de actividades físicas e desportivas, com finalidades lúdicas, formativas ou sociais, não compreendidas na área de actuação própria das federações desportivas, cujo regime jurídico é definido na lei.([7])

SECÇÃO II
Agentes desportivos

ARTIGO 34.º
Praticantes desportivos

1. O estatuto do praticante desportivo é definido de acordo com o fim dominante da sua actividade, entendendo-se como profissionais aqueles que exercem a actividade desportiva como profissão exclusiva ou principal.

2. O regime jurídico contratual dos praticantes desportivos profissionais e do contrato de formação desportiva é definido na lei, ouvidas as entidades sindicais representativas dos interessados, tendo em conta a sua especificidade em relação ao regime geral do contrato de trabalho.([8])

ARTIGO 35.º
Formação de técnicos

1. A lei define as qualificações necessárias ao exercício das diferentes funções técnicas na área da actividade física e do desporto, bem como o processo de aquisição e de actualização de conhecimentos para o efeito, no quadro da formação profissional inserida no mercado de emprego.

2. Não é permitido, nos casos especialmente previstos na lei, o exercício de profissões nas áreas da actividade física e do desporto, designadamente no âmbito da gestão desportiva, do exercício e saúde, da educação física e do treino desportivo,

---

([7]) V. Decreto-Lei n.º 279/97, de 11 de Outubro [17].
([8]) V. Lei n.º 28/98, de 26 de Junho [4].

a título de ocupação principal ou secundária, de forma regular, sazonal ou ocasional, sem a adequada formação académica ou profissional.

ARTIGO 36.º
Titulares de cargos dirigentes desportivos

A lei define os direitos e deveres dos titulares de cargos dirigentes desportivos.

ARTIGO 37.º
Empresários desportivos

1. São empresários desportivos, para efeitos do disposto na presente lei, as pessoas singulares ou colectivas que, estando devidamente credenciadas, exerçam a actividade de representação ou intermediação, ocasional ou permanente, mediante remuneração, na celebração de contratos de formação desportiva, de trabalho desportivo ou relativos a direitos de imagem.

2. O empresário desportivo não pode agir em nome e por conta de praticantes desportivos menores de idade.

3. Os factos relativos à vida pessoal ou profissional dos agentes desportivos de que o empresário desportivo tome conhecimento em virtude das suas funções, estão abrangidos pelo sigilo profissional.

4. A lei define o regime jurídico dos empresários desportivos.

ARTIGO 38.º
Apoio ao voluntariado

1. O Estado reconhece o papel essencial dos agentes desportivos em regime de voluntariado, na promoção e no apoio ao desenvolvimento da actividade física e do desporto, sendo garantidas as condições necessárias à boa prossecução da missão socialmente relevante que lhes compete.

2. A lei define as medidas de apoio aos agentes desportivos em regime de voluntariado.

ARTIGO 39.º
Regime de incompatibilidades

A lei define o regime jurídico de incompatibilidades aplicável aos agentes desportivos.

SECÇÃO III
Protecção dos agentes desportivos

ARTIGO 40.º
Medicina desportiva

1. O acesso à prática desportiva, no âmbito das federações desportivas, depende de prova bastante da aptidão física do praticante, a certificar através de exame

médico que declare a inexistência de quaisquer contra-indicações, a regulamentar em legislação complementar.

2. No âmbito das actividades físicas e desportivas não incluídas no número anterior, constitui especial obrigação do praticante assegurar-se, previamente, de que não tem quaisquer contra-indicações para a sua prática.

3. Incumbe aos serviços de medicina desportiva da administração central do Estado a investigação e a participação em acções de formação, bem como a prestação de assistência médica especializada ao praticante desportivo, designadamente no quadro do regime do alto rendimento, no apoio às selecções nacionais e, quando solicitado, para tratamento de lesões.

4. O disposto no n.º 1, com as devidas adaptações, aplica-se aos árbitros.

ARTIGO 41.º
Segurança social

O sistema de segurança social dos praticantes e demais agentes desportivos é definido no âmbito do regime geral da segurança social, e no caso dos praticantes profissionais e de alto rendimento, respeitando a especificidade das suas carreiras contributivas.

ARTIGO 42.º
Seguros

1. É garantida a institucionalização de um sistema de seguro obrigatório dos agentes desportivos inscritos nas federações desportivas, o qual, com o objectivo de cobrir os particulares riscos a que estão sujeitos, protege em termos especiais o praticante desportivo de alto rendimento.

2. Tendo em vista garantir a protecção dos praticantes não compreendidos no número anterior, é assegurada a institucionalização de um sistema de seguro obrigatório para:

a) Infra-estruturas desportivas abertas ao público;

b) Provas ou manifestações desportivas.

3. A lei define as modalidades e os riscos cobertos pelos seguros obrigatórios referidos nos números anteriores.([9])

ARTIGO 43.º
Obrigações das entidades prestadoras de serviços desportivos

As entidades que proporcionam actividades físicas ou desportivas, que organizam eventos ou manifestações desportivas ou que exploram instalações desportivas abertas ao público, ficam sujeitas ao definido na lei, tendo em vista a protecção da saúde e da segurança dos participantes nas mesmas, designadamente no que se refere:

a) Aos requisitos das instalações e equipamentos desportivos;

b) Aos níveis mínimos de formação do pessoal que enquadre estas actividades ou administre as instalações desportivas;

([9]) V. Decreto-Lei n.º 10/2009, de 12 de Janeiro [30].

c) À existência obrigatória de seguros relativos a acidentes ou doenças decorrentes da prática desportiva.

SECÇÃO IV
Alto rendimento

ARTIGO 44.º
Medidas de apoio

1. Considera-se desporto de alto rendimento, para efeitos do disposto na presente lei, prática desportiva que visa a obtenção de resultados de excelência, aferidos em função dos padrões desportivos internacionais, sendo objecto de medidas de apoio específicas.
2. As medidas referidas no número anterior são estabelecidas de forma diferenciada, abrangendo o praticante desportivo, bem como os técnicos e árbitros participantes nos mais altos escalões competitivos, a nível nacional e internacional.
3. Os agentes desportivos abrangidos pelo regime de alto rendimento beneficiam, também, de medidas de apoio após o fim da sua carreira, nos termos e condições a definir em legislação complementar.

ARTIGO 45.º
Selecções nacionais

A participação nas selecções ou em outras representações nacionais é classificada como missão de interesse público e, como tal, objecto de apoio e de garantia especial por parte do Estado.

CAPÍTULO V
Apoios financeiros e fiscalidade

ARTIGO 46.º
Apoios financeiros

1. Sem prejuízo do disposto no número seguinte, podem beneficiar de apoios ou comparticipações financeiras por parte do Estado, das Regiões Autónomas e das autarquias locais as associações desportivas, bem como os eventos desportivos de interesse público como tal reconhecidos por despacho de membro do Governo responsável pela área do desporto.
2. Os clubes desportivos participantes em competições desportivas de natureza profissional não podem beneficiar, nesse âmbito, de apoios ou comparticipações financeiras por parte do Estado, das Regiões Autónomas e das autarquias locais, sob

qualquer forma, salvo no tocante à construção ou melhoramento de infra-estruturas ou equipamentos desportivos com vista à realização de competições desportivas de interesse público, como tal reconhecidas pelo membro do Governo responsável pela área do desporto.

3. Os apoios ou comparticipações financeiras concedidas pelo Estado, pelas Regiões Autónomas e pelas autarquias locais, na área do desporto, são tituladas por contratos-programa de desenvolvimento desportivo, nos termos da lei.

4. As entidades beneficiárias de apoios ou comparticipações financeiras por parte do Estado, das Regiões Autónomas e das autarquias locais na área do desporto, ficam sujeitas a fiscalização por parte da entidade concedente, bem como à obrigação de certificação das suas contas quando os montantes concedidos sejam superiores ao limite para esse efeito definido no regime jurídico dos contratos-programa de desenvolvimento desportivo.

5. As federações desportivas, ligas profissionais e associações de âmbito territorial têm obrigatoriamente de possuir contabilidade organizada segundo as normas do Plano Oficial de Contabilidade, adaptadas, se disso for caso, ao plano de contas sectorial aplicável ao desporto.

6. O disposto no número anterior aplica-se, também, aos clubes desportivos e sociedades desportivas, com as adaptações constantes de regulamentação adequada à competição em que participem.

7. Sem prejuízo de outras consequências que resultem da lei, não podem beneficiar de novos apoios financeiros por parte do Estado, das Regiões Autónomas e das autarquias locais, as entidades que estejam em situação de incumprimento das suas obrigações fiscais ou para com a segurança social, devendo ser suspensos os benefícios financeiros decorrentes de quaisquer contratos-programa em curso enquanto a situação se mantiver.

ARTIGO 47.º
Contratos-programa([10])

1. A concessão de apoios ou comparticipações financeiras na área do desporto, mediante a celebração de contratos-programa, depende, nomeadamente, da observância dos seguintes requisitos:

a) Apresentação de programas de desenvolvimento desportivo e sua caracterização pormenorizada, com especificação das formas, dos meios e dos prazos para o seu cumprimento;

b) Apresentação dos custos e aferição dos graus de autonomia financeira, técnica, material e humana, previstos nos programas referidos na alínea anterior;

c) Identificação de outras fontes de financiamento, previstas ou concedidas.

2. Os apoios previstos no artigo anterior encontram-se exclusivamente afectos às finalidades para as quais foram atribuídos, sendo insusceptíveis de apreensão judicial ou oneração.

([10]) V. Decreto-Lei n.º 273/2009, de 1 de Outubro [51].

ARTIGO 48.º
Regimes fiscais

1. O regime fiscal para a tributação dos agentes desportivos é estabelecido de modo específico e, no caso dos praticantes desportivos, de acordo com parâmetros ajustados à natureza de profissões de desgaste rápido.

2. As bolsas atribuídas ao abrigo do regime geral de apoio ao alto rendimento, por entidades de natureza pública e ou privada, destinam-se a apoiar os custos inerentes à preparação dos praticantes desportivos, sendo o seu regime fiscal estabelecido na lei.

3. Nos termos do Estatuto do Mecenato, têm relevância fiscal os donativos em dinheiro ou em espécie concedidos sem contrapartidas que configurem obrigações de carácter pecuniário ou comercial às entidades públicas ou privadas nele previstas cuja actividade consista, predominantemente, na realização de iniciativas na área desportiva.

CAPÍTULO VI
Disposições finais

ARTIGO 49.º
Acesso a espectáculos desportivos

1. A lei define as medidas de protecção dos consumidores, nomeadamente no que se refere à protecção dos interesses económicos e ao direito à informação prévia quanto ao valor a pagar nos espectáculos desportivos praticados ao longo da temporada.

2. A entrada em recintos desportivos por parte de titulares do direito de livre trânsito, durante o período em que decorrem espectáculos desportivos com entradas pagas, só é permitida desde que estejam em efectivo exercício de funções e tal acesso seja indispensável ao cabal desempenho das mesmas, nos termos da lei.([11])

ARTIGO 50.º
Situações especiais

1. As políticas públicas promovem e incentivam a actividade física e desportiva nos estabelecimentos que acolhem cidadãos privados de liberdade, incluindo os destinados a menores e jovens sujeitos ao cumprimento de medidas e decisões aplicadas no âmbito do processo tutelar educativo.

2. A organização e a realização de actividades desportivas no âmbito das Forças Armadas e das forças de segurança obedece a regras próprias, sem prejuízo da aplicação dos princípios gerais fixados na presente lei.([12])

([11]) V. Decreto-Lei n.º 79/2004, de 6 de Abril **[50]**.
([12]) V. Decreto Regulamentar n.º 31/97, de 6 de Setembro **[21]**.

ARTIGO 51.º
Regulamentação

A presente lei, nas matérias que não sejam reserva da Assembleia da República, deve ser objecto de regulamentação, por decreto-lei, no prazo de 180 dias.

ARTIGO 52.º
Norma revogatória

É revogada a Lei n.º 30/2004, de 21 de Julho.

Aprovada em 7 de Dezembro de 2006.

O Presidente da Assembleia da República, *Jaime Gama*.

Promulgada em 6 de Janeiro de 2007.

Publique-se.

O Presidente da República, ANÍBAL CAVACO SILVA.

Referendada em 9 de Janeiro de 2007.

O Primeiro-Ministro, *José Sócrates Carvalho Pinto de Sousa*.

TÍTULO II
DAS ENTIDADES E SUJEITOS DESPORTIVOS

CAPÍTULO 1

Praticantes

[4]
Lei n.º 28/98, de 26 de Junho[13]

Regime jurídico do contrato de trabalho do praticante desportivo e do contrato de formação desportiva

A Assembleia da República decreta, nos termos dos artigos 161.º, alínea c), 165.º, n.º 1, alíneas b) e d), e 166.º, n.º 3, e do artigo 112.º, n.º 5, da Constituição, para valer como lei geral da República, o seguinte:

---

[13] O Parecer n.º 7/2001 do Conselho Consultivo da Procuradoria-Geral da República (publicado no *Diário da República*, II Série, n.º 139, de 18/06/2001, p. 10026) veio pronunciar-se, a solicitação do Ministro da Juventude e do Desporto, sobre a interpretação de algumas disposições deste diploma. Pelo relevo de tal pronúncia, fornecem-se as respectivas *conclusões* (*maxime*, as conclusões 4.ª e 6.ª):

«1.ª A Federação Portuguesa de Futebol é uma pessoa colectiva de direito privado sem fins lucrativos, dotada de utilidade pública desportiva.

2.ª Assim e nos termos da lei, a Federação Portuguesa de Futebol exerce, por delegação do Estado e sob sua fiscalização, poderes públicos de auto-regulação.

3.ª Os regulamentos autónomos têm de respeitar a Constituição e a lei, não podendo incidir sobre matérias reservadas à competência legislativa da Assembleia da República ou à competência da lei em geral.

4.ª No quadro definido pela Lei n.º 28/98, de 26 de Junho, a obrigação de pagamento de uma compensação por formação, decorrente da celebração pelo formando do primeiro contrato de trabalho como profissional, com entidade empregadora distinta da entidade formadora, só pode ser estabelecida por convenção colectiva, nos termos das disposições conjugadas dos artigos 38.º e 18.º, n.º 2, do mesmo diploma.

5.ª Nesta conformidade e por maioria de razão não pode ser estabelecida por regulamento federativo a obrigação de pagamento de qualquer compensação a um clube no caso de mudança para outro clube de praticantes desportivos com idade inferior a 14 anos.

6.ª A norma do n.º 4 do artigo 5.º do Regulamento para Inscrições e Transferências dos Praticantes Amadores da Federação Portuguesa de Futebol, na redacção resultante da alteração aprovada na sessão de 16 de Setembro de 2000 da assembleia geral, viola o regime instituído pela Lei n.º 28/98, de 26 de Junho, nos artigos 18.º, n.º 2, 31.º, n.º 1, 38.º e 40.º, pelo que enferma de ilegalidade.

7.ª Ao conter disciplina inovadora, em matéria de reserva relativa de competência legislativa da Assembleia da República, a mesma norma regulamentar infringe também o artigo 165.º, n.º 1, alínea b), da Constituição, pelo que padece de inconstitucionalidade orgânica.

8.ª Caso não seja deliberada a sua revogação pelo órgão que a aprovou, aquela norma regulamentar será impugnável contenciosamente nos termos do artigo 51.º, n.º 1, alínea q), do Decreto-Lei n.º 129/

CAPÍTULO I
Disposições gerais

ARTIGO 1.º
Objecto

O presente diploma estabelece o regime jurídico do contrato de trabalho do praticante desportivo e do contrato de formação desportiva.

ARTIGO 2.º
Definições

Para efeitos do presente diploma entende-se por:

a) Contrato de trabalho desportivo aquele pelo qual o praticante desportivo se obriga, mediante retribuição, a prestar actividade desportiva a uma pessoa singular ou colectiva que promova ou participe em actividades desportivas, sob a autoridade e a direcção desta;

b) Praticante desportivo profissional aquele que, através de contrato de trabalho desportivo e após a necessária formação técnico-profissional, pratica uma modalidade desportiva como profissão exclusiva ou principal, auferindo por via dela uma retribuição;

c) Contrato de formação desportiva o contrato celebrado entre uma entidade formadora e um formando, nos termos do qual aquela se obriga a prestar a este a formação adequada ao desenvolvimento da sua capacidade técnica e à aquisição de conhecimentos necessários à prática de uma modalidade desportiva, ficando o formando obrigado a executar as tarefas inerentes a essa formação;

d) Empresário desportivo a pessoa singular ou colectiva que, estando devidamente credenciada, exerça a actividade de representação ou intermediação, ocasional ou permanente, mediante remuneração, na celebração de contratos desportivos;

e) Entidade formadora as pessoas singulares ou colectivas desportivas que garantam um ambiente de trabalho e os meios humanos e técnicos adequados à formação desportiva a ministrar;

f) Formando os jovens praticantes que, tendo cumprido a escolaridade obrigatória, tenham idades compreendidas entre os 14 e os 18 anos e tenham assinado o contrato de formação desportiva, tendo por fim a aprendizagem ou o aperfeiçoamento de uma modalidade desportiva.

/84, de 27 de Abril (Estatuto dos Tribunais Administrativos e Fiscais), por força do artigo 8.º, n.º 2, do Decreto-Lei n.º 144/93, de 26 de Abril.

9.ª Podem requerer, a todo o tempo, ao Tribunal Constitucional a declaração, com força obrigatória geral, da inconstitucionalidade de quaisquer normas, nos termos do artigo 281.º, n.º 1, alínea *a)*, da Constituição e do artigo 62.º, n.º 1, da Lei n.º 28/82, de 15 de Novembro, as entidades mencionadas no n.º 2 daquele preceito.»

ARTIGO 3.º
Direito subsidiário

Às relações emergentes do contrato de trabalho desportivo aplicam-se, subsidiariamente, as regras aplicáveis ao contrato de trabalho.

ARTIGO 4.º
Capacidade

1. Só podem celebrar contratos de trabalho desportivo os menores que hajam completado 16 anos de idade e que reúnam os requisitos exigidos pela lei geral do trabalho.

2. O contrato de trabalho desportivo celebrado por menor deve ser igualmente subscrito pelo seu representante legal.

3. É anulável o contrato de trabalho celebrado com violação do disposto no número anterior.

ARTIGO 5.º
Forma

1. Sem prejuízo do disposto em outras normas legais, na regulamentação desportiva ou em instrumento de regulamentação colectiva de trabalho, o contrato de trabalho desportivo é lavrado em duplicado, ficando cada uma das partes com um exemplar.[14]

2. O contrato de trabalho desportivo só é válido se for celebrado por escrito e assinado por ambas as partes, dele devendo constar:

a) A identificação das partes, incluindo a nacionalidade e a data de nascimento do praticante;
b) A actividade desportiva que o praticante se obriga a prestar;
c) O montante de retribuição;
d) A data de início de produção de efeitos do contrato;
e) O termo de vigência do contrato;
f) A data de celebração.

3. Quando a retribuição for constituída por uma parte certa e outra variável, do contrato deverá constar indicação da parte certa e, se não for possível determinar a parte variável, o estabelecimento das formas que esta pode revestir, bem como dos critérios em função dos quais é calculada e paga.

ARTIGO 6.º
Registo

1. A participação do praticante desportivo em competições promovidas por uma federação dotada de utilidade pública desportiva depende de prévio registo do contrato de trabalho desportivo na respectiva federação.

2. O registo é efectuado nos termos que forem estabelecidos por regulamento federativo.

---

[14] V. artigo 5.º do Contrato Colectivo de Trabalho dos Jogadores entre a Liga Portuguesa de Futebol Profissional e o Sindicato do Jogadores Profissionais de Futebol [5].

3. O disposto nos números anteriores é aplicável às modificações que as partes introduzam no contrato.

4. No acto do registo do contrato de trabalho desportivo a entidade empregadora desportiva deve fazer prova de ter efectuado o correspondente seguro de acidentes de trabalho, sob pena de incorrer no disposto no artigo 44.º do Decreto-Lei n.º 491/85, de 26 de Novembro.([15])

5. A falta de registo do contrato ou das cláusulas adicionais presume-se de culpa exclusiva da entidade empregadora desportiva, salvo prova em contrário.

ARTIGO 7.º
Promessa de contrato de trabalho

A promessa de contrato de trabalho desportivo só é válida se, além dos elementos previstos na lei geral do trabalho, contiver indicação do início e do termo do contrato prometido ou a menção a que se refere a alínea *b)* do n.º 2 do artigo 8.º.

ARTIGO 8.º
Duração do contrato

1. O contrato de trabalho desportivo não pode ter duração inferior a uma época desportiva nem superior a oito épocas.

2. Sem prejuízo do disposto no número anterior, podem ser celebrados por período inferior a uma época desportiva:

a) Contratos de trabalho celebrados após o início de uma época desportiva para vigorarem até ao fim desta;

b) Contratos de trabalho pelos quais o praticante desportivo seja contratado para participar numa competição ou em determinado número de prestações que constituam uma unidade identificável no âmbito da respectiva modalidade desportiva.

3. No caso a que se refere a alínea *b)* do número anterior, não é necessário que do contrato constem os elementos referidos nas alíneas *d)* e *e)* do n.º 2 do artigo 5.º.

4. Considera-se celebrado por uma época desportiva, ou para a época desportiva no decurso da qual for celebrado, o contrato em que falte a indicação do respectivo termo.

5. Entende-se por época desportiva o período de tempo, nunca superior a 12 meses, durante o qual decorre a actividade desportiva, a fixar para cada modalidade pela respectiva federação dotada de utilidade pública desportiva.

([15]) Este diploma foi revogado pelo artigo 2.º, n.º 1, da Lei n.º 116/99, de 4 de Agosto (*Regime Geral das Contra-Ordenações Laborais*), cujo n.º 2 determinava que: «Quaisquer referências ao Decreto-Lei n.º 491/85, de 26 de Novembro, entendem-se feitas, com as necessárias adaptações, ao presente diploma.» Por seu turno, o artigo 21.º, n.º 1, alínea *aa*), da Lei n.º 99/2003, de 27 de Agosto (que aprovou o *Código do Trabalho* de 2003), revogou essa Lei n.º 116/99.

Hoje, deve entender-se que o presente n.º 4 do artigo 6.º se refere ao artigo 171.º, n.º 1, em conjugação com o artigo 79.º da Lei n.º 98/2009, de 4 de Setembro (*Regime da reparação de acidentes de trabalho e de doenças profissionais*). Trata-se de uma contra-ordenação muito grave: v., em especial, o artigo 554.º, n.ºs 1 e 4, do *Código do Trabalho*, aprovado pela Lei n.º 7/2009, de 12 de Fevereiro.

ARTIGO 9.º
Violação das regras sobre a duração do contrato

A violação do disposto no n.º 1 do artigo anterior determina a aplicação ao contrato em causa dos prazos mínimo ou máximo admitidos.

ARTIGO 10.º
Direito de imagem[16]

1. Todo o praticante desportivo profissional tem direito a utilizar a sua imagem pública ligada à prática desportiva e a opor-se a que outrem a use ilicitamente para exploração comercial ou para outros fins económicos.

2. Fica ressalvado o direito de uso de imagem do colectivo dos praticantes, o qual poderá ser objecto de regulamentação em sede de contratação colectiva.[17]

ARTIGO 11.º
Período experimental

1. A duração do período experimental não pode exceder, em qualquer caso, 30 dias, considerando-se reduzido a este período em caso de estipulação superior.

2. Relativamente ao primeiro contrato de trabalho celebrado após a vigência de um contrato de formação, não existe período experimental caso o contrato seja celebrado com a entidade formadora.

3. Considera-se, em qualquer caso, cessado o período experimental quando se verifique, pelo menos, uma das seguintes situações:

a) Quando o praticante participe, pela primeira vez, em competição ao serviço de entidade empregadora desportiva, nas modalidades em cuja regulamentação tal participação impeça ou limite a participação do praticante ao serviço de outra entidade empregadora desportiva na mesma época ou na mesma competição;

b) Quando o praticante desportivo sofra lesão desportiva que o impeça de praticar a modalidade para que foi contratado e que se prolongue para além do período experimental.

CAPÍTULO II
Direitos, deveres e garantias das partes

ARTIGO 12.º
Deveres da entidade empregadora desportiva

São deveres da entidade empregadora desportiva, em especial:

a) Proporcionar aos praticantes desportivos as condições necessárias à participação desportiva, bem como a participação efectiva nos treinos e outras actividades preparatórias ou instrumentais da competição desportiva;

---

[16] V., para a tutela juscivilística deste direito, o artigo 79.º do Código Civil. V. ainda Ac. RP de 22/09/2008, Ac. RL de 18/12/2007 e Ac. RE de 24/02/2005 [**54**, pp. 608-609].

[17] V. artigo 38.º do Contrato Colectivo de Trabalho dos Jogadores entre a Liga Portuguesa de Futebol Profissional e o Sindicato dos Jogadores Profissionais de Futebol [5].

b) Submeter os praticantes aos exames e tratamentos clínicos necessários à prática da actividade desportiva;

c) Permitir que os praticantes, em conformidade com o previsto nos regulamentos federativos, participem nos trabalhos de preparação e integrem as selecções ou representações nacionais.

ARTIGO 13.º
Deveres do praticante desportivo

São deveres do praticante desportivo, em especial:

a) Prestar a actividade desportiva para que foi contratado, participando nos treinos, estágios e outras sessões preparatórias das competições com a aplicação e a diligência correspondentes às suas condições psicofísicas e técnicas e, bem assim, de acordo com as regras da respectiva modalidade desportiva e com as instruções da entidade empregadora desportiva;

b) Participar nos trabalhos de preparação e integrar as selecções ou representações nacionais;

c) Preservar as condições físicas que lhe permitam participar na competição desportiva objecto do contrato;

d) Submeter-se aos exames e tratamento clínicos necessários à prática desportiva;

e) Conformar-se, no exercício da actividade desportiva, com as regras próprias da disciplina e da ética desportivas.

ARTIGO 14.º
Retribuição

1. Compreendem-se na retribuição todas as prestações patrimoniais que, nos termos das regras aplicáveis ao contrato de trabalho, a entidade empregadora realize a favor do praticante desportivo profissional pelo exercício da sua actividade ou com fundamento nos resultados nela obtidos.

2. É válida a cláusula constante de contrato de trabalho desportivo que determine o aumento ou a diminuição da retribuição em caso de subida ou descida de escalão competitivo em que esteja integrada a entidade empregadora desportiva.

3. Quando a retribuição compreenda uma parte correspondente aos resultados desportivos obtidos, esta considera-se vencida, salvo acordo em contrário, com a remuneração do mês seguinte àquele em que esses resultados se verificarem.

ARTIGO 15.º
Período normal de trabalho

1. Considera-se compreendido no período normal de trabalho do praticante desportivo:

a) O tempo em que o praticante está sob as ordens e na dependência da entidade empregadora desportiva, com vista à participação nas provas desportivas em que possa vir tomar parte;

b) O tempo despendido em sessões de apuramento técnico, táctico e físico e em outras sessões de treino, bem como em exames e tratamentos clínicos, com vista à preparação e recuperação do praticante para as provas desportivas;

c) O tempo despendido em estágios de concentração e em viagens que precedam ou se sucedam à participação em provas desportivas.

2. Não relevam, para efeito dos limites do período normal de trabalho previstos na lei geral, os períodos de tempo referidos na alínea *c)* do número anterior.

3. A frequência e a duração dos estágios de concentração devem limitar-se ao que, tendo em conta as exigências próprias da modalidade e da competição em que o praticante intervém e a idade deste, deva ser considerado indispensável.

4. Podem ser estabelecidas por convenção colectiva regras em matéria de frequência e de duração dos estágios de concentração.([18])

ARTIGO 16.º
Férias, feriados e descanso semanal

1. O praticante desportivo tem direito a um dia de descanso semanal, bem como ao gozo do período de férias previsto na lei, sem prejuízo de disposições mais favoráveis constantes da convenção colectiva de trabalho.

2. Quando tal seja imposto pela realização de provas desportivas, incluindo as não oficiais, o gozo do dia de descanso semanal transfere-se para a data a acordar entre as partes ou, não havendo acordo, para o 1.º dia disponível.

3. O disposto no número anterior é aplicável ao gozo de feriados obrigatórios ou facultativos.

ARTIGO 17.º
Poder disciplinar

1. Sem prejuízo do disposto em convenção colectiva de trabalho, a entidade empregadora desportiva pode aplicar ao trabalhador, pela comissão de infracções disciplinares, as seguintes sanções:

a) Repreeensão;
b) Repreensão registada;
c) Multa;
d) Suspensão do trabalho com perda de retribuição;
e) Despedimento com justa causa.

2. As multas aplicadas a um praticante desportivo por infracções praticadas no mesmo dia não podem exceder metade da retribuição diária e, em cada época, a retribuição correspondente a 30 dias.

3. A suspensão do trabalho não pode exceder, por cada infracção, 24 dias e, em cada época, o total de 60 dias.

4. A aplicação de sanções disciplinares deve ser precedida de procedimento disciplinar no qual sejam garantidas ao arguido as adequadas garantias de defesa.

([18]) V. artigo 21.º do Contrato Colectivo de Trabalho dos Jogadores entre a Liga Portuguesa de Futebol Profissional e o Sindicato dos Jogadores Profissionais de Futebol [5].

5. A sanção disciplinar deve ser proporcionada à gravidade da infracção e à culpabilidade do infractor, não podendo aplicar-se mais de uma pena pela mesma infracção.

ARTIGO 18.º
Liberdade de trabalho

1. São nulas as cláusulas inseridas em contrato de trabalho desportivo visando condicionar ou limitar a liberdade de trabalho do praticante desportivo após o termo do vínculo contratual.

2. Pode ser estabelecida por convenção colectiva a obrigação de pagamento de uma justa indemnização, a título de promoção ou valorização do praticante desportivo, à anterior entidade empregadora por parte da entidade empregadora desportiva que com esse praticante desportivo celebre, após a cessação do anterior, um contrato de trabalho desportivo.

3. A convenção colectiva referida no número anterior é aplicável apenas em relação às transferências de praticantes que ocorram entre clubes portugueses com sede em território nacional.

4. O valor da compensação referida no n.º 2 não poderá, em caso algum, afectar de forma desproporcionada, na prática, a liberdade de contratar do praticante.

5. A validade e a eficácia do novo contrato não estão dependentes do pagamento de compensação devida nos termos do n.º 2.

6. A compensação a que se refere o n.º 2 pode ser satisfeita pelo praticante desportivo.

CAPÍTULO III
Cedência e transferência de praticantes desportivos

ARTIGO 19.º
Cedência do praticante desportivo

1. Na vigência do contrato de trabalho desportivo é permitida, havendo acordo das partes, a cedência do praticante desportivo a outra entidade empregadora desportiva.

2. O acordo a que se refere o número anterior deve ser reduzido a escrito, não podendo o seu objecto ser diverso da actividade desportiva que o praticante se obrigou a prestar nos termos do contrato de trabalho desportivo.

ARTIGO 20.º
Contrato de cedência[19]

1. Ao contrato de cedência do praticante desportivo celebrado entre as entidades empregadoras desportivas aplica-se o disposto nos artigos 5.º e 6.º, com as devidas adaptações.

---

[19] V. Ac. STJ de 21/10/2009 [**54**, pp. 587-588].

2. Do contrato de cedência deve constar declaração de concordância do trabalhador.

3. No contrato de cedência podem ser estabelecidas condições remuneratórias diversas das acordadas no contrato de trabalho desportivo, desde que não envolvam diminuição da retribuição nele prevista.

4. A entidade empregadora a quem o praticante passa a prestar a sua actividade desportiva, nos termos do contrato de cedência, fica investida na posição jurídica da entidade empregadora anterior, nos termos do contrato e da convenção colectiva aplicável.

ARTIGO 21.º
Transferência de praticantes desportivos

A transferência do praticante desportivo é regulada pelos regulamentos da respectiva federação dotada de utilidade pública desportiva, sem prejuízo do disposto no artigo 18.º.

CAPÍTULO IV
Dos empresários desportivos

ARTIGO 22.º
Exercício da actividade de empresário desportivo

1. Só podem exercer actividade de empresário desportivo as pessoas singulares ou colectivas devidamente autorizadas pelas entidades desportivas, nacionais ou internacionais, competentes.

2. A pessoa que exerça a actividade de empresário desportivo só pode agir em nome e por conta de uma das partes da relação contratual.

ARTIGO 23.º
Registo dos empresários desportivos[20]

1. Sem prejuízo do disposto no artigo anterior, os empresários desportivos que pretendam exercer a actividade de intermediários na contratação de praticantes desportivos devem registar-se como tal junto da federação desportiva da respectiva modalidade, que, para este efeito, deve dispor de um registo organizado e actualizado.

2. Nas federações desportivas onde existam competições de carácter profissional o registo a que se refere o número anterior será igualmente efectuado junto da respectiva liga.

3. O registo a que se refere o número anterior é constituído por um modelo de identificação do empresário, cujas características serão definidas por regulamento federativo.

---

[20] V. Ac. RL de 14/10/2008 [**54**, p. 591].

4. Os contratos de mandato celebrados com empresários desportivos que se não encontrem inscritos no registo referido no presente artigo, bem como as cláusulas contratuais que prevejam a respectiva remuneração pela prestação desses serviços, são considerados inexistentes.

ARTIGO 24.º
Remuneração da actividade de empresário

1. As pessoas singulares ou colectivas que exerçam a actividade de intermediários, ocasional ou permanentemente, só podem ser remuneradas pela parte que representam.

2. Salvo acordo em contrário, que deverá constar de cláusula escrita no contrato inicial, o montante máximo recebido pelo empresário é fixado em 5% do montante global do contrato.

ARTIGO 25.º
**Limitações ao exercício da actividade
de empresário**

Sem prejuízo de outras limitações estabelecidas em regulamentos federativos nacionais ou internacionais, ficam inibidos de exercer a actividade de empresários desportivos as seguintes entidades:

a) As sociedades desportivas;
b) Os clubes;
c) Os dirigentes desportivos;
d) Os titulares de cargos em órgãos das sociedades desportivas;
e) Os treinadores, praticantes, árbitros, médicos e massagistas.

CAPÍTULO V
Cessação do contrato de trabalho desportivo

ARTIGO 26.º
Formas de cessação

1. O contrato de trabalho desportivo pode cessar por:
a) Caducidade;
b) Revogação, por acordo das partes;
c) Despedimento com justa causa promovido pela entidade empregadora desportiva;
d) Rescisão com justa causa por iniciativa do praticante desportivo;
e) Rescisão por qualquer das partes durante o período experimental;
f) Despedimento colectivo;
g) Abandono do trabalho.

2. À cessação do contrato por abandono do trabalho aplicam-se as normas do artigo 40.º do regime jurídico da cessação do contrato individual de trabalho, aprovado pelo Decreto-Lei n.º 64-A/89, de 27 de Fevereiro.([21])

ARTIGO 27.º
Responsabilidade das partes pela cessação do contrato

1. Nos casos previstos nas alíneas c) e d) do n.º 1 do artigo anterior, a parte que der causa à cessação ou que a haja promovido indevidamente incorre em responsabilidade civil pelos danos causados em virtude do incumprimento do contrato, não podendo a indemnização exceder o valor das retribuições que ao praticante seriam devidas se o contrato de trabalho tivesse cessado no seu termo.

2. Quando se trate de extinção promovida pela entidade empregadora, o disposto no número anterior não prejudica o direito do trabalhador à reintegração no clube em caso de despedimento ilícito.

3. Quando, em caso de despedimento promovido pela entidade empregadora, caiba o direito à indemnização prevista no n.º 1, do respectivo montante devem ser deduzidas as remunerações que, durante o período correspondente à duração fixada para o contrato, o trabalhador venha a receber pela prestação da mesma actividade a outra entidade empregadora desportiva.

ARTIGO 28.º
Rescisão pelo trabalhador

Não é devida a compensação referida no artigo 18.º quando o contrato de trabalho desportivo seja rescindido com justa causa pelo trabalhador.

ARTIGO 29.º
Comunicação da cessação do contrato

1. A eficácia da cessação do contrato de trabalho desportivo depende da comunicação às entidades que procedem ao registo obrigatório do contrato, nos termos do disposto no artigo 6.º

2. A comunicação deve ser realizada pela parte que promoveu a cessação, com indicação da respectiva forma de extinção do contrato.

ARTIGO 30.º
Convenção de arbitragem

1. Para a solução de quaisquer conflitos de natureza laboral emergentes da celebração de contrato de trabalho desportivo poderão as associações representativas de entidades empregadoras e de praticantes desportivos, por meio de convenção

---

([21]) Hoje, deve entender-se que se aplica o artigo 403.º do *Código do Trabalho*.

colectiva, estabelecer o recurso à arbitragem, nos termos da Lei n.º 31/86, de 29 de Agosto, através da atribuição, para tal efeito, de competência exclusiva ou prévia a comissões arbitrais paritárias, institucionalizadas, nos termos do disposto no Decreto--Lei n.º 425/86, de 27 de Dezembro.([22])

2. A convenção que estabelecer o recurso à arbitragem prevista no número anterior deverá fixar as competências próprias da comissão arbitral paritária, bem como a respectiva composição.

3. As comissões e tribunais arbitrais já existentes à data da entrada em vigor do presente diploma consideram-se competentes nos termos do n.º 1 do presente artigo, desde que tal competência resulte da convenção que determinou a sua constituição.

CAPÍTULO VI
Contrato de formação desportiva

ARTIGO 31.º
Capacidade

1. Podem ser contratados como formandos os jovens que, cumulativamente, tenham:
   a) Cumprido a escolaridade obrigatória;
   b) Idade compreendida entre 14 e 18 anos.

2. Podem celebrar contratos de formação como entidades formadoras as entidades empregadoras desportivas que garantam um ambiente de trabalho e meios humanos e técnicos adequados à formação desportiva a ministrar.

3. A verificação do disposto no número anterior é certificada mediante documento comprovativo a emitir pela respectiva federação dotada de utilidade pública desportiva e pode ser reapreciada a todo o tempo.

4. A celebração do contrato depende da realização de exame médico, a promover pela entidade formadora, que certifique a capacidade física e psíquica adequada ao desempenho da actividade.

5. O incumprimento dos requisitos previstos no presente artigo determina a anulabilidade do contrato.

ARTIGO 32.º
Forma

1. O contrato de formação desportiva deve ser reduzido a escrito e é feito em triplicado.

2. Os três exemplares são assinados pelo representante da entidade formadora, pelo formando e pelo seu representante legal, quando aquele for menor.

3. Dos três exemplares um é para a entidade formadora, outro para o formando ou seu representante legal e outro para a federação respectiva.

4. O modelo do contrato de formação é aprovado por regulamento federativo.

([22]) V. Portaria n.º 81/2001, de 8 de Fevereiro.

ARTIGO 33.º
Duração

1. O contrato de formação tem a duração mínima de uma época desportiva e a duração máxima de quatro épocas desportivas.

2. O contrato de formação pode ser prorrogado até ao limite máximo estabelecido no número anterior.

ARTIGO 34.º
Tempo de trabalho

No que respeita ao tempo de trabalho, feriados e descanso semanal do formando, é aplicável o regime estabelecido pelo presente diploma para o praticante desportivo profissional.

ARTIGO 35.º
Deveres da entidade formadora

1. Constituem, em especial, deveres da entidade formadora:

a) Proporcionar ao formando os conhecimentos necessários à prática da modalidade desportiva;

b) Não exigir dos formandos tarefas que não se compreendam no objecto do contrato;

c) Respeitar as condições de higiene e segurança e de ambiente compatíveis com a idade do formando;

d) Informar regularmente o representante legal do formando sobre o desenvolvimento do processo de formação e, bem assim, prestar os esclarecimentos que lhes forem por aquele solicitados;

e) Proporcionar ao formando a frequência e a prossecução dos seus estudos.

2. A entidade formadora é responsável pela realização de um exame médico anual, se periodicidade mais curta não for exigida pelo desenvolvimento do processo de formação, por forma a assegurar que das actividades desenvolvidas no âmbito da formação não resulte perigo para a saúde e para o desenvolvimento físico e psíquico do formando.

ARTIGO 36.º
Deveres do formando

Constituem em especial, deveres do formando:

a) Ser assíduo, pontual e realizar as suas tarefas com zelo e diligência;

b) Observar as instruções das pessoas encarregadas da sua formação;

c) Utilizar cuidadosamente e zelar pela boa conservação dos bens materiais que lhe sejam confiados.

ARTIGO 37.º
Promessa de contrato de trabalho desportivo

1. Vale como promessa de contrato de trabalho desportivo o acordo pelo qual o formando se obriga a celebrar com a entidade formadora um contrato de trabalho desportivo após a cessação do contrato de formação.
2. A duração do contrato de trabalho prometido não pode exceder quatro épocas desportivas, considerando-se reduzida a essa duração em caso de estipulação de duração superior.
3. A promessa de contrato de trabalho referida no número anterior caduca caso o contrato de formação cesse antes do termo fixado.
4. O incumprimento do contrato, sem justa causa, de formação por parte do formando inibirá este de celebrar contrato de trabalho desportivo com clube diverso do clube formador até ao final do prazo pelo qual se tinha comprometido com este.

ARTIGO 38.º
Compensação por formação

A celebração, pelo praticante desportivo, do primeiro contrato de trabalho como profissional com entidade empregadora distinta da entidade formadora confere a esta o direito de receber uma compensação por formação, de acordo com o disposto no artigo 18.º

ARTIGO 39.º
Cessação do contrato

1. À cessação do contrato de formação desportiva é aplicável, com as necessárias adaptações, o regime previsto nos artigos 26.º a 30.º do Decreto-Lei n.º 205/96, de 25 de Outubro.([23])
2. A cessação do contrato de formação por iniciativa do clube formador depende da verificação de justa causa apurada através do competente procedimento disciplinar.

ARTIGO 40.º
Liberdade de contratar

A federação de cada modalidade, dotada de utilidade pública desportiva, pode estabelecer, por regulamento, limites quanto à possibilidade de participação do formando em competições oficiais em representação de mais de uma entidade formadora numa mesma época desportiva.

([23]) Este diploma foi revogado pelo artigo 25.º, n.º 1, do Decreto-Lei n.º 396/2007, de 31 de Dezembro (a partir da entrada em vigor da Portaria n.º 1497/2008, de 19 de Dezembro), que regula «as condições de acesso, a organização, a gestão e o funcionamento dos cursos de aprendizagem, bem como a avaliação e a certificação das aprendizagens» (artigo 1.º, n.º 1). Hoje, deve entender-se que se aplica o artigo 10.º, n.os 6 a 8, da Portaria n.º 1497/2008, que disciplinam a cessação do contrato de aprendizagem.

ARTIGO 41.º
Norma revogatória

É revogado o Decreto-Lei n.º 305/95, de 18 de Novembro.

CAPÍTULO VII([24])
Sanções

ARTIGO 42.º
Contra-ordenações

1. Constitui contra-ordenação muito grave a prestação de actividade com base num contrato de trabalho desportivo por parte de menor que não satisfaça as condições referidas no n.º 1 do artigo 4.º, bem como a execução de contrato de formação desportiva por parte de menor sem os requisitos mínimos do n.º 1 do artigo 31.º.

2. Constitui contra-ordenação grave a violação das alíneas *a)* e *b)* do artigo 12.º, do n.º 3 do artigo 15.º, do artigo 16.º, dos n.ºs 2, 3 e 4 do artigo 17.º, do n.º 2 do artigo 27.º e da alínea *c)* do n.º 1 e do n.º 2 do artigo 35.º.

3. Constitui contra-ordenação leve a violação do n.º 2 do artigo 4.º, dos n.ºs 1 e 2 do artigo 5.º e da parte final do n.º 2 do artigo 32.º.

Aprovada em 30 de Abril de 1998.

O Presidente da Assembleia da República, *António de Almeida Santos.*

Promulgada em 3 de Junho de 1998.

Publique-se.

O Presidente da República, JORGE SAMPAIO.

Referendada em 17 de Junho de 1998.

O Primeiro Ministro, *António Manuel de Oliveira Guterres.*

([24]) Capítulo, epígrafe e artigo aditados pelo artigo 4.º da Lei n.º 114/99, de 3 de Agosto.
Para aferição dos valores das coimas aplicáveis, veja-se o artigo 554.º, n.ºs 2, 3 e 4, do *Código do Trabalho.*

[5]
Contrato Colectivo de Trabalho dos Jogadores
entre a Liga Portuguesa de Futebol Profissional
e o Sindicato dos Jogadores Profissionais de Futebol[25]

CAPÍTULO I
Disposições Gerais

ARTIGO 1.º
Âmbito funcional

1. O presente CCT estabelece e regula as normas por que se regerão as relações jurídicas laborais emergentes dos contratos de trabalho desportivo celebrado entre os futebolistas profissionais e os clubes ou sociedades desportivas filiados na Liga Portuguesa de Futebol Profissional, adiante também designada por LPFP.

2. Ambas as partes contratantes acordam em promover a extensão do presente CCT a todas as relações laborais emergentes de contratos de trabalho celebrados entre futebolistas profissionais e quaisquer clubes ou sociedades desportivas, estejam ou não filiados na LPFP, para o que solicitarão aos ministérios responsáveis a respectiva portaria de extensão.[26]

ARTIGO 2.º
Âmbito pessoal

1. O presente CCT aplicar-se-á aos futebolistas profissionais que, em virtude da celebração de contrato de trabalho desportivo, após a necessária formação técnico-profissional se obriguem, mediante retribuição, à prática do futebol como profissão exclusiva ou principal, sob autoridade e direcção de um clube ou sociedade desportiva.

2. A formação técnico-profissional dos jogadores profissionais de futebol bem como a respectiva evolução far-se-ão nos termos do regulamento que constitui o anexo III.

---

[25] Publicado no *Boletim do Trabalho e Emprego*, 1.ª Série, n.º 33, de 08/09/1999.
[26] V. Portaria de extensão de 20/10/1999, publicada no *Boletim do Trabalho e Emprego*, 1.ª Série, n.º 41, de 08/11/1999.

ARTIGO 3.º
Âmbito territorial

O presente CCT aplicar-se-á a todos os futebolistas e clubes ou sociedades desportivas domiciliados em território nacional.

ARTIGO 4.º
Regime jurídico

Às relações emergentes de contrato de trabalho desportivo, subscritos pelos futebolistas profissionais e pelos clubes ou sociedades desportivas, serão aplicáveis as normas do Regime Jurídico do Contrato de Trabalho do Praticante Desportivo e, subsidiariamente, as disposições aplicáveis ao contrato de trabalho, com excepção daquelas que se mostrem incompatíveis com a natureza específica da relação laboral dos futebolistas profissionais nomeadamente, as relativas à duração do trabalho.

ARTIGO 5.º
Forma

1. O contrato de trabalho deverá ser reduzido a escrito e assinado pela entidade patronal e pelo jogador lavrado em quintuplicado, destinando-se um exemplar para cada uma das partes e os três restantes, a ser enviados no prazo de cinco dias pela entidade patronal à LPFP, ao Sindicato dos Jogadores Profissionais de Futebol, adiante também designado por SJPF, e à Federação Portuguesa de Futebol, adiante também designada por FPF.

2. Do contrato de trabalho desportivo deverá constar:
   a) A identificação das partes, incluindo a nacionalidade e a data de nascimento do jogador;
   b) O montante da retribuição;
   c) A data de início de produção de efeitos do contrato;
   d) O termo de vigência do contrato;
   e) A data da celebração.

3. A falta de redução a escrito do contrato determina a sua nulidade.

(Junta-se, como anexo I ao presente CCT, o modelo de contrato tipo.)

ARTIGO 6.º
Promessa de contrato de trabalho

1. A promessa de contrato de trabalho só é válida se constar de documento assinado pelos promitentes, no qual se exprima, em termos inequívocos, a vontade de as partes se obrigarem a celebrar um contrato de trabalho desportivo, respectiva retribuição e a indicação do início e do termo do contrato prometido, ou a menção da competição ou número de jogos.

2. Vale como promessa de contrato de trabalho desportivo o acordo pelo qual o formando se obriga a celebrar com a entidade formadora um contrato de trabalho desportivo após a cessação do contrato de formação.

3. A duração do contrato de trabalho prometido nos termos do número anterior não pode exceder quatro épocas desportivas, considerando-se reduzida a essa duração em caso de estipulação de duração superior.

4. A promessa do contrato de trabalho referida no n.º 2 caduca caso o contrato de formação cesse antes do termo fixado, por mútuo acordo, rescisão fundada em causa justificativa ou caducidade.

5. No caso de outra indemnização não ser prevista a título de cláusula penal o incumprimento culposo da promessa de contrato de trabalho a que se refere o n.º 1 implica o dever de indemnizar o promitente não faltoso, pelos prejuízos sofridos, em quantia igual a 70% do montante que o clube ou sociedade desportiva houver entregue como antecipação do contrato prometido, sem prejuízo da obrigação de reembolso ou do direito de a fazer sua, consoante a violação seja do jogador ou do clube.

6. No caso de não haver antecipação financeira do contrato prometido, o promitente faltoso responde pelo incumprimento nos termos gerais de direito.

7. Não é aplicável à promessa constante deste preceito o disposto no artigo 830.º do Código Civil.

ARTIGO 7.º
Prazo

1. O contrato de trabalho desportivo terá sempre uma duração determinada, seja pela fixação do seu tempo, seja pela referência a determinada competição ou número de jogos.

2. No primeiro caso, o contrato caducará, sem necessidade de aviso prévio, expirado o prazo estipulado.

3. No segundo caso, o contrato considerar-se-á extinto após a realização do último jogo da competição a que se referia ou para que fora contratado.

4. No entanto, o jogador não fica impedido de ser utilizado em jogos resultantes de adiamentos, substituição ou repetição de jogos para que foi contratado, mesmo que tais jogos se venham a realizar posteriormente à data inicialmente prevista para a realização do último jogo integrado no objecto contratual.

5. Em qualquer dos casos o contrato poderá ser prorrogado, por mútuo acordo das partes, por período igual ou diverso do anteriormente fixado.

ARTIGO 8.º
Registo

A possibilidade de participação do futebolista em competições oficiais depende do registo prévio do seu contrato na LPFP e na FPF, nos termos da regulamentação em vigor.

ARTIGO 9.º
Cedência temporária

1. Sem prejuízo de eventuais limitações ou condições previstas nos regulamentos desportivos, durante a vigência de um contrato, o clube ou sociedade desportiva poderá ceder temporariamente a outro os serviços de um jogador profissional, mediante aceitação expressa deste, não podendo o período de cedência exceder o termo do prazo do contrato em vigor.

2. Esta cedência só poderá, porém, ser efectivada dentro de cada época, nos prazos previstos na regulamentação desportiva aplicável, desde que comunicada à FPF e à LPFP.

3. A cedência deverá constar obrigatoriamente de documento escrito, assinado por todos os intervenientes, no qual deverão ser especificados as condições e o prazo de cedência, nomeadamente os direitos e deveres emergentes da relação de trabalho assumidos pelos contraentes.

4. No contrato de cedência podem ser estabelecidas condições remuneratórias diversas das acordadas no contrato de trabalho desportivo, desde que não envolvam diminuição da retribuição nele prevista.

5. Na falta de especificação, presumem-se sub-rogados pelo cessionário todos os direitos e obrigações do cedente.

6. Sempre que da cedência resulte o pagamento de qualquer compensação ao clube ou sociedade desportiva cedente, o jogador cedido terá direito a receber, se outro acordo mais favorável não for estipulado entre as partes, 7% daquela quantia.

7. Fica salvaguardada em qualquer dos casos previstos neste artigo a regulamentação desportiva em vigor, designadamente a que contemple as transferências de jogadores no âmbito dos «clubes satélites» ou «equipas B».

ARTIGO 10.º
Transferências a meio da época

1. Sem prejuízo de eventuais limitações ou condições decorrentes dos regulamentos desportivos, sempre que se verifique revogação do contrato por mútuo acordo ou promovida por uma das partes com invocação de justa causa, devidamente reconhecida, pode o jogador transferir-se definitivamente para outro clube ou sociedade desportiva durante o decurso da época desportiva e ser ainda nela utilizado pelo seu novo clube, desde que a extinção do seu contrato seja comunicada à FPF e à LPFP até 31 de Março.

2. Igual possibilidade tem o jogador cujo contrato caduque nos termos do artigo 41.º, n.º 1, alínea *b*), em caso de impossibilidade do clube.

3. A inscrição do jogador no novo clube, nos casos de rescisão com justa causa, carece de verificação sumária, exclusivamente para efeitos desportivos, a qual poderá resultar de acordo expresso ou tácito entre as partes, de decisão em processo especial da Comissão Arbitral Paritária prevista no presente CCT ou de sentença judicial, ainda que não transitada em julgado.

ARTIGO 11.º
Período experimental

1. Apenas poderá estabelecer-se um período experimental no primeiro contrato celebrado entre o mesmo jogador e o mesmo clube.

2. O período experimental não poderá ser superior a 30 dias mas cessará imediatamente logo que o jogador seja utilizado em competição oficial, ou sofra, ao serviço do clube, lesão que o impeça temporariamente de praticar o futebol para além do termo do período experimental.

3. Não é admissível o estabelecimento de período experimental no primeiro contrato de trabalho desportivo celebrado pelo jogador com o clube que lhe deu formação.

4. Na falta de estipulação expressa, presume-se que as partes afastaram a possibilidade de existência de período experimental.

CAPÍTULO II
Direitos, deveres e garantias

ARTIGO 12.º
Deveres do clube

O clube ou sociedade desportiva deve:

a) Tratar e respeitar o jogador como seu colaborador;

b) Pagar-lhe atempadamente a retribuição convencionada;

c) Proporcionar-lhe boas condições de trabalho, assegurando os meios técnicos e humanos necessários ao bom desempenho das suas funções;

d) Facilitar-lhe o exercício dos seus direitos sindicais;

e) Indemnizá-lo dos prejuízos resultantes de acidentes de trabalho e doenças profissionais em conformidade com a legislação em vigor;

f) Cumprir todas as demais obrigações decorrentes do contrato de trabalho desportivo e das normas que o regem, bem como das regras de disciplina e ética desportiva.

ARTIGO 13.º
Deveres do jogador

O jogador deve:

a) Respeitar e tratar com urbanidade e lealdade a entidade patronal, os superiores hierárquicos, incluindo os treinadores, os companheiros de trabalho e as demais pessoas que, pelas respectivas funções, estejam relacionadas com a sua actividade;

b) Comparecer pontualmente aos treinos, jogos, estágios, deslocações, exames e tratamentos médicos e submeter-se ao regime de treino antecipadamente estabelecido pelo treinador e a todos os tratamentos preconizados pelos serviços clínicos;

c) Obedecer à entidade patronal e seus representantes em tudo o que respeite à execução e disciplina da actividade desportiva, salvo na medida em que as ordens e instruções daquela se mostrarem contrárias aos seus direitos e garantias;

d) Zelar por se manter a cada momento nas melhores condições físicas necessárias para a prática desportiva;

e) Cumprir todas as demais obrigações decorrentes do contrato de trabalho desportivo e das normas que o regem, bem como das regras próprias de disciplina e ética desportiva.

ARTIGO 14.º
Garantias do jogador

É proibida à entidade patronal:

a) Opor-se, por qualquer forma, a que o jogador exerça os seus direitos, bem como rescindir o contrato ou aplicar-lhe sanções por causa desse exercício;

b) Exercer pressão sobre o jogador para que actue no sentido de influir desfavoravelmente nas condições de trabalho dele ou dos companheiros;

c) Diminuir a retribuição, salvo nos casos previstos na lei do trabalho ou desta convenção;

d) Afectar as condições de prestação do trabalho, nomeadamente, impedindo-o de o prestar inserido no normal grupo de trabalho, excepto em situações especiais por razões de natureza médica ou técnica;

e) Impor ao jogador a prestação de serviços não compreendidos no objecto do contrato;

f) Prejudicar, por qualquer forma, o exercício do direito ao trabalho após a cessação do contrato;

g) Impedir a participação do jogador nos trabalhos das selecções nacionais.

ARTIGO 15.º
Poder disciplinar

1. Sem prejuízo da competência disciplinar própria das associações de futebol, da FPF e da LPFP, restrita ao plano desportivo, conforme previsto nos respectivos regulamentos, compete aos clubes ou sociedades desportivas exercer, nos termos do Regime Jurídico do Contrato de Trabalho do Praticante Desportivo, da lei geral e do presente CCT, o poder disciplinar sobre os jogadores ao seu serviço.

2. Os clubes ou sociedades desportivas poderão elaborar regulamentos internos sobre as condições de exercício da actividade dos jogadores, devendo, no entanto, respeitar as condições do presente CCT e restante regulamentação aplicável.

3. Dentro dos limites fixados neste artigo o clube ou sociedade desportiva poderá aplicar as seguintes sanções disciplinares:

a) Repreensão;
b) Repreensão registada;
c) Multa;

d) Suspensão do trabalho com perda de retribuição;
e) Despedimento com justa causa.

4. As multas aplicadas a um jogador por cada infracção disciplinar praticada não podem exceder um terço da retribuição mensal e, em cada época, a retribuição correspondente a 30 dias.

5. A suspensão do trabalho não pode exceder, por cada infracção, 24 dias e, em cada época, o total de 60 dias.

ARTIGO 16.º
Exercício do poder disciplinar

1. As sanções disciplinares previstas nas alíneas *c)*, *d)* e *e)* do n.º 3 do artigo 15.º só podem ser aplicadas em resultado de processo disciplinar organizado nos termos legais, sob pena de nulidade.

2. As sanções previstas nas alíneas *a)* e *b)* do n.º 3 do artigo 15.º poderão ser aplicadas com dispensa de processo disciplinar, sem prejuízo da prévia audiência do jogador.

3. O procedimento disciplinar deve exercer-se nos 60 dias subsequentes àquele em que a entidade patronal teve conhecimento da infracção e a execução da eventual sanção disciplinar só poderá ter lugar nos três meses seguintes à decisão.

4. Com a notificação da nota de culpa, pode a entidade patronal suspender preventivamente o trabalhador, sem perda de retribuição, se a presença se mostrar inconveniente.

ARTIGO 17.º
Sanções abusivas

1. Consideram-se abusivas as sanções disciplinares motivadas pelo facto de o jogador:

a) Haver reclamado legitimamente contra as condições de trabalho;
b) Recusar-se a cumprir ordens a que não devesse obediência, nos termos da alínea *c)* do artigo 13.º;
c) Exercer ou candidatar-se a funções sindicais;
d) Em geral, exercer, ter exercido, pretender exercer ou invocar os direitos e garantias que lhe assistem.

2. A entidade patronal que aplicar alguma sanção abusiva em qualquer dos casos previstos no número anterior indemnizará o jogador nos termos gerais de direito, ficando sujeita, nos casos de multa, suspensão ou despedimento, aos agravamentos previstos na lei.

ARTIGO 18.º
Liberdade de trabalho

São nulas as cláusulas dos contratos individuais de trabalho que, por qualquer forma, possam prejudicar o exercício do direito de trabalho após a cessação do contrato.

ARTIGO 19.º
Outras actividades na vigência do contrato

1. Ao futebolista profissional é vedado o desempenho de qualquer outra actividade desportiva no período da duração do contrato, salvo convenção expressa em contrário.

2. É igualmente vedado, na vigência do contrato, o exercício pelo futebolista profissional de qualquer actividade laboral ou empresarial incompatível com a prática da actividade a que está vinculado pelo contrato de trabalho desportivo, excepto se o contrário for convencionado neste contrato ou se expressamente autorizada tal prática pelo clube.

3. No caso de oposição por parte do clube ou sociedade desportiva, a questão da eventual incompatibilidade será dirimida pela Comissão Arbitral prevista neste CCT.

ARTIGO 20.º
Garantia do cumprimento das obrigações contratuais

1. Sempre que, por força da aplicação de regulamentos nacionais ou internacionais, seja possível a um clube ou sociedade desportiva reclamar quaisquer direitos relativamente a um jogador com quem houver mantido contrato de trabalho desportivo, não é lícito ao clube exercer tal direito, nem dele obter qualquer ganho, quando, por força do contrato de trabalho celebrado, o clube ou sociedade desportiva for devedor a esse jogador de quaisquer retribuições.

2. Sem prejuízo das demais obrigações legais, os clubes ou sociedades desportivas deverão celebrar e manter em vigor, pelo prazo de vigência do contrato, um seguro de acidentes de trabalho de que seja beneficiário o próprio jogador.

CAPÍTULO III
Prestação do trabalho

ARTIGO 21.º
Trabalho normal

1. Considera-se compreendido no período normal de trabalho do jogador:

a) O tempo que está sob as ordens e dependência da entidade patronal, com vista à participação nos jogos oficiais ou particulares em que possa vir a tomar parte;

b) O tempo despendido em sessões de apuramento técnico, táctico e físico, sauna e massagens, bem como em exames e tratamentos clínicos com vista à preparação e recuperação do jogador para as provas desportivas;

c) O tempo despendido em estágios de concentração e em viagens que precedam ou sucedam à participação em provas desportivas.

2. O trabalho normal não deverá exceder sete horas por dia, não relevando, contudo, para efeito dos limites de duração de trabalho previstos neste CCT, os períodos de tempo referidos na alínea *c)* do número anterior.

3. Os jogadores obrigam-se a participar nos estágios de concentração estabelecidos pelo clube ou sociedade desportiva, os quais não deverão exceder trinta e seis horas, quando os jogos se disputem em campo próprio, ou setenta e duas horas, quando o jogo se realize em campo alheio, incluindo-se, neste último caso, o período de tempo necessário à deslocação.

4. A duração dos estágios pode, porém, ser alargada, na medida do indispensável, quando as exigências da competição o justifiquem.

ARTIGO 22.º
Horários

1. Compete à entidade patronal estabelecer o horário de trabalho dos jogadores ao seu serviço, dentro dos condicionalismos legais.

2. As sessões de treino, bem como as demais actividades formativas, tais como reuniões do tipo técnico, informativo, sauna e massagem, serão decididas pelo clube ou sociedade desportiva ou seu treinador e comunicadas aos jogadores com a necessária antecedência.

ARTIGO 23.º
Trabalho suplementar

1. Todo o trabalho prestado para além dos limites estabelecidos nos artigos antecedentes só poderá ser prestado com o acordo prévio dos jogadores, salvo caso de força maior, e será remunerado com o aumento correspondente a 50% da retribuição normal.

2. A duração do trabalho suplementar nunca poderá ser superior ao período de tempo do trabalho normal.

ARTIGO 24.º
Descanso semanal e feriados obrigatórios

1. Os jogadores têm direito a um descanso semanal mínimo de um dia e meio, do qual pelo menos um dia será gozado de forma continuada, devendo o gozo do restante meio dia ser desfrutado por acordo de ambas as partes.

2. Têm ainda os jogadores direito ao descanso nos dias 1 de Janeiro, domingo de Páscoa, 1 de Maio e 24 e 25 de Dezembro.

3. Quando, por exigência da realização de provas desportivas, incluindo as não oficiais, não seja possível desfrutar do descanso previsto neste artigo, com a excepção dos previstos no número anterior, transfere-se o mesmo para data a acordar entre as partes ou, não havendo acordo, para o primeiro dia disponível.

ARTIGO 25.º
Férias

1. O jogador tem direito a gozar um período 22 dias úteis de férias em virtude do trabalho prestado em cada época.

2. O direito a férias vence-se no dia 1 do mês imediatamente anterior àquele em que termina a época.

3. Cessando o contrato de trabalho antes do termo inicialmente previsto, o jogador terá direito a receber a retribuição e o subsídio correspondentes a um período de férias proporcional ao tempo de serviço prestado na própria época da cessação, excepto no caso de despedimento com justa causa.

4. Se o contrato cessar antes de gozado período de férias já vencido, o jogador terá direito a receber a retribuição correspondente a esse período, bem como o respectivo subsídio.

5. O direito a férias é irrenunciável e não pode ser substituído, fora os casos expressamente previstos na lei, por remuneração suplementar ou por outras vantagens, ainda que o jogador dê o seu consentimento.

6. O jogador que tenha celebrado contrato de trabalho desportivo por um prazo inferior a uma época tem direito a um período de férias correspondente a dois dias úteis por cada mês de serviço.

7. Se a redução do prazo resulte de transferência a meio da época, a obrigação de conceder as férias transmite-se para a nova entidade patronal, salvo acordo em contrário entre o cedente e o cessionário.

8. A entidade patronal que não cumprir, total ou parcialmente, a obrigação de conceder férias, nos termos dos números anteriores, pagará ao jogador, a título de indemnização, o triplo da retribuição correspondente ao tempo de férias não gozadas.

ARTIGO 26.º
Escolha de férias e retribuição

1. A época de férias deve ser escolhida de comum acordo entre a entidade patronal e o jogador.

2. Na falta de acordo, compete à entidade patronal fixar a época de férias da qual dará conhecimento ao jogador com antecedência não inferior a 30 dias.

3. A retribuição dos jogadores durante as férias não pode ser inferior à que receberiam se estivessem efectivamente em serviço e deverá ser paga antes do seu início.

ARTIGO 27.º
**Exercício da actividade futebolística
durante as férias**

No caso de um jogador, durante as férias, violando o disposto do artigo 19.º, n.º 1, praticar futebol em competição ou em representação de qualquer entidade, daí auferindo, directa ou indirectamente, remuneração ou qualquer tipo de retribuição, incorre em responsabilidade disciplinar e perderá ainda direito à retribuição correspondente ao seu período de férias sem prejuízo das indemnizações devidas nos termos gerais de direito.

ARTIGO 28.º
Faltas – Princípios gerais

1. As faltas podem ser justificadas ou não justificadas.
2. A entidade patronal tem direito a descontar na retribuição do jogador a importância correspondente aos dias em que ele faltou ao trabalho sem justificação.
3. A justificação da falta deve ser apresentada no prazo máximo de quarenta e oito horas a contar da reapresentação ao serviço.
4. A entidade patronal poderá descontar no período de férias as faltas não justificadas ocorridas na época a que as férias respeitam, salvo se tais faltas tiverem motivado a aplicação de sanção disciplinar igual ou superior à fixada na alínea c) do n.º 3 do artigo 15.º
5. O desconto a que se refere o número anterior far-se-á à razão de um dia de férias por cada falta, até ao máximo de um terço das férias a que o jogador teria direito.

ARTIGO 29.º
Faltas justificadas

1. Consideram-se justificadas as faltas autorizadas pela entidade patronal, bem como as motivadas por impossibilidade de prestar trabalho devido a facto não imputável ao jogador, nomeadamente doença, acidente ou cumprimento de obrigações legais, ou a necessidade de prestação de assistência inadiável a membros do seu agregado familiar.
2. Nas hipóteses abrangidas no número anterior, quando a impossibilidade se prolongar para além de um mês, aplica-se o regime do artigo 30.º
3. As faltas autorizadas pela entidade patronal não determinam perda de retribuição, salvo estipulação em contrário.
4. O jogador pode faltar pelo tempo estritamente indispensável à prática de actos necessários e inadiáveis no exercício de funções sindicais ou outras a estas inerentes.
5. O jogador pode faltar até 11 dias consecutivos na altura do seu casamento, pagando a entidade patronal a retribuição correspondente a todo o período de faltas.
6. O jogador pode faltar até cinco dias consecutivos, por falecimento do cônjuge ou de parentes ou afins no 1.º grau da linha recta, ou até dois dias consecutivos, por falecimento dos restantes parentes ou afins na linha recta ou até ao 2.º grau da linha colateral. A entidade patronal pagará a retribuição correspondente aos períodos previstos.
7. No caso de prestação de provas de exame em estabelecimento de ensino, o jogador pode faltar durante os dias em que tenham lugar as respectivas provas.

ARTIGO 30.º
Suspensão da prestação do trabalho por impedimento do jogador

1. Quando o jogador esteja temporariamente impedido por facto que não lhe seja imputável, nomeadamente o cumprimento do serviço militar obrigatório, e o impedimento se prolongue por mais de um mês, mantêm-se os direitos, deveres e garantias das partes, na medida em que não pressuponham a efectiva prestação de trabalho.

2. Se o impedimento do jogador resultar de doença ou lesão contraídos ao serviço do clube, é inaplicável o disposto no número anterior e o clube fica obrigado a pagar-lhe a diferença das prestações da segurança social até perfazer as remunerações acordadas.

3. Durante o tempo de suspensão o jogador conserva o direito ao lugar e continua obrigado a guardar lealdade à entidade patronal.

4. O disposto no n.º 1 começará a observar-se mesmo antes de expirado o prazo de um mês, a partir do momento em que haja a certeza ou se preveja com segurança que o impedimento terá duração superior àquele prazo.

5. O contrato caducará, porém, no momento em que se torne certo que o impedimento é definitivo.

6. Terminado o impedimento, o jogador deve apresentar-se à entidade patronal para retomar o serviço, dentro de quarenta e oito horas.

7. A entidade patronal que se oponha a que o jogador retome o serviço deve indemnizar o jogador nos termos estabelecidos no artigo 49.º

8. A suspensão não impede a caducidade do contrato no termo do prazo que tiver sido celebrado nem prejudica o direito de, durante ela, qualquer das partes rescindir o contrato, ocorrendo justa causa.

CAPÍTULO IV
Retribuição do trabalho

ARTIGO 31.º
Remuneração

1. Consideram-se como retribuição todas as prestações, em dinheiro ou em espécie, recebidas pelo jogador, como contrapartida do exercício da sua actividade, salvo as excepções expressamente previstas na lei.

2. Entende-se, unicamente para efeitos de cálculo das pensões de morte, incapacidade permanente absoluta ou parcial, a retribuição mensal do atleta como o produto de 12 vezes a retribuição mensal acrescida dos subsídios de Natal e de férias e outras remunerações anuais a que o atleta sinistrado tenha direito com carácter de regularidade, tendo como máximo mensal 15 vezes o salário mínimo nacional.

ARTIGO 32.º[27]
Remuneração mínima

1. Sem prejuízo do disposto nos n.ºs 2, 3 e 4, os jogadores profissionais têm direito às remunerações base mínimas correspondentes a:

   a) 1.ª Divisão Nacional – três vezes o salário mínimo;

---

[27] Alterado por acordo, em 28/07/2009, pela Liga Portuguesa de Futebol Profissional e pelo Sindicato dos Jogadores Profissionais de Futebol; alteração publicada no *Boletim do Trabalho e Emprego*, n.º 34, de 15/09/2009; objecto de Portaria de extensão n.º 100/2010, de 02/02/2010, publicada no *Diário da República*, I Série, n.º 32, de 16/02/2010.

b) 2.ª Divisão de Honra – duas vezes e meia o salário mínimo nacional;
c) 2.ª Divisão B – duas vezes o salário mínimo nacional;
d) 3.ª Divisão – uma vez e meia o salário mínimo nacional.

2. Os jogadores profissionais com idades compreendidas entre os 18 e os 21 anos têm direito às remunerações base mínimas correspondentes a:
a) 1.ª Divisão Nacional – uma vez e meia o salário mínimo nacional;
b) Restantes Divisões – salário mínimo nacional.

§ 1.º: As remunerações previstas nas alíneas do n.º 2 só são aplicáveis nos casos de Clubes que, em cada época desportiva, tenham em vigor contratos de trabalho desportivo celebrados com, pelo menos, dois jogadores da sua formação ou provenientes das competições não profissionais, com idades compreendidas entre os 18 e os 21 anos, e integrem o respectivo plantel nos termos do n.º 3 do artigo 37.º do Regulamento de Competições da LPFP.

§ 2.º: Nos contratos de trabalho desportivo celebrados nos termos do parágrafo 1.º após a entrada em vigor da presente alteração, podem também ser estabelecidas as remunerações fixadas nas referidas alíneas do n.º 2.

3. Os jogadores profissionais com idades compreendidas entre os 18 e 23 anos, cujos clubes tenham equipas «B», terão direito à remuneração mínima correspondente a duas vezes o salário mínimo nacional.

4. A remuneração mínima dos jogadores profissionais com idade inferior a 18 anos será a correspondente ao salário mínimo nacional.

ARTIGO 33.º
Subsídios de férias e de Natal

Os jogadores profissionais terão direito a receber, no início das férias e no Natal, um subsídio equivalente à remuneração de base mensal, salvo se o período de prestação de trabalho for inferior a uma época, caso em que o montante do subsídio será correspondente a dois dias e meio por cada mês de trabalho efectivamente prestado.

ARTIGO 34.º
Prémios de jogos

Quando a retribuição compreenda a atribuição aos jogadores de prémios de jogos ou de classificação, em função dos resultados obtidos, consideram-se essas prestações vencidas salvo acordo escrito em contrário, com a remuneração do mês seguinte àquele em que esses resultados se verificarem.

ARTIGO 35.º
Cláusulas contratuais especiais

Os contratos individuais de trabalho poderão conter cláusulas de salvaguarda de aumento ou redução das retribuições contratuais para os casos de subida e descida de divisão, respectivamente, desde que tais valores sejam definidos previamente.

ARTIGO 36.º
Forma, tempo e lugar de cumprimento

1. A remuneração mensal deverá ser satisfeita em numerário ou através de cheque nominativo, vale postal ou depósito bancário até ao dia 5 do mês subsequente àquele a que disser respeito, salvo se outra forma de pagamento for acordada entre as partes.

2. O não cumprimento da obrigação referida no número anterior constitui a entidade patronal em mora, independentemente de interpelação, e confere ao jogador o direito a receber os correspondentes juros calculados à taxa legal em vigor no momento do efectivo pagamento.

3. A retribuição deve ser satisfeita na localidade onde a entidade patronal tiver a sua sede, salvo acordo em contrário.

ARTIGO 37.º
Compensação e desconto

1. A entidade patronal não pode compensar a retribuição com créditos que tenha sobre o jogador, nem fazer quaisquer descontos ou deduções no montante da referida retribuição.

2. O disposto no número anterior não se aplica:

a) Aos descontos ordenados por lei, por decisão transitada em julgado ou por autos de conciliação, quando da decisão ou auto tenha sido notificada a entidade patronal;

b) Às indemnizações devidas pelo jogador à entidade patronal quando se acharem liquidadas por decisão judicial transitada em julgado ou por auto de conciliação;

c) Às multas a que se refere a alínea *c)* do n.º 3 do artigo 15.º;

d) Aos abonos ou adiantamentos por conta da retribuição;

e) Às amortizações e juros de empréstimos concedidos pela entidade patronal ao jogador para a aquisição de seus móveis e imóveis, quando expressamente solicitados por aquele e constem de documento escrito assinado por ambas as partes.

3. Os descontos referidos nas alíneas *b)*, *c)* e *d)* do número anterior não podem exceder no seu conjunto um sexto da retribuição.

ARTIGO 38.º
Direito de imagem

1. Todo o jogador tem direito a utilizar a sua imagem pública ligada à prática do futebol e a opor-se a que outrem a use ilicitamente para exploração comercial ou para outros fins económicos.

2. O direito ao uso e exploração da imagem do jogador compete ao próprio no plano meramente individual, podendo este ceder esse direito ao clube ao serviço do qual se encontra durante a vigência do respectivo contrato.

3. Fica ressalvado o direito de uso da imagem do colectivo dos jogadores de uma mesma equipa por parte do respectivo clube ou sociedade desportiva.

4. A exploração comercial da imagem dos jogadores de futebol enquanto colectivo profissional será da competência do SJPF.

5. A exploração do direito de imagem dos jogadores profissionais integrado nas transmissões televisivas em canal aberto dos jogos dos campeonatos nacionais confere ao SJPF o direito a receber a quantia de 200 000$, a pagar pelo clube visitado no decurso do mês seguinte àquele em que se realiza o jogo.

CAPÍTULO V
Cessação do contrato de trabalho

ARTIGO 39.º
Causas de extinção do contrato de trabalho desportivo

O contrato de trabalho desportivo pode cessar por:
 a) Revogação por acordo das partes;
 b) Caducidade;
 c) Despedimento com justa causa promovido pela entidade empregadora;
 d) Rescisão com justa causa por iniciativa do jogador;
 e) Resolução por iniciativa do jogador sem justa causa quando contratualmente convencionada;
 f) Rescisão por qualquer das partes durante o período experimental;
 g) Despedimento colectivo;
 h) Abandono de trabalho.

ARTIGO 40.º
Revogação por mútuo acordo

1. É sempre lícito às partes revogar, por mútuo acordo, o contrato de trabalho desportivo, em qualquer momento da sua vigência.

2. A revogação deverá sempre constar de documento assinado por ambas as partes, ficando cada uma com um exemplar, do qual deverá constar expressamente a data de celebração do acordo bem como do início da produção dos efeitos revogatórios.

3. Se no acordo de cessação, ou conjuntamente com este, as partes estabelecerem uma compensação pecuniária de natureza global para o jogador, entende-se, na falta de estipulação em contrário, que naquela foram incluídos os créditos já vencidos à data da cessação do contrato ou exigíveis em virtude dessa cessação.

ARTIGO 41.º
Caducidade

1. O contrato de trabalho desportivo caduca nos casos previstos neste CCT ou nos termos gerais de direito, nomeadamente:
 a) Expirando o prazo nele estipulado;
 b) Verificando-se a impossibilidade superveniente, absoluta e definitiva de o jogador prestar a sua actividade ou de a entidade empregadora o receber;
 c) Extinguindo-se a entidade empregadora;

d) Verificando-se a condição resolutiva aposta ao contrato, nomeadamente se for convencionada a extinção do contrato em caso de descida de divisão do clube ou sociedade desportiva, ou na eventualidade de determinada verba ser oferecida ao clube e ao jogador por parte de outro clube interessado nos seus serviços.

2. A caducidade do contrato de trabalho desportivo não confere ao jogador o direito à compensação fixada no n.º 3 do artigo 46.º do Decreto-Lei n.º 64-A/89.

ARTIGO 42.º
Justa causa de rescisão por iniciativa da entidade patronal

Considera-se justa causa de despedimento toda a violação grave dos deveres do jogador, traduzida num comportamento culposo que comprometa a subsistência do vínculo laboral, nomeadamente:

a) Desobediência ilegítima às ordens da entidade patronal ou dos seus representantes;

b) Inobservância reiterada das regras de conduta próprias da actividade e das necessárias à disciplina do trabalho;

c) Provocação repetida de conflitos com companheiros de trabalho, superiores hierárquicos ou membros dos órgãos sociais do clube ou sociedade desportiva;

d) Lesão culposa de interesses patrimoniais sérios da entidade patronal;

e) Prática de violências físicas, de injúrias ou outras ofensas à honra e dignidade da entidade patronal, dos superiores hierárquicos, dos companheiros de trabalho e das demais pessoas que, pelas suas funções, estejam relacionadas com a actividade exercida;

f) Repetida inobservância das regras da disciplina e da ética desportivas, contra os interesses do clube;

g) Faltas não justificadas que sejam causa directa de prejuízos ou riscos graves para o clube ou sociedade desportiva ou, independentemente de qualquer prejuízo ou risco, quando o número de faltas injustificadas atingir, em cada época desportiva, 5 seguidas ou 10 interpoladas;

h) Desinteresse repetido pelo cumprimento, com a diligência devida, das obrigações inerentes ao exercício da sua actividade;

i) Falsas declarações relativas à justificação de faltas.

ARTIGO 43.º
**Justa causa de rescisão por iniciativa
do jogador**

1. Constituem justa causa de rescisão por iniciativa do jogador, com direito a indemnização, entre outros, os seguintes comportamentos imputáveis à entidade patronal:

a) Falta culposa do pagamento pontual da retribuição na forma devida ou o seu atraso por mais de 30 dias, quando se verifiquem as condições previstas no n.º 2 deste artigo;

b) Violação das garantias do jogador nos casos e termos previstos no artigo 12.º;

c) Aplicação de sanções abusivas;

d) Ofensa à integridade física, honra ou dignidade do jogador praticada pela entidade patronal ou seus representantes legítimos;

e) Conduta intencional da entidade patronal de forma a levar o trabalhador a pôr termo ao contrato.

2. A falta de pagamento pontual da retribuição que se prolongue por período superior a 30 dias confere ao jogador direito à rescisão prevista no número anterior, desde que o jogador comunique a sua intenção de rescindir o contrato, por carta registada com aviso de recepção e o clube ou sociedade desportiva não proceda, dentro do prazo 3 dias úteis, ao respectivo pagamento.

ARTIGO 44.º
Comunicação da cessação do contrato

1. A eficácia da cessação do contrato de trabalho depende da sua comunicação à Liga Portuguesa de Futebol, ao SJPF e à FPF.

2. A comunicação deve ser realizada pela parte que a promoveu, com indicação dos fundamentos e da respectiva forma de extinção do contrato.

ARTIGO 45.º
Ausência de justa causa

Embora os factos alegados correspondam objectivamente a algumas das situações configuradas nos artigos anteriores, a parte interessada não poderá invocá-los como justa causa de rescisão:

a) Quando houver revelado, por comportamento posterior, não os considerar perturbadores das relações de trabalho;

b) Quando houver inequivocamente perdoado à outra parte.

ARTIGO 46.º
Resolução por iniciativa do jogador sem justa causa quando contratualmente convencionada

1. Pode clausular-se no contrato de trabalho desportivo o direito de o jogador fazer cessar unilateralmente e sem justa causa o contrato em vigor mediante o pagamento ao clube de uma indemnização fixada para o efeito.

2. O montante da indemnização deve ser determinado ou determinável em função de critérios estabelecidos para o efeito.

3. A eficácia da resolução depende do pagamento efectivo da indemnização ou convenção de pagamento.

4. Tem força liberatória o depósito na LPFP da quantia indemnizatória.

ARTIGO 47.º
Rescisão por decisão unilateral sem justa causa

1. É ilícita a rescisão por decisão unilateral sem justa causa quando não seja contratualmente convencionada.

2. Considera-se rescisão sem justa causa quando esta não for alegada, ou, tendo-o sido, vier a revelar-se insubsistente por inexistência de fundamento ou inadequação aos factos imputados.

ARTIGO 48.º
**Responsabilidade do clube ou sociedade desportiva em caso
de rescisão do contrato com justa causa pelo jogador**

1. A rescisão do contrato com fundamento nos factos previstos no artigo 43.º confere ao jogador o direito a uma indemnização correspondente ao valor das retribuições que lhe seriam devidas se o contrato de trabalho tivesse cessado no seu termo, deduzidas das que eventualmente venha a auferir pela mesma actividade a partir do início da época imediatamente seguinte àquela em que ocorreu a rescisão e até ao termo previsto para o contrato.

2. As retribuições vincendas referidas no número anterior abrangem, para além remuneração base, apenas os prémios devidos em função dos resultados obtidos até final da época em que foi promovida a rescisão do contrato com justa causa pelo jogador.

3. Se pela cessação do contrato resultarem para o jogador prejuízos superiores ao montante indemnizatório fixado no n.º 1, poderá aquele intentar a competente acção de indemnização para ressarcimento desses danos.

ARTIGO 49.º
**Responsabilidade do clube ou sociedade desportiva em caso
de despedimento sem justa causa**

A entidade patronal que haja promovido indevidamente o despedimento do jogador, por ausência de processo disciplinar ou falta de justa causa, fica obrigada a indemnizá-lo nos termos do precedente artigo 48.º

ARTIGO 50.º
**Responsabilidade do jogador em caso de rescisão unilateral
sem justa causa**

1. Quando a justa causa invocada nos termos do artigo 43.º venha a ser declarada insubsistente por inexistência de fundamento ou inadequação dos factos imputados, o jogador fica constituído na obrigação de indemnizar o clube ou sociedade desportiva em montante não inferior ao valor das retribuições que lhe seriam devidas se o contrato de trabalho tivesse cessado no seu termo.

2. Se pela cessação do contrato resultarem para a entidade empregadora prejuízos superiores ao montante indemnizatório fixado no número anterior, poderá

aquela intentar a competente acção de indemnização para ressarcimento desses danos, sem prejuízo da produção dos efeitos da rescisão.

ARTIGO 51.º
Responsabilidade do jogador em caso de despedimento com justa causa promovido pela entidade empregadora

1. Quando o jogador der causa ao despedimento promovido pelo clube ou sociedade desportiva, incorre em responsabilidade civil pelos danos causados em virtude do incumprimento do contrato.

2. Ao montante da indemnização da responsabilidade do jogador poderá ser deduzida a vantagem patrimonial que a entidade empregadora venha efectivamente a colher da ruptura antecipada do contrato.

ARTIGO 52.º
Pressupostos da desvinculação desportiva do jogador em caso de rescisão unilateral por sua iniciativa

1. Sem prejuízo da extinção do vínculo contratual no âmbito das relações jurídico-laborais, a participação de um jogador em competições oficiais ao serviço de um clube terceiro na mesma época em que, por sua iniciativa, foi rescindido o contrato de trabalho desportivo depende do reconhecimento de justa causa da rescisão ou do acordo do clube.

2. Ocorrendo justa causa, o jogador deverá comunicar à entidade empregadora a vontade de rescindir o contrato, por carta registada com aviso de recepção, no qual se invoquem expressamente os motivos que fundamentam a rescisão.

3. Quando para a rescisão tenha sido invocada como fundamento a falta de pagamento da retribuição nos termos previstos na alínea a) do artigo 43.º, o jogador deverá também notificar a LPFP, por carta registada com aviso de recepção, da sua vontade de pôr termo ao contrato.

4. Recebida a comunicação referida no número anterior, a LPFP procederá, em quarenta e oito horas, à notificação do clube ou sociedade desportiva para, no prazo de três dias úteis, produzir prova documental do pagamento das retribuições cuja falta lhe é imputada.

5. Em caso de resposta do clube ou sociedade desportiva com exibição de prova documental o processo será remetido à Comissão Arbitral Paritária do CCT prevista no artigo 55.º para reconhecimento da existência de justa causa de rescisão para efeitos desportivos, sem prejuízo das consequências que dela resultarem no plano jurídico-laboral.

6. A falta de resposta nos termos do número anterior equivalerá à confissão tácita do fundamento rescisório invocado pelo jogador, valendo como reconhecimento da existência de justa causa de rescisão para efeitos desportivos.

7. Nos demais casos, o clube pode opor-se ao reconhecimento da justa causa, mediante petição escrita dirigida à Comissão Arbitral Paritária, a apresentar no prazo

de cinco dias úteis, contados desde a data da recepção da respectiva comunicação de rescisão.

8. A petição prevista no número anterior deverá conter as razões de facto e de direito que fundamentem a oposição, bem como a indicação de todos os meios de prova a produzir.

9. A falta de oposição no prazo referido no n.º 6 equivale à aceitação tácita da existência de justa causa para os fins previstos neste artigo.

10. O processo terá natureza urgente e será organizado, processado e decidido em conformidade com as normas constantes do *anexo II* do CCT, que regula o funcionamento da Comissão Arbitral Paritária.

ARTIGO 53.º
Abandono do trabalho

1. Considera-se abandono do trabalho a ausência do jogador ao serviço do clube sociedade desportiva acompanhada de factos que, com toda a probabilidade, revele intenção de o não retomar.

2. Presume-se o abandono do trabalho quando a ausência do jogador se prolongue durante, pelo menos, 15 dias úteis, sem que a entidade patronal tenha recebido comunicação do motivo da ausência.

3. A presunção estabelecida no número anterior pode ser ilidida pelo jogador mediante prova da ocorrência de motivo de força maior impeditivo da comunicação da ausência.

4. O abandono do trabalho vale como rescisão sem justa causa, produzindo, assim, os mesmos efeitos da rescisão ilícita do contrato, nomeadamente a constituição do jogador na obrigação de indemnizar a entidade patronal de acordo com o estabelecido no artigo 50.º deste CCT.

5. A cessão do contrato de trabalho só é invocável pela entidade patronal após comunicação por carta registada, com aviso de recepção, para a última morada conhecida do jogador.

ARTIGO 54.º
Conflitos entre as partes

Em caso de conflito decorrente do contrato de trabalho desportivo, será o mesmo submetido à apreciação da Comissão Arbitral Paritária constituída nos termos previstos no artigo seguinte, a qual decidirá, segundo o direito aplicável e o presente CCT e de acordo com o regulamento previsto no *anexo II*, que faz parte integrante deste CCT, não havendo lugar a recurso judicial das suas decisões.

ARTIGO 55.º
Comissão Arbitral Paritária

Durante a vigência deste CCT é constituída uma Comissão Arbitral, que será composta por seis membros, sendo três nomeados pela LPFP, três pelo SJPF, cujo funcionamento está previsto no *anexo II* do presente CCT, tendo fundamentalmente as seguintes atribuições:

a) Dirimir os litígios de natureza laboral existentes entre os jogadores de futebol e os clubes ou sociedades desportivas;
b) Interpretar a aplicação das cláusulas do presente CCT;
c) Vigiar o cumprimento do regulamentado;
d) Estudar a evolução das relações entre as partes contratantes;
e) Outras actividades tendentes à maior eficácia prática deste CCT.

ARTIGO 56.º
Actividade sindical

1. Os jogadores profissionais terão o direito de desenvolver, no seio dos clubes ou sociedades desportivas a que pertençam, a actividade sindical normalmente reconhecida por lei, para o que deverão eleger, de entre os elementos do plantel, quem os represente perante o clube ou sociedade desportiva em matérias relacionadas com o regime laboral.

2. Em todos os balneários dos clubes ou sociedades desportivas abrangidos pelo CCT, deverá existir um painel para afixação de informações aos jogadores, para uso exclusivo dos representantes referidos no número anterior ou do sindicato. Este painel deverá ser colocado em local visível e de fácil acesso.

ARTIGO 57.º
Enquadramento competitivo

1. As equipas dos clubes ou sociedades com fins desportivos que participem nas competições nacionais da 1.ª Divisão e 2.ª Divisão de Honra só podem ser integradas por jogadores profissionais de futebol.

2. Poderão, contudo, as equipas referidas no numero anterior integrar até ao máximo de quatro jogadores não profissionais com contrato de formação.

ARTIGO 58.º
Fundo de Solidariedade Social

A LPFP entregará mensalmente ao SJPF uma verba destinada ao reforço do orçamento do Fundo de Solidariedade Social do Jogador de Futebol, correspondente a 15 % do volume total das multas e coimas desportivas recebidas pela Liga durante o mês anterior em resultado da aplicação das disposições disciplinares desportivas.

ARTIGO 59.º
Jogo anual

1. A LPFP e o SJPF organizarão anualmente um jogo, a realizar até ao final de cada época desportiva, no qual participarão os melhores jogadores portugueses e estrangeiros, previamente seleccionados.

2. A receita total deste jogo, incluindo publicidade e eventual transmissão televisiva, reverterá para o SJPF e para a LPFP em partes iguais, depois de deduzidos os custos efectivos.

ARTIGO 60.º
Acessos aos campos

1. Durante a vigência do presente CCT, os jogadores profissionais das 1.ª, 2.ª, 2.ª-B e 3.ª Divisões Nacionais filiados no SJPF terão livre entrada em qualquer jogo particular oficial em que intervenha o clube a que se encontram vinculados.

2. Os membros dos corpos sociais do SJPF terão acesso aos estádios onde se realizem jogos em que participem equipas dos clubes ou sociedades desportivas integrantes da LPFP.

3. Para tal efeito, o SJPF requisitará à LPFP o cartão de identificação para ser presente no momento de acesso aos estádios.

4. Independentemente do consignado no número anterior, os clubes colocarão à disposição dos jogadores do seu plantel um mínimo de 20 bilhetes especiais de convite para a bancada central.

ANEXO I
Modelo do contrato de trabalho entre clubes e jogadores profissionais

1.º contratante (daqui em diante denominado Clube):
Nome do Clube: ..., com sede em ... representado por ...
2.º contratante (daqui em diante denominado Jogador):
Nome completo do jogador: ..., filho de ... e de ..., natural de ..., de nacionalidade ..., data de nascimento: ... de ... de 19..., bilhete de identidade n.º ..., de ... de ... de 19..., do Arquivo de Identificação de ..., passaporte n.º ..., de ... de ... de 19..., do país ... residente em ..., categoria (1): ...

Entre o Clube e o Jogador é celebrado contrato individual de trabalho, que se regerá pelas cláusulas seguintes:

1.ª

O Jogador obriga-se a prestar com regularidade a actividade de futebolista ao Clube, em representação e sob a autoridade e direcção deste, mediante retribuição.

2.ª

O Clube compromete-se a pagar ao Jogador, até ao dia 5 do mês seguinte àquele a que disser respeito, a remuneração mensal ilíquida de ...$ (...).

3.ª

O Clube poderá ainda pagar ao Jogador prémios de jogo ou de classificação, em função dos resultados, os quais, desde que atribuídos com regularidade, serão considerados como parte integrante da remuneração.

4.ª

O Jogador, para além da remuneração mensal, terá direito a receber, no início das suas férias e na época de Natal, um subsídio equivalente à sua remuneração base.

5.ª

Nos casos de mudança de divisão do Clube, e em observância dos limites máximos do CCT em vigor, o total das remunerações do Jogador poderá ser alterado nas percentagens seguintes:
  a) Em caso de subida de divisão, aumento de ... %;
  b) Em caso de descida de divisão, redução de ... %.

6.ª

O presente contrato tem duração determinada por via de:
  a) Prazo: tendo início em ... de ... de mil novecentos e ... (extenso) e termo em ... de ... de ... (extenso);
  b) Competição ou número de jogos: ... (definir).

7.ª

Ao jogador fica vedado no período de duração do contrato a prática de qualquer actividade desportiva não previamente autorizada pelo Clube, bem como o exercício de qualquer actividade laboral ou empresarial incompatível com a actividade desportiva a que está vinculado, salvo expressa autorização do Clube em contrário.

8.ª

Para efeitos da regulamentação laboral e desportiva em vigor, o Clube declara que ... (pagou ou não pagou) pelo Jogador um prémio de transferência.

9.ª

O Clube declara que tem ficha médica do Jogador, devidamente actualizada, a qual pode ser remetida, a pedido de qualquer entidade, para apreciação, reúne todas as condições necessárias para a prática de futebol e possui as habilitações literárias legais.

10.ª

Os casos e situações não previstos no presente contrato regem-se pelo CCT outorgado entre o Sindicato de Jogadores Profissionais de Futebol e a Liga Portuguesa de Futebol Profissional.

11.ª

Para dirimir os conflitos entre si emergentes, as partes acordam em submeter a respectiva solução à Comissão Arbitral constituída nos termos do artigo 55.º do contrato colectivo de trabalho para os profissionais de futebol.

..., ... de ... de 19...
Assinaturas dos directores do Clube:
...
(Carimbo ou selo branco.)
Assinatura do Jogador ...

NOTAS

Reconhecimento das assinaturas no exemplar destinado à FPF, sendo a do Jogador presencial.
O contrato é elaborado em quintuplicado, destinando-se um exemplar para cada uma das partes e os três restantes para envio pelo Clube, no prazo de cinco dias, à LPFP, ao SJPF e à FPF. O exemplar destinado à FPF deve ser acompanhado de requerimento, assinado pelo Clube e pelo Jogador, no qual se solicita o registo do contrato.

ANEXO II
Comissão Arbitral Paritária

SECÇÃO I
Constituição e competência

ARTIGO 1.º

A Comissão Arbitral Paritária é composta por seis vogais, sendo três nomeados pela Liga Portuguesa de Futebol Profissional e três pelo Sindicato dos Jogadores Profissionais de Futebol.

ARTIGO 2.º

1. Dentro dos 30 dias seguintes à entrada em vigor do CCT, cada uma das partes outorgantes dará comunicação à outra, com conhecimento do Ministério do Emprego e da Segurança Social, da designação dos seus representantes na comissão.
2. Por cada vogal efectivo poderá ser sempre designado um substituto.

ARTIGO 3.º

Compete à Comissão Arbitral Paritária:
 a) Interpretar as disposições do presente CCT;
 b) Integrar os casos omissos;
 c) Dirimir litígios resultantes de contratos de trabalho desportivo que não estejam excluídos por lei do âmbito da arbitragem voluntária;
 d) Exercer todas as atribuições especificamente previstas no CCT.

SECÇÃO II
Funcionamento

ARTIGO 4.º

1. A Comissão funcionará a pedido de qualquer das partes, nos termos do presente regulamento e do regimento a aprovar, seguindo, quando possível, as normas do processo sumário de trabalho simplificado.
2. Nas suas decisões a Comissão Arbitral Paritária observará o princípio do respeito pela verdade material, devendo participar à Comissão Disciplinar da LPFP as infracções disciplinares de que tenha conhecimento, por efeito do exercício das suas funções, nomeadamente a existência de contratos de trabalho desportivo por valores que não correspondam aos registados na Liga Portuguesa de Futebol Profissional, no Sindicato dos Jogadores Profissionais de Futebol ou na Federação Portuguesa de Futebol.

ARTIGO 5.º

A cada dois meses, um dos vogais exercerá as funções de presidente, em obediência do princípio da alternância para perfeita paridade das partes contratantes, sendo tal exercício rotativo em sistema automático.

ARTIGO 6.º

As deliberações só poderão ser validamente tomadas desde que esteja presente a maioria dos membros efectivos representantes de cada parte e só em questões da agenda.

ARTIGO 7.º

As deliberações deverão ser tomadas por consenso; em caso de divergência insanável, proceder-se-á a votação, cabendo voto de desempate ao vogal sobre quem recair, na ocasião, a presidência.

ARTIGO 8.º

As deliberações da Comissão que respeitem ao clausulado passarão a fazer parte integrante do presente CCT logo que publicadas no *Boletim do Trabalho e do Emprego*.

SECÇÃO III
Do processo de resolução de conflitos

ARTIGO 9.º

A competência da Comissão Arbitral Paritária para os efeitos previstos na alínea *c*) do artigo 3.º depende de cláusula compromissória.

ARTIGO 10.º

A sujeição das partes à arbitragem da Comissão Arbitral Paritária implica a renúncia aos recursos das suas decisões.

ARTIGO 11.º

O processo rege-se pelas normas do processo sumário do trabalho e pelas regras constantes deste regulamento e do regimento interno.

ARTIGO 12.º

Deverá, porém, respeitar-se a absoluta igualdade das partes, o princípio do contraditório e obrigatória audição das partes, por forma oral ou escrita.

ARTIGO 13.º

As partes devem estar representadas por advogado no processo.

ARTIGO 14.º

Serão admitidos quaisquer meios de prova previstos na lei do processo laboral.

ARTIGO 15.º

1. Todos os prazos do processo são de natureza peremptória e correm por forma contínua, não podendo em caso algum ser prorrogados.
2. Transita para o 1.º dia útil imediato o último dia do prazo quando este coincidir com sábado, domingo ou dia feriado.

ARTIGO 16.º

Todas as decisões da comissão arbitral paritária são tomadas por maioria de votos com a participação de todos os membros presentes.

ARTIGO 17.º

A comissão arbitral paritária julga segundo o direito constituído, podendo também julgar segundo a equidade em todas as questões omissas.

ARTIGO 18.º

As decisões finais serão reduzidas a escrito e delas constarão:
a) A identificação das partes;
b) O objecto do litígio;
c) A data e local em que a decisão for proferida;
d) A assinatura dos membros da comissão que subscrevem a decisão;
e) A inclusão dos votos de vencido, se os houver, devidamente identificados;
f) A fundamentação da decisão;
g) A decisão quanto a custas.

ARTIGO 19.º

As decisões da Comissão Arbitral Paritária serão notificadas às partes, mediante a remessa de um exemplar, por carta registada à Federação Portuguesa de Futebol, à LPFP e ao SJPF.

ARTIGO 20.º

O poder jurisdicional da Comissão Arbitral Paritária finda com a notificação às partes das respectivas decisões.

SECÇÃO IV
Do processo para reconhecimento da existência de justa causa de rescisão para efeitos desportivos

ARTIGO 21.º

Os processos remetidos à Comissão Arbitral Paritária para reconhecimento da existência de justa causa de rescisão para efeitos desportivos terão natureza urgente e serão organizados, processados e decididos em conformidade com as normas do presente regulamento e as do regimento que por esta vier a ser aprovado.

ARTIGO 22.º

A decisão deverá ser proferida no prazo máximo de 40 dias a contar da recepção do processo pela Comissão Arbitral Paritária.

ARTIGO 23.º

Se, durante a pendência do processo, ocorrer o termo do contrato cuja rescisão se discute, será livre a inscrição do jogador por novo clube, independentemente da fase em que o processo se encontre, sem prejuízo das consequências legais na esfera laboral de uma eventual inexistência de justa causa bem como da compensação devida nos termos do regulamento de formação dos jogadores profissionais de futebol.

ANEXO III
Regulamento de formação dos jogadores profissionais de futebol

CAPÍTULO I
Disposições gerais

ARTIGO 1.º
Objecto

O presente regulamento estabelece o regime de formação dos jogadores profissionais de futebol e da compensação pela actividade formativa desenvolvida pelos clubes ou sociedades desportivas, como entidades formadoras.

ARTIGO 2.º
Conceitos

Para efeitos do presente regulamento, entende-se por:

a) Formação: o processo formativo integrado com componentes de formação técnico-científica, prática e sócio-cultural que visa conceder aos jovens praticantes uma aprendizagem sistemática, completa e progressiva, conferindo uma qualificação profissional e a possibilidade de desenvolvimento de uma carreira no futebol profissional;

b) Contrato de formação desportiva: o contrato celebrado entre o clube formador e um formando, nos termos do qual aquele se obriga a prestar a este a formação adequada ao desenvolvimento da sua capacidade técnica e a aquisição de conhecimentos necessários à prática do futebol, constituindo-se o formando na obrigação de executar as tarefas inerentes a essa formação;

c) Clube formador: a entidade titular de um centro de formação profissional (CFP) que assegure os meios humanos e técnicos adequados à formação desportiva a ministrar;

d) Formando: o jovem praticante que tenha assinado um contrato de formação desportiva, tendo por fim a aprendizagem e o desenvolvimento de uma carreira no futebol profissional;

e) Centro de formação profissional: a estrutura técnica e humana criada pelo clube formador com vista à formação desportiva dos jovens praticantes de futebol.

CAPÍTULO II
Contrato de formação

SECÇÃO I
Requisitos de validade

ARTIGO 3.º
Forma

1. O contrato de formação desportiva está sujeito a forma escrita e deve ser elaborado em triplicado.

2. Os três exemplares são assinados pelo representante da entidade formadora, pelo formando e pelo seu representante, quando aquele for menor.

3. Dos três exemplares um é para a entidade formadora, outro fica na posse do formando ou seu representante legal e o terceiro é entregue nos serviços da FPF para registo.

4. O contrato incluirá, obrigatoriamente:

a) A identificação das partes, incluindo a nacionalidade e a data de nascimento do praticante;

b) A data de início de produção de efeitos do contrato;

c) O termo de vigência do contrato;

d) O montante da retribuição, subsídios ou apoios a que o formando tenha eventualmente direito.

5. Quando a retribuição for constituída no todo, ou em parte, por prestações em espécie, do contrato deverá constar a forma que aquelas podem revestir, bem como os critérios em função dos quais são calculados.

ARTIGO 4.º
Capacidade

1. Podem ser contratados como formandos os jovens que, cumulativamente, tenham:

a) Cumprido a escolaridade obrigatória;

b) Idade compreendida entre os 14 e 18 anos;

c) Aptidão física e psíquica, comprovada por exame médico a promover pelo clube formador.

2. Podem celebrar contratos de formação como entidades formadoras os clubes que disponham de centros de formação profissional.

3. A verificação do disposto no número anterior é certificada mediante documento comprovativo a emitir pela FPF ou pela LPFP.

ARTIGO 5.º
Registo

O contrato só produz efeitos após o seu registo na FPF ou na LPFP.

ARTIGO 6.º
Duração

1. O contrato de formação tem a duração mínima de uma época desportiva e a duração máxima de quatro épocas desportivas.

2. O contrato de formação pode ser prorrogado até ao limite máximo estabelecido no número anterior.

SECÇÃO II
Direitos, deveres e garantias das partes

ARTIGO 7.º
Direito dos formandos

O formando tem direito a:

a) Usufruir da formação;

b) Receber a retribuição, subsídios ou apoios estabelecidos no respectivo contrato de formação;

c) Gozar anualmente um período de férias.

ARTIGO 8.º
Deveres dos formandos

Constituem, em especial, deveres dos formandos:

a) Ser assíduo, pontual e realizar as suas tarefas com zelo e diligência;

b) Observar as instruções das pessoas encarregadas da sua formação;

c) Tratar com urbanidade os formandos e a entidade formadora, seus representantes, trabalhadores e colaboradores;

d) Guardar lealdade à entidade formadora, designadamente não transmitindo para o exterior informações de que tome conhecimento por ocasião da formação;

e) Utilizar cuidadosamente e zelar pela boa conservação dos equipamentos e demais bens que lhe sejam confiados para efeitos de formação;

f) Participar nas actividades pedagógicas, paralelas à actividade desportiva, que a entidade formadora eventualmente desenvolver;

g) Cumprir os demais deveres contratuais.

ARTIGO 9.º
Direitos das entidades formadoras

São direitos das entidades formadoras:

a) A colaboração e lealdade do formando no cumprimento do contrato de formação;

b) O tratamento com urbanidade dos seus representantes, trabalhadores e colaboradores;

c) O cumprimento pelo formando de todos os seus deveres contratuais.

ARTIGO 10.º
Deveres das entidades formadoras

Constituem, em especial, deveres das entidades formadoras:

a) Cumprir o contrato de formação;

b) Proporcionar ao formando os conhecimentos necessários à prática de futebol;

c) Não exigir do formando tarefas não compreendidas no objecto do contrato;

d) Respeitar e fazer respeitar as condições de higiene, segurança e de ambiente necessárias ao desenvolvimento harmonioso da saúde física e psíquica e personalidade moral do formando;

e) Informar regularmente o representante legal do formando sobre o desenvolvimento do processo de formação e, bem assim, prestar os esclarecimentos que lhes forem por aquele solicitados;

f) Permitir ao formando a frequência e prossecução dos seus estudos;

g) Realizar, pelo menos, um exame médico anual, por forma a assegurar que das actividades desenvolvidas no âmbito da formação não resulte perigo para a saúde física do formando.

ARTIGO 11.º
Tempo de trabalho

No que respeita ao tempo de trabalho, feriados e descanso semanal do formando, é aplicável o regime estabelecido no presente CCT.

ARTIGO 12.º
Férias

O período de férias terá uma duração de 22 dias úteis em cada época de formação, sem perda da retribuição, subsídios ou apoios a que o formador tiver direito nos termos contratuais.

ARTIGO 13.º
Garantias do formando

É proibido ao clube formador:

a) Opor-se, por qualquer forma, a que o formando exerça os seus direitos, bem como rescindir o contrato ou aplicar sanções por causa desse exercício;

b) Impor ao formando a prestação de actividades não compreendidas no objecto do contrato;

c) Exercer pressão sobre o formando para negligenciar ou abandonar as suas actividades escolares;

d) Impedir a participação do formando nos trabalhos das selecções nacionais.

ARTIGO 14.º
Garantias do clube formador

Ao formando é vedado o desempenho de qualquer outra actividade desportiva, salvo as de mera recreação que não ofereçam especiais riscos.

ARTIGO 15.º
Poder disciplinar

1. Sem prejuízo da competência disciplinar própria da FPF, da LPFP e das associações distritais ou regionais, restrita ao plano desportivo, conforme previsto nos respectivos regulamentos, compete ao clube formador exercer o poder disciplinar.

2. Os clubes formadores poderão elaborar regulamentos internos sobre as condições do exercício da actividade dos formandos, devendo, no entanto, respeitar as condições do presente CCT e restante regulamentação aplicável.

3. O clube formador poderá aplicar as seguintes sanções disciplinares:

a) Repreensão;
b) Repreensão registada;
c) Suspensão;
d) Rescisão com causa justificativa.

ARTIGO 16.º
Exercício do poder disciplinar

1. As sanções disciplinares previstas nas alíneas *c)* e *d)* do n.º 3 do artigo 17.º só podem ser aplicadas em resultado de processo disciplinar, organizado nos termos previstos no artigo 24.º deste regulamento, sob pena de nulidade.

2. As sanções disciplinares previstas nas alíneas *a)* e *b)* do artigo 17.º poderão ser aplicadas com dispensa do processo disciplinar, sem prejuízo da prévia audiência do formando.

3. O procedimento disciplinar deve exercer-se nos 30 dias subsequentes àquele em que o clube formador teve conhecimento da infracção e a execução da eventual sanção disciplinar só poderá ter lugar nos dois meses seguintes à decisão.

4. A instauração do processo de inquérito suspende o prazo de promoção da acção disciplinar referido no anterior n.º 3.

5. Com a notificação da nota da culpa, pode o clube formador suspender preventivamente o formando, sem perda da retribuição, subsídios ou apoios que sejam contratualmente devidos.

ARTIGO 17.º
Sanções abusivas

1. Consideram-se abusivas as sanções disciplinares motivadas pelo facto de o formando:
   a) Haver reclamado legitimamente contra as condições e ambiente da formação;
   b) Recusar-se a cumprir ordens a que não devesse obediência;
   c) Cumprir as suas obrigações escolares;
   d) Em geral, exercer, ter exercido, pretender exercer ou invocar os direitos e garantias que lhe assistem.

2. A entidade formadora que aplicar alguma sanção abusiva indemnizará o formando nos termos gerais de direito.

SECÇÃO III
Cessação do contrato de formação

ARTIGO 18.º
Causas de cessação

O contrato de formação cessa por:
a) Mútuo acordo;
b) Caducidade;
c) Rescisão.

ARTIGO 19.º
Cessação por mútuo acordo

1. A entidade formadora e o formador podem a todo o tempo fazer cessar o contrato de formação por mútuo acordo.

2. O acordo de revogação deve constar de documento assinado pela entidade formadora e pelo formando ou pelo seu representante legal, se aquele for menor, ficando cada uma das partes com um exemplar na sua posse.

3. O documento deve mencionar expressamente a data de celebração de acordo de cessação do contrato de formação e a do início de produção dos efeitos probatórios.

4. Se no acordo de cessação, ou conjuntamente com este, as partes estabelecerem uma compensação pecuniária de natureza global para o formando, entende-se, na falta de estipulação em contrário, que naquela foram incluídos os créditos já vencidos à data da cessação do contrato ou exigíveis em virtude dessa cessação.

ARTIGO 20.º
Caducidade

1. O contrato de formação caduca:
   a) Expirando o prazo nele estipulado;

b) Verificando-se a impossibilidade superveniente, absoluta e definitiva de o formando receber a formação ou de a entidade formadora a prestar;

c) Extinguindo-se a entidade formadora ou no caso de a FPF recusar ou retirar a certificação do centro de formação profissional.

2. A caducidade do contrato não confere ao formando o direito a qualquer compensação.

ARTIGO 21.º
Rescisão pela entidade formadora

1. A entidade formadora pode rescindir o contrato de formação ocorrendo causa justificativa.

2. Considera-se causa justificativa de rescisão toda a violação grave dos deveres do formando, traduzida num comportamento culposo que comprometa a subsistência do vínculo formativo, nomeadamente os seguintes comportamentos:

a) Desobediência ilegítima a ordens ou instruções;

b) Inobservância reiterada das regras de conduta próprias da actividade e das necessárias à disciplina da formação;

c) Provocação repetida de conflitos com companheiros, formadores, representantes e colaboradores da entidade formadora;

d) Lesão de interesses patrimoniais sérios da entidade formadora;

e) Prática de violências físicas, de injúrias ou outras ofensas à honra, bom nome e dignidade da entidade formadora, seus representantes, colaboradores e demais pessoas que, pelas suas funções, estejam relacionadas com a actividade formativa;

f) Desinteresse repetido pelo cumprimento, com a diligência devida, dos deveres inerentes à actividade do formando;

g) Faltas injustificadas durante um período de tempo que inviabilize a possibilidade de atingir os objectivos da formação.

ARTIGO 22.º
Processo

1. Nos casos em que se verifique algum comportamento que integre o conceito de causa justificativa, a entidade formadora comunicará, por escrito, ao formando que tenha incorrido nas respectivas infracções a sua intenção de proceder à rescisão, juntando nota de culpa com a descrição circunstanciada dos factos que lhe são imputáveis.

2. Na mesma data será remetida cópia daquela comunicação e da nota de culpa ao representante legal do formando se este for menor.

3. O formando dispõe de cinco dias úteis para consultar o processo e responder à nota de culpa, deduzindo por escrito os elementos que considere relevantes para a sua defesa, podendo juntar documentos e solicitar as diligências probatórias que se mostrem pertinentes para o esclarecimento da verdade.

4. A entidade formadora, directamente ou através de instrutor que tenha nomeado, procederá obrigatoriamente às diligências probatórias requeridas na resposta à nota de culpa, a menos que as considere patentemente dilatórias ou impertinentes, devendo, nesse caso, alegá-lo fundamentadamente, por escrito.

5. A entidade formadora não é obrigada a proceder à audição de mais de 3 testemunhas por cada facto descrito na nota de culpa, nem mais de 10 no total, cabendo ao formando assegurar a respectiva comparência para o efeito.

6. Concluídas as diligências probatórias, a entidade formadora dispõe de 30 dias para proferir a decisão, que deve ser fundamentada e constar de documento escrito.

7. Na decisão devem ser ponderadas as circunstâncias do caso e a adequação da rescisão à culpabilidade do formando, não podendo ser invocados factos não constantes da nota de culpa, nem referidos na defesa escrita, salvo se atenuarem ou dirimirem a responsabilidade.

8. A decisão fundamentada deve ser comunicada, por cópia ou transcrição, ao formando ou ao seu representante legal, se aquele for menor.

9. Quando haja lugar a processo prévio de inquérito, por este se tornar necessário para fundamentar a nota de culpa, a decisão da sua instauração tem de ser proferida no prazo de 30 dias a contar da suspeita da existência de comportamento irregular, não podendo decorrer também mais de 30 dias entre a sua conclusão e a notificação da nota de culpa.

ARTIGO 23.º
Rescisão do contrato de formação pelo formando

Constituem causa justificativa de rescisão por iniciativa do formando, com direito a indemnização, os seguintes comportamentos imputáveis ao clube formador:

a) Falta culposa do pagamento pontual da retribuição, subsídios ou apoios quando se prolongue por período superior a 30 dias sobre a data do vencimento da primeira remuneração não paga e o montante em dívida seja equivalente ao valor de uma retribuição mensal ou a mora se prolongue por período superior a 90 dias, qualquer que seja a dívida;

b) Violação culposa dos direitos e garantias legais ou convencionais do formando;

c) Aplicação de sanção abusiva;

d) Ofensa à integridade física, honra ou dignidade do formando, praticada pelo clube formador ou seus representantes legítimos.

ARTIGO 24.º
Ausência de causa justificativa

Embora os factos alegados correspondam objectivamente a alguma das situações configuradas nos precedentes artigos a parte interessada não poderá invocá-los como causa justificativa de extinção unilateral do contrato de formação:

a) Quando houver revelado, por comportamento posterior, não os considerar perturbadores da relação de formação;

b) Quando houver inequivocamente perdoado à outra parte.

ARTIGO 25.º
Comunicação da cessação do contrato de formação

1. A eficácia do acordo ou declaração unilateral extintiva do contrato de formação depende de comunicação, no prazo de 15 dias, à FPF.

2. A comunicação deve ser realizada pela parte que promoveu a cessação ou no caso de revogação por mútuo acordo pelo clube formador, com indicação em qualquer das hipóteses dos fundamentos ou da respectiva forma de extinção do contrato.

ARTIGO 26.º
Responsabilidade do clube formador em caso de rescisão do contrato com causa justificativa pelo formando

A rescisão do contrato de formação com fundamento nos factos previsto no artigo 23.º confere ao formando o direito a uma indemnização correspondente ao valor das retribuições, subsídios ou apoios que lhe seriam devidos se o contrato de formação tivesse cessado no seu termo.

ARTIGO 27.º
Responsabilidade do clube formador em caso de rescisão sem causa justificativa

O clube formador que haja promovido indevidamente a rescisão do contrato de formação por ausência de processo disciplinar ou falta de causa justificativa, fica obrigado a indemnizar o formando nos termos do artigo 26.º

CAPÍTULO III
Compensação pela formação ou promoção

SECÇÃO I
Princípios gerais

ARTIGO 28.º
Compensação pela formação ou promoção

Nos termos previstos neste capítulo, os clubes têm direito a uma indemnização a título de compensação pela formação ou promoção dos jogadores.

ARTIGO 29.º
Liberdade de trabalho

São nulas as cláusulas inseridas em contrato de formação ou contrato de trabalho desportivo visando condicionar ou limitar a liberdade de trabalho do jogador após o termo do vínculo contratual.

ARTIGO 30.º
Resolução por iniciativa do jogador sem justa causa quando contratualmente convencionada

1. Pode clausular-se no contrato de formação o direito de o jogador fazer cessar unilateralmente e sem justa causa o contrato em vigor mediante o pagamento ao clube de uma indemnização fixada para o efeito.

2. Na hipótese prevista no número anterior são aplicáveis as disposições previstas no CCT sobre esta matéria.

ARTIGO 31.º
Liberdade de contratar

1. Findo o prazo da relação jurídica contratual, pode o jogador escolher livremente o clube com o qual deseje celebrar contrato de formação, contrato de trabalho ou compromisso desportivo como amador.

2. A validade e eficácia do novo contrato não estão dependentes do pagamento da compensação quando devida.

3. O clube contratante deve informar por escrito o clube de procedência no prazo máximo de 15 dias após a celebração do contrato com o jogador, sob pena de o valor da compensação ser agravado em 50%.

ARTIGO 32.º
Compensação

1. O montante da compensação deverá, sempre que possível, ser acordado entre os clubes, através de documentos.

2. O acordo a que se refere o número anterior deverá ser comunicado pelos clubes à LPFP no prazo máximo de 15 dias a contar da sua outorga.

3. A compensação deverá ser paga nos 30 dias seguintes à data do acordo, se outro prazo não for convencionado.

4. A compensação pode ser satisfeita pelo jogador.

SECÇÃO II
Compensação no caso de celebração do primeiro contrato de trabalho desportivo

ARTIGO 33.º
Compensação no caso de celebração do primeiro contrato de trabalho desportivo

1. A celebração pelo jogador do primeiro contrato de trabalho desportivo com clube distinto do clube formador confere a este o direito de receber, do clube contratante, uma compensação pela formação.

2. A compensação prevista no número anterior só será exigível se, cumulativamente:

a) O clube formador tiver comunicado por escrito ao jogador, até ao dia 31 de Maio do ano da cessação do contrato de formação, a vontade de celebrar um contrato de trabalho desportivo, mediante as condições mínimas previstas no n.º 3 deste artigo;

b) O mesmo clube tiver remetido à LPFP e ao SJPF, até ao dia 11 de Junho seguinte, inclusive, fotocópia do documento referido no número anterior.

3. Nas condições do contrato de trabalho desportivo proposto devem constar, além das demais legalmente previstas, a remuneração salarial cujo montante nunca poderá ser inferior ao mínimo fixado para a competição em que o clube se integra.

4. A compensação pela formação que o clube formador terá direito a receber será em montante não inferior a 20 vezes a remuneração salarial anual do contrato de trabalho desportivo proposto.

5. Se a formação tiver sido prestada por mais de um clube, a compensação será rateada pelos clubes formadores na proporção do tempo de formação.

6. O clube ou sociedade desportiva que rescindir o contrato de formação com um jogador sem causa justificativa, ou no caso de o formando o rescindir com justa causa, não tem direito a quinhoar na compensação emergente da celebração de um contrato de trabalho desportivo.

ARTIGO 34.º
Direito à compensação em caso de rescisão

1. O direito à compensação previsto nesta secção mantém-se na titularidade do clube formador se o contrato de formação for rescindido sem causa justificativa ou feito cessar pelo clube com justa causa, apurada em processo disciplinar.

2. A compensação prevista no número anterior só será exigível se o clube formador comunicar à LPFP, no prazo máximo de 30 dias a contar da data da rescisão, o montante base para cálculo da compensação.

3. Sem prejuízo das indemnizações previstas nos artigos 26.º e 27.º do presente regulamento, a indemnização devida pela parte a quem for imputada a ilicitude na rescisão contratual será calculada com base no valor indicado no número anterior.

4. No caso de o jogador impugnar, no prazo máximo de 60 dias, a rescisão do contrato promovida pelo seu antigo formador, a compensação só será exigível após a confirmação da justa causa por decisão do tribunal judicial ou da Comissão Arbitral Paritária prevista neste CCT.

5. No caso de o jogador rescindir o contrato de formação, invocando justa causa, o direito à compensação caduca se o clube formador não recorrer ao tribunal judicial ou à Comissão Arbitral Paritária no prazo máximo de 60 dias seguintes à data da recepção da comunicação da rescisão, a fim de ser declarada inexistente a justa causa invocada.

SECÇÃO III
Compensação nos demais casos

ARTIGO 35.º
Compensação nos demais casos

1. A celebração pelo jogador de um contrato de trabalho desportivo com outra entidade empregadora após a cessação do anterior, confere ao clube de procedência o direito de receber do clube contratante a compensação pelo montante que aquela tenha estabelecido nas listas organizadas, para o efeito, pela LPFP.

2. A compensação prevista no número anterior só será exigível se, cumulativamente:

a) O clube de procedência tiver comunicado por escrito ao jogador, até ao dia 31 de Maio do ano da cessação do contrato, a vontade de o renovar, mediante as condições mínimas previstas no n.º 3 deste artigo, a sua inclusão nas listas de compensação e o valor estabelecido;

b) O mesmo clube tiver remetido à LPFP e ao SJPF, até ao dia 11 de Junho seguinte, inclusive, fotocópia do documento referido no número anterior;

c) O jogador não tenha, em 31 de Dezembro do ano de cessação do contrato, completado ainda 24 anos de idade.

3. As condições mínimas do novo contrato proposto deverão corresponder ao valor remuneratório global do ano da cessação acrescido de 10% do montante estabelecido na lista de compensação e de uma actualização decorrente da aplicação da taxa de inflação correspondente ao índice médio de aumento dos preços ao consumidor do ano anterior fixada pelo Instituto Nacional de Estatística.

ARTIGO 36.º
Listas de compensação

1. Anualmente, a LPFP elaborará uma lista dos jogadores a quem os clubes ou sociedades desportivas tenham enviado a carta a que se refere a alínea *a*) do n.º 2 do precedente artigo 35.º

2. Dessas listas constarão, além dos nomes dos jogadores, o respectivo número de licença desportiva, o clube ou sociedade desportiva de origem e o valor da compensação pretendida pelo clube ou sociedade desportiva pelo mesmo jogador.

3. A LPFP deverá enviar, até 15 de Junho de cada ano, ao SJPF e à FPF as listas definitivas.

ARTIGO 37.º
Obrigações do clube contratante

O clube que, nos termos dos anteriores artigos 34.º e 35.º, esteja constituído na obrigação de pagamento da compensação deve:

a) Comunicar por escrito ao clube de procedência a celebração do contrato de trabalho desportivo com o jogador incluído na lista de compensação, no prazo máximo de oito dias após a respectiva outorga;

b) Fazer prova documental junto da LPFP, nos 30 dias seguintes à celebração do contrato, de ter pago ao clube de procedência a compensação estabelecida.

ARTIGO 38.º
Direitos do jogador incluído na lista de compensação

O jogador incluído na lista de compensação tem o direito de celebrar novo contrato de trabalho desportivo, nas condições remuneratórias previstas no n.º 3 do artigo 35.º, com o antigo clube ou sociedade desportiva se, cumulativamente:

a) Não celebrar com outro clube um novo contrato de trabalho desportivo até ao dia 15 de Julho do ano a que respeitar;

b) Manifestar por escrito ao antigo clube, até ao dia 25 de Julho, a vontade de aceitar a proposta de celebração de novo contrato de trabalho desportivo;

c) Remeter à LPFP, até ao dia 30 de Julho seguinte, fotocópia da comunicação referida na alínea anterior.

ARTIGO 39.º
Participação do jogador na compensação

O jogador terá direito a receber 7 % da compensação devida ao clube de procedência.

ARTIGO 40.º
Extinção do direito à compensação

O direito à compensação previsto nesta secção extingue-se no caso de o clube ser devedor ao jogador de qualquer retribuição até à cessação do contrato.

ARTIGO 41.º
Celebração de compromisso desportivo como amador ou contrato com clube estrangeiro

1. O direito à compensação do clube de procedência mantém-se se o jogador incluído na lista de compensação celebrar compromisso desportivo como amador ou contrato de trabalho desportivo com clube estrangeiro com o propósito de iludir esse direito.

2. Presume-se a intenção fraudulenta referida no número anterior:

a) Se o jogador se mantiver vinculado ao abrigo de compromisso desportivo como amador por período inferior a duas épocas;

b) Se o contrato de trabalho desportivo celebrado com clube estrangeiro, cessar antes que haja decorrido uma época sobre a sua celebração, salvo no caso de rescisão com justa causa pelo jogador.

ARTIGO 42.º
Direito à compensação em caso de rescisão

Em caso de rescisão com justa causa pelo clube ou pelo jogador sem justa causa, são aplicáveis, com as devidas adaptações, as regras previstas no n.º 5 do artigo 33.º e no artigo 34.º.

Porto, 15 de Julho de 1999.

Pela Liga Portuguesa de Futebol Profissional:
(Assinatura ilegível.)

Pelo Sindicato dos Jogadores Profissionais de Futebol:
(Assinatura ilegível.)

Entrado em 11 de Agosto de 1999.

Depositado em 25 de Agosto de 1999, a fl. 18 do livro n.º 9, com o n.º 323/99, nos termos do artigo 24.º do Decreto-Lei n.º 519-C1/79, na sua redacção actual.

[6]
Lei n.º 8/2003, de 12 de Maio

Regime específico de reparação dos danos emergentes de acidentes de trabalho dos praticantes desportivos profissionais

A Assembleia da República decreta, nos termos da alínea c) do artigo 161.º da Constituição, para valer como lei geral da República, o seguinte:

ARTIGO 1.º
Âmbito

A presente lei prevê o regime específico relativo à reparação dos danos emergentes de acidentes de trabalho dos praticantes desportivos profissionais.

ARTIGO 2.º
Prestações

1. Para efeitos de reparação dos danos emergentes de acidentes de trabalho dos praticantes desportivos profissionais dos quais resulte morte ou incapacidade permanente absoluta para todo e qualquer trabalho, as pensões anuais calculadas nos termos da Lei n.º 100/97, de 13 de Setembro[28], têm como limite global máximo o valor de 14 vezes o montante correspondente a 15 vezes o salário mínimo nacional mais elevado garantido para os trabalhadores por conta de outrem em vigor à data da fixação da pensão.

2. Para efeitos de reparação dos danos emergentes de acidente de trabalho dos praticantes desportivos profissionais dos quais resulte uma incapacidade permanente absoluta para o trabalho habitual ou uma incapacidade permanente parcial, as pensões anuais calculadas nos termos da Lei n.º 100/97, de 13 de Setembro, obedecem aos seguintes limites máximos:

a) 14 vezes o montante correspondente a 15 vezes o salário mínimo nacional mais elevado garantido para os trabalhadores por conta de outrem em vigor à data da

---

[28] Revogada pelo artigo 186.º, alínea *a*), da Lei n.º 98/2009, de 4 de Setembro (*Regime de reparação de acidentes de trabalho e de doenças profissionais*).

fixação da pensão, até à data em que o praticante desportivo profissional complete 35 anos de idade;

b) 14 vezes o montante correspondente a oito vezes o salário mínimo nacional mais elevado garantido para os trabalhadores por conta de outrem em vigor à data da alteração da pensão, após a data referida na alínea anterior.

3. Nos casos previstos nos números anteriores, ao grau de desvalorização resultante da aplicação da tabela nacional de incapacidades por acidente de trabalho e doenças profissionais corresponde o grau de desvalorização previsto na tabela de comutação específica para a actividade de praticante desportivo profissional, *anexa à presente lei* e que dela faz parte integrante[29], salvo se da aplicação da primeira resultar valor superior.

4. Podem ser celebrados acordos e protocolos entre as empresas de seguros e as entidades empregadoras dos sinistrados, no sentido do estabelecimento de franquias em casos de incapacidades temporárias.

5. Às pensões anuais calculadas nos termos dos n.os 1 e 2 aplicam-se as regras de actualização anual das pensões previstas no n.º 1 do artigo 6.º do Decreto-Lei n.º 142/99, de 30 de Abril.[30]

ARTIGO 3.º
Acompanhamento clínico e reabilitação do sinistrado

1. Podem ser celebrados acordos e protocolos entre as empresas de seguros e as entidades empregadoras dos sinistrados, no sentido de serem estas a conduzir o processo clínico, terapêutico e medicamentoso de recuperação destes, através dos seus departamentos especializados.

2. A entidade seguradora pode, sempre que entenda, incumbir um consultor ou um seu representante para acompanhar o processo de recuperação do sinistrado junto dos departamentos referidos no número anterior.

3. Em caso de discordância sobre o diagnóstico da lesão ou sobre a adequação das técnicas ou meios empregues no processo de recuperação do sinistrado, prevalece o parecer clínico emitido por um médico indicado pela federação desportiva da modalidade praticada pelo sinistrado, cabendo, no entanto, à entidade empregadora a continuidade de todos os tratamentos e demais prestações que sejam necessários.

ARTIGO 4.º
Seguros de acidentes pessoais e de grupo

Os seguros de acidentes pessoais e de grupo a favor dos sinistrados, previstos no Decreto-Lei n.º 146/93, de 26 de Abril[31], ainda que estabelecidos entre entidades empregadoras desportivas e entidades seguradoras, têm um carácter complemen-

---

[29] Sublinhado nosso que serve como chamada de atenção para este anexo no texto oficial.
[30] Na redacção conferida pelo artigo 2.º do Decreto-Lei n.º 185/2007, de 10 de Maio.
[31] Revogado pelo artigo 25.º do Decreto-Lei n.º 10/2009, de 12 de Janeiro **[30]**.

tar relativamente ao seguro de acidentes de trabalho, cuja prova é exigida no acto do registo do contrato de trabalho desportivo, em conformidade com o n.º 4 do artigo 6.º da Lei n.º 28/98, de 26 de Junho.

ARTIGO 5.º[32]
Remição da pensão

Em caso de acidente de trabalho sofrido por um praticante desportivo profissional de nacionalidade estrangeira do qual resulte a incapacidade permanente ou morte, a pensão anual vitalícia devida pode ser remida em capital, por acordo entre a empresa de seguros e o beneficiário da pensão, se este optar por deixar Portugal.

ARTIGO 6.º
Direito subsidiário

À reparação dos danos emergentes de acidentes de trabalho dos praticantes desportivos profissionais são aplicáveis as normas do regime jurídico geral dos acidentes de trabalho, aprovado pela Lei n.º 100/97, de 13 de Setembro, bem como toda a legislação regulamentar, em tudo o que não estiver especialmente regulado na presente lei.

ARTIGO 7.º
Entrada em vigor

A presente lei entra em vigor no dia seguinte ao da sua publicação e é aplicável aos acidentes de trabalho que ocorram após a sua entrada em vigor.

Aprovada em 13 de Março de 2003.

O Presidente da Assembleia da República, *João Bosco Mota Amaral*.

Promulgada em 24 de Abril de 2003.

Publique-se,

O Presidente da República, JORGE SAMPAIO.

Referendada em 28 de Abril de 2003. O Primeiro-Ministro, *José Manuel Durão Barroso*.

---

[32] O texto contém as modificações operadas pela Declaração de Rectificação n.º 9-E/2003, de 9 de Julho, publicada no *Diário da República*, I Série-A, n.º 156 suplemento, de 09/07/2003, p. 3888-(2).

[7]
Decreto-Lei n.º 300/89, de 4 de Setembro

**Regime contributivo aplicável às entidades empregadoras
de profissionais de futebol abrangidos pelo regime de segurança social**

A Lei da Segurança Social (Lei n.º 28/84, de 14 de Agosto) estabelece, no n.º 1 do seu artigo 25.º, que as prestações do regime geral de segurança social, bem como as respectivas condições de atribuição, podem ser adaptadas à diversidade das actividades profissionais e às particularidades do seu exercício e ainda a outros factores que caracterizam a situação dos interessados.

Dada a estreita correlação que existe, de um modo geral, entre o esquema de prestações e o esquema contributivo, aquelas particularidades reflectem-se também no âmbito da obrigação contributiva das entidades empregadoras e dos profissionais.

É à luz destes pressupostos que se considera urgente rever o quadro normativo que tem regido a situação dos desportistas profissionais e os respectivos clubes e associações perante a Segurança Social, de modo a conciliar a exigência da solidariedade social, que é a própria razão de ser do sistema, com as particularidades de que se revestem as actividades desportivas exercidas em regime profissional.

De facto, às exigências de tipo organizativo e profissionalizante do moderno desporto profissional acrescem, por um lado, a dura competitividade que domina a actividade desportiva e a limitação temporal do seu exercício, que, em condições normais, apenas permite uma prática regular adequada durante alguns anos, ou seja, com uma duração bastante inferior à das demais carreiras profissionais. Por outro lado, verifica-se ainda que as remunerações destas actividades dependem muitas vezes de critérios pouco habituais no mercado de trabalho, além de serem auferidas, em regra, em períodos que antecedem em muito a idade de reforma.

No entanto, importa ter em consideração que não são homogéneas nem apresentam a mesma amplitude as características do exercício de cada uma das actividades do desporto profissional, o que implica a correcta definição das diversas condições de enquadramento de cada uma das referidas actividades.

Considerando a particular importância que hoje apresenta o futebol profissional e o facto de o respectivo regime, contido no Decreto Regulamentar n.º 57/83, de 24 de Junho, carecer de aperfeiçoamentos ditados pela experiência, o presente diploma visa estabelecer a reformulação do enquadramento daqueles profissionais perante a Segurança Social. Prevê-se, entretanto, que seja posteriormente tornado aplicável a outras actividades o regime jurídico agora instituído.

Nesta conformidade, adequa-se o esquema contributivo às circunstâncias específicas do futebol profissional, facto que determina a fixação de taxas de contribuições mais reduzidas e um cálculo específico das remunerações a considerar.

De igual modo, considera-se que as especiais condições de exercício da profissão e o tipo de contratos que vinculam os profissionais de futebol aos seus clubes dispensam a necessidade e desaconselham mesmo a inclusão do subsídio de doença no esquema das prestações garantidas, facto que, aliado à natureza dos fins prosseguidos pelos clubes, também influencia a determinação das taxas contributivas aplicáveis.

Assim:

No desenvolvimento do regime jurídico estabelecido pela Lei n.º 28/84, de 14 de Agosto, e nos termos da alínea c) do n.º 1 do artigo 201.º da Constituição, o Governo decreta o seguinte:

ARTIGO 1.º
Âmbito pessoal

1. Os jogadores profissionais de futebol e os clubes aos quais prestem actividade são obrigatoriamente abrangidos, na qualidade de beneficiários e de contribuintes, respectivamente, pelo regime geral de segurança social dos trabalhadores por conta de outrem, com as especificidades constantes do presente diploma.

2. Aplica-se igualmente o disposto no número anterior aos jogadores profissionais de futebol de nacionalidade estrangeira que exerçam a sua actividade em clubes portugueses, salvo se comprovarem a sua vinculação a regime de segurança social obrigatório do seu país de origem.

ARTIGO 2.º
Esquema de benefícios

Os jogadores profissionais de futebol têm direito às prestações que integram o regime geral de segurança social dos trabalhadores por conta de outrem, com excepção do subsídio de doença.

ARTIGO 3.º
Remunerações a considerar

1. As remunerações a considerar para a determinação da incidência das contribuições para a Segurança Social são as remunerações recebidas de harmonia com o estabelecido nos contratos que vinculam os jogadores às respectivas entidades empregadoras.

2. As remunerações a tomar em consideração, nos termos do número anterior, incluem os prémios de assinatura de contrato, que devem ser parcelados por cada um dos meses da sua duração, bem como os prémios atribuídos por força do regulamento interno do clube ou de contrato em vigor.

ARTIGO 4.º
Base de incidência contributiva

A base de incidência a considerar para o cálculo e pagamento das contribuições corresponde a um quinto do valor das remunerações efectivas a que se refere o artigo anterior, mas não pode ser inferior ao valor da remuneração mínima mensal garantida à generalidade dos trabalhadores.

ARTIGO 5.º
Taxas de contribuição[33]

1. As contribuições devidas pelos jogadores profissionais de futebol e pelas entidades empregadoras têm montantes iguais, respectivamente, a 11% e a 17,5% das remunerações que integram a base de incidência.

2. A contribuição das entidades empregadoras a que se refere o número anterior inclui o financiamento da cobertura do risco de doença profissional.

ARTIGO 6.º
Prova das remunerações efectivas

1. Os clubes de futebol com jogadores profissionais ao seu serviço devem, em cada ano e até ao início da época oficial de futebol, remeter aos centros regionais de segurança social que os abranjam cópia dos contratos celebrados com os seus jogadores.

2. Sempre que, no decurso da época oficial de futebol, se realizem novos contratos ou haja alteração quanto ao valor das remunerações no que respeita aos anteriores contratos, deve ser dado conhecimento à instituição de segurança social respectiva.

3. As remunerações efectivas devem ser comprovadas durante o mês de Março de cada ano pela apresentação do duplicado ou fotocópia, autenticados pela repartição de finanças, da declaração elaborada nos termos estabelecidos no Código do Imposto sobre Rendimento das Pessoas Singulares.

ARTIGO 7.º
Aplicação a outros desportistas profissionais[34]

A aplicação deste diploma aos demais desportistas profissionais fica dependente de portarias conjuntas dos Ministros da Educação e do Emprego e da Segurança

---

[33] O artigo 15.º do Decreto-Lei n.º 199/99, de 8 de Junho, determina que:
«A taxa contributiva relativa aos jogadores profissionais de futebol e de basquetebol é de 28,50%, sendo, respectivamente, de 17,50% e de 11,00% para as entidades empregadoras e para os trabalhadores.»

[34] V. Portaria n.º 456/97, de 11 de Julho, que versa sobre a aplicabilidade aos jogadores profissionais de basquetebol do regime de segurança social previsto no Decreto-Lei n.º 300/89, de 4 de Setembro.

Social que o regulamentem, tendo em atenção as suas especificidades próprias, ouvidas as respectivas federações.

ARTIGO 8.º
Revogação

É revogado o Decreto Regulamentar n.º 57/83, de 24 de Junho.

ARTIGO 9.º
Entrada em vigor

O presente diploma entra em vigor no dia 1 de Setembro de 1989.

Visto e aprovado em Conselho de Ministros de 27 de Julho de 1989. – *Aníbal António Cavaco Silva – Roberto Artur da Luz Carneiro – José Albino da Silva Peneda.*

Promulgado em 15 de Agosto de 1989.

Publique-se.

O Presidente da República, MÁRIO SOARES.

Referendado em 22 de Agosto de 1989.

Pelo Primeiro-Ministro, *Eurico Silva Teixeira de Melo*, Vice-Primeiro-Ministro.([35])

([35]) Este Decreto-Lei n.º 300/89, a Portaria n.º 456/97, assim como o Decreto-Lei n.º 199/99 são revogados pelo artigo 5.º, n.º 1, alíneas *i*), *o*) e *mm*), da Lei n.º 110/2009, de 16 de Setembro (que aprovou o *Código dos Regimes Contributivos do Sistema Previdencial de Segurança Social*). Os artigos 74.º a 79.º regulam, em especial, o regime contributivo dos «praticantes desportivos profissionais». A Lei n.º 110/2009 entra em vigor em 01/01/2011 (artigo 6.º, de acordo com a redacção conferida pela Lei n.º 119//2009, de 30 de Dezembro).

CAPÍTULO 2

Dirigentes e Técnicos Desportivos

[8]
Decreto-Lei n.º 267/95, de 18 de Outubro

Estatuto dos dirigentes desportivos em regime de voluntariado

A Lei de Bases do Sistema Desportivo (Lei n.º 1/90, de 13 de Janeiro) reconhece, no n.º 1 do seu artigo 13.º, a relevância da função desempenhada pelos dirigentes desportivos, em especial como organizadores da prática do desporto, e determina que sejam garantidas as condições necessárias à boa prossecução das suas funções. O n.º 2 do artigo 13.º, por seu lado, remete para diploma próprio o estabelecimento das medidas de apoio ao dirigente desportivo em regime de voluntariado, bem como o enquadramento normativo da função de gestor desportivo profissional.

A segunda destas duas disposições demonstra que o legislador teve consciência da necessidade de distinguir, a propósito da figura do dirigente desportivo, dois regimes fundamentais: o regime de voluntariado e o regime de profissionalização. Esta a principal razão para que, no presente diploma, se tenham em vista apenas os dirigentes não profissionalizados, aqueles que se dedicam à vida de uma associação desportiva em regime de voluntariado.

As medidas de apoio agora instituídas têm como especial enquadramento e justificação a dimensão de serviço público que se consubstancia nas responsabilidades de organização, regulamentação e disciplina de cada modalidade, as quais, por sua vez, encontram expressão formal no regime de utilidade pública desportiva e constituem um dos aspectos de maior relevância social na tarefa dos dirigentes desportivos. Daí que o presente diploma se dirija, antes de mais, aos dirigentes das federações e associações, alargando-se aos dirigentes dos clubes desportivos os direitos em matéria de formação.

Assim:

No desenvolvimento do regime jurídico estabelecido pela Lei n.º 1/90, de 13 de Janeiro, e nos termos das alíneas *a)* e *c)* do n.º 1 do artigo 201.º da Constituição, o Governo decreta o seguinte:

ARTIGO 1.º
Objecto

1. O presente diploma estabelece o regime de apoio aos dirigentes desportivos em regime de voluntariado.

2. O Estado reconhece o interesse público da actividade dos dirigentes desportivos na promoção, organização e desenvolvimento do desporto.

ARTIGO 2.º
Dirigente desportivo em regime de voluntariado

1. Para efeitos do presente diploma, considera-se dirigente desportivo em regime de voluntariado qualquer pessoa que se encontre, de modo efectivo e sem remuneração, no exercício de funções em órgãos estatutários do Comité Olímpico de Portugal, da Confederação do Desporto de Portugal, de federações desportivas dotadas de estatuto de utilidade pública desportiva ou de associações nestas últimas inscritas.
2. Não são tidas como remunerações, para efeito do disposto no número anterior, as importâncias recebidas como reembolso de despesas realizadas no exercício das funções aí referidas.
3. O disposto nos números anteriores aplica-se, ainda, aos membros de comissões administrativas nomeadas na sequência da dissolução de órgãos estatutários referidos no n.º 1.

ARTIGO 3.º
Formação

1. O Estado promove e apoia a formação permanente dos dirigentes desportivos, através da organização de cursos relacionados com as matérias de interesse para a formação dos dirigentes desportivos, e subsidia e comparticipa nos custos de inscrição de cursos promovidos por outras entidades.
2. O Instituto do Desporto inscreverá no seu orçamento um valor não inferior ao correspondente a 1000 salários mínimos nacionais, destinado a subsidiar ou comparticipar acções de formação.
3. O disposto no presente artigo é aplicável aos dirigentes dos clubes desportivos.

ARTIGO 4.º
Centro de apoio jurídico

1. O Estado apoia a instituição, no âmbito do Comité Olímpico de Portugal, de um centro de prestação de serviços de informação e consulta jurídica gratuitos a favor dos dirigentes desportivos, que a ele terão acesso em questões que decorram da actividade desportiva.
2. Compete ao Comité Olímpico de Portugal a organização e gestão do centro de apoio referido no número anterior, o qual funciona sob a direcção efectiva de pessoa habilitada a exercer o mandato judicial.
3. O Estado, através do Instituto do Desporto, comparticipa nos custos de funcionamento do centro de apoio, mediante o pagamento de uma quantia anual correspondente a 200 vezes o salário mínimo nacional.

ARTIGO 5.º
Horário específico

Aos dirigentes desportivos que sejam membros de órgão executivo podem ser fixados, pela entidade empregadora ou pelo dirigente máximo do serviço público, horários de trabalho adequados ao exercício das suas funções de dirigente.

ARTIGO 6.º
Dispensa temporária de funções

Os dirigentes desportivos podem ser dispensados da prestação de trabalho, nos termos previstos na legislação relativa à alta competição, quando prestem a sua actividade no âmbito da alta competição, acompanhem selecções ou representações nacionais ou se desloquem a congressos ou outros eventos de nível internacional.

ARTIGO 7.º
Seguro de acidentes pessoais

1. O Estado, através do Instituto do Desporto, comparticipa em 75% do prémio devido por seguros de acidentes pessoais que se destinem a cobrir a deslocação ao estrangeiro de dirigentes desportivos integrados em selecções nacionais.

2. A comparticipação referida no número anterior tem por limite o número de dois dirigentes por deslocação.

3. A comparticipação tem como limite máximo o valor do prémio correspondente a um capital igual a 400 vezes o salário mínimo nacional e será paga mediante requerimento do organismo a que pertence o dirigente, dirigido ao Instituto do Desporto juntamente com os documentos comprovativos da natureza da deslocação, do seguro realizado e dos riscos cobertos.

4. O seguro comparticipado nos termos do presente artigo é cumulável com o seguro desportivo de grupo instituído pelo Decreto-Lei n.º 146/93, de 26 de Abril.([36])

ARTIGO 8.º
Deveres dos dirigentes

O acesso ao regime de apoio previsto no presente diploma fica dependente do cumprimento, pelos dirigentes desportivos, dos seguintes deveres:

a) Defender os interesses da sua modalidade e do desporto em geral, tendo em vista a prossecução do interesse público;

b) Promover a ética desportiva, prevenindo a prática de manifestações antidesportivas, em particular nos domínios da violência associada ao desporto, da dopagem e da corrupção no fenómeno desportivo;

([36]) Revogado pelo artigo 25.º do Decreto-Lei n.º 10/2009, de 12 de Janeiro [30].

c) Não patrocinar, no exercício das suas funções, interesses particulares, próprios ou de terceiros, de qualquer natureza;

d) Não intervir em actos ou contratos de qualquer tipo, por si ou como representante de terceiros, em que tenha interesse directo ou indirecto, quando o contraente seja o organismo onde exerce funções;

e) Não usar, para fins de interesse próprio ou de terceiros, informações a que tenha acesso por motivo do exercício das suas funções;

f) Participar nas reuniões dos órgãos de que é membro, salvo motivo justificado.

ARTIGO 9.º
Perda de direitos

Os dirigentes desportivos relativamente aos quais se verifique uma causa de perda de mandato prevista no artigo 46.º do Decreto-Lei n.º 144/93, de 26 de Abril[37], perdem de imediato o gozo dos direitos consagrados no presente diploma.

Visto e aprovado em Conselho de Ministros de 31 de Agosto de 1995. — *Aníbal António Cavaco Silva — Eduardo de Almeida Catroga — Maria Manuela Dias Ferreira Leite — José Bernardo Veloso Falcão e Cunha.*

Promulgado em 3 de Outubro de 1995.

Publique-se.

O Presidente da República, MÁRIO SOARES.

Referendo em 6 de Outubro de 1995.

O Primeiro-Ministro, *Aníbal António Cavaco Silva.*

---

[37] Hoje, deve entender-se que se aplica o artigo 51.º do Decreto-Lei n.º 248-B/2008, de 31 de Dezembro **[11]**.

[9]
Decreto-Lei n.º 248-A/2008, de 31 de Dezembro

**Regime de acesso e exercício da actividade
de treinador de desporto**

Em consonância com o estatuído no Regime Jurídico da Formação Desportiva no Quadro da Formação Profissional, estabelecido pelo Decreto-Lei n.º 407/99, de 15 de Outubro, e com o Decreto-Lei n.º 396/2007, de 31 de Dezembro, que estabelece o Regime Jurídico do Sistema Nacional de Qualificações e define as estruturas que asseguram o seu funcionamento, o presente decreto-lei estabelece o regime de acesso e exercício da actividade de treinador de desporto.

Esta iniciativa legislativa, na sequência do que se dispôs nos artigos 35.º e 43.º da Lei n.º 5/2007, de 16 de Janeiro – Lei de Bases da Actividade Física e do Desporto –, assenta no reconhecimento de que a existência de treinadores devidamente qualificados é uma medida indispensável, não só para garantir um desenvolvimento qualitativo e quantitativo das diferentes actividades físicas e desportivas, como também para que a prática desportiva decorra na observância de regras que garantam a ética desportiva e o desenvolvimento do espírito desportivo, bem como a defesa da saúde e da segurança dos praticantes.

Incluem-se, também, no presente decreto-lei algumas matérias que se encontravam omissas no Decreto-Lei n.º 407/99, de 15 de Outubro, designadamente aquelas relativas à fiscalização, taxas e ao regime sancionatório.

É ainda definida a correspondência dos títulos emitidos ao abrigo do já revogado Decreto-Lei n.º 351/91, de 19 de Setembro, e os graus constantes do presente decreto-lei.

Por último, é qualificado como ilegal o exercício da actividade de treinador de desporto por quem não seja titular da cédula de treinador de desporto, prevendo-se o correspondente quadro sancionatório.

Assim:

No desenvolvimento do regime jurídico estabelecido na Lei n.º 5/2007, de 16 de Janeiro, e nos termos da alínea *c*) do n.º 1 do artigo 198.º da Constituição, o Governo decreta o seguinte:

CAPÍTULO I
Disposições gerais

ARTIGO 1.º
Objecto

O presente decreto-lei estabelece o regime de acesso e exercício da actividade de treinador de desporto.

ARTIGO 2.º
Objectivos

1. São objectivos gerais do regime de acesso e exercício da actividade de treinador de desporto:

a) A promoção da ética desportiva e do desenvolvimento do espírito desportivo;

b) A defesa da saúde e da segurança dos praticantes, bem como a sua valorização a nível desportivo e pessoal, quer quando orientados para a competição desportiva quer quando orientados para a participação nas demais actividades físicas e desportivas.

2. São objectivos específicos do regime de acesso e exercício da actividade de treinador de desporto:

a) Fomentar e favorecer a aquisição de conhecimentos gerais e específicos, que garantam competência técnica e profissional na área da intervenção desportiva;

b) Impulsionar a utilização de instrumentos técnicos e científicos, ao longo da vida, necessários à melhoria qualitativa da intervenção no sistema desportivo;

c) Promover o aperfeiçoamento qualitativo e o desenvolvimento quantitativo da prática desportiva, quer seja de iniciação desportiva, de competição ou de alto rendimento;

d) Dignificar as profissões e ocupações do desporto e fazer observar a respectiva deontologia, reforçando os valores éticos, educativos, culturais e ambientais, inerentes a uma adequada prática desportiva;

e) Contribuir para facilitar o reconhecimento, o recrutamento e a promoção de talentos com vista à optimização da prática desportiva;

f) Contribuir para o reconhecimento público da importância social do exercício da actividade e da profissão de treinador de desporto.

ARTIGO 3.º
Actividade de treinador de desporto

A actividade de treinador de desporto, para efeitos do presente decreto-lei, compreende o treino e a orientação competitiva de praticantes desportivos, bem como o enquadramento técnico de uma actividade física ou desportiva, exercida:

a) Como profissão exclusiva ou principal, auferindo por via dela uma remuneração;

b) De forma habitual, sazonal ou ocasional, independentemente de auferir uma remuneração.

ARTIGO 4.º
Habilitação profissional

A actividade referida no artigo anterior apenas pode ser exercida por treinadores de desporto, qualificados nos termos do presente decreto-lei, designadamente no âmbito:
  a) De federações desportivas titulares do estatuto de utilidade pública desportiva;
  b) De associações promotoras de desporto;
  c) De entidades prestadoras de serviços desportivos, como tal referidas no artigo 43.º da Lei n.º 5/2007, de 16 de Janeiro.

ARTIGO 5.º
Exercício da actividade de treinador de desporto

É condição de acesso ao exercício da actividade de treinador de desporto a obtenção de cédula de treinador de desporto, adiante designada por cédula.

CAPÍTULO II
Regime da cédula de treinador profissional

ARTIGO 6.º
Cédula de treinador de desporto[38]

1. A cédula pode ser obtida através de:
  a) Habilitação académica de nível superior ou qualificação, na área do desporto, no âmbito do sistema nacional de qualificações;
  b) Experiência profissional;
  c) Reconhecimento de títulos adquiridos noutros países.

2. A emissão e renovação da cédula compete ao Instituto do Desporto de Portugal, I. P.

3. O modelo da cédula é definido por despacho conjunto dos membros do Governo responsáveis pelas áreas do desporto, do emprego, da formação profissional e da educação.

4. Para efeitos da alínea *a)* do n.º 1, os referenciais de formação na componente tecnológica para a obtenção de uma qualificação e os requisitos para homologação dos cursos conducentes à obtenção da mesma integram o catálogo nacional de qualificações e são definidos através de despacho do presidente do Instituto do Desporto de Portugal, I. P., em articulação com a Agência Nacional para a Qualificação, I. P., publicado no Diário da República.

---

[38] V. Despacho n.º 5061/2010, do Presidente do IDP, I.P., de 15/03/2010, publicado no *Diário da República*, II Série, n.º 56, de 22/03/2010.

5. A obtenção da cédula através da alínea *b*) do n.º 1 é regulada através de despacho do presidente do Instituto do Desporto de Portugal, I. P., publicado no Diário da República.

ARTIGO 7.º
Graus da cédula

1. A cédula confere competências ao seu titular, nos termos dos artigos seguintes, do seguinte modo:
   a) Grau I;
   b) Grau II;
   c) Grau III;
   d) Grau IV.

2. A correspondência entre os níveis de qualificação previstos no âmbito do sistema nacional de qualificações e os graus previstos no número anterior é definida por portaria dos membros do Governo responsáveis pelas áreas do desporto, do emprego, da formação profissional e da educação.

3. A obtenção de cédula de determinado grau confere ao seu detentor as competências previstas nos artigos seguintes para o seu grau e para os graus inferiores.

ARTIGO 8.º
Treinador de desporto de grau I

O grau I corresponde ao nível mais elementar do exercício da profissão, conferindo ao seu titular, tendo em vista a consolidação de valores e hábitos desportivos para a vida, competências para:

a) A condução directa das actividades técnicas elementares associadas às fases iniciais da actividade ou carreira dos praticantes ou a níveis elementares de participação competitiva, sob coordenação de treinadores de desporto de grau superior;

b) A coadjuvação na condução do treino e orientação competitiva de praticantes nas etapas subsequentes de formação desportiva.

ARTIGO 9.º
Treinador de desporto de grau II

O grau II confere ao seu titular competências para:

a) A condução do treino e orientação competitiva de praticantes nas etapas subsequentes de formação desportiva;

b) A coordenação e supervisão de uma equipa de treinadores de grau I ou II, sendo responsável pela implementação de planos e ordenamentos estratégicos definidos por profissionais de grau superior;

c) O exercício, de forma autónoma, de tarefas de concepção, planeamento, condução e avaliação do processo de treino e de participação competitiva;

d) A coadjuvação de titulares de grau superior, no planeamento, condução e avaliação do treino e participação competitiva.

ARTIGO 10.º
Treinador de desporto de grau III

O grau III confere ao seu titular competências para o planeamento do exercício e avaliação do desempenho de um colectivo de treinadores detentores de grau igual ou inferior, coordenando, supervisionando, integrando e harmonizando as diferentes tarefas associadas ao treino e à participação competitiva.

ARTIGO 11.º
Treinador de desporto de grau IV

O grau IV confere competências no âmbito de funções de coordenação, direcção, planeamento e avaliação, cabendo-lhe as funções mais destacadas no domínio da inovação e empreendedorismo, direcção de equipas técnicas pluridisciplinares, direcções técnicas regionais e nacionais, coordenação técnica de selecções regionais e nacionais e coordenação de acções tutorais.

ARTIGO 12.º
Deveres de regulação das federações desportivas

1. A cada grau correspondem etapas de desenvolvimento dos praticantes desportivos abrangidos pela actividade do treinador de desporto.

2. A correspondência referida no número anterior é proposta, no prazo máximo de 180 dias, pelas federações desportivas titulares do estatuto de utilidade pública desportiva ao Instituto do Desporto de Portugal, I. P.

3. Validada a correspondência referida no número anterior, deve a mesma ser adoptada pelos regulamentos da respectiva federação desportiva, no prazo de 90 dias, contados da data da validação.

4. Na falta da proposta referida no n.º 2, ouvido o Conselho Nacional do Desporto, é estabelecida por despacho do presidente do Instituto do Desporto de Portugal, I. P., para cada modalidade desportiva, a correspondência referida no n.º 1.

CAPÍTULO III
Fiscalização e taxas

ARTIGO 13.º
Fiscalização

1. Sem prejuízo da competência atribuída por lei às entidades competentes, as federações desportivas titulares do estatuto de utilidade pública desportiva devem fiscalizar o cumprimento do presente decreto-lei relativamente às respectivas modalidades desportivas.

2. As federações desportivas titulares do estatuto de utilidade pública desportiva em que se disputem competições desportivas de natureza profissional podem delegar nas ligas profissionais a competência referida no número anterior.

3. As federações desportivas titulares do estatuto de utilidade pública desportiva devem, no prazo máximo de 180 dias após a entrada em vigor do presente decreto-lei, estabelecer nos seus regulamentos mecanismos de fiscalização do cumprimento de normas relativas à cédula.

ARTIGO 14.º
Taxas

1. É devido o pagamento de taxas pelos actos relativos ao processo de emissão e renovação da cédula ao Instituto do Desporto de Portugal, I. P.

2. As taxas referidas no número anterior são fixadas por despacho do membro do Governo responsável pela área do desporto e constituem receita do Instituto do Desporto de Portugal, I. P.

CAPÍTULO IV
Regime sancionatório

ARTIGO 15.º
Exercício ilegal da actividade

É ilegal o exercício da actividade de treinador de desporto prevista nos artigos 8.º a 11.º por quem não seja titular da cédula.

ARTIGO 16.º
Cassação da cédula

O Instituto do Desporto de Portugal, I. P., procede à cassação da cédula quando verificada a falsidade de qualquer elemento comprovativo dos requisitos que conduziram à sua emissão.

ARTIGO 17.º
Contra-ordenações

1. Constitui contra-ordenação, para efeitos do disposto no presente decreto-lei:

a) O exercício da actividade de treinador de desporto por quem não seja titular da cédula;

b) A autorização para o treino de praticantes desportivos ou para o ensino, animação e enquadramento técnico de uma actividade física ou desportiva, a qualquer título, por parte de federações desportivas titulares do estatuto de utilidade pública desportiva, ligas profissionais, entidades prestadoras de serviços desportivos, associações promotoras de desporto, ou quaisquer entidades, públicas ou privadas, de quem não seja titular da cédula;

c) A contratação para o exercício da actividade de treinador de desporto de quem não seja titular da cédula pelos clubes ou sociedades anónimas desportivas que participem em competições desportivas profissionais, sob qualquer forma.

2. A tentativa e a negligência são puníveis, sendo os limites mínimo e máximo da coima aplicada reduzidos a metade.

ARTIGO 18.º
Coimas

1. As contra-ordenações previstas na alínea *c*) do n.º 1 do artigo anterior são punidas com coima entre € 3500 e € 10 000, se o infractor for uma pessoa colectiva.

2. As contra-ordenações previstas nas alíneas *a*) e *b*) do n.º 1 do artigo anterior são punidas com coima entre € 2000 e € 3500, se o infractor for uma pessoa singular ou colectiva.

ARTIGO 19.º
Determinação da medida da coima

A determinação da medida da coima faz-se em função da gravidade da contra-ordenação, da culpa, da situação económica do agente e do benefício económico ou desportivo que este retirou da prática da contra-ordenação.

ARTIGO 20.º
Instrução do processo e aplicação da coima

1. A instrução dos processos de contra-ordenação referidos no presente decreto-lei compete ao Instituto do Desporto de Portugal, I. P.

2. A aplicação das coimas é da competência do presidente do Instituto do Desporto de Portugal, I. P.

ARTIGO 21.º
Produto das coimas

O produto das coimas reverte em 60% para o Estado e em 40% para o Instituto do Desporto de Portugal, I. P.

ARTIGO 22.º
Direito subsidiário

Ao processamento das contra-ordenações e à aplicação das correspondentes sanções previstas na presente lei aplica-se subsidiariamente o regime geral das contra-ordenações.

ARTIGO 23.º
Ilícitos disciplinares

1. Constitui ilícito disciplinar o disposto na alínea *a*) do n.º 1 do artigo 17.º, quando o infractor se encontrar inscrito em federação desportiva titular do estatuto de utilidade pública desportiva.

2. Constitui igualmente ilícito disciplinar o disposto na alínea *c*) do n.º 1 do artigo 17.º

ARTIGO 24.º
Aplicação de sanções disciplinares

A aplicação das sanções disciplinares previstas em regulamento disciplinar decorrentes dos ilícitos disciplinares previstos no artigo anterior está cometida às federações desportivas titulares do estatuto de utilidade pública desportiva ou às ligas profissionais, consoante o caso, a quem cabe igualmente a instrução dos processos disciplinares.

CAPÍTULO V
Disposições finais e transitórias

ARTIGO 25.º
Correspondência de títulos

1. Os títulos emitidos ao abrigo do Decreto-Lei n.º 351/91, de 19 de Setembro, correspondem às cédulas nos seguintes termos:

a) Os certificados do curso de treinador de nível I, 4.º grau ou similar, correspondem ao grau I de treinador de desporto;

b) Os certificados do curso de treinador de nível II, 3.º grau ou similar, correspondem ao grau II de treinador de desporto;

c) Os certificados do curso de treinador de nível III, 2.º grau ou similar, correspondem ao grau III de treinador de desporto;

d) Os certificados do curso de treinador de nível IV, 1.º grau ou similar, correspondem ao grau IV de treinador de desporto.

2. Para efeitos do disposto no número anterior, os titulares dos certificados devem, no prazo de um ano a contar da data de entrada em vigor do presente decreto-lei, requerer a substituição do título que detêm pela respectiva cédula.

3. A partir da data prevista no número anterior, os títulos emitidos ao abrigo do Decreto-Lei n.º 351/91, de 19 de Setembro, deixam de ser válidos para o exercício da actividade de treinador prevista nos artigos 8.º a 11.º do presente decreto-lei.

4. Os candidatos que não reúnam condições para a obtenção de grau correspondente à actividade desenvolvida como treinador podem realizar formação complementar específica nos termos a definir na portaria prevista no n.º 2 do artigo 7.º

ARTIGO 26.º
Regime transitório

1. Às federações desportivas titulares do estatuto de utilidade pública desportiva que não cumpram o disposto no artigo 12.º do presente decreto-lei aplica-se o disposto nos artigos 21.º, 22.º e 23.º do Decreto-Lei n.º 248-B/2008, de 31 de Dezembro.
2. Os regulamentos federativos podem permitir, a título transitório e mediante autorização do Instituto do Desporto de Portugal, I. P., enquanto inexistam treinadores de desporto titulares de cédula de graus superiores, que as tarefas referidas nos artigos 9.º, 10.º e 11.º sejam exercidas por treinadores de desporto titulares de cédula de graus inferiores.
3. Nos casos previstos no número anterior, as federações desportivas titulares do estatuto de utilidade pública desportiva obrigam-se a promover a formação de treinadores de desporto para que obtenham cédula dos graus em falta.

ARTIGO 27.º
Regime supletivo

O disposto no Decreto-Lei n.º 407/99, de 15 de Outubro, aplica-se supletivamente à qualificação, formação e certificação dos treinadores de desporto.

ARTIGO 28.º
Entrada em vigor

O presente decreto-lei entra em vigor 90 dias após a data da sua publicação.

Visto e aprovado em Conselho de Ministros de 7 de Novembro de 2008. – *José Sócrates Carvalho Pinto de Sousa – Fernando Teixeira dos Santos – Manuel Pedro Cunha da Silva Pereira – Alberto Bernardes Costa – José António Fonseca Vieira da Silva – Maria de Lurdes Reis Rodrigues.*

Promulgado em 30 de Dezembro de 2008.

Publique-se.

O Presidente da República, ANÍBAL CAVACO SILVA.

Referendado em 30 de Dezembro de 2008.

Pelo Primeiro-Ministro, *Fernando Teixeira dos Santos,* Ministro de Estado e das Finanças.

[10]
Contrato Colectivo de Trabalho dos Treinadores
entre a Liga Portuguesa de Futebol Profissional
e a Associação Nacional dos Treinadores de Futebol[39]

CAPÍTULO I
Disposições gerais

ARTIGO 1.º
Âmbito funcional

1. O presente contrato colectivo estabelece e regula as normas por que se regerão as relações jurídicas laborais emergentes dos contratos de trabalho desportivo celebrados entre os treinadores profissionais e os clubes ou sociedades desportivas, filiados na Liga Portuguesa de Futebol Profissional.

2. Ambas as partes contratantes acordam em promover a extensão do presente CCT a todas as relações laborais emergentes de contratos de trabalho celebrados entre treinadores profissionais e quaisquer clubes ou sociedades desportivas, estejam ou não filiados na Liga Portuguesa de Futebol Profissional, para o que solicitarão aos Ministérios responsáveis a respectiva portaria de extensão.

ARTIGO 2.º
Âmbito pessoal

O presente contrato colectivo aplicar-se-á aos treinadores profissionais que, em virtude de uma relação estabelecida com carácter regular, sob a autoridade e direcção de um clube ou sociedade desportiva, mediante remuneração e de forma exclusiva, se dediquem à preparação, orientação técnica e treino das respectivas equipas de futebol.

ARTIGO 3.º
Âmbito territorial

O presente Contrato Colectivo aplicar-se-á a todos os treinadores e clubes ou sociedades desportivas sediados em território nacional.

---

[39] Publicado no *Boletim do Trabalho e Emprego*, 1.ª Série, n.º 27, de 22/07/1997.

ARTIGO 4.º
Âmbito temporal

O presente CCT vigorará pelo período de dois anos, cessando a sua vigência seis meses após o seu termo se, entretanto, não for acordada a sua renovação ou alteração.

ARTIGO 5.º
Regime jurídico

Aplicam-se subsidiariamente ao contrato de trabalho celebrado entre os treinadores profissionais e os clubes ou sociedades desportivas as normas do regime geral do contrato de trabalho, com excepção daquelas que se mostrem incompatíveis com a natureza específica da relação contratual.

ARTIGO 6.º
Forma

O contrato de trabalho é obrigatoriamente reduzido a escrito assinado pela entidade patronal e pelo treinador e deve ser lavrado em quintuplicado, destinando-se um exemplar para cada uma das partes os três restantes a ser enviados, no prazo de 5 dias, pelo clube à Liga Portuguesa de Futebol Profissional, à Federação Portuguesa de Futebol e à Associação Nacional dos Treinadores de Futebol.

Junta-se, como Anexo I ao presente Contrato, o modelo de contrato tipo.

ARTIGO 7.º
Promessa de contrato de trabalho

1. A promessa de contrato de trabalho só é válida se constar de documento assinado pelos promitentes, no qual se exprima a vontade de se obrigar a celebrar o contrato de trabalho, respectiva retribuição e a indicação do início e do termo do contrato prometido.

2. O incumprimento culposo da promessa de contrato de trabalho implica, a título de cláusula penal, o dever de indemnizar o promitente não faltoso pelos prejuízos sofridos, que se fixam em quantia correspondente a 70% (setenta por cento) do montante que o clube houver entregue como antecipação do contrato prometido, sem prejuízo do reembolso ou do direito de o fazer seu, consoante a violação seja do treinador ou do clube.

3. No caso de não haver antecipação financeira do contrato prometido o promitente faltoso responde pelo incumprimento nos termos gerais de direito.

ARTIGO 8.º
Prazo

1. O contrato de trabalho terá sempre uma duração determinada, caducando, sem mais, expirado o prazo nele estipulado. No entanto, o contrato poderá ser

prorrogado por mútuo acordo das partes, por período igual ou diverso do anteriormente fixado.

ARTIGO 9.º
Registo

1. A participação do treinador em competições oficiais depende do registo de seu contrato na Liga Portuguesa de Futebol Profissional, na Federação Portuguesa de Futebol e na Associação Nacional dos Treinadores de Futebol, mediante prévio parecer favorável desta última entidade.

2. O referido parecer, que terá por objecto a apreciação dos requisitos regulamentares, nomeadamente os estabelecidos no anexo III, deverá ser emitido por escrito no prezo máximo de 5 dias a contar da recepção do exemplar do contrato enviado à Associação Nacional dos Treinadores de Futebol nos termos do artigo 6.º.

3. O decurso do prazo a que se refere o número anterior sem que, entretanto, tenha havido pronúncia expressa da Associação Nacional dos Treinadores de Futebol faz presumir a emissão tácita de parecer favorável.

4. Para efeitos de demonstração da existência de declaração tácita de deferimento, qualquer das partes outorgantes deverá fazer prova da data da recepção pela Associação Nacional dos Treinadores de Futebol do contrato de trabalho.

5. As cláusulas contratuais que não constem de contrato registado são ininvocáveis junto da comissão arbitral paritária, prevista no artigo 51.º do CCT.

6. Exceptuam-se do disposto no número anterior as cláusulas relativas à retribuição, que, porém, só serão atendíveis se provadas documentalmente.

7. Qualquer das partes outorgantes do contrato de trabalho tem legitimidade para requerer o registo do contrato ou das cláusulas adicionais.

ARTIGO 10.º
Cedência temporária

1. Durante a vigência de um contrato, o clube poderá ceder temporariamente a outro os serviços de um treinador profissional, mediante a aceitação expressa deste, não podendo o período de cedência exceder o termo do prazo em vigor.

2. Esta cedência só poderá, porém, ser efectivada dentro de cada época desportiva, desde que comunicada à Federação Portuguesa de Futebol, à Liga Portuguesa de Futebol Profissional e à Associação Nacional dos Treinadores de Futebol por escrito no prazo de quinze dias a contar da sua celebração.

3. A cedência deverá constar obrigatoriamente de documento escrito, assinado por todos os intervenientes, no qual deverão ser especificadas as condições e prazo de cedência, nomeadamente os direitos e deveres emergentes da relação de trabalho assumidos pelos contraentes.

4. Na falta de especificação, presumem-se transmitidos ao cessionário todos os direitos e obrigações do cedente.

5. A cedência está sujeita a registo.

ARTIGO 11.º
Deveres do clube

O clube deve:

a) Tratar e respeitar o treinador como seu colaborador;

b) Pagar-lhe atempadamente a retribuição convencionada,

c) Proporcionar-lhe boas condições de trabalho, assegurando os meios técnicos e humanos necessários ao bom desempenho das suas funções;

d) Facilitar-lhe o exercício dos seus direitos sindicais;

e) Indemnizá-lo dos prejuízos resultantes de acidentes de trabalho e doenças profissionais em conformidade com a legislação em vigor;

f) Cumprir todas as demais obrigações decorrentes do contrato de trabalho e das normas que o regem, bem como das regras de disciplina e ética desportiva.

ARTIGO 12.º
Deveres do treinador

O treinador deve:

a) Respeitar e tratar com urbanidade e lealdade a entidade patronal, os superiores hierárquicos, os jogadores e as demais pessoas que, pelas respectivas funções, estejam relacionadas com a sua actividade;

b) Prestar o seu trabalho com zelo, diligência e assiduidade, designadamente cumprindo e fazendo cumprir os horários previamente fixados para todas as actividades inerentes à preparação, orientação técnica e treino das equipas por ele dirigidas;

c) Cumprir e fazer cumprir ordens e instruções da entidade patronal e seus representantes em tudo o que respeite à execução e disciplina da actividade desportiva específica para que foi contratado, sem prejuízo da sua autonomia reconhecida nos termos do artigo seguinte e sempre que aquelas não se mostrem contrárias aos seus direitos e garantias, bem como aos dos atletas sob a sua orientação;

d) Cumprir todas as demais obrigações decorrentes do contrato de trabalho e das normas que o regem, bem como conformar-se com as regras próprias da disciplina e ética desportiva.

ARTIGO 13.º
Direitos do treinador

Ao treinador compete, em exclusivo, a preparação, elaboração e tomada de decisões em toda matéria respeitante a assuntos de natureza técnica, táctica e física, directamente relacionados com a actividade para que foi contratado, especialmente:

a) Dar parecer sobre a conveniência ou inoportunidade da realização dos jogos particulares, no decurso de provas oficiais ou os que pela sua proximidade possam afectar a equipa;

b) Proceder à escolha dos jogadores que integram a equipa em cada jogo;

c) Designar os dias e as horas dos treinos, bem como o local dos mesmos, tendo em consideração as especialidades e limitações que hajam sido previamente comunicadas pela entidade patronal;

d) Fixar as horas de comparência das equipas nos balneários, ou em outros locais, antes do início dos jogos, estágios ou deslocações;

e) Propor a realização de estágios, sua marcação, tempo de duração, bem como os meios de os realizar;

f) Exercer a acção disciplinar sobre os jogadores e colaboradores técnicos sob a sua alçada, comunicando à entidade patronal, para efeito de procedimento, disciplinar, as faltas de que tenha conhecimento.

ARTIGO 14.º
Garantias do treinador

É proibido à entidade patronal:

a) Opor-se, por qualquer forma, a que o treinador exerça os seus os seus direitos, bem como rescindir o contrato ou aplicar sanções por causa desse exercício;

b) Prejudicar as condições de trabalho do treinador ou dos atletas por ele orientados;

c) Diminuir a retribuição, salvo por acordo e nos casos previstos na lei ou nos instrumentos de regulamentação colectiva de trabalho;

d) Impor ao treinador a prestação de serviços não compreendidos no objecto do contrato;

e) Prejudicar, por qualquer forma, o exercício do direito ao trabalho após a cessação do contrato.

ARTIGO 15.º
Poder disciplinar

1. Os clubes têm poder disciplinar, nos termos da lei geral e do presente CCT, sobre os treinadores ao seu serviço, sem prejuízo das sanções que a estes sejam aplicáveis pelos órgãos de disciplina desportiva.

2. Dentro dos limites fixados neste artigo o clube poderá aplicar as seguintes sanções disciplinares:

a) Repreensão;
b) Repreensão registada;
c) Multa;
d) Suspensão do trabalho com perda de retribuição;
e) Despedimento com justa causa.

3. As multas aplicadas a um treinador por infracções praticadas no mesmo dia não podem exceder metade da retribuição diária e, em cada época, a retribuição correspondente a vinte dias.

4. A suspensão do trabalho não pode exceder por cada infracção vinte e quatro dias e, em cada época, o total de sessenta dias.

ARTIGO 16.º
Exercício do poder disciplinar

1. As sanções disciplinares previstas no n.º 2 do artigo 15.º só podem ser aplicadas em resultado de processo disciplinar organizado nos termos legais, sob pena de nulidade.

2. O procedimento disciplinar deve exercer-se nos trinta dias subsequentes àquele em que a entidade patronal teve conhecimento da infracção e a execução da eventual sanção disciplinar só poderia ter lugar nos trinta dias seguintes à decisão.

3. Iniciado o procedimento disciplinar, pode a entidade patronal suspender a prestação do trabalho com a notificação da nota de culpa, se a presença do treinador se mostrar inconveniente, mas não lhe é lícito suspender o pagamento da retribuição.

ARTIGO 17.º
Sanções abusivas

Consideram-se abusivas as sanções disciplinares motivadas pelo facto do treinador:

a) Haver reclamado legitimamente contra as condições de trabalho;
b) Recusar-se a cumprir ordens a que não devesse obediência;
c) Exercer ou candidatar-se ao exercício de funções sindicais;
d) Em geral, exercer, ter exercido, pretender exercer ou invocar os direitos e garantias que lhe assistem.

ARTIGO 18.º
Consequências gerais da aplicação
de sanções abusivas

A entidade patronal que aplicar sanções abusivas em qualquer dos casos previstos no artigo anterior indemnizará o treinador nos termos gerais de direito, ficando sujeita, nos casos de multa, suspensão e despedimento aos agravamentos previstos na lei.

ARTIGO 19.º
Liberdade de trabalho

São nulas as cláusulas dos contratos individuais de trabalho que, por qualquer forma, possam prejudicar o exercício do direito de trabalho após a cessação do contrato.

ARTIGO 20.º
Outras actividades na vigência do contrato

1. Ao treinador é vedado o desempenho de qualquer outra actividade desportiva remunerada no período da duração do contrato, salvo convenção expressa em contrário.

2. É igualmente vedado, na vigência do contrato, o exercício pelo treinador de actividades de qualquer natureza que sejam incompatíveis com a sua prestação laboral, excepto se o contrário for expressamente autorizado pelo clube.

3. Os litígios sobre questões de incompatibilidade serão dirimidos pela comissão arbitral prevista neste CCT ou pelo tribunal de trabalho competente.

CAPÍTULO II
Prestação do trabalho

ARTIGO 21.º
Trabalho normal

1. Considera-se trabalho normal do treinador a prestação da sua actividade em representação do clube a que está vinculado, seja quando intervenha como treinador em jogos oficiais ou particulares, seja enquanto dirija treinos de apuramento técnico, táctico, ou físico, concentrações e deslocações e outras actividades de formação técnica e informativa.

2. Ao trabalho prestado pelo treinador não se aplicam os limites do período normal de trabalho previstos na lei geral.

ARTIGO 22.º
Horários

1. As sessões de treino serão decididas pelo treinador e comunicadas à entidade patronal e aos jogadores com a necessária antecedência.

2. As demais actividades formativas e de preparação deverão igualmente se comunicadas à entidade patronal e aos jogadores com a devida antecedência.

ARTIGO 23.º
Descanso semanal e feriados obrigatórios

1. Os treinadores têm direito a um descanso semanal mínimo de um dia e meio, do qual pelo menos um dia será gozado de forma continuada, devendo o gozo do restante meio dia ser desfrutado por acordo de ambas as partes.

2. Têm ainda os treinadores, direito ao descanso nos dias 1 de Janeiro, 1 de Maio e 24 de Dezembro.

3. Quando, por exigência da realização de provas desportivas, incluindo as não oficiais, não seja possível desfrutar, no todo ou em parte, do descanso previsto nos números anteriores, transfere-se o mesmo para data a acordar entre as partes ou, não havendo acordo, para o primeiro dia imediato disponível.

4. Sempre que a entidade regulamentadora da respectiva competição desportiva designe a realização de provas em dia feriado obrigatório, terá o treinador direito a gozar um dia de descanso suplementar, a fixar pela entidade patronal de entre cinco os cinco dias imediatos.

ARTIGO 24.º
Férias

1. O treinador tem direito a gozar um período de trinta dias de férias em virtude do trabalho prestado em cada época.
2. O direito a férias vence-se no dia 1 do mês imediatamente anterior àquele em que termina a época.
3. O direito a férias é irrenunciável e não pode ser substituído, fora os casos expressamente previstos na lei, por remuneração suplementar ou qualquer outra vantagem, ainda que o treinador dê o seu consentimento.
4. O treinador que tenha celebrado contrato de trabalho por um prazo inferior a um época (12 meses) tem direito, no mínimo, a dois dias e meio por cada trinta dias de trabalho efectivamente prestado, salvo se outras condições mais favoráveis resultarem para o treinador do contrato individual de trabalho.
5. A entidade patronal que não cumprir, total ou parcialmente, a obrigação de conceder férias, nos termos dos números anteriores, pagará ao treinador, a titulo de indemnização, o triplo da retribuição correspondente ao tempo de férias não gozadas.

ARTIGO 25.º
Escolha de férias e retribuição

1. A época de férias deve ser escolhida de comum acordo entre a entidade patronal e o treinador.
2. Na falta de acordo, compete à entidade patronal fixar a época de férias, da qual dará conhecimento ao treinador com antecedência não inferior a trinta dias.
3. A retribuição dos treinadores durante as férias não pode ser inferior à que receberiam se estivessem efectivamente em serviço e deverá ser paga antes do seu início.

ARTIGO 26.º
Faltas – princípios gerais

1. As faltas podem ser justificadas e não justificadas.
2. A entidade patronal tem direito a descontar na retribuição do treinador a importância correspondente aos dias em que ele faltou ao trabalho sem justificação.
3. As faltas não justificadas poderão constituir infracção disciplinar quando forem reiteradas ou tiverem consequências graves para a entidade patronal.

ARTIGO 27.º
Faltas justificadas

1. Consideram-se justificadas as faltas autorizadas pela entidade patronal, bem como as motivadas por impossibilidade de prestar trabalho por facto para o qual o treinador de nenhum modo haja contribuído, nomeadamente em resultado do cumprimento de obrigações legais, ou pela necessidade de prestar assistência inadiável

aos membros do seu agregado familiar em casos de acidente ou doença, neste último caso em observância do regime legal quanto à retribuição.

2. Nas hipóteses abrangidas no número anterior, quando a impossibilidade se prolongar para além de um mês aplica-se o regime do artigo 28.º.

3. As faltas autorizadas pela entidade patronal não determinam perda de retribuição, salvo estipulação em contrário.

4. O treinador pode faltar pelo tempo estritamente indispensável à prática de actos necessários e inadiáveis no exercício de funções sindicais ou outras a estas inerentes.

5. O treinador pode faltar até onze dias consecutivos na altura do seu casamento, pagando a entidade patronal a retribuição correspondente a todo o período de faltas.

6. O treinador pode faltar até cinco dias consecutivos por falecimento do cônjuge ou de parentes ou afins no 1.º grau da linha recta ao até dois consecutivos por falecimento de outros parentes ou afins da linha recta ou até ao 2.º grau da linha colateral. A entidade patronal pagará a retribuição correspondente aos períodos previstos.

7. No caso de prestação de provas de exame em estabelecimento de ensino oficial, o treinador pode faltar durante os dias em que tenham lugar as referidas provas.

8. A entidade patronal pagará a retribuição correspondente às faltas referidas no numero anterior até ao máximo anual de dez.

ARTIGO 28.º
Suspensão da prestação do trabalho por impedimento do treinador

1. Quando o treinador esteja temporariamente impedido por facto que não lhe seja imputável e o impedimento se prolongue por mais um mês, cessam os direitos, deveres e garantias das partes, na medida em que pressuponham a efectiva prestação de trabalho.

2. Durante o tempo de suspensão o treinador conserva o direito ao lugar e continua obrigado a guardar lealdade à entidade patronal.

3. O disposto no n.º 1 começará a observar-se, mesmo antes de expirado o prazo de um mês, a partir do momento em que haja a certeza ou se preveja com segurança que o impedimento terá duração superior aquele prazo.

4. O contrato caducará, porém, no momento em que se torne certo que o impedimento é definitivo.

5. Terminado o impedimento, o treinador deve apresentar-se imediatamente à entidade patronal para retomar o serviço.

6. A entidade patronal que se oponha a que o treinador retome o serviço após a sua apresentação deve indemnizar o treinador nos termos estabelecidos no artigo 40.º.

7. A suspensão não interrompe o decurso do prazo para efeitos de caducidade do contrato, nem prejudica o direito de, durante ela, qualquer das partes fazer cessar o contrato nos termos gerais.

ARTIGO 29.º
Remuneração

Consideram-se como remuneração todas as prestações, em dinheiro ou em espécie, recebidas pelo treinador, salvo as excepções expressamente previstas na lei.

ARTIGO 30.º
Remuneração mínima

1. Aos treinadores são assegurados as seguintes remunerações base mínimas, quando exerçam as suas funções em clube da:

1.ª Divisão Nacional   6x salário mínimo nacional;
2.ª Divisão Nacional Honra   4x salário mínimo nacional;
2.ª Divisão Nacional B   3x salário mínimo nacional;
3.ª Divisão Nacional   2x salário mínimo nacional;
Outras Divisões e Escalões Juvenis   1x salário mínimo nacional.

2. Aos treinadores-adjuntos é assegurado, como remuneração base mínima, metade dos montantes estabelecidos no número anterior para os treinadores principais de cada Divisão.

ARTIGO 31.º
Subsídio de férias e de Natal

Os treinadores terão direito a receber, no início das férias e pelo Natal, um subsídio equivalente à remuneração base mensal, salvo se o período de prestação de trabalho for inferior a uma época, caso em que o montante do subsídio será correspondente a 2 dias e meio por cada mês de trabalho efectivamente prestado.

ARTIGO 32.º
Prémios de jogo

Poderão igualmente ser atribuídos aos treinadores prémios de jogo ou de classificação, em função dos resultados, que, salvo acordo das partes ou dos usos, deverão se liquidados no mês seguinte àquele a que digam respeito, prémios esses que, desde que atribuídos com regularidade, serão havidos, nos termos gerais, como parte integrante da remuneração.

ARTIGO 33.º
Regras especiais

Os contratos individuais de trabalho poderão conter cláusulas de salvaguarda de aumento ou redução das condições contratuais, nomeadamente para os casos de subida e descida de divisão ou outros, desde que expressamente previstos.

ARTIGO 34.º
Forma e tempo de Cumprimento

A remuneração mensal deverá ser satisfeita em numerário ou através de cheque nominativo, vale postal ou depósito bancário até ao dia 5 do mês subsequente àquele a que disser respeito, salvo se outra forma de pagamento for acordada entre as partes.

ARTIGO 35.º
Compensação e desconto

1. A entidade não pode compensar a retribuição com créditos que tenha sobre o treinador, nem fazer quaisquer descontos ou deduções no montante da referida retribuição.

2. O disposto no número anterior não se aplica:

a) Aos descontos ordenados por lei, por decisão ou do auto tenha sido notificada a entidade patronal;

b) Às indemnizações devidas pelo treinador à entidade patronal quando se acharem liquidadas por decisão judicial transitada em julgado ou por auto de conciliação;

c) Às multas a que se refere a alínea *c)* do n.º 2 do artigo 15.º;

d) Aos abonos ou adiantamentos por conta da retribuição;

e) Às amortizações e juros de empréstimos concedidos pelos clubes aos treinadores para aquisição de bens móveis e imóveis, quando expressamente solicitados por estes e constarem de documento escrito assinado por ambas as partes.

3. Os descontos referidos nas alíneas *b)*, *c)* e *d)* do número anterior não podem exceder o seu conjunto um sexto da retribuição.

CAPÍTULO III
Cessação do contrato de trabalho

ARTIGO 36.º
Causas de extinção do contrato de trabalho

O contrato de trabalho pode cessar por:

a) Revogação por acordo das partes;
b) Caducidade;
c) Rescisão com justa causa por iniciativa do treinador;
d) Rescisão sem invocação de justa causa por parte do treinador;
e) Despedimento com ou sem justa causa promovido pela entidade patronal.

ARTIGO 37.º
Revogação por mútuo acordo

É sempre ilícito às partes revogar, por mútuo acordo, o contrato de trabalho. A revogação deverá sempre constar de documento assinado por ambas as partes.

ARTIGO 38.º
Caducidade

O contrato de trabalho caduca nos casos previstos neste contrato e nos termos gerais de direito, nomeadamente:

a) Expirando o prazo por que foi estabelecido;

b) Verificando-se a impossibilidade superveniente, absoluta e definitiva de o treinador prestar trabalho ou do clube o receber e nos casos previstos no artigo 49.º.

ARTIGO 39.º
Rescisão com justa causa por iniciativa do treinador

1. Constituem justa causa de rescisão do contrato por iniciativa do treinador, com direito a indemnização, os seguintes comportamentos da entidade empregadora:

a) Falta culposa do pagamento pontual da retribuição na forma devida;

b) Violação culposa dos direitos e garantias do treinador nos casos e termos previstos nos artigos 13.º e 14.º;

c) Aplicação de sanção abusiva;

d) Ofensa à integridade física, honra ou dignidade do treinador, punível por lei, praticada pela entidade patronal ou seus representantes legítimos.

2. Constituem ainda justa causa de rescisão do contrato pelo treinador, mas sem direito a indemnização:

a) A necessidade de o treinador cumprir quaisquer obrigações legais incompatíveis com a continuação da sua actividade;

b) A alteração substancial e duradoura das condições de trabalho no exercício legítimo de poderes da entidade empregadora;

c) A falta não culposa de pagamento pontual da retribuição do treinador.

3. Se o fundamento da rescisão for o da alínea *a*) do n.º 2, o treinador deve notificar a entidade empregadora com máxima antecedência possível.

ARTIGO 40.º
Responsabilidade da entidade empregadora pela rescisão do contrato com justa causa do treinador

1. A rescisão do contrato com fundamento nos factos previstos no n.º 1 do artigo anterior confere ao treinador o direito a uma indemnização correspondente ao valor das retribuições que lhe seriam se o contrato de trabalho tivesse cessado no seu termo, deduzidas das que eventualmente venha a auferir pela mesma actividade durante o período em causa.

2. As retribuições vincendas referidas no número anterior abrangem, para além da remuneração base, apenas os prémios devidos em função dos resultados obtidos até ao final da época em que foi promovida a rescisão do contrato com justa causa pelo treinador.

ARTIGO 41.º
Responsabilidade do treinador em caso de rescisão unilateral sem justa causa

1. Quando a justa causa invocada nos termos do artigo n.º 39 venha a ser declarada insubsistente por inexistência de fundamento ou inadequação dos factos imputados, o treinador fica constituído na obrigação de indemnizar a entidade empregadora em montante não inferior a metade do valor das retribuições vincendas.

2. Se pela cessação do contrato resultarem para a entidade empregadora prejuízos superiores ao montante indemnizatório fixado no número anterior, poderá aquela intentar a competente acção de indemnização para ressarcimento desses danos.

ARTIGO 42.º
Pressupostos da desvinculação desportiva do treinador

1. A participação em competições oficiais ao serviço de um clube terceiro na mesma época em que foi rescindido o contrato depende do reconhecimento de existência de justa causa da rescisão, sem prejuízo da extinção do vínculo contratual no âmbito das relações jurídico-laborais.

2. Ocorrendo justa causa, o treinador deverá comunicar à entidade empregadora a vontade de rescindir o contrato através de documento escrito, no qual se invoquem expressamente os motivos que fundamentam a rescisão.

3. Para efeitos do disposto no n.º 1, o pedido de reconhecimento da existência de justa causa deve ser feito através de petição dirigida à Comissão Arbitral Paritária do CCT prevista no artigo 51.º, entregar nos serviços da Liga Portuguesa de Futebol Profissional ou da Associação Nacional dos Treinadores de Futebol, com alegação das razões de facto e de direito que fundamentam a rescisão e com a indicação de todos os meios de prova a produzir.

4. O processo terá natureza urgente e será organizado, processado e decidido em conformidade com as normas constantes do *anexo II do CCT*, que regula o funcionamento da comissão arbitral, e as do regimento que por esta vier a ser aprovado.

ARTIGO 43.º
Justa causa de despedimento

Considera-se justa causa de despedimento toda a violação grave dos deveres do treinador, traduzida num comportamento culposo que comprometa a subsistência do vínculo laboral, nomeadamente:

a) Desobediência ilegítima às ordens da entidade patronal ou seus representantes;

b) Inobservância reiterada das regras de conduta próprias da actividade e das necessárias à disciplina do trabalho;

c) Provocação repetida de conflitos com elementos da equipa de futebol, membros dos órgãos sociais do clube e demais pessoas que, pelas suas funções, estejam relacionadas com a actividade exercida;

d) Lesão de interesses patrimoniais sérios da entidade patronal;

e) Prática de violências físicas, injúrias ou outras ofensas punidas por lei sobre as pessoas referidas na anterior alínea *c)*;

f) Referida inobservância das normas da disciplina e da ética desportiva;

g) Faltas não justificadas ao trabalho que determinem directamente prejuízos ou riscos graves para o clube ou, independente de qualquer prejuízo ou risco, quando o número de faltas injustificadas atingir, em cada época desportiva, cinco seguidas ou 10 interpoladas.

ARTIGO 44.º
Responsabilidade da entidade patronal em caso de despedimento sem justa causa

A entidade patronal que haja promovido indevidamente o despedimento do treinador, por ausência de processo disciplinar ou falta de justa causa, fica obrigada a indemniza-lo nos termos do anterior artigo 40.º.

ARTIGO 45.º
Ausência de justa causa

Embora os factos alegados correspondam objectivamente a alguma das situações configuradas nos artigos anteriores, a parte interessada não poderá invocá-los como justa causa de extinção unilateral do contrato de trabalho:

a) Quando houver revelado, por comportamento posterior, não os considerar perturbadores da relação de trabalho;

b) Quando houver inequivocamente perdoado à outra parte.

ARTIGO 46.º
Comunicação da cessação do contrato

A extinção do contrato de trabalho tem de ser comunicada, no prazo de 15 dias, às entidades que procedem ao seu registo obrigatório nos termos do disposto no artigo 9.º, pela parte que promoveu a cessação, com indicação do fundamento da mesma nos casos em que seja invocada a justa causa.

ARTIGO 47.º
Rescisão sem invocação de justa causa

O treinador pode rescindir o contrato, independentemente de justa causa, mediante comunicação dirigida à entidade empregadora com antecedência mínima de 6 meses, salvo se o clube o dispensar total ou parcialmente do cumprimento desse prazo.

ARTIGO 48.º
Incumprimento do prazo de aviso prévio

Se o treinador não cumprir o prazo de aviso prévio estabelecido no artigo anterior, fica obrigado a pagar à entidade empregadora uma indemnização de valor igual à remuneração correspondente ao período de aviso prévio em falta.

ARTIGO 49.º
Impedimento de registo de novo contrato de trabalho

1. Quando, por decisão do tribunal judicial ou da comissão arbitral paritária do CCT, seja declarada a existência de justa de rescisão invocada pelo treinador ou a inexistência de fundamento legal para o despedimento promovido pelo clube, este fica impedido de, na época seguinte ao trânsito em julgado de qualquer uma daquelas decisões, registar contrato de trabalho celebrado com outro treinador, enquanto não se mostrar integralmente liquidada a indemnização fixada.

2. Nos casos e termos previstos no anterior n.º 1, a duração do contrato de trabalho entretanto celebrado entre o clube e qualquer outro treinador considera-se automaticamente reduzida para o termo da época em curso, se um prazo maior houver sido estipulado.

3. Nos casos e termos previstos nos artigos 41.º e 48.º não pode ser registado qualquer contrato de trabalho celebrado pelo treinador faltoso enquanto não se mostrar totalmente cumprida a obrigação de indemnização declarada, com trânsito em julgado, por decisão do tribunal judicial ou da comissão arbitral paritária de CCT.

ARTIGO 50.º
Conflitos entre as partes

Em caso de conflito decorrente do contrato de trabalho, poderá o mesmo ser submetido à apreciação da comissão arbitral constituída nos termos previstos no artigo seguinte, a qual decidirá, segundo o direito aplicável, os contratos de trabalho registados, o presente CCT e ainda de acordo com o regulamento previsto no *Anexo II*, que faz parte integrante deste CCT, não havendo lugar a recurso judicial das suas decisões.

ARTIGO 51.º
Comissão arbitral

Durante a vigência deste contrato colectivo de trabalho é constituída uma comissão arbitral que será composta por três membros, cujo funcionamento está previsto no *anexo II* do presente CCT, tendo fundamentalmente as seguintes atribuições:

a) Interpretação da aplicação das cláusulas do presente CCT;
b) Vigilância do cumprimento do regulamento;
c) Estudo da evolução das relações entre as partes contraentes;

d) Outras actividades tendentes à maior eficácia prática deste contrato;
e) As que se atribuem espertamente neste diploma, designadamente a resolução de conflitos prevista no artigo 50.º.

ARTIGO 52.º
Acesso aos campos

1. Durante a vigência deste CCT, os treinadores filiados na Associação Nacional dos Treinadores de Futebol, que em cada época estiverem ao serviço dos clubes das divisões nacionais, terão livre entrada em qualquer jogo particular ou oficial em que intervenham os clubes da mesma divisão daquele a que se encontram vinculados, considerando-se como pertencentes a uma só divisão as competições de carácter profissional.

2. Para tal efeito, a Associação Nacional dos Treinadores de Futebol requisitará à Liga Portuguesa de Futebol Profissional o cartão de indentificação para ser presente no momento de acesso ao estádio.

ANEXO I
**Modelo de contrato de trabalho desportivo entre clubes
e treinadores profissionais**

Entre:
1.º contraente (daqui em diante denominado «Clube») ..., agremiação desportiva com sede em ..., aqui representado pelos dirigentes abaixo signatários;
2.º contraente (daqui em diante denominado «Treinador») . .., de nacionalidade ..., portador do bilhete de identidade n.º ..., emitido em .../.../..., pelo Arquivo de Identificação...., passaporte n.º ..., de ... de ... de 19..., do país ...., residente em .. ., treinador de futebol, com o curso de nível ..., realizado em ...;

é celebrado o presente contrato individual de trabalho, que se regerá pelas cláusulas seguintes:

1.ª
Assinale com uma cruz a situação vigente

Pelo presente contrato, o 2.º contraente é contratado pelo 1.º para exercer as funções de Treinador ☐ principal ☐ adjunto das equipas de futebol:
a) ☐ masculino ☐ feminino;
b) Futebol de: 11 7 5 ;
c) ☐ sénior ☐ formação;
d) ☐ escolas ☐ infantis ☐ iniciados ☐ juvenis ☐ juniores do primeiro contraente.

2.ª

O 2.º contraente obriga-se a prestar a actividade de treinador de futebol, sob autoridade e direcção do Clube e mediante retribuição.

3.ª

1 – O Clube obriga-se a pagar ao Treinador a remuneração mensal ilíquida de esc: ...$00 (...), que se vencerá no dia 5 do mês seguinte àquele a que disse respeito.

2 – O Treinador tem ainda direito aos seguintes prémios:

a) Jogos ...
b) Classificação ...

3 – Nos casos, nomeadamente, de mudança de divisão do Clube, o total das remunerações do Treinador poderá ser alterado nas percentagens seguintes:

Em caso de subida de divisão, aumento de ...%;
Em caso de descida de divisão, redução de ...%;
Outros ...%.

4.ª

O Treinador terá direito a um período de 30 dias de férias remuneradas, nos termos legais, e ao subsídio de férias e de Natal correspondentes a um mês de retribuição cada um, salvo se o contrato de trabalho for celebrado por prazo inferior a uma época, caso em que o período de férias e o montante dos subsídios serão correspondentes a dois dias e meio por cada mês de trabalho efectivamente prestado.

5.ª

1 – O presente contrato tem duração determinada, com início em ... e termo em ... caducando, sem mais, uma vez expirado o prazo estipulado.

2 – Sem embargo do disposto no número anterior, o contrato poderá ser prorrogado por mútuo acordo das partes, por período igual ou diverso do anteriormente fixado.

6.ª

1 – Se o Clube promover indevidamente o despedimento do Treinador, por ausência de processo disciplinar ou falta de justa causa, ou incorrer em comportamento que constitua o Treinador no direito de rescindir o contrato com justa causa, fica obrigado a pagar-lhe uma indemnização correspondente ao valor das retribuições que lhe seriam devidas se o contrato de trabalho tivesse cessado no seu termo, deduzidas das que eventualmente o Treinador venha a auferir pela mesma actividade durante o período em causa.

2 – As retribuições vincendas referidas no número anterior abrangem, para além da remuneração base, apenas os prémios devidos em função dos resultados obtidos até ao final da época em que se operou a cessação do contrato.

7.ª

1 – Quando a justa causa invocada pelo Treinador venha a ser declarada insubsistente por inexistência de fundamento ou inadequação dos factos imputados, fica aquele constituído na obrigação de indemnizar o Clube em montante não inferior a metade do valor das retribuições vincendas até ao fim do contrato.

2 – Se pela cessação do contrato resultarem para o Clube prejuízos superiores ao montante indemnizatório fixado no número anterior, poderá aquele intentar a competente acção de indemnização para ressarcimento desses danos.

8.ª

1 – O Treinador pode rescindir o contrato, independentemente de justa causa, mediante comunicação dirigida ao Clube com a antecedência mínima de seis meses, salvo se aquele o dispensar, total ou parcialmente, do cumprimento desse prazo.

9.ª

A extinção do contrato de trabalho tem de ser comunicada, no prazo de 15 dias, à Liga Portuguesa de Futebol Profissional, à Associação Nacional dos Treinadores de Futebol e à Federação Portuguesa de Futebol pela parte que promoveu a cessação, com indicação expressa dos respectivos fundamentos nos casos em que seja invocada justa causa.

10.ª

O Clube obriga-se a proceder ao seguro do Treinador para cobertura de acidentes pessoais, cujo capital mínimo será fixado anualmente pela Liga Portuguesa de Futebol Profissional.

11.ª

Ao treinador é vedado na vigência do contrato o desempenho de qualquer outra actividade desportiva remunerada e ainda de qualquer outra actividade que se mostre incompatível com a sua prestação laboral, salvo se, em qualquer dos casos, houver convenção em contrário ou autorização expressa do Clube.

(Qualquer destas excepções deve constar neste contrato, sob a epígrafe «Observações».)

12.ª

Acordam os aqui contraentes em fixar o período experimental deste contrato em oito dias.

13.ª

Em todos os casos omissos no presente contrato aplicam-se as disposições do CCT outorgado entre a Associação Nacional dos Treinadores de Futebol e a Liga Portuguesa de Futebol Profissional

Observações: ...
Feito em quintuplicado, aos ..., de ... de 19...
Assinaturas dos Directores do Clube: ...
(Carimbo ou selo branco.)
Assinatura do Treinador: ...
Parecer da Associação Nacional dos Treinadores de Futebol: ...

Nota. – O contrato de trabalho é elaborado em quintuplicado, destinando-se um exemplar para cada uma das partes e os três restantes a ser enviados, no prazo de cinco dias, pelo Clube à Liga Portuguesa de Futebol Profissional, à Associação Nacional dos Treinadores de Futebol e à Federação Portuguesa de Futebol.

ANEXO II
Comissão arbitral paritária

SECÇÃO I
Constituição e competência

ARTIGO 1.º

1 – A comissão arbitral paritária é composta por três vogais, licenciados em Direito e preferencialmente magistrados, sendo um nomeado pela Liga Portuguesa de Futebol Profissional, outro pela Associação Nacional dos Treinadores de Futebol e um terceiro designado por acordo das partes contratantes.

2 – Por cada vogal efectivo serão sempre designados dois substitutos.

3 – É aplicável aos membros da comissão arbitral paritária, com as necessárias adaptações, o regime dos despedimentos e suspeições previstos no Código de Processo Civil para os juízes.

ARTIGO 2.º

Dentro dos 30 dias seguintes à entrada em vigor do CCT, cada uma das partes outorgantes dará comunicação à outra, com conhecimento do Ministério do Emprego e da Segurança Social, da designação dos seus representantes na comissão e, no mesmo prazo, proceder-se-á à escolha e indicação do vogal designado por mútuo acordo.

ARTIGO 3.º

Compete à comissão arbitral paritária:
 a) Interpretar as disposições do presente CCT;
 b) Integrar os casos omissos;
 c) Proceder à vigilância do correcto cumprimento do CCT;
 d) Estudar a evolução das relações entre as partes contratantes e providenciar no sentido de que tal evolução decorra em clima de confiança e de boa fé;
 e) Promover diligências tendentes a garantir a eficácia do CCT;
 j) Deliberar sobre o local, calendário e convocação das reuniões;
 g) Deliberar sobre a alteração da sua composição, sempre com respeito pelo princípio da paridade;
 h) Dirimir litígios resultantes de contratos de trabalho que não estejam excluídos por lei do âmbito da arbitragem voluntária;
 i) Exercer todas as atribuições especificamente previstas no CCT.

SECÇÃO II
Funcionamento

ARTIGO 4.º

A comissão funcionará a pedido de qualquer das partes, mediante convocatória enviada à outra parte com a antecedência mínima de oito dias, salvo casos de emergência, em que a antecedência mínima será de três dias.

ARTIGO 5.º

No início de cada sessão serão eleitos os vogais que exercerão as funções de presidente e secretário, em obediência ao princípio da alternância.

ARTIGO 6.º

As deliberações só poderão ser validamente tomadas desde que esteja presente a maioria dos membros e só em questões constantes da agenda.

ARTIGO 7.º

As deliberações deverão ser tomadas por consenso; em caso de divergência insanável proceder-se-á a votação, cabendo voto de desempate ao vogal que exercer, na ocasião, o lugar de presidente.

ARTIGO 8.º

As deliberações da comissão que respeitem ao clausulado passarão a fazer parte integrante do presente CCT, logo que publicadas no *Boletim do Trabalho e Emprego*.

SECÇÃO III
Do processo de resolução de conflitos

ARTIGO 9.º

A competência da comissão arbitral paritária para os efeitos previstos na alínea *h*) do artigo 3.º depende de compromisso arbitral, onde as partes definirão o âmbito do litígio que submetem à arbitragem.

ARTIGO 10.º

A sujeição das partes à arbitragem da comissão arbitral paritária implica a renúncia aos recursos das suas decisões.

ARTIGO 11.º

O processo rege-se pelas regras constantes deste regulamento e pelas que, nos casos omissos, a comissão julgar mais adequadas.

ARTIGO 12.º

Deverá, porém, respeitar-se a absoluta igualdade das partes, o princípio do contraditório e a obrigatória audição das partes, por forma oral ou escrita.

ARTIGO 13.º

As partes podem designar quem as represente ou assista nos processos.

ARTIGO 14.º

Serão admitidos quaisquer meios de prova previstos na lei do processo civil.

ARTIGO 15.º

1 – Todos os prazos do processo são de natureza peremptória e correm por forma contínua, não podendo em caso algum ser prorrogados.

2 – Transita para o 1.º dia útil imediato o último dia do prazo, quando este coincidir com sábado, domingo ou dia feriado.

ARTIGO 16.º

Todas as decisões da comissão arbitral paritária são tomadas por maioria de votos com a participação de todos os membros respectivos.

ARTIGO 17.º

A comissão arbitral paritária julga segundo o direito constituído, podendo também julgar segundo a equidade em todas as questões omissas.

ARTIGO 18.º

As decisões finais serão reduzidas a escrito e delas constarão:
a) A identificação das partes;
b) O objecto do litígio;
c) A data e local em que a decisão for proferida;
d) A assinatura dos membros da comissão que subscrevem a decisão;
e) A inclusão dos votos de vencido, se os houver, devidamente identificados;
f) A fundamentação da decisão.

ARTIGO 19.º

As decisões da comissão arbitral paritária serão notificadas às partes, mediante a remessa de um exemplar, por carta registada.

ARTIGO 20.º

O poder jurisdicional da comissão arbitral paritária finda com a notificação às partes das respectivas decisões.

ANEXO III

ARTIGO 1.º
Composição de quadros técnicos

1 – Os clubes participantes nas competições profissionais devem ter ao seu serviço um quadro técnico, composto, pelo menos, pelos seguintes elementos, os quais devem possuir as seguintes qualificações mínimas:
A) I Divisão Nacional:
Um treinador com o nível IV de habilitação;
Um treinador com o nível II de habilitação;

B) II Divisão Honra:
Um treinador com o nível III de habilitação;
Um treinador com o nível II de habilitação.

2 – Os clubes participantes nas demais competições seniores de âmbito nacional devem ter ao seu serviço um quadro técnico, composto, pelo menos, pelos seguintes elementos, os quais devem possuir as seguintes qualificações mínimas:
Um treinador com nível II de habilitação;
Um treinador com nível I de habilitação.

3 – Os clubes participantes nas competições de âmbito nacional, nas categorias de futebol juvenil, devem ter ao seu serviço, treinadores com o mínimo de nível II de habilitação.

4 – Os restantes clubes devem ter ao seu serviço, pelo menos, em treinador com o mínimo de nível I de habilitação.

ARTIGO 2.º
Definição de Níveis

Os níveis da carreira de treinador são os que decorrem do Regulamento de Formação e Carreira dos Treinadores de Futebol, aprovado pela Federação portuguesa de Futebol.

Porto, 9 de Novembro de 1996.

Pela Liga Portuguesa de Futebol Profissional: (*Assinaturas ilegíveis.*)

Pela Associação Nacional dos Treinadores de Futebol: (*Assinaturas ilegíveis.*)

Entrado em 24 de Junho de 1997.

Depositado em 8 de Julho de 1997, a fl. 75 do livro n.º 8, com o n.º 228/97, nos termos do artigo 24.º do Decreto-Lei n.º 519-C1/79, na sua redacção actual.

CAPÍTULO 3
Associativismo Desportivo

[11]
Decreto-Lei n.° 248-B/2008, de 31 de Dezembro

Regime jurídico das federações desportivas e das condições de atribuição do estatuto de utilidade pública desportiva

A Lei de Bases da Actividade Física e do Desporto, aprovada pela Lei n.° 5//2007, de 16 de Janeiro, veio estabelecer um conjunto de orientações para a atribuição do estatuto de utilidade pública desportiva às federações desportivas, as quais apontam para a necessidade de se proceder a uma extensa reforma relativamente à organização e funcionamento destas organizações, assente em novos princípios e valores, reflectindo acrescidas exigências éticas, para que aquelas possam responder, com eficácia, aos novos desafios com que estão confrontadas.

A reforma que ora se empreende parte de uma concepção unitária de federação desportiva, enquanto organização autónoma dotada de todos os órgãos necessários para reger a respectiva modalidade desportiva, incluindo os relativos à disciplina da arbitragem e à aplicação da justiça. Não se perfilharam soluções que se traduzissem na atribuição a órgãos exteriores às federações desportivas da competência para decidir em matérias de arbitragem ou de justiça, em nome da garantia de independência das decisões. Tais soluções, para além de não serem conformes ao disposto no artigo 46.° da Constituição da República Portuguesa, violam as normas das federações internacionais, de acordo com as quais aquele tipo de decisões deve ser cometido, em qualquer caso, a órgãos próprios das federações nacionais. Para garantir a independência das decisões, a estratégia por que se optou passa, assim, pela democratização interna das federações e não por soluções de ingerência externa no seu funcionamento.

De entre as principais inovações deste regime jurídico das federações desportivas destacam-se as seguintes:

Em primeiro lugar, a presente reforma assenta na distinção entre federações das modalidades colectivas e federações das modalidades individuais, uma vez que são muito diversos os problemas de umas e de outras. Com efeito, nas modalidades colectivas o clube desportivo assume uma particular importância (enquanto suporte orgânico das equipas), ao contrário do que sucede nas modalidades individuais, nas quais o que sobreleva é o praticante desportivo. Nas modalidades colectivas a competitividade gera-se, sobretudo, entre clubes; nas modalidades individuais assenta nos resultados obtidos pelos praticantes individuais. E, porque assim é, as regras organizacionais devem ser necessariamente diferentes.

Em segundo lugar, estabelece-se que a representação na assembleia geral das diversas estruturas e agentes desportivos seja feita por intermédio de delegados, os quais apenas representam uma única entidade e têm um só voto. As assembleias gerais das federações desportivas deixam de ser integradas por organizações que exprimiam votos corporativamente organizados para passarem a ser compostas por pessoas indicadas ou eleitas previamente, mas que apenas podem dispor de um voto.

Em terceiro lugar, com vista a impedir o regresso a sistemas de votos corporativamente expressos, proíbem-se os votos por procuração ou por correspondência. O que se pretende é estimular a participação dos interessados nos trabalhos das assembleias gerais, fomentar a presença e a discussão dos intervenientes e incentivar a construção de consensos entre os diferentes sectores das modalidades desportivas. As federações desportivas podem optar, salvo se a lei estabelecer regra diversa, por atribuir o direito de ser representada por mais de um delegado; mas, cada delegado apenas terá um voto.

Em quarto lugar, quer as federações das modalidades colectivas, quer as das modalidades individuais, devem reservar 30% dos delegados para os representantes dos agentes desportivos (máxime, praticantes, treinadores e árbitros), sendo os restantes 70% reservados para os representantes dos clubes (ou suas organizações). Nas modalidades colectivas, acresce ainda que terá de haver um equilíbrio entre os representantes dos clubes intervenientes nos quadros competitivos nacionais (35%) e os representantes dos que intervêm nos quadros competitivos distritais ou regionais (35%). Ao invés, nas modalidades individuais, a regra é a de que os clubes (ou as suas associações) devem, em qualquer caso, possuir o mesmo número de delegados. Estas diferentes formas de ponderação do número de delegados asseguram que nenhum sector, nenhuma área da actividade desportiva, por si só, possa impor a sua vontade ao conjunto da modalidade desportiva.

Em quinto lugar, as eleições dos órgãos federativos colegiais (conselhos de disciplina, de justiça, de arbitragem e fiscal), com excepção da direcção, deve processar-se através de listas próprias, por voto secreto, de acordo com o princípio da representação proporcional e o método da média mais alta de Hondt. Pretende-se com esta regra, por um lado, impedir as listas únicas, com prévia negociação de lugares, e, por outro, assegurar a representação das minorias nos órgãos de justiça e de arbitragem, o que tornará mais transparente o funcionamento desses órgãos de natureza muito sensível e contribuirá para um acréscimo de auto-fiscalização do seu funcionamento. Estas regras são completadas por duas outras destinadas a assegurar que não sejam estabelecidos entraves desproporcionados à apresentação de candidaturas alternativas, estabelecendo um limite ao número exigível de subscritores das listas (10% dos delegados) e determinando que as listas podem ser apresentadas apenas para determinado órgão.

Em sexto lugar, consagra-se um novo órgão eleito directamente, unipessoal, e com poderes reforçados – o presidente da federação. Com competências distintas da direcção, à qual preside, o presidente é o último responsável pelo executivo federativo e o garante maior do regular funcionamento dos demais órgãos.

Em sétimo lugar, são reforçados os poderes dos executivos federativos, a fim de que possam executar o programa para o qual foram eleitos. Nesta óptica, atribui-se à direcção a competência para aprovar todos os regulamentos federativos. Esta nova competência da direcção é temperada pela possibilidade de 20% dos delegados requererem a respectiva apreciação em assembleia geral para suspender a sua vigência ou introduzir alterações.

Em oitavo lugar, estabelece-se uma regra geral para a renovação dos mandatos dos titulares dos vários órgãos federativos, de acordo com a qual ninguém pode exercer mais do que três mandatos seguidos num mesmo órgão de uma federação desportiva, salvo se, à data da entrada em vigor do presente decreto-lei, tiverem cumprido ou estiverem a cumprir, pelo menos, o terceiro mandato consecutivo, circunstância em que podem ser eleitos para mais um mandato consecutivo.

Em nono lugar, clarifica-se que as organizações de clubes (ligas e associações distritais ou regionais), com funções de organização, disciplina e promoção da modalidade na sua área de intervenção, exerçam tais funções por delegação da federação desportiva em que se inserem: todas estão subordinadas às orientações provindas da federação e esta tem os meios necessários para fazer valer as suas orientações.

Em décimo e último lugar, estabelece-se o princípio da renovação quadrienal da atribuição do estatuto de utilidade pública desportiva, garantindo-se assim um reexame periódico das razões que justificaram a atribuição inicial daquele estatuto, o que será concretizado em períodos coincidentes com o de cada ciclo olímpico.

Assim:

No desenvolvimento do regime jurídico estabelecido pela Lei n.º 5/2007, de 16 de Janeiro, e nos termos da alínea c) do n.º 1 do artigo 198.º da Constituição, o Governo decreta o seguinte:

CAPÍTULO I
Disposições gerais

ARTIGO 1.º
Objecto

O presente decreto-lei estabelece o regime jurídico das federações desportivas e as condições de atribuição do estatuto de utilidade pública desportiva.

ARTIGO 2.º
Conceito de federação desportiva

As federações desportivas são as pessoas colectivas constituídas sob a forma de associação sem fins lucrativos que, englobando clubes ou sociedades desportivas, associações de âmbito territorial, ligas profissionais, se as houver, praticantes, técnicos, juízes e árbitros, e demais entidades que promovam, pratiquem ou contribuam para o desenvolvimento da respectiva modalidade, preencham, cumulativamente, os seguintes requisitos:

a) Se proponham, nos termos dos respectivos estatutos, prosseguir, entre outros, os seguintes objectivos gerais:
   i) Promover, regulamentar e dirigir a nível nacional a prática de uma modalidade desportiva ou de um conjunto de modalidades afins ou associadas;
   ii) Representar perante a Administração Pública os interesses dos seus filiados;
   iii) Representar a sua modalidade desportiva, ou conjunto de modalidades afins ou associadas, junto das organizações desportivas internacionais onde se encontram filiadas, bem como assegurar a participação competitiva das selecções nacionais;

b) Obtenham o estatuto de pessoa colectiva de utilidade pública desportiva.

ARTIGO 3.º
Tipos de federações desportivas

1. As federações desportivas podem ser unidesportivas ou multidesportivas.

2. São federações unidesportivas as que englobam pessoas ou entidades dedicadas à prática da mesma modalidade desportiva, incluindo as suas várias disciplinas, ou a um conjunto de modalidades afins ou associadas.

3. São federações multidesportivas as que se dedicam, cumulativamente, ao desenvolvimento da prática de diferentes modalidades desportivas, em áreas específicas de organização social, designadamente no âmbito do desporto para cidadãos portadores de deficiência e do desporto no quadro do sistema educativo, em particular no do ensino superior.

4. A aplicação do presente decreto-lei às federações multidesportivas faz-se com as adaptações impostas pela sua natureza, atendendo às exigências específicas da organização social em que promovam o desenvolvimento da prática desportiva.

ARTIGO 4.º
Regime jurídico

Às federações desportivas é aplicável o disposto no presente decreto-lei e, subsidiariamente, o regime jurídico das associações de direito privado.

ARTIGO 5.º
Princípios de organização e funcionamento

1. As federações desportivas organizam-se e prosseguem as suas actividades de acordo com os princípios da liberdade, da democraticidade, da representatividade e da transparência.

2. As federações desportivas são independentes do Estado, dos partidos políticos e das instituições religiosas.

ARTIGO 6.º
Denominação e sede

1. As federações desportivas devem, na sua denominação, mencionar a modalidade desportiva a que dedicam a sua actividade.
2. As federações desportivas têm a sua sede em território nacional.

ARTIGO 7.º
Responsabilidade

1. As federações desportivas respondem civilmente perante terceiros pelas acções ou omissões dos titulares dos seus órgãos, trabalhadores, representantes legais ou auxiliares, nos termos em que os comitentes respondem pelos actos ou omissões dos seus comissários.
2. A responsabilidade das federações desportivas e dos respectivos trabalhadores, titulares dos seus órgãos sociais, representantes legais e auxiliares por acções ou omissões que adoptem no exercício e com prerrogativas de poder público é regulada pelo regime jurídico da responsabilidade civil extracontratual das pessoas colectivas de direito público por danos decorrentes do exercício da função administrativa.
3. Os titulares dos órgãos das federações desportivas, seus trabalhadores, representantes legais ou auxiliares respondem civilmente perante estas pelos prejuízos causados pelo incumprimento dos seus deveres legais ou estatutários.
4. O disposto nos números anteriores não prejudica a responsabilidade disciplinar ou penal que no caso couber.

ARTIGO 8.º
Publicitação das decisões

1. As federações desportivas devem publicitar as suas decisões através da disponibilização na respectiva página da Internet de todos os dados relevantes e actualizados relativos à sua actividade, em especial:
    a) Dos estatutos e regulamentos, em versão consolidada e actualizada, com menção expressa das deliberações que aprovaram as diferentes redacções das normas neles constantes;
    b) As decisões integrais dos órgãos disciplinares ou jurisdicionais e a respectiva fundamentação;
    c) Os orçamentos e as contas dos últimos três anos, incluindo os respectivos balanços;
    d) Os planos e relatórios de actividades dos últimos três anos;
    e) A composição dos corpos gerentes;
    f) Os contactos da federação e dos respectivos órgãos sociais (endereço, telefone, fax e correio electrónico).

2. Na publicitação das decisões referidas na alínea b) do número anterior deve ser observado o regime legal de protecção de dados pessoais.([40])

ARTIGO 9.º
Direito de inscrição

As federações desportivas não podem recusar a inscrição dos agentes desportivos, clubes ou sociedades desportivas com sede em território nacional, desde que os mesmos preencham as condições regulamentares de filiação definidas nos termos dos seus estatutos.

CAPÍTULO II
Estatuto de utilidade pública desportiva

SECÇÃO I
Disposições gerais

ARTIGO 10.º
Estatuto de utilidade pública desportiva

O estatuto de utilidade pública desportiva confere a uma federação desportiva a competência para o exercício, em exclusivo, por modalidade ou conjunto de modalidades, de poderes regulamentares, disciplinares e outros de natureza pública, bem como a titularidade dos direitos e deveres especialmente previstos na lei.

ARTIGO 11.º
Poderes públicos das federações desportivas

Têm natureza pública os poderes das federações desportivas exercidos no âmbito da regulamentação e disciplina da respectiva modalidade que, para tanto, lhe sejam conferidos por lei.

ARTIGO 12.º
Justiça desportiva

Os litígios emergentes dos actos e omissões dos órgãos das federações desportivas, no âmbito do exercício dos poderes públicos, estão sujeitos às normas do contencioso administrativo, ficando sempre salvaguardados os efeitos desportivos entretanto validamente produzidos ao abrigo da última decisão da instância competente na ordem desportiva.

([40]) V. Lei n.º 67/98, de 26 de Outubro.

ARTIGO 13.º
Direitos e deveres das federações desportivas

1. As federações desportivas têm direito, para além de outros que resultem da lei:
a) À participação na definição da política desportiva nacional;
b) À representação no Conselho Nacional do Desporto;
c) Às receitas que lhes sejam consignadas por lei;
d) Ao reconhecimento das selecções e representações nacionais por elas organizadas;
e) À filiação e participação nos organismos internacionais reguladores da modalidade;
f) Ao uso dos símbolos nacionais;
g) À regulamentação dos quadros competitivos da modalidade;
h) À atribuição de títulos nacionais;
i) Ao exercício da acção disciplinar sobre todos os agentes desportivos sob sua jurisdição;
j) Ao uso da qualificação «utilidade pública desportiva» ou, abreviadamente, «UPD», a seguir à sua denominação.

2. Para além dos previstos no número anterior e de todos aqueles que lhes advenham da prossecução do respectivo fim social, as federações desportivas exercem ainda os direitos que nos estatutos lhes sejam conferidos pelos seus associados.

3. Sem prejuízo das demais obrigações que resultam da lei, as federações desportivas devem cumprir os objectivos de desenvolvimento e generalização da prática desportiva, garantir a representatividade e o funcionamento democrático internos, em especial através da limitação de mandatos, bem como assegurar a transparência e a regularidade da sua gestão.

ARTIGO 14.º
Fiscalização

A fiscalização do exercício de poderes públicos e do cumprimento das regras legais de organização e funcionamento internos das federações desportivas é efectuada, nos termos legais, por parte de serviço ou organismo da Administração Pública com competências na área do desporto, mediante a realização de inquéritos, inspecções, sindicâncias e auditorias externas.

SECÇÃO II
Atribuição

ARTIGO 15.º
Princípio da unicidade federativa

1. O estatuto de utilidade pública desportiva é conferido por um período de quatro anos, coincidente com o ciclo olímpico, a uma só pessoa colectiva, por moda-

lidade desportiva ou conjunto de modalidades afins, que, sendo titular do estatuto de simples utilidade pública, se proponha prosseguir os objectivos previstos no artigo 2.º e preencha os demais requisitos previstos no presente decreto-lei.

2. Compete ao Conselho Nacional do Desporto dar parecer, para efeitos do número anterior, sobre o âmbito de uma modalidade desportiva ou de uma área específica de organização social, consoante os casos.

ARTIGO 16.º
Requerimento

1. O pedido de atribuição do estatuto de utilidade pública desportiva é dirigido ao membro do Governo responsável pela área do desporto, em modelo de requerimento a aprovar por portaria deste.

2. O membro do Governo responsável pela área do desporto promove, no prazo de 15 dias a contar da sua recepção, a divulgação do requerimento referido no número anterior, através de aviso a publicar no Diário da República, da sua publicitação na página da Internet do Instituto do Desporto de Portugal, I. P.

ARTIGO 17.º
Consulta prévia de entidades desportivas

1. Sobre o requerimento referido no artigo anterior, são obrigatoriamente ouvidos o Comité Olímpico de Portugal e a Confederação do Desporto de Portugal.

2. As entidades referidas no número anterior devem, nos 30 dias subsequentes à recepção do respectivo pedido, emitir o seu parecer.

3. Os pareceres referidos no número anterior são remetidos aos interessados e ao membro do Governo responsável pela área do desporto.

ARTIGO 18.º
Parecer do Conselho Nacional do Desporto

1. Após a emissão dos pareceres referidos no artigo anterior ou decorrido o respectivo prazo, o processo devidamente instruído é remetido, para o Conselho Nacional do Desporto, por determinação do membro do Governo responsável pela área do desporto, para efeitos de emissão de parecer.

2. O parecer do Conselho Nacional do Desporto aprecia, designadamente, os seguintes aspectos:

a) Compatibilização da actividade desportiva a prosseguir pelos requerentes com os princípios definidos no parecer mencionado no n.º 2 do artigo 15.º;

b) Relevante interesse desportivo nacional da actividade a prosseguir pela entidade requerente;

c) Respeito dos princípios constantes do n.º 1 do artigo 5.º

ARTIGO 19.º
Relevante interesse desportivo nacional

Para efeitos do disposto na alínea *b*) do n.º 2 do artigo anterior, são consideradas como tendo relevante interesse desportivo nacional as organizações que estejam enquadradas em federação internacional cuja modalidade integre o programa dos Jogos Olímpicos ou Paralímpicos e ainda as que preencham um dos seguintes requisitos:

a) Possuam um grau de suficiente implantação a nível nacional, demonstrando possuir um número de praticantes inscritos, a nível nacional, igual ou superior a 500;

b) Prossigam uma actividade desportiva que contribua para o desenvolvimento turístico do País, ou de algumas das suas regiões, através da organização de provas, eventos desportivos ou manifestações desportivas susceptíveis de atrair fluxos turísticos significativos ou que projectem internacionalmente a imagem de Portugal.

ARTIGO 20.º
Publicitação da decisão

Os despachos de atribuição ou recusa do estatuto de utilidade pública desportiva e todos os que afectem a subsistência de tal estatuto são publicados no Diário da República e na página da Internet do Instituto do Desporto de Portugal, I. P.

SECÇÃO III
Suspensão, cessação e renovação

ARTIGO 21.º
Suspensão

1. O estatuto de utilidade pública desportiva pode ser suspenso por despacho fundamentado do membro do Governo responsável pela área do desporto nos seguintes casos:

a) Violação das regras de organização interna das federações desportivas constantes do presente decreto-lei;

b) Não cumprimento da legislação contra a dopagem no desporto, bem como da relativa ao combate à violência, à corrupção, ao racismo e à xenofobia;

c) Não cumprimento de obrigações fiscais ou de prestações para com a segurança social;

d) Violação das obrigações contratuais assumidas para com o Estado através de contratos-programa.

2. A suspensão do estatuto de utilidade pública desportiva pode acarretar um ou mais dos seguintes efeitos, a fixar no despacho referido no número anterior:

a) Suspensão dos apoios decorrentes de um ou mais contratos-programa;

b) Suspensão de outros apoios em meios técnicos, materiais ou humanos;

c) Impossibilidade de outorgar novos contratos-programa com o Estado pelo prazo em que durar a suspensão;

d) Impossibilidade de beneficiar de declaração de utilidade pública da expropriação de bens, ou direitos a eles inerentes, necessária à realização dos seus fins;

e) Suspensão de processos para atribuição de quaisquer benefícios fiscais, nos termos do Estatuto dos Benefícios Fiscais;

f) Suspensão de toda ou parte da actividade desportiva da federação em causa.

3. A suspensão de parte da actividade desportiva de uma federação desportiva acarreta, para esta, a impossibilidade de apoiar financeiramente os clubes, ligas ou associações participantes nos respectivos quadros competitivos, bem como de atribuir quaisquer efeitos previstos na regulamentação desportiva aos resultados apurados nessas competições.

4. O prazo e o âmbito da suspensão são fixados pelo despacho referido no n.º 1 até ao limite de um ano, eventualmente renovável por idêntico período, podendo aquela ser levantada a requerimento da federação desportiva interessada com base no desaparecimento das circunstâncias que constituíram fundamento da suspensão.

ARTIGO 22.º
Causas de cessação

1. O estatuto de utilidade pública desportiva cessa:
a) Com a extinção da federação desportiva;
b) Por cancelamento.
c) Pelo decurso do prazo pelo qual foi concedido sem que tenha havido renovação.

2. Caso 60 dias antes do decurso do prazo referido na alínea *c*) do número anterior a federação desportiva não tenha apresentado o pedido de renovação da concessão do estatuto da utilidade pública desportiva, o membro do Governo responsável pela área do desporto promove a sua notificação para tal efeito.

ARTIGO 23.º
Cancelamento

1. O estatuto de utilidade pública desportiva é cancelado, por despacho do membro do Governo responsável pela área do desporto, nos seguintes casos:
a) Quando deixem de subsistir os requisitos legais para a sua atribuição;
b) Decorrido o período da suspensão do estatuto, referido no artigo 21.º, sem que a federação desportiva tenha eliminado os fundamentos que deram origem a tal suspensão.

2. No caso referido na alínea *b*) do número anterior e até à decisão final do processo de cancelamento, a federação em causa permanece sujeita às consequências decorrentes da suspensão do estatuto de utilidade pública desportiva.

ARTIGO 24.º
Renovação

1. No decurso do ano de realização dos Jogos Olímpicos de Verão deve ser requerida a renovação do estatuto de utilidade pública desportiva pelas federações desportivas nisso interessadas.

2. À renovação são aplicáveis as normas relativas à atribuição, devendo ainda a federação requerente juntar um exemplar actualizado dos seus estatutos e regulamentos.

3. Decorridos 90 dias após a formulação do pedido sem que tenha sido proferida decisão, o estatuto de utilidade pública desportiva de que a requerente era titular considera-se automaticamente renovado por outro período de quatro anos.

ARTIGO 25.º
Parecer do Conselho Nacional do Desporto

Nos casos referidos na alínea *f)* do n.º 2 do artigo 21.º e no artigo 23.º, a decisão do membro do Governo responsável pela área do desporto é precedida da emissão de parecer pelo Conselho Nacional do Desporto.

CAPÍTULO III
Organização e funcionamento das federações desportivas

SECÇÃO I
Associações de clubes e sociedades desportivas

ARTIGO 26.º
Tipos de associações

1. Nas federações desportivas das modalidades colectivas os clubes e as sociedades desportivas podem agrupar-se através dos seguintes tipos de associações:

a) Associações de clubes e sociedades desportivas participantes nos quadros competitivos nacionais;

b) Associações de clubes participantes em quadros competitivos regionais ou distritais, definidos em função de determinada área geográfica.

2. As federações unidesportivas em que se disputem competições desportivas de natureza profissional integram uma liga profissional, de âmbito nacional, sob a forma de associação sem fins lucrativos, com personalidade jurídica e autonomia administrativa, técnica e financeira.

3. Para efeitos do disposto no presente decreto-lei, a lista das modalidades desportivas colectivas e das individuais é fixada por despacho do membro do Governo responsável pela área do desporto, após audição do Conselho Nacional do Desporto.[41]

---

[41] V. Despacho n.º 3203/2009, do Secretário de Estado da Juventude e do Desporto, de 14/01/2009, publicado no *Diário da República*, II Série, n.º 17, de 26/01/2009.

ARTIGO 27.º
Liga profissional

1. A liga profissional exerce, por delegação da respectiva federação, as competências relativas às competições de natureza profissional, nomeadamente:

a) Organizar e regulamentar as competições de natureza profissional, respeitando as regras técnicas definidas pelos competentes órgãos federativos nacionais e internacionais;

b) Exercer relativamente aos seus associados as funções de controlo e supervisão que sejam estabelecidas na lei ou nos estatutos e regulamentos;

c) Definir os pressupostos desportivos, financeiros e de organização de acesso às competições profissionais, bem como fiscalizar a sua execução pelas entidades nelas participantes.

2. A liga profissional é integrada, obrigatoriamente, pelos clubes e sociedades desportivas que disputem as competições profissionais.

3. A liga profissional pode, ainda, nos termos definidos nos seus estatutos, integrar representantes de outros agentes desportivos.

4. Cabe à liga profissional exercer, relativamente às competições de carácter profissional, as competências da federação em matéria de organização, direcção, disciplina e arbitragem, nos termos da lei.

ARTIGO 28.º
Relações da federação desportiva com a liga profissional

1. O relacionamento entre a federação desportiva e a respectiva liga profissional é regulado por contrato, válido para quatro épocas desportivas, a celebrar entre essas entidades.

2. No contrato mencionado no número anterior deve acordar-se, entre outras matérias, o número de clubes que participam na competição desportiva profissional, o regime de acesso entre as competições desportivas não profissionais e profissionais, a organização da actividade das selecções nacionais e o apoio à actividade desportiva não profissional.

3. Os quadros competitivos geridos pela liga profissional constituem o nível mais elevado das competições desportivas desenvolvidas no âmbito da respectiva federação.

4. Com excepção do apoio à actividade desportiva não profissional, na falta de acordo entre a federação desportiva e a respectiva liga profissional para a celebração ou renovação do contrato a que se refere o n.º 1, compete ao Conselho Nacional do Desporto regular, provisoriamente e até que seja obtido consenso entre as partes, as matérias referidas no n.º 2.

5. O incumprimento da deliberação do Conselho Nacional do Desporto a que se refere o número anterior constitui fundamento para a suspensão do estatuto da utilidade pública desportiva.

ARTIGO 29.º
Regulamentação das competições desportivas profissionais

1. Compete à liga profissional elaborar e aprovar o respectivo regulamento das competições.

2. A liga profissional elabora e aprova igualmente os respectivos regulamentos de arbitragem e disciplina, que submete a ratificação da assembleia geral da federação desportiva na qual se insere.

ARTIGO 30.º
Associação de clubes não profissionais

1. Nas federações desportivas de modalidades colectivas, os clubes e as sociedades desportivas que participam nas competições desportivas nacionais de natureza não profissional podem agrupar-se em associações.

2. As associações referidas no número anterior podem exercer, por delegação da federação desportiva em que se inserem, as funções que lhes são atribuídas, desde que englobem todos os clubes participantes em determinada competição ou quadro competitivo.

ARTIGO 31.º
Associações territoriais de clubes

1. Os clubes participantes em quadros competitivos de âmbito territorial específico agrupam-se em associações de clubes organizadas de acordo com a área geográfica em que decorrem as respectivas competições.

2. As associações a que se refere o presente artigo exercem, por delegação da federação desportiva em que se inserem, as funções que lhes são atribuídas.

SECÇÃO II
Estrutura orgânica

ARTIGO 32.º
Órgãos estatutários

As federações desportivas devem contemplar na sua estrutura orgânica, pelo menos, os seguintes órgãos:
  a) Assembleia geral;
  b) Presidente;
  c) Direcção;
  d) Conselho fiscal;
  e) Conselho de disciplina;
  f) Conselho de justiça;
  g) Conselho de arbitragem.

ARTIGO 33.º
Eleições

1. Os delegados à assembleia geral da federação desportiva são eleitos ou designados nos termos estabelecidos pelo regulamento eleitoral, o qual igualmente estabelece a duração dos seus mandatos e o procedimento para os substituir em caso de vacatura ou impedimento.

2. O presidente e os restantes órgãos referidos nas alíneas *d*) a *g*) do artigo anterior são eleitos em listas próprias.

3. Os órgãos colegiais mencionados no número anterior devem possuir um número ímpar de membros, os quais são eleitos de acordo com o princípio da representação proporcional e o método da média mais alta de Hondt na conversão dos votos em número de mandatos.

4. Nos casos referidos nos n.ºs 2 e 3, os estatutos ou regulamentos das federações desportivas não podem exigir que as listas de candidatura para os diversos órgãos sejam subscritas por mais do que 10% dos delegados à assembleia geral, nem que devam compreender candidaturas para mais do que um órgão.

ARTIGO 34.º
Assembleia geral

1. A assembleia geral é o órgão deliberativo da federação desportiva, cabendo-lhe, designadamente:

a) A eleição ou destituição da mesa da assembleia geral;

b) A eleição e a destituição dos titulares dos órgãos federativos referidos nas alíneas *b*) e *d*) a *g*) do artigo 32.º;

c) A aprovação do relatório, do balanço, do orçamento e dos documentos de prestação de contas;

d) A aprovação e alteração dos estatutos;

e) A ratificação dos regulamentos referidos no n.º 2 do artigo 29.º;

f) A aprovação da proposta de extinção da federação;

g) Quaisquer outras que não caibam na competência específica dos demais órgãos federativos.

2. Por requerimento subscrito por um mínimo de 20% dos delegados à assembleia geral pode ser solicitada a apreciação, para efeitos de cessação da sua vigência ou de aprovação de alterações, de todos os regulamentos federativos, com excepção dos referidos na alínea *e*) do número anterior.

3. O requerimento referido no número anterior deve ser apresentado no prazo de 30 dias após a aprovação do regulamento em causa e a respectiva aprovação só pode produzir efeitos a partir do início da época desportiva seguinte.

ARTIGO 35.º
Composição da assembleia geral

1. A assembleia geral é composta por um mínimo de 30 e um máximo de 120

delegados, nos termos estabelecidos nos estatutos da respectiva federação desportiva de acordo com os princípios constantes do presente decreto-lei.

2. A assembleia geral é composta por delegados, representantes de clubes, praticantes, treinadores, árbitros e juízes, ou de outros agentes desportivos que sejam membros da federação desportiva.

3. Nenhum delegado pode representar mais do que uma entidade.

4. Cada delegado tem direito a um voto.

ARTIGO 36.º
Representatividade na assembleia geral

1. Nas federações desportivas de modalidades colectivas o número de delegados representantes de clubes e sociedades desportivas não pode ser inferior a 70%, distribuídos da seguinte forma:

a) 35% dos delegados representam os clubes e sociedades desportivas que participam nos quadros competitivos de âmbito nacional;

b) 35% dos delegados representam os clubes que participam nos quadros competitivos de âmbito regional ou distrital.

2. Nos casos em que na federação em causa existam competições de natureza profissional, a percentagem referida na alínea *a)* do número anterior é de 25% para os clubes participantes nas competições profissionais e de 10% para os restantes clubes participantes nos quadros competitivos nacionais de natureza não profissional.

3. Os restantes 30% dos delegados não referidos no n.º 1 são distribuídos da seguinte forma:

a) 15% dos delegados representam os praticantes desportivos;

b) 7,5% dos delegados representam os árbitros;

c) 7,5% dos delegados representam os treinadores.

4. Nas federações desportivas de modalidades individuais o número de delegados representantes de clubes ou das respectivas associações distritais e regionais não pode ser superior a 70%, cabendo a cada uma dessas entidades idêntico número de delegados, devendo os restantes 30% ser distribuídos de entre praticantes, treinadores e árbitros ou juízes nos termos do número anterior.

5. Salvo o disposto no artigo seguinte, os delegados referidos nos números anteriores são eleitos por e de entre os clubes ou os agentes desportivos das respectivas categorias.

6. As percentagens referidas no presente artigo reportam-se sempre em relação à totalidade dos membros da assembleia geral, devendo, no respectivo cômputo, se o número de delegados exceder o número exacto de unidades, ser arredondado para a unidade imediatamente superior ou inferior consoante atingir ou não as cinco décimas, sem prejuízo do disposto no n.º 1 do artigo anterior.

ARTIGO 37.º
Representação por inerência

1. Os estatutos ou regulamentos federativos podem conferir às associações territoriais de clubes ou às ligas profissionais o direito de designar um delegado, por cada entidade, para integrar, por inerência, a representação dos clubes das respectivas competições na assembleia geral.

2. O disposto no número anterior é igualmente aplicável às associações de clubes não referidas no número anterior, bem como às organizações de classe representativas dos praticantes desportivos, treinadores e árbitros ou juízes, cujos delegados integram a representação dos agentes desportivos das respectivas categorias.

3. Os delegados designados nos termos dos números anteriores são descontados nas quotas atribuídas a cada um dos respectivos sectores e categorias.

ARTIGO 38.º
Representação dos agentes desportivos

1. Os delegados que representam as diversas categorias de agentes desportivos são adequadamente distribuídos entre a área profissional e não profissional, entre a área das competições de âmbito nacional e das competições de âmbito regional ou distrital ou entre os de alto rendimento e os restantes, nos termos estabelecidos para cada federação desportiva no respectivo regulamento eleitoral.

2. Caso os estatutos das federações desportivas pretendam conferir representatividade a outros agentes que intervenham na respectiva modalidade desportiva, o respectivo número de delegados não pode ser superior a 3%, a descontar proporcionalmente nas diversas categorias de entidades mencionadas no artigo 36.º

ARTIGO 39.º
Deliberações sociais

1. Na assembleia geral das federações desportivas, ligas profissionais e associações de âmbito territorial não são permitidos votos por representação, nem por correspondência.

2. No âmbito das entidades referidas no número anterior, as deliberações para a designação dos titulares de órgãos ou que envolvam a apreciação de comportamentos ou das qualidades de qualquer pessoa são tomadas por escrutínio secreto.

3. As federações desportivas não podem reconhecer quaisquer deliberações tomadas pelas associações e ligas nelas filiadas com desrespeito das regras constantes dos números anteriores.

ARTIGO 40.º
Presidente

1. O presidente representa a federação, assegura o seu regular funcionamento e promove a colaboração entre os seus órgãos.

2. Compete, em especial, ao presidente:

a) Representar a federação junto da Administração Pública;

b) Representar a federação junto das suas organizações congéneres, nacionais, estrangeiras ou internacionais;

c) Representar a federação desportiva em juízo;

d) Convocar as reuniões da direcção e dirigir os respectivos trabalhos, cabendo-lhe o voto de qualidade quando exista empate nas votações;

e) Solicitar ao presidente da mesa da assembleia geral a convocação de reuniões extraordinárias deste órgão;

f) Participar, quando o entenda conveniente, nas reuniões de quaisquer órgãos federativos de que não seja membro, podendo intervir na discussão sem direito a voto;

g) Assegurar a organização e o bom funcionamento dos serviços;

h) Contratar e gerir o pessoal ao serviço da federação.

ARTIGO 41.º
Direcção

1. A direcção é o órgão colegial de administração da federação desportiva, sendo integrada pelo presidente e pelos membros designados por nomeação daquele ou por eleição nos termos estatutários.

2. Compete à direcção administrar a federação, incumbindo-lhe, designadamente:

a) Aprovar os regulamentos;

b) Organizar as selecções nacionais;

c) Organizar as competições desportivas não profissionais;

d) Garantir a efectivação dos direitos e deveres dos associados;

e) Elaborar anualmente o plano de actividades;

f) Elaborar anualmente e submeter a parecer do conselho fiscal o orçamento, o balanço e os documentos de prestação de contas;

g) Administrar os negócios da federação em matérias que não sejam especialmente atribuídas a outros órgãos;

h) Zelar pelo cumprimento dos estatutos e das deliberações dos órgãos da federação.

3. O presidente da liga profissional, quando houver, é, por inerência, vice-presidente da federação e integra a direcção.

ARTIGO 42.º
Conselho fiscal

1. O conselho fiscal fiscaliza os actos de administração financeira da federação desportiva.

2. Compete, em especial, ao conselho fiscal:

a) Emitir parecer sobre o orçamento, o balanço e os documentos de prestação de contas;

b) Verificar a regularidade dos livros, registos contabilísticos e documentos que lhes servem de suporte;

   c) Acompanhar o funcionamento da federação, participando aos órgãos competentes as irregularidades financeiras de que tenha conhecimento.

   3. Quando um dos membros do conselho fiscal não tenha tal qualidade, as contas das federações desportivas são, obrigatoriamente, certificadas por um revisor oficial de contas antes da sua aprovação em assembleia geral.

   4. As competências do conselho fiscal podem ser exercidas por um fiscal único, o qual é, necessariamente, um revisor oficial de contas ou uma sociedade revisora de contas, sendo designado nos termos estabelecidos nos estatutos.

ARTIGO 43.º
Conselho de disciplina

   1. Ao conselho de disciplina cabe, sem prejuízo de outras competências atribuídas pelos estatutos, apreciar e punir, de acordo com a lei e com os regulamentos, as infracções disciplinares em matéria desportiva.

   2. Nas federações desportivas no âmbito das quais se disputem competições de natureza profissional, os membros do conselho de disciplina são licenciados em Direito, devendo o conselho possuir secções especializadas conforme a natureza da competição.

   3. Nas federações desportivas não referidas no número anterior apenas o presidente do conselho de disciplina deve ser licenciado em Direito.

ARTIGO 44.º
Conselho de justiça

   1. Para além de outras competências que lhe sejam atribuídas pelos estatutos, cabe ao conselho de justiça conhecer dos recursos das decisões disciplinares em matéria desportiva.

   2. O conselho de justiça pode funcionar em secções especializadas.

   3. Nas federações desportivas no âmbito das quais se disputem competições de natureza profissional, os membros do conselho de justiça são licenciados em Direito.

   4. Nas federações desportivas não referidas no número anterior apenas o presidente do conselho de justiça deve ser licenciado em Direito.

ARTIGO 45.º
Conselho de arbitragem

   1. Cabe ao conselho de arbitragem, sem prejuízo de outras competências atribuídas pelos estatutos, coordenar e administrar a actividade da arbitragem, estabelecer os parâmetros de formação dos árbitros e proceder à classificação técnica destes.

   2. Nas federações desportivas em que se disputem competições de natureza profissional, o conselho de arbitragem deve estar organizado em secções especializadas, conforme a natureza da competição.

3. Nas federações desportivas referidas no número anterior as funções de classificação dos árbitros deve ser cometida a uma secção diversa da que procede à nomeação dos mesmos.

ARTIGO 46.º
Funcionamento dos órgãos colegiais

No âmbito das federações desportivas há sempre recurso para os órgãos colegiais em relação aos actos administrativos praticados por qualquer dos respectivos membros, salvo quanto aos actos praticados pelo presidente da federação no uso da sua competência própria.

ARTIGO 47.º
Actas

Das reuniões de qualquer órgão colegial das federações desportivas é sempre lavrada acta que, depois de aprovada, deve ser assinada pelo presidente e pelo secretário ou, no caso da assembleia geral, pelos membros da respectiva mesa.

SECÇÃO III
Titulares dos órgãos

ARTIGO 48.º
Requisitos de elegibilidade

São elegíveis para os órgãos das federações desportivas os maiores não afectados por qualquer incapacidade de exercício, que não sejam devedores da federação respectiva, nem hajam sido punidos por infracções de natureza criminal, contra-ordenacional ou disciplinar em matéria de violência, dopagem, corrupção, racismo e xenofobia, até cinco anos após o cumprimento da pena, que não tenham sido punidos por crimes praticados no exercício de cargos dirigentes em federações desportivas ou por crimes contra o património destas, até cinco anos após o cumprimento da pena, salvo se sanção diversa lhe tiver sido aplicada por decisão judicial.

ARTIGO 49.º
Incompatibilidades

É incompatível com a função de titular de órgão federativo:
a) O exercício de outro cargo na mesma federação;
b) A intervenção, directa ou indirecta, em contratos celebrados com a federação respectiva;
c) Relativamente aos órgãos da federação ou da liga profissional, o exercício, no seu âmbito, de funções como dirigente de clube ou de associação, árbitro, juiz ou treinador no activo.

ARTIGO 50.º
Duração do mandato e limites à renovação

1. O mandato dos titulares dos órgãos das federações desportivas, bem como das ligas profissionais ou associações territoriais de clubes nelas filiadas é de quatro anos, em regra coincidentes com o ciclo olímpico.

2. Ninguém pode exercer mais do que três mandatos seguidos num mesmo órgão de uma federação desportiva, salvo se, na data da entrada em vigor do presente decreto-lei, tiverem cumprido ou estiverem a cumprir, pelo menos, o terceiro mandato consecutivo, circunstância em que podem ser eleitos para mais um mandato consecutivo.

3. Depois de concluídos os mandatos referidos no número anterior, os titulares dos órgãos não podem assumir aquelas funções durante o quadriénio imediatamente subsequente ao último mandato consecutivo permitido.

4. No caso de renúncia ao mandato, os titulares dos órgãos referidos nos números anteriores não podem candidatar-se para o mesmo órgão nas eleições imediatas nem nas que se realizem no quadriénio imediatamente subsequente à renúncia.

ARTIGO 51.º
Perda de mandato

1. Sem prejuízo de outros factos previstos nos estatutos, perdem o mandato os titulares de órgãos federativos que, após a eleição, sejam colocados em situação que os torne inelegíveis ou relativamente aos quais se apure uma das incompatibilidades previstas na lei ou nos estatutos.

2. Perdem, ainda, o mandato os titulares dos órgãos federativos que, no exercício das suas funções ou por causa delas, intervenham em contrato no qual tenham interesse, por si, como gestor de negócios ou representante de outra pessoa, e, bem assim, quando nele tenha interesse o seu cônjuge, algum parente ou afim na linha recta ou até ao 2.º grau da linha colateral ou qualquer pessoa com quem viva em economia comum.

3. Os contratos em que tiverem intervindo titulares de órgãos federativos que impliquem a perda do seu mandato são nulos nos termos gerais.

SECÇÃO IV
Regime disciplinar

ARTIGO 52.º
Regulamentos disciplinares

1. As federações desportivas devem dispor de regulamentos disciplinares com vista a sancionar a violação das regras de jogo ou da competição, bem como as demais regras desportivas, nomeadamente as relativas à ética desportiva.

2. Para efeitos da presente lei, são consideradas normas de defesa da ética desportiva as que visam sancionar a violência, a dopagem, a corrupção, o racismo e a xenofobia, bem como quaisquer outras manifestações de perversão do fenómeno desportivo.

ARTIGO 53.º
Princípios gerais

O regime disciplinar deve prever, designadamente, as seguintes matérias:

a) Sujeição dos agentes desportivos a deveres gerais e especiais de conduta que tutelem, designadamente, os valores da ética desportiva e da transparência e verdade das competições desportivas, com o estabelecimento de sanções determinadas pela gravidade da sua violação;

b) Observância dos princípios da igualdade, irretroactividade e proporcionalidade na aplicação de sanções;

c) Exclusão das penas de irradiação ou de duração indeterminada;

d) Enumeração das causas ou circunstâncias que eximam, atenuem ou agravem a responsabilidade do infractor, bem como os requisitos da extinção desta;

e) Exigência de processo disciplinar para a aplicação de sanções quando estejam em causa as infracções mais graves e, em qualquer caso, quando a sanção a aplicar determine a suspensão de actividade por um período superior a um mês;

f) Consagração das garantias de defesa do arguido, designadamente exigindo que a acusação seja suficientemente esclarecedora dos factos determinantes do exercício do poder disciplinar e estabelecendo a obrigatoriedade de audiência do arguido nos casos em que seja necessária a instauração de processo disciplinar;

g) Garantia de recurso seja ou não obrigatória a instauração de processo disciplinar.

ARTIGO 54.º
Âmbito do poder disciplinar

1. No âmbito desportivo, o poder disciplinar das federações desportivas exerce-se sobre os clubes, dirigentes, praticantes, treinadores, técnicos, árbitros, juízes e, em geral, sobre todos os agentes desportivos que desenvolvam a actividade desportiva compreendida no seu objecto estatutário, nos termos do respectivo regime disciplinar.

2. Os agentes desportivos que forem punidos com a pena de incapacidade para o exercício de funções desportivas ou dirigentes por uma federação desportiva não podem exercer tais funções em qualquer outra federação desportiva durante o prazo de duração da pena.

ARTIGO 55.º
Responsabilidade disciplinar

O regime da responsabilidade disciplinar é independente da responsabilidade civil ou penal.

ARTIGO 56.º
Participação obrigatória

Se a infracção revestir carácter contra-ordenacional ou criminal, o órgão disciplinar competente deve dar conhecimento do facto às entidades competentes.

ARTIGO 57.º
Reincidência e acumulação de infracções

Para efeitos disciplinares, os conceitos de reincidência e de acumulação de infracções são idênticos aos constantes no Código Penal.

CAPÍTULO IV
Competições e selecções nacionais

ARTIGO 58.º
Competições

1. As competições organizadas com vista à atribuição de títulos nacionais ou outros de carácter oficial, bem como as destinadas a apurar os praticantes ou clubes desportivos que hão-de representar o País em competições internacionais, devem obedecer aos seguintes princípios:

a) Liberdade de acesso de todos os agentes desportivos e clubes com sede em território nacional que se encontrem regularmente inscritos na respectiva federação desportiva e preencham os requisitos de participação por ela definidos;

b) Igualdade de todos os praticantes no desenvolvimento da competição, sem prejuízo dos escalonamentos estabelecidos com base em critérios exclusivamente desportivos;

c) Publicidade dos regulamentos próprios de cada competição, bem como das decisões que os apliquem, e, quando reduzidas a escrito, das razões que as fundamentam;

d) Imparcialidade e isenção no julgamento das questões que se suscitarem em matéria técnica e disciplinar.

2. No âmbito das competições desportivas de carácter profissional, a competência para definir os requisitos de participação é exercida pela liga profissional.

3. Os quadros competitivos geridos pela liga profissional constituem o nível mais elevado das competições desportivas desenvolvidas no âmbito da respectiva federação.

ARTIGO 59.º
Competições de natureza profissional

Os parâmetros para o reconhecimento da natureza profissional das competições desportivas e os consequentes pressupostos de participação nas mesmas são estabelecidos, ouvido o Conselho Nacional do Desporto, por portaria do membro do Governo responsável pela área do desporto, a qual igualmente estabelece o procedimento a observar para tal reconhecimento.

ARTIGO 60.º
Designações dos quadros competitivos

1. Compete ao Conselho Nacional do Desporto emitir parecer sobre o estabe-

lecimento, de forma uniforme para todas as modalidades desportivas, de um sistema de designação dos quadros competitivos organizados pelas federações desportivas, por forma a diferenciá-los de acordo com o âmbito, a importância e o nível da respectiva competição.

2. O parecer referido no número anterior é remetido, para efeitos de homologação, ao membro do Governo que tutela a área do desporto, sendo publicado, quando homologado, no Diário da República.

3. As designações a utilizar devem ser distintas para as modalidades colectivas e para as individuais, para as competições nacionais, regionais ou distritais e para as competições profissionais e não profissionais e não prejudicam a utilização de outras designações complementares decorrentes de compromissos publicitários ou de patrocínio.

4. A utilização por parte das federações desportivas de designações diversas das aprovadas constitui fundamento bastante para a suspensão do estatuto da utilidade pública desportiva.

ARTIGO 61.º
Direitos desportivos exclusivos

1. Os títulos desportivos, de nível nacional ou regional, são conferidos pelas federações desportivas e só estas podem organizar selecções nacionais.

2. A lei define as formas de protecção do nome, imagem e actividades desenvolvidas pelas federações desportivas, estipulando o respectivo regime contra-ordenacional.

ARTIGO 62.º
Condições de reconhecimento de títulos

1. As competições organizadas pelas federações desportivas, ou no seu âmbito, que atribuam títulos nacionais ou regionais, disputam-se em território nacional.

2. As competições referidas no número anterior são disputadas por clubes ou sociedades desportivas com sede no território nacional, só podendo, no caso de modalidades individuais, ser atribuídos títulos a cidadãos nacionais.

ARTIGO 63.º
Selecções nacionais

1. A participação em selecção nacional organizada por federação desportiva é reservada a cidadãos nacionais.

2. As condições a que obedece a participação dos praticantes desportivos nas selecções nacionais são definidas nos estatutos federativos ou nos respectivos regulamentos, tendo em consideração o interesse público dessa participação e os legítimos interesses das federações, dos clubes e dos praticantes desportivos.

3. A participação nas selecções nacionais é obrigatória, salvo motivo justificado, para os praticantes desportivos que tenham beneficiado de medidas específicas de apoio no âmbito do regime de alto rendimento.

CAPÍTULO V
Disposições finais e transitórias

ARTIGO 64.º
Adaptação dos estatutos federativos

As federações desportivas já existentes devem adaptar os seus estatutos ao disposto no presente decreto-lei no prazo de seis meses a contar da publicação do despacho referido no n.º 3 do artigo 26.º, para que produzam os seus efeitos até ao início da época desportiva imediatamente seguinte.

ARTIGO 65.º
Eleições

As federações desportivas devem realizar eleições para os órgãos federativos até ao final da época desportiva referida no artigo anterior.

ARTIGO 66.º
Norma revogatória

São revogados o Decreto-Lei n.º 144/93, de 26 de Abril, com as alterações que lhe foram introduzidas pelo Decreto-Lei n.º 111/97, de 9 de Maio, o Decreto-Lei n.º 303/99, de 6 de Agosto, e a Portaria n.º 595/93, de 19 de Junho.

ARTIGO 67.º
Entrada em vigor

O presente decreto-lei entra em vigor no 1.º dia do mês seguinte ao da sua publicação.

Visto e aprovado em Conselho de Ministros de 7 de Novembro de 2008. – *José Sócrates Carvalho Pinto de Sousa – Emanuel Augusto dos Santos – Manuel Pedro Cunha da Silva Pereira – José Manuel Vieira Conde Rodrigues – José António Fonseca Vieira da Silva – Manuel Frederico Tojal de Valsassina Heitor.*

Promulgado em 30 de Dezembro de 2008.

Publique-se.

O Presidente da República, ANÍBAL CAVACO SILVA.

Referendado em 30 de Dezembro de 2008.

Pelo Primeiro-Ministro, *Fernando Teixeira dos Santos*, Ministro de Estado e das Finanças.

[12]
Lei n.º 112/99, de 3 de Agosto

Regime disciplinar das federações desportivas

A Assembleia da República decreta, nos termos da alínea *c)* do artigo 161.º da Constituição, para valer como lei geral da República, o seguinte:

ARTIGO 1.º
Regulamentos disciplinares

1. As federações desportivas titulares do estatuto de utilidade pública desportiva devem dispor de regulamentos disciplinares com vista a sancionar a violação das regras de jogo ou da competição, bem como as demais regras desportivas, nomeadamente as relativas à ética desportiva.

2. Para efeitos da presente lei, são consideradas normas de defesa da ética desportiva as que visam sancionar a violência, a dopagem ou a corrupção, bem como todas as manifestações de perversão do fenómeno desportivo.

3. As federações desportivas deverão adaptar ou fazer adaptar os respectivos regulamentos disciplinares às normas constantes do presente diploma no prazo de 90 dias.

4. Para efeitos do número anterior, deverão as federações desportivas enviar ao Instituto do Desporto, até ao termo desse prazo, os referidos regulamentos, a fim de ser verificado a sua conformidade com o disposto neste diploma.

ARTIGO 2.º
Princípios gerais

O regime disciplinar deve prever, designadamente, as seguintes matérias:

a) Tipificação das infracções como leves, graves e muito graves e determinação das correspondentes sanções;

b) Sujeição aos princípios da igualdade, irretroactividade e proporcionalidade da aplicação de sanções;

c) Exclusão das penas de irradiação ou de duração indeterminada;

d) Enumeração das causas ou circunstâncias que eximam, atenuem ou agravem a responsabilidade do infractor, bem como os requisitos da extinção desta;

e) Exigência de processo disciplinar para a aplicação de sanções quando estejam em causa infracções qualificadas como muito graves e, em qualquer caso, quando a sanção a aplicar determine a suspensão de actividade por um período superior a um mês;

f) Consagração das garantias de defesa do arguido, designadamente exigindo que a acusação seja suficientemente esclarecedora dos factos determinantes do exercício do poder disciplinar e estabelecendo a obrigatoriedade de audiência do arguido nos casos em que seja necessária a instauração de processo disciplinar;

g) Garantia de recurso, seja ou não obrigatória a instauração de processo disciplinar.

ARTIGO 3.º
Âmbito do poder disciplinar

1. No âmbito desportivo, o poder disciplinar das federações dotadas de utilidade pública desportiva exerce-se sobre os clubes, dirigentes, praticantes, treinadores, técnicos, árbitros, juízes e, em geral, sobre todos os agentes desportivos que desenvolvam a actividade desportiva compreendida no seu objecto estatutário, nos termos do respectivo regime disciplinar.

2. Os agentes desportivos que forem punidos com a pena de inabilitação para o exercício de funções desportivas ou dirigentes, por uma federação desportiva, não poderão exercer tais funções em qualquer outra federação desportiva durante o prazo de duração da pena.

ARTIGO 4.º
Responsabilidade disciplinar

O regime da responsabilidade disciplinar é independente da responsabilidade civil ou penal.

ARTIGO 5.º
Condenações em processo penal

Os agentes desportivos que forem condenados criminalmente por actos que, simultaneamente, constituam violações das normas de defesa da ética desportiva ficarão inibidos, quando a decisão judicial condenatória o determinar, de exercer quaisquer cargos ou funções desportivas por um período a fixar entre 2 e 10 anos.

ARTIGO 6.º
Participação obrigatória

Se a infracção revestir carácter contra-ordenacional ou criminal, o órgão disciplinar competente deve dar conhecimento do facto às entidades competentes.

ARTIGO 7.º
Inabilitação para o exercício de cargos ou funções desportivas

1. Os árbitros ou juízes, os membros dos conselhos ou comissões de arbitragem e os titulares dos órgãos das respectivas associações de classe que solicitem ou aceitem, para si ou para terceiros, directa ou indirectamente, quaisquer presentes, empréstimos, vantagens ou, em geral, quaisquer ofertas susceptíveis, pela sua natureza ou valor, de pôr em causa a credibilidade das funções que exercem serão punidos, pelo órgão disciplinar respectivo, com a pena de suspensão do exercício de todas as funções desportivas ou dirigentes, por um período a fixar entre 2 e 10 anos.

2. Os dirigentes e os demais agentes desportivos contra os quais se prove que participaram ou que declarem ter participado em actos de corrupção da arbitragem serão punidos, pelo órgão disciplinar respectivo, com a pena de suspensão de todas as funções desportivas ou dirigentes, por um período a fixar entre 2 e 10 anos.

ARTIGO 8.º
Proibição de exercício de certas actividades

1. Nas federações no âmbito das quais se disputem competições de natureza profissional, os árbitros ou juízes, os membros dos conselhos ou comissões de arbitragem e os titulares dos órgãos das respectivas associações de classe não podem:

a) Realizar negócios com clubes ou outras pessoas colectivas que integrem a federação em cujo âmbito actuam;

b) Ser gerente ou administrador de empresas que realizem negócios com as entidades referidas na alínea anterior ou deter nessas empresas participação social superior a 10% do capital;

c) Desempenhar quaisquer funções em empresas nas quais os dirigentes dos clubes detenham posições relevantes.

2. As infracções ao disposto neste artigo serão punidas, pelo órgão disciplinar respectivo, com a pena de suspensão do exercício de todas as funções desportivas ou dirigentes, por um período a fixar entre 2 e 10 anos.

ARTIGO 9.º
Registo de interesses

1. As federações desportivas no seio das quais se realizem competições de natureza profissional devem organizar um registo de interesses relativamente aos árbitros e aos demais titulares dos órgãos dirigentes da arbitragem.

2. O registo de interesses consiste na inscrição, em livro próprio, do património dos agentes desportivos que exercem funções na arbitragem, bem como de todas

as situações profissionais e patrimoniais relevantes para efeitos do disposto no artigo anterior, e deverá ser actualizado, pelos interessados, no início e no final de cada época desportiva, nos termos a fixar em regulamento federativo.

3. Os árbitros abrangidos pelas normas constantes deste artigo são os que actuam nos quadros competitivos nacionais das federações referidas no n.º 1.

4. O registo não é público, podendo ser consultado por todos os titulares dos órgãos federativos com competências disciplinares.

5. A verificação de omissões, falsidades ou inexactidões nos dados inscritos será sancionada com a pena de suspensão de todas as funções desportivas ou dirigentes, por um período a fixar entre um e cinco anos.

ARTIGO 10.º
Sanções nas competições de natureza profissional

1. Sem prejuízo do disposto no artigo 7.º, no âmbito das competições de natureza profissional, as infracções à ética desportiva serão sancionadas de acordo com a seguinte escala de penas:

a) Multa de 500 000$00 a 5 000 000$00;

b) Inabilitação para o exercício de cargos ou funções desportivas ou dirigentes entre 1 e 10 anos, com agravamento para o dobro em caso de reincidência;

c) Perda de pontos ou de lugares na ordem classificativa do campeonato;

d) Descida de divisão;

e) Exclusão da competição profissional, por um período não superior a cinco épocas.

2. As penas referidas nas alíneas *a)* e *b)* do número anterior podem ser aplicadas aos agentes desportivos envolvidos cumulativamente com as penas referidas nas restantes alíneas.

ARTIGO 11.º
Competência disciplinar

Os órgãos disciplinares federativos terão sempre competência para investigar e punir as infracções ao disposto no artigo 7.º, ainda que as mesmas ocorram no âmbito das competições de natureza profissional.

ARTIGO 12.º
Reincidência e acumulação de infracções

Para efeitos disciplinares, os conceitos de reincidência e de acumulação de infracções serão idênticos aos constantes no Código Penal.

ARTIGO 13.º
Norma revogatória

É revogado o artigo 22.º do Decreto-Lei n.º 144/93, de 26 de Abril.

Aprovada em 17 de Junho de 1999.

O Presidente da Assembleia da República, *António de Almeida Santos*.

Promulgada em Ponta Delgada, Açores, em 20 de Julho de 1999.

Publique-se.

O Presidente da República, JORGE SAMPAIO.

Referendada em 22 de Julho de1999.

O Primeiro-Ministro, *António Manuel de Oliveira Guterres*.

[13]
Decreto-Lei n.º 67/97, de 3 de Abril

Regime jurídico dos clubes e sociedades desportivas

A Lei de Bases do Sistema Desportivo – Lei n.º 1/90, de 13 de Janeiro, na redacção que lhe foi dada pela Lei n.º 19/96, de 25 de Junho – veio estabelecer que os clubes desportivos profissionais poderiam optar por assumir o estatuto de sociedade desportiva ou por manter o seu actual estatuto de pessoa colectiva sem fins lucrativos, ficando, neste último caso, sujeitos a um regime especial de gestão.

O Decreto-Lei n.º 146/95, de 21 de Junho, regulamentou esta matéria em termos que foram geralmente considerados inadequados, na medida em que, desde logo, interditava às sociedades desportivas a distribuição de lucros, retirando-lhes, assim, um dos principais atractivos para a sua constituição.

Nesta medida e em consonância com o disposto na Lei n.º 19/96, de 25 de Junho, importa rever aquele regime jurídico, concedendo àquelas sociedades os instrumentos necessários para que venham a constituir, no futuro, um importante elemento dinamizador do desporto profissional em Portugal.

As sociedades desportivas são um tipo novo de sociedades, regido subsidiariamente pelas regras gerais aplicáveis às sociedades anónimas, mas com algumas especificidades decorrentes das especiais exigências da actividade desportiva que constitui o seu principal objecto. De entre tais especificidades são de realçar as referentes ao capital social mínimo e à sua forma de realização; ao sistema especial de fidelização da sociedade ao clube desportivo fundador, através, designadamente, da atribuição de direitos especiais às acções tituladas pelo clube fundador, a possibilidade de as Regiões Autónomas, os municípios e as associações de municípios poderem subscrever até 50% do capital das sociedades sediadas na sua área de jurisdição; e o estabelecimento de regras especiais para a transmissão do património do clube fundador para a sociedade desportiva.

Por outro lado, os clubes desportivos que participem em competições de natureza profissional e que não optem por este novo figurino jurídico ficam, nos termos do presente diploma, sujeitos a um regime especial que visa, essencialmente, estabelecer regras mínimas que assegurem a indispensável transparência e rigor na sua gestão. De tal regime são de realçar o princípio da responsabilização pessoal dos executivos dos clubes por certos actos de gestão efectuados, a exigência de transparência contabilística, através da certificação das contas por um revisor oficial; a adopção obrigatória do plano oficial de contabilidade; e a prestação de garantias bancárias ou seguros de caução que respondam pelos actos praticados em prejuízo daqueles clubes.

Por último e em consonância com a autorização legislativa concedida pela alínea *d)* do n.º 4 do artigo 30.º da Lei n.º 52-C/96, de 27 de Dezembro, bem como com o disposto no n.º 5 do artigo 20.º da Lei de Bases do Sistema Desportivo, na redacção que lhe foi dada pela Lei n.º 19/96, de 25 de Junho, estabelece-se igualmente um regime fiscal para estas sociedades que tenha em conta as especificidades que, em medida decisiva, as distinguem das demais sociedades comerciais.

Assim:

No uso da autorização legislativa concedida pela alínea *d)* do n.º 4 do artigo 30.º da Lei n.º 52-C/96, de 27 de Dezembro, e no desenvolvimento do regime jurídico estabelecido pela Lei n.º 1/90, de 13 de Janeiro, na redacção que lhe foi dada pela Lei n.º 19/96, de 25 de Junho, nos termos das alíneas *b)* e *c)* do n.º 1 do artigo 201.º de Constituição, o Governo decreta o seguinte:

CAPÍTULO I
Das sociedades desportivas em geral

ARTIGO 1.º
Objecto

1. O presente diploma estabelece o regime jurídico das sociedades desportivas, bem como o regime especial de gestão, a que ficam sujeitos os clubes desportivos que não optarem pela constituição destas sociedades.

2. Para efeitos do presente diploma, são competições desportivas profissionais as que, como tais, são definidas nos termos dos artigos 35.º a 38.º do Decreto-Lei n.º 144/93, de 26 de Abril.([42])

ARTIGO 2.º
Sociedade desportiva

Para efeitos do presente diploma, entende-se por sociedade desportiva a pessoa colectiva de direito privado, constituída sob a forma de sociedade anónima, cujo objecto é a participação numa modalidade, em competições desportivas de carácter profissional, salvo no caso das sociedades constituídas ao abrigo do artigo 10.º, a promoção e organização de espectáculos desportivos e o fomento ou desenvolvimento de actividades relacionadas com a prática desportiva profissionalizada dessa modalidade.

([42]) Os artigos 35.º a 38.º do Decreto-Lei n.º 144/93, de 26 de Abril, foram revogados pelo artigo 14.º do Decreto-Lei n.º 303/99, de 6 de Agosto. Por sua vez, o artigo 66.º do Decreto-Lei n.º 248-B/2008 [11] revogou o Decreto-Lei n.º 303/99, em função do previsto no respectivo artigo 59.º.

ARTIGO 3.º
Classificação das sociedades desportivas

A sociedade desportiva pode resultar:

a) Da transformação de um clube desportivo que participe, ou pretenda participar, em competições desportivas profissionais;

b) Da personalização jurídica das equipas que participem, ou pretendam participar, em competições desportivas profissionais;

c) Da criação de raiz, que não resulte da transformação de clube desportivo ou da personalização jurídica de equipas.

ARTIGO 4.º
Irreversibilidade

O clube desportivo que tiver optado por constituir uma sociedade desportiva ou por personalizar a sua equipa profissional não pode voltar a participar nas competições desportivas de carácter profissional a não ser sob este novo estatuto jurídico.

ARTIGO 5.º
Direito subsidiário

1. Às sociedades desportivas são aplicáveis, subsidiariamente, as normas que regulam as sociedades anónimas.

2. No que se refere à subscrição pública das acções das sociedades desportivas e ao mais em que pelos seus termos seja aplicável rege o disposto no Código do Mercado de Valores Mobiliários, com as adaptações necessárias.([43])

ARTIGO 6.º
Firma e denominação

1. A firma e a denominação das sociedades desportivas conterá a indicação da respectiva modalidade desportiva, concluindo ainda pela abreviatura SAD.

2. Nos casos previstos nas alíneas *a)* e *b)* do artigo 3.º, a denominação das sociedades inclui obrigatoriamente menção que as relacione com o clube que lhes dá origem.

ARTIGO 7.º
Capital social mínimo nas competições profissionais de futebol

1. No momento da respectiva constituição, o valor mínimo do capital social das sociedades que participem nas competições profissionais de futebol não pode ser inferior a:

a) 200 000 000$00, para as sociedades desportivas que participem na 1.ª divisão;

([43]) A referência do n.º 2 deste artigo ao *Código do Mercado de Valores Mobiliários* deve hoje entender-se como feita para o Decreto-Lei n.º 486/99, de 13 de Novembro (*Código dos Valores Mobiliários*): cf. o artigo 15.º, n.º 1, al. *a)*, do respectivo Diploma Preambular.

b) 100 000 000$00, para as sociedades desportivas que participem na 2.ª divisão de honra.

2. As sociedades desportivas que ascendam da 2.ª divisão de honra para a 1.ª divisão não poderão ingressar nesta se não dispuserem de capital social igual, pelo menos, ao montante referido na alínea *a)* do número anterior.

ARTIGO 8.º
Capital social mínimo nas competições profissionais de basquetebol

O capital social mínimo das sociedades que se constituam para participar nas competições profissionais de basquetebol é de 50 000 000$00.

ARTIGO 9.º
Reforço do capital social

1. O capital social mínimo das sociedades desportivas referido nos artigos 7.º e 8.º deve ser sucessivamente reforçado por forma a perfazer, cinco anos após a respectiva criação, um montante igual a 30% da média do orçamento da sociedade nos primeiros quatro anos da sua existência, sob pena de exclusão das competições profissionais.

2. Caso no final ou no decurso do prazo referido no número anterior a sociedade desportiva tenha deixado de participar nas competições profissionais, fica dispensada de efectuar o reforço de capital, mas não pode voltar a participar em tais competições se tal reforço se não mostrar efectuado.

ARTIGO 10.º
Sociedades desportivas em competições não profissionais

1. É lícita a constituição das sociedades desportivas fora do âmbito das competições profissionais.

2. Nos casos referidos no número anterior, o capital social mínimo dessas sociedades é de 50 000 000$00.

ARTIGO 11.º
Realização do capital social

Sem prejuízo do disposto no artigo 31.º, o capital social deve ser integralmente realizado em dinheiro, podendo ser diferida a realização de 50% do valor nominal das acções por um período não superior a dois anos.

ARTIGO 12.º
Acções

1. As acções das sociedades desportivas são de duas categorias:

a) Categoria A, as que se destinam a ser subscritas pelo clube fundador, nos casos em que a sociedade tenha sido constituída nos termos da alínea *b)* do artigo 3.º;

b) Categoria B, as restantes.

2. As acções da categoria A só são susceptíveis de apreensão judicial ou oneração a favor de pessoas colectivas de direito público.

3. As acções são sempre nominativas.

ARTIGO 13.º
Administração da sociedade

O órgão de administração da sociedade é composto por um número ímpar de membros, fixado nos estatutos, com o mínimo de três elementos, que serão gestores profissionalizados.

ARTIGO 14.º
Incompatibilidades

Não podem ser administradores de sociedades desportivas:

a) Os que, no ano anterior, tenham ocupado cargos sociais em outra sociedade desportiva constituída para a mesma modalidade;

b) Os titulares de órgãos sociais de federações ou associações desportivas de clubes da mesma modalidade;

c) Os praticantes profissionais, os treinadores e árbitros, em exercício, da respectiva modalidade.

ARTIGO 15.º[44]
Registo e publicidade

O registo e publicidade das sociedades desportivas rege-se pelas disposições constantes da legislação aplicável às sociedades comerciais, devendo a conservatória oficiosamente e a expensas daquelas comunicar ao Instituto do Desporto a sua constituição, os respectivos estatutos e suas alterações.

ARTIGO 16.º
Início da actividade

1. As sociedades desportivas gozam de personalidade jurídica e existem como tais a partir da data do registo definitivo do contrato pelo qual se constituem, nos termos do artigo anterior.

2. A eficácia dos actos de alteração dos estatutos das sociedades desportivas depende, da mesma maneira, de registo nos termos do número anterior.

---

[44] Alterado pelo artigo 22.º do Decreto-Lei n.º 76-A/2006, de 29 de Março.

ARTIGO 17.º
Aumento de capital

Nos aumentos de capital têm direito de preferência os que já forem accionistas da sociedade e os associados do clube fundador, se for caso disso, nos termos determinados pelos estatutos da sociedade.

ARTIGO 18.º
Autorizações especiais

1. A alienação ou oneração, a qualquer título, de bens que integrem o património imobiliário da sociedade tem de ser autorizada por deliberação da assembleia geral.
2. Carecem igualmente de autorização da assembleia geral os actos que excedam as previsões inscritas no orçamento.
3. Para que a assembleia geral possa deliberar, em primeira convocação, sobre as matérias referidas nos números anteriores devem estar presentes ou representados accionistas com, pelo menos, dois terços do total dos votos.
4. Em segunda convocação, a assembleia pode deliberar seja qual for o número de accionistas presentes ou representados.
5. A assembleia geral delibera sobre tal alienação ou oneração por maioria de dois terços dos votos emitidos, em primeira ou em segunda convocação.

ARTIGO 19.º
Proibição de aquisição de participações

A sociedade desportiva não pode participar no capital social de sociedade com idêntica natureza.

ARTIGO 20.º
Limitação do exercício de direitos sociais

1. Os accionistas de mais de uma sociedade desportiva, uma vez exercidos os seus direitos sociais numa delas, não os poderão exercer em outras que se dediquem à mesma modalidade, exceptuados os direitos à repartição e percepção de dividendos e à transmissão de posições sociais.
2. A restrição prevista no número anterior aplica-se, também, ao cônjuge, parente ou afim em linha recta, qualquer pessoa com quem viva em economia comum, ou a sociedades relativamente às quais se encontre em posição de domínio ou de grupo.

ARTIGO 21.º
Limites à transmissão de acções

O contrato de sociedade não pode limitar a transmissão de acções.

ARTIGO 22.º([45])
**Destino do património em caso
de extinção**

Sem prejuízo do disposto no artigo 34.º, o remanescente do património da sociedade extinta tem o destino a fixar pelos estatutos ou por deliberação dos accionistas, devendo permanecer afecto a fins análogos aos da sociedade extinta.

ARTIGO 23.º
Destino dos lucros de exercício

A sociedade desportiva pode repartir entre os accionistas o lucro legalmente distribuível.

ARTIGO 24.º([46])
Regime fiscal

São considerados custos ou perdas do exercício, na sua totalidade, as importâncias concedidas pela sociedade desportiva ao clube originário que goze do estatuto de utilidade pública, desde que as mesmas sejam investidas em instalações ou em formação desportiva.

ARTIGO 25.º([47])
Exercício económico

1. O exercício social das sociedades desportivas corresponde ao ano civil, excepto quando a sociedade desportiva adopte um período anual de imposto não coincidente com o ano civil, caso em que o exercício social coincidirá com o período anual de imposto adoptado.

2. No caso previsto no número anterior aplicar-se-á o disposto no artigo 65.º--A do Código das Sociedades Comerciais.

ARTIGO 26.º
**Regiões Autónomas e associações
de municípios**

As Regiões Autónomas, os municípios ou as associações de municípios podem participar no capital social das sociedades desportivas sediadas na sua área de jurisdição, não podendo, contudo, tal participação exceder 50% do capital social.

([45]) Alterado pelo artigo único da Lei n.º 107/97, de 16 de Setembro.
([46]) Alterado pelo artigo único da Lei n.º 107/97, de 16 de Setembro.
([47]) Alterado pelo artigo único da Lei n.º 107/97, de 16 de Setembro.

ARTIGO 27.º
Concessão de exploração do jogo do bingo([48])

As sociedades desportivas podem ser concessionárias do jogo do bingo em termos idênticos aos dos clubes desportivos.

CAPÍTULO II
Sociedades constituídas a partir da transformação de um clube desportivo e sociedades que resultem da personalização jurídica das equipas. Disposições comuns

ARTIGO 28.º
Direito de preferência

1. Caso a sociedade desportiva seja constituída, nos termos do artigo 3.º, alíneas *a)* e *b)*, com apelo a subscrição pública, têm direito de preferência, na aquisição de participações sociais, os associados do clube em transformação ou fundador que, em assembleia geral, devem graduar esse direito de preferência em função da titularidade dos seus direitos de voto.

2. A subscrição pelo público em geral pode ser feita em condições mais onerosas do que as estabelecidas para a subscrição por associados do clube em transformação ou fundador.

ARTIGO 29.º
Relações com a federação desportiva

1. Nas relações com a federação que, relativamente à modalidade desportiva em causa, beneficie do estatuto de utilidade pública desportiva, e no âmbito da competição desportiva profissional, a sociedade desportiva, quando constituída nos termos das alíneas *a)* e *b)* do artigo 3.º, representa ou sucede ao clube que lhe deu origem.

2. Nos 30 dias subsequentes à sua aprovação pelos órgãos sociais competentes, a sociedade desportiva deve remeter as suas contas à federação referida no número anterior.

3. As relações da sociedade desportiva com a federação referida no n.º 1 processam-se através da respectiva liga profissional de clubes.

([48]) V. Decreto-Lei n.º 314/95, de 24 de Novembro [52].

CAPÍTULO III
Sociedades que resultem da personalização jurídica das equipas. Disposições particulares

ARTIGO 30.º
Participação do clube fundador

1. No caso referido na alínea *b)* do artigo 3.º, a participação directa do clube fundador no capital social não poderá ser, a todo o tempo, inferior a 15% nem superior a 40% do respectivo montante.

2. No caso referido no número anterior, as acções de que o clube fundador seja titular conferem sempre:

a) O direito de veto das deliberações da assembleia geral que tenham por objecto a fusão, cisão, transformação ou dissolução da sociedade e alteração dos seus estatutos, o aumento e a redução do capital social e a mudança da localização da sede;

b) O poder de designar pelo menos um dos membros do órgão de administração, que disporá de direito de veto das deliberações de tal órgão que tenham objecto idêntico ao da alínea anterior.

3. Para além do disposto no número anterior, os estatutos da sociedade desportiva podem subordinar à autorização do clube fundador as deliberações da assembleia geral relativas a matérias neles especificadas.

4. O clube fundador pode participar no capital social da respectiva sociedade desportiva através de uma sociedade gestora de participações sociais, desde que nesta detenha a maioria do capital social.

ARTIGO 31.º
Realização do capital social subscrito pelo clube fundador

O capital social subscrito pelo clube fundador pode ser realizado em espécie.

ARTIGO 32.º
Sociedades desportivas e equipas profissionais

1. O clube fundador pode transferir para a sociedade desportiva, no acto de constituição desta, ou em momento posterior, a totalidade ou parte dos direitos e obrigações de que é titular que se encontrem afectos à participação nas competições desportivas profissionais da modalidade que integra o objecto da sociedade.

2. Para efeitos do disposto no número anterior, o clube fundador deve elaborar um inventário dos direitos e obrigações objecto da transferência, o qual deve constar de documento escrito, que figura em anexo ao acto constitutivo da sociedade e que é verificado por revisor oficial de contas.([49])

([49]) Alterado pelo artigo 22.º do Decreto-Lei n.º 76-A/2006, de 29 de Março.

3. A transferência de passivos deve ser acompanhada de transferência de activos, devidamente avaliados nos termos do número anterior, de valor, pelo menos, equivalente àqueles.

4. A transferência dos direitos e obrigações do clube fundador não depende de consentimento da contraparte, sendo a sociedade desportiva responsável perante os credores do clube pela diminuição da garantia patrimonial que vier a resultar da transferência, a favor da sociedade, da posição contratual do clube em quaisquer contratos.

ARTIGO 33.º
Transferência obrigatória

São obrigatoriamente transferidos para a sociedade desportiva os direitos de participação no quadro competitivo em que estava inserido o clube fundador, bem como os contratos de trabalho desportivos e os contratos de formação desportiva relativos a praticantes da modalidade profissional que constitui objecto da sociedade.

ARTIGO 34.º
Destino do património em caso de extinção

Quando tenha lugar a extinção da sociedade desportiva, as instalações desportivas são atribuídas ao clube desportivo fundador.

ARTIGO 35.º
Instalações desportivas

A utilização das instalações do clube desportivo pela sociedade desportiva sua participada deve ser titulada por contrato escrito no qual se estabeleça adequada contrapartida, não podendo esta ser superior a 30% do orçamento anual da sociedade.

ARTIGO 36.º
Bingo

No caso referido na alínea *b)* do artigo 3.º, o clube fundador que seja concessionário da exploração de uma sala de jogo do bingo pode transferir para a sociedade desportiva a concessão, subordinando-se tal transmissão às regras definidas no artigo 18.º

CAPÍTULO IV
Do regime especial de gestão

ARTIGO 37.º
Autonomização das secções profissionais dos clubes desportivos

Os clubes desportivos participantes em competições de natureza profissional que não optem por constituir sociedades desportivas devem estruturar-se por forma que as suas secções profissionais sejam autónomas em relação às restantes, nomeadamente organizando uma contabilidade própria para cada uma dessas secções, com clara discriminação das receitas e despesas imputáveis a cada uma.

ARTIGO 38.º
Dirigentes responsáveis pelas secções profissionais

Da constituição dos corpos gerentes dos clubes desportivos referidos no artigo anterior deverão constar os directores responsáveis pela gestão de cada uma das secções profissionais desses clubes.

ARTIGO 39.º
Regime de responsabilidade

1. Para efeitos do presente diploma, são considerados responsáveis pela gestão efectuada, relativamente às secções profissionais dos clubes desportivos referidos no artigo 37.º, o presidente da direcção, o presidente do conselho fiscal ou o fiscal único, o director responsável pela área financeira e os directores encarregados da gestão daquelas secções profissionais.

2. Sem prejuízo de outras sanções aplicáveis, nos casos referidos nos artigos 24.º do Decreto-Lei n.º 20-A/90, de 15 de Janeiro, com a redacção dada pelo Decreto-Lei n.º 394/93, de 24 de Novembro, e 27.º-B, também, do Decreto-Lei n.º 20-A//90, de 15 de Janeiro, aditado pelo artigo 2.º do Decreto-Lei n.º 140/95, de 14 de Junho, os membros da direcção dos clubes desportivos mencionados no número anterior são responsáveis, pessoal, ilimitada e solidariamente, pelo pagamento ao credor tributário ou às instituições de segurança social das quantias que, no respectivo período de gestão, deixaram de entregar para pagamento de impostos ou da segurança social.([50])

3. Aos membros da direcção referidos no número anterior são aplicáveis os artigos 396.º a 398.º, bem como o artigo 519.º, do Código das Sociedades Comerciais, com as necessárias adaptações.

([50]) Os artigos aqui referidos do Decreto-Lei n.º 20-A/90 foram alterados pela Lei n.º 15/2001, de 5 de Junho (*Regime Geral das Infracções Tributárias*) – deve aplicar-se os respectivos artigos 24.º, 105.º e 107.º; não obstante, v. os Acs. do Tribunal Constitucional n.os 311/2007 e 331/2007 [**54**, pp. 615-616].

ARTIGO 40.º
Garantias

1. Até ao início de cada época desportiva, a direcção dos clubes desportivos referidos no artigo 37.º deve apresentar à respectiva liga profissional de clubes uma garantia bancária, seguro de caução ou outra garantia equivalente que cubra a respectiva responsabilidade perante aqueles clubes, nos mesmos termos em que os administradores respondem perante as sociedades anónimas.

2. O montante da garantia é fixado pela liga profissional de clubes, não podendo ser inferior a 10% do orçamento do departamento profissional do clube.

ARTIGO 41.º
Revisor oficial de contas

1. O balanço e demais contas dos clubes desportivos referidos no artigo 37.º não podem ser aprovados pelas respectivas assembleias gerais sem terem sido sujeitos a prévio parecer de um revisor oficial de contas ou de uma sociedade revisora de contas.

2. Ao revisor oficial de contas é aplicável, com as necessárias adaptações, o disposto no artigo 446.º do Código das Sociedades Comerciais.

3. O parecer deve ser obrigatoriamente difundido entre os sócios ou associados do clube antes da realização da assembleia geral destinada a apreciar as referidas contas.

ARTIGO 42.º
Orçamentos equilibrados[51]

[...]

ARTIGO 43.º
Convocação das assembleias gerais dos clubes desportivos

1. As assembleias gerais dos clubes desportivos referidos no artigo 37.º, bem como dos clubes que procedem à personalização jurídica das suas equipas, são convocadas por aviso, contendo os termos da convocatória, publicado no jornal ou boletim do clube, se o houver, e em dois jornais de grande expansão, sem prejuízo de outros requisitos que sejam estabelecidos pelos estatutos.

2. Entre a primeira publicação e a data da reunião da assembleia devem mediar oito dias, se prazo mais longo não for estabelecido.

---

[51] Revogado pelo artigo 14.º do Decreto-Lei n.º 303/99, de 6 de Agosto.

CAPÍTULO V
Disposições finais e transitórias

ARTIGO 44.º
Contabilidade dos clubes desportivos[52]

Enquanto não for aprovado um plano de contabilidade especialmente adaptado à especificidade das actividades desportivas, os clubes desportivos referidos no artigo 37.º estão sujeitos às regras aplicáveis às sociedades anónimas no que respeita à organização e publicitação das suas contas, com as necessárias adaptações.

ARTIGO 45.º
Norma transitória

Enquanto não estiverem reconhecidas, nos termos legais, as competições profissionais de futebol, são consideradas como tal, para efeitos do disposto no n.º 2 do artigo 1.º, as relativas à 1.ª divisão e à 2.ª divisão de honra do campeonato nacional de futebol.

ARTIGO 46.º
Revogação da legislação anterior

É revogado o Decreto-Lei n.º 146/95, de 21 de Junho.

ARTIGO 47.º
Entrada em vigor

O presente diploma entra em vigor no dia seguinte ao da sua publicação, com excepção das normas que integram o capítulo IV, as quais entram em vigor no dia 1 de Agosto de 1997.

Visto e aprovado em Conselho de Ministros de 2 de Janeiro de 1997. – *António Manuel de Carvalho Ferreira Vitorino – António Luciano Pacheco de Sousa Franco – José Eduardo Vera Cruz Jardim – Augusto Carlos Serra Ventura Mateus – Jorge Paulo Sacadura Almeida Coelho.*

Promulgado em 19 de Março de 1997.

Publique-se.

O Presidente da República, JORGE SAMPAIO.

Referendado, em 20 de Março de 1997.

O Primeiro-Ministro, *António Manuel de Oliveira Guterres.*

---

[52] Esse plano de contabilidade especialmente adaptado à especificidade das actividades desportivas foi instituído pelo Decreto-Lei n.º 74/98, de 27 de Março [16].

[14]
Lei n.º 103/97, de 13 de Setembro

Regime fiscal específico das sociedades desportivas

A Assembleia da República decreta, nos termos dos artigos 164.º, alínea *d*), 168.º, n.º 1, alínea *i*), e 169.º, n.º 3, da Constituição, o seguinte:

ARTIGO 1.º
Âmbito de aplicação

A presente lei estabelece o regime fiscal das sociedades desportivas previstas no Decreto-Lei n.º 67/97, de 3 de Abril, sem prejuízo do disposto no artigo 24.º deste diploma.

ARTIGO 2.º
Período de tributação

1. As sociedades desportivas poderão adoptar um período anual de imposto diferente do ano civil, o qual deverá ser mantido durante, pelo menos, cinco anos.
2. A utilização da faculdade referida no número anterior depende da prévia apresentação de um requerimento ao Ministro das Finanças, com a indicação das razões justificativas de tal opção.

ARTIGO 3.º
Amortizações

1. Para todos os efeitos legais, considera-se como elemento do activo imobilizado incorpóreo o direito de contratação dos jogadores profissionais, desde que inscritos em competições desportivas de carácter profissional ao serviço da sociedade desportiva.
2. O cálculo das amortizações do exercício relativas aos elementos do activo imobilizado referidos no número anterior que sejam de praticar nos termos da respectiva legislação far-se-á pelo método das quotas constantes.
3. As taxas de amortização aplicáveis serão determinadas em função da duração do contrato celebrado entre o jogador e a sociedade desportiva.

4. Para efeitos do disposto neste artigo, ter-se-ão em conta na determinação do valor do direito de contratação as quantias pagas pela sociedade desportiva à entidade donde provém o jogador, como contrapartida da sua transferência, e as pagas ao próprio jogador pelo facto de celebrar ou renovar o contrato, sem prejuízo do disposto na legislação geral.

ARTIGO 4.º
Reinvestimento dos valores de realização

À diferença positiva entre as mais-valias e as menos-valias realizadas mediante transmissão onerosa dos elementos do activo imobilizado referidos no artigo anterior é aplicável, com as devidas adaptações, o disposto no artigo 44.º do Código do Imposto sobre o Rendimento das Pessoas Colectivas, desde que o valor da realização correspondente à totalidade desses elementos seja reinvestido na contratação de jogadores ou na aquisição de bens do activo imobilizado corpóreo afectos a fins desportivos até ao fim do terceiro exercício seguinte ao da realização.([53])

ARTIGO 5.º
Isenção de sisa, selo e emolumentos

1. Às sociedades que se reorganizem nos termos do Decreto-Lei n.º 67/97, de 3 de Abril, poderão ser concedidos os seguintes benefícios:

a) Isenção de imposto municipal de sisa relativamente à transmissão de bens imóveis necessários à reorganização, desde que esta seja reconhecida de interesse municipal pelo órgão autárquico competente;

b) Isenção de imposto do selo, dos emolumentos e de outros encargos legais que se mostrem devidos pela prática de todos os actos inseridos no processo de reorganização.

2. Para os efeitos do disposto no número anterior, considera-se reorganização:

a) A constituição de sociedades desportivas, mediante integração da totalidade ou de parte dos activos dos clubes desportivos afectos ao exercício de uma actividade que constitua, do ponto de vista técnico, uma exploração autónoma, desde que essa actividade deixe de ser exercida pelo clube desportivo e passe a sê-lo pela sociedade desportiva;

b) Em incorporação por sociedades desportivas da totalidade ou de parte dos activos dos clubes desportivos afectos ao exercício de uma actividade que constitua, do ponto de vista técnico, uma exploração autónoma, desde que essa actividade deixe de ser exercida pelo clube desportivo e passe a sê-lo pela sociedade desportiva;([54])

([53]) Deve considerar-se aplicável o artigo 48.º da actual redacção do *Código do IRC*.
([54]) Alterado pela Declaração de Rectificação n.º 17/97, de 28 de Outubro.

c) A constituição de sociedades mediante a integração de parte dos activos dos clubes desportivos afectos ao exercício de uma actividade que constitua, do ponto de vista técnico, uma exploração autónoma, desde que essa actividade deixe de ser exercida pelos clubes e passe a sê-lo pela nova sociedade e o capital desta seja maioritariamente detido por uma sociedade desportiva ou pelo clube fundador;

d) A incorporação, por uma sociedade já constituída, de parte dos activos de clubes desportivos afectos ao exercício de uma actividade que constitua, do ponto de vista técnico, uma exploração autónoma, desde que essa actividade deixe de ser exercida pelos clubes e passe a sê-lo pela sociedade e o capital desta seja maioritariamente detido por uma sociedade desportiva ou pelo clube fundador.

3. Os benefícios serão concedidos por despacho do Ministro das Finanças, a pedido dos clubes desportivos, mediante parecer da Direcção-Geral dos Impostos, devendo o requerimento, feito em triplicado, conter os elementos necessários à respectiva apreciação e ser acompanhado de documento comprovativo do interesse municipal.

4. A Direcção-Geral dos Impostos deverá solicitar ao departamento competente do ministério que tutela o desporto parecer sobre a verificação dos pressupostos referidos no n.º 1.

5. A Direcção-Geral dos Impostos deverá igualmente solicitar à Direcção--Geral dos Registos e do Notariado parecer sobre a verificação dos pressupostos a que se refere o n.º 2.([55])

6. Os pareceres referidos nos n.ºs 4 e 5 devem ser proferidos no prazo de 30 dias a contar da data da recepção, presumindo-se que se dão por verificados os pressupostos se não houver resposta dentro do prazo referido.

7. O reconhecimento do interesse municipal é considerado como renúncia à compensação prevista no n.º 7 do artigo 7.º da Lei n.º 1/87, de 6 de Janeiro.([56])

ARTIGO 6.º
Disposição transitória

1. Às transmissões de elementos do activo imobilizado efectuadas do clube desportivo para a sociedade desportiva ou para outra sociedade cujo capital social seja maioritariamente detido pela sociedade desportiva ou pelo clube fundador é aplicável, durante os primeiros cinco anos a contar da data do início da actividade, com as necessárias adaptações, o disposto no artigo 62.º-B do Código do Imposto sobre o Rendimento das Pessoas Colectivas.([57])

2. Os elementos do activo imobilizado a transmitir podem ser reavaliados pelo clube desportivo tendo por base valores certificados por revisor oficial de contas.

([55]) Nos termos do artigo 14.º do Decreto-Lei n.º 129/2007, de 27 de Abril, o Instituto dos Registos e Notariado, I. P. sucede nas atribuições da Direcção-Geral dos Registos e do Notariado.

([56]) O artigo 36.º, n.º 1, da Lei n.º 42/98, de 6 de Agosto, revogou a Lei n.º 1/87. Por seu turno, o artigo 64.º, n.º 1, da Lei n.º 2/2007, de 15 de Janeiro (*Lei das Finanças Locais*), revogou a Lei n.º 42/98.

([57]) Deve considerar-se aplicáveis os artigos 73.º (em particular os n.ºs 3, 4, 7 e 10), 74.º e 75.º.

3. Para efeitos de determinação do lucro tributável da sociedade desportiva é aplicável, com as necessárias adaptações, relativamente ao imobilizado transmitido que tenha sido reavaliado nos termos do n.º 2, o disposto no artigo 6.º do Decreto-Lei n.º 22/92, de 14 de Fevereiro, sobre não dedutibilidade de custos ou perdas.

4. A opção pelo regime jurídico das sociedades desportivas não pode ser feita enquanto os clubes desportivos não tiverem a respectiva situação tributária regularizada, nomeadamente no que diz respeito ao pagamento de impostos e contribuições.

5. Entende-se por situação tributária regularizada o pagamento integral de impostos e contribuições, a inexistência de situações de mora ou a sua regularização ao abrigo do Código de Processo Tributário e legislação complementar e o cumprimento de planos de regularização de dívidas nos termos da legislação em vigor.

ARTIGO 7.º
Regime transitório de responsabilidade

As sociedades desportivas ou quaisquer outras sociedades, constituídas ou a constituir no âmbito das operações previstas no n.º 2 do artigo 5.º, da presente lei, são subsidiariamente responsáveis e solidariamente entre si pelas dívidas fiscais e à segurança social do clube fundador relativas ao período anterior à data das referidas operações, até ao limite do valor dos activos que por este tenham sido transferidos a favor de cada sociedade.([58])

ARTIGO 8.º
Legislação subsidiária

São aplicáveis subsidiariamente, com as devidas adaptações, as disposições previstas no Código do Imposto sobre o Rendimento das Pessoas Colectivas e demais legislação suplementar.

ARTIGO 9.º
Entrada em vigor

A presente lei entra em vigor no dia imediato ao da respectiva publicação.

Aprovada em 31 de Julho de 1997.

O Presidente da Assembleia da República, *António de Almeida Santos*.

Promulgada em 25 de Agosto de 1997.

Publique-se.

O Presidente da República, Jorge Sampaio.

Referendada em 28 de Agosto de 1997.

O Primeiro-Ministro, António Manuel de Oliveira Guterres.

([58]) Alterado pela Declaração de Rectificação n.º 17/97, de 28 de Outubro.

[15]
Decreto-Lei n.º 272/97, de 8 de Outubro

Clubes de praticantes

A Constituição da República Portuguesa estabelece, no artigo 79.º, o direito à cultura física e ao desporto.

No entanto, o quadro normativo actual apresenta-se essencialmente vocacionado para o designado desporto-competição, não se assegurando, desta forma, os mecanismos indispensáveis à participação dos cidadãos no âmbito do desporto-recreação.

Por outro lado, mostra-se indispensável a criação de mecanismos legais simplificados e vocacionados para fomentar e apoiar a prática do desporto, enquanto actividade ligada ao lazer e orientada numa lógica não competitiva.

Igualmente a experiência internacional tem demonstrado a importância destas entidades no preenchimento de um espaço não ocupado pelos clubes desportivos tradicionais, nomeadamente na vertente do associativismo lúdico e cultural.

Assim, cria-se a figura dos clubes de praticantes, concebidos como entidades elementares, de estrutura simplificada, que apresentam como finalidade exclusiva a promoção e organização de actividades físicas e desportivas com finalidades lúdicas, formativas ou sociais.

Assim:

No desenvolvimento do regime jurídico estabelecido pela Lei n.º 1/90, de 13 de Janeiro, com as alterações introduzidas pela Lei n.º 19/96, de 25 de Junho, e nos termos das alíneas *a)* e *c)* do n.º 1 do artigo 201.º da Constituição, o Governo decreta o seguinte:

ARTIGO 1.º
Conceito

Para efeitos do presente diploma, são clubes de praticantes as entidades que tenham por objecto exclusivo a promoção e organização de actividades físicas e desportivas com finalidades lúdicas, formativas ou sociais.

ARTIGO 2.º
Natureza

Os clubes de praticantes são entidades de direito privado, sem fins lucrativos, constituídos nos termos dos artigos 195.º e seguintes do Código Civil.

ARTIGO 3.º
Denominação

Os clubes de praticantes devem adoptar a denominação da actividade física ou desportiva que promovem e organizam.

ARTIGO 4.º
Exclusividade da actividade física e desportiva

Cada clube de praticantes deve promover e organizar a actividade física e desportiva correspondente à sua denominação e fins estatutariamente definidos.

ARTIGO 5.º
Filiação

Os clubes de praticantes podem inscrever-se nas correspondentes organizações nacionais, para efeitos de participação em competições desportivas, salvo se estas forem titulares do estatuto de utilidade pública desportiva.

ARTIGO 6.º
Estatutos

Os clubes de praticantes devem ter estatutos próprios, que prevejam um funcionamento interno democrático e a livre adesão e autonomia em relação a qualquer organização política, sindical, económica ou religiosa.

ARTIGO 7.º
Constituição

1. Os clubes de praticantes devem ter um mínimo de cinco praticantes.
2. Compete ao Centro de Estudos e Formação Desportiva a verificação do preenchimento do requisito constante do número anterior, no âmbito do processo de registo a que alude o artigo seguinte.

ARTIGO 8.º
Registo

1. Os clubes de praticantes devem solicitar a inscrição no Registo Nacional de Clubes e Federações Desportivas, a que alude a alínea *f)* do artigo 12.º do Decreto-Lei n.º 63/97, de 26 de Março.

2. O processo de registo é desencadeado pelo respectivo clube, mediante requerimento dirigido ao Centro de Estudos e Formação Desportiva, em modelo a ser aprovado por despacho do membro do Governo responsável pela área do desporto.([59])

3. Não beneficiam de apoio do Estado os clubes de praticantes que não se encontrem devidamente registados.

ARTIGO 9.º
Formas de apoio

Os apoios a conceder serão titulados por contratos-programa de desenvolvimento desportivo, dos quais conste a iniciativa a apoiar, o respectivo montante e a forma de prestação de contas.([60])

ARTIGO 10.º
Responsabilidade

1. Sem prejuízo do regime legal aplicável, os clubes de praticantes devem indicar, no momento do registo, o nome e identificação completa de dois associados cujas assinaturas obriguem a associação.

2. Os dois associados são responsáveis perante terceiros pela organização, funcionamento e gestão da associação.

Visto e aprovado em Conselho de Ministros de 7 de Agosto de 1997. – *António Manuel de Oliveira Guterres – Jorge Paulo Sacadura Almeida Coelho.*

Promulgado em 19 de Setembro de 1997.

Publique-se.

O Presidente da República, JORGE SAMPAIO.

Referendado em 24 de Setembro de 1997.

O Primeiro-Ministro, *António Manuel de Oliveira Guterres.*

([59]) V. Despacho n.º 2437/98, de 21/01/1998, publicado no *Diário da República*, II Série, de 10/02/1998.

([60]) V. Decreto-Lei n.º 273/2009, de 1 de Outubro **[51]**.

[16]
Decreto-Lei n.º 74/98, de 27 de Março

Plano Oficial de Contabilidade para as federações desportivas, associações e agrupamentos de clubes

As Grandes Opções do Plano (GOP) para 1997, nas suas medidas de política para a área do desporto, inscrevem a necessidade da existência de um normativo contabilístico para o associativismo desportivo, nomeadamente as federações desportivas, associações e agrupamentos de clubes.

Assim, de acordo com a especificidade das federações desportivas, associações e agrupamentos de clubes, que requerem normas especiais para aplicação de um plano de contas adequado, foi elaborado o presente normativo, fruto de um grupo de trabalho constituído pelo Instituto Nacional do Desporto (IND) e pela Confederação do Desporto de Portugal (CDP) no seio da administração pública desportiva, devidamente apoiados na Comissão de Normalização Contabilística (CNC).

O presente plano de contas sectorial, a ser aplicado à contabilidade das entidades referidas, constitui um poderoso instrumento de gestão económica e financeira, que permitirá uma apreciação mais rigorosa e transparente, um melhor julgamento quanto aos critérios utilizados, bem como à racionalidade da utilização dos apoios do Estado ao associativismo desportivo.

O Plano Oficial de Contabilidade (POC), decorrente da transposição para o direito interno português da Directiva n.º 78/600/CEE (4.ª Directiva), através do Decreto-Lei n.º 410/89, de 21 de Novembro, foi genericamente adaptado às necessidades de gestão específicas das federações, associações e agrupamentos de clubes e também do interesse público em conhecer de forma mais transparente os resultados das actividades por estas desenvolvidas.

As divergências encontradas no presente regime contabilístico face ao POC revelam as características e identidade dos destinatários deste diploma.

De um modo geral, as contas do POC foram adoptadas, salvo em casos pontuais, com alteração de designação, ou não foram consideradas determinadas rubricas, por os factos não se enquadrarem na gestão das entidades referidas.

Mantiveram-se princípios e critérios normalmente aceites no âmbito contabilístico e também a flexibilidade que o POC apresenta quer quanto à abertura de contas específicas quer quanto à adaptação de designações de contas mais consentâneas com as diversas realidades que as entidades encerram.

Este plano oficial de contas sectorial visa o princípio da uniformização para um vasto leque de realidades intrínsecas e diversificadas inerentes ao associativismo desportivo.

As entidades a quem se destina este normativo prestam um serviço de utilidade pública que deve prosseguir a satisfação das necessidades dos seus utilizadores como um fim, pautando-se por critérios de eficácia e eficiência, pelo que se seguiu o estabelecido na lei, que define os factores que determinam a tarifa, o valor ou o preço dos serviços prestados pela generalidade daquelas entidades.

Para além da aplicação do plano em apreço, a contabilidade analítica deverá ser utilizada na determinação do valor dos serviços prestados, bem como dos projectos comparticipados pela administração central, regional e local e outras entidades nacionais ou internacionais, assim como na demonstração de resultados por funções e por actividades.

Durante e mesmo após o período estabelecido para aplicação deste plano oficial de contabilidade serão previstas acções de apoio técnico e acompanhamento por parte das entidades ou organismos competentes.

Procedeu-se à audição da Comissão de Normalização Contabilística, nos termos do artigo 5.º do Decreto-Lei n.º 410/89, de 21 de Novembro, a qual se pronunciou favoravelmente à aprovação do presente plano oficial de contabilidade sectorial.

Foi ouvida e participou no grupo de trabalho a Confederação do Desporto de Portugal.

Assim:

Nos termos da alínea *a)* do n.º 1 do artigo 198.º da Constituição, o Governo decreta, para valer como lei geral da República, nos termos do n.º 5 do artigo 112.º da Constituição, o seguinte:

ARTIGO 1.º
Aprovação

É aprovado o Plano Oficial de Contabilidade para as Federações Desportivas, Associações e Agrupamentos de Clubes (POCFAAC), *anexo ao presente diploma* e que dele faz parte integrante.([61])

ARTIGO 2.º
Âmbito de aplicação

1. O presente normativo contabilístico é obrigatoriamente aplicável às federações e associações, bem como aos agrupamentos de clubes.

([61]) Sublinhado nosso que serve como chamada de atenção para este anexo no texto oficial. Alterado pela Declaração de Rectificação n.º 9-D/98, de 30 de Abril.

2. A organização contabilística deve ser estabelecida em conformidade com o plano de contas constante do presente diploma, que deve corresponder às necessidades de gestão económico-financeira das entidades definidas no n.º 1 e permitir um controlo orçamental permanente, bem como a fácil verificação da correspondência entre os valores patrimoniais e contabilísticos.

ARTIGO 3.º
Plano de contas

1. O Plano Oficial de Contabilidade para as Federações Desportivas, Associações e Agrupamentos de Clubes compreende, além da lista de contas de contabilidade geral e de contabilidade analítica, as notas explicativas, os critérios valorimétricos e os documentos finais obrigatórios.

2. As contas da classe 9, «Contabilidade analítica», do presente Plano são de utilização facultativa, podendo as entidades adoptar outras contas e designações que se considerem mais adequadas à sua gestão.

ARTIGO 4.º
Entrada em vigor

O disposto no presente diploma entra em vigor 60 dias após a sua publicação.

Visto e aprovado em Conselho de Ministros de 5 de Fevereiro de 1998. – *António Manuel de Oliveira Guterres – António Luciano Pacheco de Sousa Franco – Jorge Paulo Sacadura Almeida Coelho.*

Promulgado em 13 de Março de 1998.

Publique-se.

O Presidente da República, JORGE SAMPAIO.

Referendado em 17 de Março de 1998.

O Primeiro-Ministro, *António Manuel de Oliveira Guterres.*

[17]
Decreto-Lei n.º 279/97, de 11 de Outubro

Associações promotoras de desporto

A Lei n.º 1/90, de 13 de Janeiro, Lei de Bases do Sistema Desportivo, prevê no seu artigo 33.º o apoio da administração pública desportiva ao associativismo desportivo, nomeadamente às federações, às associações e aos clubes.

A Lei n.º 19/96, de 25 de Junho, alterou a Lei n.º 1/90, de 13 de Janeiro, e aditou o artigo 27.º-A, disposição que se refere às associações promotoras de desporto.

Tais associações são organizações parafederativas cuja finalidade principal é a promoção e o desenvolvimento, tendencialmente a nível nacional, das actividades físicas e desportivas que constituem o objecto dessas associações, desde que essas actividades não se compreendam na jurisdição própria das federações desportivas dotadas do estatuto de utilidade pública desportiva.

Efectivamente, o aparecimento de novas modalidades que, apesar da sua franca expansão, ainda não atingiram a dimensão de outras modalidades desportivas, a par do risco que está aliado à especial perigosidade que representa a prática de algumas dessas actividades, aconselha a implementação de um quadro legal mais flexível e, desta forma, necessariamente distinto do actual.

Daí que se torne necessário estabelecer um regime jurídico específico para estas associações, por forma que não fiquem sujeitas aos requisitos organizacionais próprios das federações desportivas dotadas do estatuto de utilidade pública desportiva.

Assim:

No desenvolvimento do regime jurídico estabelecido pela Lei n.º 1/90, de 13 de Janeiro, com as alterações introduzidas pela Lei n.º 19/96, de 25 de Junho, e nos termos das alíneas *a)* e *c)* do n.º 1 do artigo 201.º da Constituição, o Governo decreta o seguinte:

ARTIGO 1.º
Definição

Para efeitos do presente diploma são consideradas associações promotoras de desporto, doravante designadas por APD, os agrupamentos de clubes, de praticantes ou outras entidades que tenham por objecto exclusivo a promoção e organização de actividades físicas e desportivas, com finalidades lúdicas, formativas ou sociais, que não se compreendam na área de jurisdição própria das federações desportivas dotadas do estatuto de utilidade pública desportiva e que se constituam nos termos deste diploma.

ARTIGO 2.º
Natureza

As APD são pessoas colectivas de direito privado, sem fins lucrativos.

ARTIGO 3.º
Sede

As APD com sede em território nacional podem candidatar-se às formas de apoio previstas no presente diploma.

ARTIGO 4.º
Denominação

1. As APD devem adoptar a denominação da actividade física ou desportiva que promovem e organizam.
2. A denominação a que se refere o número anterior não pode ser igual a qualquer outra existente ou que, pela sua semelhança, possa induzir em erro ou confusão.
3. As entidades que se constituam nos termos do presente diploma devem concluir pela abreviatura «APD».

ARTIGO 5.º
Objecto

Cada APD deve promover e organizar as suas actividades físicas e desportivas em conformidade com a sua denominação e fins estatutariamente definidos.

ARTIGO 6.º
Constituição

1. As APD devem obedecer aos seguintes requisitos:
a) Promover e organizar actividades físicas e desportivas com finalidades exclusivamente lúdicas, formativas ou sociais;
b) Assegurar que o seu objecto não se encontre compreendido na área de jurisdição própria das federações desportivas dotadas de utilidade pública desportiva;
c) Dispor de incrementação local ou regional, assegurada pela filiação de praticantes;
d) Comprovar ter capacidade para assegurar o desenvolvimento e expansão das actividades físicas e desportivas que promovem.

2. Compete ao Centro de Estudos e Formação Desportiva a verificação do preenchimento dos requisitos constantes das alíneas do número anterior, no âmbito do processo de registo a que se refere o artigo 8.º do presente diploma.

3. O acto de constituição de uma APD, os estatutos e as suas alterações devem constar de escritura pública, aplicando-se, correspondentemente, o disposto no artigo 168.º do Código Civil.

ARTIGO 7.º
Estatutos

1. As APD devem ter estatutos próprios, que prevejam um funcionamento interno democrático e os princípios da livre adesão, da não discriminação dos sócios e da autonomia em relação a qualquer organização.

2. Os estatutos das APD devem especificar e regular, para além das exigidas pela lei geral, as seguintes matérias:
   a) Órgãos e sua composição, competência e funcionamento;
   b) Sistema eleitoral dos órgãos e modo de designação dos titulares dos órgãos;
   c) Bens ou serviços com que os associados concorreram para o património social;
   d) Direitos e obrigações dos associados;
   e) Aquisição e perda da qualidade de associado;
   f) Regime orçamental e prestação de contas;
   g) Processo de alteração dos estatutos;
   h) Causas de extinção, dissolução e consequente devolução do património.

3. Os sócios serão sempre titulares do direito a eleger e ser eleitos e a votar nas assembleias gerais, correspondendo a cada sócio um voto.

4. As normas estatutárias não podem permitir a delegação do direito de voto, devendo todas as votações ser realizadas por escrutínio secreto.

ARTIGO 8.º
**Inscrição no Registo Nacional de Clubes
e Federações Desportivas**

1. As APD devem solicitar a inscrição no Registo Nacional de Clubes e Federações Desportivas, a que se refere a alínea *f)* do artigo 12.º do Decreto-Lei n.º 63/97, de 26 de Março.

2. O processo de registo é desencadeado pela respectiva APD, mediante requerimento dirigido ao Centro de Estudos e Formação Desportiva, em modelo a ser aprovado por despacho do membro do Governo responsável pela área do desporto.[62]

3. As APD que pretendam beneficiar dos apoios de Estado previstos no presente diploma devem encontrar-se inscritas no Registo Nacional de Clubes e Federações Desportivas.

---

[62] V. Despacho n.º 2553/98, de 21/01/1998, publicado no *Diário da República*, II Série, de 12/02/1998.

ARTIGO 9.º
Factos sujeitos a registo

1. Estão sujeitos a registo os seguintes factos relativos às APD:
a) A constituição;
b) Os estatutos;
c) As alterações aos estatutos;
d) Os regulamentos;
e) A atribuição do estatuto de pessoa colectiva de mera utilidade pública;
f) A mudança de sede;
g) A extinção e dissolução.
2. Para efeitos do disposto no artigo anterior, a APD deve, nos 15 dias subsequentes à data da escritura pública da sua constituição, apresentar cópia dos respectivos estatutos junto do Centro de Estudos e Formação Desportiva.
3. O Centro de Estudos e Formação Desportiva dispõe de seis meses para apreciar os estatutos, considerando-se os mesmos aprovados e inscritos no registo se não se pronunciar nesse prazo.
4. O disposto nos n.ºs 2 e 3 do presente artigo é aplicável, com as necessárias adaptações, a outros factos sujeitos a registo.
5. Das decisões tomadas nesta matéria pelo Centro de Estudos e Formação Desportiva cabe recurso, nos termos gerais de direito.

ARTIGO 10.º
Formas de apoio

1. A Administração Pública pode celebrar com as APD contratos-programa de desenvolvimento desportivo, dos quais constem a iniciativa a apoiar, o respectivo montante e a forma de prestação de contas.
2. Os contratos-programa referidos no número anterior obedecem ao disposto no Decreto-Lei n.º 432/91, de 6 de Novembro.([63])

ARTIGO 11.º
Filiação internacional

As APD podem inscrever-se nas correspondentes organizações internacionais, para efeitos de participação em competições desportivas.

ARTIGO 12.º
**Relações entre as APD e as federações desportivas
dotadas de utilidade pública desportiva**

1. A constituição de uma federação desportiva dotada de utilidade pública desportiva cujo objecto desportivo coincida totalmente com as actividades físicas e desportivas de uma APD implica:

([63]) Revogado pelo artigo 34.º do Decreto-Lei n.º 273/2009, de 9 de Outubro [51].

a) A extinção automática da APD;
b) A caducidade dos contratos-programa celebrados entre a APD; e
c) O cancelamento da inscrição junto do Registo Nacional de Clubes e Federações Desportivas.

2. No caso de extinção da APD, aos bens que tenham sido doados pelos sócios aplica-se o regime do artigo 166.º do Código Civil.

3. No caso de o objecto desportivo de uma federação dotada de utilidade pública desportiva coincidir parcialmente com as actividades físicas e desportivas de uma APD, deve esta última, no prazo de 30 dias, reformular os seus estatutos por forma a expurgar dos mesmos a parte coincidente.

4. Decorrido o prazo mencionado no número anterior sem que a APD tenha reformulado os seus estatutos, considera-se cancelada a sua inscrição junto do Registo Nacional de Clubes e Federações Desportivas.

ARTIGO 13.º
Utilidade pública

Às APD pode ser concedido o estatuto de pessoa colectiva de mera utilidade pública, nos termos do Decreto-Lei n.º 460/77, de 7 de Novembro.

Visto e aprovado em Conselho de Ministros de 14 de Agosto de 1997. – *António Manuel de Oliveira Guterres* – *António José Martins Seguro.*

Promulgado em 19 de Setembro de 1997.

Publique-se.

O Presidente da República, JORGE SAMPAIO.

Referendado em 24 de Setembro de 1997.

O Primeiro-Ministro, *António Manuel de Oliveira Guterres.*

CAPÍTULO 4
Administração Desportiva Estatal

[18]
Decreto-Lei n.º 169/2007, de 3 de Maio

Instituto do Desporto de Portugal, I. P.

No quadro das orientações definidas pelo Programa de Reestruturação da Administração Central do Estado (PRACE) e dos objectivos do Programa do XVII Governo no tocante à modernização administrativa e à melhoria da qualidade dos serviços públicos com ganhos de eficiência, importa concretizar o esforço de racionalização estrutural consagrado no Decreto-Lei n.º 202/2006, de 27 de Outubro, que aprova a Lei Orgânica da Presidência do Conselho de Ministros, avançando na definição dos modelos organizacionais dos serviços que integram a respectiva estrutura.

O Instituto do Desporto de Portugal, I. P., passa a ter por missão apoiar a definição, execução e avaliação da política pública do desporto, promovendo a generalização da actividade física, bem como o apoio à prática desportiva regular e de alto rendimento, através da disponibilização de meios técnicos, humanos e financeiros.

Desta forma, impunha-se a presente reestruturação, por forma a dotar este Instituto dos meios adequados a assegurar a efectiva concretização das políticas governamentais, nomeadamente no que concerne ao fomento da actividade física e desportiva, ao reforço da sustentabilidade organizativa e financeira do movimento associativo, à luta contra a dopagem e contra as práticas irregulares na competição, à protecção da saúde dos praticantes, à garantia de transparência e verdade na gestão desportiva.

Pretende-se, igualmente, assegurar um quadro estável no relacionamento entre a Administração Pública e o movimento associativo, bem como entre esta e as demais entidades, públicas e privadas, que actuam na área da actividade física e do desporto.

Assim:

Ao abrigo do disposto no n.º 1 do artigo 9.º da Lei n.º 3/2004, de 15 de Janeiro, e nos termos da alínea *a*) do n.º 1 do artigo 198.º da Constituição, o Governo decreta o seguinte:

ARTIGO 1.º
Natureza

1. O Instituto do Desporto de Portugal, I. P., abreviadamente designado IDP, I. P., é um instituto público integrado na administração indirecta do Estado, dotado de autonomia administrativa e financeira e património próprio.

2. O IDP, I. P., prossegue atribuições da Presidência do Conselho de Ministros, sob superintendência e tutela do Primeiro-Ministro ou de outro membro do Governo integrado na Presidência do Conselho de Ministros.([64])

ARTIGO 2.º
Jurisdição territorial e sede

1. O IDP, I. P., é um organismo central com jurisdição sobre todo o território nacional.

2. O IDP, I. P., tem sede em Lisboa.

3. A nível regional funcionam serviços desconcentrados, designados Direcções Regionais do Norte, Centro, Lisboa e Vale do Tejo, Alentejo e Algarve, com âmbito territorial correspondente ao nível II das Nomenclatura de Unidades Territoriais para Fins Estatísticos (NUTS) do continente.

ARTIGO 3.º
Missão e atribuições

1. O IDP, I. P., tem por missão apoiar a definição, execução e avaliação da política pública do desporto, promovendo a generalização da actividade física, incumbindo-lhe, igualmente, prestar apoio à prática desportiva regular e de alto rendimento, através da disponibilização de meios técnicos, humanos e financeiros.

2. São atribuições do IDP, I. P.:

a) Propor a adopção de programas que visem a integração da actividade física nos hábitos de vida quotidianos dos cidadãos e apoiar técnica, material e financeiramente o desenvolvimento da prática desportiva;

b) Propor medidas tendo em vista a prevenção e o combate à dopagem, à corrupção, à violência, ao racismo e à xenofobia no desporto;

c) Propor e executar um programa integrado de construção e recuperação dos equipamentos e das infra-estruturas desportivas, em colaboração, designadamente, com as autarquias locais, bem como pronunciar-se sobre as normas de segurança desportiva a observar na sua construção e licenciamento;

d) Promover a generalização do controlo médico-desportivo no acesso e no decurso da prática desportiva;

e) Assegurar a valorização e qualificação dos agentes desportivos;

([64]) V. artigo 5.º, alínea *e*), do Decreto-Lei n.º 202/2006, de 27 de Outubro.

f) Proceder a actividades de fiscalização e emitir as autorizações e licenças que lhes estejam cometidas por lei e proceder às certificações e credenciações legalmente previstas;

g) Promover a apoiar, em colaboração com instituições, públicas ou privadas, a realização de estudos e trabalhos de investigação sobre os indicadores da prática desportiva e os diferentes factores de desenvolvimento da actividade física e do desporto.

3. O IDP, I. P., pode estabelecer relações de cooperação, no âmbito das suas atribuições, com outras entidades, públicas ou privadas, nacionais ou estrangeiras, nomeadamente no quadro da União Europeia, desde que isso não implique delegação ou partilha das suas atribuições e competências.

ARTIGO 4.º
Órgãos

1. O IDP, I. P., é dirigido por um presidente, coadjuvado por dois vice-presidentes, cargos de direcção superior de 1.º e 2.º graus, respectivamente.

2. É ainda órgão do IDP, I. P., o fiscal único.

3. O IDP, I. P., assegura o apoio logístico e administrativo ao funcionamento do Conselho Nacional do Desporto.

ARTIGO 5.º
Presidente

1. Compete ao presidente dirigir e orientar a acção dos órgãos e serviços do IDP, I. P., nos termos das competências que lhe sejam conferidas por lei ou que nele sejam delegadas ou subdelegadas.

2. Os vice-presidentes exercem as competências que lhes sejam delegadas ou subdelegadas pelo presidente, devendo este identificar a quem compete substituí-lo nas suas ausências e impedimentos.[65]

ARTIGO 6.º
Fiscal único

O fiscal único tem as competências e é nomeado nos termos previstos na Lei n.º 3/2004, de 15 de Janeiro.

ARTIGO 7.º
Autoridade Antidopagem de Portugal

1. Junto do IDP, I. P., funciona a Autoridade Antidopagem de Portugal, com funções no controlo e combate à dopagem no desporto, cujas competências, composição e funcionamento são definidas em diploma próprio.

---

[65] V. Despacho (extracto) n.º 21328/2008, do Presidente do IDP, I.P., de 01/07/2008, publicado no *Diário da República*, II Série, n.º 157, de 14/08/2008.

2. No âmbito da Autoridade de Antidopagem de Portugal funcionam a Estrutura de Suporte ao Programa Antidopagem (ESPAD) e o Laboratório de Análises de Dopagem (LAD).

ARTIGO 8.º
Organização interna

A organização interna do IDP, I. P., é a prevista nos respectivos estatutos.

ARTIGO 9.º([66])
Estatuto do pessoal dirigente

Aos dirigentes do IDP, I. P., é aplicável o regime definido na lei quadro dos institutos públicos e, subsidiariamente, o fixado no Estatuto do Pessoal Dirigente da Administração Pública.

ARTIGO 10.º
Regime de pessoal

1. Ao pessoal do IDP, I. P., aplica-se o regime geral da função pública.

2. Sem prejuízo do disposto no número anterior, é assegurado em regime de contrato individual de trabalho o exercício das seguintes funções:

a) Consultoria, no âmbito da actividade física e do desporto e junto do Laboratório de Análises de Dopagem;

b) Médicas, técnicas e auxiliares, no âmbito da medicina desportiva e junto do Laboratório de Análises de Dopagem.

ARTIGO 11.º
Receitas

1. O IDP, I. P., dispõe das receitas provenientes de dotações que lhe sejam atribuídas no Orçamento do Estado.

2. O IDP, I. P., dispõe ainda das seguintes receitas próprias:

a) As percentagens do produto líquido da exploração dos concursos e de apostas mútuas previstas na legislação aplicável;

b) As percentagens das receitas brutas da exploração do jogo do bingo previstas na legislação aplicável;

c) As comparticipações ou subsídios, heranças, legados ou doações concedidos por qualquer tipo de entidade;

d) As taxas e rendimentos resultantes da prestação de serviços e da utilização de instalações desportivas e outras afectas ao IDP, I. P.;

e) Os rendimentos dos bens próprios ou dos que se encontrem na sua posse;

f) As multas e coimas destinadas ao IDP, I. P., nos termos e percentagens da legislação aplicável;

([66]) Alterado pelas Declarações de Rectificação n.os 55/2007, de 15 de Junho, e 61/2007, de 2 de Julho.

g) As comparticipações relativas ao seguro desportivo obrigatório que por lei lhe sejam atribuídas;

h) O produto da venda de publicações e de outros bens editados ou produzidos pelo IDP, I. P.;

i) Quaisquer outras receitas que por lei, contrato ou outro título lhe sejam atribuídas.

3. As taxas e preços da venda de bens e serviços a que se refere o número anterior são aprovados, sob proposta do IDP, I. P., pelo membro do Governo responsável pela área do desporto.

4. As receitas próprias referidas no n.º 2 são consignadas à realização de despesas do IDP, I. P., durante a execução do orçamento do ano a que respeitam, podendo os saldos não utilizados transitar para o ano seguinte.

ARTIGO 12.º
Despesas

Constituem despesas do IDP, I. P., as que resultem dos encargos decorrentes da prossecução das suas atribuições.

ARTIGO 13.º
Património

O património do IDP, I. P., é constituído pela universalidade dos seus bens, direitos e obrigações.

ARTIGO 14.º
Apoio material e financeiro

1. A concessão de apoio financeiro é titulada por contratos-programa, celebrados nos termos da legislação aplicável.([67])

2. O IDP, I. P., pode, ainda, propor ao membro do Governo responsável pela área do desporto a concessão de apoio material e financeiro a pessoas singulares e colectivas.

ARTIGO 15.º
Regulamentos internos

Os regulamentos internos do IDP, I. P., são remetidos ao ministro da tutela e ao ministro responsável pela área das finanças, para aprovação nos termos da alínea *a*) do n.º 4 do artigo 41.º da Lei n.º 3/2004, de 15 de Janeiro, no prazo de 90 dias a contar da entrada em vigor do presente decreto-lei.

ARTIGO 16.º
Criação ou participação em outras entidades

1. Para a prossecução das suas atribuições pode o IDP, I. P., mediante prévia autorização dos membros do Governo responsáveis pela área das finanças e da tutela,

---

([67]) V. Decreto-Lei n.º 273/2009, de 1 de Outubro [51].

criar entidades de direito privado ou participar na sua criação, bem como adquirir participações em sociedades, associações, fundações e outras entidades públicas ou privadas, nacionais ou estrangeiras e internacionais.

2. O aumento das participações de que o IDP, I. P., seja titular está sujeita aos mesmos requisitos e formalidades referidos no número anterior para a entrada inicial.

ARTIGO 17.º
Norma revogatória

É revogado o Decreto-Lei n.º 96/2003, de 7 de Maio, com excepção do disposto no artigo 12.º.[68]

ARTIGO 18.º
Entrada em vigor

O presente decreto-lei entra em vigor no 1.º dia do mês seguinte ao da sua publicação.

Visto e aprovado em Conselho de Ministros de 1 de Março de 2007. – *José Sócrates Carvalho Pinto de Sousa – Fernando Teixeira dos Santos – Manuel Pedro Cunha da Silva Pereira.*

Promulgado em 12 de Abril de 2007.

Publique-se.

O Presidente da República, ANÍBAL CAVACO SILVA.

Referendado em 16 de Abril de 2007.

O Primeiro-Ministro, *José Sócrates Carvalho Pinto de Sousa.*

---

[68] O artigo 12.º do Decreto-Lei n.º 96/2003 tem como epígrafe *Laboratório de Análises e Dopagem* e reza assim:

«1 – Junto do IDP funciona o Laboratório de Análises e Dopagem (LAD), dotado de autonomia técnica e científica, ao qual compete, em especial:

a) Executar as análises relativas ao controlo da dopagem, a nível nacional ou internacional, se para tal for solicitado, e colaborar nas acções de recolha necessárias;

b) Proceder à recolha do líquido orgânico a ser submetido a análise, no âmbito do controlo antidopagem, assegurando a respectiva cadeia de custódia;

c) Executar as análises bioquímicas e afins destinadas a apoiar as acções desenvolvidas pelos organismos e entidades competentes na preparação dos praticantes desportivos, designadamente os de alta competição;

d) Dar execução, no âmbito das suas competências, aos protocolos celebrados entre o IDP e outras instituições;

e) Colaborar em acções de formação e investigação no âmbito da dopagem.

2 – O LAD é dirigido por um director técnico recrutado de entre pessoas de reconhecido mérito, possuidoras de habilitações académicas adequadas e com experiência profissional comprovada, designadamente de entre docentes do ensino superior ou investigadores, vinculados ou não à função pública.

3 – Sem prejuízo do disposto do número seguinte, o director técnico é equiparado, para efeitos remuneratórios, incluindo despesas de representação, a sub-director-geral da Administração Pública.

4 – As condições de exercício de funções do director técnico, incluindo a respectiva remuneração, podem constar de contrato a celebrar com o Estado, para o efeito representado pelo ministro que tutela a área do desporto, devendo a respectiva minuta ser aprovada pelo Ministro das Finanças.»

[19]
Portaria n.º 662-L/2007, de 31 de Maio

Estatutos do Instituto do Desporto de Portugal, I. P.

O Decreto-Lei n.º 169/2007, de 3 de Maio, definiu a missão e as atribuições do Instituto do Desporto de Portugal, I. P. Importa agora, no desenvolvimento daquele decreto-lei, determinar a sua organização interna.

Assim:

Ao abrigo do artigo 12.º da Lei n.º 3/2004, de 15 de Janeiro:

Manda o Governo, pelos Ministros de Estado e das Finanças e da Presidência, o seguinte:

ARTIGO 1.º
Objecto

São aprovados, em anexo à presente portaria e da qual fazem parte integrante, os Estatutos do Instituto do Desporto de Portugal, abreviadamente designado por IDP, I. P.

ARTIGO 2.º
Entrada em vigor

A presente portaria entra em vigor no dia imediato ao da sua publicação.

Em 30 de Maio de 2007.

O Ministro de Estado e das Finanças, *Fernando Teixeira dos Santos*. – O Ministro da Presidência, *Manuel Pedro Cunha da Silva Pereira*.

ANEXO
Estatutos do Instituto do Desporto de Portugal, I. P.

ARTIGO 1.º
Estrutura

1. O Instituto do Desporto de Portugal, I. P., abreviadamente designado por IDP, I. P., estrutura-se em serviços centrais e serviços desconcentrados.
2. A organização interna do IDP, I. P., contempla unidades orgânicas de 1.º grau, designadas por departamentos, que se subordinam hierárquica e funcionalmente ao presidente.
3. São unidades orgânicas de 1.º grau:
   a) O Departamento de Informação, Comunicação e Relações Internacionais;
   b) Departamento de Recursos Humanos e Financeiros;([69])
   c) O Departamento de Medicina Desportiva;
   d) O Departamento de Desenvolvimento Desportivo;
   e) Departamento de Gestão de Infra-Estruturas Desportivas.([70])
4. Por decisão do presidente podem ser criadas, modificadas ou extintas unidades orgânicas de 2.º grau, designadas de divisão, integradas ou não em unidades orgânicas de 1.º grau, cujo número não pode exceder, em cada momento, o limite máximo de 12, sendo as respectivas competências definidas naquela decisão, a qual é objecto de publicação no Diário da República.([71])
5. Sem prejuízo do disposto no número anterior, são, desde já, criados os Centros de Medicina Desportiva do Porto e de Coimbra, integrados no Departamento de Medicina Desportiva, e o Gabinete Jurídico e de Auditoria, que funciona na dependência directa do presidente.([72])
6. O IDP, I. P., dispõe de serviços territorialmente desconcentrados, com a natureza de unidades orgânicas de 1.º grau, designados por direcções regionais, cujo âmbito territorial corresponde ao nível II da Nomenclatura das Unidades Territoriais para Fins Estatísticos (NUT II) do continente.

ARTIGO 2.º([73])
Direcção e chefia de unidades orgânicas

1. Os departamentos são dirigidos por directores e as divisões por chefes de divisão, respectivamente cargos de direcção intermédia de 1.º e 2.º grau.
2. Os serviços territorialmente desconcentrados são dirigidos por directores regionais, cargo de direcção intermédia de 1.º grau.
3. Os directores regionais podem ser coadjuvados por subdirectores regionais, cargo de direcção intermédia de 2.º grau, não podendo, no total, o seu número ser superior a dois.
4. Ao pessoal dirigente do IDP, I. P., é aplicável o regime definido na lei quadro dos institutos públicos e, subsidiariamente, o fixado no Estatuto do Pessoal Dirigente da Administração Pública.

([69]) Alterado pela Portaria n.º 573/2008, de 4 de Julho.
([70]) Alterado pela Portaria n.º 573/2008, de 4 de Julho.
([71]) Alterado pela Portaria n.º 573/2008, de 4 de Julho.
([72]) Alterado pela Portaria n.º 573/2008, de 4 de Julho.
([73]) Alterado pela Portaria n.º 573/2008, de 4 de Julho.

ARTIGO 3.º
Departamento de Informação, Comunicação e Relações Internacionais

1. O Departamento de Informação, Comunicação e Relações Internacionais é responsável pela comunicação, interna e externa, do IDP, I. P., acompanha a execução da política internacional na área do desporto e assegura a gestão e o funcionamento da Biblioteca Nacional do Desporto e do Museu Nacional do Desporto.

2. Ao Departamento de Informação, Comunicação e Relações Internacionais compete:

a) Assegurar um serviço de informação directa aos cidadãos quanto à actividade desenvolvida pelo IDP, I. P.;

b) Recolher a informação necessária à prossecução de actividades a desenvolver pelo IDP, I. P., nomeadamente através da ligação a centros de documentação e bases de dados nacionais e estrangeiras;

c) Assegurar a gestão da Biblioteca Nacional do Desporto e do Museu Nacional do Desporto;

d) Promover a evolução tecnológica dos sistemas de informação e de comunicação do IDP, I. P., quer ao nível das infra-estruturas tecnológicas quer ao nível das aplicações informáticas;

e) Estudar e propor a política de comunicação do IDP, I. P.;

f) Editar e comercializar as publicações do IDP, I. P., bem como apoiar a edição de publicações de trabalhos de investigação científica nas áreas conexas com o desporto;

g) Acompanhar a execução da política internacional na área do desporto em articulação com outros departamentos da Administração Pública;

h) Apoiar a cooperação externa na área do desporto, em especial com os Estados membros da Comunidade de Países de Língua Portuguesa;

i) Apoiar a participação da comunidade científica e tecnológica nacional nas organizações estrangeiras da área do desporto, de que Portugal seja parte ou com as quais existam acordos internacionais;

j) Prestar apoio técnico no âmbito dos processos submetidos ao Tribunal de Justiça das Comunidades Europeias no domínio do desporto;

l) Assegurar as demais funções que lhe sejam cometidas pelo presidente.

ARTIGO 4.º[74]
Departamento de Recursos Humanos e Financeiros

1. O Departamento de Recursos Humanos e Financeiros é responsável pela gestão do pessoal e dos recursos financeiros, assegura o apoio administrativo, bem como a gestão do património do IDP, I. P.

2. Ao Departamento de Recursos Humanos e Financeiros compete:

a) Coordenar a elaboração dos planos e relatórios de actividades;

b) Assegurar a gestão dos recursos humanos do IDP, I. P.;

c) Assegurar a elaboração do plano de formação profissional dos recursos humanos do IDP, I. P.;

d) Coordenar os serviços de expediente geral;

e) Coordenar a elaboração de estudos sobre segurança, higiene e saúde no trabalho;

f) Assegurar a preparação da proposta de orçamento, da conta de gerência e dos relatórios de execução orçamental;

---

[74] Alterado pela Portaria n.º 573/2008, de 4 de Julho.

g) Assegurar a gestão financeira, a contabilidade geral, analítica e de tesouraria;

h) Garantir a arrecadação da receita e o processamento e liquidação da despesa decorrente da actividade do IDP, I. P.;

i) Elaborar os procedimentos inerentes à aquisição de bens e serviços e de empreitadas de obras públicas;

j) Gerir o património do IDP, I. P., e o que lhe estiver afecto e manter o respectivo inventário actualizado;

l) Assegurar as demais funções que lhe sejam cometidas pelo presidente do IDP, I. P.

ARTIGO 5.º
Departamento de Medicina Desportiva

1. O Departamento de Medicina Desportiva presta apoio médico-desportivo aos praticantes de desporto.

2. Ao Departamento de Medicina Desportiva compete:

a) Garantir a prestação de assistência médica aos praticantes de desporto e praticantes de alto rendimento;

b) Assegurar a definição e o aperfeiçoamento de critérios de aptidão para a prática desportiva, bem como a realização de exames de aptidão e de classificação, sempre que solicitados;

c) Assegurar a formação de técnicos desportivos, bem como de estágios de aperfeiçoamento nas diferentes áreas da medicina desportiva;

d) Colaborar com a Ordem dos Médicos no processo de credenciação em medicina desportiva;

e) Assegurar as demais funções que lhe sejam cometidas, pelo presidente.

3. O Departamento de Medicina Desportiva integra as seguintes unidades orgânicas de 2.º grau:[75]

a) O Centro de Medicina Desportiva do Porto, cuja área de actuação geográfica abrange a NUT II do Norte;[76]

b) O Centro de Medicina de Coimbra, cuja área de actuação geográfica abrange a NUT II do Centro.[77]

4. Na área de actuação geográfica que abrange as NUT II de Lisboa e Vale do Tejo, Alentejo e Algarve, o apoio médico-desportivo aos praticantes de desporto é assegurado directamente pelo Departamento de Medicina Desportiva.[78]

ARTIGO 6.º
Departamento de Desenvolvimento Desportivo

1. O Departamento de Desenvolvimento Desportivo promove, dinamiza e apoia a prática desportiva regular e de alto rendimento, bem como a actividade física em geral.

2. Ao Departamento de Desenvolvimento Desportivo compete:[79]

a) Promover a mobilização da população para a actividade física e desportiva;

([75]) Alterado pela Portaria n.º 573/2008, de 4 de Julho.
([76]) Alterado pela Portaria n.º 573/2008, de 4 de Julho.
([77]) Alterado pela Portaria n.º 573/2008, de 4 de Julho.
([78]) Alterado pela Portaria n.º 573/2008, de 4 de Julho.
([79]) Alterado pela Portaria n.º 573/2008, de 4 de Julho.

b) Apoiar, nos termos legais, os clubes de praticantes e as associações promotoras de desporto;

c) Garantir uma adequada articulação entre entidades, públicas e privadas, que desenvolvam acções no âmbito do desporto federado;

d) Apreciar os procedimentos de concessão de apoio técnico, material e financeiro ao desenvolvimento de acções no âmbito do desporto federado, bem como no âmbito do desporto para todos;

e) Organizar e manter actualizado o registo nacional de clubes, federações desportivas e demais entidades com intervenção na área do desporto;

f) Organizar e manter actualizado o registo nacional de pessoas singulares e colectivas, distinguidas por feitos e méritos desportivos;

g) Apoiar a preparação e a participação dos praticantes desportivos, designadamente dos desportistas de alto rendimento e das selecções nacionais, nas principais competições internacionais;

h) Garantir o apoio à organização de grandes eventos desportivos;

i) Assegurar, no âmbito do Sistema Nacional de Certificação Profissional, um regime de certificação profissional na área do desporto;

j) Homologar cursos de formação profissional na área do desporto e emitir os respectivos certificados de formação profissional;

l) Elaborar e manter actualizada a Carta Desportiva Nacional, assegurando que os dados constantes da mesma são integrados no sistema estatístico nacional;([80])

m) Assegurar as demais funções que lhe sejam cometidas pelo presidente.

ARTIGO 7.º([81])
Departamento de Gestão de Infra-Estruturas Desportivas

1. O Departamento de Gestão de Infra-Estruturas Desportivas assegura a gestão das infra-estruturas desportivas do Centro Desportivo Nacional do Jamor, dos Complexos Desportivos da Lapa e de Lamego, bem como do Pavilhão da Ajuda e acompanha a gestão das demais infra-estruturas desportivas.

2. O Departamento de Gestão de Infra-Estruturas Desportivas assegura, ainda, a gestão dos centros nacionais de alto rendimento.

3. Ao Departamento de Gestão de Infra-Estruturas Desportivas compete:

a) Assegurar a gestão das instalações desportivas do Centro Desportivo Nacional do Jamor, dos Complexos Desportivos da Lapa e de Lamego, bem como do Pavilhão da Ajuda, promovendo a melhoria das condições dos serviços de apoio ao desenvolvimento da prática desportiva;

b) Assegurar e coordenar a elaboração dos projectos e o acompanhamento das obras no âmbito das intervenções de modernização e reabilitação das instalações do Centro Desportivo Nacional do Jamor, dos Complexos Desportivos da Lapa e de Lamego e do Pavilhão da Ajuda;

c) Analisar, acompanhar e dar parecer sobre os programas e planos de ordenamento o território em matéria de infra-estruturas desportivas, no quadro da promoção e desenvolvimento equilibrado de redes de equipamentos e serviços desportivos;

([80]) Alterado pela Portaria n.º 573/2008, de 4 de Julho.
([81]) Alterado pela Portaria n.º 573/2008, de 4 de Julho.

d) Exercer, relativamente às infra-estruturas desportivas, as atribuições legalmente conferidas ao IDP, I. P., incluindo a coordenação e acompanhamento dos procedimentos de vistoria e licenciamento nos casos previstos na lei;

e) Organizar e manter actualizados, em bases de dados, registos de informação respeitantes à segurança de equipamentos desportivos, bem como das licenças emitidas e condições de funcionamento dos recintos desportivos, nos casos aplicáveis;

f) Promover o desenvolvimento dos estudos e proceder à recolha e divulgação de informação técnica relevante sobre planeamento, programação, construção e modernização de infra-estruturas desportivas;

g) Acompanhar, no quadro da cooperação técnica e financeira, os programas de intervenção em infra-estruturas, designadamente no âmbito dos contratos-programa entre o IDP, I. P., e outras entidades;

h) Promover e coordenar a elaboração do cadastro e o registo de dados e de indicadores a que se refere a alínea *a)* do n.º 1 do artigo 9.º da Lei n.º 5/2007, de 16 de Janeiro, compreendendo o levantamento e tratamento dos indicadores de caracterização do parque de infra-estruturas desportivas nacional, em articulação com os sectores responsáveis pelos restantes componentes da Carta Desportiva Nacional;

i) Prestar apoio técnico às entidades envolvidas na promoção e modernização de instalações desportivas, designadamente no âmbito da emissão de pareceres técnicos e da prestação de consultoria técnica;

j) Assegurar as demais funções que lhe sejam cometidas pelo presidente do IDP, I. P.

ARTIGO 8.º
Gabinete Jurídico e de Auditoria

1. O Gabinete Jurídico e de Auditoria é responsável pela prestação de apoio jurídico, pela coordenação do desenvolvimento do enquadramento legal do sector, bem como pelo sistema de controlo interno.

2. Ao Gabinete Jurídico e de Auditoria compete:

a) Prestar assessoria ao presidente e restantes unidades orgânicas do IDP, I. P.;
b) Colaborar na elaboração de diplomas legais;
c) Intervir nos processos judiciais em que o IDP, I. P., seja parte;
d) Informar, dar parecer e acompanhar tecnicamente os procedimentos administrativos;
e) Verificar a conformidade dos estatutos e regulamentos das federações desportivas dotadas do estatuto de utilidade pública desportiva;
f) Proceder a actos de auditoria interna;
g) Acompanhar os processos de infracção e de pré-contencioso instaurados pela Comissão Europeia contra o Estado Português, em matérias que envolvam a área do desporto;
h) Colaborar nas acções de controlo externas efectuadas aos serviços do IDP, I. P.;
i) Assegurar as demais funções que lhe sejam cometidas pelo presidente.

ARTIGO 9.º
Direcções regionais

1. As direcções regionais asseguram e acompanham as actividades desenvolvidas e apoiadas pelo IDP, I. P., a nível regional, de acordo com o respectivo plano de actividades e em colaboração com os serviços centrais.

2. Às direcções regionais compete:

a) Garantir uma permanente articulação com as demais entidades públicas e privadas, colectivas ou singulares que, na respectiva área de actuação, desenvolvem acções no âmbito do desporto, nomeadamente com o movimento associativo, as escolas e as autarquias locais;

b) Assegurar um conhecimento actualizado da situação desportiva nacional;

c) Detectar as necessidades das populações em matéria de actividade física e desportiva;

d) Proceder à constituição de um ficheiro de praticantes, de clubes, de associações, bem como instalações desportivas e proceder à sua actualização;

e) Colaborar com as entidades desportivas competentes na actualização permanente da Carta Desportiva Nacional;

f) Assegurar as demais funções que lhe sejam cometidas pelo presidente.

ARTIGO 10.º
Equipas de projecto

1. O presidente pode criar equipas de projecto em função de objectivos específicos, de natureza multidisciplinar e carácter transversal às diversas áreas de actuação, as quais não podem, em cada momento, ultrapassar o limite máximo de quatro equipas.

2. A decisão que cria cada equipa de projecto define, designadamente, a sua composição e modo de funcionamento, bem como os meios materiais e financeiros afectos à sua actividade e o regime aplicável ao respectivo coordenador, nos termos a definir no regulamento de pessoal do IDP, I. P.

ARTIGO 11.º
Norma transitória

Sem prejuízo do disposto no artigo 17.º do Decreto-Lei n.º 169/2007, de 3 de Maio, e no n.º 5 do artigo 1.º da presente portaria, as comissões de serviço dos dirigentes de nível intermédio de 2.º grau e respectivas estruturas orgânicas e funcionais dos serviços centrais, previstas nos estatutos anexos ao Decreto-Lei n.º 96/2003, de 7 de Maio, mantêm-se pelo prazo de 90 dias a contar da entrada em vigor da presente portaria ou até à criação das unidades orgânicas de 2.º grau previstas no n.º 4 do artigo 1.º, se esta ocorrer dentro daquele prazo.

[20]
Decreto-Lei n.º 315/2007, de 18 de Setembro

Conselho Nacional do Desporto

No quadro do Programa de Reestruturação da Administração Central do Estado (PRACE), e da Lei Orgânica da Presidência do Conselho de Ministros, aprovada pelo Decreto-Lei n.º 202/2006, de 27 de Outubro, foi extinto o Conselho Superior de Desporto e prevista a criação do Conselho Nacional do Desporto.

Ainda no âmbito da nova estrutura orgânica, foi igualmente extinto o Conselho Nacional contra a Violência no Desporto (CNVD), sendo as respectivas atribuições integradas no novo Conselho Nacional do Desporto.

Por seu turno, a Lei de Bases da Actividade Física e do Desporto, Lei n.º 5/ /2007, de 16 de Janeiro, prevê que o Conselho Nacional do Desporto, composto por representantes da Administração Pública e do movimento associativo desportivo, funcione junto do membro do Governo responsável pela área do desporto, estabelecendo, ainda, que as respectivas competências, composição e funcionamento devem ser definidas em diploma próprio.

A referida lei veio cometer ao Conselho Nacional do Desporto competências acrescidas, designadamente a de dirimir, provisoriamente, os eventuais conflitos que venham a surgir entre a federação desportiva e respectiva liga profissional, referentes ao número de clubes que participam na competição desportiva profissional, ao regime de acesso entre as competições desportivas não profissionais e profissionais e à organização da actividade das selecções nacionais.

As novas responsabilidades cometidas ao Conselho Nacional do Desporto e o reconhecimento da relevância da procura constante de consensos alargados quanto às linhas directrizes fundamentais da política desportiva aconselham a que se dote este órgão de uma orgânica adequada à boa prossecução das suas finalidades, o que se concretiza pelo presente decreto-lei.

Assim:

No desenvolvimento do regime jurídico estabelecido pela Lei n.º 5/2007, de 16 de Janeiro, e nos termos da alínea *c*) do n.º 1 do artigo 198.º da Constituição, o Governo decreta o seguinte:

ARTIGO 1.º
Objecto

O presente decreto-lei estabelece as competências, composição e funcionamento do Conselho Nacional do Desporto, adiante designado por Conselho.

ARTIGO 2.º
Missão

O Conselho tem por missão a elaboração, no âmbito da execução das políticas definidas para a actividade física e para o desporto, de pareceres ou recomendações que lhe sejam solicitados, zelar pela observância dos princípios da ética desportiva e exercer as competências que lhe são cometidas por lei.

ARTIGO 3.º
Competências

1. Sem prejuízo das competências que lhe forem conferidas por lei ou nele delegadas ou subdelegadas, compete ao Conselho:

a) Acompanhar o desenvolvimento das políticas de promoção da actividade física e do desporto;

b) Pronunciar-se sobre os projectos legislativos relativos a matérias de desporto, por solicitação do membro do Governo responsável pela área do desporto;

c) Promover e coordenar, nos termos definidos pela lei, a adopção de medidas com vista a assegurar a observância dos princípios da ética desportiva, designadamente quanto ao combate às manifestações de violência associadas ao desporto, ao racismo e à xenofobia;

d) Pronunciar-se sobre os factores de desenvolvimento do desporto de alto rendimento;

e) Pronunciar-se sobre as medidas a adoptar no âmbito da formação de quadros desportivos na via não académica;

f) Pronunciar-se sobre a articulação dos diferentes subsistemas desportivos;

g) Reconhecer o carácter profissional das competições desportivas em cada modalidade;

h) Regular, nos termos do n.º 4 do artigo 23.º da Lei n.º 5/2007, de 16 de Janeiro, os diferendos eventualmente surgidos entre as ligas e as respectivas federações desportivas.

2. Os pareceres ou recomendações emitidos pelo Conselho, no exercício das suas competências, são remetidos ao membro do Governo responsável pela área do desporto.

3. O Conselho elabora um relatório anual de actividades, que apresenta ao membro do Governo responsável pela área do desporto.

ARTIGO 4.º
Composição

1. O Conselho tem a seguinte composição:

a) O membro do Governo responsável pela área do desporto, que preside;

b) O presidente do Instituto do Desporto de Portugal, I. P., que substitui o presidente nas suas faltas, ausências ou impedimentos;

c) Um representante do Ministério das Finanças e da Administração Pública;

d) Um representante do Ministério da Administração Interna;

e) Um representante do Ministério do Ambiente, do Ordenamento do Território e do Desenvolvimento Regional;

f) Um representante do Ministério da Economia e da Inovação;

g) Um representante do Ministério do Trabalho e da Solidariedade Social;[82]

h) Um representante do Ministério da Saúde;

i) Um representante do Ministério da Educação;

j) Um representante a designar por cada um dos Governos Regionais das Regiões Autónomas;

l) Um representante da Associação Nacional de Municípios Portugueses;

m) O presidente do Comité Olímpico de Portugal;

n) O presidente do Comité Paralímpico de Portugal;

o) O presidente da Confederação do Desporto de Portugal;

p) O presidente de cada uma das federações unidesportivas em que se disputem competições desportivas de natureza profissional, bem como o presidente das respectivas ligas profissionais, constituídas nos termos da lei;

q) Um representante da Comissão de Atletas Olímpicos do Comité Olímpico de Portugal;[83]

r) O presidente da organização mais representativa dos clubes desportivos que disputam competições de natureza não profissional e de âmbito nacional;

s) O presidente da Confederação Portuguesa das Associações de Treinadores;

t) O presidente da respectiva organização sindical de praticantes desportivos profissionais;

u) O presidente da Confederação das Associações de Juízes e Árbitros de Portugal;

v) O presidente da organização mais representativa de agentes de praticantes desportivos;

x) Um representante das universidades que leccionem cursos no âmbito do desporto, a designar pelo Conselho de Reitores das Universidades Portuguesas;

z) Um representante dos institutos superiores politécnicos que leccionem cursos no âmbito do desporto, a designar pelo Conselho Coordenador dos Institutos Superiores Politécnicos;

---

[82] Alterado pelo artigo único do Decreto-Lei n.º 1/2009, de 5 de Janeiro.
[83] Alterado pelo artigo único do Decreto-Lei n.º 1/2009, de 5 de Janeiro.

aa) Nove elementos de reconhecido mérito no âmbito da actividade desportiva, a designar pelo membro do Governo responsável pela área do desporto.([84])

2. Sempre que exista mais de uma organização sindical de praticantes desportivos profissionais na mesma modalidade, o representante referido na alínea *t*) do número anterior é designado pelo plenário do Conselho, em regime de rotatividade, de entre as organizações existentes.([85])

3. A representação prevista no n.º 1 tem natureza pessoal e não pode ser delegada.

ARTIGO 5.º
Funcionamento

1. O Conselho funciona junto do membro do Governo responsável pela área do desporto.

2. O Conselho funciona em plenário e as suas secções reúnem-se nos termos definidos no regimento a que se refere o artigo 6.º do presente decreto-lei.

3. O Conselho reúne em plenário, ordinariamente, duas vezes por ano, mediante convocatória do seu presidente, e, extraordinariamente, por iniciativa do membro do Governo responsável pela área do desporto ou a requerimento de, pelo menos, dois terços dos seus membros.

4. Sempre que for entendido conveniente, podem ser convidadas para participar em reuniões, sem direito a voto, outras entidades ou individualidades que não integrem a composição do Conselho.

ARTIGO 6.º
Regimento

O conselho elabora e aprova o seu regimento no prazo de 90 dias a contar da data da tomada de posse dos membros que o compõem.

ARTIGO 7.º
Secções

1. No âmbito do Conselho funcionam secções com a seguinte designação:
a) Conselho para a Ética e Segurança no Desporto (CESD);
b) Conselho para o Sistema Desportivo (CSD).

2. Por decisão do membro do Governo responsável pela área do desporto, sob proposta do Conselho, podem ser criadas novas secções, sendo o seu âmbito e composição estabelecidos naquela decisão.

3. Compete ao membro do Governo responsável pela área do desporto designar, entre os membros do Conselho, os presidentes das respectivas secções.

([84]) Alterado pelo artigo único do Decreto-Lei n.º 1/2009, de 5 de Janeiro.
([85]) Alterado pelo artigo único do Decreto-Lei n.º 1/2009, de 5 de Janeiro.

4. O presidente do Instituto do Desporto de Portugal, I. P., tem assento, com direito a voto, em todas as secções.

5. Sempre que for entendido conveniente, podem ser convidados para participar em reuniões das secções, sem direito a voto, outros membros que integrem o plenário do Conselho.

ARTIGO 8.º
Conselho para a Ética e Segurança no Desporto

1. Compete ao CESD promover e coordenar a adopção de medidas de combate às manifestações de violência associadas ao desporto, à dopagem, à corrupção, ao racismo e à xenofobia, bem como avaliar a sua execução.

2. O CESD é composto pelos seguintes elementos, que integram o plenário do Conselho:

a) O representante do Ministério da Administração Interna;

b) O representante do Ministério do Ambiente, do Ordenamento do Território e do Desenvolvimento Regional;[86]

c) O representante do Ministério do Trabalho e da Solidariedade Social;[87]

d) O representante do Ministério da Saúde;

e) O representante designado por cada um dos Governos Regionais das Regiões Autónomas;[88]

f) O representante da Associação Nacional de Municípios Portugueses;[89]

g) O presidente do Comité Olímpico de Portugal;

h) O presidente da Confederação do Desporto de Portugal;

i) O presidente de cada uma das federações unidesportivas em que se disputem competições desportivas de natureza profissional, bem como o presidente das respectivas ligas profissionais;

j) O presidente designado por cada uma das organizações sindicais de praticantes desportivos profissionais;

l) O representante dos institutos superiores politécnicos que leccionem cursos no âmbito do desporto;[90]

m) Cinco das individualidades mencionadas na alínea *aa)* do n.º 1 do artigo 4.º, a designar pelo membro do Governo responsável pela área do desporto.[91]

ARTIGO 9.º
Conselho para o Sistema Desportivo

1. Compete ao CSD dar parecer sobre a conformidade legal dos estatutos e regulamentos das federações desportivas, sobre a organização das competições des-

---

[86] Alterado pelo artigo único do Decreto-Lei n.º 1/2009, de 5 de Janeiro.
[87] Alterado pelo artigo único do Decreto-Lei n.º 1/2009, de 5 de Janeiro.
[88] Alterado pela Declaração de Rectificação n.º 100/2007, de 26 de Outubro.
[89] Alterado pelo artigo único do Decreto-Lei n.º 1/2009, de 5 de Janeiro.
[90] Alterado pelo artigo único do Decreto-Lei n.º 1/2009, de 5 de Janeiro.
[91] Alterado pelo artigo único do Decreto-Lei n.º 1/2009, de 5 de Janeiro.

portivas de carácter nacional, pronunciar-se sobre os pedidos de atribuição ou renovação do estatuto de utilidade pública desportiva, bem como sobre o impacte económico e social do desporto.([92])

2. Compete, ainda, ao CSD regular provisoriamente, para efeitos do disposto no artigo 23.º da Lei n.º 5/2007, de 16 de Janeiro, e até que seja obtido consenso entre as partes, os diferendos surgidos entre as federações desportivas e as respectivas ligas profissionais sobre o número de clubes que participam na competição desportiva profissional, o regime de acesso entre as competições desportivas não profissionais e profissionais e a organização da actividade das selecções nacionais.

3. O CSD é composto pelos seguintes elementos, que integram o plenário do Conselho:

a) O representante do Ministério das Finanças e da Administração Pública;

b) O representante do Ministério da Economia e da Inovação;

c) O representante do Ministério da Educação;([93])

d) O representante designado por cada um dos Governos Regionais das Regiões Autónomas;([94])

e) O presidente do Comité Olímpico de Portugal;

f) O presidente do Comité Paralímpico de Portugal;

g) O presidente da Confederação do Desporto de Portugal;

h) O presidente de cada uma das federações unidesportivas em que se disputem competições desportivas de natureza profissional, bem como o presidente das respectivas ligas profissionais;

i) Um representante da Comissão de Atletas Olímpicos do Comité Olímpico de Portugal;([95])

j) O presidente da organização mais representativa dos clubes desportivos que disputam competições de natureza não profissional e de âmbito nacional;

l) O presidente da Confederação Portuguesa das Associações de Treinadores;

m) O presidente da respectiva organização sindical de praticantes desportivos profissionais;

n) O presidente da Confederação das Associações de Juízes e Árbitros de Portugal;

o) O presidente da organização mais representativa de agentes de praticantes desportivos;

p) O representante das universidades que leccionem cursos no âmbito do desporto;([96])

q) Quatro das individualidades mencionadas na alínea *aa)* do n.º 1 do artigo 4.º, a designar pelo membro do Governo responsável pela área do desporto.([97])

([92]) Alterado pelo artigo único do Decreto-Lei n.º 1/2009, de 5 de Janeiro.
([93]) Alterado pelo artigo único do Decreto-Lei n.º 1/2009, de 5 de Janeiro.
([94]) Alterado pela Declaração de Rectificação n.º 100/2007, de 26 de Outubro.
([95]) Alterado pelo artigo único do Decreto-Lei n.º 1/2009, de 5 de Janeiro.
([96]) Alterado pelo artigo único do Decreto-Lei n.º 1/2009, de 5 de Janeiro.
([97]) Alterado pelo artigo único do Decreto-Lei n.º 1/2009, de 5 de Janeiro.

4. Para efeitos do disposto no n.º 2, o CSD funciona a requerimento de uma das partes interessadas ou por iniciativa do Conselho, sendo, neste caso, composto por três árbitros, escolhidos de entre os elementos que integram este Conselho, cabendo a cada uma das partes designar o respectivo árbitro e ao plenário do Conselho, o árbitro que preside.

ARTIGO 10.º
Notificação e publicação das deliberações

As deliberações do Conselho são notificadas aos interessados e publicadas na respectiva página electrónica.

ARTIGO 11.º
Garantias dos membros do Conselho

1. É garantido aos membros do Conselho que não sejam representantes de entidades públicas o direito a senhas de presença, por participação nas reuniões, em montante e condições a fixar por despacho conjunto do Ministro de Estado e das Finanças e do membro do Governo responsável pela área do desporto, e, bem assim, ao pagamento de ajudas de custo e de despesas de transporte, nos termos da lei.

2. Os membros do Conselho que representam entidades públicas têm direito, por participação nas reuniões, ao pagamento de ajudas de custo e de despesas de transporte, nos termos da lei.

3. As faltas dadas pelos membros do Conselho por motivo do exercício efectivo de funções consideram-se justificadas.

ARTIGO 12.º
Mandatos

1. O mandato dos membros do Conselho tem a duração de dois anos.

2. Os membros do Conselho tomam posse perante o membro do Governo responsável pela área do desporto.

ARTIGO 13.º
Apoio

Cabe ao Instituto do Desporto de Portugal, I. P., fornecer o apoio técnico, logístico e material que se mostre necessário ao funcionamento do Conselho, nos termos a definir por despacho do membro do Governo responsável pela área do desporto.

ARTIGO 14.º
Sucessão

As referências legais ao Conselho Superior do Desporto e ao Conselho Nacional contra a Violência no Desporto, incluindo as normas atributivas de competências, consideram-se efectuadas para o Conselho Nacional do Desporto.

ARTIGO 15.º
Norma revogatória

É revogado o Decreto-Lei n.º 52/97, de 4 de Março.

ARTIGO 16.º
Entrada em vigor

O presente decreto-lei entra em vigor no 1.º dia do mês seguinte ao da sua publicação.

Visto e aprovado em Conselho de Ministros de 21 de Junho de 2007. – *José Sócrates Carvalho Pinto de Sousa – Fernando Teixeira dos Santos – Manuel Pedro Cunha da Silva Pereira – Rui Carlos Pereira – Francisco Carlos da Graça Nunes Correia – António José de Castro Guerra – António Fernando Correia de Campos – Maria de Lurdes Reis Rodrigues.*

Promulgado em 3 de Setembro de 2007.

Publique-se.

O Presidente da República, ANÍBAL CAVACO SILVA.

Referendado em 4 de Setembro de 2007.

O Primeiro-Ministro, *José Sócrates Carvalho Pinto de Sousa.*

[21]
Decreto Regulamentar n.º 31/97, de 6 de Setembro

Comissão de Educação Física e Desporto Militar

A prática da educação física e do desporto tem tradição enraizada na instituição militar, sendo estimulada como forma de manter a preparação física dos militares e de fomentar o bem-estar e o culto da camaradagem, do espírito de equipa e da disciplina.

Esta tradição levou a que Portugal, em 1956, se tornasse membro do Conselho Internacional do Desporto Militar (CISM), para assim participar nas competições desportivas organizadas por aquela entidade, de modo a proporcionar um melhor conhecimento e desenvolvimento de relações de amizade entre as forças armadas dos países membros.

Neste contexto, o Decreto n.º 46 669, de 25 de Novembro de 1965, criou, com a finalidade de orientar e coordenar as actividades de educação física e desportos dos três ramos das Forças Armadas entre si e com as actividades congéneres das forças armadas estrangeiras e dos organismos civis nacionais e estrangeiros, na dependência do Ministro da Defesa Nacional, por intermédio do Chefe do Estado-Maior-General das Forças Armadas (CEMGFA), a Comissão de Educação Física e Desportos das Forças Armadas (CEFDFA).

Entretanto, em 1990, a Lei de Bases do Sistema Desportivo (Lei n.º 1/90, de 13 de Janeiro), no artigo 9.º, veio reconhecer a autonomia da organização do desporto no âmbito das Forças Armadas e das forças de segurança, sem prejuízo da desejável articulação com o sistema desportivo nacional.

Com a reestruturação operada em 1993 na estrutura do Ministério da Defesa Nacional, a CEFDFA, ao abrigo do n.º 1 do artigo 27.º do Decreto-Lei n.º 48/93, de 26 de Fevereiro, transitou da estrutura e, consequentemente, da dependência do CEMGFA para a estrutura do Ministério da Defesa Nacional.

Concomitantemente, a alínea g) do n.º 2 do artigo 12.º do Decreto-Lei n.º 47/93, de 26 de Fevereiro, veio atribuir à Direcção-Geral de Pessoal competência para «propor e difundir as medidas aplicáveis ao enquadramento das actividades gimnodesportivas das Forças Armadas».

Por sua vez, o n.º 2 do artigo 2.º do Decreto Regulamentar n.º 13/95, de 23 de Maio, veio estatuir que a CEFDFA funciona na dependência da Direcção-Geral de Pessoal, sendo regulada por diploma próprio.

Em conformidade, torna-se necessário dar sequência às disposições acima referidas, regulando as actividades de educação física e desporto militar, por forma a conferir-lhes maior dinamismo, articulação e coerência com o sistema global do desporto nacional, com salvaguarda das suas próprias especificidades.

Assim:

Ao abrigo do disposto na alínea c) do artigo 202.º da Constituição, o Governo decreta o seguinte:

ARTIGO 1.º
Natureza e âmbito

1. A Comissão de Educação Física e Desportos das Forças Armadas passa a designar-se Comissão de Educação Física e Desporto Militar (CEFDM).

2. A CEFDM é um órgão do Ministério da Defesa Nacional que funciona, com carácter permanente, na dependência da Direcção-Geral de Pessoal e que tem como missão estudar e propor medidas de política de educação física nas Forças Armadas (FA) e coordenar as actividades desportivas em que participem os ramos das FA entre si ou entre estes e as forças de segurança ou outros organismos nacionais, internacionais ou estrangeiros.

ARTIGO 2.º
Composição

1. A CEFDM tem a seguinte composição:

a) Um presidente, que terá, no mínimo, o posto de capitão-de-mar-e-guerra ou coronel, especializado em educação física;

b) Dois vogais, que serão oficiais superiores, especializados em educação física, sendo um de cada ramo a que não pertença o presidente;

c) Dois vogais, representantes da Guarda Nacional Republicana (GNR) e da Polícia de Segurança Pública (PSP).

2. Os membros referidos nas alíneas *a)* e *b)* do número anterior são nomeados nos termos do artigo 22.º do Decreto-Lei n.º 47/93, de 26 de Fevereiro.

3. Os membros a que se refere a alínea *c)* do n.º 1 são nomeados pelo Ministro da Administração Interna e serão convocados para as reuniões da CEFDM pelo seu presidente sempre que a matéria a tratar assim o justifique.

ARTIGO 3.º
Competências

À CEFDM compete, designadamente:

a) Colaborar no estudo e implementação de programas que visem a manutenção da condição física, da saúde e do bem-estar dos militares;

b) Assegurar a articulação da actividade desportiva militar com o Instituto do Desporto (INDESP);

c) Assegurar a articulação da actividade desportiva militar com os organismos civis privados, nomeadamente o Comité Olímpico de Portugal (COP) e a Confederação do Desporto de Portugal (CDP);

d) Colaborar na concepção de programas de investigação científica na área da medicina desportiva, nos quais poderão participar os serviços competentes do INDESP;

e) Promover a organização de competições desportivas entre as selecções representativas dos três ramos das FA, da GNR e da PSP e coordenar a sua realização, nos termos dos respectivos regulamentos;

f) Assegurar as relações com o Conselho Internacional do Desporto Militar (CISM) e coordenar a participação portuguesa nas actividades daquele organismo;

g) Propor a realização de actividades de intercâmbio com as forças armadas de outros países em matéria de educação física e desporto militar;

h) Supervisionar a selecção das equipas militares participantes em competições nacionais e internacionais, propondo à aprovação superior a sua constituição;

i) Propor os delegados da educação física e desporto militar junto dos organismos congéneres nacionais e internacionais;

j) Elaborar e manter actualizado o cadastro das infra-estruturas, equipamentos e pessoal ao serviço da educação física e desporto militar, em articulação com o Atlas Desportivo Nacional;

l) Estudar, em colaboração com os ramos, GNR e PSP, as medidas adequadas ao pleno aproveitamento das infra-estruturas e equipamentos, incluindo a disponibilização da capacidade sobrante a outras entidades civis, nomeadamente ao INDESP;

m) Reunir periodicamente com os delegados das comissões técnicas permanentes e com os responsáveis pelas actividades de educação física e desporto em cada um dos ramos e das forças de segurança para análise conjunta de assuntos de interesse comum no âmbito da CEFDM;

n) Elaborar directivas gerais, regulamentos e documentos de apoio técnico às actividades desportivas, difundindo-os, quando aprovados;

o) Estudar os assuntos que lhe sejam submetidos pelo director-geral de Pessoal em matéria de educação física e desporto militares.

ARTIGO 4.º
Comissões técnicas permanentes

1. Podem ser constituídas comissões técnicas permanentes (CTP) com especialistas dos ramos das FA e das forças de segurança nas várias modalidades do calendário desportivo militar, no treino físico e na medicina desportiva, sob proposta da CEFDM.

2. Compete ao chefe do estado-maior do ramo a que pertencem, ou ao respectivo comandante-geral, autorizar os membros das CTP a exercer as funções para que são propostos.

3. As funções dos membros das CTP são exercidas em regime de acumulação com as funções exercidas no respectivo ramo ou força de segurança.

ARTIGO 5.º
Competências das CTP

Às CTP compete apoiar a CEFDM, designadamente no seguinte:

a) Planeamento e acompanhamento dos campeonatos nacionais e internacionais e outros eventos na área da sua especialidade;

b) Indigitação dos seleccionadores, preparadores técnicos, chefes de equipa e treinadores dos elementos das equipas nacionais da modalidade;

c) Elaboração de pareceres ou de propostas de aquisição de materiais e equipamentos que se destinem à melhoria da prestação desportiva dos atletas;

d) Compilação de doutrina técnica com interesse para a área específica da CTP e fomento da prática da modalidade;

e) Assessoria do presidente da CEFDM nos assuntos da sua área específica.

ARTIGO 6.º
Inerências

1. Salvo decisão em contrário, a tomar caso a caso, os membros da CEFDM constituem, por inerência, a delegação portuguesa junto do CISM, sendo o presidente da CEFDM o chefe da delegação.

2. A representação das FA no COP é assegurada pelo presidente da CEFDM.

ARTIGO 7.º
Regulamento das competições desportivas militares

O regulamento das competições desportivas militares nacionais é aprovado por portaria conjunta dos Ministros da Defesa Nacional e da Administração Interna.[98]

Presidência do Conselho de Ministros, 26 de Março de 1997.

António Manuel de Oliveira Guterres – António Manuel de Carvalho Ferreira Vitorino – Alberto Bernardes Costa.

Promulgado em 16 de Agosto de 1997.

Publique-se.

O Presidente da República, JORGE SAMPAIO.

Referendado em 21 de Agosto de 1997.

O Primeiro-Ministro, *António Manuel de Oliveira Guterres.*

---

[98] V. Portaria n.º 260/98, de 4 de Março.

[22]

Resolução da Assembleia da República n.º 31/2000, de 30 de Março

Conselho Ibero-Americano do Desporto

A Assembleia da República resolve, nos termos da alínea i) do artigo 161.º e do n.º 5 do artigo 166.º da Constituição, aprovar, para adesão, o Tratado de Criação e Estatutos do Conselho Ibero-Americano do Desporto, assinados em Montevideu em 4 de Agosto de 1994, cujas versões autênticas em língua espanhola e em língua portuguesa seguem em anexo.

Aprovada em 20 de Janeiro de 2000.

O Presidente da Assembleia da República, *António de Almeida Santos*.

...

TRATADO DE CRIAÇÃO DO CONSELHO IBERO-AMERICANO DO DESPORTO

PREÂMBULO

Tendo como antecedente a Declaração do México subscrita pelos representantes dos organismos desportivos governamentais da Argentina, Bolívia, Colômbia, Costa Rica, Chile, Equador, El Salvador, Espanha, Guatemala, Honduras, México, Nicarágua, Panamá, Paraguai, Peru, Puerto Rico, República Dominicana, Uruguai e Venezuela, no México, Distrito Federal, em 26 de Março de 1993;

Considerando que o desporto representa para os países uma actividade social e cultural importante e que constitui um meio de desenvolvimento da cooperação pacífica entre as nações ibero-americanas;

Considerando que os princípios da cooperação internacional e da boa fé no desporto são universalmente reconhecidos;
Considerando que o desporto evoluiu de um fenómeno social para o fenómeno cultural de massas mais importante deste século, que pode ser praticado pelos indivíduos sem distinção de cor, raça, sexo ou classe social, no respeito universal pelos direitos humanos e as liberdades fundamentais do homem;
Considerando o desporto como actividade que contribui de modo significativo para a educação, a cultura e a saúde dos povos das regiões ibero-americanas:
Os Estados ibero-americanos acordaram o seguinte:

ESTATUTOS DO CONSELHO IBERO-AMERICANO DO DESPORTO

PREÂMBULO

De acordo com a Declaração do México subscrita pelos representantes dos organismos desportivos governamentais da Argentina, Bolívia, Colômbia, Costa Rica, Chile, Equador, São Salvador, Espanha, Guatemala, Honduras, México, Nicarágua, Panamá, Paraguai, Peru, Porto Rico, República Dominicana, Uruguai e Venezuela, no México, Distrito Federal, em 26 de Março de 1993;
Considerando que o desporto representa uma importante actividade social e cultural para os países e que constitui um meio de desenvolvimento da cooperação pacífica entre as nações ibero-americanas;
Considerando que os princípios da cooperação internacional e de boa fé no desporto estão universalmente reconhecidos;
Considerando que o desporto deixou de ser um fenómeno social para passar a ser um fenómeno cultural de massas dos mais importantes deste século, que pode ser praticado por indivíduos sem distinção de cor, raça, sexo ou classe social, que visa o respeito universal dos direitos e liberdades fundamentais do homem;
Considerando o desporto como uma actividade que contribui significativamente para a educação, cultura e saúde dos povos ibero-americanos:
Os Estados ibero-americanos acordaram os seguintes Estatutos para o Conselho Ibero-Americano do Desporto:

TÍTULO PRELIMINAR
Disposições gerais

ARTIGO 1.º
Criação

É criado o Conselho Ibero-Americano do Desporto (CID) como organização intergovernamental que tem como objectivo proporcionar o desenvolvimento do desporto nos países ibero-americanos através da cooperação e o estabelecimento de mecanismos de acção comum em matéria desportiva.

ARTIGO 2.º
Personalidade jurídica

O CID tem personalidade jurídica própria e capacidade para celebrar todo o tipo de actos e contratos previsto pela lei e intervir em toda a acção judicial ou administrativa em defesa dos seus interesses.

ARTIGO 3.º
Objectivos

a) Promover o intercâmbio de recursos humanos e técnicos, de conhecimentos e documentação.

b) Promover sistemas de cooperação bilateral e multilateral no campo da capacidade técnica e do melhoramento do nível desportivo.

c) Fomentar a cooperação para o desenvolvimento do desporto para todos, a cultura física e a recreação.

d) Proporcionar uma análise comparada e a harmonização dos aspectos jurídicos e institucionais do desporto.

e) Incentivar a colaboração com outras organizações desportivas internacionais.

f) Redigir, aprovar, pôr em prática e caso necessário modificar a Carta Ibero-Americana do Desporto.

g) Promover a ética no desporto e a prática do jogo limpo.

ARTIGO 4.º
Idioma

Os idiomas oficiais do CID são o espanhol e o português.

TÍTULO PRIMEIRO

ARTIGO 5.º
Membros

Poderão ser membros do Conselho Ibero-Americano do Desporto os Estados ibero-americanos que ratifiquem ou adiram aos seus Estatutos, em conformidade com o procedimento estabelecido nos artigos 32.º e 33.º

TÍTULO SEGUNDO
Estrutura orgânica

ARTIGO 6.º
Órgãos

São órgãos do CID:
- A assembleia geral;
- O presidente;
- O vice-presidente;
- Os delegados regionais;
- O secretariado executivo; e
- As comissões de trabalho.

CAPÍTULO I
Da assembleia geral

ARTIGO 7.º
Composição

a) A assembleia geral, órgão máximo representativo do CID, será constituída por todos os seus membros.

b) As delegações dos membros do CID perante a assembleia geral serão compostas por um máximo de três delegados, sendo que um terá direito a voto.

ARTIGO 8.º
Competências

A assembleia geral terá as seguintes competências:
a) Eleger o presidente, o vice-presidente e o secretário executivo;
b) Ratificar a eleição dos delegados regionais nos termos destes Estatutos;
c) Adoptar decisões e aprovar recomendações;
d) Supervisar o cumprimento das decisões tomadas;
e) Criar e eliminar comissões de trabalho determinando a sua composição;
f) Aprovar o orçamento anual e o programa de actividades;
g) Redigir, aprovar e modificar a Carta Ibero-Americana do Desporto;
h) Aprovar os regulamentos de funcionamento interno do CID;
i) Estabelecer e modificar a quantia e a forma de pagamento das quotas a serem pagas pelos membros do CID.

ARTIGO 9.º
Assemblela ordinária

A assembleia reúne-se anualmente em sessão ordinária e em sessão extraordinária quando as circunstâncias o exijam. As sessões extraordinárias poderão convocar-se a pedido do presidente do comité executivo ou de uma maioria dos membros efectivos da organização.

ARTIGO 10.º
Assembleia extraordinária

Delega-se à assembleia a geral do CID a criação dos seus próprios regulamentos.

CAPÍTULO II
Presidente e vice-presidente

ARTIGO 11.º
Eleição

a) O presidente e o vice-presidente do CID são eleitos pela assembleia geral.

b) As candidaturas serão apresentadas ao secretariado executivo com uma antecedência mínima de 45 dias da data prevista da realização da assembleia.

c) Cada membro do CID poderá apresentar um candidato, que poderá pertencer ou não à sua região.

d) A eleição efectua-se em duas voltas, ficando eleito na primeira volta o candidato que obtenha três quintos dos votos possíveis e na segunda volta o que obtenha a metade mais um dos votos possíveis, participando nela os candidatos com o maior número de votos.

e) Os cargos de presidente e de vice-presidente poderão ser reeleitos apenas para um segundo mandato.

f) As nomeações do presidente e do vice-presidente serão a título honorífico.

ARTIGO 12.º
Funções

1. São funções do presidente:

a) Exercer a representação do CID;

b) Dirigir as acções do CID de acordo com as normas e os acordos procedentes da assembleia;

c) Coordenar as acções dos delegados regionais e das comissões de trabalho;

d) Convocar e presidir às assembleias do CID;

e) Supervisar a administração dos bens, fundos e recursos do CID;

f) Emitir as declarações públicas do CID;

g) Vigiar o cumprimento das normas, das decisões e dos acordos do CID;

h) Autorizar a documentação oficial do CID ou delegar o que considera pertinente ao secretário executivo.

2. O presidente poderá delegar o exercício da sua competência ao secretário executivo, aos delegados regionais ou a qualquer outro membro do CID. A delegação terá de ser expressa e com indicação da sua duração e conteúdo.

ARTIGO 13.º
Mandato

A duração do mandato do presidente será de dois anos e terá início aquando do encerramento da assembleia geral ordinária que o elegeu.

ARTIGO 14.º
Vice-presidente

a) As funções do vice-presidente serão as de substituir o presidente nos casos em que for necessário exercer por delegação as funções que lhe sejam atribuídas; o seu mandato será de dois anos.

b) O vice-presidente que assume a presidência poderá designar entre os delegados regionais um vice-presidente, que exercerá de forma interina até que a assembleia geral realize novas eleições.

CAPÍTULO III
Regiões e delegados regionais

ARTIGO 15.º
Regiões

O CID estabelece as seguintes regiões:
Região 1: México, Cuba, República Dominicana, Porto Rico, Guatemala, Honduras, São Salvador, Nicarágua, Costa Rica e Panamá;
Região 2: Colômbia, Venezuela, Bolívia, Equador, Peru, Chile, Argentina, Brasil, Paraguai e Uruguai;
Região 3: Espanha e Portugal.

ARTIGO 16.º
Número de delegados por região

As regiões 1 e 2 têm dois delegados cada uma e a região 3 tem um delegado.

ARTIGO 17.º

Os delegados regionais fazem parte do comité executivo.

ARTIGO 18.º
Eleição e sede

1. Os delegados regionais serão eleitos pelos membros que compõem cada região.
2. A sede dos delegados regionais será determinada pelo seu respectivo país.

ARTIGO 19.º
Funções e mandato

1. São funções dos delegados regionais:
a) Representar a região perante o CID;
b) Coordenar as actividades que sejam solicitadas à região;
c) Canalizar a comunicação e a cooperação com a presidência e o secretariado executivo;
d) Desenvolver a realização de projectos regionais;
e) Incentivar o cumprimento dos mandatos da assembleia na região.
2. A duração do mandato de delegado regional será de dois anos, podendo ser reeleito para um segundo mandato apenas.

CAPÍTULO IV
Secretariado executivo

ARTIGO 20.º
Estatutos

O secretariado executivo do CID é um órgão permanente. A duração do mandato do secretário é de três anos, podendo ser reeleito.

ARTIGO 21.º
Eleição

O secretário será eleito pela assembleia geral de entre os candidatos apresentados pelos Estados membros do CID.
A eleição é a título pessoal, sendo que para a sua eleição ou permanência no cargo é condição pertencer a um organismo desportivo governamental.

ARTIGO 22.º
Relação contratual

1. O cargo de secretário executivo é remunerado.
2. O CID assegura a remuneração do secretário assim como as despesas com o secretariado.

ARTIGO 23.º
Funções

O secretário desempenhará as seguintes funções:
a) Apoiar a presidência nas reuniões da assembleia e especialmente na preparação dos assuntos a tratar;
b) Guardar o livro de registo dos membros;
c) Guardar a documentação do CID;

d) Manter o contacto e a comunicação entre os membros e especialmente com os delegados regionais;

e) Elaborar, executar e controlar o orçamento atribuído para o exercício das suas funções;

f) Receber as quotas dos membros;

g) Elaborar o orçamento do CID;

h) Incentivar e manter o contacto com organizações afins;

i) Providenciar o secretariado das reuniões do CID, elaborar as actas e submetê-las à consideração da assembleia;

j) Coordenar e apoiar o trabalho das comissões de trabalho;

k) Policopiar e divulgar a documentação e informação que seja relevante;

l) Apresentar uma informação anual sobre a sua gestão perante a assembleia;

m) Celebrar os contratos necessários para o funcionamento do CID;

n) Outros trabalhos que a assembleia ou o presidente lhe solicitem expressamente.

CAPÍTULO V
Comissões de trabalho

ARTIGO 24.º
Constituição

O presidente poderá propor à assembleia geral a constituição de quotas e comissões de trabalho que se julguem convenientes para um melhor desenvolvimento dos fins do CID.

ARTIGO 25.º
Objectivo

As comissões de trabalho têm por objectivo:

a) O estudo de temas específicos; e

b) A preparação e execução de programas de actividades.

ARTIGO 26.º
Composição

1. As comissões de trabalho serão compostas por delegados de pelo menos três membros do CID.

2. Nas comissões de trabalho poderão ser integrados peritos independentes designados pelo presidente da comissão com a aprovação do presidente do CID.

3. Os membros de cada comissão nomearão de entre eles um presidente, que se encarregará de convocar reuniões, dirigir os debates e presidir às reuniões. Igualmente será nomeado um secretário.

TÍTULO TERCEIRO
Regime económico e orçamento

ARTIGO 27.º
Orçamento

1. O orçamento do CID tem um carácter anual e é aprovado em assembleia geral em sessão ordinária.

2. O secretário executivo elabora o orçamento, submete-o à aprovação da assembleia e executa-o sob a supervisão do presidente. Além disso, prepara o relatório de contas e relação da liquidação do exercício económico, que terão de ser aprovados pela assembleia.

ARTIGO 28.º
Recursos

1. Os recursos económicos do CID destinados à sua manutenção e consecução dos seus objectivos provêm:

a) Das contribuições provenientes das quotas dos membros;

b) Dos donativos que possam ser feitos por outras pessoas físicas ou jurídicas, públicas ou privadas;

c) De qualquer outro tipo de receitas quer em forma de subsídios, ajudas ou outras.

2. Não se aceitam receitas que condicionem ou limitem a independência do CID ou que sejam incompatíveis com os seus fins.

TÍTULO QUARTO
Sede

ARTIGO 29.º
Localização

1. A sede do CID será estabelecida na sua primeira assembleia geral e deverá corresponder ao país do presidente. De acordo com a organização poderá mudar-se a sede do Conselho para qualquer país dos Estados membros.

2. O secretário do CID ficará instalado na sede do mesmo.

3. As despesas com a ocupação e manutenção do imóvel em que se encontra a sede, bem como as despesas com as infra-estruturas necessárias ao seu funcionamento, serão por conta do Estado membro que acolhe a sede e pagas através dos respectivos órgãos desportivos governamentais.

4. O contrato da sede para o secretariado executivo terá uma duração mínima de três anos. No fim deste período será eleita em assembleia geral uma nova sede.

5. Será considerada sede da presidência o país ao qual pertence o presidente.

TÍTULO QUINTO
Modificações de estatutos

ARTIGO 30.º
Acordo de modificação estatutária

A assembleia geral poderá modificar os Estatutos através de uma maioria de três quartos dos votos possíveis.

TÍTULO SEXTO
Dissolução

ARTIGO 31.º
Causas

O CID será dissolvido quando por qualquer motivo exista uma impossibilidade manifesta de cumprir os objectivos para os quais foi criado.

O acordo de dissolução será adoptado por voto favorável de três quartos da assembleia geral. O mesmo acordo nomeará uma comissão liquidatária cujo funcionamento será estabelecido por regulamento próprio.

CAPÍTULO VI
Disposições finais

ARTIGO 32.º

Os Estatutos entrarão em vigor 30 dias após a sua ratificação ou adesão por três Estados, mediante o depósito do respectivo instrumento.

Para os Estados que depositem o instrumento depois da data, os Estatutos entrarão em vigor a partir da data do respectivo depósito.

ARTIGO 33.º

Estes Estatutos serão depositados provisoriamente junto do Governo dos Estados Unidos Mexicanos.

O Governo dos Estados Unidos Mexicanos informará todos os membros das assinaturas, ratificações, adesões ou denúncias recebidas, assim como da data da entrada em vigor dos presentes Estatutos.

ARTIGO 34.º

Qualquer Estado membro poderá retirar-se da organização no prazo de um ano após notificação por escrito ao governo depositário.

ARTIGO 35.º

Os textos em espanhol e português dos presentes Estatutos serão considerados igualmente autênticos.

Assinado na cidade de Montevideu, República Oriental do Uruguai, aos 4 dias do mês de Agosto do ano de 1994.

TÍTULO III
DO DESENVOLVIMENTO DA ACTIVIDADE DESPORTIVA

CAPÍTULO 1

Formação Desportiva

[23]
Decreto-Lei n.º 407/99, de 15 de Outubro

Regime jurídico da formação desportiva no quadro da formação profissional

É unanimemente reconhecido que um dos principais factores de desenvolvimento do desporto é a qualidade dos recursos humanos que evoluem no seu seio, nomeadamente os treinadores desportivos.

Em conformidade, o Programa do XIII Governo Constitucional estabeleceu a necessidade de reactivar e dinamizar uma estrutura particularmente vocacionada para a formação dos agentes desportivos, tendo em vista a sua inserção no mercado de emprego.

Nesta perspectiva, foi criado, pelo Decreto-Lei n.º 63/97, de 26 de Março, o Centro de Estudos e Formação Desportiva, estrutura à qual se cometeu um vasto conjunto de competências relacionadas com a definição e implementação do modelo de formação dos recursos humanos do desporto, por forma a potenciar e dinamizar a realização de cursos e acções de formação de quadros desportivos.

Nos últimos 20 anos, têm sido ensaiados diversos sistemas de formação dos agentes desportivos no nosso país.

Num primeiro momento, o Decreto-Lei n.º 553/77, de 31 Dezembro, ratificado pela Lei n.º 63/78, de 29 de Setembro, veio atribuir ao Estado as competências na formação de técnicos e monitores desportivos.

O diploma em causa, que estabelecia a orgânica da então Direcção-Geral dos Desportos, criou, no âmbito desta, o Instituto Nacional do Desporto, equiparado a direcção de serviços, ao qual foi cometida a responsabilidade da «formação de quadros técnicos desportivos, com excepção de professores de Educação Física».

A realização directa, pelo Estado, das acções de formação de quadros técnicos desportivos, consagrada pelo referido diploma, veio, porém, revelar-se de impossível consecução atenta a vastidão de necessidade de formação patenteada pelo sistema desportivo.

Daí que, em perfeito contraponto com o modelo anterior, e num segundo momento, marcado pela publicação dos Decretos-Leis n.os 350/91 e 351/91, ambos de 19 de Setembro, a formação dos agentes desportivos, nomeadamente dos treinadores desportivos, tenha passado a estar cometida às federações desportivas.

No sistema consagrado por estes diplomas, o essencial da responsabilidade da formação foi cometido ao movimento associativo desportivo, desresponsabilizando o Estado, quer pela quantidade, quer pela qualidade das acções de formação que, neste âmbito, viessem a ser realizadas.

Os resultados que advieram destes dois modelos de gestão e formação ficaram aquém das expectativas, demonstrando de forma inequívoca que nem o Estado tem apetência para realizar directamente acções de formação dos agentes desportivos, nem, por outro lado, se pode alhear do funcionamento do sistema de formação destes ou da qualidade da formação ministrada.

O presente diploma traduz uma opção inequívoca que, rompendo com o modelo em vigor, enquadra a formação dos recursos humanos do desporto no âmbito da formação profissional inserida no mercado de emprego, nos termos previstos nos Decretos-Leis n.ºs 401/91 e 405/91, de 16 de Outubro.

Com efeito, se por um lado as formações anteriores, na sua generalidade, eram destituídas de valor formal e, em consequência, não produziam efeitos no mercado de trabalho, por outro, permitia-se que à margem do normal funcionamento desportivo fossem realizadas acções de formação que, embora enquadradas no esquema da formação profissional, não dispunham da qualidade técnico-desportiva exigida.

O sistema ora avançado procura integrar estas duas realidades, através da estruturação da formação, de acordo com o sistema de formação profissional inserida no mercado de emprego e da atribuição ao Estado da responsabilidade da definição do seu modelo em concertação com os interessados.

Preconiza-se, igualmente, o enquadramento no Sistema Nacional de Certificação Profissional, consagrado no Decreto-Lei n.º 95/92, de 23 de Maio, numa perspectiva de potenciar o reconhecimento das qualificações produzidas e torná-las mais ajustadas ao mercado de emprego.

Estabelece-se, assim, a responsabilidade do Estado em momentos fulcrais do funcionamento do sistema de formação desportiva no sentido de assegurar a sua qualidade, nomeadamente através da intervenção do Centro de Estudos e Formação Desportiva na coordenação do sistema e, nomeadamente, no reconhecimento da formação a realizar.

O presente diploma articula-se com a Directiva n.º 92/51/CEE, de 18 de Junho de 1992, relativa a um segundo sistema geral de reconhecimento das formações profissionais, que completa a Directiva n.º 89/48/CEE, na medida em que se tem presente que a qualificação profissional certificada facilita o seu reconhecimento pelos Estados membros da União Europeia.

Foi ouvido o Conselho Superior do Desporto e a Comissão Permanente de Certificação.

Assim:

No desenvolvimento do regime jurídico estabelecido pela Lei n.º 1/90, de 13 de Janeiro, alterada pela Lei n.º 19/96, de 25 de Junho, e nos termos da alínea c) do n.º 1 do artigo 198.º da Constituição, o Governo decreta, para valer como lei geral da República, o seguinte:

CAPÍTULO I
Disposições gerais

ARTIGO 1.º
Objecto

O presente diploma estabelece o regime jurídico da formação desportiva, no quadro da formação profissional inserida no mercado de emprego, bem como o regime de certificação profissional no âmbito do Sistema Nacional de Certificação Profissional.

ARTIGO 2.º
Âmbito de aplicação

O regime instituído neste diploma aplica-se aos agentes desportivos que, remuneradamente ou não, desenvolvem a sua actividade na área do desporto e se enquadram nos recursos humanos do desporto ou nos recursos humanos relacionados com o desporto.

ARTIGO 3.º
Excepções

O presente diploma não se aplica:
a) À formação desportiva realizada por entidades públicas com atribuições legais para formar e certificar na respectiva área de intervenção específica, nomeadamente aeronáutica civil, pilotagem de embarcações de recreio e mergulho profissional;
b) À formação dos praticantes desportivos.

ARTIGO 4.º
Conceitos

Para efeitos do presente diploma, entende-se por:
1) Formação profissional desportiva: o processo global e permanente através do qual se adquirem e desenvolvem as qualificações necessárias ao exercício de uma actividade na área do desporto;
2) Entidade certificadora: a entidade competente para emitir certificados de aptidão profissional e homologar cursos de formação profissional inserida no mercado de emprego, relativamente à área do desporto;
3) Entidade formadora: o organismo público ou a entidade dos sectores privado ou cooperativo, com ou sem fins lucrativos, que assegura o desenvolvimento da formação a partir da utilização de instalações, recursos humanos, recursos técnico-pedagógicos e outras estruturas adequadas na área do desporto;
4) Perfil profissional: a descrição das actividades, competências, atitudes e comportamentos necessários para o exercício das profissões ou ocupações na área do desporto;

5) Perfil de formação: o conjunto de elementos definidores da formação adequada a determinado perfil profissional, compreendendo os objectivos, a organização, a duração, os conteúdos e as competências a obter no final da formação na área do desporto;

6) Recursos humanos do desporto: os indivíduos que intervêm directamente na realização de actividades desportivas, a quem se exige domínio teórico-prático da respectiva área de intervenção, nomeadamente:

a) Treinadores, os quais conduzem o treino dos praticantes desportivos com vista a desenvolver condições para a prática e reconhecimento da modalidade ou optimizar o seu rendimento desportivo, independentemente da denominação que lhe seja habitualmente atribuída;

b) Desempenham, na competição, funções de decisão, consulta ou fiscalização, visando o cumprimento das regras técnicas da respectiva modalidade;

7) Recursos humanos relacionados com o desporto: os indivíduos que, detentores de formação académica, formação profissional ou experiência profissional relevante em áreas exteriores ao desporto, desenvolvem ocupações necessárias ou geradas pelo fenómeno desportivo, designadamente médicos, psicólogos e dirigentes desportivos.

ARTIGO 5.º
Legislação aplicável

A formação e a certificação objecto do presente diploma regem-se pela legislação aplicável à formação profissional inserida no mercado de emprego em tudo o que não se encontre especialmente regulado no presente decreto-lei.

CAPÍTULO II
Organização e gestão da formação desportiva

ARTIGO 6.º
Princípios orientadores

A formação desportiva e respectiva certificação assentam nos seguintes princípios:

a) Cooperação interministerial, nomeadamente nas áreas do desporto, emprego e formação e educação;

b) Participação das entidades directamente interessadas, designadamente ligas profissionais de clubes, federações desportivas, confederação das associações de treinadores e associações profissionais;

c) Transparência, rigor e eficácia da gestão dos recursos humanos e financeiros;

d) Qualidade, como garante do reforço das competências necessárias ao exercício de actividades desportivas.

ARTIGO 7.º
Objectivos da formação

São finalidades específicas da formação, em relação aos seus destinatários e relativamente à modalidade ou ocupação desportiva em que estes intervêm:

a) Fomentar a aquisição inicial dos conhecimentos desportivos, gerais e específicos, que garantam competência técnica e profissional na sua intervenção desportiva;

b) Oferecer, de forma contínua e sistemática, a quem trabalha na área do desporto instrumentos técnicos e científicos necessários à melhoria qualitativa da sua intervenção no sistema desportivo;

c) Promover o aperfeiçoamento qualitativo ou quantitativo da prática desportiva, quer em termos recreativos, competitivos ou de alta competição;

d) Contribuir para dignificar as profissões e ocupações do desporto e fazer observar a respectiva deontologia, reforçando os valores éticos, educativos, culturais e ambientais, inerentes a uma correcta prática desportiva;

e) Contribuir para a igualdade de oportunidades no acesso à prática desportiva e facilitar o recrutamento e selecção de talentos;

f) Ministrar os conhecimentos técnicos e práticos necessários para desenvolver o trabalho de forma organizada e em condições de segurança;

g) Criar condições que permitam o acesso ao exercício qualificado de uma profissão na área do desporto.

ARTIGO 8.º
Centro de Estudos e Formação Desportiva

1. Ao Centro de Estudos e Formação Desportiva, enquanto órgão da administração pública desportiva com atribuições específicas na área da formação desportiva, cabe:

a) Promover e dinamizar a formação, definindo objectivos e programas de formação;

b) Coordenar a formação, elaborando pareceres e propostas sobre a adequação entre as necessidades e a oferta formativa;

c) Identificar e elaborar os perfis de formação, tendo por base os perfis profissionais por si propostos e aprovados no âmbito do Sistema Nacional de Certificação Profissional;

d) Proceder à avaliação global da formação face às necessidades a atender;

e) Garantir a qualidade da formação através do reconhecimento técnico-pedagógico dos cursos a ministrar pelas entidades formadoras;

f) Concretizar os processos de certificação individual e homologação dos cursos de formação profissional desportiva.

2. O Centro de Estudos e Formação Desportiva organiza o Observatório Nacional das Profissões do Desporto.

3. O Centro de Estudos e Formação Desportiva promove a constituição da Comissão de Acompanhamento da Formação de Treinadores.

ARTIGO 9.º
Observatório Nacional das Profissões do Desporto

O observatório referido no artigo anterior é um instrumento de informação e ajuda à decisão e tem como objectivos específicos:

a) Recolher e tratar dados informativos com vista à organização de um cadastro nacional sobre as profissões e ocupações do desporto, identificando as profissões existentes, os respectivos perfis profissionais e quantificando os meios humanos que lhes são afectos;

b) Criar uma base de dados, por profissão e ocupação do desporto, de forma a permitir identificar os profissionais e a determinar as necessidades do mercado de trabalho na área do desporto;

c) Efectuar estudos sobre as necessidades de formação com vista a abranger todos os níveis do sistema desportivo.

ARTIGO 10.º
Comissão de Acompanhamento da Formação de Treinadores

1. A Comissão de Acompanhamento da Formação de Treinadores funciona junto do director do Centro de Estudos e Formação Desportiva e tem a seguinte composição:

a) Director do Centro de Estudos e Formação Desportiva, que preside;

b) Director de serviços de formação do Centro de Estudos e Formação Desportiva, ou quem o substitua;

c) Dois elementos designados pela Confederação Portuguesa de Associações de Treinadores.

2. Compete à Comissão referida no número anterior pronunciar-se, a título consultivo, sobre a homologação dos cursos de formação de treinadores, tendo em conta, nomeadamente, o preenchimento dos requisitos constantes do artigo 15.º.

ARTIGO 11.º
Organização da formação

1. A formação profissional organiza-se em cursos de formação que se concretizam em acções de formação, tendo por base os perfis de formação elaborados a partir dos perfis profissionais.

2. Considera-se curso de formação toda a formação consubstanciada num programa, organizado com base numa área temática, objectivos, destinatários, metodologia, duração, conteúdos programáticos, processos de avaliação de formandos e das acções, com o fim de proporcionar a aquisição de conhecimentos e o desenvolvimento de competências, atitudes e comportamentos, necessários para o exercício de uma profissão ou grupo de profissões, podendo conferir um nível de qualificação.

3. Paralelamente, podem ser promovidas iniciativas de actualização científica e técnica que, não conferindo um nível de qualificação, proporcionam a especializa-

ção, reciclagem ou actualização permanente de competências, podendo ser atribuídos créditos de matérias com vista à atribuição de níveis de qualificação.

4. A formação referida nos números anteriores pode ainda ser complementada por estágios, seminários, colóquios ou outras iniciativas afins.

ARTIGO 12.º
Objectivos e características dos recursos humanos do desporto

1. A formação dos recursos humanos do desporto tem por objectivo o ingresso e progressão na respectiva carreira ou actividade desportiva.

2. A formação inicial deve constituir-se como a estritamente necessária para permitir o desempenho das funções específicas do respectivo perfil profissional.

3. A formação apoia-se nos perfis profissionais e perfis de formação definidos para as profissões e ocupações da actividade desportiva.

4. Os perfis de formação são identificados e elaborados pelo Centro de Estudos e Formação Desportiva nos termos da alínea c) do artigo 8.º.

ARTIGO 13.º
Objectivos e características da formação dos recursos humanos relacionados com o desporto

1. A formação dos recursos humanos relacionados com o desporto tem por objectivo proporcionar aos seus destinatários a preparação específica indispensável para um eficaz desempenho profissional na área do desporto.

2. A formação dos recursos humanos relacionados com o desporto organiza-se em cursos de formação ou outras iniciativas de actualização científica e técnica correspondentes a áreas ocupacionais ou profissionais em que se detectem carências de formação.

CAPÍTULO III
Realização da formação

ARTIGO 14.º
Entidades formadoras

1. A formação profissional regulada no presente diploma pode ser realizada, segundo formas institucionais diversificadas, por entidades públicas ou privadas, nomeadamente associações de classe, associações regionais de clubes, ligas profissionais de clubes e federações dotadas do estatuto de utilidade pública desportiva.

2. As entidades formadoras devem emitir os certificados de formação profissional relativos à formação por elas ministrada.

3. As federações dotadas de utilidade pública desportiva têm uma responsabilidade acrescida na organização e desenvolvimento da formação desportiva, competindo-lhes, designadamente:

a) Criar e manter centros de formação de treinadores, aos quais cabe organizar e ministrar os cursos de formação de treinadores da respectiva modalidade;

b) Elaborar os manuais de formação respeitantes à parte específica da respectiva formação, conforme previsto no artigo 16.°.

ARTIGO 15.°
Homologação dos cursos de formação

1. A homologação de cursos de formação é o processo organizado e desenvolvido pela entidade certificadora no sentido de verificar se o curso de formação reúne os requisitos técnico-pedagógicos que garantem a qualidade da formação a desenvolver.

2. Na homologação dos cursos de formação desportiva, o Centro de Estudos e Formação Desportiva, enquanto entidade certificadora, avalia os seguintes requisitos:

a) Objectivos de formação;
b) Duração total;
c) Conteúdos programáticos;
d) Metodologias de formação;
e) Instalações e equipamentos;
f) *Curricula* dos formadores, quer a nível técnico quer a nível pedagógico;
g) Recursos pedagógico-didácticos;
h) Sistema de avaliação dos formandos;
i) Critérios de selecção dos formandos.

3. As entidades formadoras que pretendam a homologação da formação desportiva por elas ministrada devem submeter previamente os cursos de formação à aprovação do Centro de Estudos e Formação Desportiva.

4. Os cursos de formação homologados só podem ser desenvolvidos pela entidade formadora à qual foi concedida a homologação do curso.

ARTIGO 16.°
Recursos pedagógico-didácticos

1. Os recursos pedagógico-didácticos de apoio ao desenvolvimento da formação desportiva devem abranger informação escrita, material áudio-visual e outro, concretizados, designadamente, em manuais de formação, de forma a assegurar o cumprimento dos objectivos pedagógicos de formação.

2. O Centro de Estudos e Formação Desportiva deve elaborar, em colaboração com as federações desportivas específicas da área a que se destinam, os manuais da formação desportiva geral e o manual do formador desportivo.

3. As federações dotadas do estatuto de utilidade pública desportiva devem elaborar os manuais respeitantes à parte específica da respectiva formação.

ARTIGO 17.º
Rede nacional de entidades formadoras

As entidades formadoras com cursos de formação homologados são inscritas numa rede nacional, organizada pelo Centro de Estudos e Formação Desportiva.

ARTIGO 18.º
Publicidade

Constitui publicidade enganosa:

a) O anúncio ou publicidade de cursos ou de iniciativas de actualização científica e técnica como tendo sido homologados pelas entidades oficiais sem que estejam reconhecidos pelo Centro de Estudos e Formação Desportiva;

b) O anúncio ou publicidade de que os cursos ou iniciativas de actualização científica e técnica possuem formadores certificados pelas entidades oficiais, de acordo com a legislação em vigor, sem que tal se verifique.

ARTIGO 19.º
Formadores desportivos

O exercício da actividade de formador na área do desporto, bem como a respectiva formação, regula-se pela legislação aplicável ao exercício da actividade de formador no domínio da formação profissional inserida no mercado de emprego, com as adaptações constantes do presente diploma.

ARTIGO 20.º
Base de dados de formadores desportivos

1. Ao Centro de Estudos e Formação Desportiva compete criar, gerir e divulgar uma base de dados de formadores desportivos integrando, a nível nacional, os indivíduos detentores de certificados de aptidão pedagógica de formador com competência técnica na área do desporto, em articulação com a Bolsa Nacional de Formadores gerida pelo Instituto do Emprego e Formação Profissional.

2. Têm direito a integrar a Bolsa Nacional de Formadores desportivos todos os formadores devidamente certificados que expressamente o solicitem.

3. Têm acesso à listagem dos formadores desportivos certificados constantes da Bolsa de Formadores as entidades oficiais desportivas e as entidades gestoras, formadoras e beneficiárias de formação que expressamente o solicitem ao Centro de Estudos e Formação Desportiva.

ARTIGO 21.º
Formação de formadores

1. O Centro de Estudos e Formação Desportiva, por si ou mediante acordo a celebrar com outras entidades, promove a realização de cursos de formação de formadores, para a área do desporto, os quais integrarão uma componente pedagógica.

2. Os cursos de formação carecem de homologação prévia, na sua componente pedagógica, pelo Instituto do Emprego e Formação Profissional, de forma a permitir a emissão do respectivo certificado de aptidão profissional.

CAPÍTULO IV
Certificação profissional

ARTIGO 22.º
Processo de certificação

1. A certificação profissional visa comprovar que um indivíduo detém as competências e reúne outros requisitos necessários para o exercício qualificado de uma profissão ou actividade profissional na área do desporto.

2. No âmbito do Sistema Nacional de Certificação Profissional, a comprovação referida no número anterior é reconhecida através de um certificado de aptidão profissional.

3. O acesso ao certificado de aptidão profissional pode verificar-se pelo reconhecimento da experiência profissional, pela frequência, com aproveitamento, de formação profissional homologada e pela equivalência de títulos de formação ou profissionais emitidos noutros países.

ARTIGO 23.º
Entidade certificadora

O Centro de Estudos e Formação Desportiva é a entidade competente para emitir certificados de aptidão profissional e homologar cursos de formação profissional inserida no mercado de emprego, relativamente aos perfis profissionais da área do desporto, com excepção dos referidos no artigo 3.º.

ARTIGO 24.º
Referenciais de certificação

1. Constituem referenciais de certificação os perfis profissionais e as normas de certificação.

2. Os perfis e as respectivas normas de certificação são definidos por uma comissão específica e aprovados no âmbito do Sistema Nacional de Certificação Profissional para as profissões ou ocupações na área do desporto que se considere pertinente vir a certificar.

3. As normas de certificação definem as condições de acesso ao certificado de aptidão profissional e de homologação de cursos.

4. As normas de certificação serão publicadas sob a forma de portaria conjunta do Ministro do Trabalho e da Solidariedade e do membro do Governo responsável pela área do desporto.

5. Sempre que a Comissão Permanente de Certificação aprecie matérias consagradas no presente decreto-lei, terá direito a participar na reunião um representante da administração pública desportiva a designar pelo membro do Governo responsável pela área do desporto.

ARTIGO 25.º
Comissão específica do desporto

1. Sem prejuízo das competências dos órgãos do Sistema Nacional de Certificação Profissional previstos no Decreto-Lei n.º 95/92, de 23 de Maio, é criada uma comissão específica do desporto.
2. Cabe à Comissão Específica do Desporto:
   a) Identificar os perfis profissionais objecto de formação e certificação;
   b) Preparar e submeter aos órgãos do Sistema Nacional de Certificação Profissional, através do director do Centro de Estudos e Formação Desportiva, os referenciais de certificação.
3. A Comissão Específica do Desporto tem a seguinte constituição:
   a) Director do Centro de Estudos e Formação Desportiva, que coordenará;
   b) Director de serviços de formação do Centro de Estudos e Formação Desportiva;
   c) Um representante do Instituto Nacional do Desporto;
   d) Um representante do Instituto do Emprego e Formação Profissional;
   e) Dois representantes dos recursos humanos do desporto filiados em federações com utilidade pública desportiva ou das organizações sócio-profissionais de praticantes desportivos, consoante a matéria a tratar;
   f) Um representante das ligas profissionais de clubes, consoante a matéria a tratar;
   g) Um representante da Associação Nacional de Municípios Portugueses.
4. Um dos representantes referidos na alínea *e)* do número anterior é designado pelo director do Centro de Estudos e Formação Desportiva e o outro pela Confederação Portuguesa de Associações de Treinadores.
5. Para efeitos do disposto na alínea *e)* do n.º 3, as federações com utilidade pública desportiva devem indicar os responsáveis técnicos dos departamentos a que respeite a matéria submetida a apreciação.

ARTIGO 26.º
Manual de certificação

O Centro de Estudos e Formação Desportiva, enquanto entidade certificadora, deve elaborar, desenvolver e divulgar um manual de certificação que descreva os procedimentos relativos à apresentação e avaliação das candidaturas, à emissão dos respectivos certificados de aptidão profissional e às condições de homologação dos cursos de formação, tendo em conta o disposto no presente decreto-lei.

ARTIGO 27.º
Actividades de risco acrescido

1. Consideram-se actividades de risco acrescido o exercício de profissões ou ocupações desportivas com incidência na saúde e segurança dos praticantes ou dos utentes dos recintos desportivos.
2. As actividades de risco acrescido serão objecto de regulamentação específica.

ARTIGO 28.º
Equiparação

1. É assegurado um regime de equiparação para toda a formação e experiência profissional dos agentes desportivos ocorridas antes da entrada em vigor do presente diploma.
2. O regime de equiparações, designadamente as regras de integração da formação anterior e da experiência profissional no sistema estabelecido no presente diploma, constará obrigatoriamente das portarias que regularão a formação e a certificação das profissões e ocupações desportivas.

ARTIGO 29.º
Equivalências

1. As competências profissionais desportivas obtidas noutros países podem ser reconhecidas após análise dos títulos oficiais apresentados.
2. Os títulos ou certificados relativos ao exercício de profissões na área do desporto emitidos nos Estados membros da União Europeia devem ser reconhecidos nos termos definidos pelas directivas comunitárias e na lei portuguesa, com respeito pelo princípio da reciprocidade e desde que correspondam a perfis e qualificações previstos na legislação da formação e certificação desportiva.

ARTIGO 30.º
Cooperação com países de língua portuguesa

Os técnicos desportivos dos países de língua oficial portuguesa podem ser integrados e certificados pelo sistema de formação desportiva consagrado no presente diploma, nos termos de acordos a estabelecer com os respectivos países.

CAPÍTULO V
Disposições finais e transitórias

ARTIGO 31.º
Facilidades para participação na formação

1. Os trabalhadores a qualquer título vinculados à Administração Pública que desejem participar, como formadores ou formandos, nos cursos e acções de formação

objecto do presente diploma podem ser requisitados para esse fim, pelo período anual de 30 dias para os formadores e 15 dias úteis para os formandos.

2. A requisição referida no número anterior deve ser efectuada apenas para cursos ou acções de formação organizados pelo Centro de Estudos e Formação Desportiva ou pelas federações desportivas e que constem do plano anual de formação destas.

3. Os vencimentos que os trabalhadores requisitados deixem de auferir por causa da sua participação em acções de formação são suportados pelas entidades organizadoras responsáveis pela requisição.

4. As federações desportivas, o Centro de Estudos e Formação Desportiva e demais entidades organizadoras de cursos ou acções de formação desportiva podem estabelecer protocolos de cooperação com as entidades empregadoras do sector privado, acordando os termos em que os respectivos trabalhadores sejam dispensados das actividades laborais para participar, como formadores ou formandos, nas actividades formativas por si organizadas.

ARTIGO 32.º
Norma revogatória

São revogados os Decretos-Leis n.os 361/82, de 8 de Setembro, e 350/91 e 351/91, ambos de 19 de Setembro.

ARTIGO 33.º
Entrada em vigor

Este diploma entra em vigor no 1.º dia do mês seguinte ao da sua publicação.

Visto e aprovado em Conselho de Ministros de 26 de Agosto de 1999. – *António Manuel de Oliveira Guterres – Jaime José Matos da Gama – Jorge Paulo Sacadura Almeida Coelho – João Cardona Gomes Cravinho – Joaquim Augusto Nunes de Pina Moura – Luís Manuel Capoulas Santos – Eduardo Carrega Marçal Grilo – Maria de Belém Roseira Martins Coelho Henriques de Pina – Eduardo Luís Barreto Ferro Rodrigues – José Sócrates Carvalho Pinto de Sousa.*

Promulgado em 23 de Setembro de 1999.

Publique-se.

O Presidente da República, JORGE SAMPAIO.

Referendado em 1 de Outubro de 1999.

O Primeiro-Ministro, *António Manuel de Oliveira Guterres.*

CAPÍTULO 2
Alta Competição

[24]
Decreto-Lei n.º 272/2009, de 1 de Outubro

Medidas específicas de apoio ao desenvolvimento
do desporto de alto rendimento

A consagração legal de um sistema integrado de apoios para o desenvolvimento do desporto de alto rendimento é uma novidade relativamente recente no nosso país.

Com efeito, foi apenas na sequência da publicação da Lei de Bases do Sistema Desportivo, aprovada pela Lei n.º 1/90, de 13 de Janeiro, que veio a ser publicado o Decreto-Lei n.º 257/90, de 7 de Agosto, através do qual se estabeleceu um conjunto de medidas de apoio ao então designado subsistema de alta competição. Esse conjunto de medidas de apoio veio ulteriormente a ser aperfeiçoado pelo Decreto-Lei n.º 125/95, de 31 de Maio, posteriormente alterado pelo Decreto-Lei n.º 123/96, de 10 de Agosto.

Entretanto, a Lei de Bases da Actividade Física e do Desporto, aprovada pela Lei n.º 5/2007, de 16 de Janeiro, veio equacionar em novos termos a problemática referente ao desporto de alto rendimento.

Por outro lado, foram também recentemente introduzidas novas normas no Código do Imposto sobre o Rendimento das Pessoas Singulares, aprovado pelo Decreto-Lei n.º 442-A/88, de 30 de Novembro, no sentido de conferir um tratamento fiscal consentâneo para os prémios auferidos pelos praticantes de alto rendimento, derivados dos resultados desportivos de excelência que obtenham, e para as bolsas de que os mesmos beneficiem, excluindo uns e outros da incidência deste imposto.

Através do Decreto-Lei n.º 10/2009, de 12 de Janeiro, foi também estabelecido um novo sistema de seguro que cobre os especiais riscos a que estão sujeitos os praticantes de alto rendimento, no quadro da revisão geral que se operou sobre o sistema de seguros relativos à actividade desportiva.

A experiência colhida por quase uma década e meia de vigência de um sistema de apoios para o desporto de alto nível e a nova lógica que veio a ser introduzida nesta matéria pela Lei de Bases da Actividade Física e do Desporto postulam a necessidade de se proceder a uma profunda revisão destas matérias.

A reforma que ora se empreende acarreta profundas transformações na forma como se tem lidado com este problema.

Com efeito, pretende-se suprir a principal fraqueza do regime actualmente vigente, o qual assenta numa definição demasiado permissiva do que deva ser considerado desporto de alto rendimento, com as inerentes consequências ao nível dos apoios públicos concedidos pelo Estado e de que têm beneficiado alguns praticantes desportivos cujo nível de resultados dificilmente o justificaria.

Ao invés, no regime que ora se consagra distingue-se entre modalidades olímpicas e modalidades não olímpicas, com o objectivo de concentrar naquelas o melhor dos apoios públicos disponíveis.

É igualmente definido o regime aplicável aos praticantes de alto rendimento das modalidades desportivas reservadas a cidadãos com deficiências ou incapacidades para que os mesmos também possam beneficiar dos apoios públicos previstos no presente decreto-lei.

Por outro lado, distinguem-se os praticantes de alto rendimento em três níveis, por forma também a reservar para os que sejam desportivamente mais qualificados os apoios públicos mais significativos.

Esta forma de abordagem destas temáticas permite ao Estado atribuir aos praticantes desportivos que tenham obtido resultados efectivos em competições desportivas de grande selectividade apoios públicos significativos, nalguns casos compagináveis até com o que é praticado noutros países, em idênticas circunstâncias.

Por último, e com carácter igualmente inovatório, consagra-se um conjunto integrado de medidas de apoio aos praticantes desportivos de alto rendimento após o termo da sua carreira desportiva, em obediência a uma orientação que, neste sentido, consta da Lei de Bases da Actividade Física e do Desporto.

Foram ouvidos os órgãos de governo próprio das Regiões Autónomas e a Associação Nacional de Municípios Portugueses.

Assim:

No desenvolvimento do regime jurídico estabelecido pela Lei n.º 5/2007, de 16 de Janeiro, e nos termos das alíneas *a*) e *c*) do n.º 1 do artigo 198.º da Constituição, o Governo decreta o seguinte:

CAPÍTULO I
Disposições gerais

ARTIGO 1.º
Objecto

O presente decreto-lei estabelece as medidas específicas de apoio ao desenvolvimento do desporto de alto rendimento.

ARTIGO 2.º
Definições

Para efeitos do presente decreto-lei, considera-se:

a) «Alto rendimento» a prática desportiva em que os praticantes obtêm classificações e resultados desportivos de elevado mérito, aferidos em função dos padrões desportivos internacionais;

b) «Modalidades desportivas individuais ou colectivas» aquelas que como tal são consideradas para efeitos do disposto no n.º 3 do artigo 26.º do Decreto-Lei n.º 248-B/2008, de 31 de Dezembro;

c) «Praticantes desportivos de alto rendimento» aqueles que, preenchendo as condições legalmente estabelecidas, constarem do registo organizado pelo Instituto do Desporto de Portugal, I. P. (IDP, I. P.);

d) «Treinadores de alto rendimento» os treinadores de praticantes desportivos de alto rendimento, constantes do registo organizado pelo IDP, I. P.;

e) «Árbitros de alto rendimento» os árbitros internacionais que tenham participado em competições desportivas de elevado nível, nos termos legalmente estabelecidos, inscritos no registo organizado pelo IDP, I. P.;

f) «Escalão absoluto» o escalão sénior de cada modalidade, sem qualquer limite etário máximo de participação;

g) «Escalão imediatamente inferior ao absoluto» o escalão de cada modalidade, imediatamente precedente ao absoluto, no qual o limite etário máximo de participação não ultrapasse os 19 anos;

h) «Projecto Olímpico e Projecto Paralímpico» o conjunto de acções a desenvolver com vista à preparação da participação de Portugal nos Jogos Olímpicos ou Paralímpicos, tendo por contrapartida apoios financeiros públicos atribuídos para tal fim, devidamente acordados e contratualizados, para cada ciclo olímpico ou paralímpico, entre o Estado e, respectivamente, os Comités Olímpico e Paralímpico de Portugal;

i) «Termo da carreira de alto rendimento» a data a partir da qual o praticante deixou de reunir condições para obter resultados desportivos de alto nível susceptíveis de fundamentar a sua manutenção neste regime, a qual é certificada, a requerimento do interessado, pelo IDP, I. P., ouvida a federação desportiva respectiva.

ARTIGO 3.º
Interesse público

O desporto de alto rendimento reveste especial interesse público na medida em que constitui um importante factor de desenvolvimento desportivo e é representativo de Portugal nas competições desportivas internacionais.

ARTIGO 4.º
Registo dos agentes desportivos de alto rendimento

1. Os praticantes desportivos de alto rendimento são inscritos no respectivo registo num de três níveis, conforme previsto nos artigos 6.º, 7.º e 8.º, de acordo com

os critérios estabelecidos no presente decreto-lei, de forma diferenciada para as modalidades que integrem, ou não, o Programa Olímpico e consoante as mesmas sejam individuais ou colectivas, bem como para as modalidades desportivas reservadas a pessoas com deficiência ou incapacidade.

2. Os treinadores e árbitros de alto rendimento devem igualmente inscrever-se no registo dos agentes desportivos de alto rendimento desde que preencham as condições legais para o efeito.

3. A concessão dos apoios previstos no presente decreto-lei fica dependente da inscrição do respectivo agente no registo, a qual deve ser renovada anualmente, sob pena de caducidade imediata desses apoios.

ARTIGO 5.º
Inscrição dos agentes desportivos de alto rendimento

A inscrição dos agentes desportivos de alto rendimento no registo referido no artigo anterior depende de proposta da respectiva federação desportiva, dirigida ao IDP, I. P., e é feita em formulário disponibilizado por este Instituto.

ARTIGO 6.º
**Modalidades desportivas que integram
o Programa Olímpico**

Nas modalidades desportivas que integram o Programa Olímpico, adiante designadas por modalidades olímpicas, são praticantes desportivos de alto rendimento os que:

a) Nas modalidades individuais:
   ii) Nível A: tenham obtido classificação no 1.º terço da tabela em campeonatos do mundo ou campeonatos da Europa no escalão absoluto; tenham obtido classificação não inferior ao 3.º lugar em campeonatos do mundo ou campeonatos da Europa no escalão imediatamente inferior ao absoluto; tenham obtido qualificação para os jogos olímpicos;
   ii) Nível B: tenham obtido classificação na 1.ª metade da tabela em campeonatos do mundo ou campeonatos da Europa no escalão absoluto; tenham sido classificados na 1.ª metade da tabela em campeonatos do mundo ou campeonatos da Europa no escalão imediatamente inferior ao absoluto ou tenham obtido classificação equivalente a semifinalista;
   iii) Nível C: tenham integrado a selecção ou representação nacional em competições desportivas de elevado nível, nos termos estabelecidos na portaria referida no artigo 9.º;
b) Nas modalidades colectivas:
   i) Nível A: tenham integrado selecções nacionais que obtiveram classificação na 1.ª metade da tabela em campeonatos do mundo ou campeonatos da Europa, no escalão absoluto; tenham integrado selecções nacionais que obtiveram classificação não inferior ao 3.º lugar em cam-

peonatos do mundo ou campeonatos da Europa, no escalão imediatamente inferior ao absoluto; tenham obtido qualificação para os jogos olímpicos;
  ii) Nível B: tenham integrado selecções nacionais em campeonatos do mundo ou campeonatos da Europa no escalão absoluto; tenham obtido classificação na 1.ª metade da tabela em campeonatos do mundo ou campeonatos da Europa no escalão imediatamente inferior ao absoluto;
  iii) Nível C: tenham integrado a selecção ou representação nacional em competições desportivas de elevado nível, nos termos estabelecidos na portaria referida no artigo 9.º

ARTIGO 7.º
Modalidades desportivas que não integram o Programa Olímpico

Nas modalidades desportivas que não integram o Programa Olímpico, adiante designadas por modalidades não olímpicas, são praticantes desportivos de alto rendimento os que:
  a) Nas modalidades individuais:
    i) Nível A: tenham obtido classificação não inferior ao 8.º lugar em campeonatos do mundo ou campeonatos da Europa, desde que corresponda ao 1.º terço da tabela, no escalão absoluto; tenham obtido classificação não inferior ao 3.º lugar em campeonatos do mundo ou campeonatos da Europa, com número de participantes não inferior a 24, no escalão imediatamente inferior ao absoluto;
    ii) Nível B: tenham obtido classificação no 1.º terço da tabela em campeonatos do mundo ou campeonatos da Europa, no escalão absoluto; tenham obtido classificação não inferior ao 8.º lugar em campeonatos do mundo ou campeonatos da Europa, com número de participantes não inferior a 24, no escalão imediatamente inferior ao absoluto;
    iii) Nível C: tenham integrado a selecção ou representação nacional em competições desportivas de elevado nível, nos termos estabelecidos na portaria referida no artigo 9.º;
  b) Nas modalidades colectivas:
    i) Nível A: tenham integrado selecções nacionais que tenham obtido classificação não inferior ao 8.º lugar em campeonatos do mundo ou campeonatos da Europa, desde que corresponda ao 1.º terço da tabela, no escalão absoluto; tenham integrado selecções nacionais que obtiveram classificação não inferior ao 3.º lugar em campeonatos do mundo ou campeonatos da Europa, com número de participantes não inferior a 16, no escalão imediatamente inferior ao absoluto;
    ii) Nível B: tenham integrado selecções nacionais classificadas no 1.º terço da tabela, em campeonatos do mundo ou campeonatos da Europa no escalão absoluto; tenham obtido classificação não inferior ao 8.º lugar em campeonatos do mundo ou campeonatos da Europa, desde

que corresponda ao 1.º terço da tabela, no escalão imediatamente inferior ao absoluto;

iii) Nível C: tenham integrado a selecção ou representação nacional em competições desportivas de elevado nível, nos termos estabelecidos na portaria referida no artigo 9.º

ARTIGO 8.º
Cidadãos com deficiência ou incapacidade e alto rendimento

Nas modalidades desportivas reservadas a cidadãos com deficiência ou incapacidade, são praticantes desportivos de alto rendimento os que:

a) Nas modalidades individuais:
   i) Nível A: tenham obtido classificação não inferior ao 8.º lugar em jogos paralímpicos ou surdolímpicos, ou não inferior ao 3.º lugar em campeonatos do mundo, campeonatos da Europa e taças do mundo de boccia, desde que, uns e outros, correspondam ao 1.º terço da tabela no escalão absoluto;
   ii) Nível B: tenham obtido classificação entre o 4.º e o 6.º lugar em campeonatos do mundo, campeonatos da Europa e taças do mundo de boccia, no escalão absoluto, ou tenham obtido classificação não inferior ao 3.º lugar em campeonatos do mundo, campeonatos da Europa e taças do mundo de boccia, no escalão imediatamente inferior ao absoluto, desde que, uns e outros, correspondam ao 1.º terço da tabela; tenham obtido qualificação para os jogos paralímpicos ou surdolímpicos;
   iii) Nível C: tenham integrado a selecção ou representação nacional em competições desportivas de elevado nível, nos termos estabelecidos na portaria referida no artigo 9.º;

b) Nas modalidades colectivas:
   i) Nível A: tenham integrado selecções nacionais que tenham obtido classificação não inferior ao 4.º lugar em jogos paralímpicos ou surdolímpicos, ou não inferior ao 3.º lugar em campeonatos do mundo, campeonatos da Europa e taças do mundo de boccia, desde que, uns e outros, correspondam ao 1.º terço da tabela no escalão absoluto;
   ii) Nível B: tenham obtido classificação entre o 5.º e o 8.º lugar em jogos paralímpicos ou surdolímpicos no escalão absoluto, ou tenham obtido classificação entre o 4.º e o 6.º lugar no escalão absoluto, ou não inferior ao 3.º lugar no escalão imediatamente inferior ao absoluto, em campeonatos do mundo, campeonatos da Europa e taças do mundo de boccia, desde que, uns e outros, correspondam ao 1.º terço da tabela;
   iii) Nível C: tenham integrado a selecção ou representação nacional em competições desportivas de elevado nível, nos termos estabelecidos na portaria referida no artigo 9.º

ARTIGO 9.º
Competições desportivas de elevado nível

1. As competições desportivas de elevado nível referidas nos artigos 6.º a 8.º são fixadas em portaria do membro do Governo responsável pela área do desporto, ouvida a respectiva federação desportiva e mediante parecer do IDP, I. P.

2. Sobre o parecer referido no número anterior é ouvido o Instituto Nacional para a Reabilitação, I. P., que deve ser consultado relativamente ao respectivo impacte nas pessoas com deficiência ou incapacidade.

3. A portaria referida no n.º 1 estabelece igualmente os resultados desportivos relevantes ou posicionamentos nos rankings das modalidades obtidos pelos praticantes desportivos, para efeitos da sua integração nos níveis referidos nos artigos 6.º a 8.º, relativamente a competições que não integrem campeonatos do mundo ou da Europa.

4. Para efeitos do disposto no n.º 1, as competições desportivas de elevado nível são estabelecidas de acordo com critérios de selectividade desportiva, assentes designadamente numa participação mínima de países, equipas ou praticantes desportivos com determinada classificação no ranking da modalidade.

5. A portaria referida no presente artigo estabelece igualmente as condições de que depende a qualificação dos árbitros internacionais como de alto rendimento.

CAPÍTULO II
Organização

ARTIGO 10.º
Coordenação do apoio

A aplicação e o controlo das medidas de apoio ao desporto de alto rendimento previstas no presente decreto-lei são da competência do IDP, I. P., ao qual cabe ainda:

a) Organizar o registo dos agentes desportivos de alto rendimento, do qual constem os dados identificativos e caracterizadores destes, quer no plano desportivo quer no que se refere à sua situação escolar e profissional;

b) Garantir que aos agentes desportivos de alto rendimento sejam asseguradas as medidas de apoio previstas no presente decreto-lei;

c) Providenciar pela concessão às federações desportivas dos meios públicos de apoio ao desporto de alto rendimento, nomeadamente através de comparticipações financeiras aos programas por aquelas apresentados;

d) Proceder à avaliação dos resultados obtidos, na base dos objectivos constantes daqueles programas.

ARTIGO 11.º
Federações desportivas

1. Cabe às federações desportivas fomentar o desenvolvimento do desporto de alto rendimento na respectiva modalidade.

2. Para poderem beneficiar dos meios públicos de apoio ao alto rendimento, as federações desportivas devem apresentar anualmente ao IDP, I. P., um plano do qual constem os seguintes elementos:

a) Indicação dos resultados desportivos que permitam a integração dos seus praticantes no registo dos praticantes de alto rendimento;

b) Currículo desportivo de cada praticante, contendo os principais resultados e classificações obtidos em competições de nível nacional e internacional e ainda o posicionamento nos rankings da modalidade, no caso das modalidades desportivas individuais, bem como os dados referidos na alínea *a)* do artigo anterior;

c) Comprovação da aptidão física dos praticantes e indicação das datas dos exames médicos a efectuar ao longo do ano nos serviços de medicina desportiva;

d) Normas técnicas e regulamentos internacionais da modalidade respectiva que fundamentam a qualificação dos praticantes como sendo de alto rendimento;

e) Indicação das medidas de apoio aos clubes desportivos que enquadram praticantes desportivos de alto rendimento;

f) Quadro de acções a desenvolver pela federação no âmbito do regime de alto rendimento;

g) Especificação dos objectivos desportivos que se pretendem atingir, globalmente e em cada uma das acções previstas no plano;

h) Meios financeiros, técnicos ou humanos que se consideram necessários aos programas de desenvolvimento do alto rendimento na respectiva modalidade;

i) Fontes de financiamento e respectiva distribuição, discriminadas pela respectiva origem.

3. A falta de apresentação dos elementos referidos nas alíneas *a)*, *b)*, *c)*, *d)*, *g)* e *h)* do número anterior, que têm validade anual, impede a concessão aos praticantes em causa dos benefícios previstos no presente decreto-lei, excepto quando se trate de praticantes de modalidades que, pelo seu grau de desenvolvimento, não preencham as condições necessárias para a execução de programas no âmbito do alto rendimento.

4. No caso previsto na parte final do número anterior, a qualificação do praticante como de alto rendimento não envolve necessariamente a concessão de apoios à respectiva federação.

ARTIGO 12.º
Contratos-programa de apoio ao alto rendimento

As comparticipações financeiras públicas destinadas ao desenvolvimento do desporto de alto rendimento são concedidas através de contratos-programa, a celebrar com cada uma das federações desportivas, nos quais se indicam os objectivos desportivos a atingir na modalidade.

CAPÍTULO III
Regime escolar

ARTIGO 13.º
Comunicações

1. Cabe ao IDP, I. P., comunicar ao Ministério da Educação, no início do ano lectivo, a integração de alunos no regime de alto rendimento.
2. O IDP, I. P., deve comunicar às federações desportivas as informações que lhes sejam transmitidas pelos estabelecimentos de ensino relativas ao regime e ao aproveitamento escolar dos praticantes desportivos de alto rendimento.

ARTIGO 14.º
Matrículas e inscrições

Os praticantes desportivos de alto rendimento podem inscrever-se em estabelecimento de ensino fora da sua área de residência sempre que seja declarado pelo IDP, I. P., que tal se mostra necessário ao exercício da sua actividade desportiva.

ARTIGO 15.º
Horário escolar e regime de frequência

1. Aos praticantes desportivos de alto rendimento que frequentem estabelecimentos de qualquer grau de ensino devem ser facultados o horário escolar e o regime de frequência que melhor se adaptem à sua preparação desportiva.
2. Nos termos do disposto no número anterior, pode ser admitida a frequência de aulas em turmas diferentes, bem como o aproveitamento escolar por disciplinas.

ARTIGO 16.º
Justificação de faltas

As faltas dadas pelos praticantes desportivos de alto rendimento durante o período de preparação e participação em competições desportivas devem ser justificadas mediante entrega de declaração comprovativa emitida pelo IDP, I. P., sem prejuízo das consequências escolares daí decorrentes, nos termos do estabelecido no Estatuto do Aluno dos Ensinos Básico e Secundário, aprovado pela Lei n.º 30/2002, de 30 de Dezembro, alterada pela Lei n.º 3/2008, de 18 de Janeiro.

ARTIGO 17.º
Alteração de datas de provas de avaliação

1. As provas de avaliação de conhecimentos de alunos praticantes desportivos de alto rendimento devem ser fixadas em data que não colida com o período de participação nas respectivas competições desportivas.

2. Para além do disposto no número anterior, podem ser fixadas épocas especiais de avaliação.
3. O disposto no n.º 1 pode ser alargado ao período de preparação anterior à competição, sob proposta da respectiva federação desportiva.
4. A alteração da data das provas de avaliação e a fixação de épocas especiais devem ser requeridas pelo aluno, que, para tanto, deve apresentar declaração comprovativa da sua participação desportiva, emitida pelo IDP, I. P., mediante solicitação da respectiva federação desportiva.

ARTIGO 18.º
Transferência de estabelecimento de ensino

1. O praticante desportivo de alto rendimento, quando o exercício da sua actividade desportiva o justificar, tem direito à transferência de estabelecimento de ensino.
2. Pode ser facultada aos praticantes referidos no número anterior, mediante parecer fundamentado do respectivo professor acompanhante, a possibilidade de frequentar as aulas noutro estabelecimento de ensino.
3. Cabe ao aluno requerer a aplicação das medidas referidas nos números anteriores, devendo o requerimento ser instruído com declaração comprovativa emitida pelo IDP, I. P.

ARTIGO 19.º
Professor acompanhante

Nos estabelecimentos de ensino frequentados por praticantes desportivos de alto rendimento deve ser designado pelos órgãos de gestão do estabelecimento um docente para acompanhar a evolução do seu aproveitamento escolar, detectar eventuais dificuldades e propor medidas para a sua resolução.

ARTIGO 20.º
Aulas de compensação

Cabe ao professor acompanhante, sempre que o entenda necessário, propor a leccionação de aulas de compensação aos alunos que beneficiem da aplicação das medidas de apoio ao alto rendimento.

ARTIGO 21.º
Aproveitamento escolar

1. A concessão das medidas de apoio na área escolar depende de aproveitamento escolar, tendo em atenção as diferentes variáveis que integram a actividade escolar e desportiva do praticante.
2. No final de cada ano lectivo deve ser elaborado pelo professor acompanhante um relatório sobre o aproveitamento escolar de cada um dos praticantes que

beneficiem das medidas de apoio previstas nos artigos anteriores, que deve ser enviado ao IDP, I. P.

ARTIGO 22.º
Bolsas académicas

1. Podem ser concedidas, por despacho do membro do Governo responsável pela área do desporto, bolsas académicas aos praticantes desportivos de alto rendimento que desejem frequentar, no País ou no estrangeiro, estabelecimentos de ensino que desenvolvam modelos de compatibilização entre o respectivo plano de estudos e o regime de treinos daqueles.

2. As regras de atribuição das bolsas a que se refere o número anterior constam de portaria conjunta dos membros do Governo responsáveis pelas áreas da educação e do desporto.([99])

CAPÍTULO IV
Dispensa temporária de funções

ARTIGO 23.º
Trabalhadores em funções públicas

1. Aos praticantes desportivos de alto rendimento que sejam trabalhadores em funções públicas pode ser concedida licença especial pelo período de tempo necessário à sua preparação e participação nas provas constantes do plano estabelecido pela federação respectiva.

2. A licença referida no número anterior é concedida por despacho do membro do Governo responsável pela área do desporto, sob proposta da federação desportiva, sendo dado conhecimento ao respectivo órgão ou serviço.

3. A concessão da licença especial determina a dispensa temporária do exercício de funções, sem prejuízo da sua contagem para efeitos de antiguidade, reforma, aposentação e fruição de benefícios sociais.

4. Durante o período da licença, a remuneração é assegurada pelo IDP, I. P., através das verbas afectas às federações desportivas para apoio ao alto rendimento, ficando de igual modo sujeita aos descontos previstos na lei.

5. Na estrita necessidade de desenvolvimento da sua actividade desportiva, o praticante pode ser sujeito a mobilidade interna para órgão ou serviço onde seja possível exercer as respectivas funções sem prejuízo da sua actividade desportiva.

([99]) V. Portaria n.º 205/98, de 28 de Março [25].

ARTIGO 24.º
Trabalhadores do sector privado

1. Os praticantes desportivos de alto rendimento podem ser dispensados da prestação de trabalho pelas entidades empregadoras, pelo tempo necessário à sua preparação e participação desportivas, a pedido do IDP, I. P., sendo tais ausências caracterizadas como faltas justificadas não pagas.

2. Não sendo concedida a dispensa e caso estejam esgotadas outras vias de resolução negociada, podem os praticantes ser requisitados, nos termos do n.º 2 do artigo anterior, com fundamento no interesse público nacional das provas em que participam.

3. Nos casos referidos nos números anteriores é aplicável o disposto no n.º 4 do artigo anterior.

4. Os trabalhadores que beneficiem das medidas previstas no presente artigo não podem ser prejudicados na respectiva carreira profissional ou na percepção de regalias ou benefícios concedidos, designadamente em razão da assiduidade.

5. A concessão de apoios pelas entidades empregadoras de praticantes desportivos de alto rendimento pode ser objecto de convenção a celebrar com o IDP, I. P., nomeadamente no tocante a contrapartidas referentes à promoção da imagem da empresa.

CAPÍTULO V
Medidas de apoio para os treinadores e árbitros

ARTIGO 25.º
Medidas de apoio

1. Os treinadores e árbitros desportivos de alto rendimento, como tal inscritos no registo de agentes desportivos de alto rendimento, beneficiam, com as necessárias adaptações, do disposto nos artigos 15.º, 16.º, 17.º, 23.º e 24.º, mediante despacho fundamentado do membro do Governo responsável pela área do desporto, a requerimento dos interessados, ouvidos o IDP, I. P., e a respectiva federação desportiva.

2. Podem beneficiar do disposto no número anterior os treinadores e árbitros que se desloquem a congressos ou outros eventos de nível internacional, reconhecidos de interesse público pelo membro do Governo responsável pela área do desporto.

ARTIGO 26.º
Formação

Os treinadores desportivos de alto rendimento têm direito a aceder a formação especializada, segundo modelos a definir por despacho do membro do Governo responsável pela área do desporto.

CAPÍTULO VI
Acesso a formação superior, especializada e profissional

ARTIGO 27.º
Acesso, ingresso e transferência no ensino superior

1. Os praticantes desportivos de alto rendimento, titulares de um curso de ensino secundário ou de habilitação legalmente equivalente, beneficiam do regime especial de acesso ao ensino superior a que se refere a alínea *f)* do artigo 3.º do Decreto-Lei n.º 393-A/99, de 2 de Outubro.

2. Os estudantes abrangidos pelo número anterior podem requerer a matrícula e inscrição em par estabelecimento/curso de ensino superior para que tenham realizado as provas de ingresso respectivas e tenham obtido as classificações mínimas fixadas pelo estabelecimento de ensino superior para as provas de ingresso e para nota de candidatura no âmbito do regime geral de acesso.

3. Sempre que tal seja indispensável à sua preparação, os praticantes desportivos de alto rendimento podem obter a transferência de estabelecimento de ensino, mediante declaração comprovativa emitida pelo IDP, I. P.

ARTIGO 28.º
Cursos de formação de treinadores

Os praticantes referidos no artigo anterior gozam de preferência na frequência de cursos de formação de treinadores da modalidade que praticam, quaisquer que sejam a especialidade e a entidade promotora.

ARTIGO 29.º
Outros cursos de formação

1. Aos praticantes de alto rendimento de nível A ou B é facilitada a frequência de cursos de formação profissional ou de valorização académica, ainda que alheios à área desportiva, através da concessão de bolsas, sempre que a insuficiência económica do praticante e as demais circunstâncias do caso o justifiquem.

2. As regras de atribuição das bolsas a que se refere o número anterior constam de portaria conjunta dos membros do Governo responsáveis pelas áreas das finanças, do trabalho e do desporto.

CAPÍTULO VII
Outros apoios

ARTIGO 30.º
Bolsas de alto rendimento

1. As federações desportivas devem proporcionar aos praticantes desportivos de alto rendimento os apoios materiais necessários à sua preparação.
2. O Estado compartipa, nos termos definidos nos contratos-programa a que se refere o artigo 12.º, nos encargos que para a federação desportiva resultem da aplicação do disposto no número anterior, tendo por referência máxima o valor mínimo das tabelas de bolsas do Projecto Olímpico.
3. As bolsas referidas no presente artigo não são cumuláveis com as que decorrem do Projectos Olímpico ou Paralímpico.

ARTIGO 31.º
Utilização de infra-estruturas desportivas

Aos praticantes desportivos de alto rendimento são garantidas especiais condições de utilização das infra-estruturas desportivas de que careçam no âmbito da sua preparação, designadamente no que se refere aos centros de alto rendimento, assegurando-se-lhes a sua utilização prioritária.

ARTIGO 32.º
Prémios

1. Aos praticantes desportivos de alto rendimento que obtenham resultados desportivos correspondentes aos níveis máximos de rendimento da modalidade são atribuídos prémios em reconhecimento do valor e mérito daqueles êxitos desportivos.
2. Os resultados desportivos a considerar, o montante dos prémios e os termos da sua eventual atribuição cumulativa à equipa técnica e aos clubes desportivos que participaram na formação e enquadramento do praticante são fixados por portaria do membro do Governo responsável pela área do desporto.
3. Para efeitos do disposto no número anterior, os prémios são estabelecidos de forma diferenciada consoante se trate de modalidades olímpicas, não olímpicas ou reservadas a cidadãos com deficiências ou incapacidades e, nuns e noutros casos, consoante se trate de modalidades individuais ou colectivas.

ARTIGO 33.º
Apoio médico

1. A assistência médica especializada aos praticantes desportivos em regime de alto rendimento é prestada através dos serviços de medicina desportiva.

2. O estatuto de praticante em regime de alto rendimento pressupõe a comprovação da aptidão física, através de exames médicos a efectuar nos serviços de medicina desportiva.

ARTIGO 34.º
Seguro especial

Os praticantes desportivos de alto rendimento estão abrangidos por um seguro especial, nos termos do Decreto-Lei n.º 10/2009, de 12 de Janeiro.

CAPÍTULO VIII
Deveres do praticante desportivo de alto rendimento

ARTIGO 35.º
Deveres gerais e especiais

1. Os praticantes desportivos de alto rendimento devem esforçar-se por observar, em todas as circunstâncias, um comportamento exemplar, por forma a valorizar a imagem da respectiva modalidade desportiva, da selecção nacional em que está integrado e de Portugal.

2. Os praticantes desportivos referidos no presente artigo devem estar disponíveis para acções de natureza pública de promoção da respectiva modalidade desportiva, ou do desporto em geral, salvo impossibilidade devidamente justificada junto do IDP, I. P.

3. Os praticantes desportivos de alto rendimento são regularmente submetidos a exames de carácter aleatório, em competição ou fora dela, determinados pela autoridade desportiva competente e tendentes a verificar se se encontram sob efeito de dopagem.

4. Os praticantes e os demais agentes desportivos devem respeitar os planos apresentados ao IDP, I. P., bem como integrar as selecções nacionais quando para elas foram convocados.

5. Os praticantes desportivos de alto rendimento, logo que decidam deixar de integrar os planos e programas de provas ou competições desportivas com vista à obtenção de resultados desportivos de alto nível, devem do facto informar, para além da respectiva federação, o Comité Olímpico ou Paralímpico, respectivamente, e o IDP, I. P.

ARTIGO 36.º
Contrato do praticante de alto rendimento

1. O praticante desportivo que seja inscrito no registo dos agentes desportivos de alto rendimento deve subscrever um contrato com a respectiva federação despor-

tiva e o IDP, I. P., do qual constem os respectivos direitos e obrigações, bem como as sanções para o seu incumprimento.

2. No caso dos praticantes integrados no Projecto Olímpico ou Paralímpico, tal contrato é subscrito, respectivamente, pelo Comité Olímpico de Portugal ou pelo Comité Paralímpico de Portugal.

3. O modelo tipo de contrato referido no presente artigo é aprovado por despacho do membro do Governo responsável pela área do desporto.

ARTIGO 37.º
Suspensão e cessação de apoio

1. O incumprimento dos deveres previstos nos artigos anteriores, bem como de quaisquer outros impostos por lei ou regulamentos desportivos, pode acarretar a suspensão ou cessação das medidas de apoio previstas no presente decreto-lei, considerada a gravidade do caso.

2. A suspensão ou cessação das medidas de apoio deve ser precedida de procedimento adequado, com garantia dos direitos de defesa e de recurso.

3. Em casos de especial gravidade, pode ser determinada a suspensão preventiva dos apoios previstos no presente decreto-lei, mediante comunicação devidamente fundamentada.

4. As sanções referidas no presente artigo são aplicadas por despacho do membro do Governo responsável pela área do desporto.

ARTIGO 38.º
Dopagem

Para além do dever especial a que os praticantes desportivos de alto rendimento estão sujeitos, nos termos do n.º 1 do artigo 35.º, constitui obrigação profissional dos agentes desportivos responsáveis pelo enquadramento do alto rendimento zelar para que os respectivos praticantes se abstenham da violação de qualquer norma antidopagem.

CAPÍTULO IX
Medidas de apoio ao pós-carreira

ARTIGO 39.º
Subvenção temporária de reintegração

Aos praticantes desportivos de alto rendimento, que tenham integrado de forma seguida ou interpolada o Projecto Olímpico ou Paralímpico por um mínimo de oito anos, é garantido, após o termo da sua carreira, o direito à percepção de uma subvenção temporária de reintegração, de montante idêntico ao nível da última bolsa que auferiram no âmbito daqueles Projectos, a suportar pelo IDP, I. P., com os seguintes limites:

a) Caso tenham obtido medalha: subvenção mensal correspondente a 1 mês por cada semestre, até ao limite de 36 meses;

b) Caso tenham obtido diploma: subvenção mensal correspondente a 1 mês por cada semestre, até ao limite de 24 meses;

c) Nos restantes casos: subvenção mensal correspondente a 1 mês por semestre, até ao limite de 16 meses.

ARTIGO 40.º
Seguro social voluntário

Os praticantes desportivos de alto rendimento que beneficiem de bolsas fixadas ou contratualizadas com o Estado e que, preenchendo as demais condições legais, se inscrevam no seguro social voluntário, têm direito à assunção, por parte do IDP, I. P., dos encargos resultantes das contribuições que incidem sobre o primeiro dos escalões da base de incidência contributiva estabelecida na lei geral, correndo por conta própria o acréscimo de encargos decorrente da opção por uma base de incidência superior.

ARTIGO 41.º
**Apoio à contratação de praticantes
de alto rendimento**

O contrato de trabalho sem termo celebrado com praticante desportivo que tenha estado inserido no regime de alto rendimento, nos níveis A ou B, durante, pelo menos, oito anos seguidos ou interpolados, é considerado, para efeitos de contribuições para o sistema previdencial de segurança social, como contrato de trabalho celebrado com jovem à procura de primeiro emprego.

ARTIGO 42.º
Acesso a procedimentos concursais de recrutamento

1. Os praticantes desportivos que tenham estado inseridos no regime de alto rendimento, nos níveis A ou B, durante, pelo menos, oito anos seguidos ou interpolados, têm direito a candidatar-se aos concursos internos de ingresso nos serviços e organismos da administração central, regional e local, incluindo institutos públicos, nas modalidades de serviços personalizados do Estado e de fundos públicos.

2. A candidatura referida no número anterior é condicionada à prova de que o candidato possui as habilitações literárias legalmente exigidas para o concurso em causa e preenche as condições gerais e especiais de admissão ao concurso.

3. O direito previsto neste artigo caduca decorridos dois anos após o termo da carreira do praticante de alto rendimento, devidamente certificada pelo IDP, I. P.

ARTIGO 43.º
Acesso ao ensino superior no pós-carreira

Os praticantes desportivos de alto rendimento referidos no n.º 1 do artigo 27.º que não tenham usado a faculdade aí prevista podem, no prazo de três anos a contar do termo da respectiva carreira, beneficiar do regime especial de acesso ao ensino superior mencionado no mesmo artigo.

CAPÍTULO X
Disposições finais e transitórias

ARTIGO 44.º
Praticantes desportivos não profissionais de alta competição

1. Os praticantes desportivos não profissionais de alta competição que, à data da entrada em vigor do Decreto-Lei n.º 10/2009, de 12 de Janeiro, possuíssem, pelo menos, 12 anos naquela situação e não constem, durante aquele período de tempo, ainda que parcialmente, do registo organizado pelo IDP, I. P., para os praticantes com estatuto de alta competição, podem, no prazo de três meses a contar da data da entrada em vigor do presente decreto-lei, requerer a sua inclusão no referido registo.

2. Para os efeitos do disposto no número anterior, os praticantes desportivos ali mencionados devem instruir o pedido com os seguintes elementos:

a) Indicação dos resultados desportivos que permitam a atribuição do estatuto de alta competição;

b) Currículo desportivo contendo os principais resultados e classificações obtidos em competições de nível nacional e internacional e, ainda, o posicionamento obtido nos rankings da modalidade, no caso das modalidades desportivas individuais;

c) Dados relativos à sua situação escolar, profissional e militar, nos anos em referência no pedido;

d) Declaração da qual conste que a sua omissão no registo mencionado no n.º 1, com referência aos anos indicados no pedido, não procede de facto que lhe seja imputável, devendo, neste caso, serem indicadas as razões pelas quais tal omissão se verifica.

3. Os elementos referidos nas alíneas *a)* a *d)* do número anterior devem ser confirmados pela federação desportiva na qual se encontre filiado o requerente, nos anos em falta no registo.

4. O prazo referido no n.º 1 conta-se nos termos do artigo 279.º do Código Civil e a não apresentação do requerimento aí referido, nesse prazo, determina a caducidade do respectivo direito.

5. Os elementos indicados no n.º 2 são organizados em função dos anos pelos quais é requerida a inclusão no registo relativo aos praticantes com estatuto de alta competição.

ARTIGO 45.º
Requerimento

Os requerimentos apresentados ao abrigo do artigo anterior são dirigidos ao presidente do IDP, I. P., que, sobre os mesmos, colhe o parecer quer do Comité Olímpico de Portugal quer da Confederação do Desporto de Portugal.

ARTIGO 46.º
Alteração ao Decreto-Lei n.º 393-A/99, de 2 de Outubro

1. Os artigos 3.º, 18.º e 19.º do Decreto-Lei n.º 393-A/99, de 2 de Outubro, passam a ter a seguinte redacção:

«ARTIGO 3.º
[...]

...
a) ...
b) ...
c) ...
d) ...
e) ...
f) Praticantes desportivos de alto rendimento;
g) ...

ARTIGO 18.º
[...]

São abrangidos pelo regime da alínea *f)* do artigo 3.º os estudantes que satisfaçam, cumulativamente, as seguintes condições:

a) Sejam titulares de um curso de ensino secundário ou de habilitação legalmente equivalente;

b) Preencham as condições previstas na alínea *c)* do artigo 2.º ou no artigo 43.º do Decreto-Lei n.º 272/2009, de 1 de Outubro.

ARTIGO 19.º
[...]

Os estudantes abrangidos por este regime podem requerer a matrícula e inscrição em par estabelecimento/curso de ensino superior para que tenham realizado as provas de ingresso respectivas e tenham obtido as classificações mínimas fixadas pelos estabelecimentos de ensino superior para as provas de ingresso e para nota de candidatura no âmbito do regime geral de acesso.»

2. A epígrafe da secção VI do Decreto-Lei n.º 393-A/99, de 2 de Outubro, passa a ter a seguinte redacção: «Praticantes desportivos de alto rendimento».

ARTIGO 47.º
Norma revogatória

São revogados o Decreto-Lei n.º 125/95, de 31 de Maio, alterado pelo Decreto--Lei n.º 123/96, de 10 de Agosto, e a Portaria n.º 947/95, de 1 de Agosto.([100])

Visto e aprovado em Conselho de Ministros de 5 de Agosto de 2009. – *Fernando Teixeira dos Santos – Carlos Manuel Baptista Lobo – Jorge Lacão Costa – José António Fonseca Vieira da Silva – Ana Maria Teodoro Jorge – Maria de Lurdes Reis Rodrigues – Manuel Frederico Tojal de Valsassina Heitor.*

Promulgado em 18 de Setembro de 2009.

Publique-se.

O Presidente da República, ANÍBAL CAVACO SILVA.

Referendado em 21 de Setembro de 2009.

O Primeiro-Ministro, *José Sócrates Carvalho Pinto de Sousa.*

([100]) V. ainda as Portarias n.os 737/91 (*Bolsas académicas aos praticantes de alta competição*), 738/91 (*Formas específicas de apoio ao subsistema de alta competição*) e 739/91 (*Requisição de técnicos e dirigentes dedicados ao subsistema de alta competição*), todas de 1 de Agosto. Note-se que tais Portarias vieram regulamentar o Decreto-Lei n.º 257/90, de 7 de Agosto, que foi revogado pelo Decreto-Lei n.º 125/95.

[25]
Portaria n.º 205/98, de 28 de Março

Concessão de bolsas académicas a praticantes de alta competição

1. No âmbito das medidas específicas de apoio ao desenvolvimento da alta competição, o Decreto-Lei n.º 257/90, de 7 de Agosto, instituía a possibilidade da concessão de bolsas académicas aos praticantes de alta competição que desejassem frequentar, no País ou no estrangeiro, estabelecimentos de ensino que desenvolvessem modelos de compatibilização entre o respectivo plano de estudos e o regime de treinos daqueles. A regulamentação de tal concessão veio a ser feita pela Portaria n.º 737/91, de 1 de Agosto.

Os referidos diplomas legais foram revogados pelo Decreto-Lei n.º 125/95, de 31 de Maio, que manteve o mesmo princípio quanto à possibilidade de concessão de bolsas, apenas o alargando a uma nova categoria, a dos praticantes integrados no percurso de alta competição.

2. Não obstante o maior interesse de que se reveste a atribuição de bolsas académicas a praticantes em regime de alta competição – o estudo e o desporto complementam-se e potencializam-se reciprocamente na formação do indivíduo –, deve reconhecer-se que a medida existente não teve expressão no domínio da anterior legislação, porventura porque o condicionalismo estabelecido se revelou demasiado restritivo.

Alteraram-se, por isso, princípios que informavam a anterior portaria, passando a condição desportiva do praticante a ser o factor mais influente para a atribuição da bolsa académica, abandonando-se o critério da insuficiência económica dos candidatos ou a prévia existência de uma bolsa atribuída por outra entidade.

Dada a natureza específica destas bolsas académicas, não se estabeleceram mesmo critérios rígidos de apreciação, nem tal seria adequado, mas cometeu-se ao IND a obrigação de intervir activamente na instrução do processo, a ser, eventualmente, ainda mais aprofundada por iniciativa do próprio membro do Governo que tutela a área do desporto, em ordem a assegurar-se o rigor da decisão.

Assim, em cumprimento do disposto no n.º 2 do artigo 18.º do Decreto-Lei n.º 125/95, de 31 de Maio:

Manda o Governo, pelos Ministros das Finanças e Adjunto, o seguinte:

1.º Aos praticantes em regime de alta competição que se proponham frequentar, no País ou no estrangeiro, estabelecimentos de ensino superior que desenvolvam modelos de compatibilização entre o plano de estudos e um regime de preparação desportiva adequado poderão ser concedidas, por despacho do membro do Governo que tutela a área do desporto, bolsas académicas até ao montante correspondente ao somatório dos custos de alojamento, de alimentação e de propinas de matrícula e inscrição.

2.º Os custos de alojamento, de alimentação e de propinas de matrícula e inscrição a considerar para determinação do limite até ao qual as bolsas podem ser concedidas são os que constarem de declaração emitida pelo estabelecimento de ensino superior que o praticante se propõe frequentar.

3.º Aos praticantes que beneficiem de outras bolsas ou de outra espécie de apoio financeiro, concedidos por entidades nacionais ou estrangeiras, tendo em vista o propósito referido no n.º 1.º, só poderão ser concedidas bolsas até ao montante que, adicionado ao daquelas bolsas e apoios, não exceda o limite que a bolsa académica podia atingir.

4.º Em casos excepcionais, devidamente fundamentados, poderá acrescer à bolsa académica que for atribuída um subsídio adicional para despesas gerais, o qual não poderá exceder 25% do valor da bolsa académica completa.

5.º As bolsas a conceder ao abrigo desta portaria terão como base propostas devidamente fundamentadas e instruídas, a serem apresentadas ao Instituto Nacional do Desporto (IND) pelas federações dotadas de utilidade pública desportiva com a antecedência mínima de 90 dias em relação à data prevista para o ingresso do praticante no estabelecimento de ensino que pretenda frequentar.

6.º Das propostas referidas no número anterior devem constar os seguintes elementos:
a) Identificação do praticante, acompanhada de fotocópia simples do bilhete de identidade, do seu currículo desportivo actualizado e de informação sobre a sua situação escolar;
b) Declaração dos rendimentos dos membros do agregado familiar e sua comprovação, através, designadamente, de fotocópia simples das últimas declarações do IRS por eles prestadas;
c) Fundamentação da entidade proponente especificando o interesse que a concessão da bolsa reveste para o praticante do ponto de vista desportivo e académico, bem como para o desenvolvimento da modalidade e para a elevação do nível da representação nacional;

d) Indicação do estabelecimento de ensino superior e do curso que se pretende frequentar e informação detalhada sobre a preparação desportiva que será proporcionada;

e) Documento comprovativo da admissão no estabelecimento de ensino superior e indicação do respectivo modelo de compatibilização entre o plano de estudos e o regime de preparação desportiva a ser observado;

f) Declaração referida no n.º 2.º desta portaria;

g) Declaração que ateste se para a mesma finalidade foi atribuída ao praticante, ou está pendente de apreciação, qualquer outra bolsa ou outra espécie de apoio financeiro e respectivos montantes;

h) Data prevista para ingresso do praticante no estabelecimento de ensino que se propõe frequentar;

i) Montante da bolsa que se pretende, sua justificação e duração.

7.º Quando não seja possível apresentar-se juntamente com a proposta o documento referido na alínea *e)* do número anterior, poderá o mesmo ser apresentado até 15 dias antes da data prevista para o ingresso do praticante no estabelecimento de ensino, só depois dessa apresentação se concretizando a concessão da bolsa.

8.º Recebida a proposta dentro do prazo estabelecido, o IND verificará se a mesma se encontra elaborada e instruída conforme disposto no n.º 6, devendo notificar a federação proponente para, no prazo que lhe for fixado, a completar ou esclarecer, sob pena de a mesma ser considerada sem efeito. O IND deverá igualmente solicitar às respectivas entidades os demais elementos que se mostrem necessários à apreciação do pedido.

9.º Considerada a proposta devidamente elaborada e instruída, ou completada ou esclarecida nos termos do número anterior, o IND elaborará o seu parecer e submeterá o processo a despacho do membro do Governo que tutela a área do desporto, o qual, antes de proferir a sua decisão final, poderá mandá-lo completar com os elementos que tenha por convenientes.

10.º No parecer referido no número anterior deverá o IND, considerando os elementos constantes do processo e outras circunstâncias que devam influir na decisão, pronunciar-se sobre a justificação da bolsa em apreço, no contexto de todas as propostas apresentadas, e sobre o montante a ser-lhe atribuído, designadamente face às disponibilidades orçamentais afectas ao efeito e às demais bolsas concedidas ou em curso de apreciação.

11.º A decisão final proferida pelo membro do Governo que tutela a área do desporto será comunicada à federação proponente e ao praticante interessado.

12.º A disponibilização das bolsas académicas concedidas concretizar-se-á nos termos que sejam estabelecidos em contrato-programa de desenvolvimento desportivo a celebrar entre o IND, a federação proponente e o praticante, sem prejuízo de outras entidades que nele devam outorgar, nos termos do artigo 7.° do Decreto-Lei n.° 432/91, de 6 de Novembro.

13.° Dos contratos-programa a que se refere o número anterior devem constar, para além dos estabelecidos na lei e dos que a especificidade do contrato justificar, os seguintes elementos:

a) Valor da bolsa, prazo por que é atribuída e prestações em que eventualmente se desdobre;

b) Objectivos escolares e desportivos a alcançar pelo praticante;

c) Obrigação da federação proponente, através de responsável técnico pelo praticante, de acompanhar o percurso escolar e desportivo do beneficiário da bolsa, prestando as respectivas informações ao IND nos prazos que forem estabelecidos;

d) Direitos e obrigações do beneficiário;

e) Causas de rescisão do contrato.

14.° A Secretaria de Estado do Desporto fornecerá anualmente ao Ministério dos Negócios Estrangeiros lista actualizada dos praticantes bolseiros, com indicação dos respectivos estabelecimentos de ensino, tendo em vista o enquadramento e necessário apoio pelas representações diplomáticas e consulares nacionais.

Presidência do Conselho de Ministros e Ministério das Finanças.

Assinada em 26 de Setembro de 1997.

Pelo Ministro das Finanças, *Maria Manuela de Brito Arcanjo Marques da Costa*, Secretária de Estado do Orçamento. – Pelo Ministro Adjunto, *Júlio Francisco Miranda Calha*, Secretário de Estado do Desporto.

[26]
Decreto-Lei n.º 393-A/99, de 2 de Outubro

**Regimes especiais de acesso e ingresso
no ensino superior**

O Decreto-Lei n.º 296-A/98, de 25 de Setembro, alterado pelo Decreto-Lei n.º 99/99, de 30 de Março, regulou o regime geral de acesso e ingresso no ensino superior, no novo quadro fixado pela redacção dada ao artigo 12.º da Lei de Bases do Sistema Educativo (Lei n.º 46/86, de 14 de Outubro) pela Lei n.º 115/97, de 19 de Setembro.

Através do presente diploma são regulados os regimes especiais de acesso e ingresso no ensino superior destinados a estudantes que reúnem condições habilitacionais e pessoais específicas, os quais sucedem aos regimes previstos no artigo 45.º do Decreto-Lei n.º 28-B/96, de 4 de Abril, alterado pelo Decreto-Lei n.º 75/97, de 3 de Abril, regulados pela Portaria n.º 317-B/96, de 29 de Julho, alterada pelas Portarias n.os 525-B/96, de 30 de Setembro, e 371/98, de 29 de Junho.

Assim:

Nos termos da alínea *a)* do n.º 1 do artigo 198.º da Constituição, o Governo decreta, para valer como lei geral da República, o seguinte:

CAPÍTULO I
Disposições gerais

ARTIGO 1.º
Objecto

O presente diploma regula os regimes especiais de acesso e ingresso no ensino superior.

ARTIGO 2.º
Âmbito e aplicação

1. Os regimes regulados pelo presente diploma aplicam-se ao acesso e ingresso nos estabelecimentos de ensino superior público, particular e cooperativo, para a frequência de cursos de bacharelato e licenciatura.

2. O presente diploma não se aplica aos cursos ministrados em estabelecimentos de ensino superior militar e policial.

ARTIGO 3.º
Beneficiários dos regimes especiais

Podem beneficiar de condições especiais de acesso, nos termos fixados pelo presente diploma, os estudantes que se encontrem numa das seguintes situações:
[…]
f) Praticantes desportivos de alto rendimento;([101])
[…].

ARTIGO 4.º
Restrições

1. Num ano lectivo cada estudante apenas pode requerer matrícula e inscrição através de um dos regimes especiais previstos no presente diploma.
2. Não podem requerer matrícula e inscrição através dos regimes especiais previstos no presente diploma os titulares de um curso superior português ou estrangeiro.
3. Exceptuam-se do disposto no número anterior:
a) Os titulares do grau de bacharel que pretendam prosseguir estudos tendo em vista a obtenção do grau de licenciado na mesma área;
b) Os requerentes ao abrigo da alínea *c)* do artigo 3.º.

ARTIGO 5.º
Titulares de um curso de ensino secundário português

Os estudantes que requeiram a matrícula e inscrição invocando a titularidade de um curso de ensino secundário português só o podem fazer para par estabelecimento/curso para que comprovem aprovação nas disciplinas do ensino secundário correspondentes às provas de ingresso exigidas no ano em causa.

ARTIGO 6.º
Cursos que exijam pré-requisitos ou requisitos especiais

1. O requerimento de matrícula e inscrição em pares estabelecimento/curso para os quais sejam exigidos pré-requisitos, nos termos do n.º 2 do artigo 16.º do Decreto--Lei n.º 296-A/98, está condicionado à satisfação destes.
2. O requerimento de matrícula e inscrição em pares estabelecimento/curso objecto de concurso local, nos termos da alínea *b)* do n.º 2 do artigo 7.º do Decreto--Lei n.º 296-A/98, está condicionado à satisfação dos requisitos especiais objecto de avaliação no concurso.

([101]) Alterado pelo artigo 46.º, n.º 1, do Decreto-Lei n.º 272/2009, de 1 de Outubro [24].

ARTIGO 7.º
Familiar

Para efeitos do presente diploma, entende-se por familiar o cônjuge, o parente e afim até ao 2.º grau da linha recta ou colateral que não tenha idade superior a 25 anos em 31 de Dezembro do ano em que requer a matrícula e inscrição.

CAPÍTULO II
Regimes especiais

[...]

SECÇÃO VI
Praticantes desportivos de alto rendimento([102])

ARTIGO 18.º([103])
Âmbito

São abrangidos pelo regime da alínea *f)* do artigo 3.º os estudantes que satisfaçam, cumulativamente, as seguintes condições:

a) Sejam titulares de um curso de ensino secundário ou de habilitação legalmente equivalente;

b) Preencham as condições previstas na alínea *c)* do artigo 2.º ou no artigo 43.º do Decreto-Lei n.º 272/2009, de 1 de Outubro.

ARTIGO 19.º([104])
Cursos para que podem requerer a matrícula e inscrição

Os estudantes abrangidos por este regime podem requerer a matrícula e inscrição em par estabelecimento/curso de ensino superior para que tenham realizado as provas de ingresso respectivas e tenham obtido as classificações mínimas fixadas pelos estabelecimentos de ensino superior para as provas de ingresso e para nota de candidatura no âmbito do regime geral de acesso.

[...]

([102]) Alterado pelo artigo 46.º, n.º 2, do Decreto-Lei n.º 272/2009, de 1 de Outubro **[24]**.
([103]) Alterado pelo artigo 46.º, n.º 1, do Decreto-Lei n.º 272/2009, de 1 de Outubro **[24]**.
([104]) Alterado pelo artigo 46.º, n.º 1, do Decreto-Lei n.º 272/2009, de 1 de Outubro **[24]**.

CAPÍTULO III
Colocação

ARTIGO 22.º
Limites

1. O número de estudantes abrangidos pelos regimes especiais previstos nas alíneas *a)*, *b)*, *d)*, *e)*, *f)* e *g)* do n.º 1 do artigo 3.º a admitir em cada par estabelecimento/curso para o conjunto dos regimes especiais não pode exceder, em cada ano lectivo, 10% das vagas aprovadas para o concurso nacional ou local de acesso ou para os concursos institucionais relativos ao ano em causa.

2. Quando o número de estudantes que requer matrícula e inscrição num par estabelecimento/curso exceder o limite previsto no número anterior, o director-geral do Ensino Superior pode autorizar, mediante a prévia anuência do estabelecimento de ensino, que o número de colocações exceda aquele limite.

3. O número de estudantes a admitir ao abrigo do regime especial a que se refere a alínea *c)* do n.º 1 do artigo 3.º é o fixado no acordo firmado entre as Forças Armadas e o estabelecimento de ensino em causa.

ARTIGO 23.º
Colocação

1. Os estudantes abrangidos pelos regimes especiais previstos nas alíneas *a)*, *b)*, *d)*, *e)*, *f)* e *g)* do n.º 1 do artigo 3.º são colocados, sempre que possível, no par estabelecimento/curso requerido.

2. A decisão sobre a colocação é da competência do director-geral do Ensino Superior, que procede a audição prévia do estabelecimento de ensino superior respectivo.

3. Caso o número de lugares disponíveis num par estabelecimento/curso seja inferior ao número de estudantes que nele requerem a matrícula e inscrição, o director-geral do Ensino Superior, considerando as outras preferências manifestadas pelos requerentes e as disponibilidades de lugares, procede à colocação dos estudantes ponderando, nomeadamente, as suas qualificações académicas e uma equilibrada repartição dos lugares pelos estudantes dos diferentes regimes.

ARTIGO 24.º
Prioridades

1. Os atletas praticantes com estatuto de alta competição têm prioridade sobre os atletas praticantes integrados no percurso de alta competição.

2. A prioridade a que se refere o número anterior aplica-se igualmente em relação aos estudantes a que se refere a alínea *a)*, *iii)*, do artigo 18.º

3. Os estudantes a que se referem os n.ºs 1 a 4 do artigo 14.º têm prioridade sobre aqueles a que se refere o n.º 5 do mesmo artigo.

CAPÍTULO IV
Disposições finais e transitórias

ARTIGO 25.º
Regulamentação

1. Compete ao Ministro da Educação aprovar, por portaria, o regulamento dos regimes especiais, o qual contempla:
   a) As regras a que obedece o requerimento de matrícula e inscrição;
   b) As condições de aplicação do disposto no n.º 4 do artigo 14.º.([105])
2. Compete ao director-geral do Ensino Superior fixar, por seu despacho, os prazos em que devem ser praticados os actos a que se refere o presente diploma.

ARTIGO 26.º
Curso congénere

Para efeitos do presente diploma, entende-se por curso congénere de um determinado curso aquele que, embora eventualmente designado de forma diferente, tenha o mesmo nível académico e ministre uma formação equivalente.

ARTIGO 27.º
Ensino superior particular e cooperativo

O requerimento de matrícula e inscrição em estabelecimento e curso de ensino superior particular e cooperativo está condicionado à obtenção, por parte do estudante, da prévia anuência do estabelecimento de ensino.

ARTIGO 28.º
Aplicação

Este diploma aplica-se ao acesso e ingresso a partir do ano lectivo de 1999-2000, inclusive.

ARTIGO 29.º
Regra transitória

1. O disposto no artigo 7.º só se aplica a partir do ano lectivo de 2000-2001, inclusive.
2. Para o ano lectivo de 1999-2000, para efeitos do presente diploma, entende-se por familiar o cônjuge, o parente e afim em qualquer grau da linha recta e até ao 3.º grau da linha colateral que não tenha idade superior a 25 anos em 31 de Dezembro do ano em que requer a matrícula e inscrição.

([105]) V. Portaria n.º 854-B/99, de 4 de Outubro.

ARTIGO 30.º
Entrada em vigor

O presente diploma entra em vigor no dia imediato ao da sua publicação.

[...]

Visto e aprovado em Conselho de Ministros de 26 de Agosto de 1999. – *António Manuel de Oliveira Guterres – Jaime José Matos da Gama – Jorge Paulo Sacadura Almeida Coelho – João Cardona Gomes Cravinho – Joaquim Augusto Nunes de Pina Moura – Eduardo Carrega Marçal Grilo – Maria de Belém Roseira Martins Coelho Henriques de Pina – José Sócrates Carvalho Pinto de Sousa.*

Promulgado em 29 de Setembro de 1999.

Publique-se.

O Presidente da República, JORGE SAMPAIO.

Referendado em 1 de Outubro de 1999.

O Primeiro-Ministro, *António Manuel de Oliveira Guterres*.

CAPÍTULO 3
Prémios e Condecorações

[27]
Decreto-Lei n.º 55/86, de 15 de Março([106])

Medalha desportiva

Pelo Decreto-Lei n.º 45/83, de 27 de Janeiro, sob a designação genérica de medalha desportiva, compreendendo quatro modalidades de condecoração devidamente hierarquizadas, foram aprovados os novos modelos destas insígnias e regulamentada a sua concessão.

Considerando, porém, que ao criar o modelo para a medalha desportiva não foram contemplados certos conceitos mais actualizados, predominantes nas correntes do pensamento sobre o desporto;

Considerando que a medalha deverá possuir uma maior dignidade e que se torna necessário instituir as cores adoptadas pelo desporto quando se trate de actos ou realizações de carácter oficial;

Considerando que tradicionalmente essas cores são o azul e o vermelho, representando a primeira a nobreza do espírito desportivo e a segunda o valor, a combatividade e o espírito agonístico;

Considerando que se torna necessário criar uma forma que permita condecorar os estandartes das instituições e colectividades desportivas:

Entendeu-se como necessário elaborar um novo diploma que tenha em conta o acima exposto e que venha, portanto, revogar o Decreto-Lei n.º 45/83, de 27 de Janeiro.

Deste modo:

O Governo decreta, nos termos da alínea *a)* do n.º 1 do artigo 201.º da Constituição, o seguinte:

([106]) Os modelos de medalhas que se anunciam *em anexo* neste diploma foram apresentados na Declaração da Secretaria-Geral da Presidência do Conselho de Ministros, publicada no *Diário da República*, I Série, Suplemento ao n.º 74, de 31/03/1986, p. 748 (18).

ART. 1.º A medalha desportiva, destinada a galardoar os serviços prestados ao desporto, compreende os seguintes graus:
Medalha de bons serviços desportivos;
Medalha de mérito desportivo;
Medalha de honra ao mérito desportivo;
Colar de honra ao mérito desportivo.

ART. 2.º A medalha de bons serviços desportivos destina-se a galardoar indivíduos, organismos ou instituições nacionais ou estrangeiros pelos serviços prestados em favor do desporto nacional, nomeadamente os dirigentes e praticantes desportivos nacionais, pelo valor da sua actuação em funções de direcção ou na prática de actividades desportivas.

ART. 3.º A medalha de mérito desportivo destina-se a galardoar serviços relevantes prestados ao desporto por nacionais ou estrangeiros e os desportistas que obtenham para Portugal classificações notáveis em competições internacionais.

ART. 4.º A medalha de honra ao mérito desportivo destina-se a galardoar individualidades e colectividades nacionais ou estrangeiras pelos serviços prestados em prol do desporto nacional e pela continuidade ou repetição de acções ou factos relevantes prestigiando o desporto nacional e o nome do País.

ART. 5.º O colar de honra ao mérito desportivo destina-se a individualidades e colectividades nacionais ou estrangeiras que se hajam distinguido por valioso e excepcional contributo prestado à causa do desporto e à aproximação desportiva entre os povos.

ART. 6.º As medalhas referidas nos artigos anteriores são conferidas por despacho do membro do Governo que tutelar a área do desporto.

ART. 7.º – 1. A medalha de bons serviços desportivos, conforme modelo em anexo, é de prata patinada, terá forma circular, com 0,045 m de diâmetro, e o anverso será um baixo-relevo de uma mulher, figurando a República Portuguesa, sentada numa cadeira de espaldar, segurando com a mão esquerda uma bandeira desfraldada e tendo na direita um ramo de oliveira; a seus pés encontra-se um ramo de palma, símbolo da vitória; na parte superior direita, e acompanhando a curvatura da forma, será inscrita a designação do grau, «BONS SERVIÇOS».
2. No verso será esculpido um escudo de tipo português contendo, em relevo, as cinco quinas dispostas em cruz, cada uma em escudo do mesmo tipo. A envolver o cantão dextro do chefe do escudo será inscrita a designação «DESPORTO».
3. A medalha de bons serviços desportivos usar-se-á com fivela pendendo de fita de seda de 0,03 m de largura, dividida longitudinalmente em três faixas iguais, duas das quais serão de cor azul e a do meio vermelha.

4. Aos agraciados com esta medalha é permitido o uso do laço da respectiva fita na botoeira do traje civil e o uso de miniatura da condecoração em traje de cerimónia.

ART. 8.º – 1. A medalha de mérito desportivo, conforme modelo em anexo, é idêntica à de bons serviços desportivos, substituída a designação «BONS SERVIÇOS» pela designação «MÉRITO» e acrescentada de dois ramos de louro entrelaçados na base da medalha, com a largura de 0,005 m, esculpidos em relevo no anverso e verso.

2. A medalha usar-se-á com fivela pendente de fita de seda idêntica ao anterior grau, tendo, porém, sobre a fivela, uma roseta da cor da fita, com o diâmetro de 0,01 m.

3. Aos agraciados com este grau é permitido o uso da roseta, com as dimensões atrás referidas, na botoeira do traje civil e o uso de miniatura da condecoração em traje de cerimónia.

ART. 9.º – 1. A medalha de honra ao mérito desportivo, conforme modelo em anexo, é idêntica à de mérito desportivo, substituindo a designação «MÉRITO» por «HONRA AO MÉRITO» e assentando sobre uma cruz pátea orbicular (cruz templária), com 0,065 m de diâmetro, esculpida no anverso e verso e esmaltada de vermelho.

2. A medalha usar-se-á com fivela pendente de uma fita de seda idêntica ao grau anterior, tendo, sobre a fivela, uma roseta das cores da fita, com o diâmetro de 0,014 m.

3. Aos agraciados com este grau é permitido o uso da roseta, com 0,014 m de diâmetro, na botoeira do traje civil e o uso de miniatura da condecoração em traje de cerimónia.

ART. 10.º – 1. O colar de honra ao mérito desportivo, conforme modelo em anexo, terá a forma da medalha de honra ao mérito desportivo, mas assente sobre uma estrela de quatro pontas raiadas em vermeil, acompanhando a forma circular da medalha.

2. A medalha penderá de um colar em prata, formado por palmas de louro entrelaçadas, alternando com escudos das cinco quinas.

3. Aos agraciados com este grau é permitido o uso, na botoeira, de uma roseta com 0,014 m de diâmetro, tendo ao meio uma coroa de louros entrelaçados, bem como o uso de miniatura em traje de cerimónia.

4. Nos actos solenes, esta insígnia será usada pendendo do colar.

ART. 11.º – 1. Os vários graus da medalha desportiva, quando atribuídos a colectividades, organismos e instituições, devem pender de laço com fitas de cor azul e vermelha.

2. Estes agraciados poderão usar a condecoração no seu estandarte e a insígnia da medalha no emblema ou selo que os identifique.

ART. 12.º Cada titular da medalha desportiva terá direito a receber um diploma, em cartolina, com uma esquadria das cores da fita da medalha, instituídas como cores a adoptar pelo desporto a nível oficial, tendo na parte superior o desenho da medalha suspensa do colar de honra ao mérito desportivo e a inscrição da legenda «Gente forte e de altos pensamentos».

ART. 13.º – 1. A todas as medalhas corresponderá um estojo forrado em pele azul, tendo na tampa uma aplicação, em baixo-relevo, com a esfera armilar e o escudo nacional envolvido por uma coroa de palmas de louro, acompanhada pela sigla «R. P.».
2. A almofada do interior será em veludo vermelho-escuro e o forro da tampa em tecido acetinado vermelho. O estojo deverá ainda conter as rosetas e laço correspondentes, para uso adequado nas botoeiras ou em traje feminino, bem como uma miniatura da medalha respectiva.

ART. 14.º Fica revogado o Decreto-Lei n.º 45/83, de 27 de Janeiro.

Visto e aprovado em Conselho de Ministros de 20 de Fevereiro de 1986. – *Aníbal António Cavaco Silva – João de Deus Rogado Salvador Pinheiro.*

Promulgado em 27 de Fevereiro de 1986.

Publique-se.

O Presidente da República, ANTÓNIO RAMALHO EANES.

Referendado em 4 de Março de 1986.

O Primeiro-Ministro, *Aníbal António Cavaco Silva.*

[28]
Portaria n.º 393/97, de 17 de Junho

**Concessão de prémios em reconhecimento
do valor e mérito dos resultados desportivos obtidos
pelos cidadãos deficientes em competições internacionais**

Na sequência da publicação do Decreto-Lei n.º 125/95, de 31 de Maio, e em desenvolvimento do disposto no n.º 2 do artigo 33.º, foi emitida a Portaria n.º 953/97, de 4 de Agosto, que fixou o montante dos prémios e os termos da sua atribuição a conceder aos praticantes em regime de alta competição que obtenham resultados desportivos correspondentes aos níveis máximos de rendimento da modalidade.

A referida portaria não abrangia os resultados de excelência obtidos pelos cidadãos deficientes na prática desportiva em competições internacionais.

Importa, pois, desenvolver a norma contida no artigo 40.º do Decreto-Lei n.º 125/95, de 31 de Maio, pelo que o Governo decidiu, ouvida a Federação Portuguesa de Desporto para Deficientes, fixar critérios para a concessão de prémios em reconhecimento do valor e mérito dos resultados desportivos obtidos pelos cidadãos deficientes em competições internacionais.

Sendo certo que o mérito revelado pelos cidadãos deficientes no campo desportivo constitui um reflexo das acções desenvolvidas em apoio da sua inserção social, os prémios agora previstos apresentam a dupla natureza de saudar o êxito desportivo do praticante e de apoiar as referidas acções de integração. Os encargos com os premios sao suportados em partes Iguais pelo Ministério da Solidariedade e Segurança Social e pelo membro do Governo que tutela a área do desporto.

Assim, ao abrigo do disposto no n.º 2 do artigo 33.º e no artigo 40.º do Decreto-Lei n.º 125/95, de 31 de Maio:

Manda o Governo, pelos Ministros da Solidariedade e Segurança Social e Adjunto, o seguinte:

1.º Aos cidadãos deficientes que se classifiquem num dos três primeiros lugares de provas dos jogos paraolímpicos ou de Campeonatos do Mundo ou da Europa e da Taça do Mundo de Boccia são concedidos os seguintes prémios:

a) Para praticantes de modalidades desportivas individuais:

1.º lugar no europeu e na Taça do Mundo de Boccia, 1000 contos, no mundial, 1500 contos, e nos jogos paraolímpicos, 2000 contos;
2.º lugar no europeu e na Taça do Mundo de Boccia, 500 contos, no mundial, 750 contos, e nos jogos paraolímpicos, 1000 contos;
3.º lugar no europeu e na Taça do Mundo de Boccia, 250 contos, no mundial, 500 contos, e nos jogos paraolímpicos, 750 contos;

b) Para cada praticante (titular ou suplente) das modalidades desportivas colectivas:

1.º lugar no europeu e na Taça do Mundo de Boccia, 500 contos, no mundial, 750 contos, e nos jogos paraolímpicos, 1000 contos;
2.º lugar no europeu e na Taça do Mundo de Boccia, 250 contos, no mundial, 275 contos, e nos jogos paraolímpicos, 500 contos;
3.º lugar no europeu e na Taça do Mundo de Boccia, 125 contos, no mundial, 250 contos, e nos jogos paraolímpicos, 375 contos.

2.º Os prémios são cumulativos até ao máximo de três medalhas – correspondentes aos três primeiros lugares obtidas pelo praticante. No caso de este conquistar mais de uma medalha no mesmo quadro competitivo, será atribuído por inteiro o prémio correspondente à melhor classificação, 50% do prémio relativo à segunda e 25% do prémio relativo à terceira.

3.º À equipa técnica dos praticantes referidos no n.º 1 são concedidos prémios globais de montante igual ao atribuído a cada praticante das modalidades colectivas.

4.º Aos clubes desportivos ou a outras entidades que enquadrem e assegurem a formação do praticante são concedidos prémios globais de montante igual ao destes, a repartir de acordo com os critérios fixados pela Federação Portuguesa de Desporto para Deficientes.

5.º Para efeitos do disposto nos números anteriores, são consideradas as áreas de deficiência, modalidades, disciplinas e provas incluídas no programa oficial dos jogos paraolímpicos homologadas e confirmadas pelo Comité Paraolímpico Internacional (IPC), considerando-se que fazem parte do programa oficial se constarem do programa oficial dos jogos paraolímpicos do quadriénio em curso ou, na sua falta, do programa oficial anterior.

6.º Para além do disposto no número anterior, poderão ser consideradas, para os efeitos do presente diploma, outras provas desportivas de elevado prestígio e nível competitivo, como tal reconhecidas pelo membro do Governo que tutela o desporto, com base em proposta fundamentada da Federação Portuguesa de Desporto para Deficientes.

7.º No caso de as provas referidas no número anterior terem tido lugar em modalidades ou disciplinas não incluídas no programa oficial dos jogos paraolímpicos, deverá ter-se em conta o índice de penetração da respectiva área de deficiência ou classe em Portugal e no Mundo, bem como o número de países e praticantes inscritos na prova.

8.º Nas competições de modalidades desportivas tipicamente individuais em que houver lugar a classificações por equipa, o praticante não pode acumular o prémio resultante da sua classificação individual com o que for atribuído em função da classificação por equipa.

9.º A obtenção de recordes alcançados em modalidades e disciplinas incluídas no programa oficial dos jogos paraolímpicos confere ao praticante direito a um prémio de, respectivamente, 1500 contos (campeonato do Mundo), 1000 contos (campeonato europeu e Taça do Mundo de Boccia) e 500 contos (jogos paraolímpicos), sendo tais prémios acumuláveis com os prémios referidos no n.º 1.

10.º À equipa técnica dos praticantes referidos no número anterior será atribuído um prémio global de montante correspondente a metade do que for atribuído ao praticante, sendo tais prémios acumuláveis com os prémios referidos no n.º 3.

11.º Os prémios previstos no presente diploma são concedidos com base em comunicação feita ao Instituto Nacional do Desporto pela Federação Portuguesa de Desporto para Deficientes acerca da obtenção do êxito desportivo que confere a sua atribuição, o qual deverá estar devidamente homologado.

12.º Na comunicação referida no número anterior são indicados o técnico e respectiva equipa que apoiaram o praticante para efeitos da atribuição do respectivo prémio global, bem como o clube desportivo ou outra entidade que enquadre o praticante.

Presidência do Conselho de Ministros e Ministério da Solidariedade e Segurança Social.

Assinada em 29 de Abril de 1997.

O Ministro da Solidariedade e Segurança Social, *Eduardo Luís Barreto Ferro Rodrigues*. – Pelo Ministro Adjunto, *Júlio Francisco Miranda Calha*, Secretário de Estado do Desporto.

[29]

Portaria n.º 211/98, de 3 de Abril

Prémios a conceder aos praticantes desportivos das disciplinas das modalidades integradas no programa olímpico

As alterações introduzidas ao Decreto-Lei n.º 125/95, de 31 de Maio, pelo Decreto-Lei n.º 123/96, de 10 de Agosto, e a constatação da crescente elevação do nível competitivo de alguns campeonatos internacionais, a que acresce o facto de a Portaria n.º 953/95, de 4 de Agosto, já vigorar há quase três anos, impõem que se proceda à fixação de novos valores e à adequação da atribuição de prémios à realidade desportiva actual.

Deste modo, ao abrigo do disposto no n.º 2 do artigo 33.º do Decreto-Lei n.º 125/95, de 31 de Maio:

Manda o Governo, pelo Secretário de Estado do Desporto, o seguinte:

1.º Aos praticantes desportivos das disciplinas das modalidades integradas no programa olímpico que se classificarem num dos três primeiros lugares dos jogos olímpicos e dos campeonatos do mundo e da Europa, no escalão absoluto, são concedidos os seguintes prémios:

a) Aos praticantes de modalidades individuais:

Jogos olímpicos – 1.º lugar, 6000 contos; 2.º lugar, 4500 contos; 3.º lugar, 3500 contos;

Campeonatos do mundo – 1.º lugar, 3000 contos; 2.º lugar, 2250 contos; 3.º lugar, 1750 contos;

Campeonatos da Europa – 1.º lugar, 2250 contos; 2.º lugar, 1750 contos; 3.º lugar, 1250 contos;

b) A cada praticante (titular ou suplente) das modalidades colectivas: 50% dos valores previstos na alínea anterior.

2.º Nos campeonatos do mundo e da Europa de pista coberta, de corta-mato e de piscina curta, organizados pelas respectivas Federações Internacionais de Atletismo e de Natação, aplica-se o referido na alínea *a)* do n.º 1.º

3.º Nas competições de modalidades individuais em que houver lugar a classificação por equipas, o praticante não poderá acumular o prémio resultante da sua classificação individual com o que for atribuído em função da classificação da equipa, sendo que os prémios a atribuir para a classificação da equipa são os previstos na alínea b) do n.º 1.º.

4.º Ao treinador ou equipa técnica dos praticantes referidos nos n.ºs 1.º e 2.º é concedido um prémio global de montante igual ao atribuído a cada praticante das modalidades colectivas.

5.º Aos clubes desportivos que enquadram e asseguraram a formação do praticante é igualmente concedido um prémio global de montante igual ao do praticante, a repartir de acordo com os critérios fixados pela respectiva federação desportiva.

6.º Poderá o membro do Governo responsável pela área do desporto autorizar que os campeonatos do mundo ou da Europa, de modalidades e disciplinas que não façam parte do programa olímpico, sejam objecto de apoio, no âmbito deste diploma, mediante proposta fundamentada da respectiva federação e parecer favorável do Comité Olímpico de Portugal e da Confederação do Desporto de Portugal.

7.º O valor dos prémios a atribuir nos casos previstos no número anterior é definido casuisticamente pelo membro do Governo que tutela a área do desporto, em função do número de países e de praticantes que disputaram a respectiva competição, bem como do índice de penetração da modalidade em Portugal e no mundo.

8.º A obtenção de recordes do mundo ou da Europa alcançados em modalidades e disciplinas olímpicas confere ao praticante direito a um prémio de, respectivamente, 3000 e 2250 contos, acumulável com os prémios referidos no n.º 1.º O mesmo se aplica aos praticantes que obtenham recordes olímpicos, sendo que, neste caso, o valor considerado será igual ao definido pela obtenção de recordes da Europa.

9.º Ao treinador ou equipa técnica dos praticantes referidos no número anterior será atribuído um prémio global no valor de 50% do previsto para o praticante.

10.º Os prémios previstos na presente portaria deverão ser solicitados ao Instituto Nacional do Desporto, constando desta solicitação o treinador ou membros da equipa técnica que enquadram o praticante e o clube ou clubes respectivos.

11.º O treinador ou membros da equipa técnica deverão constar dos documentos previstos no n.º 2 do artigo 7.º do Decreto-Lei n.º 125/95, de 31 de Maio([107]), bem como o clube desportivo que enquadra o praticante ou praticantes.

([107]) Revogado pelo artigo 47.º do Decreto-Lei n.º 272/2009, de 1 de Outubro [24].

12.º Mediante despacho do membro do Governo que tutela a área do desporto, a classificação num dos três primeiros lugares de provas dos campeonatos do mundo ou da Europa em escalões etários de juvenis, juniores ou equivalentes poderá ser objecto de apoio financeiro à actividade desportiva do clube que enquadra o praticante, bem como dos clubes que asseguraram a formação do mesmo, a repartir de acordo com os critérios fixados pela respectiva federação.

13.º O apoio financeiro referido no número anterior é concretizado pela atribuição de 50% do montante que seria atribuído ao clube no caso de o praticante pertencer ao escalão absoluto.

14.º É revogada a Portaria n.º 953/95, de 4 de Agosto.

15.º A presente portaria produz efeitos a partir de 1 de Janeiro de 1998.

Presidência do Conselho de Ministros.

Assinada em 11 de Março de 1998.

Pelo Ministro Adjunto do Primeiro Ministro, *Júlio Francisco Miranda Calha*, Secretário de Estado do Desporto.

CAPÍTULO 4

Seguro Desportivo

[30]
Decreto-Lei n.º 10/2009, de 12 de Janeiro

Regime jurídico do seguro desportivo obrigatório

A Lei de Bases da Actividade Física e do Desporto, Lei n.º 5/2007, de 16 de Janeiro, prevê no seu artigo 42.º a instituição de um sistema de seguros, nomeadamente um seguro obrigatório para todos os agentes desportivos, um seguro para instalações desportivas e um seguro para manifestações desportivas.

Também o artigo 43.º do mesmo diploma, referindo-se às obrigações das entidades prestadoras de serviços desportivos, estabelece a existência obrigatória de seguros relativos a acidentes ou doenças decorrentes da prática desportiva.

O desporto, até por definição, é uma actividade predominantemente física, exercitada com carácter competitivo. Cobrir os riscos, através da instituição do seguro obrigatório, é uma necessidade absoluta para a segurança dos praticantes.

Para alcançar tal desiderato, no desenvolvimento da Lei n.º 1/90, de 13 de Janeiro, Lei de Bases do Sistema Desportivo, foi publicado o Decreto-Lei n.º 146/93, de 26 de Abril, diploma pelo qual se instituiu o regime jurídico do seguro desportivo, enquanto seguro obrigatório.

Com os seguros obrigatórios atende-se a uma necessidade social fundamental, a de assegurar que o beneficiário chegue, efectivamente, a usufruir da cobertura. É certo que um sistema de seguros não evita o risco, mas previne o perigo de as vítimas não obterem o ressarcimento.

A doutrina vem apontando um conjunto de riscos susceptíveis de serem abrangidos pelo seguro desportivo, nomeadamente os riscos sobre a integridade física dos praticantes, os riscos sobre a integridade física dos espectadores ou terceiros, os riscos a que estão expostos os recursos humanos afectos ao evento desportivo e, bem assim, os riscos inerentes à deslocação para o local onde se realiza o evento desportivo.

Por outro lado, o risco coberto pelo seguro desportivo encontra-se perfeitamente balizado materialmente, isto é, apenas abrange os riscos para a saúde decorrentes da prática de uma modalidade desportiva. Correspondentemente, excluem-se do seguro os riscos derivados da prática de modalidades desportivas diversas.

De igual forma, a cobertura obrigatória apenas abrange o acidente, ou seja, não inclui toda a lesão derivada da prática desportiva, como sejam os processos degenerativos progressivos que não tenham a sua causa num evento fortuito, externo, violento e súbito.

Embora o quadro legal ainda em vigor tenha presente estas características, a experiência entretanto colhida, a par da reforma iniciada com a entrada em vigor da Lei de Bases da Actividade Física e do Desporto, aconselham à revisão do sistema em vigor, de forma a ultrapassar, por um lado, as críticas aos limites quantitativos das reparações em dinheiro e, por outro, com o seguro de vida garantido aos atletas de alto rendimento.

Para esse efeito foi constituído um grupo de trabalho, constituído por representantes do Estado, dos praticantes desportivos, das federações desportivas e dos seguradores, tendo em vista a implementação de novas regras para o seguro desportivo, de forma a compatibilizar a diferente situação dos diversos agentes desportivos.

Desta forma, o presente decreto-lei estabelece a obrigatoriedade do seguro desportivo para os agentes desportivos, para os praticantes de actividades desportivas em infra-estruturas desportivas abertas ao público e para os participantes em provas ou manifestações desportivas.

A responsabilidade pela celebração do contrato de seguro desportivo cabe às federações desportivas, às entidades que explorem infra-estruturas desportivas abertas ao público e às entidades que organizem provas ou manifestações desportivas.

Matéria nova neste diploma é a plasmada no artigo 4.º, pelo qual se estabelece que o regime jurídico de seguro obrigatório também se aplica a todos os agentes desportivos com deficiências ou incapacidades.

Assume igualmente relevância a proibição de as apólices de seguro desportivo não conterem exclusões que, interpretadas individualmente ou consideradas no seu conjunto, sejam contrárias à natureza da actividade desportiva ou provoquem um esvaziamento do objecto do contrato de seguro.

O presente decreto-lei inova, igualmente, quanto ao seguro desportivo para os praticantes de alto rendimento. Mantendo-se o sistema da existência de dois seguros paralelos, como sucede para os praticantes profissionais, vem, no entanto, clarificar-se os mecanismos para aferir da invalidez para a prática da modalidade ou especialidade desportiva pela qual o praticante se encontra integrado no regime de alto rendimento.

Procede-se também à revisão das coberturas mínimas quer para o seguro desportivo quer para o seguro do praticante de alto rendimento, prevendo-se a sua actualização automática.

Por último, é definido um novo regime sancionatório e prevê-se a possibilidade de o Instituto do Desporto de Portugal, I. P., quando expressamente autorizado pelo interessado, poder defender em juízo o interesse dos praticantes e outros agentes desportivos não profissionais.

Foram ouvidos os órgãos de governo próprios das regiões autónomas.

Assim:

No desenvolvimento do regime jurídico estabelecido na Lei n.º 5/2007, de 16 de Janeiro, e nos termos da alínea *c*) do n.º 1 do artigo 198.º da Constituição, o Governo decreta o seguinte:

CAPÍTULO I
Disposições gerais

ARTIGO 1.º
Objecto

O presente decreto-lei estabelece o regime jurídico do seguro desportivo obrigatório.

ARTIGO 2.º
Obrigatoriedade

1. Os agentes desportivos, os praticantes de actividades desportivas em infra-estruturas desportivas abertas ao público e os participantes em provas ou manifestações desportivas devem, obrigatoriamente, beneficiar de um contrato de seguro desportivo.

2. A responsabilidade pela celebração do contrato de seguro desportivo referido no número anterior cabe às federações desportivas, às entidades que explorem infra-estruturas desportivas abertas ao público e às entidades que organizem provas ou manifestações desportivas.

ARTIGO 3.º
Desporto escolar

O disposto no presente decreto-lei não se aplica aos riscos decorrentes da prática de actividades desportivas desenvolvidas no âmbito do desporto escolar.

ARTIGO 4.º
Agentes desportivos com deficiências
ou incapacidades

O regime jurídico de seguro obrigatório previsto no presente decreto-lei aplica-se a todos os agentes desportivos com deficiência ou incapacidades, tendo em vista a sua plena integração e participação sociais, em igualdade de oportunidades com os demais agentes desportivos.

ARTIGO 5.º
Coberturas mínimas

1. O seguro desportivo cobre os riscos de acidentes pessoais inerentes à respectiva actividade desportiva, nomeadamente os que decorrem dos treinos, das provas desportivas e respectivas deslocações, dentro e fora do território português.

2. As coberturas mínimas abrangidas pelo seguro desportivo são as seguintes:
   a) Pagamento de um capital por morte ou invalidez permanente, total ou parcial, por acidente decorrente da actividade desportiva;

b) Pagamento de despesas de tratamento, incluindo internamento hospitalar, e de repatriamento.

3. O seguro desportivo dos praticantes abrangidos pelo regime de alto rendimento tem coberturas e valores mínimos diferenciados, nos termos do disposto no artigo 11.º

ARTIGO 6.º
Exclusões

As apólices de seguro desportivo não podem conter exclusões que, interpretadas individualmente ou consideradas no seu conjunto, sejam contrárias à natureza da actividade desportiva ou provoquem um esvaziamento do objecto do contrato de seguro.

CAPÍTULO II
Do seguro dos agentes desportivos

ARTIGO 7.º
Agentes desportivos

Para efeitos do disposto no presente decreto-lei são agentes desportivos, nomeadamente:
a) Praticantes desportivos federados;
b) Árbitros, juízes e cronometristas;
c) Treinadores de desporto;
d) Dirigentes desportivos.

ARTIGO 8.º
Seguro desportivo de grupo

1. As federações desportivas instituem um seguro desportivo de grupo, mediante contrato celebrado com os seguradores, ao qual é obrigatória a adesão dos agentes desportivos mencionados no artigo anterior nelas inscritos.

2. Cabe às federações desportivas a responsabilidade pelo pagamento do prémio do seguro de grupo aos seguradores.

3. Ficam isentos da obrigação de aderir ao seguro desportivo de grupo os agentes desportivos que façam prova, mediante certificado emitido por um segurador, de que estão abrangidos por uma apólice que garanta um nível de cobertura igual ou superior ao mínimo legalmente exigido para o seguro desportivo.

ARTIGO 9.º
Adesão ao seguro desportivo de grupo

1. A adesão individual dos agentes desportivos mencionados no artigo 7.º ao seguro desportivo de grupo realiza-se no momento da sua inscrição nas federações desportivas.

2. A comparticipação devida por cada aderente ao seguro desportivo de grupo é definida por deliberação dos órgãos competentes da respectiva federação.

3. A prestação prevista no número anterior é paga no momento da inscrição ou respectiva renovação na federação desportiva.

ARTIGO 10.º
Início da produção de efeitos

Relativamente a cada agente desportivo, a cobertura do seguro desportivo de grupo produz efeitos desde o momento da inscrição na federação e mantém-se enquanto esta vigorar.

ARTIGO 11.º
Seguro do praticante no regime de alto rendimento

1. Os praticantes desportivos no regime de alto rendimento estão abrangidos por um seguro de saúde com as coberturas e capitais mínimos fixados no presente decreto-lei.

2. Em caso de acidente decorrente da actividade desportiva, os praticantes desportivos no regime de alto rendimento, sem prejuízo das coberturas previstas para o seguro desportivo de grupo, são ainda obrigatoriamente abrangidos por um seguro garantindo um capital por invalidez permanente com os valores mínimos fixados no presente decreto-lei.

3. A invalidez referida no número anterior respeita à modalidade ou especialidade desportiva pela qual o praticante se encontra integrado no regime de alto rendimento e é aferida por uma comissão tripartida.

4. Cabe ao Instituto do Desporto de Portugal, I. P. (IDP, I. P.), a responsabilidade pela celebração e pagamento dos prémios dos contratos de seguro previstos no presente artigo.

ARTIGO 12.º
Comissão tripartida

1. A comissão tripartida a que se refere o n.º 3 do artigo anterior tem a seguinte composição:

a) Um médico designado pelo Instituto Nacional de Medicina Legal, I. P., que preside;

b) Um médico em representação da entidade responsável pela reparação do acidente;

c) Um médico designado pelo praticante, ou, se for menor, pelo seu legal representante.

2. Sempre que for entendido conveniente pela comissão ou por algum dos seus elementos, pode ser solicitada a audição de outros médicos, nomeadamente especialistas em medicina desportiva designados pelo IDP, I. P.

3. A comissão reúne sempre que necessário e nas instalações do centro de medicina desportiva correspondente à NUT II da área de residência do praticante desportivo.

4. Cabe ao IDP, I. P., fornecer o apoio técnico, logístico e material que se mostre necessário ao funcionamento da comissão tripartida.

ARTIGO 13.º
Seguro do praticante profissional

O seguro desportivo de grupo em favor do praticante profissional tem natureza complementar relativamente ao seguro de acidentes de trabalho.

CAPÍTULO III
Infra-estruturas e provas ou manifestações desportivas

ARTIGO 14.º
Entidades prestadoras de serviços desportivos

1. As entidades prestadoras de serviços desportivos, públicas ou privadas, celebram um contrato de seguro desportivo, com as coberturas mínimas previstas no n.º 2 do artigo 5.º, a favor dos utentes ou clientes desses serviços.

2. A adesão ao seguro realiza-se no acto de inscrição ou contratualização junto das entidades mencionadas no número anterior.

3. O disposto nos números anteriores não se aplica aos agentes desportivos quando estes se encontrem abrangidos pelas coberturas mencionadas no n.º 2 do artigo 5.º

4. Para efeitos do disposto no presente artigo, a cobertura dos riscos inerentes às deslocações apenas abrange os praticantes federados.

ARTIGO 15.º
Seguro dos participantes em provas ou manifestações desportivas

1. As entidades que promovam ou organizem provas ou manifestações desportivas abertas ao público devem celebrar um contrato de seguro desportivo temporário, com as coberturas mínimas previstas no n.º 2 do artigo 5.º, a favor dos participantes não cobertos pelo seguro dos agentes desportivos, pelo seguro previsto no n.º 1 do artigo anterior ou pelo seguro escolar.

2. O seguro dos participantes em provas ou manifestações desportivas garante os riscos verificados no decurso da competição e nas deslocações inerentes.

3. A adesão ao seguro realiza-se no momento da inscrição na prova ou manifestação.

CAPÍTULO IV
Capitais mínimos obrigatórios

ARTIGO 16.º
Coberturas mínimas abrangidas pelo seguro desportivo

O contrato de seguro a que se refere o n.º 2 do artigo 5.º garante os seguintes montantes mínimos de capital:
 a) Morte – € 25 000;
 b) Despesas de funeral – € 2 000;
 c) Invalidez permanente absoluta – € 25 000;
 d) Invalidez permanente parcial – € 25 000, ponderado pelo grau de incapacidade fixado;
 e) Despesas de tratamento e repatriamento – € 4 000.

ARTIGO 17.º
Coberturas mínimas do seguro do praticante no regime de alto rendimento

O contrato de seguro a que se refere o artigo 11.º garante os seguintes montantes mínimos de capital:
 a) Seguro de saúde:
  i) Assistência hospitalar – € 15 000;
  ii) Assistência ambulatória – € 1 500;
 b) Invalidez permanente absoluta – € 50 000;
 c) Invalidez permanente parcial – € 50 000.

ARTIGO 18.º
Actualização das coberturas mínimas

As coberturas mínimas obrigatórias dos seguros são automaticamente actualizadas em Janeiro de cada ano, de acordo com o índice de preços do consumidor verificado no ano anterior e publicado pelo Instituto Nacional de Estatística, I. P.

ARTIGO 19.º
Franquias

1. Relativamente às coberturas a que se referem as alíneas *b)* e *e)* do artigo 16.º e a alínea *a)* do artigo 17.º, as partes estabelecem livremente a introdução de franquias e fixam o respectivo valor.

2. A franquia é suportada pelo segurado.

CAPÍTULO V
Regime sancionatório

ARTIGO 20.º
Falta de seguro

As entidades que incumpram a obrigação de celebrar e manter vigentes os contratos de seguro desportivo previstos no presente decreto-lei respondem, em caso de acidente decorrente da actividade desportiva, nos mesmos termos em que responderia o segurador, caso o seguro tivesse sido contratado.

ARTIGO 21.º
Contra-ordenação

1. Constitui contra-ordenação muito grave, punida com coima mínima de € 500 e máxima de € 3 000, por cada agente não segurado, a falta de contrato de seguro desportivo obrigatório a que se refere o artigo 2.º
2. A negligência é punível, sendo os limites máximo e mínimo da coima reduzidos para metade.

ARTIGO 22.º
Fiscalização

Sem prejuízo das competências atribuídas por lei a outras entidades, a fiscalização do cumprimento do disposto no presente decreto-lei compete ao IDP, I. P.

ARTIGO 23.º
Tramitação processual

1. O levantamento dos autos de notícia compete ao IDP, I. P., assim como às outras entidades policiais e fiscalizadoras no âmbito das suas competências.
2. A instrução dos processos de contra-ordenação, bem como a aplicação das coimas, compete ao IDP, I. P.
3. O produto da aplicação das coimas reverte a favor das seguintes entidades:
   a) 60 % para o Estado;
   b) 10 % para a entidade autuante;
   c) 30 % para a entidade que instruiu o processo.

CAPÍTULO VI
Disposições finais

ARTIGO 24.º
Defesa dos segurados

O IDP, I. P., quando expressamente autorizado pelo interessado, tem legitimidade para defender em juízo o interesse dos praticantes e outros agentes desportivos não profissionais, no âmbito dos seguros regulados pelo presente decreto-lei.

ARTIGO 25.º
Norma revogatória

São revogados o Decreto-Lei n.º 146/93, de 26 de Abril, a Portaria n.º 757/93, de 26 de Agosto, e a Portaria n.º 392/98, de 11 de Julho.

ARTIGO 26.º
Entrada em vigor

O presente decreto-lei entra em vigor no 1.º dia do mês seguinte ao da sua publicação.

Visto e aprovado em Conselho de Ministros de 7 de Novembro de 2008. – *José Sócrates Carvalho Pinto de Sousa – Fernando Teixeira dos Santos – Manuel Pedro Cunha da Silva Pereira – Alberto Bernardes Costa – José António Fonseca Vieira da Silva – Ana Maria Teodoro Jorge – Maria de Lurdes Reis Rodrigues.*

Promulgado em 23 de Dezembro de 2008.

Publique-se.

O Presidente da República, ANÍBAL CAVACO SILVA.

Referendado em 26 de Dezembro de 2008.

O Primeiro-Ministro, *José Sócrates Carvalho Pinto de Sousa.*

CAPÍTULO 5
Infra-Estruturas desportivas

[31]
Decreto-Lei n.º 141/2009, de 16 de Junho

Regime jurídico das instalações desportivas de uso público

O presente decreto-lei consagra o novo regime jurídico das instalações desportivas, procedendo à revogação do Decreto-Lei n.º 317/97, de 25 de Novembro, fundamentalmente, pela necessidade de compatibilização com o regime jurídico da urbanização e edificação, aprovado pelo Decreto-Lei n.º 555/99, de 16 de Dezembro, alterado pela Lei n.º 60/2007, de 4 de Setembro, em ordem a promover a simplificação dos procedimentos de instalação e a melhorar o enquadramento dos deveres dos proprietários e entidades responsáveis pela exploração e funcionamento das instalações desportivas.

Com o presente decreto-lei visa-se, igualmente, conformar os mecanismos procedimentais em matéria de instalação e funcionamento das instalações desportivas com as disposições constantes de diversos diplomas entretanto publicados, nomeadamente:

a) Lei n.º 159/99, de 14 de Setembro, que estabelece o quadro de transferência de atribuições e competências para as autarquias locais, designadamente em matéria de cultura, tempos livres e desporto;

b) Decreto-Lei n.º 309/2002, de 16 de Dezembro, que regula a instalação e o funcionamento dos recintos de espectáculos e de divertimentos públicos;

c) Decreto-Lei n.º 310/2002, de 18 de Dezembro, que regula o regime jurídico do licenciamento do exercício e da fiscalização de diversas actividades, tais como a realização de espectáculos desportivos, atribuindo-se às câmaras municipais competências em matéria de licenciamento anteriormente cometidas aos governos civis.

Em conformidade com a referida legislação e com o objectivo de melhorar a qualidade e a segurança dos serviços prestados aos utentes das instalações desportivas, o presente decreto-lei opera a algumas modificações ao regime de licenciamento, como a extinção da figura da licença de funcionamento, que é, nos termos do regime jurídico da urbanização e edificação, substituída pela autorização de utilização para actividades desportivas, titulada por alvará.

O regime jurídico estabelecido no presente decreto-lei passa também a abranger as instalações desportivas integradas em estabelecimentos de prestação de serviços de manutenção da condição física, independentemente da designação com que se identifiquem, sejam ginásios, academias ou clubes de saúde (*healthclubs*), medida que vai permitir a uniformização dos critérios de qualidade e segurança aplicáveis às instalações desportivas que fazem parte destes estabelecimentos e em igualdade com as exigências requeridas para as restantes instalações destinadas à prática desportiva.

É introduzida a obrigatoriedade de prévia indicação da entidade responsável pela exploração e do director ou responsável da instalação como condição necessária à concessão da autorização de utilização para actividades desportivas.

Por fim, é instituída a exigência de comunicação ao Instituto do Desporto de Portugal, I. P., das autorizações de utilização para actividades desportivas concedidas pela câmara municipal, cujos dados passam a ser registados na Carta das Instalações Desportivas, que integra a Carta Desportiva Nacional.

Foram ouvidos os órgãos de governo próprio das Regiões Autónomas e a Associação Nacional de Municípios Portugueses.

Assim:

No desenvolvimento do regime jurídico estabelecido pela Lei n.º 5/2007, de 16 de Janeiro, e nos termos das alíneas *a*) e *c*) do n.º 1 do artigo 198.º da Constituição, o Governo decreta o seguinte:

CAPÍTULO I
Disposições gerais

ARTIGO 1.º
Objecto

O presente decreto-lei estabelece o regime jurídico das instalações desportivas de uso público.

ARTIGO 2.º
Noção de instalação desportiva

Para efeitos do presente decreto-lei, entende-se por instalação desportiva o espaço edificado ou conjunto de espaços resultantes de construção fixa e permanente, organizados para a prática de actividades desportivas, que incluem as áreas de prática e as áreas anexas para os serviços de apoio e instalações complementares.

ARTIGO 3.º
Âmbito de aplicação

1. As disposições do presente decreto-lei aplicam-se às instalações desportivas de uso público, independentemente de a sua titularidade ser pública ou privada e visar, ou não, fins lucrativos.

2. O regime estabelecido pelo presente decreto-lei aplica-se igualmente aos estabelecimentos que prestam serviços desportivos na área da manutenção da condi-

ção física (*fitness*), designadamente aos ginásios, academias ou clubes de saúde (*healthclubs*), independentemente da designação adoptada e forma de exploração.

3. O presente decreto-lei aplica-se ainda às instalações desportivas que estejam integradas em complexos destinados à preparação e ao treino desportivo de alto rendimento, designadamente centros de estágios e centros de alto rendimento, independentemente da designação e forma de exploração.

ARTIGO 4.º
Exclusões

1. Não são abrangidas pelas disposições do presente decreto-lei as instalações desportivas destinadas a utilização em condições específicas e estejam integradas em:

a) Quartéis e recintos militares;
b) Recintos para uso privativo das forças de segurança pública;
c) Estabelecimentos prisionais;
d) Estabelecimentos termais e unidades de saúde e de reabilitação, sob supervisão médico-sanitária.

2. O presente decreto-lei não se aplica às instalações de tiro com armas de fogo, cuja instalação e funcionamento se encontra regulada pelas Leis n.ºs 5/2006, de 23 de Fevereiro, e 42/2006, de 25 de Agosto, e respectiva regulamentação.

3. O regime estabelecido no presente decreto-lei não se aplica, igualmente, às instalações desportivas que sejam acessórias ou complementares de estabelecimentos em que a actividade desportiva não constitui a função ou serviço principal, sem prejuízo da necessidade de reunirem as condições técnicas gerais e de segurança exigíveis para a respectiva tipologia, nos seguintes casos:

a) Instalações desportivas integradas em estabelecimentos de ensino, público ou privado, de qualquer grau;
b) Instalações desportivas integradas nos empreendimentos turísticos referidos no artigo 4.º do Decreto-Lei n.º 39/2008, de 7 de Março, excepto as que são citadas nas alíneas *a*), *e*) e *g*) do n.º 2 do artigo 15.º do mesmo decreto-lei.

4. O disposto no presente decreto-lei não se aplica, ainda, nos seguintes casos:

a) Aos espaços naturais de recreio e desporto, ou seja, aos locais com condições naturais para a realização de certas actividades recreativas sem recurso a obras de adaptação ou arranjo material, designadamente os locais para as actividades desportivas na natureza que se encontram reguladas pelo Decreto Regulamentar n.º 18/99, de 22 de Setembro, alterado pelo Decreto Regulamentar n.º 17/2003, de 10 de Outubro;
b) Aos espaços de jogo e recreio infantil, regulados pelo Decreto-Lei n.º 379//97, de 27 de Dezembro, e diplomas complementares;
c) Aos espaços e recintos não concebidos para usos desportivos que, por períodos de curta duração, sejam utilizados para acolher eventos ou manifestações desportivas, sem prejuízo da necessidade de reunirem as condições técnicas e de segurança aplicáveis;
d) Às instalações desportivas integradas em edifícios de habitação permanente, destinadas a uso recreativo e privativo dos seus residentes.

CAPÍTULO II
Tipologias e definições

ARTIGO 5.º
Tipologias de instalações desportivas

1. As instalações desportivas podem ser agrupadas nos seguintes tipos:
a) Instalações desportivas de base;
b) Instalações desportivas especializadas ou monodisciplinares;
c) Instalações desportivas especiais para o espectáculo desportivo.
2. As instalações desportivas de base podem subdividir-se em:
a) Instalações recreativas;
b) Instalações formativas.

ARTIGO 6.º
Instalações recreativas

1. São instalações recreativas as que se destinam a actividades desportivas com carácter informal ou sem sujeição a regras imperativas e permanentes, no âmbito das práticas recreativas, de manutenção e de lazer activo.
2. Consideram-se instalações recreativas, designadamente, as seguintes:
a) Recintos, pátios, minicampos e espaços elementares destinados a iniciação aos jogos desportivos, aos jogos tradicionais e aos exercícios físicos;
b) Espaços e percursos permanentes, organizados e concebidos para evolução livre, corridas ou exercícios de manutenção, incluindo o uso de patins ou bicicletas de recreio;
c) Salas e recintos cobertos, com área de prática de dimensões livres, para actividades de manutenção, lazer, jogos recreativos, jogos de mesa e jogos desportivos não codificados;
d) As piscinas cobertas ou ao ar livre, de configuração e dimensões livres, para usos recreativos, de lazer e de manutenção.

ARTIGO 7.º
Instalações formativas

1. São instalações formativas as instalações concebidas e destinadas para a educação desportiva de base e actividades propedêuticas de acesso a disciplinas desportivas especializadas, para aperfeiçoamento e treino desportivo, cujas características funcionais, construtivas e de polivalência são ajustadas aos requisitos decorrentes das regras desportivas que enquadram as modalidades desportivas a que se destinam.
2. Consideram-se instalações formativas, designadamente, as seguintes:
a) Grandes campos de jogos, destinados ao futebol, râguebi e hóquei em campo;
b) Pistas de atletismo, em anel fechado, ao ar livre e com traçado regulamentar;

c) Pavilhões desportivos e salas de desporto polivalentes;
d) Pequenos campos de jogos, campos polidesportivos, campos de ténis e ringues de patinagem, ao ar livre ou com simples cobertura;
e) Piscinas, ao ar livre ou cobertas, de aprendizagem, desportivas e polivalentes.

ARTIGO 8.º
Instalações desportivas especializadas

1. São instalações desportivas especializadas as instalações permanentes concebidas e organizadas para a prática de actividades desportivas monodisciplinares, em resultado da sua específica adaptação para a correspondente modalidade ou pela existência de condições naturais do local, e vocacionadas para a formação e o treino da respectiva disciplina.

2. Constituem-se como instalações desportivas especializadas, designadamente, as seguintes:
a) Pavilhões e salas de desporto destinados e apetrechados para uma modalidade específica;
b) Salas apetrechadas exclusivamente para desportos de combate;
c) Piscinas olímpicas, piscinas para saltos e tanques especiais para actividades subaquáticas;
d) Pistas de ciclismo em anel fechado e traçado regulamentar;
e) Instalações de tiro com armas de fogo;
f) Instalações de tiro com arco;
g) Pistas e infra-estruturas para os desportos motorizados em terra;
h) Instalações para a prática de desportos equestres;
i) Pistas de remo e de canoagem e infra-estruturas de terra para apoio a desportos náuticos;
j) Campos de golfe;
l) Outras instalações desportivas cuja natureza e características se conformem com o disposto no n.º 1.

3. Para efeitos do disposto no presente decreto-lei, consideram-se ainda instalações desportivas especializadas as integradas em infra-estruturas destinadas à preparação de desportistas, designadamente em centros de alto rendimento e centros de estágio desportivos.

ARTIGO 9.º
**Instalações desportivas especiais
para o espectáculo desportivo**

1. São instalações desportivas especiais para o espectáculo desportivo as instalações permanentes, concebidas e vocacionadas para acolher a realização de competições desportivas, e onde se conjugam os seguintes factores:
a) Expressiva capacidade para receber público e a existência de condições para albergar os meios de comunicação social;

b) Utilização prevalente em competições e eventos com altos níveis de prestação;

c) A incorporação de significativos e específicos recursos materiais e tecnológicos destinados a apoiar a realização e difusão pública de eventos desportivos.

2. Consideram-se instalações desportivas especiais para o espectáculo desportivo, designadamente, as seguintes:
   a) Estádios;
   b) Pavilhões multiusos desportivos;
   c) Estádios aquáticos e complexos de piscinas olímpicas;
   d) Hipódromos;
   e) Velódromos;
   f) Autódromos, motódromos, kartódromos e crossódromos;
   g) Estádios náuticos;
   h) Outros recintos que se configurem nos termos dos n.os 1 e 3 do presente artigo.

3. Os requisitos específicos que determinam a classificação das instalações previstas neste artigo são definidos na regulamentação a que se refere o artigo 14.º do presente decreto-lei.

CAPÍTULO III
Regime e competências

ARTIGO 10.º
Regime aplicável

1. A instalação e a modificação de instalações desportivas obedece ao regime jurídico da urbanização e da edificação (RJUE), aprovado pelo Decreto-Lei n.º 555//99, de 16 de Dezembro, e alterado pela Lei n.º 60/2007, de 4 de Setembro, e ao regime jurídico da acessibilidade constante do Decreto-Lei n.º 163/2006, de 8 de Agosto, com as especificidades estabelecidas no presente decreto-lei.

2. A abertura e funcionamento das instalações desportivas só pode ocorrer após emissão pela câmara municipal territorialmente competente do alvará de autorização de utilização do prédio ou fracção onde pretendem instalar-se as instalações desportivas e depende de prévia comunicação da entidade exploradora à câmara municipal.

3. As tipologias de instalações desportivas e os respectivos requisitos técnicos e de funcionamento são aprovados por portaria do membro do Governo responsável pela área do desporto, tendo em conta as respectivas especificidades.

4. Podem ser estabelecidas normas relativas a boas práticas ambientais a observar na construção e exploração das instalações desportivas abrangidas pelo presente decreto-lei por portaria conjunta dos membros do Governo responsáveis pelas áreas do desporto e do ambiente.

5. Para as instalações desportivas que se pretenda funcionem com mais de uma tipologia deve ser seguido o procedimento de controlo prévio da operação urbanística mais exigente.

ARTIGO 11.º
Competências do Instituto do Desporto de Portugal, I. P.

1. Compete ao Instituto do Desporto de Portugal, I. P. (IDP, I. P.), exercer as competências especialmente previstas no presente decreto-lei relativamente às instalações desportivas especializadas e especiais para o espectáculo desportivo.
2. Compete ao IDP, I. P., emitir parecer nos termos previstos no RJUE sobre:
   a) Projectos de instalações desportivas especializadas e especiais para o espectáculo desportivo;
   b) Conformidade dos projectos de instalações de tiro destinadas a acolher competições e eventos desportivos com as normas legais e regulamentares aplicáveis.
3. Compete ainda ao IDP, I. P., no âmbito do parecer referido no número anterior, fixar a capacidade máxima de utilização e da lotação de espectadores, tendo em conta as exigências da respectiva tipologia.

ARTIGO 12.º
Âmbito do parecer do IDP, I. P.

1. O parecer do IDP, I. P., incide sobre a conformidade das soluções funcionais e características construtivas propostas face à tipologia das instalações e às especificidades das actividades previstas, bem como sobre a observância das normas relativas a condições técnicas e de segurança aplicáveis.
2. O parecer referido no número anterior pode ter conclusão desfavorável com fundamento na não observância das disposições previstas no presente decreto-lei, bem como na existência de incompatibilidades com as demais disposições legais, técnicas e regulamentares aplicáveis.
3. O parecer do IDP, I. P., tem carácter vinculativo quando desfavorável ou sujeito a condição.
4. No prazo previsto para a emissão do parecer referido no presente artigo, o IDP, I. P., pode solicitar às federações desportivas titulares do estatuto de utilidade pública desportiva informação, não vinculativa, sobre a avaliação das condições de segurança requeridas para o tipo de uso previsto.

ARTIGO 13.º
Competências dos órgãos municipais

1. Compete aos órgãos municipais exercer as competências previstas no RJUE, com as especificidades constantes do presente decreto-lei.

2. Compete em especial à câmara municipal fixar a capacidade máxima de utilização e de acolhimento de eventual público nas instalações desportivas de base referidas nos artigos 6.º e 7.º, em função da respectiva tipologia e em conformidade com as normas técnicas e de segurança constantes da regulamentação prevista no artigo 14.º

3. Compete ainda à câmara municipal efectuar e manter actualizado o registo das instalações desportivas disponíveis no concelho em sistema de informação disponibilizado pelo IDP, I. P.

4. A câmara municipal envia ao IDP, I. P., até ao final do 1.º trimestre de cada ano, a lista dos alvarás de autorização de utilização de instalações desportivas emitidos.

CAPÍTULO IV
Instalação e funcionamento das instalações desportivas

ARTIGO 14.º
Condições técnicas e de segurança

1. Os requisitos em matéria de condições técnicas e de segurança das instalações desportivas são definidos na portaria do membro do Governo responsável pela área do desporto referida no n.º 3 do artigo 10.º

2. Aos estádios referidos na alínea *a*) do n.º 2 do artigo 9.º são aplicáveis as disposições constantes do regulamento das condições técnicas e de segurança dos estádios, aprovado pelo Decreto Regulamentar n.º 10/2001, de 7 de Junho.

ARTIGO 15.º
Contratualização

A câmara municipal pode contratualizar com o IDP, I. P., o acompanhamento do procedimento de instalação dos equipamentos desportivos referidos nos artigos 8.º e 9.º, para efeitos de dinamização do processo, designadamente através de prestação de assessoria técnica e promoção de reuniões de concertação entre a câmara municipal e o promotor.

ARTIGO 16.º
Autorização de utilização

1. Concluída a obra, o interessado requer a concessão da autorização de utilização para actividades desportivas, nos termos dos artigos 62.º e seguintes do RJUE, com as especificidades previstas no presente decreto-lei.

2. O pedido de concessão da autorização de utilização deve ser instruído nos termos do artigo 63.º do RJUE, com os elementos ali previstos.

ARTIGO 17.º
Emissão de alvará

O alvará da autorização de utilização para instalações desportivas deve conter, para além dos elementos referidos no n.º 5 do artigo 77.º do RJUE, as seguintes especificações:

a) Identificação tipológica da instalação ou instalações desportivas que a compõem, sua denominação e localização;

b) Nome do proprietário ou concessionário da exploração da instalação, bem como do director ou responsável pela instalação;

c) Indicação das actividades previstas e da capacidade máxima de utilização, descriminada para cada instalação ou espaço desportivo que integre no caso de complexos desportivos, centros de alto rendimento ou estabelecimentos de serviços de manutenção da condição física;

d) Lotação, em número máximo de espectadores admissíveis, para as actividades aí previstas.

ARTIGO 18.º
Abertura e funcionamento

1. Decorridos os prazos para emissão da autorização de utilização ou para realização da vistoria, nos termos do previsto no artigo 65.º do RJUE, o interessado na abertura ao público e início de funcionamento das instalações desportivas deve apresentar uma declaração à câmara municipal, através da submissão electrónica de formulário, instruída com os seguintes elementos:

a) Identificação da actividade ou actividades a que se vai dar início;

b) Declaração de responsabilidade de que as instalações cumprem todos os requisitos adequados ao exercício da actividade ou actividades pretendidas;

c) Cópia do regulamento de funcionamento das instalações desportivas que deve incluir instruções de segurança e planos de evacuação, nos termos da legislação em vigor.

2. A abertura ao público de complexos desportivos, centros de alto rendimento, centros de estágio e dos estabelecimentos que prestem serviços desportivos na área da manutenção da condição física (*fitness*), designadamente ginásios, academias ou clubes de saúde (*healthclubs*), é objecto de uma única comunicação para actividades desportivas sempre que a totalidade das actividades se inicie em conjunto.

3. Fora do caso previsto no número anterior, o início de nova actividade desportiva em complexo desportivo, centro de alto rendimento ou estabelecimento de serviços de manutenção da condição física depende de prévia declaração individualizada.

4. O comprovativo da declaração prévia a que se refere o n.º 1 constitui título válido de abertura e funcionamento das instalações.

5. O modelo da declaração a que se refere o n.º 1 é aprovado por portaria dos membros do Governo responsáveis pelas áreas do desporto e da administração local.

ARTIGO 19.º
Interrupção ou alterações ao funcionamento

1. O título de funcionamento das instalações desportivas caduca:

a) Se a instalação se mantiver encerrada por período superior a seis meses, que não resulte de interrupção para a realização de obras de conservação ou de reabilitação;

b) Se a instalação tiver sido objecto de obras ou intervenções que impliquem alteração da morfologia ou das condições funcionais ou de uso iniciais e que não resultem da adaptação a novas normas técnicas e de segurança.

2. O título de funcionamento de actividades desportivas não engloba as actividades de restauração e de bebidas que eventualmente funcionem nestas instalações, aplicando-se-lhes o regime previsto no Decreto-Lei n.º 234/2007, de 19 de Junho.

ARTIGO 20.º
**Regime aplicável às autarquias locais
e à Administração Pública**

1. Sem prejuízo do disposto no artigo 7.º do RJUE, a instalação e funcionamento de instalações desportivas promovidas pelas autarquias locais deve observar o regime estabelecido no presente decreto-lei, designadamente no que se refere ao cumprimento dos regulamentos e normas técnicas e de segurança aplicáveis, bem como à recolha do parecer do IDP, I. P., e das entidades externas ao município.

2. A abertura e funcionamento das instalações desportivas propriedade das autarquias depende dos termos de responsabilidade previstos no artigo 63.º do RJUE, bem como dos elementos referidos nas alíneas *a)*, e *b)* do artigo 17.º e nas alíneas *a)* e *c)* do n.º 1 do artigo 18.º

3. Sem prejuízo do disposto no artigo 7.º do RJUE, a instalação e funcionamento de instalações desportivas promovidas pela Administração Pública, em áreas sob a sua jurisdição e directamente relacionadas com a prossecução das suas atribuições, deve observar o cumprimento dos regulamentos e normas técnicas e de segurança aplicáveis.

ARTIGO 21.º
**Director ou responsável da instalação
desportiva**

O regime aplicável aos requisitos de habilitação, deveres e obrigações do director ou responsável da instalação, bem como da entidade responsável pela exploração, são definidos em legislação complementar.

CAPÍTULO V
Fiscalização e sanções

ARTIGO 22.º
Competência para a fiscalização

1. Sem prejuízo das competências das câmaras municipais previstas no RJUE e das competências atribuídas por lei a outras autoridades administrativas e policiais, compete à Autoridade de Segurança Alimentar e Económica (ASAE) fiscalizar o cumprimento do disposto no presente decreto-lei.

2. As autoridades administrativas e policiais que verifiquem infracções ao disposto no presente decreto-lei devem elaborar os respectivos autos de notícia, que remetem à câmara municipal e à ASAE, conforme o caso, no prazo máximo de 48 horas.

ARTIGO 23.º
Contra-ordenações

Constitui contra-ordenação, para efeitos do disposto no presente decreto-lei:

a) O exercício de actividades desportivas sem o necessário licenciamento ou com o desrespeito das condições técnicas e de segurança impostas nos termos do artigo 14.º do presente decreto-lei;

b) A oposição ou obstrução aos actos de inspecção e vistorias a realizar pelas entidades competentes e a recusa em facultar a estas entidades os elementos e esclarecimentos por elas solicitados;

c) A falta ou indisponibilização do regulamento referido na alínea *c)* do n.º 1 do artigo 18.º.

ARTIGO 24.º
Coimas

1. Constitui contra-ordenação muito grave, punida com coima entre € 500 e € 750, para pessoas singulares, e entre € 4500 e € 9000, para pessoas colectivas, a prática dos actos previstos na alínea *a)* do artigo anterior.

2. Constitui contra-ordenação grave, punida com coima entre € 250 e € 500, para pessoas singulares, e entre € 2500 e € 4500, para pessoas colectivas, a prática dos actos previstos na alínea *b)* do artigo anterior.

3. Constitui contra-ordenação leve, punida com coima entre € 100 e € 250, para pessoas singulares, e entre € 1000 e € 2500, para pessoas colectivas, a prática dos actos previstos na alínea *c)* do artigo anterior.

ARTIGO 25.º
Determinação da medida da coima

1. A determinação da medida da coima faz-se em função da gravidade da contra-ordenação, da culpa, da situação económica do agente e do benefício económico que este retirou da prática da contra-ordenação.

2. A tentativa e a negligência são puníveis, sendo os limites mínimo e máximo da coima reduzidos a metade.

ARTIGO 26.º
Sanções acessórias

1. Para além da coima que couber ao tipo de infracção cometida nos termos do artigo anterior, podem ser aplicadas as seguintes sanções acessórias:

   a) Interdição de realização da actividade ou actividades desportivas cujo exercício dependa da autorização da autoridade pública;
   b) Encerramento da instalação e cassação do título de funcionamento;
   c) Suspensão das actividades desportivas.

2. As sanções acessórias referidas no número anterior têm a duração máxima de dois anos contados a partir da decisão condenatória, findas as quais deve ser feita nova declaração de abertura e funcionamento de actividades desportivas, nos termos previstos no presente decreto-lei.

3. Quando for aplicada a sanção acessória de suspensão das actividades desportivas, o presidente da câmara municipal deve inscrever tal facto no registo de actividades desportivas pelo período de duração daquela sanção e promover a cassação do título de abertura.

4. Pode ser determinada a publicidade da aplicação de qualquer sanção, mediante uma das seguintes vias:

   a) Afixação da cópia da decisão pelo período de 30 dias, na própria instalação, em lugar e de forma bem visível;
   b) Publicação da decisão pela câmara municipal, em jornal de difusão nacional, regional ou local, de acordo com o lugar, a importância e os efeitos da infracção, a expensas da entidade responsável pelo funcionamento das instalações desportivas.

ARTIGO 27.º
Suspensão das actividades

1. Quando ocorram situações excepcionais ou que pela sua gravidade possam pôr em risco a segurança ou a integridade física dos utentes, bem como em caso de acidente ou desrespeito pelas disposições expressas no presente decreto-lei e nas normas complementares, a ASAE pode determinar a suspensão imediata do funcionamento da instalação desportiva, na sua totalidade ou em parte.

2. No caso de se verificarem situações de grave risco para a saúde pública, as autoridades de saúde podem determinar a suspensão imediata do funcionamento da instalação desportiva, na sua totalidade ou em parte, nos termos das disposições legais aplicáveis.

3. Sem prejuízo do disposto no número anterior, quando ocorram as situações nele previstas, o proprietário ou o responsável pela instalação desportiva deve dar imediato conhecimento à câmara municipal desse facto.

4. Nos casos previstos no número anterior, pode a câmara municipal, oficiosamente ou na sequência de solicitação do IDP, I. P., determinar a suspensão imediata do funcionamento da instalação e a realização de uma vistoria extraordinária.

5. A vistoria extraordinária deve ocorrer no prazo máximo de cinco dias após a comunicação da decisão a que se refere o número anterior.

ARTIGO 28.º
Competência sancionatória

1. A instrução dos processos de contra-ordenação referidos no presente decreto-lei compete à ASAE, sem prejuízo das competências das câmaras municipais previstas no RJUE e das competências atribuídas por lei a outras autoridades administrativas e policiais.

2. A aplicação das coimas é da competência da respectiva câmara municipal ou da Comissão de Aplicação de Coimas em Matéria Económica e de Publicidade (CACMEP), consoante os casos.

ARTIGO 29.º
Produto das coimas

1. O produto das coimas aplicadas pelo presidente da câmara municipal, no âmbito das respectivas competências, bem como as que são cobradas em juízo constituem receita do município.

2. O produto das coimas aplicadas pela CACMEP, no âmbito dos processos de contra-ordenação referidos no presente decreto-lei, reverte em:
   a) 60 % para o Estado;
   b) 20 % para a ASAE;
   c) 10 % para a entidade autuante;
   d) 10 % para a CACMEP.

ARTIGO 30.º
Direito subsidiário

O processamento das contra-ordenações e a aplicação das correspondentes sanções previstas no presente decreto-lei estão sujeitas ao regime geral das contra-ordenações.

CAPÍTULO VI
Disposições finais e transitórias

ARTIGO 31.º
Regime aplicável às instalações existentes

1. O presente decreto-lei aplica-se às instalações desportivas existentes à data da sua entrada em vigor sem prejuízo do disposto nos números seguintes.
2. O interessado no funcionamento das instalações desportivas dispõe do prazo de dois anos a contar da entrada em vigor do presente decreto-lei para emitir a declaração prevista no artigo 18.º e juntar os elementos nele referidos.
3. Para efeitos da aplicação do disposto no número anterior e sempre que necessário, as câmaras municipais promovem a realização de vistorias das instalações desportivas existentes na área do município.
4. O disposto neste artigo aplica-se, com as devidas adaptações, às instalações desportivas de propriedade das autarquias locais.

ARTIGO 32.º
Regiões Autónomas

O presente decreto-lei aplica-se às Regiões Autónomas dos Açores e da Madeira, com as devidas adaptações, nos termos da respectiva autonomia político-administrativa, cabendo a sua execução administrativa aos serviços e organismos das respectivas administrações regionais autónomas com atribuições e competências no âmbito do presente decreto-lei, sem prejuízo das atribuições das entidades de âmbito nacional.

ARTIGO 33.º
Norma revogatória

1. É revogado o Decreto-Lei n.º 317/97, de 25 de Novembro.[108]
2. São revogadas as alíneas *b*) e *c*) do artigo 2.º, o artigo 4.º e a alínea *b*) do n.º 1 do artigo 8.º do Decreto-Lei n.º 309/2002, de 16 de Dezembro.[109]

---

[108] V. o Decreto-Lei n.º 385/89, de 28 de Setembro (*Responsabilidade técnica pelas instalações desportivas abertas ao público*), o Decreto Regulamentar n.º 10/2001, de 7 de Junho (*Regulamento das condições técnicas e de segurança dos estádios*), o Decreto-Lei n.º 100/2003, de 23 de Maio (*Regulamento das condições técnicas e de segurança na concessão, instalação e manutenção das balizas de futebol, de andebol e hóquei e de pólo aquático e dos equipamentos de basquetebol existentes nas instalações desportivas de uso público*), bem como a Portaria n.º 1049/2004, de 19 de Agosto (*Seguro de responsabilidade civil por danos causados aos utilizadores em virtude de deficientes condições de instalação e manutenção dos equipamentos desportivos*): todos desenvolvem o regime jurídico do Decreto-Lei n.º 317/97, aqui revogado. V. ainda o Decreto Regulamentar n.º 34/95, de 16 de Dezembro (*Regulamento das condições técnicas e de segurança dos recintos de espectáculos e divertimentos públicos*).

[109] Regula a instalação e o financiamento de recintos de espectáculo, no âmbito das competências das Câmaras Municipais.

3. São revogadas as disposições da Portaria n.º 791/2007, de 17 de Julho, que se refiram aos ginásios e clubes de saúde (*healthclubs*).

ARTIGO 34.º
Entrada em vigor

O presente decreto-lei entra em vigor 60 dias após a sua publicação.

Visto e aprovado em Conselho de Ministros de 9 de Abril de 2009. – *José Sócrates Carvalho Pinto de Sousa – Manuel Pedro Cunha da Silva Pereira – Alberto Bernardes Costa – Humberto Delgado Ubach Chaves Rosa – Manuel António Gomes de Almeida de Pinho – Mário Lino Soares Correia.*

Promulgado em 4 de Junho de 2009.

Publique-se.

O Presidente da República, ANÍBAL CAVACO SILVA.

Referendado em 8 de Junho de 2009.

O Primeiro-Ministro, *José Sócrates Carvalho Pinto de Sousa.*

[32]
Decreto-Lei n.º 153-A/90, de 16 de Maio

Requisição de infra-estruturas desportivas

A lei fundamental comete ao Estado a promoção, estímulo e orientação da prática desportiva, em colaboração, nomeadamente, com associações e colectividades desportivas.

Passo importante na concretização daqueles objectivos representou a recente entrada em vigor da Lei n.º 1/90, de 13 de Janeiro, a qual aprovou as bases do sistema desportivo.

Nos termos do artigo 1.º daquele diploma, concebeu-se a generalização da actividade desportiva como factor cultural indispensável na formação plena da pessoa e da sociedade.

Mas, sendo certo que a Lei n.º 1/90 é uma lei de bases, a execução dos objectivos a que se propôs passa inquestionavelmente pelo seu desenvolvimento, facto que o respectivo artigo 41.º reconhece de forma inequívoca, ao impor o seu desenvolvimento normativo, enunciando exemplificativamente os domínios que daquele carecem.

Tendo precisamente em vista tal desiderato e sem embargo de o Governo já ter exercido a iniciativa legislativa nesse domínio, foi criada, pelo Despacho n.º 6//ME/90, publicado no *Diário da República*, 2.ª série, de 2 de Fevereiro de 1990, a Comissão para o Desenvolvimento da Lei de Bases do Sistema Desportivo, com o escopo de continuar a referida tarefa de desenvolvimento normativo.

No seguimento desta necessidade de desenvolvimento surge o presente diploma, tendo em conta o disposto no n.º 8 do artigo 36.º, e a necessidade de um regime especial de requisição face à existência de outros normativos neste domínio.

Como princípios fundamentais que norteiam o presente diploma impõe-se sublinhar a conciliação de direitos aparentemente antagónicos, mas cuja síntese não pode deixar de se balizar no respeito pela propriedade privada, na função social da propriedade e no direito da comunidade ao desporto.

Nessa óptica rodearam-se de particulares garantias o acto de requisição e a atribuição de uma justa indemnização, por forma a não penalizar desproporcionalmente os interesses dos particulares.

Assim:
No desenvolvimento do regime jurídico estabelecido pela Lei n.º 1/90, de 13 de Janeiro, e nos termos da alínea c) do n.º 1 do artigo 201.º da Constituição, o Governo decreta o seguinte:

ARTIGO 1.º
Requisição de infra-estruturas desportivas

1. Em caso de urgente necessidade e sempre que o justifique o interesse público e nacional, podem ser requisitadas infra-estruturas desportivas, objecto de propriedade de entidades privadas, para realização de competições desportivas adequadas à natureza daquelas, sendo observadas as garantias dos particulares e assegurado o pagamento de justa indemnização.
2. A requisição interpolada ou sucessiva de uma mesma infra-estrutura desportiva não pode exceder o período de 12 meses.
3. No caso de se manter a necessidade de ocupação para além do prazo referido no número anterior, antes de findo aquele deve ser promovida a expropriação, nos termos da lei geral.

ARTIGO 2.º
Uso das infra-estruturas requisitadas

1. As infra-estruturas requisitadas podem ser objecto de uso por instituições públicas ou particulares de interesse público.
2. Para efeitos do presente diploma consideram-se instituições particulares de interesse público as declaradas de mera utilidade pública, as de utilidade pública administrativa e as de solidariedade social.

ARTIGO 3.º
Acto de requisição

1. A requisição depende de prévio reconhecimento da sua necessidade por deliberação do Conselho de Ministros, nomeadamente quanto à verificação da urgência e do interesse público e nacional que a fundamentam, observados os princípios da adequação, indispensabilidade e proporcionalidade.
2. A requisição efectua-se mediante portaria do membro do Governo responsável pela área do desporto, oficiosamente ou a solicitação de uma das entidades referidas no artigo anterior.
3. A portaria que determine a requisição deve conter a fundamentação do interesse público e nacional, o respectivo objecto, o início e o termo daquela, o montante, forma, prazo de cumprimento e entidade responsável pelo pagamento da indemnização e a indicação da entidade a quem é atribuído o uso da infra-estrutura requisitada.
4. A portaria de requisição é publicada no *Diário da República*, podendo o particular reclamar no prazo de oito dias úteis, contados a partir da data de publicação.

ARTIGO 4.º
Instrução do pedido de requisição

1. A requisição a solicitação das entidades referidas no artigo 2.º é precedida de requerimento ao Ministro da Educação, que conterá os seguintes elementos:

a) Identificação do requerente;
b) Natureza e justificação da importância das competições desportivas;
c) Indispensabilidade das infra-estruturas a requisitar;
d) Prova documental das diligências efectuadas com vista ao uso das infra-estruturas em causa, com indicação das razões do respectivo inêxito.
e) Tempo de duração necessário da requisição;
f) Previsão dos encargos a suportar em execução da medida de requisição;
g) Entidade responsável pelo pagamento e forma de cumprimento da indemnização devida pela requisição;
h) Documento comprovativo de se encontrar regularizada a sua situação relativamente às suas obrigações fiscais e às contribuições para a Segurança Social.

2. Quando o requerente for instituição particular de interesse público, deve apresentar documento comprovativo de se encontrar caucionado, nos termos da lei, o fundo indispensável para o pagamento das indemnizações a que houver lugar.

3. No caso de se tratar de instituição pública, a portaria deve indicar a rubrica orçamental que suportará o pagamento das indemnizações a que houver lugar.

4. A pretensão presume-se indeferida se, no prazo de 15 dias, não for preferida decisão.

5. A Direcção-Geral dos Desportos, na fase de apreciação do requerimento, pode ser incumbida de mediar os interesses em causa, devendo, em qualquer caso, proceder à audição prévia dos proprietários das estruturas requisitadas.

ARTIGO 5.º
Indemnização

1. A requisição de infra-estruturas desportivas confere ao requisitado o direito a receber uma justa indemnização.

2. A justa indemnização não visa compensar o benefício alcançado pelo requisitante, mas ressarcir o prejuízo que para o requisitado advém da requisição.

3. A indemnização corresponderá a justa compensação, tendo em conta o capital empregado para a construção e manutenção dos bens requisitados e o seu normal rendimento, a depreciação derivada do respectivo uso e, bem assim, o lucro médio que o particular deixou de perceber por virtude da requisição.

4. A indemnização pode ser fixada mediante acordo expresso entre a entidade requisitante e a entidade proprietária ou, na falta deste, pelo Ministro da Educação, sob proposta da Direcção-Geral dos Desportos.

5. A indemnização prevista no número anterior não prejudica aquelas outras a que haja lugar por força do disposto no n.º 2 do artigo 6.º e no artigo 8.º

6. O pagamento da indemnização terá lugar no prazo máximo de 60 dias após a publicação do acto de requisição.

ARTIGO 6.º
Obrigações do beneficiário

1. São obrigações da entidade que, por força da requisição, use a infra-estrutura:

a) Pagar os encargos financeiros emergentes da requisição no prazo determinado;

b) Assegurar os encargos resultantes da realização da competição desportiva;

c) Não aplicar a infra-estrutura a fim diverso do constante na requisição;

d) Avisar imediatamente o proprietário sempre que tenha conhecimento de vícios na infra-estrutura;

e) Proceder à retirada de todas as benfeitorias ou materiais que por ela tenham sido colocados na infra-estrutura desportiva;

f) Restituir a infra-estrutura no termo da requisição, no estado em que esta se encontrava.

2. A entidade a favor de quem se operou a requisição é responsável pelos eventuais danos causados na infra-estrutura requisitada durante o período da requisição, salvo se esses danos resultarem de facto imputável ao proprietário, de vício da coisa, ou de caso fortuito ou de força maior.

ARTIGO 7.º
Direitos e deveres do proprietário

1. São direitos do proprietário das infra-estruturas objecto de requisição:

a) Usar, com os seus funcionários, atletas e utentes em geral, durante o período de tempo que durar a requisição, as infra-estruturas, mantendo nestas a actividade normal, desde que não se mostre incompatível, afecte, impeça ou por qualquer modo perturbe a preparação e a realização da competição desportiva a ter lugar;

b) Beneficiar, pelos seus sócios ou pessoas que possuam acesso privilegiado ou lugar cativo na infra-estrutura requisitada, para efeitos de assistência à competição desportiva, de um desconto não inferior a 20% sobre o valor de venda ao público do bilhete de ingresso;

c) Receber as indemnizações a que tenha direito, nos termos do presente diploma.

2. São deveres do proprietário das infra-estruturas objecto de requisição entregar à entidade a favor de quem se operar a requisição a infra-estrutura requisitada e assegurar-lhe o gozo desta, dentro dos limites da requisição.

ARTIGO 8.º
Publicidade existente na infra-estrutura

1. A publicidade existente na infra-estrutura requisitada pode ser mantida mediante acordo expresso entre a entidade proprietária e a requisitante, ou entre aquela e a entidade a favor de quem se efectuou a requisição.

2. Na falta do acordo a que se refere o número anterior, a publicidade pode ser retirada ou substituída pela entidade requisitante, ou pelo beneficiário da requisição, devendo ser reposta finda a requisição, sem prejuízo da existência de eventual dever de indemnização.

ARTIGO 9.º
Recurso contencioso

Do acto de requisição cabe recurso para os tribunais, nos termos da lei.

Visto e aprovado em Conselho de Ministros de 6 de Abril de 1990. – *Aníbal António Cavaco Silva – Luís Miguel Couceiro Pizarro Beleza – Roberto Artur da Luz Carneiro.*

Promulgado em 10 de Maio de 1990

Publique-se.

O Presidente da República, MÁRIO SOARES.

Referendado em 14 de Maio de 1990.

O Primeiro-Ministro, *Aníbal António Cavaco Silva.*

[33]
Decreto Regulamentar n.º 2-A/2005, de 24 de Março

**Utilização das vias públicas para a realização
de actividades de carácter desportivo, festivo ou outras
que possam afectar o trânsito normal**

A utilização das vias públicas para fins diferentes da normal circulação de peões e veículos encontra-se prevista no Código da Estrada, com carácter excepcional, tornando-se necessário regulamentar as condições em que tal utilização especial pode ter lugar, bem como os procedimentos conducentes à emissão das necessárias autorizações por parte das câmaras municipais, ao abrigo do disposto no artigo 9.º do Decreto-Lei n.º 44/2005, de 23 de Fevereiro.

Adicionalmente, é necessário regular a publicitação dos condicionamentos ou a suspensão do trânsito decorrentes quer das situações acima descritas quer de outras situações de suspensão ou condicionamento de trânsito previstas no artigo 9.º do Código da Estrada, aprovado pelo Decreto-Lei n.º 114/94, de 3 de Maio, na redacção que lhe foi conferida pelo Decreto-Lei n.º 44/2005, de 23 de Fevereiro.

Foi ouvida a Associação Nacional de Municípios Portugueses.

Assim:

Nos termos da alínea c) do artigo 199.º da Constituição, e ao abrigo das disposições conjugadas do n.º 1 do artigo 4.º e do artigo 9.º, ambas do Decreto-Lei n.º 44/2005, de 23 de Fevereiro, e do artigo 9.º do Código da Estrada, aprovado pelo Decreto-Lei n.º 114/94, de 3 de Maio, na última redacção conferida, o Governo decreta o seguinte:

ARTIGO 1.º
Âmbito de aplicação

O presente regulamento aplica-se à utilização das vias públicas para a realização de actividades de carácter desportivo, festivo ou outras que possam afectar o trânsito normal.

ARTIGO 2.º
Provas desportivas

Para efeitos do presente regulamento, consideram-se provas desportivas as manifestações desportivas realizadas total ou parcialmente na via pública com carácter de competição ou classificação entre os participantes.

ARTIGO 3.º
Provas desportivas de automóveis

1. O pedido de autorização para realização de provas desportivas de automóveis deve ser apresentado na câmara municipal do concelho onde as mesmas se realizem ou tenham o seu termo, no caso de abranger mais de um concelho.

2. Para efeitos de instrução do pedido de autorização, a entidade organizadora da prova deve apresentar os seguintes documentos:

a) Requerimento contendo a identificação da entidade organizadora da prova, com indicação da data, hora e local em que pretende que a prova tenha lugar, bem como a indicação do número previsto de participantes;

b) Traçado do percurso da prova, sobre mapa ou esboço da rede viária, em escala adequada que permita uma correcta análise do percurso, indicando de forma clara as vias abrangidas, as localidades e os horários prováveis de passagem nas mesmas, bem como o sentido de marcha dos veículos;

c) Regulamento da prova;

d) Parecer das forças de segurança competentes;

e) Parecer das entidades sob cuja jurisdição se encontram as vias a utilizar, caso não seja a câmara municipal onde o pedido é apresentado;

f) Documento comprovativo da aprovação da prova pela Federação Portuguesa de Automobilismo e *Karting* ou da entidade que tiver competência legal, no âmbito do desporto automóvel, para aprovar as provas.

ARTIGO 4.º
Provas desportivas de outros veículos

1. Às provas desportivas de outros veículos, com ou sem motor, aplica-se o disposto no n.º 1 e nas alíneas *a)* a *e)* do n.º 2 do artigo 3.º

2. A entidade requerente deve ainda juntar parecer da federação ou associação desportiva respectiva, que poderá ser sob a forma de «visto» sobre o regulamento da prova.

ARTIGO 5.º
Provas desportivas de peões

Às provas desportivas de peões ou de pessoas que usem meios de locomoção cujo trânsito está equiparado ao trânsito de peões nos termos do artigo 104.º do Código da Estrada são aplicáveis as disposições constantes do artigo 4.º

ARTIGO 6.º
Manifestações desportivas

As manifestações desportivas que não sejam qualificadas como provas desportivas, nos termos do artigo 2.º, ficam sujeitas ao regime estabelecido nos artigos anteriores para provas desportivas, dispensando-se o parecer previsto no n.º 2 do artigo 4.º e a autorização prevista na alínea *f*) do n.º 2 do artigo 3.º

ARTIGO 7.º
Outras actividades que podem afectar o trânsito normal

1. O pedido de autorização para realização de actividades diferentes das previstas nos artigos anteriores, susceptíveis de afectar o trânsito normal, deve ser apresentado na câmara municipal do concelho onde aquelas se realizem ou tenham a seu termo, no caso de abranger mais de um concelho.

2. Para efeitos de instrução do pedido de autorização, a entidade organizadora deve apresentar os seguintes documentos:

a) Requerimento contendo a identificação da entidade organizadora da actividade, com indicação da data, hora e local em que pretende que a mesma tenha lugar, bem como a indicação do número previsto de participantes;

b) Traçado do percurso, sobre mapa ou esboço da rede viária, em escala adequada que permita uma correcta análise do percurso, indicando de forma clara as vias abrangidas, as localidades e os horários prováveis de passagem nas mesmas;

c) Regulamento da actividade a desenvolver, se existir;

d) Parecer das forças de segurança competentes;

e) Parecer das entidades sob cuja jurisdição se encontram as vias a utilizar, caso não seja a câmara municipal onde o pedido é apresentado.

ARTIGO 8.º
Competência para autorizar

1. A autorização para a realização na via pública das actividades previstas nos artigos anteriores é da competência da câmara municipal do concelho onde a actividade se realiza ou tem o seu termo.

2. Os pareceres referidos nas alíneas *d*) e *e*) do n.º 2 do artigo 3.º e nas alíneas *d*) e *e*) do n.º 2 do artigo 7.º, quando desfavoráveis, são vinculativos.

3. Para efeitos de concessão de autorização, deve ser ponderado o interesse da actividade em causa relativamente ao interesse de garantir a liberdade de circulação e a normalidade do trânsito.

4. Para os efeitos previstos no número anterior, deve designadamente ser ponderado:

a) O número de participantes;

b) A importância das vias envolvidas no que respeita a capacidade de escoamento de tráfego;

c) A segurança e a fluidez da circulação.

ARTIGO 9.º
Parecer da Direcção-Geral de Viação

1. Sempre que as actividades envolvam a utilização de estradas nacionais em troços com extensão superior a 50 km, a câmara municipal, concluída a instrução do processo e pretendendo deferir o pedido de autorização, deve notificar a Direcção--Geral de Viação dessa sua intenção, juntando cópia dos documentos referidos nas alíneas *a*) e *b*) do n.º 2 do artigo 3.º

2. A Direcção-Geral de Viação pode manifestar a oposição à actividade referida no número anterior, mediante parecer fundamentado, comunicado no prazo de dois dias úteis à câmara municipal.

ARTIGO 10.º
Condicionantes

A realização de provas ou manifestações de qualquer natureza, previstas no presente regulamento, deve respeitar o disposto nas seguintes alíneas:

a) Não podem provocar interrupções no trânsito, nem total nem parcialmente, salvo se nos troços de vias públicas em que decorrem tiver sido autorizada ou determinada a suspensão do trânsito;

b) Quando se realizem em via aberta ao trânsito, quer os participantes quer os organizadores devem respeitar as regras de trânsito, bem como as ordens e instruções dos agentes reguladores de trânsito;

c) As informações colocadas na via relacionadas com a realização da prova ou manifestação devem ser retiradas imediatamente após a passagem do último participante;

d) Os encargos com as medidas de segurança necessárias à realização da prova ou manifestação são suportados pela entidade organizadora.

ARTIGO 11.º
Prazos

1. A autorização deve ser requerida com uma antecedência mínima de 30 dias, sendo o pedido acompanhado de todos os documentos exigidos no presente regulamento.

2. Quando a actividade para a qual é requerida autorização decorrer em mais de um concelho, a antecedência mínima é de 60 dias.

3. O pedido de autorização que não respeite a antecedência mínima deve ser liminarmente indeferido.

ARTIGO 12.º
Publicitação

1. Sempre que as actividades previstas no presente regulamento imponham condicionamentos ou suspensão do trânsito, estes devem ser publicitados através de

aviso na imprensa, com uma antecedência mínima de três dias úteis, utilizando-se os meios de comunicação mais adequados ao conhecimento atempado pelos utentes.

2. O aviso referido no número anterior deve ser enviado para a imprensa pela entidade que autoriza a actividade, sendo os respectivos encargos da responsabilidade da entidade organizadora.

3. O prazo referido no n.º 1 é aplicável sempre que, nos termos do artigo 9.º do Código da Estrada, seja ordenada a suspensão ou condicionamento do trânsito.

4. Exceptuam-se do número anterior as situações determinadas por motivos urgentes, incompatíveis com o cumprimento do prazo referido no n.º 1, caso em que a publicitação deve ser feita pelos meios mais adequados ao seu conhecimento atempado pelos utentes da via pública onde a suspensão ou condicionamento se verifiquem.

ARTIGO 13.º
Entrada em vigor

O presente diploma entra em vigor 90 dias após a sua publicação.

Visto e aprovado em Conselho de Ministros de 24 de Março de 2005. – *José Sócrates Carvalho Pinto de Sousa – António Luís Santos Costa – Manuel Pedro Cunha da Silva Pereira – Mário Lino Soares Correia.*

Promulgado em 24 de Março de 2005.

Publique-se.

O Presidente da República, JORGE SAMPAIO.

Referendado em 24 de Março de 2005.

O Primeiro-Ministro, *José Sócrates Carvalho Pinto de Sousa.*

[34]
Decreto-Lei n.º 334/91, de 6 de Setembro

Gestão do parque desportivo escolar

O Decreto-Lei n.º 277/88, de 5 de Agosto, veio reenquadrar a gestão do parque desportivo escolar, por forma a abri-lo, numa base local, também ao uso pela comunidade e a proporcionar receitas que auxiliassem a sua conservação e manutenção, bem como o seu progressivo melhoramento. Nessa altura, a única forma de o conseguir era através do Instituto dos Assuntos Sociais da Educação (IASE) e dos seus serviços de acção social escolar, distribuídos e enraizados que já estavam em todos os estabelecimentos de ensino dos 2.º e 3.º ciclos do ensino básico e do ensino secundário.

Entretanto, foram aprovados diplomas que previram a criação em cada escola dos fundos de manutenção e conservação, a possibilidade de as escolas gerarem receitas próprias, o novo estatuto orgânico do IASE, a nova orgânica do desporto escolar e os princípios orientadores da futura autonomia da gestão escolar, os quais tornam obsoleto aquele regime e imperiosa a sua revisão, mantendo-se, todavia, as preocupações de fundo do revogado Decreto-Lei n.º 277/88, de 5 de Agosto.

Foi ouvida a Associação Nacional dos Municípios Portugueses.

Assim:

Nos termos da alínea *a*) do n.º 1 do artigo 201.º da Constituição, o Governo decreta o seguinte:

ARTIGO 1.º
Gestão das instalações desportivas

Nos estabelecimentos oficiais de ensino compete ao órgão de administração e gestão assegurar a gestão das instalações desportivas àqueles afectas.

ARTIGO 2.º
Ordem de preferência na utilização

1. Na gestão das instalações objecto do presente diploma procurar-se-á a optimização da sua utilização, numa perspectiva de abertura à comunidade em que se insiram, observando-se a seguinte ordem de prioridades:

a) Actividades escolares curriculares;

b) Actividades escolares extracurriculares;
c) Desporto no ensino superior;
d) Desporto rendimento;
e) Actividades desportivas apoiadas pelas autarquias locais;
f) Outros utilizadores.

2. No escalonamento das prioridades referentes a actividades escolares será sempre dada preferência às actividades do estabelecimento de ensino a que as instalações estejam afectas.

3. No escalonamento das restantes prioridades será sempre dada preferência aos utentes com prática desportiva mais regular e às actividades que movimentem um maior número de praticantes dos escalões etários mais jovens.

ARTIGO 3.º
Cedência das instalações

1. A cedência das instalações pode destinar-se a uma utilização regular anual ou a uma utilização de carácter pontual.

2. Para efeitos de planeamento da utilização regular normal das instalações, os pedidos devem ser apresentados por escrito ao órgão de administração e gestão até 15 dias antes do início do ano escolar e conter os seguintes elementos:
a) Identificação da entidade requerente, responsável para todos os efeitos;
b) Modalidades a praticar;
c) Período e horário de utilização.

3. Se no caso previsto no número anterior o utente pretender deixar de utilizar as instalações antes da data estabelecida, deverá comunicá-lo por escrito ao órgão de administração e gestão até 15 dias antes, sob pena de continuarem a ser devidas as respectivas taxas.

4. As reservas para utilização pontual implicam o pagamento das correspondentes taxas, ainda que não se concretize a utilização, salvo se o utente comunicar o facto com, pelo menos, quarenta e oito horas de antecedência e desde que se verifiquem motivos ponderosos como tal aceites pelo órgão de administração e gestão.

ARTIGO 4.º
Utilização das instalações

1. As licenças de utilização das instalações são comunicadas por escrito aos interessados, com a indicação das condições previamente acordadas, e só podem ser revogadas quando motivos ponderosos, imputáveis ao utente ou ao estabelecimento de ensino, assim o justifiquem.

2. A título excepcional, e para o exercício de actividades que não possam, sem grave prejuízo, ter lugar noutra ocasião, pode o órgão de administração e gestão do estabelecimento de ensino a que as instalações estejam afectas requisitar as mesmas, ainda que com prejuízo dos utentes, mediante comunicação com, pelo menos, setenta e duas horas de antecedência.

3. No caso previsto no número anterior o utente prejudicado deve ser, sempre que possível, compensado com novo tempo de utilização.

ARTIGO 5.º
Intransmissibilidade das licenças

1. As instalações só podem ser utilizadas pelas entidades para tal licenciadas.
2. A infracção ao disposto no número anterior implica a revogação automática da licença concedida.

ARTIGO 6.º
Utilização simultânea por vários utentes

Desde que as características e condições técnicas das instalações assim o permitam, e daí não resulte prejuízo para qualquer dos utentes, pode ser autorizada a sua utilização simultânea por várias entidades.

ARTIGO 7.º
Responsabilidade pela utilização

A entidade licenciada é integralmente responsável pelos danos causados nas instalações durante o período de utilização e desta decorrentes.

ARTIGO 8.º
Direitos de transmissão e publicidade

Quando da utilização das instalações advier ao utente benefício económico, nomeadamente por acções de publicidade ou de transmissão televisiva de determinado evento, será fixada uma taxa adicional.

ARTIGO 9.º
Revogação da licença

A licença de utilização de instalações será imediatamente revogada quando se verifique que a entidade utilizadora, sendo possuidora de instalações próprias, permita a sua utilização, a qualquer título, a terceiros, no período em que utiliza as do Ministério da Educação.

ARTIGO 10.º
Regulamento([110])

1. Por portaria do Ministro da Educação, sob proposta da Direcção-Geral dos Ensinos Básico e Secundário (DGEBS), ouvido o Gabinete de Educação Física e do

---

([110]) V. Portaria n.º 68/89, de 31 de Janeiro [35].

Desporto Escolar (GEFDE), criado pelo Decreto-Lei n.º 95/91, de 26 de Fevereiro, são definidos os parâmetros gerais e o respectivo quadro flexível de aplicação no tocante às condições de utilização das instalações desportivas objecto do presente diploma, designadamente no que respeita a:

a) Taxas a cobrar pela utilização;

b) Condições de concessão e cancelamento de licença de utilização;

c) Forma de comparticipação eventual por algum ou alguns utilizadores nos encargos de manutenção;

d) Desagravamento de taxa relativo a escalões etários mais baixos e ao desporto para deficientes.

2. Compete ao órgão de administração e gestão de cada estabelecimento de ensino fixar os termos de aplicação do regulamento referido no número anterior em moldes adequados à respectiva situação e instalações desportivas.

3. A tabela de taxas e os respectivos parâmetros flexíveis são objecto de actualização anual, mediante portaria do Ministro da Educação, sob proposta da DGEBS.

ARTIGO 11.º
Recibos

1. Pelas taxas cobradas pela utilização das instalações desportivas referidas no presente diploma devem ser sempre passada a correspondente quitação, através da emissão de recibo de modelo único, cuja aprovação compete à DGEBS, ouvido o GEFDE.

2. Em todas as instalações a que se refere o número anterior deve ser afixado de forma bem visível um aviso do seguinte teor: «De todas as importâncias cobradas pela utilização destas instalações é sempre devido o correspondente recibo.»

ARTIGO 12.º
Receitas

1. As receitas resultantes da cobrança das taxas de utilização revertem para o orçamento privativo das escolas, nos termos da alínea *b*) do artigo 24.º do Decreto--Lei n.º 43/89, de 3 de Fevereiro.

2. As receitas referidas no número anterior devem ser aplicadas, prioritariamente, no apetrechamento, manutenção e funcionamento das instalações desportivas que as originaram, podendo ainda o órgão de administração e gestão das escolas afectar eventuais excedentes ao funcionamento dos núcleos do desporto escolar previstos nos artigos 8.º e 9.º do Decreto-Lei n.º 95/91, de 26 de Fevereiro, ou a despesas gerais de beneficiação do estabelecimento de ensino.

3. Por despacho dos directores regionais de educação, poderá ser autorizada a transferência das verbas consideradas necessárias ao apetrechamento, à manutenção e ao funcionamento das instalações desportivas que as originarem, designadamente para benefício das instalações desportivas de escolas mais carenciadas.

ARTIGO 13.º
Prestação de contas

Na prestação de contas das verbas resultantes das cobranças das taxas de utilização e, bem assim, na cobrança das receitas e realização de despesas observam-se as regras aplicáveis ao orçamento privativo das escolas, previsto no artigo 22.º do Decreto-Lei n.º 43/89, de 3 de Fevereiro.

ARTIGO 14.º
Contratos-programa com autarquias

1. Na celebração de contratos-programa com autarquias locais para construção de instalações desportivas em estabelecimentos de ensino dos quais constem normas de gestão conjunta serão adoptados os regulamentos previstos no artigo 10.º e as regras de preferência definidas no artigo 2.º do presente diploma.

2. Os órgãos de administração e gestão dos estabelecimentos de ensino poderão ainda, designadamente para os casos previstos nas alíneas *d*), *e*) e *f*) do n.º 1 do artigo 2.º, estabelecer outros contratos-programa que prevejam condições especiais de uso das respectivas instalações desportivas já edificadas, desde que observados os termos definidos por regulamento próprio da DGEBS, por proposta do GEFDE e salvaguardando-se sempre as inerentes contrapartidas.

ARTIGO 15.º
Revogação

É revogado o Decreto-Lei n.º 277/88, de 5 de Agosto.

ARTIGO 16.º
Norma transitória

1. Até à aprovação da regulamentação prevista no presente diploma mantêm-se os regulamentos actualmente em vigor.

2. A aprovação dos novos regulamentos deve ser feita no prazo de 90 dias.

Visto e aprovado em Conselho de Ministros de 4 de Julho de 1991. – *Aníbal António Cavaco Silva – José Oliveira Costa – Luís Francisco Valente de Oliveira – Roberto Artur da Luz Carneiro.*

Promulgado em 22 de Agosto de 1991.

Publique-se.

O Presidente da República, MÁRIO SOARES.

Referendado em 27 de Agosto de 1991.

O Primeiro-Ministro, *Aníbal António Cavaco Silva.*

[35]
Portaria n.º 68/89, de 31 de Janeiro(¹¹¹)

Regulamento de utilização do parque desportivo escolar

O Decreto-Lei n.º 277/88, de 5 de Agosto, que reformulou o regime de gestão do parque desportivo escolar, visou localizá-lo na própria escola e permitir a esta os meios adequados para, no quadro das suas relações com a comunidade envolvente, poder proporcionar, por um lado, o pleno uso dos equipamentos desportivos edificados e, por outro lado, prover à obtenção dos meios auxiliares para a sua boa conservação, manutenção e beneficiação permanentes.

O preâmbulo do referido decreto-lei, em termos desenvolvidos no articulado, encarrega-se de sublinhar, nomeadamente, que, «face à natureza, características e dispersão geográfica do aludido parque sócio-desportivo, há que reconhecer que tais objectivos não se compadecem com figurinos de estão centralizada, requerendo antes uma estão directa, activa e expedita, sediada na própria escola, e que, responsabilizadamente e sem prejuízo da necessária tutela, seja suficientemente flexibilizada e se adeque às especificidades da situação, por forma a obter-se o melhor resultado com os meios disponíveis a uma progressiva melhoria e controlada auto-suficiência dos equipamentos».

Como é sabido, um enorme esforço financeiro vem sendo empreendido pelo Governo, em colaboração com as autarquias, no sentido de, no prazo de quatro anos, cobrir por completo as enormes carências que se acumularam em matéria de instalações desportivas de serviço ao parque escolar de nível preparatório e secundário e que afectavam, em meados do ano passado, cerca de 40%, ao mesmo tempo que essas instalações são, desde o início, colocadas também ao serviço das comunidades em que se inserem.

Ora, no quadro de uma política integrada de infra-estruturas, esse mesmo esforço tem de ser coerente com a adequada preservação do parque desportivo escolar edificado. E ao mesmo tempo, garantida a sua preservação e funcionamento regular e salvaguardadas as necessidades escolares, este valioso parque desportivo há-de ser-

---

(¹¹¹) Esta Portaria foi emitida tendo por base os artigos 10.º, n.ºˢ 1 e 3, e 17.º do Decreto-Lei n.º 277/88, de 5 de Agosto, que foi revogado pelo artigo 15.º do Decreto-Lei n.º 334/91, de 6 de Setembro [34].

vir, naquele mesmo espírito, o conjunto da comunidade nomeadamente no quadro da teia de relações que, num plano eminentemente local – porque comunitário –, é mister que se estabeleça e se reforce, a partir da escola, com as autarquias e os clubes desportivos nesta área, em benefício da população e sobretudo da juventude.

Visa colocar-se à disposição concreta de cada escola um importante instrumento local de política social e desportiva que, em complemento e desenvolvimento das suas responsabilidades educativas, lhe permita também preservar e rentabilizar o seu património – património colectivo que é –, mercê da sua plena, regular e frequente utilização pela comunidade envolvida.

Este regime inseriu-se, aliás, no espírito das novas medidas tendentes à autonomia da escola – no caso concreto, de autonomia administrativa e financeira de uma importante parcela do seu equipamento – e do novo ordenamento jurídico, que, numa perspectiva global, virá criar condições efectivas para o pleno exercício daquela mesma autonomia.

Esse é o propósito do Decreto-Lei n.º 277/88, de 5 de Agosto, do qual decorreu também o imperativo de actualizar taxas de utilização que não eram revistas desde há seis anos (1982), sendo importante reter – o que foi uma relevante e decisiva inovação – que o produto destas taxas passou, em paralelo, a ser arrecadado pela própria escola e afecto às suas instalações e equipamento desportivos, revertendo, portanto, em benefício directo não só da escola, mas de toda a comunidade utilizadora.

Assim, ao abrigo do disposto nos n.ºs 1 e 3 do artigo 10.º e 2 do artigo 17.º do Decreto-Lei n.º 277/88, de 5 de Agosto:

Manda o Governo, pelo Ministro da Educação, o seguinte:

1.º É homologado o regulamento, em anexo único, que inclui a respectiva tabela anexa e os seus parâmetros flexíveis de administração.

2.º Nos termos do n.º 2 do artigo 10.º do Decreto-Lei n.º 277/88, de 5 de Agosto, compete aos conselhos directivos dos estabelecimentos de ensino fixar os termos exactos de aplicação do regulamento, da tabela de taxas e dos respectivos parâmetros flexíveis, definidos pela presente portaria, nomeadamente no quadro das relações privilegiadas que estabeleçam, por protocolo, com as autarquias locais e com clubes desportivos da sua área geográfica.

3.º As taxas fixadas correspondem a valores globais de uso, não sendo lícito cobrar, em separado, o contravalor de horas extraordinárias ou quaisquer outros custos segmentados.

4.º Na administração das margens de flexibilidade previstas no regime de gestão do parque desportivo escolar e constantes do Decreto-Lei n.º 277/88, de 5 de Agosto, da presente portaria e do regulamento em anexo, os conselhos directivos dos estabelecimentos de ensino, seja para a aplicação da tabela de taxas, seja para a celebração de protocolos com entidades terceiras, prevendo tipos específicos de contrapartidas, deverão atentar, em particular, independentemente de quaisquer outras circunstâncias de seu interesse especial, aos escalões etários dos utentes praticantes, favorecendo os mais jovens, e bem assim a outras características sociais particulares das actividades desenvolvidas.

5.º Compete ao Instituto de Apoio Sócio-Educativo, além das demais responsabilidades legais e regulamentares que lhe estão cometidas neste âmbito, montar o sistema de acompanhamento da gestão descentralizada do parque desportivo escolar, por forma a conhecer cada situação concreta, a sua tipologia diversa e a sua tradução estatística, em ordem, nomeadamente, a poder corrigir-se ou atenuar assimetrias de funcionamento ou de estrutura.

6.º É revogado o aviso do Instituto de Apoio Sócio-Educativo sobre esta matéria, publicado no *Diário da República*, 2.ª série, n.º 266, de 17 de Novembro de 1988.

7.º A presente portaria entra em vigor na data da sua publicação.

Ministério da Educação.

Assinada em 12 de Janeiro de 1989.

Pelo Ministro da Educação, *José Augusto Perestrello de Alarcão Troni*, Secretário de Estado Adjunto do Ministro da Educação.

ANEXO ÚNICO
Regulamento

1. O presente regulamento estabelece as normas gerais e o respectivo quadro flexível de aplicação no tocante às condições de utilização das instalações sócio-desportivas dos estabelecimentos oficiais de ensino, incluindo pavilhões, ginásios, instalações ao ar livre e outras que lhes estejam afectas, nos termos do disposto no artigo 10.º do Decreto-Lei n.º 277/88, de 5 de Agosto.

CAPÍTULO I
Concessão de autorização de utilização

2. O pedido de utilização regular anual das instalações sócio-desportivas, bem como a confirmação, alteração ou rectificação do mesmo, deve obedecer ao disposto nos n.ºs 2 e 3 do artigo 3.º do Decreto-Lei n.º 277/88, de 5 de Agosto.

3. O pedido de utilização pontual das instalações sócio-desportivas deve ser apresentado por escrito ao secretário do conselho directivo com a antecedência mínima de cinco dias úteis.

A confirmação, alteração ou rectificação do pedido deve ser comunicada pela mesma forma até 48 horas antes da data de produção dos respectivos efeitos.

4. A autorização dos pedidos de utilização regular anual e de utilização pontual é comunicada por escrito aos interessados, respectivamente até cinco dias úteis antes do início do ano escolar e três dias úteis antes da data em que deva produzir efeitos, com especificação das condições de utilização.

A confirmação, alteração ou rectificação da autorização concedida deve ser comunicada pela mesma forma até 48 horas ou 24 horas antes da data de produção dos respectivos efeitos, consoante se trate de utilização anual ou pontual, respectivamente.

5. A utilização dos balneários integrados ou afectos às instalações sócio-desportivas deve constar expressamente das condições de utilização acordadas e só poderá efectuar-se após inspecção e assinatura pelo encarregado das instalações e pelo responsável dos utentes de ficha, de modelo a aprovar pelo conselho directivo, relativa ao estado geral dos balneários e respectivo equipamento.

Qualquer dano causado no percurso da utilização dos balneários deve ser assinalado na ficha, confirmado por assinatura das partes interessadas.

6. Autorizada a utilização das instalações e pretendendo o utente dela desistir, deve comunicá-lo por escrito ao secretário do conselho directivo até quinze dias ou dois dias antes da data fixada, tratando-se de utilização regular anual ou de utilização pontual, respectivamente, sob pena de serem devidas as correspondentes taxas.

7. A requisição das instalações pelo conselho directivo, bem como a compensação com novo tempo de utilização, nos termos previstos nos n.ºs 2 e 3 do artigo 4.º do Decreto-Lei n.º 277/88, de 5 de Agosto, devem ser comunicadas por escrito aos utentes prejudicados.

8. Sem prejuízo do disposto no artigo 9.º do Decreto-Lei n.º 277/88, de 5 de Agosto, constituem ainda motivos justificativos do cancelamento da autorização, designadamente, os seguintes:

a) Não pagamento das taxas de utilização devidas;

b) Danos produzidos nas instalações, balneários ou quaisquer equipamentos nestes integrados no decurso da respectiva utilização;

c) Utilização das instalações para fins diversos daqueles para que foi concedida a autorização;

d) Utilização das instalações por entidades ou pessoas estranhas àquela ou àquelas que foram autorizadas.

CAPÍTULO II
Utilização das instalações

9. A utilização das instalações sócio-desportivas obedecerá aos horários fixados pelos conselhos directivos dos estabelecimentos de ensino, tendo em conta o normal funcionamento das actividades escolares, os regulamentos e as determinações aplicáveis.

10. Devem ser estabelecidos horários distintos para os dias úteis e para os sábados, domingos e feriados.

11. As sessões diárias deverão, em princípio, estar terminadas pelas 23 horas e 30 minutos.

12. Quando o horário estabelecido não seja preenchido pelos respectivos utentes, os conselhos directivos podem determinar a utilização das instalações durante esse período por qualquer dos demais utentes ou por outros interessados.

13. A título excepcional, e mediante decisão do conselho directivo do estabelecimento de ensino, o horário previamente estabelecido poderá ser pontualmente alargado ou modificado.

14. Quando constituídos em grupo, devem os utentes ser acompanhados de um responsável, que tratará com o encarregado das instalações em tudo o que respeita à sua utilização, designadamente quanto à prévia identificado dos elementos do grupo.

15. O acesso às arcas reservadas à prática desportiva só é permitido aos utentes devidamente equipados.

16. Não é permitida a entrada ou permanência dos utentes nas áreas de prática desportiva com objectos estranhos a esta actividade.

17. É vedado aos utentes fumar nos espaços destinados às actividades sócio-desportivas e, bem assim, naqueles onde existam dísticos com essa proibição.

18. Os utentes devem pautar a sua conduta de modo a não perturbar o normal desenvolvimento das actividades que porventura estejam a decorrer.

19. As entidades responsáveis pelas instalações reservam-se sempre o direito de não autorizar a permanência nas mesmas a utentes que desrespeitem as normas inerentes à sua utilização ou que, de qualquer modo, perturbem o desenrolar normal das actividades.

20. Os utentes e, bem assim, as entidades públicas ou privadas através das quais sejam utilizadas as instalações são solidariamente responsáveis por todos os danos nelas causados ou nos balneários, equipamento ou apetrechamento respectivo.

21. A manutenção da ordem pública nos espectáculos desportivos realizados em instalações sócio-desportivas previstas neste regulamento é assegurada nos termos da lei geral em vigor nesta matéria.

22. Na realização de espectáculos desportivos com entrada paga organizados por entidades utilizadores compete a estas a emissão e venda dos respectivos bilhetes.

CAPÍTULO III
Cobrança de taxas

23. Pela utilização das instalações sócio-desportivas previstas neste regulamento são devidas as taxas constantes da tabela anexa ao presente regulamento.

24. As taxas constantes da tabela anexa aplicam-se aos utilizadores previstos nos n.ºs 4.º, 5.º e 6.º do n.º 1 do artigo 2.º do Decreto-Lei n.º 277/88, de 5 de Agosto, não sendo lícito cobrá-las a escolas ou em actividades ingeridas no âmbito do desporto escolar ou do desporto universitário.

24-A. ([112])

a) Estão isentas de taxas as acções promovidas pelo Projecto Vida e associações de estudantes no campo da actividade desportiva e pelas associações de pais no domínio da divulgação.

b) Estão isentas de taxas, pagando apenas as despesas com pessoal, as acções promovidas por clubes, associações e federações com praticantes de escalões etários inferiores aos 10 anos ou, independentemente da idade, com praticantes portadores de deficiência.

c) Pelas acções promovidas por clubes, associações e federações com praticantes dos escalões etários dos 10 aos 16 anos, não poderão ser cobradas, para além das despesas com pes-

---

([112]) Aditado pela Portaria n.º 712/89, de 22 de Agosto, e alterado pelo artigo 1.º da Portaria n.º 483/2002, de 24 de Abril, que veio modificar a redacção da alínea *b*) e aditar a alínea *c*).

soal, e em função do tipo de recinto, instalações ou actividades, taxas de valor superior a 75% dos limites mínimos constantes da *tabela anexa ao presente regulamento*.([113])

25. Quando ao utente advier benefício económico da utilizado das instalações sócio--desportivas, designadamente através de organização de espectáculos desportivos pagos, acções de publicidade ou de transmissão televisiva, é devido o pagamento das taxas adicionais constantes da *tabela anexa*.([114])

Quando se verificarem filmagens de competições de carácter comercial, será também cobrada uma taxa adicional por cada competição.

26. A cobrança das taxas e demais importâncias previstas neste regulamento é assegurada pelos serviços de acção social escolar de cada estabelecimento de ensino, nos termos do disposto no artigo 1.º do Decreto-Lei n.º 277/88, de 5 de Agosto.

27. De todas as importâncias cobradas pela utilização das instalações sócio-desportivas previstas no presente regulamento será emitido recibo do *modelo anexo*.([115])

28. Os utilizadores podem contribuir para o apetrechamento e manutenção das instalações sócio-desportivas, designadamente com a cedência gratuita dos materiais ou equipamentos ou através do custeamento, a expensas suas, de obras de conservação ou beneficiação realizadas nas instalações objecto de cedência.

28-A. As contribuições referidas no número anterior serão consideradas para efeito de determinação do preço ou custo da cedência e poderão ser objecto de protocolos especiais celebrados com os conselhos directivos dos estabelecimentos de ensino, afastando a aplicação da tabela anexa e fixando condições específicas e equilibradas de contrapartida.

28-B. O disposto nos números anteriores aplica-se igualmente no caso de acordos especiais entre os conselhos directivos dos estabelecimentos de ensino e outras entidades que contemplem a organização e o desenvolvimento de actividades desportivas extracurriculares, abrangendo a respectiva população escolar.

CAPÍTULO IV
Protocolos com autarquias

29. Os protocolos celebrados entre os estabelecimentos de ensino e as autarquias locais que prevejam condições especiais do uso das instalações sócio-desportivas, nos termos do n.º 2 do artigo 17.º do Decreto-Lei n.º 277/88, de 5 de Agosto, devem, sem prejuízo das demais normas do presente regulamento, observar os seguintes aspectos:

a) Indicação dos valores das taxas especialmente acordadas a cobrar pela referida utilização;

b) Fixação dos prazos de utilização ou usos especiais e das suas eventuais prorrogações;

c) Determinação dos horários das sessões, que serão sempre sem prejuízo da normal utilização pelo estabelecimento de ensino para o desenvolvimento das suas actividades escolares curriculares ou extracurriculares;

([113]) Sublinhado nosso que serve como chamada de atenção para este anexo na versão originária do texto oficial.

([114]) Sublinhado nosso que serve como chamada de atenção para este anexo no texto oficial.

([115]) Sublinhado nosso que serve como chamada de atenção para este anexo no texto oficial.

d) Termos e condições de contratação e gestão do pessoal encarregado de assegurar directamente o funcionamento, manutenção, conservação e segurança das instalações;

e) Termos e condições da cedência pelas autarquias ao estabelecimento de ensino de equipamentos próprios, tendo em vista a utilização especial das respectivas instalações;

f) Definição da responsabilidade da gestão e sua eventual repartição ou transferência.

29-A. A repartição ou transferência da responsabilidade da gestão prevista na alínea *f)* do número anterior só pode ser feita por períodos anuais de um a quatro anos e carece, para se concretizar, de homologação do Ministro da Educação, em processo especial organizado pelo IASE.

CAPÍTULO V
Disposições finais

30. Compete ao conselho directivo de cada estabelecimento de ensino zelar pela manutenção, conservação e segurança das respectivas instalações sócio-desportivas, assegurando, designadamente, o pessoal indispensável para o efeito, bem como zelar pela observância das normas constantes do presente regulamento.

30-A. Quando, por falta de recursos humanos, não possa ser disponibilizado pelo estabelecimento de ensino o pessoal indispensável a que se refere o número anterior, poderá o mesmo, no todo ou em parte, ser assegurado pela entidade utilizadora, mediante acordo a celebrar nos termos do número seguinte.([116])

30-B. O acordo previsto no número anterior revestirá natureza escrita e especificará os direitos e as obrigações de cada uma das partes, bem como o nome da pessoa directamente responsável, perante o órgão de gestão do estabelecimento de ensino, pela boa utilização e segurança das instalações desportivas.([117])

31. As alterações ao presente regulamento constarão de despacho do presidente do IASE, homologado pelo Ministro da Educação.

32. O presente regulamento entra em vigor na data da publicação.

([116]) Aditado pelo artigo 2.º da Portaria n.º 483/2002, de 24 de Abril.
([117]) Aditado pelo artigo 2.º da Portaria n.º 483/2002, de 24 de Abril.

CAPÍTULO 6
Ética no Desporto

[36]
Resolução da Assembleia da República n.º 11/87, de 10 de Março

Convenção Europeia sobre a violência e os excessos dos espectadores por ocasião das manifestações desportivas e nomeadamente de jogos de futebol[118]

A Assembleia de República resolve, nos termos da alínea *i*) do artigo 164.º e do n.º 4 do artigo 169.º da Constituição, o seguinte:

É aprovada, para ratificação, a Convenção Europeia sobre a Violência e os Excessos dos Espectadores por Ocasião das Manifestações Desportivas e nomeadamente de Jogos de Futebol, assinada em Estrasburgo em 4 de Setembro de 1985, cujos textos originais em francês e inglês e respectiva tradução em português seguem em anexo à presente resolução.

Aprovada em 11 de Janeiro de 1987.

O Presidente da Assembleia da República, *Fernando Monteiro do Amaral.*

---

[118] Por intermédio do Aviso do Ministério dos Negócios Estrangeiros – Direcção-Geral dos Negócios Político-Económicos (publicado no *Diário da República*, n.º 204, I Série, de 05/09/1987), tornou-se público ter o representante do Governo da República Portuguesa depositado, em Estrasburgo, junto do Secretário-Geral do Conselho da Europa, em 26 de Junho de 1987, o instrumento da ratificação da presente Convenção Europeia, que entrou em vigor para Portugal em 1 de Agosto de 1987.

Convenção Europeia sobre a Violência e os Excessos dos Espectadores por Ocasião das Manifestações Desportivas e nomeadamente de Jogos de Futebol

Os Estados membros do Conselho da Europa e os outros Estados pertencentes à Convenção Cultural Europeia, *signatários* da presente Convenção.

Considerando que a finalidade do Conselho da Europa é a de realizar uma mais estreita unidade entre os seus membros;

Preocupados com a violência e com os excessos dos espectadores por ocasião de manifestações desportivas, nomeadamente nos jogos de futebol, e atendendo às consequências que daí decorrem;

Conscientes do facto de que este problema ameaça os princípios consagrados pela Resolução (76) 41 do Comité de Ministros do Conselho da Europa, conhecida por Carta Europeia do Desporto para Todos;

Realçando a importante contribuição do desporto para o entendimento internacional e, em especial, devido à sua frequência, pelos jogos de futebol entre as equipas nacionais e interclubes dos Estados europeus;

Considerando que tanto as autoridades públicas como as organizações desportivas independentes têm responsabilidades, distintas mas complementares, na luta contra a violência e os excessos dos espectadores; tendo em conta o facto de as organizações desportivas terem também responsabilidades em matéria de segurança e em geral deverem assegurar o bom andamento das manifestações que organizam; considerando por outro lado que estas autoridades e estas organizações devem, para esse efeito, conjugar os seus esforços a todos os níveis;

Considerando que a violência é um fenómeno social actual de vasta envergadura cujas origens são essencialmente exteriores ao desporto e que o desporto é frequentemente palco de explosões de violência;

Decididos a cooperar e a empreender acções visando prevenir e dominar a violência e os distúrbios dos espectadores por ocasião de manifestações desportivas:

Convencionaram o seguinte:

ARTIGO 1.º
Objectivo da Convenção

1. As Partes, a fim de prevenir e dominar a violência e os excessos dos espectadores por ocasião de jogos de futebol, comprometem-se a tomar, dentro do limite das suas respectivas disposições constitucionais, as medidas necessárias para tornar efectivas as disposições da presente Convenção.

2. As Partes aplicam as disposições da presente Convenção aos outros desportos e às manifestações desportivas, tendo em conta as suas exigências particulares, e onde se receie violência ou excessos por parte dos espectadores.

ARTIGO 2.º
Coordenação a nível interno

As Partes coordenam as políticas e as acções empreendidas pelos seus ministérios e outros organismo públicos contra a violência e os excessos dos espectadores pela criação, quando necessária, de órgãos de coordenação.

ARTIGO 3.º
Medidas

1. As Partes comprometem-se a elaborar e a aplicar medidas destinadas a prevenir e dominar a violência e os excessos dos espectadores, em especial:

a) Garantir a mobilização de forças da ordem suficientes para fazer face às manifestações de violência e aos excessos, quer nos estádios quer nas proximidades, e também ao longo das vias de acesso utilizadas pelos espectadores;

b) Estabelecer uma cooperação estreita e uma troca de informações apropriadas entre as forças da ordem das várias localidades envolvidas ou susceptíveis de o ser;

c) Aplicar ou, se necessário, adoptar uma legislação na qual se imponham às pessoas reconhecidamente culpadas de infracções relacionadas com violência ou com excessos de espectadores penas adequadas ou, quando necessário, medidas administrativas apropriadas.

2. As Partes comprometem-se a encorajar a organização responsável e o bom comportamento dos adeptos e a designação entre estes de elementos encarregados de facilitar o controle e o esclarecimento dos espectadores durante os jogos e de acompanhar os grupos de adeptos que vão assistir a jogos disputados fora.

3. As Partes encorajam a coordenação, na medida em que for juridicamente possível, da preparação das deslocações, a partir do local de origem, com a colaboração dos clubes, das organizações de adeptos e das agências de viagem, a fim de impedirem a partida de potenciais desordeiros que pretendam assistir aos jogos.

4. Quando sejam de temer explosões de violência e excessos dos espectadores, as Partes acautelam-nas, adoptando, se necessário, legislação adequada que inclua sanções por desobediência ou outras medidas apropriadas, de forma a que as organizações desportivas, os clubes e, se for caso disso, os proprietários dos estádios e autoridades públicas, no âmbito das competências definidas pela legislação interna, tomem medidas concretas, dentro e fora dos estádios, para prevenir ou dominar a violência e os seus excessos, nomeadamente:

a) Assegurando que a concepção e a estrutura dos estádios garantam a segurança dos espectadores, não facilitem a violência entre eles, permitam um controle eficaz da multidão, disponham de barreiras ou vedações adequadas e permitam a intervenção dos serviços de socorros e das forças da ordem;

b) Separando eficazmente os adeptos rivais, colocando-os em blocos distintos;

c) Garantindo esta separação, controlando rigorosamente a venda de bilhetes e tomando precauções especiais durante o período imediatamente anterior ao jogo;

d) Expulsando dos estádios e dos jogos ou impedindo o acesso, na medida em que for juridicamente possível, aos conhecidos ou potenciais desordeiros e às pessoas sob a influência do álcool ou de drogas;

e) Dotando os estádios de um sistema eficaz de comunicação com o público e velando pela sua plena utilização, assim como distribuindo programas de jogos e outros prospectos, para persuadir os espectadores a comportarem-se correctamente;

f) Proibindo a introdução pelos espectadores de bebidas alcoólicas nos estádios, restringindo e de preferência proibindo a venda e qualquer distribuição de bebidas alcoólicas nos estádios e garantindo que todas as bebidas disponíveis sejam vendidas em recipientes não contundentes;

g) Assegurando controles de modo a impedir que os espectadores introduzam nos recintos desportivos objectos susceptíveis de possibilitar actos de violência, ou fogo-de-artifício ou objectos similares;

h) Fazendo com que os agentes de ligação colaborem antes dos jogos com as autoridades competentes sobre as disposições a tomar para controlar o público, de modo que os regulamentos pertinentes sejam aplicados através de uma acção concertada.

5. As Partes tomam as medidas adequadas, nos domínios social e educativo, tendo em conta a potencial importância dos meios de comunicação de massa, para prevenir a violência no desporto ou durante as manifestações desportivas, nomeadamente promovendo o ideal desportivo mediante campanhas educativas e outras, cultivando a noção de *fair play*, em especial junto dos jovens, a fim de favorecer o respeito mútuo quer entre os espectadores quer entre os desportistas, e estimulando igualmente uma participação mais activa no desporto.

ARTIGO 4.º
Cooperação internacional

1. As Partes estabelecem uma estreita cooperação no que diz respeito aos assuntos tratados nesta Convenção e incentivam uma cooperação análoga, quando aconselhável, entre as competentes autoridades desportivas nacionais.

2. Antes dos jogos ou dos torneios internacionais entre clubes ou equipes de selecções, as Partes em questão deverão convidar as autoridades competentes, nomeadamente as organizações desportivas, a indicar os jogos em que se prevejam actos de violência ou excessos de espectadores. Quando for previsto um jogo com este carácter, as autoridades competentes do país anfitrião tomarão providências visando uma concertação entre as autoridades envolvidas. Esta concertação terá lugar logo que possível, o mais tardar até duas semanas antes da data prevista para o jogo, e compreenderá as disposições, as medidas e as precauções a tomar antes, durante e depois do jogo e inclusive, se necessário, medidas complementares às previstas pela presente Convenção.

ARTIGO 5.º
Identificação e penalizações aos transgressores

1. As Partes, respeitando os preceitos legais vigentes e o princípio da indepen-

dência do poder judicial, comprometem-se a que os espectadores que cometam actos de violência ou outros actos repreensíveis sejam identificados e punidos em conformidade com a lei.

2. Quando necessário, nomeadamente no caso de espectadores visitantes, e em conformidade com os acordos internacionais aplicáveis, as Partes assumem:

a) Transferir os processos instaurados contra pessoas detidas por actos de violência ou outros actos repreensíveis praticados por ocasião de manifestações desportivas ao país de residência destas pessoas;

b) Pedir a extradição de pessoas suspeitas de actos de violência ou de outros actos repreensíveis praticados por ocasião de manifestações desportivas;

c) Transferir as pessoas culpadas de infracções violentas ou de outros actos repreensíveis cometidos por ocasião de manifestações desportivas para o respectivo país, a fim de aí cumprirem a sua pena.

ARTIGO 6.º
Medidas complementares

1. As Partes garantem manter uma estreita cooperação com as suas organizações desportivas nacionais e os clubes organizadores e, eventualmente, com os proprietários dos estádios no que respeita às disposições que visam o projecto e a execução das modificações da estrutura material dos estádios, ou de outras alterações necessárias, inclusive o acesso e a saída dos estádios, a fim de melhorar a segurança e prevenir a violência.

2. As Partes comprometem-se a promover, quando necessário e em casos apropriados, um sistema que estabeleça critérios para a selecção dos estádios, tendo em conta a segurança dos espectadores e a prevenção da violência entre eles, particularmente no que respeita aos estádios onde os jogos podem atrair um público numeroso ou agitado.

3. As Partes comprometem-se a encorajar as respectivas organizações desportivas nacionais a reverem de modo permanente os seus regulamentos, a fim de controlarem os factores susceptíveis de ocasionar explosões de violência da parte dos desportistas ou espectadores.

ARTIGO 7.º
Comunicação e informações

Cada Parte transmite ao Secretário-Geral do Conselho da Europa, numa das línguas oficiais do Conselho da Europa, todas as informações pertinentes relativas à legislação e outras medidas que vier a tomar com vista a coadunarem-se com as disposições da presente Convenção, respeitem estas medidas ao futebol ou a outros desportos.

ARTIGO 8.º
«*Comité*» permanente

1. É constituído para a execução da presente Convenção um *comité* permanente.

2. Cada Parte pode fazer-se representar no *comité* permanente por um ou mais delegados. Cada Parte tem direito a um voto.

3. Cada Estado membro do Conselho da Europa ou *signatário* da Convenção Cultural Europeia que não seja parte da presente Convenção pode fazer-se representar no *comité* por um observador.

4. O *comité* permanente pode, por unanimidade, convidar qualquer Estado não membro do Conselho da Europa que não seja parte da Convenção e qualquer organização desportiva interessada a fazer-se representar por um observador numa ou em várias das suas reuniões.

5. O *comité* permanente é convocado pelo Secretário-Geral do Conselho da Europa. A primeira reunião deve ocorrer no prazo de um ano a contar da data da entrada em vigor da Convenção. Reúne então pelo menos uma vez por ano. Para além disso, reunirá sempre que a maioria das Partes manifeste essa pretensão.

6. A maioria das Partes constitui o quórum necessário para que possa ter lugar uma reunião do *comité* permanente.

7. Sob reserva das disposições da presente Convenção, o *comité* permanente estabelece o seu regulamento interno e adopta-o por consenso.

ARTIGO 9.º([119])

1. É da competência do *comité* permanente acompanhar a aplicação da presente Convenção e, em especial:

a) Rever de modo permanente as disposições da presente Convenção e examinar as modificações julgadas necessárias;

b) Proceder a consultas junto das organizações desportivas interessadas;

c) Dirigir recomendações às Partes, no que diz respeito às medidas a tomar para aplicação da presente Convenção;

d) Recomendar as medidas apropriadas para assegurar a informação do público em relação aos trabalhos empreendidos no quadro da presente Convenção;

e) Dirigir ao Comité de Ministros recomendações no sentido de conidar os Estados não membros do Conselho da Europa a aderirem à presente Convenção;

f) Formular propostas que permitam melhorar a eficácia da presente Convenção.

2. Para o cumprimento da sua missão, o *comité* permanente pode, por sua própria iniciativa, promover reuniões de grupos de peritos.

ARTIGO 10.º

Após cada uma das suas reuniões, o *comité* permanente apresenta ao Comité de Ministros do Conselho da Europa um relatório sobre os seus trabalhos e sobre o funcionamento da Convenção.

([119]) Os artigos 9.º, 10.º, 12.º e seguintes não dispõem de epígrafe.

ARTIGO 11.º
Alterações

1. As alterações à presente Convenção podem ser propostas por uma Parte, pelo Comité de Ministros do Conselho da Europa ou pelo *comité* permanente.

2. Qualquer proposta de alteração é comunicada pelo Secretário-Geral do Conselho da Europa aos Estados membros do Conselho da Europa, aos outros Estados Partes da Convenção Cultural Europeia e a todos os Estados não membros que aderiram ou tenham sido convidados a aderir à presente Convenção, em conformidade com as disposições do artigo 14.º

3. Qualquer alteração proposta por uma Parte ou pelo Comité de Ministros é comunicada ao *comité* permanente pelo menos dois meses antes da reunião na qual a alteração deve ser apreciada. O *comité* permanente submete ao Comité de Ministros o seu parecer sobre a alteração proposta após consulta às organizações desportivas competentes.

4. O Comité de Ministros aprecia a alteração proposta assim como os pareceres emitidos pelo *comité* permanente, podendo aprovar a alteração.

5. O texto de qualquer alteração adoptada pelo Comité de Ministros, em conformidade com o n.º 4 do presente artigo, é transmitido às Partes para aceitação.

6. Qualquer alteração aprovada, de acordo com o n.º 4 do presente artigo, entra em vigor no primeiro dia do mês seguinte àquele em que expira o prazo, um mês após a data em que todas as Partes informaram o Secretário-Geral da aceitação da referida alteração.

Cláusulas finais

ARTIGO 12.º

1. A presente Convenção está aberta à assinatura dos Estados membros do Conselho da Europa e de outros Estados Partes da Convenção Cultural Europeia, que podem expressar o seu consentimento:

a) Pela assinatura sem reserva de ratificação, de aceitação ou de aprovação; ou

b) Pela assinatura sob reserva de ratificação, de aceitação ou de aprovação, seguida de ratificação, de aceitação ou de aprovação.

2. Os instrumentos de ratificação, de aceitação ou de aprovação devem ser depositados junto do Secretário-Geral do Conselho da Europa.

ARTIGO 13.º

1. A Convenção entrará em vigor no primeiro dia do mês seguinte àquele em que expirar o prazo de um mês, a contar da data em que três Estados membros do Conselho da Europa tenham expressado o seu consentimento em ficarem ligados pela Convenção nos termos das disposições do artigo 12.º

2. Relativamente ao Estado *signatário* que exprima posteriormente a sua adesão à Convenção, esta entrará em vigor no primeiro dia do mês seguinte àquele em

que expirar o prazo de um mês após a data da assinatura ou do depósito do instrumento de ratificação, de aceitação ou de aprovação.

ARTIGO 14.º

1. Após a entrada em vigor da presente Convenção, o Comité de Ministros do Conselho da Europa, depois de consulta às Partes, poderá convidar qualquer Estado não membro do Conselho da Europa a aderir à Convenção, através de uma decisão tomada por unanimidade, prevista no artigo 20.º, *d*), do Estatuto do Conselho da Europa, e com a unanimidade dos representantes dos Estados contratantes com assento no Comité de Ministros.

2. Para qualquer Estado aderente, a Convenção entrará em vigor no primeiro dia do mês seguinte àquele em que expirar o prazo de um mês, após a data do depósito do instrumento de adesão junto do Secretário-Geral do Conselho da Europa.

ARTIGO 15.º

1. Qualquer Estado pode, por ocasião da assinatura ou no acto de depósito do seu instrumento de ratificação, de aceitação, de aprovação ou de adesão, designar o ou os territórios nos quais a presente Convenção será aplicada.

2. As Partes podem, em qualquer momento posterior, mediante uma declaração dirigida ao Secretário-Geral do Conselho da Europa, alargar a aplicação da presente Convenção a qualquer outro território designado naquela declaração. A Convenção entrará em vigor, no que respeita a esse território, no primeiro dia do mês seguinte depois de decorrido o prazo de um mês, após a data de recepção da declaração em questão pelo Secretário-Geral.

3. Todas as declarações formuladas no âmbito dos dois números precedentes poderão ser retiradas, no que respeita ao território designado nesta declaração, por notificação dirigida ao Secretário-Geral. Este acto terá efeito no primeiro dia do mês seguinte depois de decorrido o prazo de seis meses após a data de recepção da notificação pelo Secretário-Geral.

ARTIGO 16.º

1. As Partes podem em qualquer momento denunciar a presente Convenção, dirigindo uma notificação ao Secretário-Geral do Conselho da Europa.

2. A denúncia produz efeitos no primeiro dia do mês seguinte depois de decorrido o prazo de seis meses após a data de recepção da notificação pelo Secretário-Geral.

ARTIGO 17.º

O Secretário-Geral do Conselho da Europa notificará os Estados membros do Conselho da Europa, os outros Estados Partes na Convenção Cultural Europeia e todos os Estados que tenham aderido à presente Convenção sobre:

a) As assinaturas, em conformidade com o artigo 12.º;

b) O depósito de todos os instrumentos de ratificação, de aceitação, de aprovação ou de adesão, em conformidade com os artigos 12.º ou 14.º;

c) As datas de entrada em vigor da presente Convenção, em conformidade com os artigos 13.º e 14.º;

d) As informações transmitidas, segundo as disposições do artigo 7.º;

e) O relatório elaborado nos termos das disposições do artigo 10.º;

f) As propostas de alteração e toda a alteração aprovada em conformidade com o artigo 11.º e a data de entrada em vigor desta alteração;

g) As declarações formuladas nos termos das disposições do artigo 15.º;

h) As notificações efectuadas nos termos das disposições do artigo 16.º e a data em que a denúncia produz efeitos.

Em fé do que precede, os abaixo assinados, devidamente autorizados para o efeito, assinaram esta Convenção.

Feita em Estrasburgo, no dia 19 de Agosto de 1985, em francês e em inglês, sendo ambos os textos igualmente autênticos, num único exemplar que será guardado nos arquivos do Conselho da Europa. O Secretário Geral do Conselho da Europa enviará cópias autenticadas a cada Estado-membro do Conselho da Europa, a cada Estado Parte da Convenção Cultural Europeia e aos Estados convidados a aderir a esta Convenção.

[37]
Lei n.º 39/2009, de 30 de Julho

**Regime jurídico do combate à violência, ao racismo,
à xenofobia e à intolerância nos espectáculos desportivos**

A Assembleia da República decreta, nos termos da alínea *c*) do artigo 161.º da Constituição, o seguinte:

CAPÍTULO I
Disposições gerais

ARTIGO 1.º
Objecto

A presente lei estabelece o regime jurídico do combate à violência, ao racismo, à xenofobia e à intolerância nos espectáculos desportivos, de forma a possibilitar a realização dos mesmos com segurança e de acordo com os princípios éticos inerentes à sua prática.

ARTIGO 2.º
Âmbito

A presente lei aplica-se a todos os espectáculos desportivos, com excepção dos casos expressamente previstos noutras disposições legais.

ARTIGO 3.º
Definições

Para efeitos do disposto na presente lei, entende-se por:

a) «Anel ou perímetro de segurança» o espaço, definido pelas forças de segurança, adjacente ou exterior ao recinto desportivo, cuja montagem ou instalação é da responsabilidade do promotor do espectáculo desportivo, compreendido entre os limites exteriores do recinto ou construção, dotado quer de vedação permanente ou temporária, quer de vãos de passagem com controlo de entradas e de saídas, destinado a garantir a segurança do espectáculo desportivo;

b) «Área do espectáculo desportivo» a superfície onde se desenrola o espectáculo desportivo, incluindo as zonas de protecção definidas de acordo com os regulamentos da respectiva modalidade;

c) «Assistente de recinto desportivo» o vigilante de segurança privada especializado, directa ou indirectamente contratado pelo promotor do espectáculo desportivo, com as funções, deveres e formação definidos na legislação aplicável ao exercício da actividade de segurança privada;

d) «Complexo desportivo» o conjunto de terrenos, construções e instalações destinadas à prática de uma ou mais modalidades, compreendendo os espaços reservados ao público e ao parqueamento de viaturas;

e) «Coordenador de segurança» a pessoa com formação técnica adequada designada pelo promotor do espectáculo desportivo como responsável operacional pela segurança no recinto desportivo e anéis de segurança para, em cooperação com as forças de segurança, as entidades de saúde, a Autoridade Nacional de Protecção Civil (ANPC) e o organizador da competição desportiva, chefiar e coordenar a actividade dos assistentes de recinto desportivo e voluntários, caso existam, bem como zelar pela segurança no decorrer do espectáculo desportivo;

f) «Espectáculo desportivo» o evento que engloba uma ou várias competições individuais ou colectivas, que se realiza sob a égide da mesma entidade desportiva, decorrendo desde a abertura até ao encerramento do recinto desportivo;

g) «Grupo organizado de adeptos» o conjunto de adeptos, filiados ou não numa entidade desportiva, tendo por objecto o apoio a clubes, a associações ou a sociedades desportivas;

h) «Interdição dos recintos desportivos» a proibição temporária de realizar no recinto desportivo espectáculos desportivos oficiais na modalidade, escalão etário e categorias iguais àqueles em que as faltas tenham ocorrido;

i) «Promotor do espectáculo desportivo» as associações de âmbito territorial, clubes e sociedades desportivas, bem como as próprias federações e ligas, quando sejam simultaneamente organizadores de competições desportivas;

j) «Organizador da competição desportiva» a federação da respectiva modalidade, relativamente às competições não profissionais ou internacionais que se realizem sob a égide das federações internacionais, as ligas profissionais de clubes, bem como as associações de âmbito territorial, relativamente às respectivas competições;

l) «Realização de espectáculos desportivos à porta fechada» a obrigação de o promotor do espectáculo desportivo realizar no recinto desportivo que lhe estiver afecto espectáculos desportivos oficiais na modalidade, escalão etário e categorias iguais àqueles em que as faltas tenham ocorrido, sem a presença de público;

m) «Recinto desportivo» o local destinado à prática do desporto ou onde este tenha lugar, confinado ou delimitado por muros, paredes ou vedações, em regra com acesso controlado e condicionado;

n) «Títulos de ingresso» os bilhetes, cartões, convites e demais documentos que permitam a entrada em recintos desportivos, qualquer que seja o seu suporte.

ARTIGO 4.º
Conselho para a Ética e Segurança no Desporto

Para efeitos da presente lei, o Conselho para a Ética e Segurança no Desporto (CESD) é o órgão competente para promover e coordenar a adopção de medidas de combate às manifestações de violência, racismo, xenofobia e intolerância nos espectáculos desportivos, e funciona junto do Conselho Nacional do Desporto nos termos do Decreto-Lei n.º 315/2007, de 18 de Setembro, na sua redacção actual.

CAPÍTULO II
Medidas de segurança e condições do espectáculo desportivo

SECÇÃO I
Organização e promoção de competições desportivas

ARTIGO 5.º
Regulamentos de prevenção da violência

1. O organizador da competição desportiva aprova regulamentos internos em matéria de prevenção e punição das manifestações de violência, racismo, xenofobia e intolerância nos espectáculos desportivos, nos termos da lei.

2. Os regulamentos previstos no número anterior estão sujeitos a registo junto do CESD, que é condição da sua validade, e devem estar conformes com:

a) As regras estabelecidas pela presente lei e disposições regulamentares;

b) As normas estabelecidas no quadro das convenções internacionais sobre violência associada ao desporto a que a República Portuguesa se encontre vinculada.

3. Os regulamentos previstos no n.º 1 devem conter, entre outras, as seguintes matérias:

a) Procedimentos preventivos a observar na organização das competições desportivas;

b) Enumeração tipificada de situações de violência, racismo, xenofobia e intolerância nos espectáculos desportivos, bem como as correspondentes sanções a aplicar aos agentes desportivos;

c) Tramitação do procedimento de aplicação das sanções referidas na alínea anterior;

d) Discriminação dos tipos de objectos e substâncias previstos na alínea *d)* do n.º 1 do artigo 22.º

4. As sanções referidas na alínea *b)* do número anterior podem consistir em sanções disciplinares, desportivas e, quando incidam sobre promotores do espec-

táculo desportivo, na interdição de recintos desportivos ou na obrigação de realizar competições desportivas à porta fechada.

5. A não aprovação e a não adopção da regulamentação prevista no n.º 1 pelo organizador da competição desportiva, bem como a adopção de regulamento cujo registo seja recusado pelo CESD, implicam, enquanto a situação se mantiver, a impossibilidade de o organizador da competição desportiva em causa beneficiar de qualquer tipo de apoio público, e, caso se trate de entidade titular de estatuto de utilidade pública desportiva, a suspensão do mesmo.

ARTIGO 6.º
Plano de actividades

As federações desportivas e as ligas profissionais estão obrigadas a inserir medidas e programas de promoção de boas práticas que salvaguardem a ética e o espírito desportivos nos respectivos planos anuais de actividades, em particular no domínio da violência associada ao desporto.

ARTIGO 7.º
Regulamentos de segurança e de utilização dos espaços de acesso público

1. O promotor do espectáculo desportivo aprova regulamentos internos em matéria de segurança e de utilização dos espaços de acesso público.

2. Os regulamentos previstos no número anterior devem conter, entre outras, as seguintes medidas, cuja execução deve ser precedida de concertação com as forças de segurança, a ANPC, os serviços de emergência médica e o organizador da competição desportiva:

a) Separação física dos adeptos, reservando-lhes zonas distintas, nas competições desportivas de natureza profissional ou não profissional consideradas de risco elevado;

b) Controlo da venda de títulos de ingresso, com recurso a meios mecânicos, electrónicos ou electromecânicos, a fim de assegurar o fluxo de entrada dos espectadores, impedindo a reutilização do título de ingresso e permitindo a detecção de títulos de ingresso falsos, nas competições desportivas de natureza profissional ou não profissional consideradas de risco elevado;

c) Vigilância e controlo destinados a impedirem o excesso de lotação em qualquer zona do recinto, bem como a assegurar o desimpedimento das vias de acesso;

d) Instalação ou montagem de anéis de segurança e a adopção obrigatória de sistemas de controlo de acesso, de modo a impedir a introdução de objectos ou substâncias proibidos ou susceptíveis de possibilitar ou gerar actos de violência, nos termos previstos na presente lei;

e) Proibição de venda, consumo e distribuição de bebidas alcoólicas, substâncias estupefacientes e substâncias psicotrópicas no interior do anel ou perímetro de segurança, bem como adopção de um sistema de controlo de estados de alcoolemia e de estupefacientes e de substâncias psicotrópicas;

f) Criação de áreas, no interior do recinto desportivo, onde é permitido o consumo de bebidas alcoólicas, no respeito pelos limites definidos na lei;

g) Vigilância de grupos de adeptos, nomeadamente nas deslocações para assistir a competições desportivas de natureza profissional ou não profissional consideradas de risco elevado, disputadas fora do recinto desportivo próprio do promotor do espectáculo desportivo;

h) Definição das condições de exercício da actividade e respectiva circulação dos meios de comunicação social no recinto desportivo;

i) Elaboração de um plano de emergência interno, prevendo e definindo, designadamente, a actuação dos assistentes de recinto desportivo, se os houver.

3. Os regulamentos previstos no n.º 1 estão sujeitos a registo junto do CESD, que é condição da sua validade.

4. A não aprovação e a não adopção da regulamentação prevista no n.º 1 pelo promotor do espectáculo desportivo, ou a adopção de regulamentação cujo registo seja recusado pelo CESD, implicam, enquanto a situação se mantiver, a impossibilidade de serem realizados espectáculos desportivos no recinto desportivo respectivo, bem como a impossibilidade de obtenção de licença de funcionamento ou a suspensão imediata de funcionamento, consoante os casos.

5. As sanções mencionadas no número anterior são aplicadas pelo Instituto do Desporto de Portugal, I. P., sob proposta do CESD.

ARTIGO 8.º
Deveres dos promotores do espectáculo desportivo

1. Sem prejuízo de outros deveres que lhes sejam cometidos nos termos da presente lei, e na demais legislação ou regulamentação aplicáveis, são deveres dos promotores do espectáculo desportivo:

a) Assumir a responsabilidade pela segurança do recinto desportivo e anéis de segurança, sem prejuízo do disposto no artigo 13.º;

b) Incentivar o espírito ético e desportivo dos seus adeptos, especialmente junto dos grupos organizados;

c) Aplicar medidas sancionatórias aos seus associados envolvidos em perturbações da ordem pública, impedindo o acesso aos recintos desportivos nos termos e condições do respectivo regulamento ou promovendo a sua expulsão dos mesmos;

d) Proteger os indivíduos que sejam alvo de ameaças e os bens e pertences destes, designadamente facilitando a respectiva saída de forma segura do complexo desportivo, ou a sua transferência para sector seguro, em coordenação com os elementos da força de segurança;

e) Adoptar regulamentos de segurança e de utilização dos espaços de acesso público do recinto desportivo;

f) Designar o coordenador de segurança, nas situações previstas na lei.

2. O disposto no número anterior, com excepção da sua alínea *f)*, aplica-se, com as devidas adaptações, aos organizadores da competição desportiva.

ARTIGO 9.º
Acções de prevenção sócio-educativa

Os organizadores e promotores de espectáculos desportivos, em articulação com o Estado, devem desenvolver acções de prevenção sócio-educativa, nas áreas da ética no desporto, da violência, do racismo, da xenofobia e da intolerância nos espectáculos desportivos, designadamente através de:

a) Aprovação e execução de planos e medidas, em particular junto da população em idade escolar;

b) Desenvolvimento de campanhas publicitárias que promovam o desportivismo, o ideal de jogo limpo e a integração, especialmente entre a população em idade escolar;

c) Implementação de medidas que visem assegurar condições para o pleno enquadramento familiar, designadamente pela adopção de um sistema de ingressos mais favorável;

d) Desenvolvimento de acções que possibilitem o enquadramento e o convívio entre adeptos;

e) Apoio à criação de «embaixadas de adeptos», tendo em vista dar cumprimento ao disposto na presente lei.

SECÇÃO II
Da segurança

ARTIGO 10.º
Coordenador de segurança

1. Compete ao promotor do espectáculo desportivo, para os espectáculos desportivos integrados nas competições desportivas de natureza profissional ou não profissional consideradas de risco elevado, sejam nacionais ou internacionais, designar um coordenador de segurança, cuja formação é definida por portaria conjunta do Ministro da Administração Interna e do membro do Governo responsável pela área do desporto.([120])

2. O coordenador de segurança é o responsável operacional pela segurança no interior do recinto desportivo e dos anéis de segurança, sem prejuízo das competências dos órgãos de polícia criminal.

3. Os promotores do espectáculo desportivo, antes do início de cada época desportiva, devem comunicar ao CESD a lista dos coordenadores de segurança dos respectivos recintos desportivos, que deverá ser organizada cumprindo o disposto na Lei n.º 67/98, de 26 de Outubro.

4. Compete ao coordenador de segurança coordenar a actividade dos assistentes de recinto desportivo, com vista a, em cooperação com o organizador da competição desportiva, com a força de segurança, com a ANPC e com as entidades de saúde, zelar pelo normal decurso do espectáculo desportivo.

([120]) V. Portaria n.º 181/2010, de 26 de Março.

5. O coordenador de segurança reúne com as entidades referidas no número anterior, antes e depois de cada espectáculo desportivo, e elabora um relatório final, o qual é entregue ao organizador da competição desportiva, com cópia ao CESD.

6. O incumprimento do disposto no n.º 1 implica, para o promotor do espectáculo desportivo, enquanto a situação se mantiver, a realização de espectáculos desportivos à porta fechada.

ARTIGO 11.º
Policiamento de espectáculos desportivos

O regime de policiamento e de satisfação dos respectivos encargos, realizado em recinto desportivo, consta de decreto-lei.

ARTIGO 12.º
Qualificação dos espectáculos

1. Quanto aos espectáculos desportivos com natureza internacional, consideram-se de risco elevado aqueles:

a) Que correspondam à fase final de um campeonato europeu ou mundial, nas modalidades a definir anualmente pelo CESD, ouvidas as forças de segurança;

b) Que sejam como tal declarados pelas organizações internacionais, a nível europeu e mundial, das respectivas modalidades, com base em incidentes ocasionados pelos adeptos de pelo menos uma das equipas ou, ainda, por razões excepcionais;

c) Em que os adeptos da equipa visitante presumivelmente venham a ultrapassar 10 % da capacidade do recinto desportivo ou sejam em número igual ou superior a 2000 pessoas;

d) Em que o recinto desportivo esteja presumivelmente repleto ou em que o número provável de espectadores seja superior a 30 000 pessoas.

2. Quanto aos espectáculos desportivos com natureza nacional, consideram-se de risco elevado aqueles:

a) Que forem definidos como tal pelo CESD, ouvida a força de segurança territorialmente competente e a respectiva federação desportiva ou, tratando-se de uma competição desportiva de natureza profissional, a liga profissional;

b) Em que esteja em causa o apuramento numa competição por eliminatórias nas duas eliminatórias antecedentes da final;

c) Em que o número de espectadores previstos perfaça 80% da lotação do recinto desportivo;

d) Em que o número provável de adeptos da equipa visitante perfaça 20% do número de espectadores previsto;

e) Em que os adeptos dos clubes intervenientes hajam ocasionado incidentes graves em jogos anteriores;

f) Em que os espectáculos desportivos sejam decisivos para ambas as equipas na conquista de um troféu, acesso a provas internacionais ou mudança de escalão divisionário.

3. Consideram-se de risco normal os espectáculos desportivos não abrangidos pelos números anteriores.

ARTIGO 13.º
Forças de segurança

1. Quando o comandante da força de segurança territorialmente competente considerar que não estão reunidas as condições para que o espectáculo desportivo se realize em segurança comunica o facto ao comandante-geral da GNR ou ao director nacional da PSP, consoante o caso.

2. O comandante-geral da GNR ou o director nacional da PSP, consoante o caso, informam o organizador da competição desportiva sobre as medidas de segurança a corrigir e a implementar pelo promotor do espectáculo desportivo.

3. A inobservância do disposto no número anterior pelo promotor do espectáculo desportivo implica a não realização desse espectáculo, a qual é determinada pelo organizador da competição desportiva.

4. O comandante da força de segurança presente no local pode, no decorrer do espectáculo desportivo, assumir, a todo o tempo, a responsabilidade pela segurança no recinto desportivo sempre que a falta desta determine a existência de risco para pessoas e instalações.

5. A decisão de evacuação, total ou parcial, do recinto desportivo cabe, exclusivamente, ao comandante da força de segurança presente no local.

SECÇÃO III
Grupos organizados de adeptos

ARTIGO 14.º
Apoio a grupos organizados de adeptos

1. Apenas os grupos organizados de adeptos constituídos como associações, nos termos da legislação aplicável ou no âmbito do associativismo juvenil, e registados como tal junto do CESD, podem ser objecto de apoio, por parte do promotor do espectáculo desportivo, nomeadamente através da concessão de facilidades de utilização ou cedência de instalações, apoio técnico, financeiro ou material.

2. Os apoios técnicos, financeiros e materiais concedidos pelo promotor do espectáculo desportivo a grupos organizados de adeptos são objecto de protocolo, a celebrar em cada época desportiva, o qual é disponibilizado, sempre que solicitado, à força de segurança e ao CESD.

3. O protocolo a que se refere o número anterior deve identificar, em anexo, os elementos que integram o respectivo grupo organizado, referidos no n.º 1 do artigo seguinte.

4. É expressamente proibido o apoio, por parte do promotor do espectáculo desportivo, a grupos organizados de adeptos que adoptem sinais, símbolos e expres-

sões que incitem à violência, ao racismo, à xenofobia, à intolerância nos espectáculos desportivos, ou a qualquer outra forma de discriminação, ou que traduzam manifestações de ideologia política.

5. A concessão de facilidades de utilização ou a cedência de instalações a grupos de adeptos constituídos nos termos da presente lei é da responsabilidade do promotor do espectáculo desportivo, cabendo-lhe, nesta medida, a respectiva fiscalização, a fim de assegurar que nestas não sejam depositados quaisquer materiais ou objectos proibidos ou susceptíveis de possibilitar ou gerar actos de violência, racismo, xenofobia, intolerância nos espectáculos desportivos, ou qualquer outra forma de discriminação, ou que traduzam manifestações de ideologia política.

6. O incumprimento do disposto no presente artigo implica para o promotor do espectáculo desportivo, enquanto as situações indicadas nos números anteriores se mantiverem, a realização de espectáculos desportivos à porta fechada.

7. A sanção mencionada no número anterior é aplicada pelo Instituto do Desporto de Portugal, I. P., sob proposta do CESD.

ARTIGO 15.º
Registo dos grupos organizados de adeptos

1. Os grupos organizados de adeptos devem possuir um registo sistematizado e actualizado dos seus filiados, cumprindo o disposto na Lei n.º 67/98, de 26 de Outubro, com indicação dos elementos seguintes:
a) Nome;
b) Número do bilhete de identidade;
c) Data de nascimento;
d) Fotografia;
e) Filiação, caso se trate de menor de idade; e
f) Morada.

2. O registo referido no número anterior é efectuado junto do respectivo promotor do espectáculo desportivo, o qual, nos cinco dias seguintes à sua recepção, envia cópia ao CESD que o disponibiliza de imediato às forças de segurança.

3. O registo referido no n.º 1 é actualizado sempre que se verifique qualquer alteração quanto aos seus filiados, e pode ser suspenso ou anulado no caso de incumprimento do disposto no presente artigo.

4. Os grupos organizados de adeptos devem possuir uma listagem actualizada contendo a identificação de todos os filiados, registados nos termos dos números anteriores, presentes na deslocação em concreto para o espectáculo desportivo.

5. A listagem referida no número anterior é disponibilizada, sempre que solicitado, às forças de segurança e ao CESD.

6. Os elementos responsáveis por grupos organizados de adeptos que não cumpram o disposto nos números anteriores ficam impossibilitados de aceder ao interior de qualquer recinto desportivo mediante decisão do Instituto do Desporto de Portugal, I. P., sob proposta do CESD, enquanto a situação de incumprimento se mantiver.

7. Em caso de reincidência, o CESD deve suspender, por período não superior a um ano, ou anular o registo referido no n.º 1.

ARTIGO 16.º
Acesso dos grupos organizados de adeptos ao recinto desportivo

1. Os promotores do espectáculo desportivo devem reservar, nos recintos desportivos que lhes estão afectos, uma ou mais áreas específicas para os filiados dos grupos organizados de adeptos.

2. Nas competições desportivas de natureza profissional ou não profissional consideradas de risco elevado, sejam nacionais ou internacionais, os promotores do espectáculo desportivo não podem ceder ou vender bilhetes a grupos organizados de adeptos em número superior ao de filiados nesses grupos e identificados no registo referido no n.º 1 do artigo anterior, devendo constar em cada bilhete cedido ou vendido o nome do titular filiado.

3. Só é permitido o acesso e o ingresso nas áreas referidas no n.º 1 aos indivíduos portadores do bilhete a que se refere o número anterior.

4. O incumprimento do disposto no presente artigo implica para o promotor do espectáculo desportivo, enquanto as situações indicadas nos números anteriores se mantiverem, a realização de espectáculos desportivos à porta fechada.

5. A sanção mencionada no número anterior é aplicada pelo Instituto do Desporto de Portugal, I. P., sob proposta do CESD.

SECÇÃO IV
Recinto desportivo

ARTIGO 17.º
**Lugares sentados e separação física
dos espectadores**

1. Os recintos desportivos nos quais se realizem competições desportivas de natureza profissional ou não profissional consideradas de risco elevado, sejam nacionais ou internacionais, são dotados de lugares sentados, individuais e numerados, equipados com assentos de modelo oficialmente aprovado.

2. O disposto no número anterior não prejudica a instalação de sectores devidamente identificados como zonas tampão, que permitam separar fisicamente os espectadores e assegurar uma rápida e eficaz evacuação do recinto desportivo, podendo implicar a restrição de venda de bilhetes.

3. Os recintos desportivos nos quais se realizem os jogos previstos no n.º 1 são, ainda, dotados de lugares apropriados para as pessoas com deficiência e ou incapacidades, nomeadamente para as pessoas com mobilidade condicionada.

ARTIGO 18.º
Sistema de videovigilância

1. O promotor do espectáculo desportivo, no qual se realizem competições desportivas de natureza profissional ou não profissional consideradas de risco elevado, sejam nacionais ou internacionais, deve instalar e manter em perfeitas condições um sistema de videovigilância que permita o controlo visual de todo o recinto desportivo e respectivo anel ou perímetro de segurança, dotado de câmaras fixas ou móveis com gravação de imagem e som e impressão de fotogramas, as quais visam a protecção de pessoas e bens, com observância do disposto na Lei n.º 67/98, de 26 de Outubro.

2. A gravação de imagem e som, aquando da ocorrência de um espectáculo desportivo, é obrigatória, desde a abertura até ao encerramento do recinto desportivo, devendo os respectivos registos ser conservados durante 90 dias, prazo findo o qual são destruídos em caso de não utilização nos termos da legislação penal e processual penal aplicável.

3. Nos lugares objecto de videovigilância é obrigatória a afixação, em local bem visível, de um aviso que verse «Para sua protecção este local encontra-se sob vigilância de um circuito fechado de televisão, procedendo-se à gravação de imagem e de som».

4. O aviso referido no número anterior deve, igualmente, ser acompanhado de informação oral e simbologia adequada e estar traduzido em, pelo menos, uma língua estrangeira.

5. O sistema de videovigilância previsto nos números anteriores pode, nos mesmos termos, ser utilizado por elementos das forças de segurança.

6. O organizador da competição desportiva pode aceder às imagens gravadas pelo sistema de videovigilância para os efeitos exclusivamente disciplinares desportivos previstos na presente lei, e no respeito pela Lei n.º 67/98, de 26 de Outubro, devendo, sem prejuízo da aplicação do n.º 2, assegurar-se das condições de reserva dos registos obtidos.

ARTIGO 19.º
Parques de estacionamento

Os recintos desportivos nos quais se realizem competições desportivas de natureza profissional ou não profissional consideradas de risco elevado, sejam nacionais ou internacionais, devem dispor de parques de estacionamento devidamente dimensionados para a respectiva lotação de espectadores, bem como prever a existência de estacionamento para pessoas com deficiência e ou incapacidades, em conformidade com a legislação em vigor, para as forças de segurança, para a equipa de arbitragem e para os delegados da respectiva federação e liga.

ARTIGO 20.º
Acesso de pessoas com deficiência e ou incapacidades a recintos desportivos

1. Os recintos desportivos devem dispor de acessos especiais para pessoas com deficiência e ou incapacidades, nos termos previstos no Decreto-Lei n.º 163/2006, de 8 de Agosto.

2. As pessoas com deficiência e ou incapacidades podem aceder aos recintos desportivos acompanhadas pelo cão de assistência, nos termos previstos no Decreto--Lei n.º 74/2007, de 27 de Março.

ARTIGO 21.º
Medidas de beneficiação

1. O Instituto do Desporto de Portugal, I. P., pode determinar, sob proposta do CESD, ou através deste, sob proposta das forças de segurança, que os recintos desportivos nos quais se disputem competições desportivas de natureza profissional ou não profissional consideradas de risco elevado, sejam nacionais ou internacionais, sejam objecto de medidas de beneficiação, tendo em vista o reforço da segurança e a melhoria das condições hígio-sanitárias.

2. Em caso de incumprimento do disposto no número anterior, o Instituto do Desporto de Portugal, I. P., pode determinar a interdição do recinto para os fins pretendidos.

ARTIGO 22.º
**Condições de acesso de espectadores
ao recinto desportivo**

1. São condições de acesso dos espectadores ao recinto desportivo:
a) A posse de título de ingresso válido;
b) A observância das normas do regulamento de segurança e de utilização dos espaços de acesso público;
c) Não estar sob a influência de álcool, estupefacientes, substâncias psicotrópicas ou produtos de efeito análogo, aceitando submeter-se a testes de controlo e despistagem, a efectuar sob a direcção dos elementos da força de segurança;
d) Não transportar ou trazer consigo objectos ou substâncias proibidos ou susceptíveis de gerar ou possibilitar actos de violência;
e) Não ostentar cartazes, bandeiras, símbolos ou outros sinais com mensagens ofensivas, de carácter racista ou xenófobo;
f) Não entoar cânticos racistas ou xenófobos ou que incitem à violência;
g) Consentir na revista pessoal de prevenção e segurança, com o objectivo de detectar e impedir a entrada de objectos e substâncias proibidos ou susceptíveis de gerar ou possibilitar actos de violência;
h) Consentir na recolha de imagem e som, nos termos da Lei n.º 67/98, de 26 de Outubro.

2. Para os efeitos da alínea *c)* do número anterior, consideram-se sob influência de álcool os indivíduos que apresentem uma taxa de álcool no sangue igual ou superior a 1,2 g/l, aplicando-se-lhes, com as devidas adaptações, os procedimentos, testes, instrumentos e modos de medição previstos no Código da Estrada, aprovado

pelo Decreto-Lei n.º 114/94, de 3 de Maio, com a última redacção dada pelo Decreto-Lei n.º 113/2008, de 1 de Julho, para as situações de alcoolemia e influência de estupefacientes ou substâncias psicotrópicas nos condutores.

3. É vedado o acesso ao recinto desportivo a todos os espectadores que não cumpram o previsto no n.º 1, exceptuando o disposto nas alíneas *b*), *d*) e *g*) do mesmo número, quando se trate de objectos que sejam auxiliares das pessoas com deficiência e ou incapacidades.

4. As autoridades policiais destacadas para o espectáculo desportivo podem submeter a testes de controlo de alcoolemia ou de outras substâncias tóxicas os indivíduos que apresentem indícios de estarem sob a influência das mesmas, bem como os que manifestem comportamentos violentos ou que coloquem em perigo a segurança desse mesmo espectáculo desportivo.

5. É vedado o acesso ao recinto desportivo àqueles cujos testes se revelem positivos e a todos os que recusem submeter-se aos mesmos.

ARTIGO 23.º
Condições de permanência dos espectadores
no recinto desportivo

1. São condições de permanência dos espectadores no recinto desportivo:

a) Não ostentar cartazes, bandeiras, símbolos ou outros sinais com mensagens ofensivas, violentas, de carácter racista ou xenófobo, intolerantes nos espectáculos desportivos, que incitem à violência ou a qualquer outra forma de discriminação, ou que traduzam manifestações de ideologia política;

b) Não obstruir as vias de acesso e evacuação, especialmente as vias de emergência, sem prejuízo do uso das mesmas por pessoas com deficiências e incapacidades;

c) Não praticar actos violentos, que incitem à violência, ao racismo ou à xenofobia, à intolerância nos espectáculos desportivos, a qualquer outra forma de discriminação, ou que traduzam manifestações de ideologia política;

d) Não ultrajar ou faltar ao respeito que é devido aos símbolos nacionais, através de qualquer meio de comunicação com o público;

e) Não entoar cânticos racistas ou xenófobos ou que incitem à violência, à intolerância nos espectáculos desportivos, a qualquer outra forma de discriminação, ou que traduzam manifestações de ideologia política;

f) Não aceder às áreas de acesso reservado ou não destinadas ao público;

g) Não circular de um sector para outro;

h) Não arremessar quaisquer objectos no interior do recinto desportivo;

i) Não utilizar material produtor de fogo-de-artifício, quaisquer outros engenhos pirotécnicos ou produtores de efeitos análogos;

j) Cumprir os regulamentos do recinto desportivo;

l) Observar as condições de segurança previstas no artigo anterior.

2. O incumprimento das condições previstas nas alíneas *a*), *c*), *d*), *e*), *g*) e *h*) do número anterior, bem como nas alíneas *c*) e *d*) do n.º 1 do artigo anterior, implica o

afastamento imediato do recinto desportivo a efectuar pelas forças de segurança presentes no local, sem prejuízo de outras sanções eventualmente aplicáveis.

3. O incumprimento das condições previstas nas alíneas *b*), *f*), *g*) e *l*) do n.º 1, bem como nas alíneas *a*), *b*), *e*) e *f*) do n.º 1 do artigo anterior, implica o afastamento imediato do recinto desportivo a efectuar pelos assistentes de recinto desportivo presentes no local, sem prejuízo de outras sanções eventualmente aplicáveis.

ARTIGO 24.º
Condições especiais de permanência dos grupos organizados de adeptos

1. Os grupos organizados de adeptos podem, excepcionalmente, utilizar os seguintes materiais ou artigos, no interior do recinto desportivo:

a) Instrumentos produtores de ruídos, usualmente denominado «megafone» e «tambores»;

b) Artifício pirotécnico de utilização técnica fumígeno, usualmente denominado «pote de fumo».

2. O disposto na alínea *a*) do número anterior carece de autorização prévia do promotor do espectáculo desportivo, devendo este comunicar à força de segurança.

3. O disposto na alínea *b*) do n.º 1 carece de autorização e monitorização da força de segurança, em concordância com a ANPC e com o promotor do espectáculo desportivo.

ARTIGO 25.º
Revista pessoal de prevenção e segurança

1. O assistente de recinto desportivo pode, na área definida para o controlo de acessos, efectuar revistas pessoais de prevenção e segurança aos espectadores, nos termos da legislação aplicável ao exercício da actividade de segurança privada, com o objectivo de impedir a introdução no recinto desportivo de objectos ou substâncias proibidos, susceptíveis de possibilitar ou gerar actos de violência.

2. O assistente de recinto desportivo deve efectuar, antes da abertura das portas do recinto, uma verificação de segurança a todo o seu interior, de forma a detectar a existência de objectos ou substâncias proibidos.

3. As forças de segurança destacadas para o espectáculo desportivo, sempre que tal se mostre necessário, podem proceder a revistas aos espectadores, por forma a evitar a existência no recinto de objectos ou substâncias proibidos ou susceptíveis de possibilitar actos de violência.

4. A revista é obrigatória no que diz respeito aos grupos organizados de adeptos.

ARTIGO 26.º
Emissão e venda de títulos de ingresso

1. Nos recintos em que se realizem competições profissionais e competições não profissionais consideradas de risco elevado, sejam nacionais ou internacionais, compete

ao organizador da competição desportiva desenvolver e utilizar um sistema uniforme de emissão e venda de títulos de ingresso, controlado por meios informáticos.

2. Cabe ao organizador da competição desportiva a emissão dos títulos de ingresso, devendo definir, no início de cada época desportiva, as características do título de ingresso e os limites mínimo e máximo do respectivo preço.

3. Os títulos de ingresso devem conter as seguintes menções:

a) Numeração sequencial;

b) Identificação do recinto desportivo;

c) Porta de entrada para o recinto desportivo, sector, fila e cadeira, bem como a planta do recinto e do local de acesso;

d) Designação da competição desportiva;

e) Modalidade desportiva;

f) Identificação do organizador e promotores do espectáculo desportivo intervenientes;

g) Especificação sumária dos factos impeditivos do acesso dos espectadores ao recinto desportivo e das consequências do incumprimento do regulamento de segurança e utilização dos espaços de acesso público.

4. O organizador da competição desportiva pode acordar com o promotor do espectáculo desportivo a emissão dos títulos de ingresso.

5. O número de títulos de ingresso emitidos nos termos do presente artigo não pode ser superior à lotação do respectivo recinto desportivo.

6. A violação do disposto no presente artigo implica, enquanto a situação se mantiver, a suspensão da realização do espectáculo desportivo em causa.

7. A sanção mencionada no número anterior é determinada pelo Instituto do Desporto de Portugal, I. P., sob proposta do CESD.

CAPÍTULO III
Regime sancionatório

SECÇÃO I
Crimes

ARTIGO 27.º
Distribuição e venda de títulos de ingresso falsos ou irregulares

1. Quem distribuir para venda ou vender títulos de ingresso para um espectáculo desportivo em violação do sistema de emissão e venda de títulos de ingresso previsto no artigo anterior ou sem ter recebido autorização expressa e prévia do organizador da competição desportiva, é punido com pena de prisão até 3 anos ou com pena de multa.

2. A tentativa é punível.

ARTIGO 28.º
Distribuição e venda irregulares de títulos de ingresso

1. Quem distribuir para venda ou vender títulos de ingresso para um espectáculo desportivo de modo a provocar sobrelotação do recinto desportivo, em parte ou no seu todo, ou com intenção de obter, para si ou para outra pessoa, vantagem patrimonial sem que para tal esteja autorizado, é punido com pena de prisão até 3 anos ou com pena de multa.
2. A tentativa é punível.

ARTIGO 29.º
Dano qualificado no âmbito de espectáculo desportivo

Quem, quando inserido num grupo de adeptos, organizado ou não, destruir, no todo ou em parte, danificar, desfigurar ou tornar não utilizável transporte público, instalação ou equipamento utilizado pelo público ou de utilidade colectiva ou outros bens de relevo, é punido com pena de prisão de 1 a 5 anos, ou com pena de multa até 600 dias.

ARTIGO 30.º
Participação em rixa na deslocação para ou de espectáculo desportivo

1. Quem, quando da deslocação para ou de espectáculo desportivo, intervier ou tomar parte em rixa entre duas ou mais pessoas de que resulte:
   a) Morte ou ofensa à integridade física dos contendores;
   b) Risco de ofensa à integridade física ou perigo para terceiros; ou
   c) Alarme ou inquietação entre a população;
é punido com pena de prisão até 3 anos ou com pena de multa.
2. A participação em rixa não é punível quando for determinada por motivo não censurável, nomeadamente quando visar reagir contra um ataque, defender outra pessoa ou separar os contendores.

ARTIGO 31.º
Arremesso de objectos ou de produtos líquidos

Quem, encontrando-se no interior do recinto desportivo durante a ocorrência de um espectáculo desportivo, arremessar objectos ou produto líquido e criar deste modo perigo para a vida ou a integridade física de outra pessoa, é punido com pena de prisão até 3 anos ou com pena de multa.

ARTIGO 32.º
Invasão da área do espectáculo desportivo

1. Quem, encontrando-se no interior do recinto desportivo durante a ocorrência de um espectáculo desportivo, invadir a área desse espectáculo ou aceder a zonas

do recinto desportivo inacessíveis ao público em geral, é punido com pena de prisão até 1 ano ou com pena de multa.

2. Se das condutas referidas no número anterior resultar perturbação do normal curso do espectáculo desportivo que implique a suspensão, interrupção ou cancelamento do mesmo, o agente é punido com pena de prisão até 2 anos ou com pena de multa.

ARTIGO 33.º
Ofensas à integridade física actuando em grupo

Quem, encontrando-se no interior do recinto desportivo, durante a ocorrência de um espectáculo desportivo, actuando em grupo, ofender integridade física de terceiros, é punido com pena de prisão até 3 anos ou com pena de multa não inferior a 500 dias.

ARTIGO 34.º
Crimes contra agentes desportivos específicos

1. Se os actos descritos nos artigos 29.º a 31.º forem praticados de modo a colocar em perigo a vida, a saúde, a integridade física ou a segurança dos praticantes, treinadores, árbitros e demais agentes desportivos que estiverem na área do espectáculo desportivo, bem como aos membros dos órgãos de comunicação social em serviço na mesma, as penas naqueles previstas são agravadas, nos seus limites mínimo e máximo, até um terço.

2. A tentativa é punível.

ARTIGO 35.º
Pena acessória de privação do direito de entrar em recintos desportivos

1. Pela condenação dos crimes previstos nos artigos 29.º a 31.º, é aplicável uma medida de interdição de acesso a recintos desportivos por um período de 1 a 3 anos, se pena acessória mais grave não lhe couber por força de outra disposição legal.

2. A aplicação da pena acessória referida no número anterior inclui a obrigação de apresentação a uma autoridade judiciária ou a órgão de polícia criminal em dias e horas preestabelecidos, tomando em conta as suas exigências profissionais e o domicílio do agente.

3. Não conta, para efeitos de contagem do prazo da medida de interdição prevista no n.º 1, o tempo em que o agente estiver privado da liberdade por força de medida de coacção processual, pena ou medida de segurança.

ARTIGO 36.º
Medida de coacção de interdição de acesso a recintos desportivos

1. Se houver fortes indícios da prática de crime previsto na presente lei, o juiz pode impor ao arguido as medidas de:

a) Interdição de acesso ou permanência a recinto desportivo dentro do qual se realizem espectáculos desportivos da modalidade em que ocorreram os factos; e ou

b) Proibição de se aproximar de qualquer recinto desportivo, durante os 30 dias anteriores à data da realização de qualquer espectáculo desportivo e no dia da realização do mesmo.

2. À medida de coacção referida na alínea *a)* do número anterior aplicam-se os prazos máximos previstos para a prisão preventiva previstos no Código de Processo Penal.

3. As medidas de coacção previstas no n.º 1 podem ser cumuladas com a obrigação de o arguido se apresentar a uma autoridade judiciária ou órgão de polícia criminal em dias e horas preestabelecidos, tomando em conta as suas exigências profissionais e o local em que habita.

ARTIGO 37.º
Prestação de trabalho a favor da comunidade

Se ao agente dever ser aplicada pena de prisão em medida não superior a 1 ano, o tribunal substitui-a por prestação de trabalho a favor da comunidade, salvo oposição daquele ou se se concluir que por este meio não se realizam de forma adequada e suficiente as finalidades da punição, nos demais termos previstos no Código Penal e no Código de Processo Penal.

ARTIGO 38.º
Dever de comunicação

1. Os tribunais comunicam aos órgãos de polícia criminal as decisões que apliquem as medidas previstas nos artigos 33.º e 34.º

2. Sempre que solicitado, os órgãos de polícia criminal enviam as informações a que se refere o número anterior ao CESD.

SECÇÃO II
Ilícitos de mera ordenação social

ARTIGO 39.º
Contra-ordenações

1. Constitui contra-ordenação, para efeitos do disposto na presente lei:

a) A introdução, venda e consumo de bebidas alcoólicas no anel ou perímetro de segurança;

b) A introdução, transporte e venda nos recintos desportivos de bebidas ou outros produtos contidos em recipientes que não sejam feitos de material leve não contundente;

c) A introdução, venda e aluguer ou distribuição nos recintos desportivos de almofadas que não sejam feitas de material leve não contundente;

d) A prática de actos ou o incitamento à violência, ao racismo, à xenofobia e à intolerância nos espectáculos desportivos, sem prejuízo de outras sanções aplicáveis;

e) A utilização nos recintos desportivos de buzinas alimentadas por baterias, corrente eléctrica ou outras formas de energia, bem como quaisquer instrumentos produtores de ruídos instalados de forma fixa, com excepção da instalação sonora do promotor do espectáculo desportivo;

f) A utilização de dispositivos luminosos tipo luz laser, que, pela sua intensidade, seja capaz de provocar danos físicos ou perturbar a concentração e o desempenho dos atletas;

g) A introdução ou utilização de substâncias ou engenhos explosivos ou pirotécnicos ou objectos que produzam efeitos similares, sem prejuízo de outras sanções aplicáveis;

h) O arremesso de objectos, fora dos casos previstos no artigo 31.º

2. À prática dos actos previstos no número anterior, quando praticados contra pessoas com deficiência e ou incapacidades, aplica-se o regime contra-ordenacional previsto na Lei n.º 46/2006, de 28 de Agosto.

ARTIGO 40.º
Coimas

1. Constitui contra-ordenação muito grave, punida com coima entre € 2000 e € 3500, a prática dos actos previstos nas alíneas *a)*, *d)* e *g)* do n.º 1 do artigo anterior.

2. Constitui contra-ordenação grave, punida com coima entre € 1000 e € 2000, a prática dos actos previstos nas alíneas *b)*, *e)* e *f)* do n.º 1 do artigo anterior.

3. Constitui contra-ordenação leve, punida com coima entre € 500 e € 1000, a prática dos actos previstos nas alíneas *c)* e *h)* do n.º 1 do artigo anterior.

4. Os agentes desportivos que, por qualquer forma, praticarem ou incitarem à prática de actos enquadráveis no artigo anterior são punidos com coimas elevadas, nos seus montantes mínimo e máximo, para o dobro do previsto nos números anteriores, respectivamente.

ARTIGO 41.º
Determinação da medida da coima

1. A determinação da medida da coima, dentro dos seus limites, faz-se em função da gravidade da contra-ordenação, da culpa, da situação económica do agente e do benefício económico que este retirou da prática da contra-ordenação.

2. A tentativa e a negligência são puníveis, sendo os limites mínimo e máximo da coima aplicável reduzidos a metade.

ARTIGO 42.º
Sanção acessória

1. A condenação pela contra-ordenação prevista na alínea *d*) do n.º 1 do artigo 39.º pode determinar, em função da gravidade da infracção e da culpa do agente, a aplicação da sanção acessória de interdição de acesso a recintos desportivos por um período até um ano.

2. O disposto nos n.ᵒˢ 2 e 3 do artigo 35.º aplica-se, com as necessárias adaptações, ao presente artigo.

ARTIGO 43.º
Instrução do processo e aplicação da coima

1. A instrução dos processos de contra-ordenação referidos na presente lei compete ao Instituto do Desporto de Portugal, I. P.

2. A aplicação das coimas é da competência dos governadores civis do distrito, no território do continente, e, nas Regiões Autónomas, do membro do Governo Regional responsável pela área do desporto.

3. A aplicação das coimas, no âmbito das competições desportivas de natureza profissional, é da competência do presidente do Instituto do Desporto de Portugal, I. P., que deve notificar o Ministério da Administração Interna da abertura dos respectivos processos de contra-ordenação, do arquivamento e da aplicação das coimas que ao caso couber.

4. As decisões finais dos processos de contra-ordenação instaurados pela prática de actos xenófobos ou racistas são comunicados pelo Instituto do Desporto de Portugal, I. P., à Comissão para a Igualdade e Contra a Discriminação Racial.

ARTIGO 44.º
Produto das coimas

1. O produto das coimas reverte em:
a) 60 % para o Estado;
b) 20 % para a força de segurança que levanta o auto;
c) 20 % para o Instituto do Desporto de Portugal, I. P.

2. Nas Regiões Autónomas, o produto das coimas reverte em:
a) 60 % para a Região Autónoma;
b) 20 % para a força de segurança que levanta o auto;
c) 20 % para o serviço regional da área do desporto.

ARTIGO 45.º
Direito subsidiário

O processamento das contra-ordenações e a aplicação das correspondentes sanções previstas na presente lei estão sujeitos ao regime geral das contraordenações.

SECÇÃO III
Ilícitos disciplinares

ARTIGO 46.º
Sanções disciplinares por actos de violência

1. A prática de actos de violência é punida, conforme a respectiva gravidade, com as seguintes sanções:

a) Interdição do recinto desportivo, e, bem assim, a perda dos efeitos desportivos dos resultados das competições desportivas, nomeadamente os títulos e os apuramentos, que estejam relacionadas com os actos que foram praticados e, ainda, a perda, total ou parcial, de pontos nas classificações desportivas;

b) Realização de espectáculos desportivos à porta fechada;

c) Multa.

2. As sanções previstas na alínea *a)* do número anterior são aplicáveis, consoante a gravidade dos actos e das suas consequências, aos clubes, associações e sociedades desportivas intervenientes no respectivo espectáculo desportivo cujos sócios, adeptos ou simpatizantes pratiquem uma das seguintes infracções:

a) Agressão aos agentes desportivos, elementos das forças de segurança em serviço, coordenador de segurança, assistentes de recinto desportivo, bem como a todas as pessoas autorizadas por lei ou por regulamento a permanecerem na área do espectáculo desportivo que levem justificadamente o árbitro a não dar início ou reinício ao espectáculo desportivo ou mesmo dá-lo por findo antes do tempo regulamentar;

b) Invasão da área do espectáculo desportivo que, de forma justificada, impeça o início ou conclusão do espectáculo desportivo;

c) Ocorrência, antes, durante ou após o espectáculo desportivo, de agressões às pessoas referidas na alínea *a)* que provoquem lesões de especial gravidade, quer pela sua natureza, quer pelo tempo e grau de incapacidade.

3. A sanção de realização de espectáculos desportivos à porta fechada é aplicável às entidades referidas no número anterior cujos sócios, adeptos ou simpatizantes pratiquem uma das seguintes infracções:

a) Agressões sobre as pessoas referidas na alínea *a)* do número anterior;

b) Ocorrência de distúrbios ou invasão da área do espectáculo desportivo que provoquem, de forma injustificada, o atraso no início ou reinício do espectáculo desportivo ou levem à sua interrupção não definitiva;

c) Agressões sobre os espectadores ou sobre os elementos da comunicação social, dentro do recinto desportivo, antes, durante ou após o espectáculo desportivo, que determinem lesões de especial gravidade, quer pela sua natureza quer pelo tempo de incapacidade.

4. Sem prejuízo das sanções previstas nos números anteriores, a sanção de multa é aplicada nos termos previstos nos regulamentos dos organizadores da competição desportiva ou dos promotores do espectáculo desportivo, quando se verificar a prática das seguintes infracções:

a) Agressões previstas na alínea *c)* do número anterior que não revistam especial gravidade;

b) A prática de ameaças e ou coacção contra as pessoas ou entidades referidas na alínea *a)* do número anterior;

c) Ocorrência de distúrbios que provoquem, de forma injustificada, o atraso no início ou reinício do espectáculo desportivo ou levem à sua interrupção não definitiva.

5. Se das situações previstas no número anterior resultarem danos para as infra-estruturas desportivas que ponham em causa as condições de segurança, o recinto desportivo permanece interdito pelo período necessário à reposição das mesmas.

ARTIGO 47.º
Outras sanções

1. Os promotores de espectáculos desportivos que violem o disposto nos artigos 19.º e 21.º incorrem em sanções disciplinares e pecuniárias, que devem ser aplicadas pela respectiva federação e liga profissional, nos termos dos respectivos regulamentos.

2. Incorrem igualmente nas referidas sanções os promotores que emitirem títulos de ingresso em violação do disposto nos n.ᵒˢ 3 e 5 do artigo 26.º

ARTIGO 48.º
Procedimento disciplinar

1. As sanções previstas nas alíneas *a)* e *b)* do n.º 1 do artigo 46.º só podem ser aplicadas mediante a instauração de procedimento disciplinar a efectuar pelo organizador da competição desportiva.

2. O procedimento disciplinar referido no número anterior inicia-se com os relatórios do árbitro, das forças de segurança, do coordenador de segurança e do delegado do organizador da competição desportiva.

3. A entidade competente para aplicar as sanções de interdição ou de espectáculos desportivos à porta fechada gradua a sanção a aplicar por um período de um a cinco espectáculos desportivos, implicando a reincidência na mesma época desportiva o agravamento da sanção para, pelo menos, o dobro da sanção anterior.

ARTIGO 49.º
Realização de competições

No caso de interdição dos recintos desportivos, as competições desportivas que ao promotor do espectáculo desportivo interditado caberia realizar como visitado efectuam-se em recinto a indicar, pela federação ou pela liga profissional, consoante se trate, respectivamente, de competição desportiva profissional ou não profissional, e nos termos dos regulamentos adoptados.

CAPÍTULO IV
Disposições finais e transitórias

ARTIGO 50.º
Prazos para a execução de determinadas medidas

1. Deve ocorrer até ao início da época de 2009-2010:

a) A adopção da regulamentação prevista no artigo 5.º, pelo organizador da competição desportiva;

b) O cumprimento do disposto no artigo 15.º, pelo grupo organizado de adeptos;

c) A instalação do sistema de videovigilância previsto no artigo 18.º pelo promotor do espectáculo desportivo.

2. Aos promotores do espectáculo desportivo que obtenham o direito de participar em competições desportivas de natureza profissional, por subida de escalão ou por qualquer outro procedimento previsto em normas regulamentares das competições, o prazo para se adequarem ao disposto na presente lei é de dois anos, contados desde o início da época desportiva em que esse direito seja obtido.

ARTIGO 51.º
Incumprimento

Os promotores do espectáculo desportivo que, findo os prazos referidos no artigo anterior, não cumpram os requisitos neste previstos, ficam inibidos de realizar qualquer competição desportiva de natureza profissional.

ARTIGO 52.º
Norma revogatória

É revogada a Lei n.º 16/2004, de 11 de Maio, e o artigo 6.º do Decreto-Lei n.º 238/92, de 29 de Outubro.

ARTIGO 53.º
Entrada em vigor

A presente lei entra em vigor 30 dias após a data da sua publicação.

Aprovada em 24 de Abril de 2009.

O Presidente da Assembleia da República, *Jaime Gama*.

   Promulgada em 8 de Junho de 2009.

Publique-se.

O Presidente da República, ANÍBAL CAVACO SILVA.

   Referendada em 18 de Junho de 2009.

O Primeiro-Ministro, *José Sócrates Carvalho Pinto de Sousa*.

[38]
Decreto n.º 2/94, de 20 de Janeiro[121]

Convenção contra o *Doping*

Nos termos da alínea *c)* do n.º 1 do artigo 200.º da Constituição, o Governo decreta o seguinte:

ARTIGO ÚNICO. É aprovada, para ratificação, a Convenção contra o *Doping*, aberta à assinatura dos Estados membros do Conselho da Europa a 16 de Novembro de 1989, cuja versão autêntica em língua francesa e respectiva tradução em língua portuguesa seguem em anexo ao presente decreto.

Visto e aprovado em Conselho de Ministros de 18 de Novembro de 1993. – *Aníbal António Cavaco Silva – Álvaro José Brilhante Laborinho Lúcio – José Manuel Durão Barroso – António Fernando Couto dos Santos.*

Ratificado em 23 de Dezembro de 1993.

Publique-se.

O Presidente da República, Mário Soares.

Referendado em 28 de Dezembro de 1993

O Primeiro-Ministro, *Aníbal António Cavaco Silva.*

---

[121] V. o Aviso n.º 174/94, do Ministério dos Negócios Estrangeiros – Direcção-Geral dos Assuntos Multilaterais, publicado no *Diário da República*, I Série-A, n.º 181, de 06/08/1994, p. 4489, e o Aviso n.º 89/97, do Ministério dos Negócios Estrangeiros – Direcção de Serviços das Organizações Políticas Multilaterais, publicado no *Diário da República*, I Série-A, n.º 57, de 08/03/1997.

A presente Convenção foi assinada por Portugal em 14 de Junho de 1990, aprovada para ratificação nesta data e ratificada em 17 de Março de 1994.

Convenção Contra o *Doping*

Os Estados membros do Conselho da Europa, os restantes Estados partes na Convenção Cultural Europeia, bem como todos os outros Estados, *signatários* da presente Convenção:
Considerando que o objectivo do Conselho da Europa é o de realizar uma união mais estreita entre os seus membros a fim de salvaguardar e de promover os ideais e os princípios que constituem o seu património comum, bem como favorecer o seu progresso económico e social;
Conscientes de que o desporto deve desempenhar um papel importante na protecção da saúde, na educação moral e física e na promoção das boas relações internacionais;
Preocupados com o uso cada vez mais alargado de produtos e de métodos de *doping* pelos desportistas no mundo do desporto e com as consequências que daí possam advir para a saúde dos praticantes e para o futuro do desporto;
Atentos ao facto de que este problema põe em perigo os princípios éticos e os valores educativos consagrados na Carta Olímpica, na Carta Internacional do Desporto e da Educação Física da UNESCO, bem como na Resolução n.º (76)41 do Comité de Ministros do Conselho da Europa, conhecida pela designação de «Carta Europeia do Desporto para Todos»;
Considerando os regulamentos, as políticas e as declarações adoptados pelas organizações desportivas internacionais no domínio da luta contra o *doping*;
Conscientes de que os poderes públicos e as organizações desportivas voluntárias têm responsabilidades complementares na luta contra o *doping* no desporto e, em particular, na garantia do bom desenvolvimento – com base no princípio do *fair play* – das manifestações desportivas, bem como na protecção da saúde daqueles que nelas participam;
Reconhecendo que tais poderes e organizações devem colaborar a todos os níveis adequados;
Relembrando as resoluções sobre o *doping* adoptadas pela Conferência dos Ministros Europeus Responsáveis pelo Desporto;
Recordando que o Comité de Ministros do Conselho da Europa já adoptou a Resolução n.º (67)12, sobre o *doping* dos atletas, a Recomendação n.º R(79)8, sobre o *doping* no desporto, a Recomendação n.º R(84)19, relativa à Carta Europeia contra o Doping no Desporto, e a Recomendação n.º R(88)12, sobre a instituição de controlos *antidoping* fora da competição, sem pré-aviso;
Recordando a Recomendação n.º 5 sobre o *doping* adoptada pela 2.ª Conferência Internacional dos Ministros e Altos Funcionários Responsáveis pela Educação Física e pelo Desporto, organizada pela UNESCO em Moscovo (1988);
Resolvidos, contudo, a prosseguir e reforçar a cooperação entre si, visando a redução e, a longo prazo, a extinção do *doping* no desporto, tendo em conta os valores éticos e as medidas práticas contidos em tais instrumentos;
acordam no seguinte:

ARTIGO 1.º
Objectivo da Convenção

As Partes comprometem-se a tomar, na medida em que as respectivas disposições constitucionais o permitam, as medidas necessárias para efectivarem as disposições contidas na presente Convenção, visando a redução e, a longo prazo, a eliminação do «*doping* no desporto».

ARTIGO 2.º
Definição e campo de aplicação da Convenção

1. Para os fins da presente Convenção:

a) Entende-se por «*doping* no desporto» a administração aos desportistas ou o uso por estes de classes farmacológicas de agentes de *doping* ou de métodos de *doping*;

b) Sob reserva do disposto no n.º 2 do presente artigo, entende-se por «classes farmacológicas de agentes de *doping* ou de métodos de *doping*» as classes de agentes de *doping* e de métodos de *doping* proibidas pelas organizaçãoes desportivas internacionais competentes e que figurem nas listas aprovadas pelo grupo de fiscalização, nos termos do artigo 11.º, n.º 1, alínea *b)*;

c) Entendem-se por «desportistas» as pessoas de ambos os sexos que habitualmente participem em actividades desportivas organizadas.

2. Até à aprovação pelo grupo de fiscalização, nos termos do artigo 11.º, n.º 1, alínea *b)*, de uma lista das classes farmacológicas de agentes de *doping* e de métodos de *doping* proibidas será aplicável a lista de referência contida no anexo à presente Convenção.

ARTIGO 3.º
Coordenação a nível interno

1. As Partes coordenarão as políticas e as acções dos seus serviços governamentais e de outros organismos públicos envolvidos na luta contra o *doping* no desporto.

2. As Partes providenciarão pela aplicação prática da presente Convenção e, em particular, pela satisfação das exigências contidas no artigo 7.º, confiando – se for caso disso – a efectivação de determinadas disposições contidas na presente Convenção a uma autoridade desportiva governamental ou não governamental designada para o efeito ou a uma organização desportiva.

ARTIGO 4.º
Medidas destinadas a limitar a disponibilidade e a utilização de agentes de *doping* e de métodos de *doping* proibidos

1. Conforme os casos, as Partes adoptarão uma legislação, regulamentos ou medidas administrativas para reduzir a disponibilidade – nomeadamente mediante disposições que visem controlar a respectiva circulação, detenção, importação, distri-

buição e venda –, bem assim a utilização no desporto de agentes de *doping* e de métodos de *doping* proibidos e, em particular, de esteróides anabolisantes.

2. Para esse fim, as Partes ou, se for caso disso, as organizações não governamentais competentes condicionarão os critérios de concessão de subvenções públicas a organizações desportivas à aplicação efectiva, por tais organizações, de regulamentações *antidoping*.

3. Por outro lado, as Partes:

a) Ajudarão as suas organizações desportivas no financiamento dos controlos e das análises *antidoping*, quer sob a forma de concessão de subvenções ou de subsídios directos, quer tendo em consideração o custo de tais controlos e análises, quando da fixação do montante global de subvenções ou subsídios a atribuir a tais organizações;

b) Tomarão as medidas adequadas que lhes permitam recusar a concessão, para fins de treino, de subvenções provenientes dos fundos públicos a desportistas que tenham sido suspensos na sequência da descoberta de uma infracção ao regulamento sobre o *doping* no desporto, tal se verificando durante o período de suspensão;

c) Encorajarão e, se for caso disso, facilitarão a execução pelas suas organizações desportivas dos controlos *antidoping* solicitados pelas organizações desportivas internacionais competentes, durante as competições ou fora delas; e

d) Encorajarão e facilitarão a conclusão pelas organizações desportivas de acordos autorizando equipas de controlo *antidoping* devidamente credenciadas a submeter a testes os seus membros que se encontrem noutros países.

4. As Partes reservam-se o direito de adoptarem regulamentos *antidoping* e de organizarem controlos *antidoping* por sua própria iniciativa e sob a sua responsabilidade, com a condição de que tais controlos sejam compatíveis com os princípios pertinentes da presente Convenção.

ARTIGO 5.º
Laboratórios

1. As Partes comprometem-se:

a) A criar ou facilitar a criação nos respectivos territórios de um ou de vários laboratórios de controlo *antidoping* susceptíveis de serem autorizados em conformidade com os critérios adoptados, pelas organizações desportivas internacionais competentes e aprovados pelo grupo de fiscalização nos termos do artigo 11.º, n.º 1, alínea *b)*;

b) A ajudar as respectivas organizações desportivas no acesso, noutro país, a tais laboratórios existentes no território de uma outra Parte.

2. Estes laboratórios são incentivados a:

a) Tomar as medidas adequadas para recrutarem, manterem, formarem ou reciclarem pessoal qualificado;

b) Empreender programas apropriados de pesquisa e de desenvolvimento relativos aos agentes de *doping* e os métodos utilizados ou supostamente utilizados para fins de *doping* no desporto, bem como no domínio da bioquímica e da farmacologia analíticas, a fim de se alcançar uma melhor compreensão dos efeitos das diversas substâncias no organismo humano e das respectivas consequências no plano das *performances* desportivas;

c) Publicar e difundir rapidamente os novos dados obtidos na sequência das suas pesquisas.

ARTIGO 6.º
Educação

1. As Partes comprometem-se a elaborar e a pôr em execução – se for caso disso, em colaboração com as organizações desportivas competentes e com os meios de comunicação de massas – programas educativos e campanhas de informação que realcem os perigos da utilização do *doping* para a saúde e o atentado dos valores éticos do desporto que o *doping* implica. Estes programas e campanhas dirigir-se-ão não só aos jovens que frequentem os estabelecimentos escolares e clubes desportivos e respectivos pais, mas também aos atletas adultos, aos responsáveis e directores desportivos e aos treinadores. Quanto às pessoas que trabalham no campo da medicina, estes programas educativos sublinham a importância do respeito pela deontologia médica.

2. As Partes comprometem-se a encorajar e a promover – em colaboração com as organizações desportivas regionais, nacionais e internacionais interessadas – as pesquisas que se prendam com a elaboração de programas de formação fisiológica e psicológica, que assentem em bases científicas e no respeito pela integridade do ser humano.

ARTIGO 7.º
Colaboração com as organizações desportivas no que se refere às medidas que estas devem tomar

1. As Partes comprometem-se a encorajar as suas organizações desportivas e – através destas – as organizações desportivas internacionais a elaborarem e porem em prática todas as medidas adequadas decorrentes da sua competência na luta contra o *doping* no desporto.

2. Para o efeito, as Partes encorajarão as suas organizações desportivas a clarificarem e a harmonizarem os respectivos direitos, obrigações e deveres, harmonizando em particular:

a) Os seus regulamentos *antidoping* com base em regulamentos adoptados pelas organizações desportivas internacionais competentes;

b) As suas listas de classes farmacológicas de agentes de *doping* e de métodos de *doping* proibidos, com base em listas adoptadas pelas organizações desportivas internacionais competentes;

c) Os seus métodos de controlo *antidoping*;

d) Os seus procedimentos disciplinares, aplicando os princípios internacionalmente reconhecidos de justiça natural e garantindo o respeito pelos direitos fundamentais dos desportistas contra os quais pese uma suspeita; tais princípios são, nomeadamente, os seguintes:

i) O órgão de instrução deve ser distinto do órgão disciplinar;

ii) Tais pessoas têm direito a um processo equitativo e a serem assistidas ou representadas;

iii) Devem existir disposições claras e passíveis de aplicação na prática, que permitam interpor recurso de qualquer decisão tomada;

e) Os seus procedimentos de aplicação de sanções efectivas aos responsáveis, aos médicos, aos veterinários, aos treinadores, aos psicoterapeutas e a outros responsáveis ou cúmplices em infracções aos regulamentos *antidoping* por parte dos desportistas;

f) Os seus procedimentos para o reconhecimento mútuo das suspensões e outras sanções impostas por outras organizações desportivas no próprio país ou noutro país.

3. Por outro lado, as Partes encorajarão as respectivas organizações desportivas a:

a) Instituírem, em número que lhes permita serem eficazes, os controlos *antidoping* não somente durante as competições mas também fora delas, sem pré-aviso e em qualquer momento considerado apropriado; tais controlos deverão ser efectuados de forma equitativa para todos os desportistas e comportar testes, eventualmente repetidos, aplicados – se for caso disso – a desportistas escolhidos à sorte;

b) Concluírem acordos com as organizações desportivas de outros países que permitam submeter um desportista que se encontre a treinar num desses países a testes praticados por uma equipa de controlo *antidoping* desse país, devidamente autorizada;

c) Clarificarem e harmonizarem os regulamentos que se reportem à admissibilidade a provas desportivas que incluam critérios *antidoping*;

d) Encorajarem os desportistas a participarem activamente na luta contra o *doping* levada a efeito pelas organizações desportivas internacionais;

e) Utilizarem plena e eficazmente os equipamentos postos à sua disposição para efectuarem análises *antidoping* nos laboratórios referidos no artigo 5.º, durante as competições ou fora delas;

f) Pesquisarem métodos científicos de treino adaptados a cada desporto e elaborarem os princípios fundamentais destinados a proteger os desportistas de todas as idades.

ARTIGO 8.º
Cooperação internacional

1. As Partes cooperarão estreitamente nos domínios abrangidos pelas disposições da presente Convenção e encorajam uma cooperação análoga entre as respectivas organizações desportivas.

2. As Partes comprometem-se a:

a) Encorajar as respectivas organizações desportivas a trabalharem no sentido da aplicação das disposições contidas na presente Convenção por todas as organizações desportivas internacionais de que sejam filiais, nomeadamente através da recusa de homologação dos recordes mundiais ou regionais que não resultem de resultados negativos a um teste *antidoping* autenticado;

b) Promover a cooperação entre o pessoal dos respectivos laboratórios de controlo *antidoping* criados ou em funcionamento em conformidade com o disposto no artigo 5.°; e

c) Instituir uma cooperação bilateral e multilateral entre os respectivos organismos, autoridades e organizações competentes, a fim de alcançarem, também no plano internacional, os objectivos enunciados no artigo 4.°, n.° 1.

3. As Partes que disponham de laboratórios criados ou em funcionamento em conformidade com os critérios definidos no artigo 5.° comprometem-se a ajudar as outras Partes a adquirirem a experiência, a competência e as técnicas que lhes são necessárias para a criação dos seus próprios laboratórios.

ARTIGO 9.°
Comunicação de informações

Cada parte transmitirá ao Secretário-Geral do Conselho da Europa, numa das línguas oficiais do Conselho da Europa, todas as informações pertinentes relativas às medidas legislativas ou outras que tenha tomado no sentido de respeitar as disposições contidas na presente Convenção.

ARTIGO 10.°
Grupo de fiscalização

1. Para os fins da presente Convenção, constitui-se um grupo de fiscalização.

2. Qualquer Parte poderá fazer-se representar no seio do grupo de fiscalização por um ou vários delegados. Cada Parte terá direito a um voto.

3. Qualquer Estado referido no artigo 14.°, n.° 1, que não seja parte na presente Convenção, poderá fazer-se representar no grupo por um observador.

4. O grupo de fiscalização poderá convidar, mediante unanimidade, qualquer Estado não membro do Conselho da Europa que não seja parte na presente Convenção, bem como qualquer organização desportiva ou profissional interessada em fazer-se representar por um observador a uma ou várias das suas reuniões.

5. O grupo de fiscalização será convocado pelo Secretário-Geral. Efectuará a sua primeira reunião dentro de um prazo razoável, nunca superior a um ano a contar da data de entrada em vigor da presente Convenção. Reunir-se-á subsequentemente sempre que tal se mostre necessário, por iniciativa do Secretário-Geral ou de uma das Parte.

6. A maioria das Partes constituirá o quórum necessário para realização de uma reunião do grupo de fiscalização.

7. O grupo de fiscalização reunir-se-á à porta fechada.

8. Sob reserva das disposições contidas na presente Convenção, o grupo de fiscalização estabelecerá o seu regulamento interno, adoptando-o por consenso.

ARTIGO 11.º([122])

1. O grupo de fiscalização fica encarregue de fazer respeitar a aplicação das disposições contidas na presente Convenção. Pode, particularmente:

a) Rever, de forma permanente, as disposições contidas na presente Convenção e examinar as modificações que se mostrem necessárias;

b) Aprovar a lista, e qualquer eventual revisão, das classes farmacológicas de agentes de *doping* e dos métodos de *doping* proibidos pelas organizações desportivas internacionais competentes mencionadas no artigo 2.º, n.ºs 1 e 2, bem como os critérios de creditação dos laboratórios – e qualquer eventual revisão – adoptados pelas organizações referidas no artigo 5.º, n.º 1, alínea *a)*, e fixar a data de entrada em vigor das decisões tomadas;

c) Efectuar consultas junto das organizações desportivas interessadas;

d) Dirigir às Partes recomendações relativas às medidas a tomar para a efectivação das disposições contidas na presente Convenção;

e) Recomendar as medidas apropriadas para assegurar a informação das organizações internacionais competentes e do público relativamente aos trabalhos empreendidos no âmbito da presente Convenção;

f) Dirigir ao Comité de Ministros recomendações relativas ao convite de Estados não membros do Conselho da Europa a aderirem à presente Convenção;

g) Formular qualquer proposta que vise o melhoramento da eficácia da presente Convenção.

2. Para cumprimento da sua missão, o grupo de fiscalização poderá, por sua própria iniciativa, fixar reuniões de grupos de peritos.

ARTIGO 12.º

Após cada uma das suas reuniões, o grupo de fiscalização enviará ao Comité de Ministros do Conselho da Europa um relatório sobre os seus trabalhos e sobre o funcionamento da Convenção.

ARTIGO 13.º
Modificações aos artigos da presente Convenção

1. As modificações aos artigos da presente Convenção poderão ser propostas por uma Parte, pelo Comité de Ministros do Conselho da Europa ou pelo grupo de fiscalização.

2. Qualquer proposta de modificação será comunicada pelo Secretário-Geral aos Estados referidos no artigo 14.º e a qualquer Estado que tenha aderido ou tenha sido convidado a aderir à presente Convenção em conformidade com o disposto no artigo 16.º

([122]) Os artigos 11.º, 12.º, 14.º e seguintes não dispõem de epígrafe.

3. Qualquer modificação proposta por uma Parte ou pelo Comité de Ministros será comunicada ao grupo de fiscalização pelo menos dois meses antes da reunião em que deverá ser estudada a modificação. O grupo de fiscalização submeterá ao Comité de Ministros a sua opinião relativamente à modificação proposta, se for caso disso, após consulta às organizações desportivas competentes.

4. O Comité de Ministros estudará a modificação proposta, bem como a opinião submetida pelo grupo de fiscalização, podendo adoptar a alteração.

5. O texto de qualquer modificação adoptado pelo Comité de Ministros em conformidade com o disposto no n.º 4 do presente artigo será transmitido às Partes, visando a respectiva aceitação.

6. Qualquer modificação adoptada em conformidade com o disposto no n.º 4 do presente artigo entrará em vigor no primeiro dia do mês seguinte à expiração de um prazo de um mês a contar da data em que todas as Partes tenham comunicado ao Secretário-Geral a aceitação da referida modificação.

Cláusulas finais

ARTIGO 14.º

1. A presente Convenção fica aberta à assinatura dos Estados membros do Conselho da Europa, dos outros Estados partes na Convenção cultural europeia e dos Estados não membros que tenham participado na elaboração da presente Convenção e que exprimam o seu consentimento em ficarem obrigados pela:

a) Assinatura, sem reserva de ratificação, aceitação ou aprovação; ou

b) Assinatura, sob reserva de ratificação, aceitação ou aprovação, seguida de ratificação, aceitação ou aprovação.

2. Os instrumentos de ratificação, aceitação ou aprovação serão depositados junto do Secretário-Geral.

ARTIGO 15.º

1. A Convenção entrará em vigor no primeiro dia do mês seguinte à expiração de um prazo de um mês a contar da data em que cinco Estados – dos quais pelo menos quatro Estados sejam membros do Conselho da Europa – tenham expresso o seu consentimento em ficarem obrigados pela Convenção em conformidade com o disposto no artigo 14.º

2. Para qualquer Estado *signatário* que exprima em data posterior o seu consentimento em ficar obrigado pela presente Convenção, esta entrará em vigor no primeiro dia do mês seguinte à expiração de um prazo de um mês a contar da data da assinatura ou do depósito do instrumento de ratificação, aceitação ou aprovação.

ARTIGO 16.º

1. Após a entrada em vigor da presente Convenção e após consulta às Partes, o Comité de Ministros do Conselho da Europa poderá convidar qualquer Estado não membro do Conselho da Europa a aderir à presente Convenção, mediante uma decisão tomada pela maioria prevista no artigo 20.º, alínea *d)*, do Estatuto do Conselho da Europa e por unanimidade dos representantes dos Estados contratantes com representação no Comité de Ministros.

2. A presente Convenção entrará em vigor, para qualquer Estado aderente, no primeiro dia do mês seguinte à expiração de um prazo de um mês a contar da data do depósito do instrumento de adesão junto do Secretário-Geral.

ARTIGO 17.º

1. Qualquer Estado poderá, no momento da assinatura ou do depósito do instrumento de ratificação, aceitação, aprovação ou adesão, designar o território ou os territórios aos quais se aplicará a presente Convenção.

2. Qualquer Estado poderá, em qualquer momento posterior, mediante declaração dirigida ao Secretário-Geral, estender a aplicação da presente Convenção a qualquer outro território designado na declaração. A Convenção entrará em vigor relativamente a esse território no primeiro dia do mês seguinte à expiração de um prazo de um mês a contar da data de recepção da referida declaração pelo Secretário-Geral.

3. Qualquer declaração formulada em virtude dos dois números anteriores poderá ser retirada, relativamente a qualquer território designado na declaração, mediante notificação dirigida ao Secretário-Geral. A retirada produzirá efeitos no primeiro dia do mês seguinte à expiração de um prazo de seis meses a contar da data de recepção da notificação pelo Secretário-Geral.

ARTIGO 18.º

1. Qualquer Parte poderá, a qualquer momento, denunciar a presente Convenção mediante notificação dirigida ao Secretário-Geral.

2. A denúncia produzirá efeitos no primeiro dia do mês seguinte à expiração de um prazo de seis meses a contar da data da recepção da notificação pelo Secretário-Geral.

ARTIGO 19.º

O Secretário-Geral notificará as Partes, os outros Estados membros do Conselho da Europa, os outros Estados partes na Convenção Cultural Europeia, os Estados que tenham participado na elaboração da presente Convenção e qualquer outro Estado que a ela tenha aderido ou tenha sido convidado a aderir:

a) De qualquer assinatura em conformidade com o disposto no artigo 14.º;

b) Do depósito de qualquer instrumento de ratificação, aceitação, aprovação ou adesão em conformidade com o disposto nos artigos 14.º ou 16.º;

c) De qualquer data de entrada em vigor da presente Convenção em conformidade com o disposto nos artigos 15.º e 16.º;

d) De qualquer informação transmitida em virtude do disposto no artigo 9.º;

e) De qualquer relatório elaborado em aplicação do disposto no artigo 12.º;

f) De qualquer proposta de alteração, bem como de qualquer alteração adoptada em conformidade com o disposto no artigo 13.º e da data de entrada em vigor de tal alteração;

g) De qualquer alteração formulada em virtude do disposto no artigo 17.º;

h) De qualquer notificação dirigida em aplicação do disposto no artigo 18.º, bem como da data em que a denúncia produzir efeitos;

i) De qualquer outro acto, notificação ou comunicação que se reporte à presente Convenção.

Em fé do que os abaixo assinados, devidamente autorizados para o efeito, assinaram a presente Convenção.

Feito em Estrasburgo, a 16 de Novembro de 1989, em francês e inglês, fazendo ambos os textos igualmente fé, num único exemplar, que será depositado nos arquivos do Conselho da Europa. O Secretário-Geral do Conselho da Europa enviará uma cópia certificada a cada um dos Estados membros do Conselho da Europa, bem como aos outros Estados partes na Convenção Cultural Europeia, aos Estados não membros que tenham participado na elaboração da presente Convenção e a qualquer Estado convidado a aderir à presente Convenção.

ANEXO

Lista de referência de classes de substâncias dopantes e de métodos de *doping*

I. Classes de agentes de *doping*:
   A) Estimulantes;
   B) Narcóticos;
   C) Esteróides anabolizantes;
   D) Beta-bloqueantes;
   E) Diuréticos;
   F) Hormonas peptídicas e análogas.
II. Métodos de *doping*:
   A) Dopagem sanguínea;
   B) Manipulação farmacológica, química ou física.
III. Classes de substâncias submetidas a certas restrições:
   A) Álcool;
   B) Marijuana;
   C) Anestésicos locais;
   D) Corticosteróides.

Exemplos

I. Classes de agentes de *doping*:
   A) Os seguintes estimulantes:
      Anfepramona;
      Anfetaminil;
      Amifenazole;
      Anfetamina;
      Benzafetamina;
      Cafeína (*);
      Catina;
      Clorfentermina;
      Clobenzorex;
      Clorprenalina;
      Cocaína;
      Cropropamida (composto do «micorenio»);
      Crotetamida (composto do «micorenio»);
      Dimetanfetamina;
      Efedrina;
      Etafredina;
      Etamivan;
      Etilanfetamina;
      Fencanfamina;
      Fenetilina;
      Fenproporex;
      Furfenorex;
      Mefenorex;
      Metanfetamina;
      Metoxifenamina;
      Metilefredina;
      Metilfenidato;
      Morazona;
      Niquetamida;
      Pemolina;
      Pentetrazol;
      Fendimetrazina;
      Fenmetrazina;
      Fentermina;
      Fenilpropanolamina;
      Pipradol;
      Prolintano;
      Profilhexedrina;
      Pirovalerona;
      Estricnina;

e substâncias similares.

(*) Relativamente à cafeína, considera-se uma *amostra* como sendo positiva se a concentração nas urinas ultrapassar os 12 microgramas/ml.

B) Analgésicos narcóticos (ex.):
Alfaprodine;
Anileridina;
Buprenorfina;
Codeína;
Dextromoramida;
Dextroproposifeno;
Diamorfina (heroína);
Di-hidrocodeína;
Didipanona;
Ethoeptazina;
Etilmorfina;
Levorfanol;
Metadona;
Morfina;
Nalbufina;
Pentazocina;
Petidina;
Fenazocina;
Trimeperidina;

e substâncias similares.

C) Esteróides anabolizantes (ex.):
Bolasterona;
Boldenona;
Clostebol;
De-hidroclormetiltestosterona;
Fluosimesterona;
Mesterolona;
Metandienona;
Metenolona;
Metiltestosterona;
Nandrolona;
Norentandrolona;
Oxandrolona;
Oximesterona;
Oximetolona;
Estanozolol;
Testosterona (*);

e substâncias similares.

(*) Relativamente à testosterona, considera-se uma *amostra* como sendo positiva se a administração de testosterona ou qualquer outra manipulação resultar na obtenção de uma taxa de testosterona/epitestosterona nas urinas superior a 6.

D) Beta-bloqueantes (ex.):
   Acebutolol;
   Alprenolol;
   Atenolol;
   Labetalol;
   Metroprolol;
   Nadolol;
   Oxprenolol;
   Propranolol;
   Sotanol;

e substâncias similares.

E) Diuréticos (ex.):
   Acetazolamida;
   Amilorida;
   Bendroflumetiazida;
   Benzotiazida;
   Bumetanida;
   Canrenona;
   Clormerodrin;
   Clortalidona;
   Diclorfenamida;
   Ácido etacrínico;
   Furosemida;
   Hidroclorotiazida;
   Mersalil;
   Espironolactona;
   Triamtereno;

e substâncias similares.

F) Hormonas peptídicas e análogas:
   Gonadotrofina coriónica (GCH – Gonadotrofina coriónica humana);
   Corticotrofina (ACTH);
   Hormona do crescimento (HGH, somatotrofina).

II. Métodos de *doping*:
   A) Dopagem sanguínea;
   B) Manipulação farmacológica, química ou física.

III. Classes de substâncias sujeitas a certas restrições:
   A) Álcool;
   B) Marijuana;
   C) Anestésicos locais;
   D) Corticosteróides.

Nota. – A lista *supra* constitui a lista das classes de substâncias dopantes e métodos de *doping* adoptada pelo Comité Internacional Olímpico em Abril de 1989.

[39]

Decreto n.º 4-A/2007, de 20 de Março[123]

Convenção Internacional contra a Dopagem no Desporto

Considerando a importância de harmonizar os esforços colocados na luta contra a dopagem, bem como de estabelecer um quadro jurídico que permita aos Estados dispor dos meios e medidas para erradicar a dopagem do desporto;

Considerando que a Convenção Internacional contra a Dopagem no Desporto e os seus anexos foram adoptados por unanimidade:

Assim:

Nos termos da alínea *c*) do n.º 1 do artigo 197.º da Constituição, o Governo aprova a Convenção Internacional contra a Dopagem no Desporto e seus anexos I e II, adoptados pela 33.ª sessão da Conferência Geral da UNESCO em 19 de Outubro de 2005, cujo texto na versão autenticada na língua inglesa bem como a respectiva tradução para a língua portuguesa se publicam em anexo.

Visto e aprovado em Conselho de Ministros de 25 de Janeiro de 2007. – *José Sócrates Carvalho Pinto de Sousa – Manuel Lobo Antunes – Manuel Pedro Cunha da Silva Pereira.*

Assinado em 7 de Fevereiro de 2007.

Publique-se.

O Presidente da República, ANÍBAL CAVACO SILVA.

Referendado em 9 de Fevereiro de 2007.

O Primeiro-Ministro, *José Sócrates Carvalho Pinto de Sousa.*

---

[123] V. o *World Anti-Doping Code*, de 2003, com as modificações operadas em 17/11/2007, pelo *World Anti-Doping Agency Foundation Board*, e em vigor desde 01/01/2009.

Convenção Internacional contra a Dopagem no Desporto

A Conferência Geral da Organização das Nações Unidas para a Educação, a Ciência e a Cultura, adiante designada por «UNESCO», reunida em Paris de 3 a 21 de Outubro de 2005, na sua trigésima terceira sessão,
Considerando que o objectivo da UNESCO é o de contribuir para a paz e para a segurança ao promover a colaboração entre as nações através da educação, da ciência e da cultura,
Fazendo referência aos instrumentos internacionais existentes relativos aos Direitos do Homem,
Ciente da resolução 58/5 adoptada pela Assembleia Geral das Nações Unidas em 3 de Novembro de 2003 sobre o desporto enquanto meio de promoção da educação, da saúde, do desenvolvimento e da paz, em particular, do seu n.° 7,
Consciente de que o desporto deve desempenhar um papel importante na protecção da saúde, na educação moral, cultural e física e na promoção das boas relações internacionais e da paz,
Constatando a necessidade de encorajar e de coordenar a cooperação internacional com vista à eliminação da dopagem no desporto,
Preocupada com o uso da dopagem por *Praticantes Desportivos* e com as consequências que daí possam advir para a saúde dos mesmos, para o princípio do jogo limpo (*fair play*), para a eliminação da fraude e para o futuro do desporto,
Atenta ao facto de que a dopagem põe em perigo os princípios éticos e os valores educativos consagrados na Carta Internacional da Educação Física e do Desporto da UNESCO e na Carta Olímpica,
Relembrando que a Convenção contra o *Doping* e o seu Protocolo Adicional adoptados no âmbito do Conselho da Europa são os instrumentos de direito internacional público que estão na origem das políticas nacionais antidopagem e da cooperação intergovernamental,
Relembrando as recomendações sobre a dopagem adoptadas pela segunda, terceira e quarta Conferências Internacionais dos Ministros e Altos Funcionários Responsáveis pela Educação Física e pelo Desporto, organizadas pela UNESCO em Moscovo (1988), em Punta del Este (1999) e em Atenas (2004), assim como a Resolução 32 C/9 adoptada pela Conferência Geral da UNESCO na sua 32.ª sessão (2003),
Tendo presente o *Código* Mundial Antidopagem adoptado pela Agência Mundial Antidopagem aquando da Conferência Mundial sobre a Dopagem no Desporto, que decorreu em Copenhaga, em 5 de Março de 2003, e a Declaração de Copenhaga contra a Dopagem no Desporto,
Atenta ainda a influência que os *Praticantes Desportivos* de alto nível exercem sobre a juventude,
Ciente da necessidade permanente de efectuar e promover investigações cujo objectivo é o de melhorar a detecção da dopagem e de melhor compreender os factores que determinam a sua utilização, de modo a que as estratégias de prevenção sejam mais eficazes,

Ciente ainda da importância da educação permanente dos *Praticantes Desportivos*, do pessoal de apoio aos *Praticantes Desportivos* e da sociedade no seu todo na prevenção da dopagem,

Atenta à necessidade de dotar os Estados Partes de meios para a aplicação de programas antidopagem,

Consciente de que os poderes públicos e as organizações responsáveis pelo desporto têm responsabilidades complementares na prevenção e na luta contra a dopagem no desporto e, em particular, na garantia do bom desenvolvimento, com base no princípio do jogo limpo (*fair play*), das manifestações desportivas, bem como na protecção da saúde daqueles que nelas participam,

Reconhecendo que tais poderes e organizações devem colaborar na realização destes objectivos, assegurando o mais alto grau de independência e de transparência a todos os níveis adequados,

Resolvida a prosseguir e a reforçar a cooperação com vista à eliminação da dopagem no desporto,

Reconhecendo que a eliminação da dopagem no desporto depende, em parte, da harmonização progressiva de normas e de práticas antidopagem no desporto e da cooperação a nível nacional e mundial,

Adopta a presente Convenção neste décimo nono dia de Outubro de 2005.

I – Campo de aplicação

ARTIGO 1.º
Finalidade da Convenção

A presente Convenção tem por fim, no âmbito da estratégia e do programa de actividades da UNESCO no domínio da educação física e do desporto, a promoção da prevenção e da luta contra a dopagem no desporto com vista à sua eliminação.

ARTIGO 2.º
Definições

Estas definições devem ser entendidas no contexto do *Código* Mundial Antidopagem. Todavia, em caso de conflito (entre as definições), as disposições da Convenção prevalecem.

Para os fins da presente Convenção:

1 – Entende-se por "laboratórios de controlo da dopagem acreditados" os laboratórios acreditados pela Agência Mundial Antidopagem.

2 – Entende-se por "*Organização Antidopagem*" uma entidade responsável pela adopção de normas visando dar início, pôr em execução ou fazer cumprir qualquer parte do processo de controlo de dopagem. Isto inclui, por exemplo, o Comité Olímpico Internacional, o Comité Paralímpico Internacional, outras organizações responsáveis por grandes manifestações desportivas que realizem controlos por ocasião

dessas manifestações, a Agência Mundial Antidopagem, as federações internacionais e as organizações nacionais antidopagem.

3 – Entende-se por "violação das normas antidopagem" no desporto uma ou mais das seguintes violações:

a) A presença de uma *Substância Proibida*, dos seus metabolitos ou marcadores na *amostra* orgânica de um *Praticante Desportivo*;

b) A utilização ou a tentativa de utilização de uma *Substância Proibida* ou de um *Método Proibido*;

c) A recusa ou a falta sem justificação válida à realização de uma recolha de *amostras* após uma notificação, em conformidade com as normas antidopagem em vigor ou qualquer comportamento que se traduza numa fuga à recolha de *amostras*;

d) A violação das exigências aplicáveis relativamente à disponibilidade dos *Praticantes Desportivos* para a realização de controlos fora de competição, incluindo a não disponibilização de informações sobre o seu paradeiro, bem como a não comparência em controlos que se considerem baseados em normas razoáveis;

e) A falsificação ou a tentativa de falsificação de qualquer elemento do processo de controlo de dopagem;

f) A detenção de substâncias ou *Métodos Proibidos*;

g) O tráfico de qualquer *Substância Proibida* ou de qualquer *Método Proibido*;

h) A administração ou a tentativa de administração de uma *Substância Proibida* ou de um *Método Proibido* a qualquer *Praticante Desportivo* ou o auxílio, o incitamento, a coadjuvação, a instigação, a dissimulação ou qualquer outro tipo de cumplicidade que envolva uma violação ou uma tentativa de violação das normas antidopagem.

4 – Para efeitos do controlo de dopagem, entende-se por "*Praticante Desportivo*" qualquer pessoa que participe numa actividade desportiva a nível internacional ou nacional, conforme definido por cada *Organização Nacional Antidopagem* e aceite pelos Estados Partes e qualquer outra pessoa que participe numa actividade desportiva ou numa manifestação desportiva a um nível inferior aceite pelos Estados Partes. Para os fins dos programas de educação e de formação, entende-se por "*Praticante Desportivo*" qualquer pessoa que participe numa actividade desportiva sob a autoridade de uma organização desportiva.

5 – Entende-se por "pessoal de apoio aos *Praticantes Desportivos*" qualquer treinador, instrutor, director desportivo, agente, membro da equipa, responsável desportivo, pessoal médico ou paramédico que trabalhe com os *Praticantes Desportivos* ou que trate os *Praticantes Desportivos* que participem em competições desportivas ou que se preparem para as mesmas.

6 – Entende-se por "*Código*" o *Código* Mundial Antidopagem adoptado pela Agência Mundial Antidopagem em 5 de Março de 2003, em Copenhaga, e que figura no Apêndice 1 à presente Convenção.

7 – Entende-se por "competição" uma corrida única, um encontro, um jogo ou uma competição desportiva específica.

8 – Entende-se por "controlo de dopagem" o processo que incluí o planeamento da distribuição dos controlos, a recolha e o manuseamento de *amostras*, as análises laboratoriais, a gestão de resultados, as audições e os recursos.

9 – Entende-se por "dopagem no desporto" um caso de violação das normas antidopagem.

10 – Entende-se por "equipas de controlo de dopagem devidamente credenciadas" as equipas de controlo de dopagem que trabalham sob a autoridade de uma *Organização Antidopagem* nacional ou internacional.

11 – Para efeitos de diferenciação entre controlos em competição e fora de competição, e salvo disposição em contrário das normas de uma federação internacional ou de outra *Organização Antidopagem* competente, entende-se por controlo "em competição" um controlo ao qual um *Praticante Desportivo* seleccionado para esse fim se deve submeter no âmbito de uma competição específica.

12 – Entende-se por "*Normas Internacionais* para Laboratórios" as normas constantes do Apêndice 2 à presente Convenção.

13 – Entende-se por "*Normas Internacionais* de Controlo" as normas constantes do Apêndice 3 à presente Convenção.

14 – Entende-se por "sem aviso prévio" um controlo de dopagem realizado sem ser dado ao *Praticante Desportivo* um aviso prévio e durante o qual o *Praticante Desportivo* é continuamente acompanhado desde o momento da sua notificação até ao momento da recolha da *amostra*.

15 – Entende-se por "Movimento Olímpico" todos aqueles que aceitam ser guiados pela Carta Olímpica e que reconhecem a autoridade do Comité Olímpico Internacional, a saber: as federações internacionais desportivas no âmbito do programa dos Jogos Olímpicos, os Comités Olímpicos Nacionais, os Comités de Organização dos Jogos Olímpicos, *Praticantes Desportivos*, juízes e árbitros, associações e clubes, assim como todas as organizações e instituições reconhecidas pelo Comité Olímpico Internacional.

16 – Entende-se por controlo de dopagem "fora de competição" qualquer controlo de dopagem que não ocorra em competição.

17 – Entende-se por "Lista de Substâncias e *Métodos Proibidos*" a lista constante do Anexo I à presente Convenção na qual as substâncias e *Métodos Proibidos* são enumerados.

18 – Entende-se por "*Método Proibido*" qualquer método descrito como tal na Lista de Substâncias e *Métodos Proibidos*, constante do Anexo I à presente Convenção.

19 – Entende-se por "*Substância Proibida*" qualquer substância descrita como tal na Lista de Substâncias e *Métodos Proibidos*, constante do Anexo I à presente Convenção.

20 – Entende-se por "organização desportiva" qualquer organização que funcione como órgão responsável por uma manifestação desportiva numa ou em várias actividades desportivas.

21 – Entende-se por "Normas de Solicitação de Autorização para Utilização Terapêutica" as normas constantes do Anexo II à presente Convenção.

22 – Entende-se por "controlo" as partes do processo de controlo de dopagem que compreendem o planeamento da distribuição dos controlos, a recolha de *amostras*, o manuseamento de *amostras* e o transporte de *amostras* para o laboratório.

23 – Entende-se por "autorização de utilização terapêutica" uma autorização concedida em conformidade com as Normas de Solicitação de Autorização para Utilização Terapêutica.

24 – Entende-se por "utilização" a aplicação, a ingestão, a injecção ou o consumo sob qualquer forma de uma substância ou *Método Proibido*.

25 – Entende-se por "Agência Mundial Antidopagem" (AMA) a fundação de direito suíço assim designada, criada em 10 de Novembro de 1999.

ARTIGO 3.º
Meios de alcançar a finalidade da Convenção

Para os fins da presente Convenção, os Estados Partes comprometem-se a:

a) Adoptar as medidas adequadas a nível nacional e internacional que sejam compatíveis com o princípios enunciados no *Código*;

b) Encorajar todas as formas de cooperação internacional com vista a proteger os *Praticantes Desportivos* e a ética do desporto e a difundir os resultados da investigação;

c) Promover a cooperação internacional entre os Estados membros e as principais organizações responsáveis pela luta contra a dopagem no desporto, em particular, a Agência Mundial Antidopagem.

ARTIGO 4.º
Relação da Convenção com o Código

1 – A fim de coordenar a efectivação, a nível nacional e internacional, da luta contra a dopagem no desporto, os Estados Partes comprometem-se a respeitar os princípios enunciados no *Código* nos quais assentam as medidas previstas no artigo 5.º da presente Convenção. Nada na presente Convenção impede os Estados Partes de adoptarem outras medidas complementares ao *Código*.

2 – O *Código* e a versão mais actualizada dos Apêndices 2 e 3 são reproduzidos a título informativo e não fazem parte integrante da presente Convenção. Os Apêndices, desse modo, não dão origem a quaisquer obrigações vinculativas, segundo o direito internacional, para os Estados Partes.

3 – Os Anexos fazem parte integrante da presente Convenção.

ARTIGO 5.º
**Medidas para a prossecução dos objectivos
da Convenção**

Cada Estado Parte, no cumprimento das obrigações enunciadas na presente Convenção, compromete-se a adoptar as medidas adequadas. Tais medidas podem incluir legislação, regulamentos, políticas ou práticas administrativas.

ARTIGO 6.º
Relação com outros instrumentos internacionais

A presente Convenção não altera os direitos e as obrigações dos Estados Partes decorrentes de outros acordos previamente concluídos e compatíveis com o objecto e a finalidade da presente Convenção. Isto não prejudica o gozo, por outros Estados Partes, dos direitos que lhes advenham da presente Convenção, nem o cumprimento das obrigações que lhes sejam impostas pela presente Convenção.

II – Luta contra a dopagem a nível nacional

ARTIGO 7.º
Coordenação a nível interno

Os Estados Partes asseguram a aplicação da presente Convenção, em particular, mediante medidas de coordenação a nível interno. Os Estados Partes, com vista a cumprir as suas obrigações nos termos da presente Convenção, podem apoiar-se em organizações antidopagem, bem como em autoridades e organizações desportivas.

ARTIGO 8.º
Limitação da disponibilidade e da utilização no desporto de substâncias e métodos proibidos

1 – Os Estados Partes adoptam, se for caso disso, medidas destinadas a limitar a disponibilidade de substâncias e *Métodos Proibidos* de modo a limitar a sua utilização no desporto por *Praticantes Desportivos*, salvo se a utilização assentar numa autorização de utilização terapêutica. Entre tais medidas incluem-se medidas contra o tráfico a *Praticantes Desportivos* e, para este fim, medidas destinadas a controlar a respectiva produção, circulação, importação, distribuição e venda.

2 – Os Estados Partes adoptam ou encorajam, se for caso disso, as entidades competentes sob a sua jurisdição a adoptarem medidas que se destinem a prevenir e a limitar a utilização e a detenção por parte de *Praticantes Desportivos* de substâncias e *Métodos Proibidos* no desporto, salvo se a utilização assentar numa autorização de utilização terapêutica.

3 – Nenhuma medida adoptada nos termos da presente Convenção limita a disponibilidade, para fins legítimos, de substâncias e métodos de outro modo proibidos ou submetidos a controlo no desporto.

ARTIGO 9.º
Medidas contra o pessoal de apoio aos praticantes desportivos

Os Estados Partes tomam, eles próprios, medidas ou encorajam as organizações desportivas e as organizações antidopagem a adoptarem medidas, incluindo sanções ou penalidades, contra o pessoal de apoio aos *Praticantes Desportivos* que cometa uma violação das normas antidopagem ou qualquer outra infracção relacionada com a dopagem no desporto.

ARTIGO 10.º
Suplementos nutricionais

Os Estados Partes, se for caso disso, encorajam os produtores e os distribuidores de suplementos nutricionais a estabelecerem boas práticas na comercialização e na distribuição de suplementos nutricionais, incluindo a disponibilização de informações a respeito da sua composição analítica e da garantia de qualidade.

ARTIGO 11.º
Medidas financeiras

Os Estados Partes, se for caso disso:

a) Asseguram, mediante os seus respectivos orçamentos, o financiamento de um programa nacional de controlos em todos os desportos ou auxiliam as organizações desportivas e as organizações antidopagem no financiamento dos controlos de dopagem, quer sob a forma de concessão de subvenções ou subsídios directos, quer tendo em consideração o custo de tais controlos, quando da fixação do montante global de subvenções ou subsídios a atribuir a tais organizações;

b) Adoptam medidas destinadas a retirar o apoio financeiro relacionado com o desporto aos *Praticantes Desportivos* ou ao pessoal de apoio aos *Praticantes Desportivos* que tenham sido suspensos na sequência de uma violação das normas antidopagem, tal se verificando durante o período da sua suspensão;

c) Retiram, no todo ou em parte, o apoio financeiro ou outro apoio relacionado com o desporto a qualquer organização desportiva ou *Organização Antidopagem* que não observe as disposições do *Código* ou as normas antidopagem aplicáveis adoptadas em conformidade com o *Código*.

ARTIGO 12.º
Medidas destinadas a facilitar o controlo de dopagem

Os Estados Partes, se for caso disso:

a) Encorajam e facilitam a execução, por parte das organizações desportivas e das organizações antidopagem sob a sua jurisdição, de controlos de dopagem compatíveis com as disposições do *Código*, incluindo controlos sem aviso prévio, fora de competição ou em competição;

b) Encorajam e facilitam a conclusão, por parte das organizações desportivas ou das organizações antidopagem, de acordos que permitam aos seus membros serem controlados por equipas de controlo de dopagem devidamente credenciadas de outros países;

c) Comprometem-se a auxiliar as organizações desportivas e as organizações antidopagem sob a sua jurisdição a conseguir acesso a um laboratório de controlo de dopagem acreditado para fins de análises de controlo de dopagem.

III – Cooperação internacional

ARTIGO 13.º
Cooperação entre as organizações antidopagem e as organizações desportivas

Os Estados Partes encorajam a cooperação entre as organizações antidopagem, os poderes públicos e as organizações desportivas sob a sua jurisdição e sob a jurisdição de outros Estados Parte de modo a alcançar, a nível internacional, a finalidade da presente Convenção.

ARTIGO 14.º
Apoio à missão da Agência Mundial Antidopagem

Os Estados Partes comprometem-se a apoiar a importante missão da Agência Mundial Antidopagem na luta internacional contra a dopagem.

ARTIGO 15.º
Financiamento em partes iguais da Agência Mundial Antidopagem

Os Estados Partes apoiam o princípio do financiamento em partes iguais do orçamento anual de base aprovado da Agência Mundial Antidopagem pelos poderes públicos e pelo Movimento Olímpico.

ARTIGO 16.º
Cooperação internacional em matéria de controlo de dopagem

Os Estados Partes, reconhecendo que a luta contra a dopagem no desporto só pode ser eficaz se os *Praticantes Desportivos* forem submetidos a controlos sem aviso prévio e se as *amostras* forem transportadas atempadamente para os laboratórios para fins de análise, devem, se for caso disso e em conformidade com o direito e os procedimentos internos:

a) Facilitar a tarefa da Agência Mundial Antidopagem e das organizações antidopagem que actuem em conformidade com o *Código*, sob reserva dos regulamentos dos países anfitriões competentes, na realização de controlos de dopagem em competição e fora de competição junto dos seus *Praticantes Desportivos*, quer no seu território, quer em qualquer outro lugar;

b) Facilitar a circulação transfronteiriça em tempo útil das equipas de controlo de dopagem devidamente credenciadas, sempre que estas realizem actividades de controlo de dopagem;

c) Cooperar com vista a agilizar o envio ou o transporte transfronteiriço em tempo útil das *amostras* de um modo que possibilite garantir a segurança e a integridade das mesmas;

d) Auxiliar na coordenação internacional dos controlos de dopagem por várias organizações antidopagem e cooperar, para este fim, com a Agência Mundial Antidopagem;

e) Promover a cooperação entre os laboratórios de controlo de dopagem sob a sua jurisdição e os que se encontram sob a jurisdição de outros Estados Partes. Em particular, os Estados Partes que disponham de laboratórios de controlo de dopagem acreditados devem encorajá-los a auxiliar outros Estados Partes a adquirir a experiência, as competências e as técnicas necessárias à criação dos seus próprios laboratórios, caso estes o desejem;

f) Encorajar e auxiliar os acordos de controlos recíprocos entre as organizações antidopagem designadas, em conformidade com as disposições do *Código*;

g) Reconhecer mutuamente os procedimentos de controlo de dopagem e a gestão de resultados dos controlos de qualquer *Organização Antidopagem* que sejam compatíveis com o *Código*, incluindo as sanções desportivas daí decorrentes.

ARTIGO 17.º
Fundo de Contribuições Voluntárias

1 – Um "Fundo para a Eliminação da Dopagem no Desporto", adiante designado por "o Fundo de Contribuições Voluntárias" é, pelo presente instrumento, criado. O Fundo de Contribuições Voluntárias é constituído com fundos de depósito, em conformidade com as disposições do regulamento financeiro da UNESCO. Todas as contribuições dos Estados Partes e de outros doadores são voluntárias.

2 – Os recursos do Fundo de Contribuições Voluntárias são constituídos por:

a) Contribuições dos Estados Partes;

b) Contribuições, doações ou legados que podem ser feitos por:

  i) Outros Estados;

  ii) Organizações e programas do sistema das Nações Unidas, em particular, o Programa das Nações Unidas para o Desenvolvimento, bem como outras organizações internacionais;

  iii) Organismos públicos ou privados, ou pessoas singulares;

c) Qualquer juro devido pelos recursos do Fundo de Contribuições Voluntárias;

d) Fundos obtidos através de donativos e de receitas provindas de manifestações organizadas em proveito do Fundo de Contribuições Voluntárias;

e) Quaisquer outros recursos autorizados pelo regulamento do Fundo de Contribuições Voluntárias a elaborar pela Conferência das Partes.

3 – As contribuições dos Estados Partes para o Fundo de Contribuições Voluntárias não exoneram os Estados Partes do compromisso por eles assumido de pagarem a parte que lhes cabe do orçamento anual da Agência Mundial Antidopagem.

ARTIGO 18.º
Utilização e gestão do Fundo de Contribuições Voluntárias

Os recursos do Fundo de Contribuições Voluntárias são distribuídos pela Conferência das Partes para o financiamento das actividades por si aprovadas, em particular, para auxiliar os Estados Partes no desenvolvimento e na execução de programas antidopagem, nos termos da presente Convenção, tomando em consideração os objectivos da Agência Mundial Antidopagem e podem servir para financiar o funcionamento da presente Convenção. As contribuições para o Fundo de Contribuições Voluntárias não podem estar subordinadas a quaisquer condições políticas, económicas ou outras.

IV – Educação e formação

ARTIGO 19.º
Princípios gerais em matéria de educação e formação

1 – Os Estados Partes comprometem-se, em função dos seus recursos, a apoiar, a elaborar ou a pôr em execução programas educativos e de formação em matéria de luta contra a dopagem. Para a comunidade desportiva em geral, tais programas devem ter por fim a prestação de informações actualizadas e precisas sobre:

a) Os efeitos negativos da dopagem nos valores éticos do desporto;
b) As consequências da dopagem na saúde.

2 – Para os *Praticantes Desportivos* e para o pessoal de apoio aos *Praticantes Desportivos*, em particular ao longo da sua formação inicial, os programas educativos e de formação devem, além do acima exposto, ter por fim a prestação de informações actualizadas e precisas sobre:

a) Métodos de controlo de dopagem;
b) Os direitos e as responsabilidades dos *Praticantes Desportivos* em matéria de luta contra a dopagem, incluindo informações sobre o *Código* e as políticas antidopagem das organizações desportivas e antidopagem competentes. Tais informações incluem as consequências resultantes de uma violação das normas antidopagem;
c) A lista de substâncias e *Métodos Proibidos*, bem como as autorizações de utilização terapêutica;
d) Suplementos nutricionais.

ARTIGO 20.º
Códigos deontológicos

Os Estados Partes encorajam as associações e as instituições profissionais competentes a elaborar e a aplicar códigos de conduta, de boas práticas e de deontologia apropriados em matéria de luta contra a dopagem no desporto e que sejam compatíveis com o *Código*.

ARTIGO 21.º
Participação dos praticantes desportivos e do pessoal de apoio aos praticantes desportivos

Os Estados Partes promovem e, em função dos seus recursos, apoiam a participação activa dos *Praticantes Desportivos* e do pessoal de apoio aos *Praticantes*

Desportivos em todas as facetas da luta contra a dopagem levada a efeito pelas organizações desportivas e por outras organizações competentes e encorajam as organizações desportivas sob a sua jurisdição a fazer o mesmo.

ARTIGO 22.º
Organizações desportivas e educação e formação permanentes em matéria de luta contra a dopagem

Os Estados Partes encorajam as organizações desportivas e as organizações antidopagem a pôr em execução programas educativos e de formação permanentes para todos os *Praticantes Desportivos* e para o pessoal de apoio aos *Praticantes Desportivos* sobre as matérias enunciadas no Artigo 19.º

ARTIGO 23.º
Cooperação em matéria de educação e formação

Os Estados Partes cooperam mutuamente e com as organização competentes com vista a trocar, se for caso disso, informações, competências técnicas e experiência relativas a programas antidopagem eficazes.

V – Investigação

ARTIGO 24.º
Promoção da investigação em matéria de luta contra a dopagem

Os Estados Partes comprometem-se, em função dos seus recursos, a encorajar e a promover, em colaboração com as organizações desportivas e com outras organizações competentes, as investigações em matéria de luta contra a dopagem, sobre:

a) A prevenção, os métodos de detecção, os aspectos comportamentais e sociais e as consequências da dopagem na saúde;

b) Formas e meios de elaboração de programas de formação fisiológica e psicológica que assentem em bases científicas e que respeitem a integridade do ser humano;

c) A utilização de todas as novas substâncias e métodos resultantes dos progressos científicos.

ARTIGO 25.º
Natureza da investigação em matéria de luta contra a dopagem

Os Estados Partes, ao promoverem a investigação em matéria de luta contra a dopagem, conforme enunciado no Artigo 24.º, asseguram que tal investigação seja levada a cabo:

a) Respeitando as práticas deontológicas reconhecidas internacionalmente;

b) Evitando que substâncias e *Métodos Proibidos* sejam administrados aos *Praticantes Desportivos*;

c) Tomando as precauções adequadas de modo a que os resultados da investigação em matéria de luta contra a dopagem não possam ser utilizados abusivamente ou para fins de dopagem.

ARTIGO 26.º
Partilha dos resultados da investigação em matéria de luta contra a dopagem

Sob reserva do respeito pelo direito interno e internacional aplicável, os Estados Partes, se for caso disso, partilham os resultados da investigação disponível em matéria de luta contra a dopagem com os outros Estados Partes e com a Agência Mundial Antidopagem.

ARTIGO 27.º
Investigação em matéria de ciência do desporto

Os Estados Partes encorajam:

a) Os membros das comunidades científicas e médicas a levar a cabo investigações em matéria de ciência do desporto, em conformidade com os princípios consagrados no *Código*;

b) As organizações desportivas e o pessoal de apoio aos *Praticantes Desportivos* sob a sua jurisdição a aplicarem os resultados da investigação em matéria de ciência do desporto que sejam compatíveis com os princípios consagrados no *Código*.

VI – Acompanhamento da Convenção

ARTIGO 28.º
Conferência das Partes

1 – A Conferência das Partes é, pelo presente instrumento, instituída. A Conferência das Partes é o órgão soberano da presente Convenção.

2 – A Conferência das Partes reúne, em princípio, em sessão ordinária de dois em dois anos. Pode reunir-se em sessão extraordinária por sua iniciativa ou a pedido de pelo menos um terço dos Estados Partes.

3 – Cada Estado Parte dispõe de um voto na Conferência das Partes.

4 – A Conferência das Partes adopta o seu regimento.

ARTIGO 29.º
Organização consultiva e observadores junto da Conferência das Partes

A Agência Mundial Antidopagem é convidada para a Conferência das Partes na qualidade de organização consultiva. O Comité Olímpico Internacional, o Comité

Paralímpico Internacional, o Conselho da Europa e o Comité Intergovernamental para a Educação Física e do Desporto (CIGEPS) são convidados na qualidade de observadores. A Conferência das Partes pode decidir convidar outras organizações competentes na qualidade de observadores.

ARTIGO 30.º
Funções da Conferência das Partes

1 – Além das funções previstas noutras disposições da presente Convenção, a Conferência das Partes tem as seguintes funções:

a) Promover a finalidade da presente Convenção;

b) Debater as relações com a Agência Mundial Antidopagem e estudar os mecanismos de financiamento do orçamento anual de base da Agência. Os Estados que não sejam Partes na Convenção podem ser convidados a participar do debate;

c) Adoptar um plano para a utilização dos recursos do Fundo de Contribuições Voluntárias, em conformidade com as disposições do Artigo 18.º;

d) Examinar os relatórios submetidos pelos Estados Partes, em conformidade com as disposições do Artigo 31.º;

e) Examinar em permanência os meios de assegurar o respeito pela presente Convenção em resposta à evolução dos sistemas antidopagem, em conformidade com as disposições do Artigo 31.º Qualquer mecanismo ou medida de acompanhamento que ultrapasse o disposto no Artigo 31.º é financiado através do Fundo de Contribuições Voluntárias, criado ao abrigo do Artigo 17.º;

f) Examinar para fins de adopção os projectos de emendas à presente Convenção;

g) Examinar para fins de aprovação, em conformidade com as disposições do Artigo 34.º da Convenção, as alterações à Lista de Substâncias e *Métodos Proibidos* e às Normas de Solicitação de Autorização para Utilização Terapêutica adoptadas pela Agência Mundial Antidopagem;

h) Definir e pôr em execução a cooperação entre os Estados Partes e a Agência Mundial Antidopagem no âmbito da presente Convenção;

i) Pedir à Agência Mundial Antidopagem que apresente, para fins de exame, em cada uma das suas sessões, um relatório sobre a aplicação do *Código*.

2 – A Conferência das Partes pode, no desempenho das suas funções, cooperar com outros organismos intergovernamentais.

ARTIGO 31.º
Relatórios nacionais apresentados à Conferência das Partes

Os Estados Partes, de dois em dois anos, por intermédio do Secretariado, transmitem à Conferência das Partes, numa das línguas oficiais da UNESCO, todas as informações pertinentes relativas às medidas que tenham tomado no sentido de respeitar as disposições contidas na presente Convenção.

ARTIGO 32.º
Secretariado da Conferência das Partes

1 – O secretariado da Conferência das Partes é assegurado pelo Director-Geral da UNESCO.

2 – A pedido da Conferência das Partes, o Director-Geral da UNESCO recorre, o mais amplamente possível, aos serviços da Agência Mundial Antidopagem, nos termos acordados pela Conferência das Partes.

3 – As despesas de funcionamento relativas à Convenção são financiadas através do orçamento ordinário da UNESCO dentro dos limites dos recursos existentes e a um nível apropriado, do Fundo de Contribuições Voluntárias criado nos termos do Artigo 17.º ou através de uma conjugação apropriada desses recursos conforme estabelecido de dois em dois anos. O financiamento das despesas do secretariado através do orçamento ordinário reduz-se ao mínimo indispensável, ficando claro que o financiamento voluntário deve ser igualmente providenciado no sentido de apoiar a Convenção.

4 – O secretariado prepara a documentação da Conferência das Partes, bem como o projecto da ordem do dia das suas reuniões e assegura a execução das suas decisões.

ARTIGO 33.º
Emendas

1 – Qualquer Estado Parte pode propor emendas à presente Convenção mediante comunicação escrita dirigida ao Director-Geral da UNESCO. O Director-Geral transmite tal comunicação a todos os Estados Partes. Se, nos seis meses seguintes à data de transmissão da comunicação, pelo menos metade dos Estados Partes der uma resposta favorável a tal pedido, o Director-Geral apresenta tais propostas na sessão seguinte da Conferência das Partes.

2 – As emendas são adoptadas pela Conferência das Partes por uma maioria de dois terços dos Estados Partes presentes e votantes.

3 – As emendas à presente Convenção, uma vez adoptadas, são submetidas aos Estados Partes para fins de ratificação, aceitação, aprovação ou adesão.

4 – Para os Estados Partes que as tenham ratificado, aceite, aprovado ou que às mesmas tenham aderido, as emendas à presente Convenção entram em vigor três meses após o depósito dos instrumentos referidos no n.º 3 do presente artigo por dois terços dos Estados Partes. Posteriormente, para cada Estado Parte que ratifique, aceite, aprove uma emenda ou a ela adira, tal emenda entra em vigor três meses após a data do depósito pelo Estado Parte do seu instrumento de ratificação, aceitação, aprovação ou adesão.

5 – Um Estado que se torne Parte na presente Convenção após a entrada em vigor de emendas, em conformidade com o n.º 4 do presente Artigo, não tendo manifestado uma intenção em sentido contrário, é considerado como:

a) Parte na presente Convenção assim emendada;

b) Parte na Convenção não emendada relativamente a qualquer Estado Parte que não esteja vinculado por tais emendas.

ARTIGO 34.º
Procedimento específico de emendas aos Anexos à presente Convenção

1 – No caso da Agência Mundial Antidopagem alterar a Lista de Substâncias e *Métodos Proibidos* ou as Normas de Solicitação de Autorização para Utilização Terapêutica, pode, mediante comunicação escrita dirigida ao Director-Geral da UNESCO, informá-lo sobre tais alterações. O Director-Geral da UNESCO transmite tais alterações, enquanto propostas de emendas aos Anexos pertinentes à presente Convenção, a todos os Estados Partes o mais rapidamente possível. As emendas aos Anexos são aprovadas pela Conferência das Partes, quer numa das suas sessões, quer por via de uma consulta escrita.

2 – Os Estados Partes dispõem de um prazo de 45 dias a contar da notificação do Director-Geral para lhe comunicarem as suas objecções à emenda proposta, quer por escrito, no caso de uma consulta escrita, quer numa sessão da Conferência das Partes. A menos que dois terços dos Estados Partes comuniquem a sua objecção, a emenda proposta é julgada aprovada pela Conferência das Partes.

3 – As emendas aprovadas pela Conferência das Partes são notificadas aos Estados Partes pelo Director-Geral. Estas entram em vigor num prazo de 45 dias a contar de tal notificação, exceptuando-se os casos em que um Estado Parte tenha previamente notificado ao Director-Geral não aceitar tais emendas.

4 – Um Estado Parte que tenha notificado ao Director-Geral não aceitar uma emenda aprovada em conformidade com os números precedentes continua vinculado pelos Anexos não emendados.

VII – Disposições finais

ARTIGO 35.º
Regimes constitucionais federais ou não unitários

Aplicam-se aos Estados Partes com regime constitucional federal ou não unitário as seguintes disposições:

a) No que se refere às disposições da presente Convenção cuja aplicação seja da competência do poder legislativo federal ou central, as obrigações do Governo federal ou central são idênticas às dos Estados Partes não federados;

b) No que se refere às disposições da presente Convenção cuja aplicação seja da competência de cada um dos Estados, regiões, províncias ou cantões que constituem o Estado Federal, que não sejam obrigados, em virtude do regime constitucional da Federação, a tomar medidas legislativas, o Governo federal leva as referidas disposições, acompanhadas do seu parecer favorável, ao conhecimento das autoridades competentes dos Estados, regiões, províncias ou cantões para adopção.

ARTIGO 36.º
Ratificação, aceitação, aprovação ou adesão

A presente Convenção está sujeita a ratificação, aceitação, aprovação ou adesão dos Estados membros da UNESCO em conformidade com as respectivas normas constitucionais. Os instrumentos de ratificação, aceitação, aprovação ou adesão são depositados junto do Director-Geral da UNESCO.

ARTIGO 37.º
Entrada em vigor

1 – A presente Convenção entra em vigor no primeiro dia do mês seguinte à expiração de um prazo de um mês a contar da data do depósito do décimo terceiro instrumento de ratificação, aceitação, aprovação ou adesão.

2 – Para qualquer Estado que exprima em data posterior o seu consentimento em ficar vinculado pela presente Convenção, esta entrará em vigor no primeiro dia do mês seguinte à expiração de um prazo de um mês a contar do depósito do seu instrumento de ratificação, aceitação, aprovação ou adesão.

ARTIGO 38.º
Aplicação territorial da Convenção

1 – Qualquer Estado pode, no momento do depósito do seu instrumento de ratificação, aceitação, aprovação ou adesão, especificar qual o território ou territórios cujas relações internacionais ele assegure a que a presente Convenção será aplicável.

2 – Qualquer Estado Parte pode, em qualquer momento posterior, mediante declaração dirigida à UNESCO, alargar a aplicação da presente Convenção a qualquer outro território especificado na declaração. A Convenção entra em vigor, relativamente a esse território, no primeiro dia do mês seguinte à expiração do prazo de um mês a contar da data de recepção da referida declaração pelo depositário.

3 – Qualquer declaração feita nos termos dos dois números precedentes pode, relativamente a qualquer território nela especificado, ser retirada mediante notificação dirigida à UNESCO. Tal retirada produz efeitos no primeiro dia do mês seguinte à expiração de um prazo de um mês a contar da data de recepção da referida notificação pelo depositário.

ARTIGO 39.º
Denúncia

Todos os Estados Parte gozam da faculdade de denunciar a presente Convenção. A denúncia é notificada mediante um instrumento escrito depositado junto do Director-Geral da UNESCO. A denúncia produz efeitos no primeiro dia do mês seguinte à expiração de um prazo de seis meses a contar da data de recepção do instrumento de denúncia e em nada modifica as obrigações financeiras a assumir pelo Estado Parte denunciante, até à data em que a retirada produza efeitos.

ARTIGO 40.º
Depositário

O Director-Geral da UNESCO é o depositário da presente Convenção, bem como das respectivas alterações. Na sua qualidade de depositário, o Director-Geral da UNESCO informa os Estados Partes na presente Convenção, bem como os outros Estados membros da Organização:

a) Do depósito de qualquer instrumento de ratificação, aceitação, aprovação ou adesão;

b) Da data de entrada em vigor da presente Convenção em conformidade com o disposto no Artigo 37.º;

c) De qualquer relatório elaborado em aplicação do disposto no Artigo 31.º;

d) De qualquer alteração à Convenção ou aos Anexos adoptada em conformidade com o disposto nos Artigos 33.º e 34.º, bem como da data de entrada em vigor de tal alteração;

e) De qualquer declaração formulada ou notificação dirigida em aplicação do disposto no Artigo 38.º;

f) De qualquer notificação dirigida em aplicação do disposto no Artigo 39.º, bem como da data em que a denúncia produz efeitos;

g) De qualquer outro acto, notificação ou comunicação que se reporte à presente Convenção.

ARTIGO 41.º
Registo

Em conformidade com o Artigo 102.º da Carta das Nações Unidas, a presente Convenção é registada junto do Secretariado das Nações Unidas a pedido do Director-Geral da UNESCO.

ARTIGO 42.º
Textos autênticos

1 – A presente Convenção, incluindo os seus Anexos, é redigida em árabe, chinês, inglês, francês, russo e espanhol, fazendo os seis textos igualmente fé.

2 – Os Apêndices à presente Convenção são disponibilizados em árabe, chinês, inglês, francês, russo e espanhol.

ARTIGO 43.º
Reservas

Nenhuma reserva incompatível com o objecto e a finalidade da presente Convenção é admitida à presente Convenção.

Feito em Paris aos 18 dias do mês de Novembro de 2005, em dois exemplares autênticos contendo a assinatura do Presidente da 33.ª sessão da Conferência Geral da UNESCO e do Director-Geral da UNESCO, devendo ser depositados nos arquivos da UNESCO.

EM FÉ DO QUE os abaixo assinados assinaram a presente Convenção aos 18 dias do mês de Novembro de 2005.

O Presidente da Conferência Geral, (*assinatura*.)

O Director-Geral, (*assinatura*.)([124])

([124]) Seguem-se o Anexo I (*Código Mundial de Antidopagem — Lista de substâncias e métodos proibidos*) e o Anexo II (*Normas para a concessão de autorizações de utilização terapêutica*).

[40]
Lei n.º 27/2009, de 19 de Junho

Regime jurídico da luta contra a dopagem no desporto

A Assembleia da República decreta, nos termos da alínea c) do artigo 161.º da Constituição, o seguinte:

CAPÍTULO I
Disposições gerais

ARTIGO 1.º
Objecto

A presente lei estabelece o regime jurídico da luta contra a dopagem no desporto.

ARTIGO 2.º
Definições

Para efeitos da presente lei e demais legislação aplicável, entende-se por:

a) «Amostra ou amostra orgânica» qualquer material biológico recolhido para efeitos de controlo de dopagem;

b) «Autoridade Antidopagem de Portugal (ADoP)» a organização nacional antidopagem;

c) «Competição» uma corrida única, um encontro, um jogo ou uma competição desportiva específica, considerando-se em provas por etapas e noutras competições desportivas em que são atribuídos prémios, diariamente ou de forma intercalar, que a distinção entre competição e evento desportivo é a indicada nas regras da federação desportiva internacional em causa;

d) «Controlo de dopagem» o procedimento que inclui todas os actos e formalidades, desde a planificação e distribuição dos controlos até à decisão final, nomeadamente a informação sobre a localização dos praticantes desportivos, a recolha e o manuseamento das amostras, as análises laboratoriais, as autorizações de utilização terapêuticas, a gestão dos resultados, as audições e os recursos;

e) «Controlo» a fase do procedimento de controlo de dopagem que envolve a planificação da distribuição dos controlos, a recolha de amostras, o manuseamento de amostras e o seu transporte para o laboratório;

f) «Controlo direccionado» a selecção não aleatória para controlo, num dado momento, de praticantes ou grupos de praticantes desportivos;

g) «Controlo em competição» o controlo do praticante desportivo seleccionado no âmbito de uma competição específica;

h) «Controlo fora de competição» qualquer controlo de dopagem que não ocorra em competição;

i) «Controlo sem aviso prévio» o controlo de dopagem realizado sem conhecimento antecipado do praticante desportivo e no qual este é continuamente acompanhado desde o momento da notificação até à recolha da amostra;

j) «Evento desportivo» a organização que engloba uma série de competições individuais e ou colectivas que se realiza sob a égide da mesma entidade desportiva;

l) «Grupo alvo de praticantes desportivos» o grupo de praticantes desportivos de alto rendimento, identificados por cada federação internacional e pela ADoP, no quadro das respectivas planificações da distribuição dos controlos antidopagem em competição e fora dela;

m) «Lista de substâncias e métodos proibidos», as substâncias proibidas e métodos proibidos que constam da portaria a que se refere o artigo 8.º;

n) «Marcador» um composto, grupo de compostos ou parâmetros biológicos que indicia o uso de uma substância proibida ou de um método proibido;

o) «Metabolito» qualquer substância produzida através de um processo de biotransformação;

p) «Método proibido» qualquer método descrito como tal na lista de substâncias e métodos proibidos;

q) «Norma Internacional» uma norma adoptada pela Agência Mundial Antidopagem (AMA) como elemento de apoio ao Código Mundial Antidopagem;

r) «Pessoal de apoio ao praticante desportivo» pessoa singular ou colectiva que trabalhe, colabore ou assista o praticante desportivo, nomeadamente qualquer treinador, dirigente, agente, membro da equipa, pessoal médico ou paramédico;

s) «Praticante desportivo» aquele que, encontrando-se inscrito numa federação desportiva nacional ou estrangeira, treine ou compita em território nacional, bem como aquele que não se encontrando inscrito participa numa competição desportiva realizada em território nacional;

t) «Resultado analítico positivo» o relatório proveniente de um laboratório ou de uma outra entidade aprovada pela AMA, no qual, de acordo com a Norma Internacional de Laboratórios e Documentos Técnicos Relacionados, é identificada a presença numa amostra orgânica de uma substância proibida ou dos seus metabolitos ou marcadores (incluindo elevadas quantidades de substâncias endógenas) ou prova do uso de um método proibido;

u) «Resultado analítico atípico» o relatório proveniente de um laboratório ou de uma outra entidade aprovada pela AMA, no qual, de acordo com a Norma Internacional de Laboratórios e Documentos Técnicos Relacionados, se demonstra a necessidade de investigação complementar;

v) «Substância proibida» qualquer substância descrita como tal na lista de substâncias e métodos proibidos;

x) «Substância específica» a substância que é susceptível de dar origem a infracções não intencionais das normas antidopagem devido ao facto de frequentemente se encontrar presente em medicamentos ou de ser menos susceptível de utilização com sucesso enquanto agente dopante e que consta da lista de substâncias e métodos proibidos.

ARTIGO 3.º
Proibição de dopagem e violação das normas antidopagem

1. É proibida a dopagem a todos os praticantes desportivos dentro e fora das competições desportivas organizadas em território nacional.

2. Constitui violação das normas antidopagem por parte dos praticantes desportivos ou do seu pessoal de apoio, consoante o caso:

a) A presença numa amostra recolhida a um praticante desportivo de uma substância proibida, dos seus metabolitos ou marcadores;

b) O recurso a um método proibido;

c) O uso de uma substância proibida ou de um método proibido por um praticante desportivo, demonstrado por confissão do mesmo, por declarações de testemunhas, por prova documental, por conclusões resultantes de perfis longitudinais ou por outras informações analíticas que não preencham os critérios estabelecidos para a verificação de uma violação das normas antidopagem descritas nas alíneas *a*) e *b*);

d) A recusa, a resistência ou a falta sem justificação válida a submeter-se a um controlo de dopagem, em competição ou fora de competição, após a notificação, bem como qualquer comportamento que se traduza no impedimento à recolha da amostra;

e) A obstrução, a dilação injustificada, a ocultação e as demais condutas que, por acção ou omissão, impeçam ou perturbem a recolha de amostras no âmbito do controlo de dopagem;

f) A ausência do envio dentro do prazo estabelecido, ou o envio de informação incorrecta, nos termos do disposto no artigo 7.º, por três vezes por parte do praticante desportivo no espaço de 18 meses consecutivos, sem justificação válida, após ter sido devidamente notificado pela ADoP em relação a cada uma das faltas;

g) A verificação de três controlos declarados como não realizados com base nas regras definidas pela ADoP num período com a duração 18 meses consecutivos, sem justificação válida, após o praticante desportivo a que se refere o artigo 7.º ter sido devidamente notificado por aquela Autoridade em relação a cada um dos controlos declarados como não realizados;

h) A alteração, falsificação ou manipulação de qualquer elemento integrante do procedimento de controlo de dopagem;

i) A posse de substâncias ou de métodos proibidos, quer por parte do praticante desportivo quer por parte de qualquer membro do seu pessoal de apoio.

3. Qualquer combinação de três situações constantes das alíneas *f)* e *g)* do número anterior, no espaço de 18 meses consecutivos, constitui igualmente uma violação das normas antidopagem.

4. A posse de substâncias ou de métodos proibidos, bem como a sua administração, por parte do praticante desportivo ou do seu pessoal de apoio, não constituem uma violação das normas antidopagem nos casos em que decorrem de uma autorização de utilização terapêutica.

ARTIGO 4.º
Realização de eventos ou competições desportivas

1. A licença ou autorização necessárias à realização de um evento ou competições desportivas apenas podem ser concedidas quando o respectivo regulamento federativo exija o controlo de dopagem, nos termos definidos pela ADoP.

2. A entidade organizadora do evento ou da competição deve informar o praticante desportivo de que o mesmo pode ser sujeito, nos termos da lei e dos regulamentos aplicáveis, ao controlo antidopagem.

3. O disposto no n.º 1 não se aplica aos eventos ou competições com fins meramente lúdicos, desde que não sejam atribuídos prémios cujo valor seja superior a € 100.

ARTIGO 5.º
Deveres do praticante desportivo

1. Cada praticante desportivo tem o dever de se assegurar de que não introduz ou é introduzido no seu organismo qualquer substância proibida ou que não existe recurso a qualquer método proibido.

2. O praticante desportivo deve informar-se junto do representante da entidade organizadora do evento ou competição desportiva em que participe, ou junto do responsável pela equipa de controlo de dopagem, se foi ou pode ser indicado ou sorteado para se submeter ao controlo antidopagem, não devendo abandonar os espaços desportivos nos quais se realizou esse evento ou competição sem se assegurar que não é alvo do controlo.

ARTIGO 6.º
Responsabilidade do praticante desportivo

1. Os praticantes desportivos são responsabilizados, nos termos previstos na presente lei, por qualquer substância proibida ou os seus metabolitos ou marcadores encontrados nas suas amostras orgânicas, bem como pelo recurso a qualquer método proibido.

2. A responsabilidade a que se refere o número anterior pode ser afastada pelos critérios especiais para a avaliação de substâncias proibidas, que podem ser produzidas de forma endógena.

3. A responsabilidade pode ainda ser afastada nos casos em que a substância proibida ou os seus metabolitos ou marcadores não exceda os limites quantitativos estabelecidos na lista de substâncias e métodos proibidos ou na Norma Internacional de Laboratórios.

ARTIGO 7.º
Informações sobre a localização dos praticantes desportivos

1. Os praticantes desportivos que tenham sido identificados pela ADoP para inclusão num grupo alvo para efeitos de serem submetidos a controlos fora de competição são obrigados a fornecer informação precisa e actualizada sobre a sua localização durante os três meses seguintes a essa informação, nomeadamente a que se refere às datas e locais em que efectuem treinos ou provas não integradas em competições.
2. A informação a que se refere o número anterior é fornecida trimestralmente à ADoP e sempre que se verifique qualquer alteração, nas 24 horas precedentes à mesma.
3. A informação é mantida confidencial, apenas podendo ser utilizada para efeitos de planeamento, coordenação ou realização de controlos de dopagem e destruída após deixar de ser útil para os efeitos indicados.

ARTIGO 8.º
Lista de substâncias e métodos proibidos

1. A lista de substâncias e métodos proibidos em vigor é aprovada por portaria do membro do Governo responsável pela área do desporto e publicada no Diário da República.([125])
2. A ADoP divulga a lista de substâncias e métodos proibidos junto das federações desportivas que, no âmbito das respectivas modalidades, a devem adoptar e dar-lhe publicidade, bem como junto do Comité Olímpico de Portugal, do Comité Paraolímpico de Portugal, da Ordem dos Médicos, da Ordem dos Farmacêuticos e da Ordem dos Enfermeiros.
3. A lista de substâncias e métodos proibidos é revista anualmente ou, sempre que as circunstâncias o justifiquem, pela ADoP, sendo actualizada pela forma mencionada no n.º 1.
4. A lista de substâncias e métodos proibidos, devidamente actualizada, deve figurar em anexo ao regulamento de controlo antidopagem, aprovado por cada federação desportiva.

ARTIGO 9.º
Prova de dopagem para efeitos disciplinares

1. O ónus da prova de dopagem, para efeitos disciplinares, recai sobre a ADoP, cabendo-lhe determinar a existência da violação de uma norma antidopagem.

([125]) V. Portaria n.º 82/2010, de 10 de Fevereiro [42].

2. Os factos relativos às violações das normas antidopagem podem ser provados através de todos os meios admissíveis em juízo, incluindo a confissão.

3. Em casos de dopagem aplicam-se as seguintes regras sobre a prova:

a) Presume-se que os laboratórios acreditados pela AMA que efectuaram as análises de amostras respeitaram procedimentos de segurança estabelecidos pela Norma Internacional de Laboratórios da AMA;

b) O praticante desportivo pode ilidir a presunção referida na alínea anterior, se provar que ocorreu uma falha no cumprimento das normas internacionais aplicáveis.

4. Caso se verifique o disposto na alínea *b)* do número anterior, o ónus de provar que esse incumprimento não deu origem a um resultado analítico positivo recai sobre a ADoP.

5. Quando o incumprimento da Norma Internacional de Controlo da AMA não der origem a um resultado analítico positivo ou a qualquer outra violação das normas antidopagem, mantém-se válidos os resultados de qualquer análise.

6. Se o praticante desportivo provar que o incumprimento das Normas Internacionais ocorreu durante a fase de controlo, a ADoP tem o ónus de provar que o incumprimento não deu origem ao resultado analítico positivo ou à base factual que esteve na origem da violação da norma antidopagem em causa.

ARTIGO 10.º
Tratamento médico dos praticantes desportivos

1. Os médicos que actuem no âmbito do sistema desportivo, devem, no que concerne ao tratamento médico de praticantes desportivos, observar as seguintes regras:

a) Não recomendar, nem prescrever ou administrar medicamentos que contenham substâncias proibidas, sempre que os mesmos possam ser substituídos por outros que as não contenham;

b) Não recomendar, nem prescrever ou colaborar na utilização de métodos proibidos, sempre que os mesmos possam ser substituídos por outros que o não sejam.

2. O estabelecido no número anterior aplica-se à intervenção de outros profissionais de saúde, no âmbito das suas competências.

3. Não sendo possível àqueles profissionais de saúde dar cumprimento ao disposto nas alíneas *a)* e *b)* do n.º 1, quer em função do estado de saúde do praticante desportivo quer pelos produtos, substâncias ou métodos disponíveis para lhe acorrer, o praticante desportivo deve ser por estes informado para proceder à respectiva solicitação de autorização de utilização terapêutica de acordo com a Norma Internacional de autorizações de utilização terapêutica da AMA e com as determinações da ADoP.

4. A solicitação referida no número anterior é dirigida à federação internacional tratando-se de praticantes desportivos de nível internacional ou sempre que um praticante pretenda participar numa competição desportiva internacional.

5. Nos casos não compreendidos no número anterior, a solicitação é dirigida à ADoP.

6. O incumprimento das obrigações decorrentes do presente artigo por parte das entidades referidas no n.º 1 não constitui, só por si, causa de exclusão da eventual culpa do praticante desportivo, sem prejuízo da responsabilidade penal, civil ou disciplinar em que incorrem.

7. A violação das obrigações mencionadas no presente artigo por parte de um médico ou farmacêutico é obrigatoriamente participada às respectivas ordens profissionais.

ARTIGO 11.º
Revisão e recurso das decisões da Comissão de Autorização e Utilização Terapêutica

1. A AMA tem o direito de rever todas as decisões da Comissão de Autorização e Utilização Terapêutica (CAUT).

2. O praticante desportivo tem o direito de recorrer das decisões da CAUT de acordo com os princípios definidos na Norma Internacional de autorizações de utilização terapêutica.

3. A tramitação do recurso deve respeitar os seguintes princípios e normas:
a) Audição em tempo oportuno;
b) Imparcialidade e independência;
c) Decisão célere, devidamente fundamentada e por escrito.

4. O recurso a que se refere o número anterior é dirigido ao presidente da ADoP, que, no prazo máximo de 48 horas, deve promover a constituição de uma comissão tripartida com a seguinte composição:
a) Um elemento designado pela Ordem dos Médicos, que preside;
b) Um elemento designado pela CAUT;
c) Um elemento designado pelo praticante.

5. A comissão mencionada no número anterior deve decidir sobre o recurso no prazo máximo de dois dias contados da sua constituição.

ARTIGO 12.º
Regulamentos federativos antidopagem

1. As federações desportivas estão obrigadas a adaptar o seu regulamento de controlo de dopagem:
a) Às regras estabelecidas na presente lei e demais regulamentação aplicável;
b) Às normas estabelecidas no quadro das convenções internacionais sobre a dopagem no desporto de que Portugal seja parte ou venha a ser parte;
c) Às regras e orientações estabelecidas pela AMA e pelas respectivas federações desportivas internacionais.

2. O regulamento de controlo de dopagem é registado junto da ADoP.

3. O incumprimento do disposto nos números anteriores implica, enquanto o incumprimento se mantiver, a impossibilidade de as federações desportivas serem

beneficiárias de qualquer tipo de apoio público, sem prejuízo de outras sanções a aplicar.

4. As ligas profissionais, quando as houver, aplicam, às competições que organizam, o regulamento a que se refere o n.º 1.

ARTIGO 13.º
Princípios gerais dos regulamentos federativos antidopagem

Na elaboração dos regulamentos federativos de controlo de dopagem devem ser observados os seguintes princípios:

a) O controlo de dopagem pode ser feito quer em competições desportivas, quer fora destas, devendo ser promovido, em regra, sem aviso prévio, designadamente nos casos de controlos fora de competição;

b) O controlo de dopagem pode ser efectuado quer nas competições que façam parte de campeonatos nacionais, quer nas demais competições no âmbito de cada modalidade;

c) A todos os que violem as regras relativas à confidencialidade do procedimento de controlo de dopagem devem ser aplicadas sanções;

d) A selecção dos praticantes desportivos a submeter ao controlo, sem prejuízo do recurso a outros critérios, formulados em termos gerais e abstractos, ou da sujeição ao controlo dos praticantes cujo comportamento, em competição ou fora desta, se tenha revelado anómalo do ponto de vista médico ou desportivo, deve ser efectuada por sorteio;

e) Ao praticante e demais agentes desportivos indiciados pela infracção aos regulamentos devem ser asseguradas as garantias de audiência e defesa.

ARTIGO 14.º
Conteúdo obrigatório dos regulamentos federativos antidopagem

1. Os regulamentos federativos de controlo de dopagem devem conter, entre outras, as seguintes matérias:

a) Definição precisa dos quadros competitivos em cujas provas se pode realizar o controlo e, bem assim, das circunstâncias em que terá lugar o controlo fora de competição;

b) Definição dos métodos de selecção dos praticantes desportivos a submeter a cada acção de controlo;

c) Definição das sanções disciplinares aplicáveis aos responsáveis pela violação das normas antidopagem, quer se trate de praticantes desportivos quer, do pessoal de apoio aos praticantes desportivos;

d) Definição das sanções disciplinares aplicáveis a todos os intervenientes no procedimento do controlo de dopagem que violem a obrigação de confidencialidade;

e) Tramitação dos procedimentos de inquérito e disciplinar destinados a penalizar os agentes responsáveis pela violação das normas antidopagem, com indicação dos meios e instâncias de recurso, garantindo igualmente que a entidade responsável pela instrução do procedimento é distinta daquela à qual compete a decisão disciplinar;

f) Definição dos casos em que são penalizados os clubes ou sociedades anónimas desportivas, com fundamento na violação das normas antidopagem dos respectivos elementos, bem como a determinação das sanções aplicáveis.

2. Na aplicação das sanções a praticantes desportivos e ao seu pessoal de apoio, as federações desportivas devem ter em consideração todas as circunstâncias atenuantes e agravantes, de harmonia com as recomendações definidas no Código Mundial Antidopagem.

ARTIGO 15.º
Co-responsabilidade do pessoal de apoio do praticante desportivo

1. Sem prejuízo do disposto no artigo 10.º, incumbe em especial aos médicos e paramédicos que acompanham de forma directa o praticante desportivo zelar para que este se abstenha de qualquer forma de dopagem, não podendo, por qualquer meio, dificultar ou impedir a realização de um controlo de dopagem.

2. Igual obrigação impende, com as necessárias adaptações, sobre o demais pessoal de apoio ao praticante desportivo, bem como sobre todos os que mantenham com este uma relação de hierarquia ou de orientação.

3. A obrigação referida nos números anteriores inclui o dever de esclarecer o praticante desportivo sobre a natureza de quaisquer substâncias ou métodos que lhe sejam ministrados e de o manter informado dos que sejam proibidos, bem como das suas consequências e, no âmbito das respectivas competências, tomar todas as providências adequadas a desaconselhar e a prevenir o seu uso por parte daquele.

4. Tratando-se de treinadores e profissionais de saúde, a obrigação referida nos números anteriores inclui ainda o dever de informar a ADoP sobre os praticantes desportivos em relação aos quais se suspeite que possam estar a utilizar substâncias ou métodos proibidos.

CAPÍTULO II
Autoridade Antidopagem de Portugal

ARTIGO 16.º
Natureza e missão

1. A ADoP funciona junto do Instituto do Desporto de Portugal, I. P. (IDP, I. P.), e é a organização nacional antidopagem com funções no controlo e na luta contra a dopagem no desporto, nomeadamente enquanto entidade responsável pela adopção

de regras com vista a desencadear, implementar ou aplicar qualquer fase do procedimento de controlo de dopagem.

2. A ADoP colabora com os organismos nacionais e internacionais com responsabilidade na luta contra a dopagem no desporto.

ARTIGO 17.º
Jurisdição territorial

A ADoP, enquanto organização nacional responsável pelo controlo e luta contra a dopagem no desporto, exerce as suas competências no território nacional e, sempre que solicitada pela AMA ou federações internacionais, no estrangeiro.

ARTIGO 18.º
Competências

1. Compete à ADoP:

a) Elaborar e aplicar o Programa Nacional Antidopagem, ouvido o Conselho Nacional Antidopagem (CNAD);

b) Emitir pareceres científicos e técnicos, recomendações e avisos, nomeadamente sobre os procedimentos de prevenção e controlo da dopagem;

c) Prestar às federações desportivas o apoio técnico que por estas seja solicitado, quer na elaboração quer na aplicação dos respectivos regulamentos antidopagem;

d) Pronunciar-se sobre a elaboração da legislação sobre a luta contra a dopagem no desporto, ouvido o CNAD;

e) Emitir parecer vinculativo sobre os regulamentos de luta contra a dopagem no desporto adoptados pelas federações desportivas titulares do estatuto de utilidade pública desportiva, ouvido o CNAD;

f) Proceder à recepção das solicitações de autorização de utilização terapêutica de substâncias ou métodos proibidos, procedendo ao respectivo encaminhamento para a CAUT, bem como estabelecer os procedimentos inerentes ao sistema de autorização de utilização terapêutica a nível nacional;

g) Estudar, em colaboração com as entidades responsáveis pelo sistema educativo e da área do desporto, programas pedagógicos, designadamente campanhas de informação e educação, com a finalidade de sensibilizar os praticantes desportivos, o respectivo pessoal de apoio e os jovens em geral para os perigos e a deslealdade da dopagem;

h) Estudar e propor as medidas legislativas e administrativas adequadas à luta contra a dopagem em geral e ao controlo da produção, da comercialização e do tráfico ilícito de substâncias ou métodos proibidos;

i) Estudar e sugerir as medidas que visem a coordenação dos programas nacionais de luta contra a dopagem com as orientações da AMA, bem como o cumprimento das obrigações decorrentes de convenções celebradas por Portugal no mesmo âmbito;

j) Propor o financiamento de programas de investigação no âmbito da luta contra a dopagem, nomeadamente estudos sociológicos, comportamentais, jurídicos, e éticos para além de investigação nas áreas médica, analítica e fisiológica;

l) Emitir recomendações gerais ou especiais sobre procedimentos de prevenção e controlo da dopagem, dirigidas às entidades que integram o associativismo desportivo e aos praticantes desportivos e respectivo pessoal de apoio;

m) Determinar e instruir a realização de inquéritos extraordinários e dos inerentes controlos de dopagem sempre que receba ou reúna fortes indícios de práticas habituais ou continuados de dopagem por parte de algum praticante desportivo ou do seu pessoal de apoio;

n) Rever, substituir ou revogar as decisões de arquivamento, absolvição ou condenação proferidas pelos órgãos jurisdicionais das federações desportivas, verificada a sua não conformidade com o disposto na presente lei;

o) Prestar os serviços solicitados por outras entidades, nacionais ou estrangeiras, no âmbito da luta contra a dopagem no desporto;

p) Acompanhar a participação técnica nacional nas diferentes instâncias internacionais com responsabilidade na luta contra a dopagem no desporto;

q) Avaliar os riscos de novas substâncias e métodos, ouvido o CNAD.

2. A investigação a que se refere a alínea *m*) do número anterior deve respeitar os princípios de ética internacionalmente reconhecidos, evitar a administração de substâncias e métodos dopantes aos praticantes desportivos e ser apenas realizada se existirem garantias de que não haja uma utilização abusiva dos resultados para efeitos de dopagem.

ARTIGO 19.º
Princípios orientadores

A ADoP, no exercício da sua missão, rege-se pelos princípios da independência científica, da precaução, da credibilidade e transparência e da confidencialidade.

ARTIGO 20.º
Cooperação com outras entidades

1. A ADoP e os demais serviços, organismos ou entidades com funções de prevenção e repressão criminal ou contra-ordenacional ou com funções de autoridade administrativa devem cooperar no exercício das respectivas competências, utilizando os mecanismos legalmente adequados.

2. Os organismos públicos devem prestar à ADoP a colaboração que lhes for solicitada, designadamente na área técnico-pericial.

ARTIGO 21.º
Órgãos e serviços

1. São órgãos da ADoP:

a) O presidente;
b) O director executivo.
2. São serviços da ADoP:
a) O Laboratório de Análise de Dopagem (LAD);
b) A Estrutura de Suporte ao Programa Antidopagem (ESPAD);
c) O Gabinete Jurídico.
3. O órgão referido na alínea *a*) do n.º 1 é nomeado por despacho do membro do Governo responsável pela área do desporto.

ARTIGO 22.º
Presidente

1. A ADoP é dirigida por um presidente equiparado, para todos efeitos legais, a cargo de direcção superior de 2.º grau.
2. Compete ao presidente:
a) Representar a ADoP junto de quaisquer instituições ou organismos, nacionais ou internacionais;
b) Dirigir, coordenar e orientar os serviços, bem como aprovar os regulamentos e normas de execução necessários ao seu bom funcionamento;
c) Aprovar e apresentar superiormente o plano e o relatório de actividades anuais da ADoP;
d) Submeter à aprovação das entidades competentes o orçamento e as contas anuais da ADoP;
e) Decidir e propor a locação e aquisição de bens e serviços no âmbito das suas competências;
f) Aprovar, mediante parecer do director executivo, as recomendações e avisos que vinculam a ADoP;
g) Exercer os demais poderes que não estejam atribuídos a outros órgãos e serviços.

ARTIGO 23.º
Director executivo

1. O director executivo é o responsável:
a) Pelos serviços administrativos;
b) Pela gestão de qualidade;
c) Pela gestão do Programa Nacional Antidopagem;
d) Pela gestão dos resultados;
e) Pela gestão do Gabinete Jurídico;
f) Pelo sistema de informação sobre a localização dos praticantes desportivos.
2. O Director Executivo é, para todos efeitos legais, cargo de direcção intermédia de 1.º grau.

ARTIGO 24.º
Laboratório de Análises de Dopagem

1. No âmbito da ADoP funciona o LAD, dotado de autonomia técnica e científica, ao qual compete:

a) Executar as análises relativas ao controlo da dopagem, a nível nacional ou internacional, se para tal for solicitado;

b) Executar as análises bioquímicas e afins destinadas a apoiar as acções desenvolvidas pelos organismos e entidades competentes na preparação dos praticantes desportivos, designadamente os de alto rendimento, e colaborar nas acções de recolha necessárias;

c) Dar execução, no âmbito das suas competências, aos protocolos celebrados entre o IDP, I. P., e outras instituições;

d) Colaborar em acções de formação e investigação no âmbito da dopagem;

e) Assegurar as demais funções que lhe sejam cometidas.

2. O LAD é dirigido por um coordenador científico recrutado de entre individualidades, nacionais ou estrangeiras, de reconhecido mérito técnico ou científico, possuidoras de habilitações académicas adequadas e com experiência profissional comprovada, designadamente, de entre docentes do ensino superior e investigadores, vinculados ou não à Administração Pública.

3. O coordenador científico é designado, em comissão de serviço, pelo membro do Governo responsável pela área do desporto, sendo-lhe aplicável, com as devidas adaptações, o regime retributivo do investigador convidado, do pessoal de investigação científica a que se refere o n.º 3 do artigo 36.º do Decreto-Lei n.º 124/99, de 20 de Abril.

4. Exceptua-se do disposto na última parte do número anterior, o coordenador científico que estiver integrado na carreira docente universitária ou na carreira de investigação científica, caso em que o mesmo tem direito a optar pela remuneração base devida na situação jurídico-funcional de origem que esteja constituída por tempo indeterminado.

5. Ao docente do ensino superior universitário e investigador referidos no n.º 2 aplicam-se as disposições previstas nos respectivos estatutos de carreira referentes à prestação de serviço em outras funções públicas.

ARTIGO 25.º
Estrutura de Suporte ao Programa Antidopagem

1. A ESPAD funciona na dependência do director executivo, competindo-lhe:

a) Assegurar os serviços administrativos e logísticos necessários à implementação do Plano Nacional Antidopagem, nomeadamente o planeamento e realização dos controlos de dopagem;

b) Assegurar a gestão administrativa dos resultados, sanções e apelos;

c) Assegurar a gestão administrativa do sistema de localização de praticantes desportivos para efeitos de controlo de dopagem;

d) Assegurar a gestão administrativa do sistema de autorizações de utilização terapêutica;

e) Executar os programas informativos e educativos relativos à luta contra a dopagem no desporto.

2 — No âmbito da ESPAD funcionam:

a) O CNAD;
b) A CAUT.

ARTIGO 26.º
Conselho Nacional Antidopagem

1 — O CNAD é o órgão consultivo da ADoP, competindo-lhe:

a) Emitir parecer prévio, com força vinculativa, quanto à aplicação por parte das federações desportivas de sanções, decorrentes da utilização, por parte dos praticantes, de substâncias específicas, como tal definidas na lista de substâncias e métodos proibidos;

b) Emitir parecer prévio, vinculativo, quanto à atenuação das sanções com base nas circunstâncias excepcionais definidas pelo Código Mundial Antidopagem;

c) Emitir parecer prévio, vinculativo, quanto ao agravamento das sanções com base nas circunstâncias excepcionais definidas pelo Código Mundial Antidopagem;

d) Assegurar as demais funções que lhe sejam cometidas pela lei.

2 — O CNAD é composto pelos seguintes elementos:

a) Presidente da ADoP, que preside;
b) Director executivo;
c) Um representante designado pelo presidente do Instituto do Desporto de Portugal, I. P.;
d) Director do Centro Nacional de Medicina Desportiva;
e) Um perito, licenciado em Medicina, indicado pelo Comité Olímpico de Portugal;
f) Um perito, licenciado em Medicina, indicado pelo Comité Paralímpico de Portugal;
g) Um perito, licenciado em Medicina, indicado pela Confederação do Desporto de Portugal;
h) Um representante da Direcção-Geral da Saúde;
i) Um representante do Instituto Nacional da Farmácia e do Medicamento;
j) Um representante do Instituto da Droga e Toxicodependência;
l) Um representante da Policia Judiciária;
m) Um ex-praticante desportivo de alto rendimento, a designar pelo membro do Governo responsável pela área do desporto;
n) Um representante designado pelos órgãos de governo próprio de cada Região Autónoma.

3 — O CNAD reúne ordinariamente uma vez por mês e, extraordinariamente, sempre que for convocado pelo presidente, por sua iniciativa ou a solicitação de um terço dos seus membros.

4. O CNAD pode solicitar o parecer de outros peritos nacionais ou internacionais, sempre que o julgue necessário.

5. O mandato dos membros do CNAD tem a duração de três anos, renovável por iguais períodos.

ARTIGO 27.º
Comissão de Autorização de Utilização Terapêutica

1. A CAUT é o órgão responsável pela análise e aprovação das autorizações de utilização terapêutica.

2. Compete à CAUT:
   a) Analisar e aprovar as autorizações de utilização terapêutica;
   b) Assegurar as demais funções que lhe sejam cometidas pela lei.

3. A CAUT é composta por cinco elementos licenciados em Medicina, com serviços relevantes na área da luta contra a dopagem no desporto e na medicina desportiva.

4. Os licenciados em Medicina a que se refere o número anterior são propostos ao presidente da ADoP pelo director executivo e nomeados pelo membro do Governo responsável pela área do desporto, que designa igualmente o seu presidente.

5. Três dos licenciados a que se refere o n.º 3 não podem, em simultâneo, integrar o CNAD.

6. A CAUT decide de acordo com os critérios e regras definidas na Norma Internacional de Autorização de Utilização Terapêutica da AMA.

7. O mandato dos membros da CAUT tem a duração de três anos, renovável por iguais períodos.

ARTIGO 28.º
Garantias dos membros do CNAD e da CAUT

É garantido aos membros do CNAD e da CAUT, que não sejam representantes de entidades públicas, o direito, por participação nas reuniões, a senhas de presença, em montante e condições a fixar por despacho conjunto do Ministro das Finanças e do membro do Governo responsável pela área do desporto.

ARTIGO 29.º
Programas pedagógicos

Os programas a que se refere a alínea *g*) do artigo 18.º devem fornecer informação actualizada e correcta sobre as seguintes matérias:
   a) Substâncias e métodos que integram a lista de substâncias e métodos proibidos;
   b) Consequências da dopagem sobre a saúde;
   c) Procedimentos de controlo de dopagem;
   d) Suplementos nutricionais;

e) Direitos e responsabilidades dos praticantes desportivos e do pessoal de apoio no âmbito da luta contra a dopagem.

CAPÍTULO III
Controlo da dopagem

ARTIGO 30.º
Controlo de dopagem em competição e fora de competição

1. Os praticantes desportivos, bem como todos aqueles que se encontrem abrangidos pela proibição de dopagem, que participem em competições desportivas oficiais, independentemente da sua nacionalidade, estão obrigados a submeter-se ao controlo de dopagem, nos termos da presente lei e legislação complementar.

2. O disposto no número anterior aplica-se aos controlos fora de competição, nomeadamente quanto aos praticantes desportivos que se encontrem em regime de alto rendimento, devendo as respectivas acções de controlo processar-se sem aviso prévio.([126])

3. Tratando-se de menores de idade, no acto de inscrição, a federação desportiva deve exigir a respectiva autorização a quem exerce poder paternal ou detém a tutela sobre os mesmos a autorização para a sua sujeição aos controlos de dopagem em competição e fora de competição.

ARTIGO 31.º
Realização dos controlos de dopagem

1. O controlo consiste numa operação de recolha de amostra ou de amostras do praticante desportivo, simultaneamente guardada ou guardadas em dois recipientes, designados como A e B, para exame laboratorial.

2. O controlo do álcool é realizado através do método de análise expiratória.

3. A operação de recolha é executada nos termos previstos na lei e a ela assistem, querendo, o médico ou delegado dos clubes a que pertençam os praticantes ou, na sua falta, quem estes indiquem para o efeito.

4. À referida operação pode ainda assistir, querendo, um representante da respectiva federação desportiva ou liga profissional e, se necessário, um tradutor.

5. Os controlos de dopagem são realizados nos termos definidos pela presente lei e legislação complementar e de acordo com a Norma Internacional de Controlo da AMA.

6. Cabe às respectivas federações desportivas titulares do estatuto de utilidade pública desportiva, nomeadamente à Federação Equestre Portuguesa, a reali-

---

([126]) Redacção conferida pela Declaração de Rectificação n.º 57/2009, de 4 de Agosto, publicada no *Diário da República*, I Série, n.º 149, de 04/08/2009, p. 5034.

zação das acções de controlo de medicamentação dos animais que participem em competições desportivas, de acordo com o regulamento da respectiva federação internacional.

7. As federações referidas no número anterior devem comunicar à ADoP, até ao início da época desportiva, o programa de acções de controlo a levar a efeito, bem como o resultado das mesmas.

ARTIGO 32.º
Acções de controlo

1. A realização de acções de controlo processa-se de acordo com o que for definido pela ADoP e, designadamente, nos termos dos regulamentos a que se refere o artigo 12.º.

2. Podem, ainda, ser realizadas acções de controlo de dopagem nos seguintes casos:

a) Quando o presidente da ADoP assim o determine;

b) Por solicitação do Comité Olímpico de Portugal ou do Comité Paralímpico de Portugal;

c) Quando tal seja solicitado, no âmbito de acordos celebrados nesta matéria com outras organizações antidopagem e com a AMA, ou no cumprimento das obrigações decorrentes de convenções celebradas por Portugal no mesmo âmbito;

d) A solicitação de entidades promotoras de uma manifestação desportiva não enquadrada no âmbito do desporto federado, nos termos a fixar por despacho do presidente da ADoP.

3. São realizadas acções de controlo de dopagem em relação a todos os praticantes desportivos que estejam integrados no grupo alvo de praticantes desportivos a submeter a controlo da ADoP, nomeadamente os integrados no regime de alto rendimento e os que façam parte de selecções nacionais.

4. As federações desportivas devem levar a cabo as diligências necessárias para que os resultados desportivos considerados como recordes nacionais não sejam homologados sem que os praticantes desportivos que os tenham obtido hajam sido submetidos ao controlo de dopagem na respectiva competição ou, em caso de justificada impossibilidade, dentro das 24 horas subsequentes.

ARTIGO 33.º
Responsabilidade da recolha e do transporte das amostras e dos procedimentos analíticos

1. Compete à ESPAD assegurar a recolha do líquido orgânico nas acções de controlo de dopagem e garantir a respectiva conservação e transporte das amostras até à sua chegada ao respectivo laboratório antidopagem.

2. Os exames laboratoriais necessários ao controlo de dopagem são realizados no LAD ou por outros laboratórios antidopagem acreditados pela AMA, sempre que a ADoP assim o determinar.

3. O exame laboratorial compreende:

a) A análise à amostra contida no recipiente A (primeira análise);

b) A análise à amostra contida no recipiente B (segunda análise), quando o resultado da análise mencionada na alínea anterior indicie a prática de uma infracção de uma norma antidopagem;

c) Outros exames complementares, a definir pela ADoP.

ARTIGO 34.º
Notificação e análise da amostra B

1. Indiciada uma violação das normas antidopagem na análise da amostra A, a federação desportiva a que pertença o titular da mesma é notificada pela ADoP nas 24 horas seguintes.

2. A federação desportiva notificada informa do facto o titular da amostra e o seu clube, nas 24 horas seguintes, mencionando expressamente:

a) O resultado positivo da amostra A;

b) A possibilidade de o praticante desportivo em causa requerer a realização da análise da amostra B;

c) O dia e a hora para a eventual realização da análise amostra B, propostos pelo laboratório antidopagem que realizou a análise da amostra A;

d) A faculdade de o praticante desportivo em causa ou o seu clube se encontrarem presentes ou se fazerem representar no acto da análise amostra B, bem como o de nomearem peritos para acompanhar a realização dessa diligência.

3. Às notificações a que se refere o presente artigo aplica-se, subsidiariamente, o disposto no Código do Procedimento Administrativo.

4. A federação desportiva notificada pode igualmente fazer-se representar no acto da análise da amostra B e, caso seja necessário, designar um tradutor.

5. Os prazos para realização da análise da amostra B e para as notificações a que se referem os números anteriores são fixados por diploma regulamentar.

6. Quando requerida a análise da amostra B, os encargos da análise, caso esta revele resultado positivo, são da responsabilidade do titular da amostra a submeter a análise.

7. Quando requerida a análise da amostra B, as consequências desportivas e disciplinares só serão desencadeadas se o seu resultado for positivo, confirmando o teor da análise da amostra A, devendo todos os intervenientes no processo manter a mais estrita confidencialidade até que tal confirmação seja obtida.

ARTIGO 35.º
Exames complementares

1. Para além do disposto no artigo anterior, sempre que os indícios de positividade detectados numa amostra possam ser atribuídos a causas fisiológicas ou patológicas, os resultados devem ser remetidos ao CNAD, para elaboração de um relatório a submeter à ADoP, que decide sobre a existência ou não de uma violação das normas antidopagem.

2. Da intervenção do CNAD deve ser dado conhecimento à federação desportiva e ao praticante desportivo titular da amostra, o qual é obrigado a submeter-se aos exames que lhe forem determinados, incorrendo, caso não o faça, nas sanções cominadas para a recusa ao controlo de dopagem.

3. Até à decisão referida no n.º 1, todos os intervenientes devem manter a mais estrita confidencialidade.

ARTIGO 36.º
Suspensão preventiva do praticante desportivo

1. O praticante desportivo em relação ao qual o resultado do controlo seja positivo, logo com a primeira análise ou depois da análise da amostra B, quando requerida, é suspenso preventivamente até ser proferida a decisão final do processo pela respectiva federação, salvo nos casos em que for determinada pela ADoP a realização de exames complementares.

2. A suspensão preventiva referida no número anterior inibe o praticante de participar em competições ou eventos desportivos, devendo o período já cumprido ser descontado no período de suspensão aplicado.

CAPÍTULO IV
Protecção de dados

SECÇÃO I
Bases de dados e responsabilidade

ARTIGO 37.º
Bases de dados

1. Para o efectivo cumprimento da sua missão e competências, a ADoP pode proceder ao tratamento de dados referentes a:
   a) Autorizações de utilização terapêutica;
   b) Informações sobre a localização de praticantes desportivos;
   c) Gestão de resultados;
   d) Perfil longitudinal de resultados analíticos de amostras orgânicas.

2. Os dados e informações referentes ao controlo e à luta contra a dopagem no desporto apenas podem ser utilizados para esses fins e para a aplicação de sanções em casos de ilícito criminal, contra-ordenacional ou disciplinar.

3. O tratamento de dados deve processar-se de forma transparente e no estrito respeito pela reserva da vida privada, bem como pelos direitos, liberdades e garantias fundamentais.

4. O conteúdo de cada uma das bases de dados é definido pela ADoP, mediante consulta prévia da Comissão Nacional de Protecção de Dados.

5. O responsável pelo tratamento de dados é o presidente da ADoP.

ARTIGO 38.º
Responsabilidade no exercício de funções públicas

1. As pessoas que desempenham funções no controlo de dopagem estão sujeitas ao dever de confidencialidade referente aos assuntos que conheçam em razão da sua actividade.

2. Sem prejuízo da responsabilidade prevista em lei específica, a violação da confidencialidade no tratamento de dados pessoais por parte do responsável ou por qualquer dirigente, funcionário ou agente da Administração Pública constitui infracção disciplinar.

ARTIGO 39.º
Responsabilidade dos dirigentes e pessoal das entidades desportivas

1. Os dirigentes, membros dos órgãos disciplinares e demais pessoal das federações desportivas e ligas profissionais que tenham funções no controlo de dopagem estão sujeitos ao dever de confidencialidade referente aos assuntos que conheçam em razão da sua actividade.

2. Sem prejuízo da responsabilidade prevista em lei específica, a violação da confidencialidade no tratamento de dados pessoais constitui infracção disciplinar.

SECÇÃO II
Acesso, rectificação e cessão de dados

ARTIGO 40.º
Acesso e rectificação

O direito de acesso e rectificação dos dados pessoais rege-se pelo disposto na Lei n.º 67/98, de 26 de Outubro.

ARTIGO 41.º
Autorização para a cessão de dados

Os dados e ficheiros pessoais relativos ao controlo de dopagem podem ser cedidos, em cumprimento das obrigações decorrentes dos compromissos internacionais assumidos pelo Estado e do disposto na Lei n.º 67/98, de 26 de Outubro, a entidades públicas e privadas que participem na luta contra a dopagem no desporto.

CAPÍTULO V
Regime sancionatório

SECÇÃO I
Disposições gerais

ARTIGO 42.º
Extinção da responsabilidade

1. A prescrição do procedimento criminal rege-se pelo disposto no Código Penal.

2. O procedimento contra-ordenacional e disciplinar extingue-se, por efeito de prescrição, logo que sobre a data em que ocorreu a violação tenha decorrido o prazo de oito anos.

SECÇÃO II
Ilícito criminal

ARTIGO 43.º
Tráfico de substâncias e métodos proibidos

1. Quem, com intenção de violar ou violando as normas antidopagem, e sem que para tal se encontre autorizado, produzir, fabricar, extrair, preparar, oferecer, puser à venda, vender, distribuir, comprar, ceder ou por qualquer título receber, proporcionar a outrem, transportar, importar, exportar ou fizer transitar ou ilicitamente detiver substâncias e métodos constantes da lista de substâncias e métodos proibidos é punido com pena de prisão de 6 meses a 5 anos.

2. A tentativa é punível.

ARTIGO 44.º
Administração de substâncias e métodos proibidos

1. Quem administrar ao praticante desportivo, com ou sem o seu consentimento, substâncias ou métodos constantes da lista de substâncias e métodos proibidos é punido com prisão de 6 meses a 3 anos, salvo quando exista uma autorização de uso terapêutico.

2. A pena prevista no número anterior é agravada, nos seus limites mínimo e máximo, para o dobro, se:

a) A vítima se encontrar em situação de especial vulnerabilidade, em razão da idade, deficiência ou doença;

b) Tiver sido empregue engano ou intimidação;

c) O agente se tiver prevalecido de uma relação de dependência hierárquica, económica, de trabalho ou profissional.

3. A tentativa é punível.

ARTIGO 45.º
Associação criminosa

1. Quem promover, fundar, participar ou apoiar grupo, organização ou associação cuja finalidade ou actividade seja dirigida à prática de um ou mais crimes previstos na presente lei é punido com pena de prisão de 6 meses a 5 anos.
2. Quem chefiar ou dirigir os grupos, organizações ou associações referidos no número anterior é punido com a pena nele prevista agravada de um terço nos seus limites mínimo e máximo.
3. Para os efeitos do presente artigo, considera-se que existe grupo, organização ou associação quando esteja em causa um conjunto de, pelo menos, três pessoas actuando concertadamente durante um certo período de tempo.
4. A pena pode ser especialmente atenuada ou não ter lugar a punição, se o agente impedir ou se esforçar seriamente por impedir a continuação dos grupos, organizações ou associações ou comunicar à autoridade a sua existência de modo a esta poder evitar a prática de crimes.

ARTIGO 46.º
Responsabilidade penal das pessoas colectivas e equiparadas

1. As pessoas colectivas e entidades equiparadas, incluindo as pessoas colectivas desportivas, são responsáveis, nos termos gerais, pelos crimes previstos na presente lei.
2. O estatuto de utilidade pública ou de utilidade pública desportiva não exclui a responsabilidade penal das pessoas colectivas desportivas.

ARTIGO 47.º
Denúncia obrigatória

Os titulares dos órgãos e os funcionários das federações desportivas ou das ligas profissionais, associações e agrupamentos de clubes nelas filiados devem transmitir ao Ministério Público notícia dos crimes previstos na presente lei de que tenham conhecimento no exercício das suas funções e por causa delas.

SECÇÃO III
Ilícito de mera ordenação social

ARTIGO 48.º
Contra-ordenações

1. Constitui contra-ordenação para efeitos do disposto na presente lei:
a) A obstrução, a dilação injustificada, a ocultação e as demais condutas que, por acção ou omissão, impeçam ou perturbem a recolha de amostras no âmbito do controlo de dopagem, desde que o infractor não seja o praticante desportivo;

b) A alteração, falsificação ou manipulação de qualquer elemento integrante do procedimento de controlo de dopagem;

c) A posse de substâncias ou de métodos proibidos, quer por parte do praticante desportivo quer por parte de qualquer membro do seu pessoal de apoio, salvo quando possua autorização de uso terapêutico para os mesmos.

2. As equipas, clubes ou sociedades anónimas desportivas a que pertençam os praticantes desportivos que sejam punidos disciplinarmente e que disputem competições desportivas oficiais incorrem em contra-ordenação por cada praticante desportivo que cometa uma violação de uma norma antidopagem.

3. O disposto no número anterior não é aplicável no caso de a equipa, clube ou sociedade anónima desportiva provar que a conduta ou o comportamento do praticante desportivo foi de sua exclusiva responsabilidade.

4. A tentativa e a negligência são puníveis.

5. Tratando-se de negligência, os limites mínimo e máximo da coima aplicável são reduzidos a metade.

ARTIGO 49.º
Coimas

1. Constitui contra-ordenação muito grave, punida com coima entre € 3500 e € 10 000, a prática dos actos previstos nas alíneas *a)* a *c)* do n.º 1 do artigo anterior.

2. Constitui contra-ordenação grave, punida com coima entre € 2000 e € 3500, a verificação do disposto no n.º 2 do artigo anterior, tratando-se de equipas, clubes ou sociedades anónimas desportivas que disputem competições desportivas de natureza profissional.

3. Constitui contra-ordenação leve, punida com coima entre € 500 e € 2000, a verificação do disposto no n.º 2 do artigo anterior, tratando-se de equipas, clubes ou sociedades anónimas desportivas que disputem competições desportivas não profissionais.

4. Às equipas, clubes ou sociedades anónimas desportivas que na mesma época desportiva, ou em duas épocas desportivas consecutivas, tenham dois ou mais praticantes desportivos disciplinarmente punidos por cometerem violações de normas antidopagem são aplicáveis as coimas previstas nos números anteriores, elevadas para o dobro nos seus limites mínimo e máximo.

ARTIGO 50.º
Determinação da medida da coima

1. A determinação da medida da coima, dentro dos seus limites, faz-se em função da gravidade da contra-ordenação, da culpa, da situação económica do agente e do benefício económico ou desportivo que este retirou da prática da contra-ordenação.

2. A tentativa e a negligência são puníveis, com redução a metade dos limites mínimo e máximo da coima aplicável.

ARTIGO 51.º
Instrução do processo e aplicação da coima

1. A instrução dos processos de contra-ordenação referidos na presente lei compete à ADoP.
2. A aplicação das coimas é da competência do presidente da ADoP.

ARTIGO 52.º
Produto das coimas

O produto das coimas reverte em 60 % para o Estado e em 40 % para o Instituto do Desporto de Portugal, I. P., que os afecta à ADoP.

ARTIGO 53.º
Direito subsidiário

Ao processamento das contra-ordenações e à aplicação das correspondentes sanções previstas na presente lei aplica-se subsidiariamente o regime geral das contra-ordenações.

SECÇÃO IV
Ilícito disciplinar([127])

ARTIGO 54.º
Ilícitos disciplinares

1. Constitui ilícito disciplinar a violação do disposto nas alíneas *a*) a *i*) do n.º 2 do artigo 3.º, bem como a violação do n.º 3 da mesma disposição legal.

([127]) O Parecer n.º 93/2006 do Conselho Consultivo da Procuradoria-Geral da República (publicado no *Diário da República*, II Série, n.º 16, de 23/01/2007, p. 1862) veio pronunciar-se, a solicitação do Secretário de Estado da Juventude e do Desporto, sobre diversas questões suscitadas na sequência do arquivamento, pelo Conselho de Justiça da Federação Portuguesa de Futebol, de processo disciplinar instaurado contra atleta por suspeita de infracção das normas legais e regulamentares relativas à proibição da dopagem no desporto. Pelo relevo de tal pronúncia, fornecem-se as respectivas *conclusões*:

«1.ª – Os órgãos com competência disciplinar das federações dotadas do estatuto de utilidade pública desportiva estão juridicamente vinculados a instaurar procedimento disciplinar contra qualquer praticante desportivo que acuse resultado positivo no âmbito do controlo antidopagem e, caso do procedimento resulte provada a existência de infracção disciplinar, a sancionar o infractor em conformidade com os critérios legalmente estabelecidos (artigos 13.º e 15.º do Decreto-Lei n.º 183/97, de 26 de Julho).

2.ª – A responsabilidade disciplinar dos praticantes desportivos prevista nas disposições legais e regulamentares relativas ao combate à dopagem no desporto funda-se na culpa do infractor, pressupondo, ao nível da imputação da conduta ao agente, a verificação do dolo ou da negligência.

3.ª – A acusação a proferir no procedimento a que se reportam o artigo 10.º, n.ºs 1, alínea *e*), e 2, alínea *e*), do Decreto-Lei n.º 183/97, de 26 de Julho, e o artigo 7.º do Regulamento do Controlo Antidopagem da Federação Portuguesa de Futebol, deverá conter todos os elementos constitutivos da infracção disciplinar, com uma descrição da conduta do agente nas suas vertentes objectiva e subjectiva, assim como

2. O disposto no artigo 44.º constitui igualmente ilícito disciplinar quando o infractor for um praticante desportivo, um elemento do seu pessoal de apoio ou se encontre inscrito numa federação desportiva.

3. A tentativa e a negligência são puníveis.

---

a factualidade fundamentadora da sua censurabilidade, por forma a permitir ao arguido o exercício efectivo do direito de defesa.

4.ª – Uma acusação elaborada sem conter os elementos referidos na conclusão anterior integrará nulidade procedimental determinante da invalidade da decisão sancionatória final.

5.ª – Tal omissão não tem como consequência jurídica o arquivamento do processo disciplinar, com a inerente impunidade do atleta visado.

6.ª – Podendo ser arguida pelos interessados, e sendo de conhecimento oficioso da autoridade detentora do poder disciplinar, essa omissão implica apenas a declaração de nulidade do acto procedimental viciado e de todos os dele dependentes, devendo ordenar-se ao instrutor a elaboração de nova acusação não eivada do vício da anterior e conceder-se novo prazo ao arguido para o exercício do direito de defesa.

7.ª – A «acusação primitiva» formulada no procedimento disciplinar instaurado pela comissão disciplinar da Liga Portuguesa de Futebol Profissional contra o jogador Nuno Assis era omissa em relação a elementos essenciais da infracção disciplinar que lhe era imputada, enfermando do vício referido na conclusão 4.ª.

8.ª – Embora, nesse caso, não fosse invocável o Regulamento Disciplinar da Liga Portuguesa de Futebol Profissional, a comissão disciplinar desta, ao declarar, com base naquele Regulamento, a nulidade da «acusação primitiva» e ao ordenar a elaboração de outra, contendo os elementos constitutivos da infracção disciplinar, e a concessão de novo prazo ao arguido para o exercício do direito de defesa, acabou por adoptar a solução juridicamente adequada, e que decorria da aplicação conjugada do Regulamento do Controlo Antidopagem da Federação Portuguesa de Futebol e das normas e princípios do Código do Procedimento Administrativo.

9.ª – Ao deliberar, em via de recurso, o arquivamento do processo disciplinar contra o referido praticante desportivo, com base na nulidade da «acusação primitiva», revogando implicitamente a sanção disciplinar aplicada pela comissão disciplinar da Liga Portuguesa de Futebol Profissional, o conselho de justiça da Federação Portuguesa de Futebol incorreu em vício de violação de lei, determinante da anulabilidade de tal deliberação.

10.ª – Por força do disposto no artigo 9.º, n.º 2, do Decreto-Lei n.º 183/97, de 26 de Julho, a não aplicação, pelos órgãos disciplinares federativos, da legislação antidopagem poderá determinar, enquanto a situação se mantiver, a impossibilidade de a federação em causa ser beneficiária de qualquer tipo de apoio público, bem como a suspensão do estatuto de utilidade pública desportiva, se se tratar de entidade que dele seja titular.

11.ª – A decisão de suspensão do estatuto de utilidade pública desportiva com tal fundamento deverá obedecer aos princípios consignados nos artigos 3.º e seguintes do Código do Procedimento Administrativo e, designadamente, aos princípios da proporcionalidade e da justiça, sendo a conduta omissiva dos órgãos federativos averiguada em procedimento próprio, a instaurar pelo Instituto do Desporto de Portugal, no âmbito do qual haverá que garantir o direito de audiência e defesa da federação visada [artigos 18.º, n.º 1, alínea a), e 19.º do Decreto-Lei n.º 144/93, de 26 de Abril, e artigo 32.º, n.º 10, da Constituição da República Portuguesa].

12.ª – O arquivamento do processo disciplinar relativo ao jogador Nuno Assis, por parte do conselho de justiça da Federação Portuguesa de Futebol, conforme referido na conclusão 9.ª, traduzindo-se numa inaplicação da legislação antidopagem, justifica, pelos seus contornos, a instauração do procedimento referido na conclusão anterior, tendo em vista apurar a eventual existência de fundamento bastante para a suspensão do estatuto de utilidade pública desportiva concedido à referida Federação.

13.ª – Caso o conselho de justiça da Federação Portuguesa de Futebol não revogue a referida deliberação, justifica-se, atento o relevante interesse público no acatamento, por parte das federações desportivas, das disposições legais relativas ao controlo da dopagem no desporto, a solicitação ao Ministério Público para proceder à respectiva impugnação, ao abrigo do disposto no artigo 55.º, n.º 1, alínea b), do Código de Processo nos Tribunais Administrativos, o que deverá ser feito no prazo consignado no artigo 58.º, n.º 2, alínea a), do mesmo Código (um ano).»

ARTIGO 55.º
Denúncia

Caso, no âmbito dos processos de inquérito ou disciplinares previstos na presente lei, sejam apurados factos susceptíveis de indiciarem a prática de um crime, devem os mesmos ser comunicados pela ADoP, pela respectiva federação desportiva ou liga profissional ao Ministério Público.

ARTIGO 56.º
Procedimento disciplinar

A existência de indícios de uma infracção às normas antidopagem determina automaticamente a abertura de um procedimento disciplinar pelo órgão disciplinar federativo, adequado a determinar a eventual existência de envolvimento e o grau de comparticipação por parte do pessoal de apoio ao praticante desportivo, devendo, nomeadamente, averiguar quanto ao modo de obtenção pelo praticante desportivo da substância ou método proibido.

ARTIGO 57.º
Aplicação de sanções disciplinares

1. A aplicação das sanções disciplinares previstas na presente lei compete à ADoP e encontra-se delegada nas federações desportivas titulares do estatuto de utilidade pública desportiva, a quem cabe igualmente a instrução dos processos disciplinares.

2. As federações desportivas devem dispor de uma instância de recurso, para a qual o agente desportivo sancionado possa recorrer, sem efeito suspensivo, a qual deve ser uma entidade diversa e independente da que o sancionou em primeira instância.

3. Entre a comunicação da infracção a uma norma antidopagem e a aplicação da correspondente sanção disciplinar não pode mediar um prazo superior a 60 dias.

4. A ADoP pode, a todo o tempo, avocar a aplicação das sanções disciplinares, bem como alterar as decisões de arquivamento, absolvição ou condenação proferidas por órgão jurisdicional de uma federação desportiva, proferindo nova decisão.

5. Da decisão proferida pela ADoP cabe recurso para o Tribunal Arbitral do Desporto de Lausanne.

ARTIGO 58.º
Uso de substâncias ou métodos proibidos

1. O uso de substâncias e métodos proibidos, previstos nas alíneas *a*) e *b*) do n.º 2 do artigo 3.º, com excepção do aplicável às substâncias específicas identificadas no artigo 59.º, é sancionado nos seguintes termos:

a) Tratando-se de primeira infracção, o praticante é punido com pena de suspensão por um período de 2 a 8 anos;

b) Tratando-se de segunda infracção, o praticante é punido com pena de suspensão por um período de 15 a 20 anos.

2. Tratando-se de tentativa, na primeira infracção, os limites mínimo e máximo, são reduzidos a metade.

3. O disposto nos números anteriores aplica-se à violação do disposto nas alíneas *f)* e *g)* do n.º 2 e ao n.º 3 do artigo 3.º

ARTIGO 59.º
Substâncias específicas

1. Tratando-se do uso de substâncias específicas, nos casos em que o praticante desportivo prove como a substância proibida entrou no seu organismo e que o seu uso não visou o aumento do rendimento desportivo ou não teve um efeito mascarante, as sanções previstas no artigo anterior são substituídas pelas seguintes:

a) Tratando-se de primeira infracção, o praticante é punido com pena de advertência ou com pena de suspensão até 1 ano;

b) Tratando-se de segunda infracção, o praticante é punido com pena de suspensão por um período de 2 a 4 anos.

2. Tratando-se de terceira infracção, o praticante é punido com pena de suspensão por um período de 15 a 20 anos.

ARTIGO 60.º
**Suspensão do praticante por outras violações
às normas antidopagem**

1. Ao praticante desportivo que violar a norma antidopagem prevista na alínea *i)* do n.º 2 do artigo 3.º é aplicada uma suspensão da actividade desportiva de 8 a 15 anos para a primeira infracção.

2. Ao praticante desportivo que tiver tido uma primeira infracção por violação de uma norma antidopagem em resultado da qual foi punido com uma suspensão da actividade desportiva igual ou superior a 2 anos é aplicada uma suspensão por um período entre 15 e 20 anos no caso de uma segunda infracção a uma norma antidopagem, qualquer que ela seja.

3. Ao praticante desportivo que tiver tido uma primeira infracção por violação de uma norma antidopagem em resultado da qual foi punido com uma suspensão da actividade desportiva inferior a 2 anos é aplicada uma suspensão da actividade desportiva entre 4 e 8 anos para uma segunda infracção e uma suspensão por um período entre 15 e 20 anos no caso de uma terceira infracção.

ARTIGO 61.º
Sanções ao pessoal de apoio ao praticante desportivo

1. Ao pessoal de apoio do praticante desportivo que violar uma norma antidopagem descrita nas alíneas *e)*, *h)* e *i)* do n.º 2 do artigo 3.º é aplicada uma suspensão da actividade desportiva por um período de 2 a 4 anos, para a primeira infracção.

2. Para o pessoal de apoio do praticante desportivo que for profissional de saúde, a sanção descrita no número anterior é agravada, nos seus limites mínimo e máximo, para o dobro.

3. Ao pessoal de apoio do praticante desportivo que praticar os ilícitos criminais previstos nos artigos 43.° e 44.° é aplicada uma suspensão da actividade desportiva de 8 a 15 anos, para a primeira infracção.

4. Ao pessoal de apoio do praticante desportivo que cometa uma segunda infracção a qualquer norma antidopagem é aplicada uma suspensão por um período entre 15 e 20 anos da actividade desportiva.

ARTIGO 62.°
Direito a audiência prévia

O praticante desportivo ou outra pessoa tem o direito, em qualquer dos casos, antes de ser aplicada qualquer suspensão da prática desportiva, a ser ouvido com vista a apresentar os seus argumentos de forma a tentar eliminar ou reduzir, tratando-se de uma segunda ou terceira infracções, a sanção a aplicar, de acordo com o disposto nos artigos 59.° e 60.°

ARTIGO 63.°
Eliminação ou redução do período de suspensão com base em circunstâncias excepcionais

1. A aplicação de qualquer sanção inferior a uma suspensão da actividade desportiva de 2 anos tem que ser precedida, para efeitos de aprovação da mesma, de parecer prévio emitido pela ADoP.

2. A ADoP, após consulta ao CNAD, baseia a sua decisão nos factos inerentes a cada caso, nomeadamente o tipo de substância ou método em causa, riscos inerentes à modalidade desportiva em questão, a colaboração na descoberta da forma como foi violada a norma antidopagem e o grau de culpa ou negligência.

ARTIGO 64.°
Início do período de suspensão

1. O período de suspensão tem início na data da notificação da decisão disciplinar da primeira instância.

2. Qualquer período de suspensão preventiva, quer tenha sido imposto ou quer aceite voluntariamente, é deduzido no período total de suspensão a cumprir.

3. Tendo por base o princípio da equidade, no caso de existência de atrasos no processo de instrução ou noutros procedimentos do controlo de dopagem não imputáveis ao praticante desportivo, a instância que aplicar a sanção pode declarar como data de início do período de suspensão uma data anterior, que pode recuar até à data de recolha das amostras.

ARTIGO 65.º
Estatuto durante o período de suspensão

1. Quem tenha sido objecto da aplicação de uma pena de suspensão não pode, durante o período de vigência da mesma, participar em que qualidade for, numa competição ou evento desportivo.

2. Excepciona-se do disposto no número anterior a participação em programas autorizados de formação antidopagem e de programas de reabilitação autorizados pela ADoP.

3. Um praticante desportivo sujeito a um período de suspensão superior a 4 anos pode, após cumprir 4 anos do período de suspensão, participar em competições ou eventos desportivos locais de uma modalidade diferente daquela na qual foi cometida a violação das norma antidopagem, mas apenas desde que a mesma não tenha um nível competitivo que possa qualificar, directa ou indirectamente, para competir ou a acumular pontos para poder competir num campeonato nacional ou numa competição ou evento desportivo internacional.

ARTIGO 66.º
Controlo de reabilitação

1. Para poder obter a sua elegibilidade no final do período de suspensão aplicado, o praticante desportivo deve, durante todo o período de suspensão preventiva ou de suspensão, disponibilizar-se para realizar controlos de dopagem fora de competição por parte de qualquer organização antidopagem com competência para a realização de controlos de dopagem e, bem assim, quando solicitado para esse efeito, fornecer informação correcta e actualizada sobre a sua localização.

2. Se um praticante desportivo sujeito a um período de suspensão se retira do desporto e é retirado dos grupos alvo de controlos fora de competição e mais tarde requer a sua reabilitação, esta apenas pode ser concedida depois desse praticante notificar as organizações antidopagem competentes e ter ficado sujeito a controlos de dopagem fora de competição por um período de tempo igual ao período de suspensão que ainda lhe restava cumprir à data em que se retirou.

ARTIGO 67.º
**Praticantes integrados no sistema
do alto rendimento**

Tratando-se de praticantes desportivos integrados no sistema de alto rendimento, as penas disciplinares são acompanhadas das seguintes sanções acessórias:

a) Suspensão da integração no sistema de alto rendimento pelo prazo de 2 anos, ou enquanto durar a sanção aplicada, na primeira infracção;

b) Cancelamento definitivo do citado sistema, na segunda infracção.

ARTIGO 68.º
**Comunicação das sanções aplicadas
e registo**

1. Para efeitos de registo e organização do processo individual, as federações desportivas comunicam à ADoP, no prazo de oito dias, todas as decisões proferidas no âmbito do controlo de dopagem, independentemente de as mesmas poderem ser susceptíveis de recurso.

2. As federações desportivas devem igualmente comunicar à ADoP os controlos a que os praticantes desportivos filiados na respectiva modalidade foram submetidos, em território nacional ou no estrangeiro.

3. A ADoP deve, até ao início da respectiva época desportiva, comunicar a todas as federações desportivas a lista dos praticantes que se encontram a cumprir o período de suspensão a que se refere o artigo 64.º, independentemente da modalidade em que a mesma foi aplicada.

4. Todas as federações desportivas em que animais participem na competição, designadamente a Federação Equestre Portuguesa, devem comunicar à ADoP os controlos efectuados e os respectivos resultados.

SECÇÃO V
Sanções desportivas acessórias

ARTIGO 69.º
Invalidação de resultados individuais

1. A violação de uma norma antidopagem no âmbito de um controlo em competição conduz automaticamente à invalidação do resultado individual obtido nessa competição com todas as consequências daí resultantes, incluindo a retirada de quaisquer medalhas, pontos e prémios.

2. A violação de uma norma antidopagem que decorra durante um evento desportivo conduz, mediante decisão da entidade responsável pela organização, à invalidação de todos os resultados individuais obtidos pelo praticante desportivo durante o mesmo, incluindo a perda de todas as medalhas, pontos e prémios.

3. O disposto no número anterior não se aplica se o praticante desportivo demonstrar que na origem da infracção em causa não esteve qualquer conduta culposa ou negligente da sua parte.

4. A invalidação dos resultados referida no n.º 2 aplica-se igualmente nos casos em que, ainda que demonstrada a ausência de culpa ou negligência, os resultados do praticante desportivo noutras competições do mesmo evento desportivo, que não aquela em que ocorreu a infracção aos regulamentos antidopagem, tiverem sido influenciados por esta.

ARTIGO 70.º
Efeitos para equipas, clubes ou sociedades anónimas desportivas

1. Caso mais do que um praticante de uma equipa, clube ou sociedade anónima desportiva tenha sido notificado da possibilidade da violação de uma norma antidopagem no âmbito de uma competição desportiva, a equipa deve ser sujeita a um controlo direccionado.

2. Se se apurar que mais do que um praticante de uma equipa, clube ou sociedade anónima desportiva cometeu uma violação de uma norma antidopagem durante um evento desportivo, podem as entidades atrás mencionadas ser desclassificadas ou ficar sujeitas a outra medida disciplinar.

ARTIGO 71.º
Anulação de resultados em competições realizadas após a recolha das amostras

Para além do disposto no artigo 69.º, todos os outros resultados desportivos alcançados a partir da data em que a amostra positiva foi recolhida, quer em competição quer fora de competição, ou em que ocorreram outras violações das normas antidopagem, são anulados com todas as consequências daí resultantes, até ao início da suspensão preventiva ou da suspensão, excepto se outro tratamento for exigido por questões de equidade.

CAPÍTULO VI
Disposições finais

ARTIGO 72.º
Reconhecimento mútuo

Sem prejuízo do direito de recurso, a ADoP reconhece e respeita os controlos, as autorizações de utilização terapêutica e os resultados das audições ou outras decisões finais de qualquer organização antidopagem ou organização responsável por uma competição ou evento desportivo que estejam em conformidade com o Código Mundial Antidopagem e com as suas competências.

ARTIGO 73.º
Comité Olímpico de Portugal e Comité Paralímpico de Portugal

O disposto nos artigos 12.º a 14.º e 39.º é aplicável, com as necessárias adaptações, ao Comité Olímpico de Portugal e ao Comité Paralímpico de Portugal.

ARTIGO 74.º
Ligas profissionais

As ligas profissionais constituídas nos termos da lei podem exercer, por delegação, os poderes que na presente lei são cometidos às federações desportivas, nos termos que sejam estabelecidos no contrato a que se refere o artigo 23.º da Lei n.º 5/2007, de 16 de Janeiro.

ARTIGO 75.º
Regulamentação

As normas de execução regulamentar da presente lei são estabelecidas por portaria do membro do membro do Governo responsável pela na área do desporto.([128])

ARTIGO 76.º
Disposição transitória

1. A adaptação dos regulamentos federativos ou das ligas profissionais ao disposto na presente lei é efectuada no prazo de 120 dias a contar da data de entrada em vigor da presente lei.

2. Os regulamentos mencionados no número anterior são registados junto da ADoP.

3. Até à realização do referido registo, as sanções aplicáveis aos praticantes desportivos e demais infractores são as constantes dos regulamentos federativos que estiverem em vigor e que, para o efeito, estão registados no CNAD.

ARTIGO 77.º
Norma revogatória

São revogados o Decreto-Lei n.º 183/97, de 26 de Julho, a Lei n.º 152/99 de 14 de Setembro, o Decreto-Lei n.º 192/2002, de 25 de Setembro, e o artigo 5.º do Decreto-Lei n.º 390/91, de 10 de Outubro.

ARTIGO 78.º
Entrada em vigor

A presente lei entra em vigor no dia seguinte ao da sua publicação.

Aprovada em 24 de Abril de 2009.

O Presidente da Assembleia da República, *Jaime Gama*.

Promulgada em 4 de Junho de 2009.

Publique-se.

O Presidente da República, ANÍBAL CAVACO SILVA.

Referendada em 8 de Junho de 2009.

O Primeiro-Ministro, *José Sócrates Carvalho Pinto de Sousa*.

([128]) V. Portaria n.º 1123/2009, de 1 de Outubro [41].

[41]

Portaria n.º 1123/2009, de 1 de Outubro

Execução regulamentar do regime jurídico
da luta contra a dopagem no desporto

A Lei n.º 27/2009, de 19 de Junho, definiu o regime jurídico da luta contra a dopagem no desporto, remetendo as normas de execução regulamentar para portaria do membro do Governo responsável pela área do desporto.

Assim:

Manda o Governo, pelo Ministro da Presidência, ao abrigo do disposto no artigo 75.º da Lei n.º 27/2009, de 19 de Junho, o seguinte:

ARTIGO 1.º
Objecto

As acções de controlo de dopagem têm por objecto as modalidades desportivas constituídas no âmbito das federações desportivas titulares do estatuto de utilidade pública desportiva, bem como todos os praticantes desportivos.

ARTIGO 2.º
Programa Nacional Antidopagem

1. As acções de controlo de dopagem a realizar em cada época desportiva são realizadas de acordo com o Programa Nacional Antidopagem anualmente fixado pela Autoridade Antidopagem de Portugal (ADoP).

2. As federações desportivas titulares do estatuto de utilidade pública desportiva devem, até ao inicio de cada época desportiva, submeter à ADoP as suas necessidades no que concerne à realização das acções de controlo de dopagem, tanto em termos de controlos de dopagem em competição como fora de competição.

ARTIGO 3.º
Reciprocidade

Podem ser realizadas acções de controlo de dopagem no estrangeiro a cidadãos nacionais, bem como a cidadãos estrangeiros em território português, nomeadamente no âmbito de acordos bilaterais celebrados com organizações antidopagem de outros países.

ARTIGO 4.º
Grupo alvo de praticantes desportivos

1. Até ao início de cada época competitiva a ADoP define os praticantes desportivos a incluir no grupo alvo a submeter a controlos fora de competição, nomeadamente aqueles que:

a) Integrem o regime de alto rendimento, exceptuando os que já se encontram integrados no grupo alvo da respectiva federação internacional;

b) Integrem as selecções nacionais;

c) Participem em competições profissionais;

d) Indiciem risco de utilização de substâncias ou métodos proibidos através do seu comportamento, da sua morfologia corporal, do seu estado de saúde e dos seus resultados desportivos;

e) Encontrem-se suspensos por violações de normas antidopagem.

2. Para efeitos do disposto no número anterior, compete às federações desportivas informar a ADoP do seguinte:

a) Do nome e contactos actualizados dos praticantes desportivos integrados no grupo alvo de praticantes desportivos a submeter a controlos fora de competição;

b) Se um praticante desportivo integrado no grupo alvo se retirou da prática desportiva;

c) Se um praticante desportivo retirado, mas que esteve incluído no grupo alvo de praticantes, reiniciou a sua actividade desportiva.

3. Os dados referidos no número anterior são facultados no prazo máximo de sete dias, contados da data da solicitação da ADoP ou do conhecimento da federação desportiva sobre os mesmos.

4. Compete à ADoP notificar os praticantes desportivos relativamente aos deveres previstos no artigo 7.º da Lei n.º 27/2009, de 19 de Junho.

5. Compete às federações desportivas colaborar com a ADoP na divulgação de informação relativa aos deveres referidos no número anterior.

ARTIGO 5.º
Permanência no grupo alvo de praticantes desportivos

Os praticantes desportivos permanecem integrados no grupo alvo até serem notificados em contrário pela ADoP.

ARTIGO 6.º
Gestão do sistema de localização

A gestão do sistema de informações sobre a localização dos praticantes desportivos é realizada pela ADoP de acordo com o definido nos artigos 37.º a 41.º da

Lei n.º 27/2009, de 19 de Junho, e com os princípios definidos nas normas internacionais para controlo e de protecção da privacidade e da informação pessoal da Agência Mundial Antidopagem (AMA).

ARTIGO 7.º
Dever de informação

1. O praticante desportivo incluído no sistema de localização envia à ADoP, trimestralmente, a informação prevista no n.º 1 do artigo 7.º da Lei n.º 27/2009, de 19 de Junho.

2. Para efeitos do disposto no número anterior, considera-se:

a) 1.º trimestre – o período compreendido entre o dia 1 de Janeiro e 31 de Março de cada ano civil;

b) 2.º trimestre – o período compreendido entre o dia 1 de Abril e 30 de Junho de cada ano civil;

c) 3.º trimestre – o período compreendido entre o dia 1 de Julho e 30 de Setembro de cada ano civil;

d) 4.º trimestre – o período compreendido entre o dia 1 de Outubro e 31 de Dezembro de cada ano civil.

3. Para efeitos do disposto no n.º 1, bem como da actualização dessa informação, o praticante desportivo envia a informação trimestral à ADoP, tendo esta de ser recepcionada até às 24 horas do dia anterior ao início de cada um dos trimestres, através dos meios de comunicação estabelecidos pela ADoP, nomeadamente:

a) Endereço electrónico;

b) Fax;

c) Correio;

d) Plataforma electrónica.

4. Para efeitos de notificação do praticante desportivo da ausência do envio dentro do prazo estabelecido no número anterior, ou do envio de informação incorrecta, nos termos do disposto no artigo 7.º da Lei n.º 27/2009, de 19 de Junho, assim como de qualquer notificação do mesmo relativo a matéria relacionada com a antidopagem, é utilizado para a primeira notificação o endereço fornecido pela respectiva federação desportiva e, após esta, o endereço constante da informação remetida pelo praticante desportivo.

5. A notificação referida no número anterior é realizada através de carta registada e considera-se efectuada depois de decorridos cinco dias úteis da data do seu envio.

ARTIGO 8.º
Informações incorrectas e informações falsas

1. A informação é incorrecta quando a omissão de um mais elementos impeça a realização de controlos de dopagem ao praticante desportivo, de acordo com critérios definidos pela ADoP em consonância com o estabelecido na norma internacional para controlo de dopagem da AMA.

2. A informação é falsa quando o praticante desportivo que a providencie tenha o intuito de inviabilizar a realização do controlo de dopagem.

3. O praticante desportivo que, na informação trimestral enviada à ADoP, envie uma informação falsa incorre na violação da norma antidopagem prevista na alínea *e*) do n.º 2 do artigo 3.º da Lei n.º 27/2009, de 19 de Junho.

ARTIGO 9.º
Modalidades colectivas

1. Nas modalidades colectivas para o cumprimento do disposto no artigo 7.º da Lei n.º 27/2009, de 19 de Junho, o praticante desportivo pode delegar num representante do seu clube ou sociedade anónima desportiva a responsabilidade pelo envio da informação e das respectivas alterações à ADoP, de acordo com critérios definidos por esta, em consonância com o estabelecido na norma internacional para controlo da AMA.

2. Os princípios previstos no artigo 7.º aplicam-se, com as devidas alterações, ao disposto no número anterior.

3. A delegação prevista no presente artigo presume-se, a menos que o praticante desportivo informe a ADoP, no prazo que dispõe para prestar a informação, do contrário.

4. A delegação de competências prevista no n.º 1 não afasta a responsabilidade do praticante desportivo em relação às obrigações descritas no artigo 7.º da Lei n.º 27/2009, de 19 de Junho.

ARTIGO 10.º
Verificação das informações

1. No caso de se verificar a ausência do envio, dentro do prazo estabelecido, ou o envio de informação incorrecta relativa às informações sobre a localização dos praticantes desportivos descrita no artigo 7.º da Lei n.º 27/2009, de 19 de Junho, compete à ADoP notificar o praticante desportivo, ou a pessoa em que ele tenha delegado essa obrigação, em relação ao incumprimento verificado.

2. A notificação referida no número anterior é realizada de acordo com o disposto nos n.ºs 4 e 5 do artigo 7.º

3. O praticante desportivo ou o representante em que tenha delegado essa obrigação, pode remeter à ADoP, no prazo de 10 dias contados a partir da data da recepção da notificação, toda a informação que julgue pertinente, a qual deve ser tida em consideração pela ADoP na averiguação do incumprimento.

4. A ADoP, com base na informação mencionada no número anterior, decide se os factos ocorridos consubstanciam ou não um incumprimento, devendo essa decisão ser notificada ao praticante desportivo ou ao representante em que tenha delegado essa obrigação, consoante o caso.

5. Da decisão proferida pela ADoP cabe recurso, no âmbito do procedimento disciplinar por eventual incumprimento do disposto na alínea *f*) do n.º 2 e no n.º 3 do artigo 3.º da Lei n.º 27/2009, de 19 de Junho.

6. A ADoP só pode averiguar um segundo ou terceiro eventual incumprimento quando o praticante desportivo ou o seu representante, consoante o caso, tenham sido devidamente notificados de um incumprimento anterior relacionado com o disposto na alínea *f*) do n.º 2 do artigo 3.º da Lei n.º 27/2009, de 19 de Junho.

ARTIGO 11.º
Recordes nacionais

1. Compete às federações desportivas informar de imediato a ADoP relativamente à obtenção de um recorde nacional numa competição desportiva, sempre que o controlo de dopagem necessário à homologação do mesmo, de acordo com o n.º 4 do artigo 32.º da Lei n.º 27/2009, de 19 de Junho, não seja possível realizar no local da competição ou do evento desportivo.

2. Compete à ADoP diligenciar no sentido da realização do controlo de dopagem referido no número anterior o mais rapidamente possível e sempre dentro das vinte e quatro horas subsequentes à obtenção do recorde nacional.

ARTIGO 12.º
Apoio logístico

Para efeitos do disposto no n.º 1 do artigo 33.º da Lei n.º 27/2009, de 19 de Junho, compete à ADoP, através da Estrutura de Suporte ao Programa Antidopagem (ESPAD), garantir o apoio logístico à realização dos controlos de dopagem.

ARTIGO 13.º
Responsáveis pelo controlo de dopagem

1. Os controlos de dopagem são actos médicos.

2. As acções de controlo de dopagem são realizadas por médicos, os quais podem ser coadjuvados por paramédicos ou auxiliares de controlo de dopagem designados pela ADoP, nos termos previstos no n.º 5 do artigo 31.º da Lei n.º 27/2009, de 19 de Junho.

3. A selecção dos médicos responsáveis pelo controlo de dopagem é realizada mediante concurso público, através da celebração de contrato de prestação de serviços com o Instituto de Desporto de Portugal, I. P.

4. Os médicos, paramédicos e auxiliares de controlo de dopagem a que se refere o número anterior são credenciados pela ADoP.

5. A credenciação dos membros da ADoP, dos médicos, paramédicos e auxiliares de controlo de dopagem é atestada por cartão de identificação, de acordo com o modelo a aprovar por despacho do presidente da ADoP, publicado na 2.ª série do Diário da República.([129])

([129]) V. Despacho n.º 3282/2010, de 09/12/2009, publicado no *Diário da República*, II Série, n.º 37, de 23/02/2010.

ARTIGO 14.º
Solicitação dos controlos de dopagem

1. Compete às federações desportivas enviar à ADoP, com a antecedência mínima de quatro dias úteis em relação à data de realização de um controlo de dopagem inscrito no programa nacional antidopagem, toda a informação relevante para a realização do mesmo, nomeadamente a data e o local da realização, a hora prevista para o início do controlo de dopagem e o nome e o contacto do representante da entidade organizadora.
2. Compete à ADoP decidir sobre a realização de controlos de dopagem solicitados pelas federações desportivas, pelas ligas profissionais ou por outras entidades organizadoras de competições ou eventos desportivos, que não integrem o programa nacional antidopagem.
3. A solicitação de controlos de dopagem referida no número anterior é dirigida ao presidente da ADoP, acompanhada da informação descrita no n.º 1.
4. A informação referida nos n.ºs 1 e 3 é realizada através do preenchimento de um modelo disponibilizado pela ADoP.

ARTIGO 15.º
Instalações

1. As acções de controlo de dopagem são realizadas em instalações adequadas, de fácil acesso e devidamente assinaladas, que garantam condições mínimas de higiene, segurança, privacidade e conforto dos seus utilizadores.
2. As instalações referidas no número anterior deve apresentar a seguinte tipologia, salvo nos casos devidamente justificados:
   a) Sala de espera (20 m^2 a 25 m^2) – a capacidade desta sala deve possibilitar a presença em simultâneo de um mínimo de quatro praticantes desportivos e quatro acompanhantes. A sala deverá estar equipada com cadeiras em número suficiente para a sua capacidade mínima e com um frigorífico para preservação de bebidas necessárias à hidratação dos atletas;
   b) Sala de trabalho (20 m^2 a 25 m^2) – a capacidade desta sala deve possibilitar a presença do praticante desportivo, do seu acompanhante, do MRCD e de pessoal que o coadjuve. A sala deverá ser contígua à sala descrita na alínea *a)* e deverá estar equipada com uma mesa de trabalho, quatro cadeiras, um frigorífico para preservação das amostras após a sua recolha e um armário com chave para colocação da documentação e equipamentos necessários à sessão de recolha de amostras;
   c) Instalações sanitárias (15 m^2 a 20 m^2) – estas instalações devem conter dois sanitários que possibilitem a presença de duas pessoas no seu interior e, idealmente, um chuveiro. Estas instalações devem ser contíguas à sala de trabalho.
3. As instalações para a realização dos controlos de dopagem podem consistir, nomeadamente em:
   a) Instalações disponibilizadas pelo promotor da competição ou evento desportivo;
   b) Unidades móveis especialmente concebidas para o efeito.

4. Os clubes, as sociedades anónimas desportivas e os promotores de competições ou eventos desportivos devem adaptar a tipologia descrita no n.º 2 no prazo de um ano a contar da publicação desta portaria.

5. O médico responsável pelo controlo de dopagem (MRCD), caso não estejam garantidas as condições previstas nos n.ºs 1 e 2, determina a realização do controlo de dopagem em instalações por si escolhidas, sendo os respectivos custos imputados ao promotor da competição ou do evento desportivo.

ARTIGO 16.º
Selecção dos praticantes desportivos

1. A selecção dos praticantes desportivos a submeter a controlos dopagem em competição é realizada de acordo com a metodologia constante do respectivo regulamento federativo antidopagem.

2. A metodologia referida no número anterior deve respeitar os princípios definidos na norma internacional para controlo da AMA e no regulamento antidopagem da respectiva federação internacional.

3. O MRCD sujeita ao controlo de dopagem qualquer outro praticante cujo comportamento na competição se tenha revelado anómalo do ponto de vista médico ou desportivo.

4. A selecção dos praticantes desportivos a submeter a controlos de dopagem fora de competição é realizada pela ADoP, podendo ocorrer por sorteio ou de forma direccionada.

ARTIGO 17.º
Notificação da acção do controlo de dopagem

1. A realização de uma acção de controlo em competição ou num evento desportivo é notificada no local aos delegados dos clubes ou sociedades anónimas desportivas, da federação, da liga ou da entidade organizadora.

2. A notificação dos praticantes desportivos a submeter a controlos de dopagem em competição é realizada de acordo com a metodologia constante do respectivo regulamento federativo antidopagem.

3. A metodologia referida no número anterior respeita os princípios definidos na norma internacional para controlo da AMA e no regulamento antidopagem da respectiva federação internacional.

4. O praticante desportivo é notificado pelo MRCD ou por outra pessoa por este delegada, recorrendo para o efeito ao formulário do controlo antidopagem aprovado e disponibilizado pela ADoP.

5. Os praticantes desportivos intervenientes na competição ou no evento desportivo ficam sob vigilância e à disposição do MRCD, não podendo, sem a sua autorização, abandonar o local onde se realiza o controlo de dopagem.

6. Se um praticante desportivo não se apresentar no local de controlo de dopagem dentro do prazo determinado, este facto deve ser registado pelo MRCD no rela-

tório da acção de controlo e corresponde a uma recusa ao controlo de dopagem, de acordo com o disposto na alínea d) do n.º 2 do artigo 3.º da Lei n.º 27/2009, de 19 de Junho.

7. O MRCD regista ainda no relatório da acção de controlo de dopagem todos os esforços realizados para fazer com que o praticante desportivo se apresente no local do controlo de dopagem.

ARTIGO 18.º
Comparência no controlo de dopagem

1. O praticante desportivo, após a notificação a que se refere o artigo anterior, deve dirigir-se de imediato para o local do controlo de dopagem, acompanhado pelo MRCD ou por quem este delegar.

2. No caso do praticante desportivo não se poder deslocar imediatamente para o local do controlo de dopagem, de acordo com os motivos definidos na norma internacional para controlo da AMA, deve ser acompanhado em permanência por um auxiliar de controlo de dopagem, devidamente credenciado pela ADoP e indicado pelo organizador da competição ou do evento desportivo ou pela ADoP para o efeito.

ARTIGO 19.º
**Ausência no controlo de dopagem
por assistência médica**

1. Os organizadores da competição ou do evento desportivo onde o controlo de dopagem se realize informam de imediato o MRCD, caso um praticante desportivo seleccionado para o mesmo se tenha ausentado do local onde decorreu a competição ou evento desportivo, a fim de ser submetido a assistência médica.

2. Igual obrigação impende sobre o praticante desportivo e, no seu impedimento, sobre o seu pessoal de apoio.

3. No caso mencionado no n.º 1, o MRCD determina as medidas necessárias para assegurar a realização do controlo.

ARTIGO 20.º
Submissão ao controlo de dopagem

1. O praticante desportivo, quando seleccionado, deve submeter-se ao controlo de dopagem fora de competição, logo que para tal seja notificado pelo MRCD, pela sua federação desportiva ou pela ADoP.

2. As acções de controlo de dopagem a praticantes desportivos que se encontrem fora do território nacional podem ser solicitadas pela sua federação à ADoP que, eventualmente, as solicita à sua congénere do país em que o praticante se encontre, a fim de serem por esta, ou sob a sua égide, executadas.

ARTIGO 21.º
Colheita de amostras

1. A colheita das amostras é feita pelo MRCD, podendo este ser coadjuvado pelo paramédico designado para o efeito.

2. A metodologia de colheita de amostras respeita os princípios definidos na norma internacional para controlo da AMA.

3. Antes do início da colheita de amostras, o praticante desportivo identifica-se mediante documento oficial com fotografia ou através do respectivo cartão emitido pela federação desportiva da modalidade.

4. O praticante pode fazer-se acompanhar, querendo, por uma pessoa da sua confiança, devendo esta identificar-se através de documento legal para os devidos efeitos.

5. O acompanhamento referido no número anterior é obrigatório para:

a) Os praticantes desportivos menores;
b) Para os praticantes desportivos portadores de deficiência visual ou mental.

6. O MRCD deve obrigatoriamente apresentar as suas credenciais ao praticante desportivo e ao seu acompanhante.

7. No início da operação de recolha, o MRCD explica ao praticante desportivo e ao seu acompanhante o procedimento do controlo de dopagem e informa sobre os seus direitos e deveres.

8. Durante a sessão de colheita das amostras, o praticante deve observar o que lhe seja determinado pelo MRCD.

ARTIGO 22.º
Taxa de alcoolemia

1. O controlo da quantidade de álcool existente no sangue de um praticante desportivo é realizado através do método de análise expiratória.

2. O procedimento utilizado na detecção do álcool no ar expirado baseia-se no modelo de boas práticas da AMA e no procedimento técnico de detecção do álcool no ar expirado aprovado pela ADoP.

3. O praticante desportivo que apresente uma taxa de alcoolemia acima do limite permitido na lista de substâncias e métodos proibidos fica automaticamente proibido de participar nessa competição e sujeito obrigatoriamente a procedimento disciplinar, nos termos previstos pelo artigo 56.º da Lei n.º 27/2009, de 19 de Junho.

4. Em todos os procedimentos omissos aplica-se o estatuído para a recolha de liquido orgânico.

ARTIGO 23.º
Formulários

Cada sessão de colheita de amostras é registada em formulários, cujos modelos constam do *anexo I* à presente portaria([130]), os quais são obrigatoriamente subscritos

---

([130]) Sublinhado nosso que serve como chamada de atenção para este anexo no texto oficial.

pelo MRCD e pelo praticante desportivo e, nos casos previstos no n.º 5 do artigo 21.º, pelo seu acompanhante.

ARTIGO 24.º
Responsáveis pelas condições de realização dos controlos de dopagem

1. As federações desportivas, ligas profissionais, clubes, sociedades anónimas desportivas e demais entidades organizadoras de manifestações ou eventos desportivos são responsáveis pela segurança dos MRCD e das pessoas que os coadjuvem, bem como do respectivo equipamento, devendo nomeadamente providenciar para que a sessão de colheita de amostras se realize sem perturbações.

2. Se o MRCD entender que não estão reunidas condições para desempenhar a sua missão, disso dá conta no relatório do controlo de dopagem, recusando-se a realizar o mesmo.

3. Os factos constantes no relatório do controlo de dopagem elaborado pelo MRCD, e por ele presenciados, fazem fé até prova em contrário.

ARTIGO 25.º
Administração pós-controlo de dopagem

1. O MRCD, após a colheita das amostras, assegura-se que as mesmas, até à sua saída do local onde decorreu o controlo de dopagem, são armazenadas e preservadas de forma a garantir a sua integridade, identidade e segurança.

2. O MRCD assegura-se que a documentação inerente a cada amostra e a todo o controlo de dopagem é devidamente preenchida e manuseada, assim como garante que é disponibilizada a informação destinada ao laboratório antidopagem acreditado pela AMA sobre o tipo de análises requeridas.

ARTIGO 26.º
Transporte

1. O MRCD, após ter finalizado a sessão de colheita das amostras, providencia que as amostras sejam devidamente acondicionadas em mala apropriada, de forma a garantir a protecção da sua integridade, identidade e segurança, devendo a mala ser selada e acompanhada de um formulário de cadeia de custódia.

2. O MRCD garante, igualmente, que a documentação relativa à colheita das amostras e à sessão de controlo de dopagem estão devidamente acondicionadas, de forma a garantir a protecção da sua integridade, identidade e segurança.

3. O envio das amostras e da respectiva documentação para a ESPAD, através de transporte seguro, é concretizado o mais rapidamente possível após a sessão de controlo de dopagem ter sido concluído.

4. A ESPAD providencia para que as amostras recolhidas, assim como documentação relevante, sejam enviadas ao Laboratório de Análises de Dopagem (LAD) ou a outro laboratório antidopagem acreditado pela AMA ou de outra forma aprovado pela AMA, a fim de serem analisadas.

ARTIGO 27.º
Realização dos exames laboratoriais

1. Os exames laboratoriais são realizados no LAD ou por outros laboratórios antidopagem acreditados pela AMA.

2. Os exames laboratoriais destinam-se à detecção de substâncias e métodos proibidos identificados na lista de substâncias e métodos proibidos da AMA e de outras substâncias constantes do programa de monitorização da AMA ou para assistir a ADoP ou outras organizações antidopagem na elaboração de perfis longitudinais de parâmetros analisados em amostras orgânicas do praticante desportivo, incluindo DNA e perfil do genoma, para fins relacionados com estratégias antidopagem.

3. Os exames laboratoriais são realizados de acordo com os princípios definidos na norma internacional de laboratórios da AMA.

4. As amostras recolhidas no controlo de dopagem podem ser reanalisadas dentro de um período de oito anos, contados da data da respectiva colheita, de acordo com o previsto no n.º 2 do artigo 42.º da Lei n.º 27/2009, de 19 de Junho, e com os princípios constantes da norma internacional de laboratórios da AMA.

ARTIGO 28.º
Instrução inicial

A ADoP, ao recepcionar um resultado analítico positivo ou um resultado analítico atípico, realiza uma instrução inicial, de forma a verificar:

a) Se foi concedida uma autorização de utilização terapêutica;

b) Se se verificou alguma violação da norma internacional para controlo ou da norma internacional para laboratórios da AMA que ponha em causa a validade do relatório analítico positivo ou do resultado analítico atípico;

c) A necessidade de se proceder a exames complementares, de acordo com o previsto na alínea *c)* do n.º 3 do artigo 33.º e do artigo 35.º, ambos da Lei n.º 27/2009, de 19 de Junho.

ARTIGO 29.º
Notificações relativas a resultados analíticos positivos

1. A ADoP, após confirmar que não foi concedida uma autorização de utilização terapêutica e que não se verificou nenhuma violação das normas internacionais para controlo ou de laboratórios da AMA, procede à notificação referida no n.º 1 do artigo 34.º da Lei n.º 27/2009, de 19 de Junho, endereçada à respectiva federação desportiva.

2. Na notificação referida no número anterior, a ADoP informa a federação desportiva sobre a data e a hora para a eventual realização da segunda análise, proposta pelo LAD ou por outro laboratório antidopagem acreditado pela AMA, a qual deve ser efectuada o mais rapidamente possível e nunca depois de decorridos sete dias úteis após a notificação do relatório analítico positivo pelo laboratório.

3. A federação desportiva, ao recepcionar a notificação referida no número anterior, procede nas vinte e quatro horas seguintes à notificação do praticante desportivo em causa e do seu clube ou sociedade anónima desportiva, de acordo com o previsto no n.º 2 do artigo 34.º da Lei n.º 27/2009, de 19 de Junho.

4. O praticante desportivo, após ter recebido a notificação do dia e da hora para a eventual realização da segunda análise, informa por qualquer meio escrito – o mais rapidamente possível e nunca depois de decorridas vinte e quatro horas após a recepção da mesma – a respectiva federação se deseja exercer os direitos conferidos pelas alíneas *b)*, *c)* e *d)* do n.º 2 do artigo 34.º da Lei n.º 27/2009, de 19 de Junho.

5. A federação desportiva, ao receber a informação mencionada no número anterior informa de imediato a ADoP, por qualquer meio, confirmando posteriormente por qualquer meio escrito, e garantindo a confidencialidade da informação.

6. Compete à ADoP informar de imediato o LAD, ou o laboratório antidopagem acreditado pela AMA responsável pela realização da primeira análise, do teor da informação prestada nos termos do número anterior.

7. Caso o praticante desportivo informe a federação desportiva que prescinde da realização da segunda análise, a ADoP, ao ser notificada dessa decisão, informará a federação desportiva sobre a necessidade de abertura de procedimento disciplinar.

8. Caso o praticante desportivo não responda à notificação da federação desportiva no prazo estipulado no n.º 4, o LAD ou o laboratório antidopagem acreditado pela AMA responsável pela realização da primeira análise, procede à realização da segunda análise na data previamente definida, na presença de uma testemunha independente.

ARTIGO 30.º
Realização da segunda análise

1. Na realização da segunda análise pode estar presente, para além das pessoas e entidades referidas no artigo 34.º da Lei n.º 27/2009, de 19 de Junho, um representante da respectiva federação desportiva.

2. O praticante desportivo deve ser portador da cópia do formulário do controlo antidopagem que lhe foi entregue no momento em que realizou a colheita das amostras.

3. Todas as pessoas e entidades presentes na realização da segunda análise devem ser portadoras de documento de identificação e de procuração com poderes de representação.

4. Do que se passar na segunda análise é lavrada acta, subscrita pelos presentes e remetida cópia para a respectiva federação desportiva, de forma a accionar os mecanismos disciplinares.

5. Compete ao LAD, ou ao laboratório antidopagem acreditado pela AMA responsável pela realização da primeira análise, emitir um relatório com o resultado da segunda análise que é remetido à ADoP.

6. Compete à ADoP remeter o relatório referido no número anterior para a respectiva federação desportiva.

7. Compete à federação desportiva, caso o resultado da segunda análise confirme o da primeira análise:

a) Suspender preventivamente o praticante desportivo em causa até ao 2.º dia posterior à recepção do relatório referido no n.º 5;

b) Determinar a abertura de um procedimento disciplinar pelo órgão disciplinar federativo.

8. O disposto no número anterior não se aplica nos casos em que a ADoP determine a realização de exames complementares de acordo com o disposto no artigo 35.º da Lei n.º 27/2009, de 19 de Junho.

9. A entidade responsável pela elaboração da instrução do procedimento disciplinar emite a nota de culpa do prazo de sete dias úteis.

ARTIGO 31.º
Exames complementares

1. Compete à ADoP notificar a federação desportiva sobre a decisão tomada relativamente aos exames complementares efectuados no seguimento de um resultado analítico atípico ou de qualquer outro resultado que tenha originado a realização dos mesmos, de acordo com o previsto no artigo 35.º da Lei n.º 27/2009, de 19 de Junho, determinando se os seus resultados consubstanciam uma violação de norma antidopagem.

2. Tendo sido determinado pela ADoP a violação de uma norma antidopagem, aplicar-se-á o disposto nos n.ºs 7 e 9 do artigo anterior.

ARTIGO 32.º
Controlo não realizado

1. Compete à ADoP, no caso de se verificar um controlo declarado como não realizado, de acordo com as regras definidas pela ADoP e em consonância com o estabelecido na norma internacional para controlo da AMA, notificar o praticante desportivo, o seu representante legal ou o representante da equipa em que tenha delegado essa obrigação, em relação a esse eventual incumprimento.

2. À notificação referida no número anterior aplica-se o disposto nos n.ºs 4 e 5 do artigo 7.º

3. O praticante desportivo, o seu representante legal ou o representante da equipa em que tenha delegado essa obrigação, pode remeter à ADoP, no prazo de cinco dias úteis contados a partir da data da recepção da notificação, toda a informação que julgue pertinente.

4. A ADoP, com base na informação mencionada no número anterior, decide se os factos ocorridos consubstanciam ou não um incumprimento.

5. Dessa decisão é notificado o praticante desportivo, o seu representante legal ou o representante da equipa em que tenha delegado essa obrigação.

6. A ADoP só pode averiguar um segundo ou terceiro eventual incumprimento se o praticante desportivo, o representante legal ou o representante da sua equipa tenham sido devidamente notificados de um incumprimento anterior relacionado com o previsto na alínea g) do artigo 3.º da Lei n.º 27/2009, de 19 de Junho.

ARTIGO 33.º
Parecer

1. Para efeitos do disposto no n.º 1 do artigo 63.º da Lei n.º 27/2009, de 19 de Junho, compete à federação desportiva, ao praticante desportivo ou ao seu clube, requerer o parecer à ADoP.
2. O parecer referido no número anterior é requerido após concluída a proposta de sanção disciplinar a aplicar e antes de ser proferida decisão disciplinar pelo respectivo órgão disciplinar federativo.
3. Requerido o parecer à ADoP, esta pronuncia-se no prazo de 10 dias úteis.
4. Não pode ser proferida decisão antes de ser emitido o parecer ou decorrido o prazo referido no número anterior.

ARTIGO 34.º
Suspensão dos praticantes desportivos

Compete às federações desportivas verificar o cumprimento do disposto no n.º 1 do artigo 65.º da Lei n.º 27/2009, de 19 de Junho, com a obrigação de notificar a ADoP caso seja detectado um incumprimento à referida norma.

ARTIGO 35.º
Autorização de utilização terapêutica

1. A ADoP, através da Comissão de Autorização de Utilização Terapêutica (CAUT) procede à recepção, análise e aprovação das solicitações de autorização de utilização terapêutica de substâncias ou métodos proibidos, de acordo com os critérios e regras definidas na norma internacional de autorizações de utilização terapêutica da AMA.
2. Compete à ADoP aprovar os procedimentos inerentes ao sistema de autorização de utilização terapêutica de substâncias e métodos proibidos, mediante despacho do seu presidente, publicado na 2.ª série do Diário da República.([131])
3. Compete à ADoP, através do ESPAD e em cooperação com as federações desportivas, divulgar e dar publicidade às determinações referidas no número anterior junto dos praticantes desportivos e do seu pessoal de apoio.
4. A ADoP garante a total confidencialidade de todas as informações médicas relativas às autorizações de utilização terapêutica.

([131]) V. Despacho n.º 3498/2010, de 09/12/2009, publicado no *Diário da República*, II Série, n.º 39, de 25/02/2010.

ARTIGO 36.º
Campanhas de informação e de educação

1. Compete à ADoP, através do ESPAD e em cooperação com as federações desportivas e outras entidades públicas ou privadas, implementar campanhas de informação e de educação, com a finalidade de sensibilizar os praticantes desportivos, o respectivo pessoal de apoio e os jovens em particular relativamente à luta contra a dopagem.

2. As campanhas referidas no número anterior fornecem informação actualizada e correcta sobre as matérias previstas no artigo 29.º da Lei n.º 27/2009, de 19 de Junho.

ARTIGO 37.º
Tabela de preços

1. Os custos com a realização dos controlos de dopagem integrados no programa nacional antidopagem são suportados pela ADoP, com as seguintes excepções:

a) Os custos com a realização dos controlos de dopagem efectuados em competições ou eventos desportivos organizados por ligas profissionais ou por entidades privadas, são da responsabilidade das mesmas, mesmo que integradas no programa nacional antidopagem;

b) Os custos com a realização dos controlos de dopagem que não integrem o programa nacional antidopagem solicitados por federações desportivas ou por entidades promotoras de competições e eventos desportivos, são suportados pelas entidades requisitantes.

2. Os valores relativos à realização dos controlos de dopagem são definidos por despacho do presidente do IDP, I. P., mediante proposta do presidente da ADoP, publicado na 2.ª série do Diário da República.

ARTIGO 38.º
Regulamentos federativos antidopagem

1. Os regulamentos referidos no artigo 12.º da Lei n.º 27/2009, de 19 de Junho, são registados junto da ADoP, correspondendo o registo à sua conformidade com a legislação antidopagem em vigor.

2. As alterações aos regulamentos referidos no número anterior estão sujeitas às mesmas formalidades e só são aplicáveis a partir do início da época desportiva imediatamente posterior à sua adopção.

ARTIGO 39.º
Recomendações e esclarecimentos

1. Por deliberação das ADoP podem ser estabelecidos ou recomendados às federações desportivas os procedimentos administrativos mais convenientes para assegurar a confidencialidade das comunicações referidas na presente portaria.

2. A ADoP pode solicitar os esclarecimentos que julgar convenientes, com o objectivo de avaliar a acção desenvolvida por cada federação desportiva no cumprimento da legislação antidopagem.

ARTIGO 40.º
Notificações

1. As notificações previstas na presente portaria, regra geral, revestem a forma escrita, sendo efectuadas com o recurso a meios passíveis de comprovar o seu conteúdo, envio e entrega.

2. Sempre que por motivos de celeridade processual as notificações sejam feitas pessoalmente ou por via telefónica, estas devem ser confirmadas nos termos do número anterior, no dia útil imediato.

ARTIGO 41.º
Entrada em vigor

A presente portaria entra em vigor no dia seguinte ao da sua publicação.

Pelo Ministro da Presidência, *Laurentino José Monteiro Castro Dias*, Secretário de Estado da Juventude e do Desporto, em 9 de Setembro de 2009.

[42]

Portaria n.º 82/2010, de 10 de Fevereiro

Lista de substâncias e métodos proibidos no âmbito do Código Mundial Antidopagem

Nos termos do n.º 1 do artigo 8.ª da Lei n.º 27/2009, de 19 de Junho, que aprovou o regime jurídico do combate à dopagem no desporto, a lista de substâncias e métodos proibidos em vigor é aprovada por portaria do membro do Governo responsável pela área do desporto e publicada no *Diário da República*.

Assim:

Ao abrigo do referido n.º 1 do artigo 8.º da Lei n.º 27/2009, de 19 de Junho:

Manda o Governo, pelo Secretário de Estado da Juventude e do Desporto, o seguinte:

1.º É aprovada a lista de substâncias e métodos proibidos, constante do anexo a esta portaria e que dela faz parte integrante.

2.º Esta lista produz efeitos desde 1 de Janeiro de 2010.

3.º A presente portaria entra em vigor no dia seguinte ao da sua publicação.

O Secretário de Estado da Juventude e do Desporto, *Laurentino José Monteiro Castro Dias*, em 1 de Fevereiro de 2010.

ANEXO

Lista de substâncias e métodos proibidos

Código Mundial Antidopagem

1 de Janeiro de 2010 (data de entrada em vigor)

Ratificada pela Conferência de Partes da Convenção Internacional contra a Dopagem no Desporto da UNESCO em 28 de Outubro de 2009 e pelo Grupo de Monitorização da Convenção contra a Dopagem do Conselho da Europa em 18 de Novembro de 2009.

O texto oficial da lista de substâncias e métodos proibidos é mantido pela Agência Mundial Antidopagem (AMA) e é publicado em inglês e francês. Em caso de conflito entre a versão portuguesa e as versões originais, a versão em inglês prevalece.

Todas as substâncias proibidas são consideradas substâncias específicas excepto as substâncias previstas nas classes S1, S2.1a, S2.5, S4.4 e S6.a e os métodos proibidos M1, M2 e M3.

Substâncias e métodos proibidos em competição e fora de competição

Substâncias proibidas

S1 – Agentes anabolizantes. – Os agentes anabolizantes são proibidos.

1 – Esteróides androgénicos anabolizantes:

a) Esteróides androgénicos anabolizantes exógenos (*) incluindo 1-androstenediol (5α--androst-1-ene-3β,17β-diol); 1-androstenediona (5α-androst-1-ene-3,17-diona); bolandiol (19-norandrostenediol); bolasterona; boldenona; boldiona (androst-1,4-diene-3,17-diona); calusterona; clostebol; danazol (17 α-etinil-17 β-hidroxiandroste-4-eno[2,3-d]isoxazol); dehidroclormetiltestosterona (4-cloro-17 β-hidroxi-17 α-metilandrost-1,4-dien-3-ona); desoximetiltestosterona (17 α-metil-5 α-androst-2-ene-17 β-ol); drostanolona; etilestrenol (19-nor-17α-pregn-4-en-17-ol); fluoximesterona; formebolona; furazabol (17β-hidroxi-17 α-metil- 5α-androstano[2,3-c]-furazan); gestrinona; 4-hidroxitestosterona (4,17 β-dihidroxiandrost-4-en-3-ona); mestenolona; mesterolona; metenolona; metandienona (17 β-hidroxi-17 α-metilandrost-1,4-diene-3-ona); metandriol; metasterona (2α,17 α-dimetil-5 α-androstan-3-ona-17 β-ol); metenolona; metildienolona (17 β-hidroxi-17 α-metilestra-4,9-diene-3-ona); metil-1-testosterona (17 β-hidroxi-17 α-metil-5 á-androst-1-ene-3-ona); metilnostestosterona (17 β-hidroxi-17 α-metilestr-4-ene-3-ona); metiltrienolona (17 β-hidroxi-17 α-metilestra-4,9,11-trien-3-ona); metiltestosterona; metribolona (methyltrienolona, 17β-hidoxi-17α-methylestra-4,9,11-trien-3-ona); mibolerona; nandrolona; 19-norandrostenediona (estr-4-ene-3,17-diona); norboletona; norclostebol; noretandrolona; oxabolona; oxandrolona; oximesterona; oximetolona; prostanozol (17β-hydroxy-5α-androstano[3,2-c] pyrazole); quinbolona; stanozolol; stenbolona; 1-testosterona (17 β-hidroxi-5 α-androst-1-ene-3-ona); tetrahidrogestrinona (17 a-homo-pregna-4,9,11-trien-17 β-ol-3-ona); trenbolona e outras substâncias com estrutura química similar ou efeito(s) biológico(s) similar(es);

b) Esteróides androgénicos anabolizantes endógenos (**), quando administrados exogenamente:

Androstenediol (androst-5-ene-3β,17β-diol); androstenediona (androst-4-ene-3,17-diona); dihidrotestosterona (17 β-hidroxi-5 α-androst-ona); prasterona (dehidroepiandrosterona, DHEA); testosterona e os seguintes metabolitos e isómeros:

5á-androstane-3á,17á-diol; 5á-androstane-3á,17β-diol; 5á-androstane-3β,17á-diol; 5á-androstane-3β,17β-diol; androst-4-ene-3á,17á-diol; androst-4-ene-3á,17β-diol; androst-4-ene-3β,17á-diol; androst-5-ene-3á,17á-diol; androst-5-ene-3á,17β-diol; androst-5-ene-3β,17β-diol; 4-androstenediol (andros-4-ene-3β,17β-diol); 5-androstenediona (androst-5-ene-3,17-diona); epi-dihidrotestosterona; epitestosterona; 3α-hidroxi-5α-androstan-17-ona; 3β-hidroxi-5α-androstan-17-ona; 19-norandrosterona; 19-noretiocolanolona.

2 – Outros agentes anabolizantes, incluindo mas não limitados a. – Clembuterol, moduladores selectivos dos receptores dos androgénios (SARMs), tibolona, zeranol, zilpaterol.

Para efeitos desta secção:

(*) Exógeno refere-se a uma substância que não pode ser produzida naturalmente pelo organismo.
(**) Endógeno refere-se a uma substância que pode ser produzida naturalmente pelo organismo.

S2 – Hormonas peptídicas, factores de crescimento e substâncias relacionadas. – As seguintes substâncias e seus factores de libertação são proibidas:

1) Agentes estimulantes da eritropoiese (ex. eritropoietina (EPO), darbopoietina (dEPO), metoxi polietileno glicol-epoiteina beta (CERA), hematida);

2) Gonadotrofina coriónica (CG) e hormona luteinizante (LH), proibidas apenas nos praticantes desportivos do sexo masculino;

3) Insulinas;
4) Corticotrofinas;
5) Hormona de crescimento (hGH), factores de crescimento insulina-like (IGF-1), factores de crescimento mecânicos (MGFs), factores de crescimento plaquetários (PDGF), factores de crescimento fibroblásticos (FGFs), factores de crescimento vasculo-endoteliais (VEGF) e factores de crescimento hepatocitários (HGF) assim como outros factores de crescimento que afectem a síntese/degradação proteica, a vascularização, a utilização energética, a capacidade regenerativa ou a mudança de tipo de fibra a nível do músculo, do tendão ou dos ligamentos;
6) Preparações derivadas das plaquetas, se administradas por via intramuscular. Outras vias de administração requerem uma declaração de uso de acordo com a Norma Internacional de Autorização Terapêutica.
incluindo outras substâncias com estrutura química similar ou efeito(s) biológico(s) similar(es).

S3 – Beta-2 agonistas. – Todos os beta-2 agonistas (incluindo ambos os isómeros ópticos quando relevante) são proibidos à excepção do salbutamol (máximo de 1600 microgramas num período de 24 horas) e do salmeterol por via inalatória, que requerem uma declaração de uso de acordo com a Norma Internacional de Autorização de Utilização Terapêutica.

A presença de salbutamol na urina numa concentração superior a 1000 ng/mL faz presumir que não se trata de um uso terapêutico da substância e será considerada como um resultado analítico positivo a não ser que o praticante desportivo prove, através de um estudo farmacocinético controlado, que o resultado anormal foi a consequência de uma utilização terapêutica de salbutamol (máximo de 1600 microgramas num período de 24 horas) administrado por via inalatória.

S4 – Antagonistas hormonais e moduladores. – As seguintes classes são proibidas:
1) Inibidores da aromatase incluindo, mas não limitados a: aminoglutetimida, anastrozole, androsta-1,4,6-triene,-3,17-diona (androstatrienediona), 4-androstene-3,6,17 triona (6-oxo), exemestano, formestano, letrozole, testolactona;
2) Modeladores selectivos dos receptores dos estrogénios (SERMs) incluindo, mas não limitados a: raloxifeno, tamoxifeno, toremifeno;
3) Outras substâncias anti-estrogénicas incluindo, mas não limitadas a: clomifeno, ciclofenil, fulvestrante;
4) Agentes modificadores da(s) função(ões) da miostatina, incluindo, mas não limitadas a: inibidores da miostatina.

S5 – Diuréticos e outros agentes mascarantes. – Os agentes mascarantes são proibidos. Incluem:
Diuréticos (*), probenecide, expansores de plasma (por exemplo glicerol, administração intravenosa de albumina, dextran, hidroxietilamido e manitol) e outras substâncias com estrutura química similar ou efeito(s) biológico(s) similares.
Os diuréticos incluem:
Acetazolamida, ácido etacrínico, amiloride, bumetanida, canrenona, clortalidona, espironolactona, furosemida, indapamida, metolazona, tiazidas (por exemplo, bendroflumetiazida, clorotiazida, hidroclorotiazida), triamtereno, e outras substâncias com estrutura química similar ou efeito(s) biológico(s) similares (excepto a drosperinona, o pamabrom e a aplicação tópica de dorzolamina e de brinzolamida, que não são proibidas).

Uma autorização de utilização terapêutica para diuréticos e agentes mascarantes não é válida se a urina do praticante desportivo contiver essas substâncias em associação com uma substância proibida exógena acima ou abaixo do limite de positividade.

Métodos proibidos

M1 – Incremento do transporte de oxigénio. – São proibidos os seguintes:

a) Dopagem sanguínea, incluindo a administração autóloga, homóloga ou heteróloga de sangue ou de produtos eritrocitários de qualquer origem;

b) Incremento artificial da captação, transporte ou libertação de oxigénio, incluindo mas não limitado a perfluoroquímicos, efaproxiral (RSR13) e produtos modificados da hemoglobina (por exemplo substitutos de sangue baseados na hemoglobina, produtos de hemoglobina micro encapsulada), excluindo a administração de oxigénio por via inalatória.

M2 – Manipulação química e física. – a) A adulteração, ou tentativa de adulteração, de forma a alterar a integridade e validade das amostras recolhidas nos controlos de dopagem é proibida, incluindo mas não limitado a cateterização e a substituição ou alteração da urina (ex: proteases).

b) As transfusões intravenosas são proibidas com excepção das realizadas legitimamente no âmbito de uma admissão hospitalar ou de uma investigação clínica.

M3 – Dopagem genética. – Os seguintes métodos, com potencial para melhorar o rendimento desportivo, são proibidos:

1) A transferência de células ou de elementos genéticos (ex: DNA, RNA);

2) O uso de agentes farmacológicos ou biológicos que alteram a expressão genética. Os agonistas do receptor activado (delta) por proliferadores peroxisomais (PPAR(delta)) (por ex: GW 1516) e os agonistas do eixo da proteína quinase dependente do AMP (AMPK), (por ex: AICAR) são proibidos.

Substâncias e métodos proibidos em competição

As seguintes categorias são proibidas em competição em associação com as categorias S1 a S5 e M1 a M3 descritas anteriormente.

Substâncias proibidas

S6 – Estimulantes. – Todos os estimulantes (incluindo ambos os isómeros ópticos quando relevante) são proibidos, excepto os derivados do imidazole utilizados por via tópica e todos os estimulantes incluídos no Programa de Monitorização para 2010 (*).

Os estimulantes incluem:

a) Estimulantes não específicos: adrafinil; anfepramona; amifenazol; anfetamina; anfetaminil; benfluorex; benzanfetamina; benzilpiperazina; bromantan; clobenzorex; cocaína; cropropamida; crotetamida; dimetilanfetamina; etilanfetamina; famprofazona; fencamina; fendimetrazina; fenetilina; fenfluramina; 4-fenilpiracetam (carfedon); fenmetrazina; fenproporex; fentermina; furfenorex; mefenorex; mefentermina; mesocarbo; metanfetamina (D-); metilenedioxianfetamina; metilenedioximetanfetamina; metilhexaneamina (dimetilpentilamina); p-metilanfetamina; prenilamina; modafinil; norfenfluramina; prolintano.

Um estimulante que não esteja descrito nesta secção é uma substância específica;

b) Estimulantes específicos (exemplos): adrenalina (**); catina (***); efedrina (****); etamivan; etilefrina; estricnina; fembutrazato; fencafamina; fenprometamina; heptaminol; isometeptano; levmetanfetamina; meclofenoxato; metilefedrina (****); metilfenidato; niketamida; norfenefrina; octopamina; oxilofrina; parahidroxianfetamina; pemolina; pentetrazol; propilhexedrina; pseudoefedrina (*****); selegilina; sibutramina; tuaminoheptano e outras substâncias com estrutura química similar ou efeito(s) biológico(s) similar(es).

(*) As seguintes substâncias incluídas no Programa de Monitorização para 2010 (bupropion, cafeína, fenilefrina, fenilpropanolamina, pipradol e sinefrina) não são consideradas substâncias proibidas.
(**) A adrenalina associada com anestésicos locais ou por administração local (por exemplo nasal, oftalmológica) não é proibida.
(***) A catina é proibida quando a concentração na urina seja superior a 5 microgramas por mililitro.
(****) Tanto a efedrina como a metilefedrina são proibidas quando a concentração na urina seja superior a 10 microgramas por mililitro.
(*****) A pseudoefedrina é proibida quando a concentração na urina seja superior a 150 microgramas por mililitro.

S7 – Narcóticos. – Os seguintes narcóticos são proibidos: buprenorfina; dextromoramida; diamorfina (heroína); fentanil e os seus derivados; hidromorfona; metadona; morfina; oxicodona; oximorfona; pentazocina; petidina.

S8 – Canabinóides. – O (Delta)9-tetrahidrocanabinol (THC) natural ou sintético e os canabinóides (THC like) (haxixe, marijuana, HU-210) são proibidos.

S9 – Glucocorticosteróides. – Todos os glucocorticosteróides são proibidos quando administrados por via oral, rectal ou por injecção intravenosa ou intramuscular.
De acordo com a Norma Internacional de Autorização de Utilização Terapêutica, uma declaração de uso deve ser realizada pelo praticante desportivo para a administração de glucocorticosteróides por via intra-articular, periarticular, peritendinosa, epidural, intra-dérmica e inalatória, excepto nos casos indicados abaixo.
As preparações tópicas quando utilizadas para tratamento de patologias do foro dermatológico (incluindo ionoforese e fonoforese), auricular, nasal, oftalmológico, bucal, gengival e perianal não são proibidas e não necessitam de autorização de utilização terapêutica ou de declaração de uso.

Substâncias proibidas em alguns desportos em particular

P.1 – Álcool. – Álcool (etanol) é proibido somente em competição, nos desportos a seguir indicados. A detecção será realizada pelo método de análise expiratória e ou pelo sangue. O limite de detecção (valores hematológicos) para considerar um caso como positivo é 0,10 g/L.
Aeronáutica (FAI).
Automobilismo (FIA).
Bowling (FIQ) (*bowling* de 9 pinos e *bowling* de 10 pinos).
Karaté (WKF).
Pentatlo Moderno (UIPM) (disciplina de tiro).
Motociclismo (FIM).
Motonáutica (UIM).
Tiro com arco (FITA).

P.2 – Beta-bloqueantes. – Os beta-bloqueantes são proibidos somente em competição nos seguintes desportos, excepto se especificado de outra forma:
Aeronáutica (FAI);

Automobilismo (FIA);
Bilhar e *snooker* (WCBS);
Bobsleigh (FIBT);
Boules (CMSB);
Bowling (FIQ) (*bowling* de 9 pinos e *bowling* de 10 pinos);
Bridge (FMB);
Curling (WCF);
Esqui/*snowboard* (FIS) saltos e estilo livre;
Ginástica (FIG);
Golfe (IGF);
Lutas amadoras (FILA);
Motociclismo (FIM);
Motonáutica (UIM);
Pentatlo moderno (UIPM) para a disciplina de tiro;
Tiro (ISSF, IPC) (proibido igualmente fora de competição);
Tiro com arco (FITA) (proibido igualmente fora de competição);
Vela (ISAF) só nos timoneiros, na categoria de *match racing*.

Beta-bloqueantes incluindo mas não limitados aos seguintes: acebutolol; alprenolol; atenolol; betaxolol; bisoprolol; bunolol; carvediolol; carteolol; celiprolol; esmolol; labetalol; levobunolol; metipranolol; metoprolol; nadolol; oxprenolol; pindolol; propranolol; sotalol; timolol.

[43]
Lei n.º 50/2007, de 31 de Agosto

Regime de responsabilidade penal por comportamentos susceptíveis de afectar a verdade, a lealdade e a correcção da competição e do seu resultado na actividade desportiva

A Assembleia da República decreta, nos termos da alínea *c*) do artigo 161.º da Constituição, o seguinte:

CAPÍTULO I
Disposições gerais

ARTIGO 1.º
Objecto

A presente lei estabelece o regime de responsabilidade penal por comportamentos antidesportivos, contrários aos valores da verdade, da lealdade e da correcção e susceptíveis de alterarem fraudulentamente os resultados da competição.

ARTIGO 2.º
Definições

Para os efeitos da presente lei, considera-se:

a) «Dirigente desportivo» o titular do órgão ou o representante da pessoa colectiva desportiva, quem nela tiver autoridade para exercer o controlo da actividade e o director desportivo ou equiparado;

b) «Técnico desportivo» o treinador, o orientador técnico, o preparador físico, o médico, o massagista, os respectivos adjuntos e quem, a qualquer título, orienta praticantes desportivos no desempenho da sua actividade;

c) «Árbitro desportivo» quem, a qualquer título, principal ou auxiliar, aprecia, julga, decide, observa ou avalia a aplicação das regras técnicas e disciplinares próprias da modalidade desportiva;

d) «Empresário desportivo» quem exerce a actividade de representação, intermediação ou assistência, ocasionais ou permanentes, na negociação ou celebração de contratos desportivos;

e) «Pessoas colectivas desportivas» os clubes desportivos, as sociedades desportivas, as federações desportivas, as ligas profissionais, associações e agrupamentos de clubes nelas filiados, bem como as pessoas colectivas, sociedades civis ou associações de facto que se dedicam à actividade de empresário desportivo;

f) «Agente desportivo» as pessoas singulares ou colectivas referidas nas alíneas anteriores, bem como as que, mesmo provisória ou temporariamente, mediante remuneração ou a título gratuito, voluntária ou obrigatoriamente, a título individual ou integradas num conjunto, participem em competição desportiva ou sejam chamadas a desempenhar ou a participar no desempenho de competição desportiva;

g) «Competição desportiva» a actividade desportiva regulamentada, organizada e exercida sob a égide das federações desportivas ou das ligas profissionais, associações e agrupamentos de clubes nelas filiados ou das instâncias internacionais de que aquelas pessoas colectivas façam parte.

ARTIGO 3.º
Responsabilidade penal das pessoas colectivas e equiparadas

1. As pessoas colectivas e entidades equiparadas, incluindo as pessoas colectivas desportivas, são responsáveis, nos termos gerais, pelos crimes previstos na presente lei.

2. O estatuto de utilidade pública ou de utilidade pública desportiva não exclui a responsabilidade penal das pessoas colectivas desportivas.

ARTIGO 4.º
Penas acessórias

Aos agentes dos crimes previstos na presente lei podem ser aplicadas as seguintes penas acessórias:

a) Suspensão de participação em competição desportiva por um período de seis meses a três anos;

b) Privação do direito a subsídios, subvenções ou incentivos outorgados pelo Estado, Regiões Autónomas, autarquias locais e demais pessoas colectivas públicas por um período de um a cinco anos;

c) Proibição do exercício de profissão, função ou actividade, pública ou privada, por um período de um a cinco anos, tratando-se de dirigente desportivo, técnico desportivo, árbitro desportivo, empresário desportivo ou pessoa colectiva ou entidade equiparada.

ARTIGO 5.º
Concurso

O exercício da acção penal ou a aplicação de penas ou medidas de segurança pelos crimes previstos na presente lei não impedem, suspendem ou prejudicam o exercício do poder disciplinar ou a aplicação de sanções disciplinares nos termos dos regulamentos desportivos.

ARTIGO 6.º
Denúncia obrigatória

Os titulares dos órgãos e os funcionários das federações desportivas ou das ligas profissionais, associações e agrupamentos de clubes nelas filiados devem transmitir ao Ministério Público notícia dos crimes previstos na presente lei de que tenham conhecimento no exercício das suas funções e por causa delas.

ARTIGO 7.º
Direito subsidiário

Aos crimes previstos na presente lei são subsidiariamente aplicáveis as disposições do Código Penal.

CAPÍTULO II
Crimes

ARTIGO 8.º
Corrupção passiva

O agente desportivo que por si ou mediante o seu consentimento ou ratificação, por interposta pessoa, solicitar ou aceitar, para si ou para terceiro, sem que lhe seja devida, vantagem patrimonial ou não patrimonial, ou a sua promessa, para um qualquer acto ou omissão destinados a alterar ou falsear o resultado de uma competição desportiva é punido com pena de prisão de 1 a 5 anos.

ARTIGO 9.º
Corrupção activa

1. Quem por si ou mediante o seu consentimento ou ratificação, por interposta pessoa, der ou prometer a agente desportivo, ou a terceiro com conhecimento daquele, vantagem patrimonial ou não patrimonial, que lhe não seja devida, com o fim indicado no artigo anterior, é punido com pena de prisão até 3 anos ou com pena de multa.
2. A tentativa é punível.

ARTIGO 10.º
Tráfico de influência

1. Quem por si ou mediante o seu consentimento ou ratificação, por interposta pessoa, solicitar ou aceitar, para si ou para terceiro, vantagem patrimonial ou não patrimonial, ou a sua promessa, para abusar da sua influência, real ou suposta, junto

de qualquer agente desportivo, com o fim de obter uma qualquer decisão destinada a alterar ou falsear o resultado de uma competição desportiva é punido com pena de prisão até 3 anos ou com pena de multa, se pena mais grave lhe não couber por força de outra disposição legal.

2. Quem por si ou mediante o seu consentimento ou ratificação, por interposta pessoa, der ou prometer a outra pessoa vantagem patrimonial ou não patrimonial para o fim referido no número anterior é punido com pena de prisão até 2 anos ou com pena de multa até 240 dias, se pena mais grave lhe não couber por força de outra disposição legal.

ARTIGO 11.º
Associação criminosa

1. Quem promover, fundar, participar ou apoiar grupo, organização ou associação cuja finalidade ou actividade seja dirigida à prática de um ou mais crimes previstos na presente lei é punido com pena de prisão de 1 a 5 anos.

2. Quem chefiar ou dirigir os grupos, organizações ou associações referidos no número anterior é punido com a pena nele prevista agravada de um terço nos seus limites mínimo e máximo.

3. Para os efeitos do presente artigo, considera-se que existe grupo, organização ou associação quando esteja em causa um conjunto de, pelo menos, três pessoas actuando concertadamente durante um certo período de tempo.

ARTIGO 12.º
Agravação

1. As penas previstas no artigo 8.º e no n.º 1 do artigo 10.º são agravadas de um terço nos seus limites mínimo e máximo se o agente for dirigente desportivo, árbitro desportivo, empresário desportivo ou pessoa colectiva desportiva.

2. Se os crimes previstos no artigo 9.º e no n.º 2 do artigo 10.º forem praticados relativamente a pessoa referida no número anterior, o agente é punido com a pena que ao caso caberia, agravada de um terço nos seus limites mínimo e máximo.

ARTIGO 13.º
Atenuação especial e dispensa de pena

1. Nos crimes previstos na presente lei:
a) A pena é especialmente atenuada se o agente auxiliar concretamente na recolha das provas decisivas para a identificação ou a captura de outros responsáveis;
b) O agente é dispensado de pena se repudiar voluntariamente, antes da prática do facto, o oferecimento ou a promessa que aceitara ou restituir a vantagem ou, tratando-se de coisa fungível, o seu valor.

2. No crime previsto no artigo 11.º, a pena pode ser especialmente atenuada ou não ter lugar a punição se o agente impedir ou se esforçar seriamente por impedir a

continuação dos grupos, organizações ou associações ou comunicar à autoridade a sua existência de modo a esta poder evitar a prática de crimes.

CAPÍTULO III
Disposições finais

ARTIGO 14.º
Prevenção

As federações, as sociedades e os clubes desportivos promovem anualmente acções formativas, pedagógicas e educativas com a finalidade de sensibilizar todos os agentes desportivos para os valores da verdade, da lealdade e da correcção e prevenir a prática de factos susceptíveis de alterarem fraudulentamente os resultados da competição.

ARTIGO 15.º
Norma revogatória

São revogados todos os artigos do Decreto-Lei n.º 390/91, de 10 de Outubro, com excepção do artigo 5.º.([132])

ARTIGO 16.º
Entrada em vigor

A presente lei entra em vigor em 15 de Setembro de 2007.

Aprovada em 12 de Julho de 2007.

O Presidente da Assembleia da República, *Jaime Gama*.

Promulgada em 20 de Agosto de 2007.

Publique-se.

O Presidente da República, ANÍBAL CAVACO SILVA.

Referendada em 21 de Agosto de 2007.

O Primeiro-Ministro, *José Sócrates Carvalho Pinto de Sousa*.

([132]) O artigo 5.º do Decreto-Lei n.º 390/91 foi revogado pelo artigo 77.º da Lei n.º 27/2009, de 19 de Junho [40].

CAPÍTULO 7
Medicina Desportiva

[44]
Lei n.º 119/99, de 11 de Agosto(133)

Assistência médico-desportiva

A Assembleia da República decreta, nos termos da alínea c) do artigo 161.º da Constituição, para valer como lei geral da República, o seguinte:

---

(133) O Parecer n.º 74/2001 do Conselho Consultivo da Procuradoria-Geral da República (publicado no *Diário da República*, II Série, n.º 265, de 15/11/2001, p. 18860) veio pronunciar-se, a solicitação do Ministro da Juventude e do Desporto, "sobre o regime legal aplicável aos exames médico-desportivos", ou seja, sobre a articulação-divergência deste diploma com o Decreto-Lei n.º 345/99, de 27 de Agosto [45]. Pelo relevo de tal pronúncia (*maxime*, a conclusão 2.ª), fornecem-se as respectivas *conclusões*:

«1.ª – A Lei n.º 119/99, de 11 de Agosto, e o Decreto-Lei n.º 345/99, de 27 de Agosto, são actos legislativos de igual valor (artigo 112.º, n.º 2, da Constituição), que versam sobre matéria incluída no domínio da competência legislativa concorrencial da Assembleia da República e do Governo;

2.ª – Os artigos 4.º a 7.º do Decreto-Lei n.º 345/99, de 27 de Agosto, revogaram tacitamente os artigos 1.º e 2.º da Lei n.º 119/99, de 11 de Agosto;

3.ª – Os exames de avaliação médico-desportiva são obrigatórios para os praticantes desportivos, árbitros, juízes e cronometristas filiados, ou que se pretendam filiar, em federações dotadas de utilidade pública desportiva;

4.ª – Não é exigida especialização ou uma particular qualificação médicas para a realização do exame de avaliação médico-desportiva geral a que se referem os artigos 5.º, n.º 1, e 7.º, n.º 1, do Decreto-Lei n.º 345/99, de 27 de Agosto;

5.ª – Nos casos em que se mostre justificado o aconselhamento médico-desportivo face a contra-indicações relativamente à modalidade que pretendem praticar, os praticantes desportivos devem, em alternativa, ser direccionados:

a) para o centro de medicina desportiva da respectiva área geográfica de intervenção,

b) para um médico com formação específica reconhecida pelo colégio da especialidade de Medicina Desportiva da Ordem dos Médicos ou

c) para um médico titular do curso de pós-graduação em Medicina Desportiva aprovado por aquele órgão (n.º 2 do artigo 5.º do Decreto-Lei n.º 345/99);

6.ª – Os exames da avaliação médico-desportiva aos praticantes desportivos abrangidos pelo regime de alta competição são, exclusivamente, realizados nos Centros de Medicina Desportiva do Instituto Nacional do Desporto (n.º 4 do mesmo artigo 5.º);

7.ª – A sobreclassificação de um praticante desportivo para além do escalão imediatamente superior ao correspondente à sua idade tem que ser precedida de exame de avaliação médico-desportiva específico a realizar nos Centros de Medicina Desportiva do Instituto Nacional do Desporto (n.º 5 do artigo 8.º do Decreto-Lei n.º 345/99, de 27 de Agosto).»

ARTIGO 1.º
Medicina do desporto([134])

Todo o praticante desportivo deve ser sujeito a exames médicos de admissão e aptidão à prática do desporto, com a periodicidade adequada à respectiva idade, sexo e modalidade desportiva.

ARTIGO 2.º
Exercício([135])

1. A medicina do desporto, também designada medicina desportiva, deve ser exercida por especialistas ou excepcionalmente, por médicos especialmente credenciados, atendendo à sua especificidade e na defesa dos praticantes desportivos, quer ao nível da prevenção das lesões desportivas e da dopagem, quer no plano curativo.

2. Os exames médicos a praticantes são realizados por especialistas ou por médicos credenciados para o efeito, nas áreas em que subsista a insuficiência daqueles.

ARTIGO 3.º
Credenciação e formação

1. Compete ao colégio de especialidade da Ordem dos Médicos a elaboração e actualização da lista de médicos especialistas em medicina do desporto, bem como da lista dos médicos não especialistas mas que detêm pós-graduação nesta especialidade ou foram especialmente credenciados para exercer medicina desportiva.

2. A credenciação especial para o exercício da medicina desportiva é conferido por comissão presidida pela Ordem dos Médicos e integrada por um representante dos serviços de medicina desportiva e por um representante das associações profissionais da medicina desportiva.

3. Compete ao Estado incentivar a formação especializada em medicina do desporto e facultar aos profissionais de saúde as condições adequadas para a sua frequência.

ARTIGO 4.º
Assistência aos praticantes

1. A prática desportiva deve ser acompanhada de uma adequada estrutura de apoio médico aos atletas, da responsabilidade de um médico especialista em medicina desportiva e integrada por um quadro paramédico diplomado, preferencialmente com formação específica nesta área.

([134]) Revogado tacitamente pelos artigos 4.º a 7.º do Decreto-Lei n.º 345/99, de 27 de Agosto, tal como consta do anteriormente referido Parecer n.º 74/2001 (promolgado por Despacho do Ministro da Juventude e do Desporto em 24/08/2001).

([135]) Revogado tacitamente pelos artigos 4.º a 7.º do Decreto-Lei n.º 345/99, de 27 de Agosto, tal como consta do anteriormente referido Parecer n.º 74/2001 (promolgado por Despacho do Ministro da Juventude e do Desporto em 24/08/2001).

2. A estrutura referida no número anterior é obrigatória para os clubes participantes em competições profissionais, devendo essa obrigação ser progressivamente estendida a todo o sector desportivo, de acordo com as disponibilidades de apoio por parte do Estado.

3. Compete às federações desportivas a divulgação das listas de especialistas fornecidos pela Ordem dos Médicos.

ARTIGO 5.º
Seguro desportivo

1. O seguro desportivo, para ser aceite pela entidade tomadora, depende da realização do exame médico referido no artigo 1.º

2. A entidade seguradora não pode condicionar o praticante segurado a ser acompanhado por médico que não esteja habilitado nos termos do n.º 1 do artigo 3.º

ARTIGO 6.º
Regulamentação

Compete ao Governo aprovar os regulamentos necessários à boa execução do disposto na presente lei, designadamente quanto às normas dos exames médicos e aos critérios de credenciação, ouvida a Ordem dos Médicos.

Aprovada em 1 de Julho de 1999.

O Presidente da Assembleia da República, *António de Almeida Santos*.

Promulgada em 28 de Julho de 1999.

Publique-se.

O Presidente da República, JORGE SAMPAIO.

Referendada em 28 de Julho de 1999.

O Primeiro-Ministro, *António Manuel de Oliveira Guterres*.

[45]
Decreto-Lei n.º 345/99, de 27 de Agosto

Medicina desportiva

A Lei n.º 1/90, de 13 de Janeiro, Lei de Bases do Sistema Desportivo, na redacção que lhe foi dada pela Lei n.º 19/96, de 25 de Junho, atribui ao Estado, no seu artigo 17.º, a tarefa de promover a institucionalização e regulamentação dos serviços de medicina desportiva, assim como o acesso à prática desportiva, no âmbito das federações, através de exame médico que declare a inexistência de qualquer contra-indicação.

A prossecução de uma eficaz política de apoio e protecção aos praticantes desportivos e o crescente desenvolvimento técnico da actividade desportiva impõem a definição de medidas concretas que permitam aproximar cada vez mais o praticante dos diagnósticos específicos e de actuações científicas inerentes à medicina desportiva.

Os exames médicos revelam-se um instrumento imprescindível para aferir a aptidão ou inaptidão dos atletas para a prática desportiva, representando um importante meio de triagem de determinadas patologias ou situações clínicas, principalmente na população jovem.

Neste quadro, o exame médico-desportivo torna-se obrigatório, em todas as situações e para todos os praticantes desportivos, árbitros, juízes e cronometristas filiados ou que se pretendam filiar em federações dotadas de utilidade pública desportiva.

É também definido um sistema de interligação entre os diversos serviços e departamentos de medicina desportiva e as qualificações necessárias e específicas para que os respectivos profissionais chefiem esses serviços e integrem os departamentos.

A diversidade de normas sobre a matéria em diferentes documentos legais impõe a respectiva clarificação e enquadramento num único diploma.

Assim:

No desenvolvimento do regime jurídico estabelecido pela Lei n.º 1/90, de 13 de Janeiro, com a redacção que lhe foi dada pela Lei n.º 19/96, de 25 de Junho, e nos termos da alínea c) do n.º 1 do artigo 198.º da Constituição, o Governo decreta, para valer como lei geral da República, o seguinte:

CAPÍTULO I
Centros de medicina desportiva do Instituto Nacional do Desporto

ARTIGO 1.º
Organização

1. Os Centros de Medicina Desportiva de Lisboa, do Porto e de Coimbra estão integrados na Direcção de Serviços de Medicina Desportiva, do Instituto Nacional do Desporto, adiante também designado, abreviadamente, por IND.

2. Os Centros de Medicina Desportiva têm as seguintes áreas geográficas de intervenção:

a) Centro de Medicina Desportiva do Porto – distritos de Braga, Bragança, Porto, Viana do Castelo e Vila Real;

b) Centro de Medicina Desportiva de Coimbra – distritos de Aveiro, Castelo Branco, Coimbra, Guarda, Leiria e Viseu;

c) Centro de Medicina Desportiva de Lisboa – distritos de Beja, Évora, Faro, Lisboa, Portalegre, Santarém e Setúbal.

3. Os Centros de Medicina Desportiva mencionados no número anterior prestam também serviços médico-desportivos às Regiões Autónomas dos Açores e da Madeira.

4. A prestação de serviços médico-desportivos nos quadros dos Centros de Medicina Desportiva é condicionada à titularidade da especialização em Medicina Desportiva reconhecida pelo colégio da especialidade da Ordem dos Médicos.

ARTIGO 2.º
Colaboração com outras entidades

1. Os Centros de Medicina Desportiva podem exercer a sua actividade em colaboração, nomeadamente, com entidades públicas ou privadas de ensino superior, escolas superiores de tecnologia da saúde, escolas superiores de enfermagem, com o Centro de Estudos e Formação Desportiva, com o Complexo de Apoio às Actividades Desportivas, com as federações desportivas dotadas do estatuto de utilidade pública desportiva e com associações desportivas.

2. A colaboração a que se refere o número anterior será concretizada através de protocolos outorgados entre o IND e as entidades interessadas.

ARTIGO 3.º
Formação e investigação

1. Os Centros de Medicina Desportiva, autonomamente ou em colaboração com as entidades referidas no artigo anterior, devem promover e propor a formação de técnicos do desporto, que são recrutados de entre os grupos de pessoal abaixo indicados:

a) Licenciados em Medicina;

b) Técnicos de diagnóstico e terapêutica, das áreas funcionais de preparação e execução de análises clínicas, cardiopneumografistas e fisioterapeutas;

c) Técnicos superiores de saúde, licenciados nas áreas de Farmácia, Ciências Farmacêuticas, Química e Bioquímica;

d) Técnicos em enfermagem desportiva;

e) Técnicos auxiliares de saúde na área desportiva.

2. Os Centros de Medicina Desportiva podem, dentro da sua área de competência específica, apoiar e colaborar na realização de cursos, quer a nível de graduação, quer a nível de pós-graduação, bem como participar na elaboração de estudos de investigação médica e paramédica aplicada ao desporto.

CAPÍTULO II
Exames de avaliação médico-desportiva[136]

ARTIGO 4.º
Obrigatoriedade dos exames de avaliação médico-desportiva

Os exames de avaliação médico-desportiva são obrigatórios, nos termos estabelecidos no presente diploma, para as seguintes categorias:

a) Praticantes desportivos filiados, ou que se pretendam filiar, em federações dotadas de utilidade pública desportiva;

b) Praticantes desportivos em regime de alta competição;

c) Árbitros, juízes e cronometristas filiados, ou que se pretendam filiar, em federações dotadas de utilidade pública desportiva.

ARTIGO 5.º
Exames de avaliação médico-desportiva relativos a praticantes desportivos

1. Os praticantes desportivos que não estejam abrangidos pelo regime de alta competição devem ser submetidos a exames de avaliação médico-desportiva geral, visando detectar a existência ou não de contra-indicações, com ou sem restrições, para a prática desportiva.

2. Os praticantes desportivos devem ser direccionados para o centro de medicina desportiva da respectiva área geográfica de intervenção ou para um médico com formação específica reconhecida pelo colégio da especialidade de Medicina Desportiva da Ordem dos Médicos, ou ainda para um médico titular do curso de pós-graduação em Medicina Desportiva aprovado por aquele órgão, nos casos em que se mostre justificado o aconselhamento médico-desportivo face a contra-indicações relativas à modalidade que o praticante pretende praticar.

---

[136] V. Despacho n.º 11318/2009, do Secretário de Estado da Juventude e do Desporto, de 04/05/2009, publicado no *Diário da República*, II Série, n.º 89, de 08/05/2009.

3. Os praticantes desportivos abrangidos pelo regime de alta competição devem ser sujeitos a exames de avaliação médico-desportiva, visando decidir sobre a sua aptidão ou inaptidão, face às exigências específicas relacionadas com esta prática desportiva e com aquele estatuto, bem como detectar as repercussões orgânicas e fisiológicas resultantes da mesma.

4. Os exames referidos no número anterior são realizados, exclusivamente, nos Centros de Medicina Desportiva do IND e devem, ainda, servir e contribuir para a definição do tipo de controlo médico a efectuar face ao treino desenvolvido pelo praticante desportivo.

ARTIGO 6.º
Pressupostos

1. A realização de exames de avaliação médico-desportiva é condição necessária para que qualquer praticante desportivo se possa inscrever, no início de cada época desportiva, na respectiva federação desportiva dotada do estatuto de utilidade pública desportiva.

2. Os praticantes desportivos em regime de alta competição e os que integram as selecções nacionais devem, obrigatoriamente, ser apoiados na sua preparação desportiva por um médico com formação específica reconhecida pelo colégio da especialidade de Medicina Desportiva da Ordem dos Médicos ou titular de curso de pós-graduação em Medicina Desportiva aprovado por aquele órgão.

3. Os praticantes desportivos abrangidos pelo regime de alta competição devem submeter-se obrigatoriamente, uma vez por ano, a exames de avaliação médico-desportiva e ou de controlo do treino físico.

4. Sem prejuízo do disposto no número anterior, os praticantes desportivos ali referidos devem ainda submeter-se aos exames e controlos mencionados no preceito precedente, sempre que para tal sejam solicitados pela Direcção de Serviços de Medicina Desportiva do IND.

5. Os praticantes desportivos com estatuto de alta competição não profissionais devem, em caso de lesão ou doença, recorrer aos Centros de Medicina Desportiva do IND ou a médicos com a formação referida no n.º 2.

ARTIGO 7.º
Exames de avaliação médico-desportiva a árbitros, juízes e cronometristas

1. Os árbitros, juízes e cronometristas apenas se podem filiar ou continuar filiados, na respectiva federação dotada do estatuto de utilidade pública desportiva, depois de serem considerados aptos em exame prévio de avaliação médico-desportiva, no início de cada época desportiva.

2. Exceptuam-se do disposto no número anterior as modalidades desportivas em que manifestamente tal não se justifique, a determinar por despacho do membro do Governo que tutela a área do desporto.

3. O despacho a que se refere o número anterior deve ser publicado na 2.ª série do *Diário da República*.

ARTIGO 8.º
Decisão médica

1. A decisão médica dos exames de avaliação médico-desportiva referidos nos artigos anteriores deve constar de ficha própria, sob pena de ineficácia.

2. O modelo da ficha referido no número precedente será aprovado por despacho conjunto do membro do Governo que tutela a área do desporto e pelo Ministro da Saúde, o qual será objecto de publicação na 2.ª série do *Diário da República*.[137]

3. As decisões finais dos exames de avaliação médico-desportiva são sempre reportadas ao escalão etário do praticante desportivo, estabelecido pelas respectivas federações dotadas do estatuto de utilidade pública desportiva, de acordo com a sua idade.

4. Sempre que os praticantes desportivos pretendam competir no escalão imediatamente superior ao correspondente à sua idade têm de se submeter a exame de avaliação médico-desportiva geral, devendo especificar-se o escalão para o qual o examinado se encontra apto.

5. A sobreclassificação de um praticante desportivo para além do escalão imediatamente superior ao correspondente à sua idade só é permitida em casos especiais, devidamente analisados através de exame de avaliação médico-desportiva específico, que será realizado nos Centros de Medicina Desportiva do IND.

ARTIGO 9.º
Recurso da decisão médica

1. O praticante desportivo, árbitro, juiz ou cronometrista que não se conforme com a decisão do exame de avaliação médico-desportiva a que foi submetido nos Centros de Medicina Desportiva do IND pode apresentar recurso da mesma, no prazo de oito dias úteis, para o presidente do IND.

2. No recurso, que deve conter as respectivas alegações e conclusões que fundamentam o pedido, o recorrente deve indicar o nome e morada do médico que o represente na junta médica de recurso e depositar, no acto da entrega, a quantia de 50 000$00.

3. A junta médica é constituída por um médico de reconhecida idoneidade e competência científica, indicado pelo presidente do IND, pelo médico que efectuou o exame e pelo médico indicado pelo recorrente.

4. A junta médica deve reunir num prazo máximo de 15 dias úteis, devendo o IND notificar, através de carta registada com aviso de recepção, o recorrente e os

---

[137] V. Despacho n.º 25357/2006, de 28/11/2006, publicado no *Diário da República*, II Série, n.º 238, de 13/12/2006.

membros da junta, com a antecedência mínima de 5 dias úteis, da data, hora e local em que a mesma se reunirá.

5. Todas as despesas inerentes ao funcionamento da junta são suportadas pelo recorrente ou pelo IND, consoante aquele confirme ou não a decisão recorrida.

ARTIGO 10.º
Custos dos exames de avaliação médico-desportiva

1. Os custos dos exames de avaliação médico-desportiva realizados pelos Centros de Medicina Desportiva do IND são fixados, anualmente, por despacho do membro do Governo que tutela a área do desporto.

2. Os custos referidos no número anterior estão previstos na tabela de preços da Direcção de Serviços de Medicina Desportiva do IND.

3. A tabela de preços a que se refere o número anterior será aprovada por despacho do membro do Governo que tutela a área do desporto, devendo ser publicada na 2.ª série do *Diário da República*.

4. Os exames de avaliação médico-desportiva e todo o apoio prestado nos Centros de Medicina Desportiva do IND aos praticantes desportivos de alta competição são gratuitos.

ARTIGO 11.º
Obrigações das federações desportivas

1. As federações que possuam praticantes desportivos abrangidos pelo regime de alta competição devem, obrigatoriamente, ter um médico habilitado com formação específica reconhecida pelo colégio da especialidade de Medicina Desportiva da Ordem dos Médicos ou titular de curso de pós-graduação em Medicina Desportiva aprovado por aquele órgão.

2. As federações referidas no número anterior têm de comunicar anualmente ao IND a identificação do médico responsável pelo departamento de medicina desportiva, bem como a identificação dos médicos que assistem os respectivos praticantes desportivos em regime de alta competição e as selecções nacionais.

3. O não cumprimento das obrigações referidas no presente artigo, no n.º 1 do artigo 6.º e no n.º 1 do artigo 7.º impede a atribuição aos praticantes desportivos de alta competição dos benefícios inerentes a esse estatuto, bem como a suspensão ou concessão de medidas de apoio à respectiva federação dotada do estatuto de utilidade pública desportiva, em qualquer caso, mediante instauração de procedimento adequado, com garantia dos direitos de audiência e defesa e de recurso.

CAPÍTULO III
Disposições finais

ARTIGO 12.º
Regime transitório e entrada em vigor

1. No que se refere à formação dos médicos, o disposto no n.º 4 do artigo 1.º, no n.º 2 do artigo 6.º e no n.º 1 do artigo 11.º só é aplicável seis meses após a entrada em vigor do presente diploma.

2. Até à publicação dos novos modelos de fichas para exames de avaliação médico-desportiva, mantêm-se em vigor os que se encontram anexos ao despacho do presidente do ex-Instituto do Desporto (INDESP) de 6 de Janeiro de 1994, publicado na 2.ª série do *Diário da República*, n.º 242, de 19 de Outubro de 1994.

3. O presente diploma entra em vigor no dia seguinte ao da sua publicação.

ARTIGO 13.º
Revogação

São revogados:

a) O Decreto-Lei n.º 224/88, de 28 de Junho;

b) O Regulamento dos Exames Médico-Desportivos, aprovado pelo Despacho n.º 182/91, de 4 de Outubro, do Ministro da Educação.

Visto e aprovado em Conselho de Ministros de 8 de Julho de 1999. – *António Manuel de Oliveira Guterres – Eduardo Carrega Marçal Grilo – Francisco Ventura Ramos – José Sócrates Carvalho Pinto de Sousa.*

Promulgado em 13 de Agosto de 1999.

Publique-se.

O Presidente da República, JORGE SAMPAIO.

Referendado em 18 de Agosto de 1999.

O Primeiro Ministro, *António Manuel de Oliveira Guterres.*

CAPÍTULO 8
Realizações Desportivas

[46]
Decreto-Lei n.º 238/92, de 29 de Outubro[138]

**Policiamento dos espectáculos desportivos
realizados em recintos desportivos**

O regime de policiamento dos espectáculos desportivos, a definição da responsabilidade dos organizadores e a eventual comparticipação do Estado carecem, como o tem demonstrado a prática, de clarificação e de garantias de praticabilidade.

A presente iniciativa legislativa visa, nessa medida, responder às questões que, ao longo do período de vigência do actual regime, se vêm preocupantemente acumulando.

Para tal, parte-se do princípio de que é responsabilidade do Estado o policiamento das áreas exteriores aos recintos desportivos, havendo, pois, que traçar o regime aplicável ao interior dos recintos desportivos. É esse o escopo do presente diploma.

Depois, deve esclarecer-se que a requisição policial é voluntária, competindo aos organizadores do espectáculo desportivo e tendo lugar sempre que estes se não responsabilizarem pela manutenção da ordem. Este princípio de supletividade apenas é excepcionado nos casos de interdição dos recintos desportivos.

Estabelecem-se, de seguida, dois modelos de cobertura de encargos com o policiamento desportivo decorrentes do carácter distinto das competições neles incluídas. Os organizadores dos espectáculos englobados nos campeonatos nacionais de seniores assumirão plenamente os encargos correspondentes. Prevê-se, porém, transitoriamente e até ao final da presente época desportiva, por razões de carácter operacional, a manutenção do adicional de 7% sobre o preço do bilhete, que reverterá para os organizadores. O policiamento dos espectáculos que envolvem as selecções nacionais, os campeonatos nacionais de escalões etários inferiores ao do escalão sénior e os campeonatos distritais será comparticipado pelo Estado até ao limite do cúmulo do valor de 1,5% do resultado de exploração do totoloto com as receitas previstas no Decreto-Lei n.º 270/89, de 18 de Agosto.

---

[138] O texto contém as modificações operadas pela Declaração de Rectificação n.º 189/92, publicada no *Diário da República*, I Série-A, 2.º Suplemento ao n.º 277, de 30/11/1992, p. 5222.

Finalmente, simplificam-se os regimes de atribuição e transferência das verbas destinadas à participação do Estado.
Assim:
Nos termos da alínea *a)* do n.º 1 do artigo 201.º da Constituição, o Governo decreta o seguinte:

ARTIGO 1.º
Objecto

1. O presente diploma estabelece o regime de policiamento e de satisfação dos encargos daí decorrentes no que se refere aos espectáculos desportivos realizados em recintos desportivos.
2. Para efeitos do disposto no presente diploma, entende-se por:
a) «Recinto desportivo», o espaço criado exclusivamente para a prática do desporto, com carácter fixo e com estruturas de construção que lhe garantam essa afectação e funcionalidade, dotado de lugares permanentes e reservados a assistentes, sob controlo de entrada;
b) «Organizador de espectáculo desportivo», as entidades que, nos termos da lei e dos regulamentos desportivos, promovam, coordenem ou realizem os espectáculos desportivos da modalidade.

ARTIGO 2.º
Requisição

1. A requisição da força policial é efectuada, sempre que considerada necessária, pelos organizadores dos espectáculos desportivos.
2. Quando não tenha lugar a solicitação da força policial, a responsabilidade pela manutenção da ordem dentro do respectivo recinto e pelos eventos resultantes da sua alteração cabe aos organizadores.
3. A requisição da força policial é obrigatória relativamente aos espectáculos que venham a ter lugar em recintos desportivos declarados interditos, a partir do momento da interdição e até final da época desportiva.

ARTIGO 3.º
Responsabilidade pelos encargos com o policiamento

A responsabilidade pelos encargos com o policiamento de espectáculos desportivos realizados em recintos desportivos é suportada pelos respectivos organizadores.

ARTIGO 4.º
Participação do Estado

1. A participação do Estado nos encargos com o policiamento dos espectáculos desportivos que envolvam as selecções nacionais ou realizados no quadro dos cam-

peonatos nacionais de escalões etários inferiores ao do escalão sénior e dos campeonatos distritais é constituída:

a) Pelo quantitativo correspondente à aplicação da percentagem de 1,5% aos resultados de exploração do totoloto, o qual será entregue mensalmente pela Santa Casa da Misericórdia;

b) Pelas receitas previstas no Decreto-Lei n.º 270/89, de 18 de Agosto, que são remetidas mensalmente pela Direcção-Geral dos Desportos.

2. As verbas referidas no número anterior são entregues nos cofres do Estado, devendo as entidades depositantes remeter à Secretaria-Geral do Ministério da Administração Interna cópias das referidas guias.

3. As verbas a distribuir nos termos dos números anteriores serão enviadas pela Secretaria-Geral do Ministério da Administração Interna às federações respectivas, no fim de cada mês, competindo ao conselho técnico estabelecer os critérios de repartição.

ARTIGO 5.º
Calendário dos espectáculos

1. Para efeitos do disposto no artigo anterior, as federações desportivas fornecerão à Secretaria-Geral do Ministério da Administração Interna, até 30 dias antes do início da respectiva época desportiva, o calendário das provas oficiais, regionais, nacionais ou internacionais a realizar.

2. A inobservância do disposto no número anterior implica a imediata cessação da eventual participação do Estado.

ARTIGO 6.º([139])
Qualificação dos espectáculos

(...)

ARTIGO 7.º
Número de efectivos

1. Cabe ao comando das forças policiais territorialmente competente determinar o número de efectivos a destacar para o policiamento de cada espectáculo desportivo.

2. Para efeitos de cálculo do efectivo policial necessário, devem ter-se em consideração os seguintes critérios de orientação:

a) Relativamente a espectáculos que envolvam a categoria sénior, a relação agente/espectadores deve, em jogos de risco elevado, ser na ordem de 1/200 e, em jogos de risco normal, na ordem de 1/400 ou 1/500, não podendo, em caso algum, o número de agentes a destacar ser inferior a três;

([139]) Revogado pelo artigo 52.º da Lei n.º 39/2009, de 30 de Julho [37].

b) Relativamente a espectáculos que envolvam a categoria júnior, o número de agentes deve ser compreendido entre um mínimo de três e um máximo de cinco;

c) Relativamente a espectáculos que envolvam a categoria de iniciados e juvenis, o número de agentes não deve ser inferior a dois nem superior a três.

3. Quando, atendendo a factores excepcionais e invocando fundamentação adequada, o respectivo comando o considere necessário, pode ser atribuído um número de efectivos superior ao estabelecido no número anterior.

ARTIGO 8.º
Regime de requisição e pagamento das forças de segurança

1. O organizador do espectáculo desportivo deve requisitar ao comando das forças policiais territorialmente competente o policiamento para cada espectáculo, utilizando o *modelo anexo ao presente diploma*([140]), de que faz parte integrante.

2. O comando referido no número anterior determina os efectivos a enviar para cada espectáculo, devendo, quando o número de efectivos a destacar seja diferente do referido no n.º 2 do artigo anterior, fundamentar a sua decisão.

3. O organizador do espectáculo desportivo deve satisfazer o pagamento dos encargos do policiamento, no momento da requisição e fixação dos efectivos, junto do respectivo comando das forças de segurança, contra recibo de *modelo anexo ao presente diploma*([141]), de que faz parte integrante.

4. Os comandos referidos nos números anteriores enviarão mensalmente à Secretaria-Geral do Ministério da Administração Interna cópia dos impressos de requisição.

ARTIGO 9.º
Conselho técnico([142])

Na dependência do Ministro da Administração Interna funcionará um conselho técnico integrado por dois representantes do Ministério da Administração Interna, dois representantes das federações, sendo um deles da Federação Portuguesa de Futebol, um representante da Liga dos Clubes Profissionais de Futebol e um representante das associações distritais de futebol, que reunirá mensalmente, sob convocação do secretário-geral do Ministério da Administração Interna, ao qual compete:

[...]

([140]) Sublinhado nosso que serve como chamada de atenção para este anexo no texto oficial, que só veio a ser publicado na mencionada Declaração de Rectificação n.º 189/92.

([141]) Sublinhado nosso que serve como chamada de atenção para este anexo no texto oficial, que, por erro, corrigido na mencionada Declaração de Rectificação n.º 189/92, vem referido ao n.º 1 do artigo 8.º, quando deveria referir-se ao n.º 3 do artigo 8.º.

([142]) O artigo 38.º da Lei n.º 38/98, de 4 de Agosto (revogada pelo artigo 43.º da Lei n.º 16/2004, de 11 de Maio, que foi depois revogada pelo artigo 52.º da Lei n.º 39/2009, de 30 de Julho [37]), revogou as alíneas *a)* e *b)* deste preceito.

c) Estabelecer os critérios que deverão nortear o rateio da verba disponível para o policiamento dos espectáculos desportivos mencionados no artigo 4.° em cada época desportiva;

d) Apreciar relatórios atinentes ao policiamento desportivo apresentados pelos governos civis ou autoridades de segurança e emitir parecer sobre os mesmos;

e) Pronunciar-se sobre outros assuntos que lhe sejam submetidos pelo Ministro da Administração Interna;

f) Receber as cópias das requisições e do despacho de determinação dos efectivos necessários para o respectivo espectáculo desportivo.

ARTIGO 10.°
Norma transitória

1. Durante a época desportiva de 1992-1993 constitui receita dos organizadores, a afectar à satisfação dos encargos com o policiamento dos espectáculos desportivos englobados nas competições nacionais de seniores, o montante do adicional de 7% a cobrar sobre o preço do bilhete.

2. O adicional referido no número anterior deixará de ser aplicado no final da época desportiva de 1992-1993.

ARTIGO 11.°
Norma revogatória

São revogados:

a) O artigo 17.°-C do Decreto-Lei n.° 84/85, de 28 de Março, com a redacção que lhe foi dada pelo artigo 5.° do Decreto-Lei n.° 387/86, de 17 de Novembro;

b) Os artigos 1.°, 2.° e 6.° do Decreto-Lei n.° 371/90, de 27 de Novembro;

c) A Portaria n.° 1158/90, de 27 de Novembro.

ARTIGO 12.°
Entrada em vigor

O presente diploma entra em vigor no dia imediato ao da sua publicação.

Visto e aprovado em Conselho de Ministros de 17 de Setembro de 1992. – *Aníbal António Cavaco Silva – Manuel Dias Loureiro – António Fernando Couto dos Santos.*

Promulgado em 8 de Outubro de 1992.

Publique-se.

O Presidente da República, MÁRIO SOARES.

Referendado em 9 de Outubro de 1992.

O Primeiro-Ministro, *Aníbal António Cavaco Silva.*

[47]
Portaria n.º 1100/95, de 7 de Setembro

Licenciamento de provas desportivas na via pública

O Código da Estrada, aprovado pelo Decreto-Lei n.º 114/94, de 3 de Maio, determina, no seu artigo 8.º, que as provas desportivas que possam afectar o trânsito normal na via pública só podem ser realizadas se autorizadas pelas entidades competentes.

Na sequência daquele Código foi publicado o Decreto-Lei n.º 190/94, de 18 de Julho, que o regulamenta e define competências várias na sua aplicação.

No artigo 4.º deste último diploma legal reafirma-se o princípio da necessidade da autorização para a realização de provas desportivas na via pública, cujo regulamento deverá ser aprovado por portaria do Ministro da Administração Interna.

É esse diploma que agora se aprova, que não só determina a entidade competente para tal autorização como também define as regras fundamentais por que se passa a reger esta matéria.

Nestes termos, ao abrigo do n.º 2 do artigo 4.º do Decreto-Lei n.º 190/94, de 18 de Julho:

Manda o Governo, pelo Ministro da Administração Interna, o seguinte:

1.º O governador civil do distrito em que qualquer prova desportiva, nacional ou internacional, se realiza ou, no caso de abranger a área de mais de um distrito, se conclui é competente para emitir a autorização referida no n.º 1 do artigo 8.º do Código da Estrada, aprovado pelo Decreto-Lei n.º 114/94, de 3 de Maio.([143])

([143]) O artigo 8.º do *Código da Estrada*, aprovado pelo Decreto-Lei n.º 114/94, de 3 de Maio, revisto e republicado pelo Decreto-Lei n.º 44/2005, de 23 de Fevereiro, depois alterado pelo Decreto-Lei n.º 113/2008, de 1 de Julho, e pela Lei n.º 78/2009, de 13 de Agosto, apresenta a seguinte redacção:

«ARTIGO 8.º
Realização de obras e utilização das vias públicas para fins especiais

1 – A realização de obras nas vias públicas e a sua utilização para a realização de actividades de carácter desportivo, festivo ou outras que possam afectar o trânsito normal só é permitida desde que autorizada pelas entidades competentes.

2.º Para a concessão de tal autorização, deverá o organizador da prova juntar os seguintes documentos:

a) Requerimento, dirigido ao governador civil, contendo identificação da entidade requerente, pedido de autorização da prova e data, local e hora da sua realização;

b) Traçado do percurso da prova, sobre mapa ou esboço da rede viária, em escala adequada, que permita uma correcta análise do percurso, indicando de forma clara as vias abrangidas, as localidades e os horários prováveis de passagem nas mesmas, bem como o sentido de marcha;

c) Parecer da força de segurança competente;

d) Parecer da Junta Autónoma de Estradas ou da câmara municipal, conforme se trate de vias sob a jurisdição de uma ou de outra entidade;

e) Parecer da federação ou associação desportiva respectiva, que poderá ser sobre a forma de visto no regulamento da prova.

3.º Se as provas desportivas forem de automóveis, é ainda necessária a aprovação da mesma pelo Automóvel Club de Portugal, bem como o seguro de responsabilidade civil legalmente estabelecido, salvo se forem *rally-paper*, caso em que ficam dispensados de tal aprovação e seguro.

4.º Os pareceres referidos no n.º 2.º revestem-se de carácter vinculativo.

5.º Caso os pareceres referidos no n.º 2.º não sejam entregues no requerimento de autorização entregue no governo civil, deverá este diligenciar no sentido de ouvir aquelas entidades.

6.º A autorização deverá ser requerida ao governo civil respectivo com uma antecedência mínima de 15 dias sobre a data da realização da prova, sob pena de indeferimento liminar do pedido.

---

2 – O não cumprimento das condições constantes da autorização concedida nos termos do número anterior é equiparado à sua falta.

3 – Quem infringir o disposto no n.º 1 ou não cumprir as condições constantes da autorização nele referida é sancionado com coima de € 700 a € 3500.

4 – Os organizadores de manifestação desportiva envolvendo automóveis, motociclos, triciclos ou quadriciclos em violação ao disposto no n.º 1 são sancionados com coima de € 700 a € 3500 se se tratar de pessoas singulares ou com coima de € 1000 a € 5000 se se tratar de pessoas colectivas, acrescida de € 150 por cada um dos condutores participantes ou concorrentes.

5 – Os organizadores de manifestação desportiva envolvendo veículos de natureza diversa da referida no número anterior em violação ao disposto no n.º 1 são sancionados com coima de € 450 a € 2250 ou de € 700 a € 3500, consoante se trate de pessoas singulares ou colectivas, acrescida de € 50 por cada um dos condutores participantes ou concorrentes.

6 – Os organizadores de manifestação desportiva envolvendo peões ou animais em violação ao disposto no n.º 1 são sancionados com coima de € 300 a € 1500, acrescida de € 30 por cada um dos participantes ou concorrentes.»

7.º Se o organizador não fizer entrega, com o requerimento, dos pareceres referidos no n.º 2.º, o prazo referido no número anterior passa para 45 dias.

8.º Após a conclusão da instrução do processo de autorização, e pretendendo deferir a realização da prova, deverá o governo civil notificar a Direcção-Geral de Viação dessa sua intenção.

9.º A Direcção-Geral de Viação, querendo opor-se, tem um prazo de quarenta e oito horas a contar da recepção da notificação referida no número anterior para comunicar tal decisão ao governo civil, que assim fica impedido de conceder a autorização.

Ministério da Administração Interna.

Assinada em 14 de Agosto de 1995.

Pelo Ministro da Administração Interna, *Carlos Alberto Silva de Almeida e Loureiro*, Secretário de Estado da Administração Interna.

[48]
Portaria n.º 1522-B/2002, de 20 de Dezembro

Assistente de recinto desportivo, no âmbito da actividade de segurança privada[144]

O Decreto-Lei n.º 94/2002, de 12 de Abril, alterou a redacção do artigo 5.º do Decreto-Lei n.º 231/98, de 22 de Julho, nomeadamente inserindo um novo n.º 3, no qual se consagra a possibilidade de, em sede de portaria conjunta dos Ministros da Administração Interna e da Juventude e Desporto, se fazer depender a realização de espectáculos em recintos desportivos de um sistema de segurança privada que inclua vigilantes, a serem designados como assistentes de recinto desportivo.

Efectivamente, a evolução do fenómeno desportivo e da realidade social subjacente, reflectida em recentes resoluções e decisões do Conselho da União Europeia, aconselha a implementação de medidas que contribuam para melhorar os níveis de conforto e segurança dos espectadores de eventos realizados em recintos desportivos.

Neste contexto, os promotores dos espectáculos desportivos passam a poder recorrer a pessoal devidamente treinado e qualificado, que, funcionando na dependência operacional da estrutura de segurança, colabora e apoia a organização dos espectáculos desportivos, assegurando que estes decorram num ambiente confortável, seguro e de perfeita normalidade e harmonia.

Assim, a presente portaria introduz a figura do assistente de recinto desportivo, no âmbito da actividade de segurança privada, com uma função complementar da actividade das forças e serviços de segurança pública do Estado, e sem prejuízo das competências que são específicas destas forças e serviços, conforme previsto no Decreto-Lei n.º 231/98, de 22 de Julho.

A presente portaria define igualmente as funções específicas e o âmbito de actuação dos assistentes de recinto desportivo, bem como a regulamentação dos elementos de uso obrigatório.

---

[144] V. artigo 38.º, n.º 6, do Decreto-Lei n.º 35/2004, de 21 de Fevereiro (*Exercício da actividade de segurança privado*), alterado pelo Decreto-Lei n.º 198/2005, de 10 de Novembro, e pela Lei n.º 30//2008, de 8 de Agosto.

Finalmente, fixa-se a duração e o conteúdo do curso de formação e o sistema de avaliação dos candidatos a assistentes de recintos desportivos, bem como os módulos de formação específica orientados para o domínio dos conhecimentos adequados às especificidades e exigências das funções a desempenhar.

Assim:

Manda o Governo, pelos Ministros da Administração Interna e Adjunto do Primeiro-Ministro, ao abrigo dos artigos 5.°, n.° 3, e 8.°, n.° 2, do Decreto-Lei n.° 231//98, de 22 de Julho, com a nova redacção que lhe foi dada pelo Decreto-Lei n.° 94//2002, de 12 de Abril, o seguinte:

1.°
Assistente de recinto desportivo

Assistente de recinto desportivo é um vigilante de segurança privada, especificamente formado com o objectivo de garantir a segurança e o conforto dos espectadores nos recintos desportivos e anéis de segurança.

2.°
Definições

Para efeitos do disposto na presente portaria, adoptam-se as seguintes definições:

a) Recinto desportivo – a prevista na lei que estabelece medidas preventivas e punitivas a adoptar em caso de manifestações de violência associadas ao desporto;

b) Sector e anéis de segurança – as previstas no regulamento das condições técnicas e de segurança dos estádios.

3.°
Funções

Os assistentes de recinto desportivo desempenham as seguintes funções:

a) Vigiar o recinto desportivo e anéis de segurança, cumprindo e fazendo cumprir o regulamento de utilização do recinto pelos espectadores;

b) Controlar os acessos, incluindo detectar e impedir a introdução de objectos e substâncias proibidas ou susceptíveis de possibilitar actos de violência;

c) Controlar os títulos de ingresso e o bom funcionamento das máquinas destinadas a esse fim;

d) Vigiar e acompanhar os espectadores nos diferentes sectores do recinto bem como prestar informações referentes à organização, infra-estruturas e saídas de emergência;

e) Prevenir, acompanhar e controlar ocorrências de incidentes, procedendo à sua imediata comunicação;

f) Orientar os espectadores em todas as situações de emergência, especialmente as que impliquem a evacuação do recinto;

g) Acompanhar, para colaboração na segurança do jogo, grupos de adeptos que se desloquem a outro recinto desportivo;

h) Inspeccionar as instalações, prévia e posteriormente a cada espectáculo desportivo, em conformidade com as normas e regulamentos de segurança;

i) Impedir que os espectadores circulem, dentro do recinto, de um sector para outro;

j) Evitar que, durante a realização do jogo, os espectadores se desloquem dos seus lugares de modo a que, nomeadamente, impeçam ou obstruam as vias de acesso e de emergência.

4.º
Deveres

1. Os assistentes de recinto desportivo estão sujeitos aos deveres previstos no regime jurídico que regula o exercício da actividade da segurança privada.

2. Os assistentes de recinto desportivo estão sujeitos aos seguintes deveres específicos:

a) Receber, dirigir e cuidar dos espectadores, independentemente da sua idade, raça, sexo ou da equipa que apoiam;

b) Atender com zelo e diligência queixas ou reclamações apresentadas por qualquer espectador;

c) Auxiliar na utilização segura dos recintos desportivos, dedicando todo o seu esforço ao bem-estar e segurança dos espectadores e ao bom desenrolar do espectáculo;

d) Colaborar com as forças de segurança e serviços de emergência, incluindo a prestação de primeiros socorros básicos, sempre que tal for necessário;

e) Cumprir e fazer cumprir os regulamentos de segurança relativos ao local onde presta serviço;

f) Cumprir as directivas recebidas da estrutura de segurança do complexo desportivo;

g) Manter uma atitude de completa neutralidade quanto ao desenrolar do jogo e ao seu resultado.

5.º
Formação

1. A formação dos assistentes de recinto desportivo será feita por módulos de formação específica.

2. A frequência, com aproveitamento, nos módulos 1 e 2 de formação específica confere a atribuição do cartão profissional provisório da especialidade, válido por seis meses e não renovável, a autenticar pela Secretaria-Geral do Ministério da Administração Interna.

3. O cartão profissional provisório da especialidade converte-se em definitivo desde que, no prazo máximo de seis meses, seja feita prova junto da Secretaria-Geral

do Ministério da Administração Interna da frequência, com aproveitamento, dos restantes módulos de formação específica.

4. Os assistentes de recinto desportivo só podem iniciar as suas funções após a obtenção do cartão profissional provisório da especialidade.([145])

6.º
**Módulos de formação específica
e validade dos exames**

1. Os módulos de formação específica constam de anexo à presente portaria.
2. Serão válidos, sem qualquer outra formalidade, os resultados dos exames realizados pela entidade formadora.

7.º
Entidades formadoras e corpo docente

1. Consideram-se habilitadas a ministrar formação aos assistentes de recinto desportivo as seguintes entidades:

a) As entidades formadoras que preencham as condições estabelecidas nos n.ºs 15.º e 16.º da Portaria n.º 1325/2001, de 4 de Dezembro, no que se refere aos módulos 1 a 4 e ao módulo 6 do anexo à presente portaria;

b) Entidades especializadas e reconhecidas pelo MAI, no que se refere à formação do módulo 5 do anexo à presente portaria, as quais emitirão um certificado individualizado por cada formando.

2. Consideram-se condições essenciais para o exercício da função de docência dos módulos 1 a 4 e do módulo 6:

a) Ter concluído, com aproveitamento, o ensino secundário ou ser formador de segurança privada durante, pelo menos, cinco anos; e

b) Ter frequentado, com aproveitamento, um curso de formação específica ministrado em escola superior de ensino oficialmente reconhecida.

3. As escolas superiores de ensino oficialmente reconhecidas podem, a todo o tempo, apresentar a sua candidatura à realização do curso de formação específica na Secretaria-Geral do Ministério da Administração Interna, que decidirá no prazo de 30 dias.

4. O programa do curso a ministrar pelas escolas superiores terá a duração mínima de cento e vinte horas e deverá incluir obrigatoriamente as matérias previstas no anexo à presente portaria, com excepção do módulo 5.

([145]) V. Portaria n.º 1084/2009, de 21 de Setembro, em especial o artigo 2.º, n.º 1, alínea *e*).

8.º
Elementos de uso obrigatório

A sobreveste prevista no artigo 10.º, n.º 2, do Decreto-Lei n.º 231/98, de 22 de Julho, com a redacção que lhe foi dada pelo Decreto-Lei n.º 94/2002, de 12 de Abril, deverá ser perfeitamente visível, ser adaptada às condições climatéricas e numerada sequencialmente com visibilidade a longa distância.([146])

9.º
Norma remissiva

Em tudo o que não estiver especialmente previsto na presente portaria, em matéria de formação, observar-se-á a Portaria n.º 1325/2001, de 4 de Dezembro.

Em 20 de Dezembro de 2002.

Pelo Ministro da Administração Interna, *Nuno Miguel Miranda de Magalhães*, Secretário de Estado da Administração Interna. – Pelo Ministro Adjunto do Primeiro-Ministro, *Hermínio José Loureiro Gonçalves*, Secretário de Estado da Juventude e Desportos.

ANEXO
(a que se refere o n.º 6.º da presente portaria)

1 – Módulo 1 – Responsabilidades gerais:
a) Objectivo:
  i) Dar ao assistente os conhecimentos básicos sobre as suas funções e deveres incluindo os limites da sua actuação;
  ii) Proporcionar um conhecimento adequado das estruturas de segurança dentro dos estádios, bem como qual deve ser o comportamento de um assistente e a sua integração nessa estrutura;
b) Matérias:
  i) Conceito de política de segurança;
  ii) Conhecimentos elementares sobre legislação referente à prevenção da violência nos recintos desportivos;
  iii) Deveres e padrões de conduta esperados de um assistente de recinto desportivo;
  iv) Estrutura de comando de segurança;
  v) História de incidentes e suas consequências;
c) Duração — a duração deste módulo será de oito horas teóricas.
2 – Módulo 2 – manutenção de um ambiente seguro:
a) Objectivo – dar conhecimentos sobre o controlo de espectadores, identificação dos potenciais riscos e as formas de resposta atempada para prevenir ou reduzir o impacte de quaisquer incidentes;

([146]) Hoje, deve entender-se que se aplica o artigo 11.º, n.º 1, alínea *a*), e n.º 2 do Decreto-Lei n.º 35/2004, de 21 de Fevereiro.

b) Matérias:
      i) Princípios de gestão de multidões;
      ii) Psicologia básica do controlo de multidões;
      iii) Dinâmicas de multidões, densidades, tensões e sobrelotações;
      iv) Reposta a incidentes (exemplo: decisões de arbitragem; incêndio conducente a evacuação; pacote suspeito; etc.);
      v) Técnicas de comunicação – comunicar com espectadores promovendo a calma;
      vi) Técnicas de controlo de acesso, incluindo detectar e impedir a introdução de objectos e substâncias proibidas ou susceptíveis de possibilitar actos de violência;
   c) Duração – a duração deste módulo será de doze horas teóricas e práticas.
   3 – Módulo 3 – Resposta aos problemas dos espectadores:
   a) Objectivo – dotar o assistente de conhecimentos que lhe permitam dar uma resposta adequada às questões suscitadas pelos espectadores quer seja no campo legal, quer sobre normas de segurança dos estádios, quer ainda sobre aspectos relacionados com o conforto e bem-estar;
   b) Matéria:
      i) Comportamentos anti-sociais, racistas e xenófobos;
      ii) Técnicas de dissuasão de comportamentos racistas e xenófobos;
      iii) Como actuar face à violação dos regulamentos do recinto e legislação contra a violência em recintos desportivos;
      iv) Apoiar o espectador enquanto cliente do recinto;
      v) Actuar em situações de crianças ou pessoas perdidas;
      vi) Auxiliar pessoas portadoras de deficiências;
   c) Duração – a duração deste módulo será de oito horas teóricas e práticas.
   4 – Módulo 4 – Auxílio de emergência:
   a) Objectivo – dar ao assistente os conhecimentos básicos que lhe permitam fazer face a situações de necessidade de ajuda de emergência (primeiros socorros), numa perspectiva, essencialmente, de saber o que não deve ser feito, tendo em vista preservar a vida, limitar os efeitos e auxiliar na recuperação do sinistrado;
   b) Matéria:
      i) Como abordar um incidente;
      ii) Princípios básicos de avaliação de prioridades;
      iii) Como actuar em relação às pessoas que rodeiam o sinistrado;
      iv) Princípios básicos de primeiros socorros;
   c) Duração – a duração deste módulo será de oito horas teóricas e práticas.
   5 – Módulo 5 – conhecimentos básicos sobre segurança contra incêndios:
   a) Objectivo – ampliar os conhecimentos adquiridos na formação básica como vigilante, garantindo que o assistente fica apto a compreender a dinâmica do fogo e a operar com todo o tipo de extintor aprovado para utilização em recintos desportivos;
   b) Matérias:
      i) Revisão das matérias dadas na formação inicial como vigilante;
      ii) Prática na operação de diversos tipos de extintores;
      iii) Técnica de comunicação em situação de incêndio;
      iv) Prática na operação de outros equipamentos de extinção;
   c) Duração – a duração deste módulo será de sete horas práticas.
   6 – Módulo 6 – treino em planos de emergência e de evacuação:

a) Objectivo – garantir que o assistente fica apto a actuar correctamente, quer a título individual quer como membro de uma equipa de segurança, na execução dos planos de evacuação do recinto desportivo onde presta serviço, bem como na implementação e execução dos planos de contingência;
b) Matérias:
    i) O que são planos de contingência e de emergência;
    ii) Seus objectivos;
    iii) Características desses planos;
    iv) Evacuação de estádios. Razões, tipos e métodos;
    v) Formas de comunicação da central de segurança com os assistentes;
    vi) Comportamento das multidões numa crise;
    vii) Rotas de acesso e pontos de encontro. O que são e a que se destinam;
c) Duração – a duração deste módulo será de catorze horas teóricas e práticas.

[49]

Portaria n.º 1522-C/2002, de 20 de Dezembro

Obrigatoriedade do recurso à segurança privada nos recintos desportivos e condições do exercício de funções pelos assistentes de recinto desportivo[147]

O Decreto-Lei n.º 94/2002, de 12 de Abril, que deu nova redacção ao Decreto-Lei n.º 231/98, de 22 de Julho, veio estabelecer medidas inovadoras no que respeita à segurança nos recintos desportivos.

Neste âmbito, prevê-se, agora, a possibilidade de a realização de espectáculos em recintos desportivos depender do cumprimento da obrigação de adopção de um sistema de segurança privada que inclua vigilantes tecnicamente habilitados, designados por assistentes de recinto desportivo.

Em portaria própria são estabelecidos as funções, a formação e os elementos de uso obrigatório dos assistentes de recinto desportivo.

Neste quadro, importa fixar as situações em que é obrigatório o recurso à segurança privada nos recintos desportivos, bem como as condições do exercício de funções pelos assistentes de recinto desportivo.

Assim:

Manda o Governo, pelos Ministros da Administração Interna e Adjunto do Primeiro-Ministro, ao abrigo do artigo 5.º, n.º 3, do Decreto-Lei n.º 231/98, de 22 de Julho, pela redacção que lhe foi introduzida pelo Decreto-Lei n.º 94/2002, de 12 de Abril, o seguinte:

1.º Para efeitos do disposto na presente portaria, adoptam-se as seguintes definições:

a) Promotor do espectáculo desportivo – a prevista na lei que estabelece medidas preventivas e punitivas a adoptar em caso de manifestações de violência associadas ao desporto;

---

[147] V. artigo 38.º, n.º 6, do Decreto-Lei n.º 35/2004, de 21 de Fevereiro (*Exercício da actividade de segurança privado*), alterado pelo Decreto-Lei n.º 198/2005, de 10 de Novembro, e pela Lei n.º 30//2008, de 8 de Agosto.

b) Qualificação dos espectáculos de risco elevado – a prevista na lei que estabelece o regime de policiamento dos espectáculos desportivos.

2.º Nas competições profissionais de futebol que decorram em recintos desportivos com lotação igual ou superior a 25000 espectadores e cujas instalações obedeçam ao Regulamento das Condições Técnicas e de Segurança dos Estádios, aprovado pelo Decreto Regulamentar n.º 10/2001, de 7 de Junho, é obrigatório o recurso a assistentes de recinto desportivo.

3.º Nas restantes competições que se realizem em recintos desportivos, os promotores de espectáculos desportivos podem recorrer a assistentes de recinto desportivo.

4.º O número de assistentes de recinto desportivo a exercer funções nos jogos considerados de risco elevado será de um assistente por cada 300 espectadores e, nos restantes jogos, será de um assistente para cada 400 espectadores, sem prejuízo do estabelecido no n.º 2 do n.º 5 e no n.º 6.

5.º – 1. Para efeitos do número anterior, a determinação do número de espectadores é calculada em função do número de ingressos emitidos até setenta e duas horas antes do início de cada espectáculo desportivo.

2. No caso de serem emitidos ingressos em quantidade superior a 80% da lotação do recinto desportivo, o número de assistentes estabelecido no n.º 3.º terá um acréscimo de 20%.

6.º Sem prejuízo do disposto no n.º 4.º, o número mínimo de assistentes de recinto desportivo a exercer funções nos espectáculos desportivos será obrigatoriamente definido na certificação de cada um dos estádios.

7.º Os assistentes de recinto desportivo funcionam na dependência operacional da estrutura de segurança do estádio e a sua actuação é da responsabilidade do promotor do espectáculo desportivo, sem prejuízo do disposto no regime jurídico que regula a actividade de segurança privada.

8.º Antes da abertura do recinto desportivo ao público, a autoridade policial competente verificará se o número de assistentes de recinto desportivo está conforme o estabelecido na presente portaria, lavrando um auto, cujo duplicado será entregue ao promotor do espectáculo.

9.º – 1. O não cumprimento do estipulado nos n.ºs 3.º, 4.º e 5.º da presente portaria constitui contra-ordenação, punida com coima de € 500 a € 1000 por cada assistente de recinto desportivo em falta.

2. Em matéria de competência para o levantamento dos autos de contra-ordenação, instrução do processo, aplicação e destino do produto das coimas, é aplicável, com as necessárias adaptações, o estabelecido no Decreto-Lei n.º 231/98, de 22 de Julho.([148])

Em 20 de Dezembro de 2002.

Pelo Ministro da Administração Interna, *Nuno Miguel Mirandela de Magalhães*, Secretário de Estado da Administração Interna. – Pelo Ministro Adjunto do Primeiro-Ministro, *Hermínio José Loureiro Gonçalves*, Secretário de Estado da Juventude e Desportos.

([148]) Hoje, deve entender-se que se aplica o artigo 36.º do Decreto-Lei n.º 35/2004, de 21 de Fevereiro.

[50]
Decreto-Lei n.º 79/2004, de 6 de Abril

**Reconhecimento do direito de livre entrada
a certas categorias de agentes públicos em recintos desportivos**

Nos termos do disposto no n.º 1 do artigo 19.º da Lei n.º 1/90, de 13 de Janeiro, com as alterações introduzidas pela Lei n.º 19/96, de 25 de Junho, o direito de livre entrada em recintos desportivos é reconhecido a determinadas categorias de agentes públicos, para que estes exerçam cabalmente as respectivas funções.

Este carácter restritivo da livre entrada nos recintos desportivos adquire ainda maior significado se tivermos em conta a necessidade de dotar o fenómeno desportivo actual de especiais medidas de segurança que acautelem problemas resultantes da perturbação da ordem, tranquilidade e segurança públicas, destacando-se as que incidam na identificação e no controlo do acesso àqueles locais, evitando, assim, qualquer forma de abuso.

Acresce que Portugal é, cada vez mais, um destino de espectáculos desportivos de grande dimensão internacional, cuja organização reveste diversas especificidades.

Nestes termos, importa delimitar o universo dos titulares com livre entrada nos recintos onde se realizem tais espectáculos, bem como as condições do respectivo acesso.

Assim:

Nos termos da alínea *a*) do n.º 1 do artigo 198.º da Constituição, o Governo decreta o seguinte:

ARTIGO 1.º
Objecto

O presente diploma estabelece as categorias de agentes públicos a quem, para o cabal exercício das suas funções, é reconhecido o direito de livre entrada em recintos desportivos.

ARTIGO 2.º
Titularidade

1. São titulares do direito de livre entrada nos recintos desportivos as seguintes entidades:
 a) Os membros do Governo responsáveis pela área do desporto;
 b) O presidente do Instituto do Desporto de Portugal;
 c) O presidente do Conselho Superior de Desporto.

2. Desde que previamente solicitem o cartão referido no artigo 3.º, são titulares do direito de livre entrada nos recintos desportivos as seguintes entidades:
 a) Os membros do Conselho Superior de Desporto;
 b) Os vice-presidentes do Instituto do Desporto de Portugal;
 c) Os delegados distritais do Instituto do Desporto de Portugal, nos recintos desportivos do respectivo distrito.

3. Desde que comprovem que a entrada é necessária em razão directa da sua actividade, são também titulares do direito de livre entrada nos recintos desportivos:
 a) Os agentes públicos, devidamente credenciados pelo promotor do espectáculo desportivo;
 b) Os agentes de investigação criminal e os elementos das forças e serviços de segurança portadores de cartão de livre trânsito ou documento equivalente.

4. Os agentes referidos no número anterior não podem, em caso algum, ocupar um lugar sentado ou obstruir vias de acesso ou de emergência.

ARTIGO 3.º
Cartão de entrada

1. O acesso aos recintos desportivos das entidades referidas nos n.ºs 1 e 2 do artigo 2.º efectua-se mediante a exibição de cartão de entrada, *cujo modelo consta em anexo ao presente diploma e dele faz parte integrante.*([149])

2. O cartão a que se refere o número anterior é emitido pelo Instituto do Desporto de Portugal, tem validade anual, sendo assinado pelo respectivo presidente, autenticado com selo branco, e restituído sempre que haja alteração do motivo que justificou a sua concessão.

3. A exibição do cartão referido no n.º 1 não dispensa a apresentação do título de ingresso para o espectáculo desportivo.

ARTIGO 4.º
Norma transitória

O direito de livre entrada nos recintos desportivos previsto no presente diploma não se aplica aos jogos da fase final do Campeonato Europeu de Futebol de 2004.

([149]) Sublinhado nosso que serve como chamada de atenção para este anexo no texto oficial.

ARTIGO 5.º
Norma revogatória

São revogados:

a) O Decreto-Lei n.º 524/76, de 5 de Julho;
b) A Portaria n.º 391/98, de 11 de Julho;
c) Todas as disposições legais que atribuam o direito de livre entrada nos recintos desportivos que sejam contrárias ao presente diploma.

ARTIGO 6.º
Entrada em vigor

O presente diploma entra em vigor no dia seguinte ao da sua publicação.

Visto e aprovado em Conselho de Ministros de 18 de Fevereiro de 2004. – *José Manuel Durão Barroso – António Jorge de Figueiredo Lopes – Maria Celeste Ferreira Lopes Cardona – José Luís Fazenda Arnaut Duarte.*

Promulgado em 12 de Março de 2004.

Publique-se.

O Presidente da República, JORGE SAMPAIO.

Referendado em 27 de Março de 2004.

O Primeiro-Ministro, *José Manuel Durão Barroso.*

TÍTULO IV
FINANCIAMENTO DA ACTIVIDADE DESPORTIVA

[51]

Decreto-Lei n.º 273/2009, de 1 de Outubro

**Regime jurídico dos contratos-programa
de desenvolvimento desportivo**

Com a publicação da Lei n.º 1/90, de 13 de Janeiro, que aprovou a Lei de Bases do Sistema Desportivo, foi introduzido no nosso ordenamento jurídico-desportivo o princípio de que os apoios e comparticipações financeiras atribuídos pelo Estado, pelas Regiões Autónomas ou pelas autarquias locais às diversas entidades que integram o sistema desportivo, designadamente às federações desportivas, deveriam ser titulados por contratos-programa de desenvolvimento desportivo, publicitados no Diário da República.

Para concretizar tal princípio foi ulteriormente publicado o Decreto-Lei n.º 432//91, de 6 de Novembro, através do qual se estabeleceu o regime jurídico dos referidos contratos-programa de desenvolvimento desportivo.

A experiência colhida pela aplicação deste decreto-lei foi globalmente positiva, pelo que tal princípio veio a ser mantido pela nova Lei de Bases da Actividade Física e do Desporto, aprovada pela Lei n.º 5/2007, de 16 de Janeiro.

No entanto, a lei referida no parágrafo anterior veio a consagrar novas exigências e requisitos em matéria de financiamento público das diversas estruturas privadas que integram ou dirigem o sistema desportivo, as quais não podem deixar de ser contempladas pelo diploma que, no desenvolvimento do regime jurídico nela consagrado, viesse a regulamentar a matéria relativa aos contratos-programa de desenvolvimento desportivo.

De entre tais aspectos, ressaltam os seguintes:

A necessidade de parecer prévio vinculativo do membro do Governo responsável pela área do desporto para a concessão de financiamentos do Estado destinados à edificação de instalações desportivas, públicas e privadas;

A subordinação das comparticipações financeiras públicas para construção ou melhoramento de instalações desportivas propriedade de entidades privadas, quando a natureza do investimento o justifique, e, bem assim, dos actos de cedência gratuita do uso ou da gestão de património desportivo público às mesmas entidades, à assunção por parte dos beneficiários de contrapartidas de interesse público;

O prévio reconhecimento do interesse público de eventos desportivos, por despacho do membro do Governo responsável pela área do desporto, como condição para o financiamento público dos mesmos;

A consagração do princípio segundo o qual os clubes desportivos participantes em competições desportivas de natureza profissional não podem beneficiar, nesse âmbito, de apoios ou comparticipações financeiras por parte do Estado, das Regiões Autónomas e das autarquias locais, sob qualquer forma, salvo no tocante à construção ou melhoramento de instalações ou equipamentos desportivos com vista à realização de competições desportivas de interesse público, como tal reconhecidas pelo membro do Governo responsável pela área do desporto;

A obrigação de certificação das contas das entidades beneficiárias de financiamentos públicos, quando os montantes concedidos sejam superiores a um limite a definir no regime jurídico dos contratos-programa de desenvolvimento desportivo;

A proibição de novos financiamentos públicos às entidades que estejam em situação de incumprimento das suas obrigações fiscais ou para com a segurança social, devendo ser suspensos os benefícios financeiros decorrentes de quaisquer contratos-programa em curso enquanto a situação se mantiver;

A insusceptibilidade de apreensão judicial ou de oneração das verbas provenientes de financiamentos públicos, devidamente titulados por contratos-programa, uma vez que as mesmas se consideram exclusivamente afectas às finalidades para as quais foram atribuídas.

A isto acresce, na sequência da publicação do regime jurídico das federações desportivas, aprovado pelo Decreto-Lei n.º 248-B/2008, de 31 de Dezembro, um outro conjunto de exigências que resultam das profundas reformas que aquele novo regime jurídico vem introduzir na orgânica e no funcionamento das federações desportivas, decorrentes das especiais exigências a que as mesmas estão subordinadas em consequência da atribuição do estatuto de utilidade pública desportiva.

Daí que no presente decreto-lei se venha introduzir uma nova regra para disciplina dos financiamentos atribuídos por federações desportivas ou pelo Comité Olímpico ou Paralímpico de Portugal a entidades que lhes estão subordinadas, em consequência de as entidades concedentes terem previamente beneficiado de financiamentos públicos com tal finalidade: nestas circunstâncias estabelece-se que os apoios atribuídos por entidades desportivas devem, eles também, ser titulados por contratos-programa que clarifiquem os objectivos do apoio concedido e as obrigações assumidas pelos beneficiários, uma vez que continuam aqui em causa dinheiros públicos.

Finalmente, o presente decreto-lei consagra ainda um regime destinado a evitar hiatos, decorrentes da transição de anos económicos, no financiamento dos beneficiários de contratos-programa, para o que se prevê a manutenção provisória de financiamentos até que venha a ser celebrado novo contrato-programa.

Foram ouvidos os órgãos de governo próprio das Regiões Autónomas e a Associação Nacional de Municípios Portugueses.

Assim:

No desenvolvimento do regime jurídico estabelecido pela Lei n.º 5/2007, de 16 de Janeiro, e nos termos das alíneas *a*) e *c*) do n.º 1 do artigo 198.º da Constituição, o Governo decreta o seguinte:

CAPÍTULO I
Disposições gerais

ARTIGO 1.º
Objecto

O presente decreto-lei define o regime jurídico dos contratos-programa de desenvolvimento desportivo.

ARTIGO 2.º
Conceito

Para efeitos do presente decreto-lei, entende-se por contrato-programa de desenvolvimento desportivo o contrato celebrado com vista à atribuição, por parte do Estado, das Regiões Autónomas ou das autarquias locais, directamente ou através de organismos dependentes, de apoios financeiros, materiais e logísticos, bem como de patrocínios desportivos.

ARTIGO 3.º
Concessão de apoios

1. Podem beneficiar da concessão de apoios:
a) O Comité Olímpico de Portugal e o Comité Paralímpico de Portugal;
b) A Confederação do Desporto de Portugal;
c) As federações desportivas;
d) As associações ou confederações de praticantes, de treinadores e de árbitros, bem como os clubes desportivos;
e) As sociedades desportivas, nos termos previstos no presente decreto-lei.
2. Os apoios financeiros directamente atribuídos aos clubes desportivos por parte do Estado só podem ter por objecto planos ou projectos específicos que não caibam nas atribuições próprias das associações de clubes e das federações desportivas e não constituam um encargo ordinário dos mesmos clubes.
3. Por despacho do membro do Governo responsável pela área do desporto podem igualmente ser concedidos apoios a outras pessoas singulares ou colectivas não previstas no n.º 1, desde que se destinem, directa ou indirectamente, ao apoio de actividades desportivas.

ARTIGO 4.º
Parecer vinculativo

A comparticipação financeira do Estado na edificação de instalações desportivas, públicas ou privadas, carece de parecer prévio e vinculativo do membro do Governo responsável pela área do desporto.

ARTIGO 5.º
Interesse público de eventos ou competições desportivas

Para efeitos do disposto nos n.os 1 e 2 do artigo 46.º da Lei n.º 5/2007, de 16 de Janeiro, são considerados eventos ou competições desportivas de interesse público, para além das que venham a ser reconhecidas por despacho do membro do Governo responsável pela área do desporto, as manifestações desportivas que integrem os quadros competitivos regulares das respectivas federações desportivas nacionais ou internacionais.

ARTIGO 6.º
Insusceptibilidade de penhora, apreensão judicial de bens
ou de oneração

1. Os apoios financeiros concedidos ao abrigo do presente decreto-lei encontram-se exclusivamente afectos às finalidades para as quais foram atribuídos, sendo absolutamente insusceptíveis de penhora ou de outra qualquer forma de apreensão judicial de bens ou oneração.
2. O disposto no número anterior não se aplica à entidade concedente de apoios financeiros titulados por contrato-programa de desenvolvimento desportivo, quanto aos créditos resultantes de tal contrato.
3. Para efeitos do disposto no presente artigo, as entidades beneficiárias de apoios titulados por contratos-programa de desenvolvimento desportivo devem incluir no respectivo sistema contabilístico um centro de resultados para registo exclusivo dos proveitos referentes aos apoios concedidos e aos respectivos custos associados, com menção expressa da sua proveniência e da insusceptibilidade de penhora, apreensão judicial ou oneração.
4. O disposto no n.º 1 é extensivo aos bens adquiridos ou construídos com as verbas resultantes de contrato-programa de desenvolvimento desportivo, devendo, no caso de bens imóveis, ser feito averbamento do ónus de impenhorabilidade ao respectivo registo.

ARTIGO 7.º
Apoios financeiros atribuídos por entidades desportivas

1. Os apoios ou comparticipações financeiras atribuídos pelas federações desportivas aos clubes, associações regionais ou distritais ou ligas profissionais, nelas filiados, são obrigatoriamente titulados por contratos-programa de desenvolvimento

desportivo, celebrados nos termos do presente decreto-lei e integralmente publicitados nas páginas electrónicas das entidades concedentes.

2. O disposto no número anterior é aplicável ao Comité Olímpico de Portugal e ao Comité Paralímpico de Portugal, em relação às verbas de que este tenha beneficiado.

3. O disposto no n.º 1 não é aplicável ao contrato a que se refere o artigo 23.º da Lei n.º 5/2007, de 16 de Janeiro.

CAPÍTULO II
Contratos-programa de desenvolvimento e patrocínio desportivos

ARTIGO 8.º
Finalidade dos contratos-programa

A concessão de apoios mediante a celebração de contratos-programa de desenvolvimento desportivo tem em vista, nomeadamente, os seguintes objectivos:

a) Enquadrar a execução de programas concretos de promoção da actividade física e do desporto;

b) Fazer acompanhar a concessão dos apoios por uma avaliação completa dos custos de programa ou projecto, assim como dos graus de autonomia financeira, técnica, material e humana previstos para a sua execução;

c) Permitir a intervenção e mútua vinculação de diversas entidades interessadas na realização de um mesmo programa de desenvolvimento desportivo;

d) Reforçar o sentido de responsabilidade dos outorgantes relativamente ao cumprimento das obrigações por eles livremente assumidas;

e) Assegurar a plena publicidade e transparência das condições com base nas quais os apoios são concedidos.

ARTIGO 9.º
Patrocínio desportivo

1. Podem beneficiar de patrocínios financeiros os agentes desportivos cuja actividade, nesta qualidade, projecte internacionalmente o nome do País, bem como as pessoas, singulares ou colectivas, que promovam ou organizem eventos desportivos.

2. Aos patrocínios financeiros são aplicáveis, com as necessárias adaptações, as regras aplicáveis aos contratos-programa de desenvolvimento desportivo, salvo as que digam respeito aos programas de desenvolvimento desportivo.

ARTIGO 10.º
Outras partes outorgantes

1. Podem igualmente ser partes nos contratos-programa, além dos organismos concedente e beneficiário do apoio, outras entidades interessadas no corres-

pondente programa de desenvolvimento desportivo ou actividade, nomeadamente estabelecimentos de ensino, associações de carácter não desportivo e autarquias locais.

2. A participação das entidades referidas no número anterior pode traduzir-se na aceitação dos direitos ou das vantagens estabelecidos a seu favor no contrato, bem como na definição de quaisquer obrigações ou contrapartidas que por elas sejam assumidas no quadro das suas atribuições respectivas.

ARTIGO 11.º
Programas de desenvolvimento desportivo

1. Os contratos-programa de desenvolvimento desportivo integram, no respectivo clausulado ou em anexo ao mesmo, o programa de desenvolvimento desportivo objecto da comparticipação.

2. Para efeitos do presente decreto-lei, consideram-se programas de desenvolvimento desportivo:

a) Os planos regulares de acção das entidades que fomentam e dirigem, no plano nacional, regional ou local, a prática das diversas modalidades desportivas;

b) Os planos de acção específica destinados a promover e divulgar a actividade física e o desporto, a organizar competições com interesse social ou desportivo relevante ou a apoiar a participação de praticantes portugueses em provas internacionais;

c) Os projectos de construção ou melhoramento de instalações e equipamentos desportivos;

d) As iniciativas que visem o desenvolvimento e a melhoria da prática da actividade física e do desporto, nomeadamente nos domínios da formação, da documentação, da investigação ou das relações com organismos internacionais.

ARTIGO 12.º
Conteúdo do programa de desenvolvimento desportivo

1. Os programas de desenvolvimento desportivo devem conter os seguintes elementos:

a) Descrição e caracterização específica das actividades a realizar;

b) Justificação do programa, nomeadamente do ponto de vista do desenvolvimento das modalidades em causa e das provas, competições ou eventos desportivos a realizar;

c) Quantificação dos resultados esperados com a execução do programa;

d) Previsão de custos e das necessidades de financiamento público, com os respectivos cronogramas ou escalonamentos;

e) Demonstração do grau de autonomia financeira, técnica, material e humana oferecido pela entidade proponente para a execução do programa, incluindo, se for caso disso, a indicação de outras comparticipações, financiamentos ou patrocínios e respectivas condições;

f) Identificação de quaisquer entidades eventualmente associadas à gestão e execução do programa, definindo a natureza da sua intervenção, os seus poderes e as suas responsabilidades;

g) Relações de complementaridade com outros programas já realizados ou em curso de execução na mesma área ou em áreas conexas, se os houver;

h) Calendário e prazo global de execução do programa de desenvolvimento desportivo;

i) Destino dos bens adquiridos ou construídos ao abrigo do programa, se a sua titularidade não ficar a pertencer à entidade outorgante do contrato, bem como a definição da entidade responsável pela sua gestão e manutenção.

2. Quando o programa tiver em vista a construção de instalações ou equipamentos desportivos deve, ainda, além dos elementos referidos no número anterior, conter a planta da respectiva localização e os estudos prévios ou descrições técnicas necessários à sua apreciação.

3. Se estiver prevista a participação de terceiras entidades no contrato-programa, devem estas ser igualmente identificadas na proposta, com indicação dos respectivos direitos e obrigações.

ARTIGO 13.º
Princípio da redução a escrito

O texto definitivo do contrato é reduzido a escrito em tantos exemplares quantas as partes outorgantes e por elas assinado, com base em minuta previamente submetida a homologação do membro do Governo responsável pela área do desporto, quando a entidade concedente for o Estado, sem prejuízo das demais autorizações e aprovações exigidas pela lei.

ARTIGO 14.º
Início da vigência dos contratos-programa

1. Os contratos-programa entram em vigor na data da sua publicação no Diário da República, quando celebrados pelo Estado, ou na data da sua publicitação sob a forma prevista na lei para os respectivos actos, quando a entidade comparticipante for uma região autónoma ou uma autarquia local.

2. Salvo estipulação em contrário, os contratos-programa para construção ou melhoramento de instalações desportivas produzem os seus efeitos a partir da data em que tenha sido emitido o alvará que titula a autorização de utilização para actividades desportivas.

ARTIGO 15.º
Conteúdo dos contratos-programa

1. Sem prejuízo de outras estipulações, os contratos-programa devem regular expressamente os seguintes pontos:

a) Objecto do contrato;

b) Obrigações assumidas pela entidade responsável pela execução do programa de desenvolvimento desportivo;

c) Entidades eventualmente associadas à gestão do programa, seus poderes e suas responsabilidades;

d) Prazo de execução do programa;

e) Custo previsto do programa e definição das responsabilidades de financiamento;

f) Candidatura à realização de eventos internacionais;

g) Regime de comparticipação financeira;

h) Destino dos bens adquiridos ou construídos ao abrigo do programa e responsabilidade pela sua gestão e manutenção, bem como as garantias de afectação futura dos mesmos bens aos fins do contrato;

i) Sistema de acompanhamento e controlo da execução do programa;

j) Condições de revisão do contrato e, sendo caso disso, a respectiva fórmula.

2. A comparticipação financeira não deve ficar dependente de elementos ou factores não determinados no próprio contrato, mas, se for estabelecida com base numa percentagem do custo do programa, entende-se que o seu montante é o que resulta da aplicação dessa percentagem à estimativa contratual do mesmo custo.

3. Quando a comparticipação financeira tiver por objecto apenas a fase de projecto ou de arranque de uma obra ou de um plano de actividade, o contrato deve definir as obrigações assumidas pela entidade beneficiária em relação à promoção das fases subsequentes da mesma obra ou plano, bem como consequências do respectivo incumprimento.

ARTIGO 16.º
Limitação às remunerações dos membros dos corpos sociais

1. Às entidades beneficiárias de apoios financeiros públicos titulados por contratos-programa de desenvolvimento desportivo que, no seu conjunto, correspondam a, pelo menos, 40 % do montante do respectivo orçamento anual, podem ser estabelecidos, nos referidos contratos, limites às remunerações que, directa ou indirectamente, possam ser atribuídas aos respectivos membros dos corpos sociais.

2. As cláusulas do contrato-programa referidas no número anterior prevalecem sobre quaisquer normas estatutárias ou regulamentares da entidade beneficiária.

3. A violação do clausulado referido no presente artigo constitui a entidade beneficiária na obrigação de restituição integral, à entidade concedente, dos montantes que lhe foram atribuídos pelo contrato-programa.

ARTIGO 17.º
Contrapartidas de interesse público

1. Os apoios financeiros concedidos por entidades públicas para construção ou melhoramento de instalações desportivas propriedade de entidades privadas,

quando a natureza do investimento o justifique, e os actos de cedência gratuita do uso ou da gestão de património desportivo público às mesmas, são condicionados à assunção por estas de contrapartidas de interesse público.

2. As contrapartidas de interesse público referidas no número anterior constam do contrato-programa que titulou o apoio financeiro concedido ou a cedência gratuita do uso ou gestão do património desportivo público e podem ter por objecto outro património desportivo de que o beneficiário seja titular.

3. Quando a natureza do investimento, nos termos do n.º 1, não justificar o estabelecimento de contrapartidas de interesse público, deve constar do contrato--programa a justificação da inexistência de tais obrigações.

4. Compete à entidade concedente do apoio, se outra não for designada no contrato como titular do direito referido nos n.ᵒˢ 1 e 2, o exercício dos poderes de fiscalização e dos procedimentos executivos necessários para assegurar o cumprimento das obrigações assumidas.

ARTIGO 18.º
Contratos plurianuais

1. Os contratos-programa podem ser outorgados para vigorarem por mais de um ano económico, até ao limite de quatro anos correspondentes a cada ciclo olímpico, com especificação dos montantes que devam ser anualmente liquidados ao respectivo beneficiário.

2. Os contratos-programa referidos no presente artigo podem ser revistos anualmente, por iniciativa da entidade concedente, sempre que se preveja decréscimo na arrecadação anual das receitas próprias da entidade concedente, reajustando-se, em conformidade, os objectivos programados inicialmente.

ARTIGO 19.º
**Acompanhamento e controlo da execução
dos contratos**

1. Compete à entidade concedente da comparticipação financeira fiscalizar a execução do contrato-programa, podendo realizar, para o efeito, inspecções, inquéritos e sindicâncias, ou determinar a realização de uma auditoria por entidade externa.

2. As acções inspectivas mencionadas no número anterior podem ainda ter por objecto os outorgantes de contratos-programa celebrados pelos beneficiários de apoios ou comparticipações públicas nos termos previstos no artigo 7.º, devendo ser inserida nos respectivos contratos-programa cláusula expressa nesse sentido.

3. A entidade ou entidades responsáveis pela realização do programa de desenvolvimento desportivo devem prestar à entidade concedente da comparticipação financeira todas as informações por esta solicitadas acerca da execução do contrato.

4. A entidade beneficiária da comparticipação financeira inclui nos seus relatórios anuais de actividade uma referência expressa à execução dos contratos-programa celebrados.

5. Concluída a realização do programa de desenvolvimento desportivo, a entidade beneficiária da comparticipação financeira envia à entidade concedente um relatório final sobre a execução do contrato-programa.

ARTIGO 20.º
Obrigação de certificação das contas

1. As entidades beneficiárias de apoios nos termos do presente decreto-lei devem fazer certificar as suas contas por revisor oficial de contas ou por sociedade revisora de contas, salvo quando os apoios concedidos no ano económico sejam estimados pela entidade concedente em valor inferior a € 50 000.

2. Sem prejuízo do disposto no número anterior, as entidades beneficiárias de apoios organizam a sua contabilidade por centros de custo, com reconhecimento claro dos custos incorridos por contrato-programa e a identificação de receitas.

ARTIGO 21.º
Revisão dos contratos

1. Os contratos-programa podem ser modificados ou revistos nas condições que neles se encontrarem estabelecidas e, nos demais casos, por livre acordo das partes.

2. É sempre admitido o direito à revisão do contrato quando, em virtude de alteração superveniente e imprevista das circunstâncias, a sua execução se torne excessivamente onerosa para a entidade beneficiária da comparticipação financeira ou manifestamente inadequada à realização do interesse público.

3. A entidade interessada na revisão do contrato envia às demais partes outorgantes uma proposta fundamentada, donde conste expressamente a sua pretensão.

4. As entidades a quem seja enviada uma proposta de revisão do contrato comunicam a sua resposta no prazo máximo de 30 dias após a recepção da mesma.

ARTIGO 22.º
Regime duodecimal

1. Terminado cada ano económico, mediante despacho de autorização da entidade competente para a homologação do respectivo contrato-programa, pode a entidade concedente outorgar com os beneficiários um aditamento ao contrato-programa celebrado para o ano findo, a fim de que sejam liquidadas, até à celebração de novo contrato-programa, as quantias mensais correspondentes ao duodécimo do ano anterior.

2. O aditamento referido no número anterior não pode ter duração superior a três meses.

3. Os montantes liquidados nos termos do aditamento são levados em conta nos valores atribuídos pelos novos contratos-programa ou integralmente restituídos se se não vier a outorgar tais contratos.

ARTIGO 23.º
Suspensão do estatuto de utilidade pública desportiva

Em caso de suspensão do estatuto de utilidade pública desportiva, os apoios decorrentes de contratos-programa de desenvolvimento desportivo, a que a federação desportiva em causa teria direito, são reduzidos em montante proporcional ao período da suspensão, sendo esse valor integrado no orçamento de funcionamento do Instituto do Desporto de Portugal, I. P. (IDP, I. P.)

ARTIGO 24.º
Combate à violência e à dopagem associadas ao desporto

1. O incumprimento da legislação referente quer à luta contra a dopagem no desporto quer ao combate à violência, ao racismo, à xenofobia e à intolerância nos espectáculos desportivos, bem como das determinações das entidades competentes nestas áreas, implica a suspensão de todos os apoios concedidos por parte do Estado, enquanto tal incumprimento se mantiver.

2. Tratando-se de apoios financeiros decorrentes de contratos-programa de desenvolvimento desportivo, a que a federação desportiva em causa teria direito, são os mesmos reduzidos em montante proporcional ao período da suspensão, sendo esse valor integrado no orçamento de funcionamento do IDP, I. P.

ARTIGO 25.º
Obrigações fiscais e para com a segurança social

1. Não podem beneficiar de novos apoios financeiros por parte do Estado, das Regiões Autónomas e das autarquias locais, as entidades que se encontram em situação de incumprimento das suas obrigações fiscais ou para com a segurança social, sendo suspensos os apoios decorrentes de quaisquer contratos-programa em curso enquanto a situação se mantiver.

2. Para efeitos do disposto no número anterior a entidade que pretende beneficiar de apoios financeiros deve prestar consentimento expresso para a consulta da respectiva situação tributária pelos serviços da entidade concedente, nos termos previstos no n.º 1 do artigo 4.º do Decreto-Lei n.º 114/2007, de 19 de Abril.

ARTIGO 26.º
Cessação dos contratos

1. Cessa a vigência dos contratos-programa:

a) Quando esteja concluído o programa de desenvolvimento desportivo que constitui o seu objecto;

b) Quando, por causa não imputável à entidade responsável pela execução do programa, se torne objectiva e definitivamente impossível a realização dos seus objectivos essenciais;

c) Quando a entidade concedente do apoio exerça o seu direito de resolver o contrato;

d) Quando, no prazo estipulado pela entidade concedente, não forem apresentados os documentos mencionados no n.º 2 do artigo anterior.

2. A cessação do contrato efectua-se através de notificação dirigida às demais partes outorgantes, no prazo máximo de 30 dias a contar do conhecimento do facto que lhe serve de fundamento.

CAPÍTULO III
Publicitação dos apoios

ARTIGO 27.º
Publicação dos contratos

1. Os contratos-programa e os contratos de patrocínio desportivo são publicados na 2.ª série do Diário da República, quando celebrados pelo Estado, ou sob a forma de publicação prevista na lei para os respectivos actos, quando a entidade comparticipante for uma região autónoma ou autarquia local.

2. A publicação dos contratos mencionados no número anterior é feita com exclusão dos respectivos anexos, os quais, contudo, devem ser publicitados na íntegra, conjuntamente com o contrato a que dizem respeito, na página electrónica da entidade concedente.

CAPÍTULO IV
Contencioso dos contratos

ARTIGO 28.º
Mora e incumprimento dos contratos

1. O atraso na realização do programa de desenvolvimento desportivo confere à entidade concedente da comparticipação financeira o direito de fixar novo prazo ou novo calendário para a sua execução.

2. Verificado novo atraso, a entidade concedente tem o direito de resolver o contrato, mas as quantias que já tiverem sido pagas a título de comparticipação só lhe devem ser restituídas na medida em que a realização do objecto do contrato ficar comprometido.

3. Quando se verifique mora no pagamento da comparticipação financeira, por parte da entidade concedente, a entidade beneficiária tem o direito de ser compensada pelos prejuízos daí resultantes.

ARTIGO 29.º
Direito à restituição

1. O incumprimento culposo do contrato-programa de desenvolvimento desportivo, por parte da entidade beneficiária da comparticipação financeira, confere à entidade concedente o direito de reaver todas as quantias pagas, quando se verifique a impossibilidade de realização dos fins essenciais do programa.

2. Nos demais casos não referidos no número anterior, o incumprimento confere à entidade concedente apenas o direito de reduzir proporcionalmente a sua comparticipação.

3. Quando, em virtude de incumprimento do contrato por parte da entidade beneficiária da comparticipação financeira, fique incompleta a construção de instalações ou equipamentos desportivos, pode a conclusão das obras ser assumida pela entidade concedente com base na revisão, por mútuo acordo, das condições contratuais, havendo lugar, neste caso, apenas a reposição das quantias pagas na parte correspondente ao incumprimento.

4. Sem prejuízo da responsabilidade das entidades beneficiárias de comparticipações financeiras, os membros dos respectivos órgãos de gestão só respondem pessoalmente pelo reembolso das quantias aplicadas a fins diversos dos fixados no contrato-programa quando se prove ter havido da sua parte actuação dolosa ou fraudulenta.

ARTIGO 30.º
Dever de sustação

1. As entidades que deixarem culposamente de cumprir um contrato-programa de desenvolvimento desportivo não podem beneficiar de novas comparticipações financeiras, enquanto não repuserem as quantias que nos termos do artigo anterior devam ser restituídas.

2. A reposição das quantias a que se refere o número anterior pode ser efectuada mediante a retenção, por parte do IDP, I. P., de verbas afectas a esse ou outros contratos-programa de desenvolvimento desportivo, celebrados pela mesma entidade, desde que não se coloquem em causa os fins essenciais dos mesmos.

ARTIGO 31.º
Litígios

1. Os litígios emergentes da execução dos contratos-programa de desenvolvimento desportivo são submetidos a arbitragem.
2. À constituição e ao funcionamento da arbitragem referida no número anterior é aplicável o disposto na Lei n.º 31/86, de 29 de Agosto.
3. Da decisão arbitral cabe recurso, de facto e de direito, para o tribunal administrativo competente.

CAPÍTULO V
Disposições finais

ARTIGO 32.º
Base de dados interministerial

1. O IDP, I. P., organiza e mantém uma base de dados interministerial que centralize a totalidade dos apoios concedidos por entidades públicas às entidades desportivas, nos termos a definir por portaria do membro do Governo responsável pela área do desporto.
2. Os recursos financeiros necessários ao funcionamento da base de dados mencionada no número anterior são assegurados por verbas provenientes do Orçamento de Estado.

ARTIGO 33.º
Regiões Autónomas

O presente decreto-lei aplica-se às Regiões Autónomas dos Açores e da Madeira, com as devidas adaptações, nos termos da respectiva autonomia político-administrativa, cabendo a sua execução administrativa aos serviços e organismos das respectivas administrações regionais autónomas com atribuições e competências no âmbito do presente decreto-lei, sem prejuízo das atribuições das entidades de âmbito nacional.

ARTIGO 34.º
Norma revogatória

É revogado o Decreto-Lei n.º 432/91, de 6 de Novembro.

ARTIGO 35.º
Entrada em vigor

O presente decreto-lei entra em vigor no 1.º dia do mês seguinte ao da sua publicação.

Visto e aprovado em Conselho de Ministros de 5 de Agosto de 2009. – *Fernando Teixeira dos Santos – Carlos Manuel Baptista Lobo – Jorge Lacão Costa – José António Fonseca Vieira da Silva.*

Promulgado em 17 de Setembro de 2009.

Publique-se.

O Presidente da República, ANÍBAL CAVACO SILVA.

Referendado em 18 de Setembro de 2009.

O Primeiro-Ministro, *José Sócrates Carvalho Pinto de Sousa.*

[52]
Decreto-Lei n.º 314/95, de 24 de Novembro

Regulamento da exploração do jogo do bingo

O Decreto-Lei n.º 10/95, de 19 de Janeiro, veio alterar parte significativa do articulado do Decreto-Lei n.º 422/89, de 2 de Dezembro, diploma que estabelece as condições de exploração das zonas de jogo.

As alterações operadas pelo referido Decreto-Lei n.º 10/95, extensas e profundas no que toca às soluções adoptadas em relação a diversos aspectos do regime das explorações do jogo, nem por isso lograram afastar os grandes princípios que há muito norteiam aquele regime.

Pelo contrário, antes tiveram em vista encontrar soluções coerentes com aqueles princípios, orientando-se, sobretudo, para o reforço da tutela do interesse público patente no regime de concessão de exploração do jogo, interesse esse que, no essencial, se reconduz à defesa da honestidade das explorações, ao combate ao jogo clandestino, à obtenção de receitas públicas e à dinamização turística das regiões onde estão instalados os casinos.

Tais princípios, consagrados no referido Decreto-Lei n.º 422/89, merecem inteiro acolhimento no domínio da exploração do jogo do bingo. Assim sendo, e tendo em conta que determinados aspectos da regulamentação vigente não parecem já mostrar-se adequados à tutela daqueles interesses, afigura-se necessário corrigi-los, nomeadamente no que respeita ao regime de repartição das receitas geradas, ao regime dos empregados das salas de jogo do bingo, às cauções a prestar, aos requisitos das salas, à responsabilidade dos concessionários e ao quadro sancionatório.

Por outro lado, tendo presente o papel que se pretende cometer ao jogo do bingo, enquanto mobilizador do espírito lúdico dos jogadores, afigura-se oportuna a criação de um novo prémio, designado «Prémio de bingo superacumulado», definindo-se as respectivas condições financeiras de exploração e deferindo-se para portaria a regulamentação dos demais aspectos do regime daquele novo prémio.

Nestes termos, procede-se agora à aprovação de um novo regime de exploração de salas de jogo do bingo, revogando-se, em consequência, os diplomas onde a matéria se encontra presentemente disciplinada, nomeadamente o Decreto-Lei n.º 277//82, de 18 de Julho, e o Decreto Regulamentar n.º 76/86, de 31 de Dezembro.

A opção pela revogação integral dos referidos diplomas prende-se não tanto com a extensão e o alcance das alterações a efectuar, mas antes com a necessidade de reunir num único diploma, de forma unitária e coerente, o núcleo do regime jurídico em causa, em termos que, inequivocamente, irão facilitar a aplicação do direito.

Assim:

Nos termos da alínea *a)* do n.º 1 do artigo 201.º da Constituição, o Governo decreta o seguinte:

ARTIGO 1.º
Aprovação

É aprovado o Regulamento da Exploração do Jogo do Bingo (REJB), anexo ao presente diploma e do qual faz parte integrante.

ARTIGO 2.º
Aplicação no tempo

1. Com excepção do artigo 4.º do REJB, que se aplica apenas aos novos contratos, o presente diploma aplica-se aos contratos de concessão de exploração de jogo do bingo que se encontrem actualmente em vigor.

2. Os actuais concessionários da exploração de salas de jogo do bingo devem instalar os painéis luminosos a que alude a alínea *e)* do n.º 2 do artigo 1.º do REJB no prazo máximo de seis meses a contar da data da entrada em vigor do presente diploma.

3. Os actuais concessionários da exploração de salas de jogo do bingo devem dar cumprimento ao disposto no artigo 10.º do REJB no prazo máximo de 180 dias a contar da data da entrada em vigor do presente diploma.

ARTIGO 3.º
Receita do sector público

A parte da receita bruta da venda dos cartões que não se destine a prémios nem à remuneração do concessionário reverte para entidades do sector público, nos termos a definir por resolução do Conselho de Ministros.([150])

ARTIGO 4.º
Director da concessão

Nas explorações de jogo do bingo concessionadas a pessoas singulares, o cargo de director da concessão, quando não haja ocorrido a designação prevista no n.º 2 do artigo 24.º do REJB, é exercido pelo concessionário.

([150]) V. Resolução do Conselho de Ministros n.º 17/96, de 8 de Fevereiro [53].

ARTIGO 5.º
Delegação de competências

Até à entrada em vigor do decreto regulamentar a que se refere o n.º 1 do artigo 18.º do REJB, as competências previstas no n.º 4 do artigo 24.º do REJB podem ser delegadas no "chefe de sala", a que alude a alínea *a)* do n.º 1 do artigo 16.º do Decreto Regulamentar n.º 76/86, de 31 de Dezembro.

ARTIGO 6.º
Norma revogatória

1. São revogados o Decreto-Lei n.º 277/82, de 16 de Julho, e o Decreto Regulamentar n.º 76/86, de 31 de Dezembro, com a redacção que lhe foi dada pelos Decretos Regulamentares n.ºs 34/90, de 3 de Novembro, e 19/93, de 5 de Julho, bem como os diplomas que os regulamentam.

2. Sem prejuízo do disposto no número anterior, mantêm-se em vigor:

a) Os n.ºs 1 e 2 do artigo 16.º do Decreto Regulamentar n.º 76/86, de 31 de Dezembro, até à entrada em vigor do decreto regulamentar a que alude o n.º 1 do artigo 18.º do REJB;

b) O artigo 2.º do Decreto Regulamentar n.º 19/93, de 5 de Julho;

c) O Despacho Normativo n.º 80/85, de 24 de Agosto, até à entrada em vigor da portaria a que alude o n.º 3 do artigo 1.º do REJB;

d) O Despacho do Secretário de Estado do Turismo n.º 20/87, de 27 de Fevereiro, publicado no DR, 2.ª série, n.º 59, de 12 de Março de 1987, até à entrada em vigor da portaria a que alude o n.º 2 do artigo 22.º do REJB;

e) A Portaria n.º 880/93, de 15 de Setembro, até à entrada em vigor da portaria a que se refere o n.º 2 do artigo 5.º do REJB.

ARTIGO 7.º
Aplicação nas Regiões Autónomas

O presente diploma aplica-se nas Regiões Autónomas dos Açores e da Madeira, sem prejuízo das competências transferidas, em matéria do jogo, para os respectivos órgãos de governo próprio.

ARTIGO 8.º
Entrada em vigor

O presente diploma entra em vigor no primeiro dia do mês seguinte ao da sua publicação.

Visto e aprovado em Conselho de Ministros de 27 de Julho de 1995. – *Aníbal António Cavaco Silva – Manuel Dias Loureiro – Eduardo de Almeida Catroga –*

Maria Manuela Dias Ferreira Leite – Fernando Manuel Barbosa Faria de Oliveira – Luís Manuel Gonçalves Marques Mendes.

Promulgado em 13 de Outubro de 1995.

Publique-se.

O Presidente da República, MÁRIO SOARES.

Referendado em 16 de Outubro de 1995.

O Primeiro-Ministro, *Aníbal António Cavaco Silva.*

ANEXO A QUE SE REFERE O ARTIGO 1.º
DO DECRETO-LEI N.º 314/95

Regulamento da Exploração do Jogo do Bingo (REJB)

CAPÍTULO I
Locais e regime de exploração

ARTIGO 1.º
Caracterização do jogo do bingo

1. O bingo é um jogo de fortuna ou azar não bancado.
2. Constituem elementos integrantes do jogo do bingo, nomeadamente, os seguintes:

a) Um conjunto de bolas numeradas de 1 a 90;

b) Séries de cartões com as características a definir na portaria a que alude o número seguinte;

c) Um mecanismo de extracção de bolas;

d) Uma aparelhagem sonora e circuito fechado de televisão;

e) Painéis luminosos, de onde constem o número da jogada, o preço e a quantidade dos cartões vendidos com indicação do primeiro e último números e respectivas séries, o valor dos prémios de linha, bingo acumulado e superacumulado, a quantidade de cartões inutilizados, os números das bolas saídas e a ordem da respectiva sequência.

3. As características e as regras técnicas do jogo do bingo constam das Regras do Jogo do Bingo (RB), a aprovar por portaria do membro do Governo responsável pela área do turismo.

4. A portaria a que se refere o número anterior regulamentará um prémio de bingo, designado «Prémio de bingo superacumulado», em cujas jogadas as salas aderentes funcionam como se de uma única sala se tratasse.

5. A exploração do jogo do bingo é feita com recurso a programação informática elaborada sob a responsabilidade da Inspecção-Geral de Jogos (IGJ).

ARTIGO 2.º
Tutela

A tutela da exploração do jogo do bingo compete ao membro do Governo responsável pela área do turismo.

ARTIGO 3.º
Locais de exploração

1. A prática do jogo do bingo é permitida nos casinos e, fora deles, nos locais previstos nos números seguintes.

2. Por despacho do membro do Governo responsável pela área do turismo, pode ser autorizada a concessão da exploração de salas de jogo do bingo fora da área dos municípios onde se localizam casinos e dos municípios adjacentes, em municípios com mais de 20 000 eleitores, nos termos do número seguinte.

3. Só poderá ser autorizada a exploração de mais de uma sala de jogo do bingo na área de municípios com mais de 60 000 eleitores e na proporção de uma sala por cada 60 000 eleitores residentes em tal área.

ARTIGO 4.º
Concessionários das salas de jogo do bingo

As salas de jogo do bingo só podem ser concessionadas a pessoas colectivas públicas, pessoas colectivas de utilidade pública e empresas do sector turístico que revistam forma societária.

ARTIGO 5.º
Abertura de concurso

1. A atribuição da concessão de exploração de salas de jogo do bingo depende da realização de concurso público.

2. O concurso público é realizado nos termos e condições que forem estabelecidos por portaria do membro do Governo responsável pela área do turismo, da qual constarão, designadamente:
   a) Os requisitos a exigir aos concorrentes;
   b) Os critérios de adjudicação e, se for caso disso, as condições de preferência;
   c) As épocas de funcionamento;
   d) O conteúdo mínimo dos contratos de concessão;
   e) O prazo de concessão;
   f) O montante da caução de seriedade a prestar pelos concorrentes e das garantias financeiras a prestar para bom cumprimento das obrigações assumidas.

3. Tendo em conta o interesse público, o prazo de concessão, quando esta tiver sido adjudicada a pessoa colectiva pública ou de utilidade pública, pode ser prorrogado pelo membro do Governo responsável pela área do turismo, a pedido fundamentado dos concessionários que tenham cumprido as suas obrigações, estabelecendo-se as condições da prorrogação no despacho que a autorize.

4. O pedido a que se refere o número anterior deve ser efectuado pelo menos 180 dias antes do termo do prazo da concessão.

5. Os concessionários que sejam empresas do sector turístico beneficiarão de condições de preferência em futura adjudicação da mesma sala, nos termos a estabelecer no anúncio do concurso e em conformidade com o disposto na portaria referida no n.º 2.

ARTIGO 6.º
Propostas

As propostas devem conter:

a) Identificação completa da entidade concorrente;

b) Documento comprovativo de que o concorrente tem regularizadas as suas obrigações para com o Estado, a segurança social e o Fundo de Turismo (FT);

c) Caução de seriedade, de montante definido na portaria a que alude o n.º 2 do artigo anterior, constituída à ordem do inspector-geral de Jogos;

d) Declaração expressa de aceitação das condições mínimas constantes da portaria a que alude o n.º 2 do artigo anterior;

e) Indicação da capacidade da sala a cuja exploração concorre, com menção do correspondente número de lugares.

ARTIGO 7.º
Adjudicação provisória

1. A adjudicação provisória da exploração das salas de jogo do bingo é feita por despacho do membro do Governo responsável pela área do turismo.

2. A decisão de adjudicação é tomada tendo em conta a idoneidade dos concorrentes, a exequibilidade das propostas, as garantias financeiras oferecidas e as vantagens que à luz do interesse público ofereçam.

ARTIGO 8.º
Adjudicação definitiva

A adjudicação definitiva é feita por contrato em que outorga o membro do Governo responsável pela área do turismo e o representante ou representantes do concessionário, a celebrar no prazo de 90 dias a contar da data da publicação do despacho de adjudicação provisória.

ARTIGO 9.º
Restituição e perda da caução

1. A caução de seriedade será restituída aos concorrentes aquando da adjudicação provisória da concessão, salvo quanto ao adjudicatário, a quem só o será depois da adjudicação definitiva.

2. Constituem fundamento da perda da caução:

a) A não outorga do contrato de concessão no prazo previsto no artigo anterior, quando imputável ao adjudicatário;

b) A prestação de falsas declarações pelos concorrentes.

3. Quando a prestação de falsas declarações a que alude a alínea *b)* do número anterior for imputável a título de mera negligência, serão perdidos apenas 50% do montante da caução.

4. As cauções perdidas nos termos previstos nos números anteriores revertem para o FT.

ARTIGO 10.º
Cauções

1. Os adjudicatários devem prestar caução, à ordem do inspector-geral de Jogos, no montante de 25 000$00 por cada lugar de que as respectivas salas disponham, com um mínimo de 5 000 000$00 e um máximo de 10 000 000$00.

2. A caução a que se refere o número anterior é prestada através de depósito bancário ou, quando mobilizáveis nos termos daquele, através de títulos de dívida pública, garantia bancária ou seguro-caução.

3. As cauções que sejam mobilizadas devem ser renovadas ou reforçadas no prazo de 30 dias a contar da data do conhecimento da respectiva mobilização.

4. As cauções respondem pelo cumprimento das obrigações assumidas no contrato de concessão, pelo pagamento dos prémios e pelas sanções pecuniárias por cujo pagamento o concessionário seja responsável.

5. As cauções são ainda integralmente perdidas a favor do FT quando o concessionário não inicie a exploração do jogo no prazo estabelecido ou a interrompa sem para tanto ter sido autorizado pelo membro do Governo responsável pela área do turismo.

CAPÍTULO II
Das salas e do pessoal

SECÇÃO I
Das salas e seu funcionamento

ARTIGO 11.º
Das salas

1. As salas de jogo do bingo, que visam, fundamentalmente, assegurar a honestidade do jogo e a comodidade dos jogadores e proporcionar uma oferta turística de qualidade, devem satisfazer os requisitos que forem definidos em regulamento da IGJ, sem prejuízo da observância dos requisitos impostos às salas de espectáculos no que se refere a condições de segurança, salubridade, protecção contra incêndios e saídas de emergência.

2. As salas de jogo do bingo devem satisfazer os requisitos de funcionalidade, conforto e comodidade próprios de um estabelecimento de qualidade e serão dotadas de mobiliário, equipamento e utensilagem cujas características e estado de funcionamento devem manter-se continuamente adequados às exigências das explorações e serviços respectivos.

3. Sem prejuízo da intervenção de outras entidades legalmente competentes, o início da exploração das salas de jogo do bingo é autorizado pela IGJ, a qual só poderá recusar a autorização com fundamento no incumprimento do disposto nos números anteriores.

4. Nas salas de jogo do bingo é permitida a realização, nos intervalos das jogadas, de programas de animação de curta duração, devendo o concessionário utilizar para o efeito os meios humanos e técnicos adequados.

5. O concessionário poderá instalar meios de animação anexos às salas, nos termos legais.

ARTIGO 12.º
Proibição de exploração

Nas salas de jogo do bingo não pode ser explorado qualquer outro tipo de jogos.

ARTIGO 13.º
Publicidade

1. É permitida a realização de publicidade nas salas de jogo do bingo.

2. Sem prejuízo da observância da legislação sobre publicidade, os concessionários que realizem publicidade nas respectivas salas devem fazê-lo de forma compatível com o desenrolar do jogo e a comodidade dos frequentadores e dos trabalhadores.

3. A publicidade do jogo do bingo beneficia do regime de excepção previsto no n.º 2 do artigo 21.º do Decreto-Lei n.º 330/90, de 23 de Outubro.

ARTIGO 14.º
Período de funcionamento

1. As salas de jogo do bingo funcionam todos os dias do ano ou da época estabelecida nos contratos de concessão, podendo o membro do Governo responsável pela área do turismo, a pedido fundamentado dos concessionários, autorizar o encerramento por determinado período de tempo ou em alguns dias da semana, sempre com o limite máximo de metade do ano ou da época de funcionamento.

2. As salas de jogo do bingo estão abertas ao público até doze horas por dia, num período compreendido entre as 13 horas de cada dia e as 4 horas do dia seguinte, a definir pelo concessionário, o qual deverá, para o efeito, comunicar à IGJ o horário escolhido, com 12 dias de antecedência.

3. Ao atingir-se a hora de encerramento das salas de jogo do bingo, far-se-á ouvir um sinal sonoro, após o qual só poderá ser anunciada uma única jogada.

SECÇÃO II
Do acesso às salas

ARTIGO 15.º
Restrições de acesso

1. Os concessionários podem cobrar bilhetes de entrada nas salas de jogo do bingo, não devendo o preço de tais bilhetes exceder um montante máximo a fixar anualmente pela IGJ, ouvidas as entidades representativas dos concessionários.

2. O acesso às salas de bingo é reservado, devendo os concessionários e a IGJ recusá-lo aos indivíduos cuja presença nessas salas seja considerada inconveniente, designadamente quando dêem mostras de se encontrar em estado de embriaguez, sob o efeito de estupefacientes ou de drogas equiparadas ou de sofrerem de enfermidade mental, bem como os que de algum modo perturbem a ordem, a tranquilidade e o normal desenrolar dos jogos e o ambiente das salas.

3. Sem prejuízo do disposto no número anterior, é vedado o acesso às salas de jogo do bingo aos indivíduos que se encontrem nas seguintes condições:
   a) Menores de 18 anos;

b) Portadores de armas, engenhos ou matérias explosivas, e de quaisquer aparelhos de registo e transmissão de dados, de imagem ou de som;

c) Membros das Forças Armadas e das corporações paramilitares, de qualquer nacionalidade, quando se apresentem fardados;

d) A quem tenha sido proibido o acesso às salas de jogos pela IGJ.

4. Todo aquele que for encontrado numa sala de jogo do bingo em infracção às disposições legais será mandado retirar pelos inspectores da IGJ ou pelo responsável pela sala, ficando preventivamente interdita a sua entrada e seguindo-se processo administrativo, quando a ocorrência a isso dê lugar, por infracção tipificada e sancionada.

5. Sempre que o responsável pela sala use a faculdade que lhe é atribuída pelo número anterior, deverá comunicar a sua decisão, no prazo de vinte e quatro horas, ao serviço de inspecção, indicando os motivos que a justificaram bem como as testemunhas que podem ser ouvidas sobre os factos, pedindo a confirmação da medida adoptada.

6. A expulsão das salas de jogo do bingo por força do disposto nos números anteriores implica a proibição preventiva de acesso a essas salas, a decretar nos termos do artigo seguinte, e dá lugar:

a) A processo contra-ordenacional, nos termos dos artigos 43.° e 44.°, quando a expulsão se funde na prática de contra-ordenação;

b) A processo criminal, quando a expulsão se funde na prática de um crime.

ARTIGO 16.°
Proibição de acesso

1. Por sua iniciativa, ou a pedido justificado dos concessionários ou dos próprios interessados, o inspector-geral de Jogos pode proibir o acesso às salas de jogos a quaisquer indivíduos por períodos não superiores a dois anos.

2. Quando a proibição for meramente preventiva ou cautelar, não poderá exceder um ano e deverá fundar-se em indícios suficientes de inconveniência da presença dos frequentadores nas salas de jogo do bingo.

3. Das decisões tomadas pelo inspector-geral de Jogos por força do disposto nos números anteriores e no artigo anterior cabe recurso para o membro do Governo responsável pela área do turismo.

ARTIGO 17.°
Acesso às salas

1. A entrada e permanência nas salas de jogo do bingo é condicionada à posse de um dos seguintes documentos de identificação:

a) Em relação a residentes no território português:
   i) Bilhete de identidade;
   ii) Passaporte;
   iii) Bilhete de identidade militar;
   iv) Autorização de residência;
   v) Carta de condução;
   vi) Cartão diplomático.

b) Em relação a não residentes no território português, qualquer documento oficial de identificação, passado pelas autoridades portuguesas ou do país onde residam, desde que dele conste, para além do nome do titular, a idade, a fotografia, a assinatura e o país de residência.

2. Os porteiros das salas de jogo do bingo devem solicitar a exibição de um dos documentos de identificação previstos no número anterior, quando a aparência do frequentador for de molde a suscitar dúvidas sobre o cumprimento do requisito constante da alínea *a)* do n.º 3 do artigo 15.º

3. O acesso às salas de jogo do bingo é ainda condicionado à observância da lotação máxima, a fixar pela IGJ, sob proposta do concessionário e ouvida a Comissão de Apreciação de Projectos de Obras (CAPO).

SECÇÃO III
Do pessoal

ARTIGO 18.º
Pessoal

1. As profissões e categorias profissionais do pessoal das salas de jogo do bingo, bem como os respectivos conteúdos funcionais, são aprovados por decreto regulamentar.

2. Os concessionários devem dotar os quadros de pessoal das salas de jogo do bingo por forma a assegurar o regular funcionamento de todos os serviços, nos termos legal e contratualmente estabelecidos.

3. Sempre que a IGJ considere que o disposto no número anterior não está a ser cumprido, deve notificar o respectivo concessionário para, no prazo de 15 dias, alterar o quadro de pessoal, nos termos determinados por aquela Inspecção, ou fazer prova de que o funcionamento dos serviços está a ser efectuado nos termos legal e contratualmente estabelecidos.

4. A IGJ quando, após a diligência a que se refere o número anterior, considere violado o disposto no n.º 2, fixa novo prazo de 15 dias para que o quadro de pessoal seja alterado nos termos previstos no primeiro daqueles números.

5. A nenhum empregado dos concessionários, ainda que prestando serviço fora das salas de jogo do bingo, pode ser atribuída a designação de inspector ou subinspector, acompanhada ou não de qualquer qualificativo.

6. Os concessionários devem notificar, por escrito, os empregados das salas de jogo do bingo dos regulamentos a emitir pela IGJ ao abrigo do artigo 31.º, quando tais regulamentos directa ou indirectamente digam respeito a esses empregados.

ARTIGO 19.º
Deveres dos empregados

Os empregados dos concessionários de jogo do bingo que prestem serviço nas respectivas salas, bem como outros indivíduos que sejam autorizados a exercer funções em tais salas são obrigados a:

a) Cumprir e fazer cumprir, na parte que lhes diga respeito, as disposições legais e regulamentares, incluindo os regulamentos da IGJ, respeitantes à exploração e à prática do jogo e ao exercício da sua profissão que lhes forem notificados nos termos previstos no n.º 6 do artigo anterior;

b) Exercer as suas funções com zelo, diligência e correcção;

c) Cuidar da apresentação pessoal e usar, quando em serviço, o trajo aprovado pelo concessionário.

ARTIGO 20.º
Actividades proibidas aos empregados

1. A todos os empregados que prestam serviço nas salas de jogo do bingo é proibido:
    a) Tomar parte no jogo, directamente ou por interposta pessoa;
    b) Fazer empréstimos nas salas de jogo do bingo ou nas dependências ou anexos dos imóveis onde estejam instaladas aquelas salas;
    c) Ter em seu poder cartões do jogo do bingo e dinheiro ou símbolos convencionais que o representem cuja proveniência ou utilização não possam ser justificadas pelo normal funcionamento do jogo;
    d) Ter participação, directa ou indirecta, nas receitas do jogo;
    e) Solicitar gratificações ou manifestar, por qualquer modo, o propósito de as obter.

2. Para efeitos do disposto na alínea *d)* do número anterior, não se considera participação nas receitas do jogo a atribuição de retribuição variável em função das receitas brutas do jogo apuradas na respectiva sala.

ARTIGO 21.º
Segredo profissional

Os empregados das salas de jogo do bingo devem guardar sigilo de todas as informações que obtenham no exercício das suas funções, excepto quando inquiridos por autoridade policial ou pelos inspectores da IGJ.

ARTIGO 22.º
Gratificações

1. Aos empregados das entidades concessionárias da exploração de salas de jogo do bingo que prestem serviço em tais salas é permitido aceitar as gratificações que, espontaneamente, lhes sejam dadas pelos jogadores.

2. As regras de distribuição das gratificações atribuídas ao pessoal são aprovadas por portaria do membro do Governo responsável pela área do turismo, ouvidos os representantes dos trabalhadores.

CAPÍTULO III
Dos órgãos dos concessionários

ARTIGO 23.º
Representação do concessionário

1. Os titulares dos órgãos executivos são, para todos os efeitos, representantes legais do concessionário nas relações deste com a IGJ, considerando-se as notificações ou comunicações feitas a um deles como feitas ao próprio concessionário.

2. A identificação dos titulares dos órgãos sociais do concessionário deve ser comunicada à IGJ no prazo de 15 dias a contar da eleição ou designação daqueles.

ARTIGO 24.º
Director da concessão

1. As salas de jogo do bingo são geridas pelo director da concessão.
2. O cargo de director da concessão é exercido pelo membro do órgão executivo do concessionário que vier a ser designado para o efeito.
3. Na falta da designação a que se refere o número anterior, o cargo de director da concessão é exercido pelo dirigente máximo do órgão executivo do concessionário.
4. Ao director da concessão compete:

a) Manter em bom estado de conservação todos os bens afectos à exploração;

b) Participar à IGJ as infracções ao presente Regulamento e legislação complementar cometidas por empregados ou frequentadores;

c) Prestar todos os esclarecimentos e informações que lhe forem solicitados pela IGJ, facultando prontamente a esta os livros e documentos da contabilidade especial do jogo;

d) Assegurar o bom funcionamento de todos os equipamentos de jogo, instalações e serviços da sala de jogo do bingo;

e) Dirigir e controlar a sala, devendo permanecer na mesma durante o período do respectivo funcionamento;

f) Tomar as decisões relativas à marcha das várias operações, de acordo com as normas técnicas do jogo do bingo;

g) Gerir o pessoal do concessionário que preste serviço na sala de jogo do bingo;

h) Velar pelo rigoroso cumprimento, por parte dos empregados do concessionário que prestam serviço na sala de jogo do bingo, dos deveres que lhes são impostos pelo presente Regulamento e legislação complementar;

i) Anualmente, até 15 de Janeiro, enviar à IGJ relação nominal, por categorias, do pessoal dos quadros, bem como dos restantes indivíduos que prestam serviço na sala de jogo do bingo, a qual será actualizada logo que se verifiquem alterações;

j) Assegurar a exacta escrituração da contabilidade especial do jogo do bingo;

l) Manter a disciplina na sala de jogo do bingo, zelando pelo bom nível social da mesma.

5. O director da concessão pode:

a) Delegar as competências previstas no número anterior em empregado do concessionário com a categoria profissional mais elevada a estabelecer no decreto regulamentar a que se refere o n.º 1 do artigo 18.º;

b) Nomear um ou mais substitutos do delegado a que se refere a alínea anterior, que exercerá as competências delegadas naquele nas ausências e impedimentos do mesmo.

6. A nomeação do director da concessão bem como a delegação e a nomeação previstas no número anterior devem ser comunicadas à IGJ antes da data do início das funções, sob pena de ineficácia.

CAPÍTULO IV
Cartões de jogo do bingo

ARTIGO 25.º
Cartões de bingo

Os cartões do jogo do bingo são editados sob a responsabilidade da IGJ, a qual deverá promover a entrega de tais cartões aos concessionários, mediante requisição destes, depois de pago o respectivo custo.

CAPÍTULO V
Distribuição de receitas

ARTIGO 26.º
Receita destinada a prémios

Da verba correspondente à receita bruta da venda dos cartões, são reservados a prémios:
a) 55%, no caso das salas de jogo do bingo instaladas fora dos casinos;
b) 60%, no caso das salas de jogo do bingo instaladas nos casinos.

ARTIGO 27.º
Receita dos concessionários

1. Por resolução do Conselho de Ministros são definidas as percentagens da receita bruta da venda dos cartões, as quais constituem receita dos concessionários das salas de jogo do bingo fora dos casinos.([151])

2. No caso das salas de bingo instaladas nos casinos, a parte da receita bruta da venda dos cartões não destinada a prémios constitui receita das respectivas empresas concessionárias, nos termos da legislação própria.

ARTIGO 28.º
Aplicação dos lucros das salas concessionadas a clubes desportivos

1. Sem prejuízo do disposto no número seguinte, os lucros das explorações das salas de jogo do bingo concessionadas a clubes desportivos confirmados pela IGJ, nos termos previstos na legislação aplicável e nos contratos de concessão, serão aplicados, mediante planos a aprovar para cada caso pelo Instituto dos Desportos (INDESP), no desporto recreação e no desporto rendimento promovidos pelo clube concessionário, por forma a contemplar os diversos factores de desenvolvimento desportivo, designadamente as infra-estruturas.

2. Enquanto não estiver encerrado o respectivo exercício, poderão os clubes ser autorizados a despender as disponibilidades resultantes da exploração do jogo do bingo que se forem gerando no decurso de cada ano económico, nos termos previstos em plano previsional previamente aprovado pelo INDESP e estruturado ao abrigo do disposto no número anterior.

3. Os planos de aplicação de resultados e os planos previsionais serão submetidos ao INDESP, nos seguintes prazos:
a) Plano de aplicação de resultados: no prazo de 60 dias a contar da confirmação dos resultados pela IGJ;
b) Plano previsional: até 31 de Dezembro do ano anterior ao da realização da receita;

4. Os planos referidos no número anterior serão organizados de acordo com ficha-modelo de planeamento aprovada por despacho do presidente do INDESP, a publicar na 2.ª série do *Diário da República*, e apreciados nos 30 dias subsequentes à sua apresentação, podendo aquele determinar as alterações que julgar convenientes.

5. Conjuntamente com os planos de aplicação de resultados relativos a cada ano, os clubes deverão apresentar relatórios circunstanciados da execução dos planos relativos ao ano antecedente, os quais serão apreciados nos termos do número anterior.

([151]) V. Resolução do Conselho de Ministros n.º 17/96, de 8 de Fevereiro [53].

6. Os lucros das explorações das salas de jogo do bingo concessionadas a outras pessoas colectivas de utilidade pública ou a pessoas colectivas de direito público confirmados pela IGJ, nos termos da legislação aplicável e nos contratos de concessão, serão aplicados, mediante planos a aprovar e a fiscalizar pela IGJ, nas finalidades estatutárias daquelas entidades ou contratualmente estabelecidas.

7. A não apresentação dos planos e relatórios referidos nos n.ºs 1 e 5 dentro dos prazos legal e contratualmente estabelecidos ou suas eventuais prorrogações, bem como a aplicação de verbas de forma diversa da autorizada, darão lugar ao levantamento de autos de notícia pelo INDESP, os quais terão o valor jurídico atribuído aos levantados por autoridade policial.

8. Nos 10 dias seguintes à data do seu levantamento, os autos a que alude o número anterior serão enviados à IGJ para efeitos de procedimento administrativo a que as infracções cometidas dêem lugar e para aplicação da respectiva sanção, nos termos previstos no presente Regulamento.

9. Dos actos a praticar pelo INDESP ao abrigo do disposto nos números anteriores será dado conhecimento à IGJ no prazo de oito dias.

ARTIGO 29.º
Prémio de bingo superacumulado

1. A repartição das receitas geradas pela venda de cartões de jogo do bingo para atribuição do «Prémio de bingo superacumulado», a que se refere o n.º 4 do artigo 1.º, rege-se pelo disposto nos números seguintes.

2. O «Prémio de bingo superacumulado» é constituído por 60% da receita bruta dos cartões vendidos em todas as salas que participam na jogada e é atribuído ao jogador que preencha a totalidade do cartão com o menor número de bolas anunciadas.

3. Ao jogador que, em cada sala, preencha a totalidade do cartão com o menor número de bolas anunciadas é atribuído um prémio de bingo de sala, constituído por 10% da receita bruta da venda dos cartões gerada na respectiva na sala.

4. Os concessionários das salas de jogo do bingo beneficiam de 20% da receita bruta da venda dos cartões gerada na respectiva sala.

5. O remanescente da receita da venda dos cartões, quando gerada nas salas de jogo do bingo dos casinos e depois de deduzidas as percentagens para prémios previstas nos n.ºs 2 e 3, constitui receita das respectivas empresas concessionárias, nos termos da legislação própria.

ARTIGO 30.º
Entrega de receitas

1. Os concessionários das salas de jogo do bingo serão fiéis depositários das importâncias a que alude o artigo 3.º do diploma preambular, procedendo ao seu depósito na Caixa Geral de Depósitos, em conta a indicar pela IGJ, até ao dia 10 de cada mês em relação ao mês anterior e remetendo àquela Inspecção um exemplar da guia, averbada do pagamento, nos três dias posteriores ao depósito.

2. A IGJ promoverá a entrega das importâncias a que se refere o número anterior até ao dia 15 de cada mês, relativamente às importâncias depositadas no mês anterior.

CAPÍTULO VI
Fiscalização

ARTIGO 31.º
Princípio geral

1. A exploração e a prática do jogo do bingo e a execução das obrigações dos concessionários ficam sujeitas à fiscalização do Estado, exercida pela IGJ e pelas demais entidades a quem a lei atribua competências neste domínio.

2. As normas relativas à exploração e prática do jogo do bingo são de interesse e ordem pública, devendo a IGJ aprovar os regulamentos necessários à exploração e prática daquele no respeito dessas normas.

3. A emissão dos regulamentos a que se refere o número anterior será precedida de consulta aos concessionários e, quando a natureza da matéria a regular o justifique, às entidades representativas dos trabalhadores, devendo a IGJ, para o efeito, enviar àqueles o texto integral do projecto, fixando-lhes um prazo, não inferior a 10 dias, para se pronunciarem por escrito.

ARTIGO 32.º
Âmbito

1. As funções de inspecção e fiscalização compreendem, designadamente:

a) O cumprimento das obrigações assumidas pelos concessionários de salas de jogo do bingo e das que incumbem aos agentes destes;

b) O funcionamento das salas e locais de jogo;

c) O material destinado ao jogo;

d) A prática do jogo;

e) A observância do disposto no n.º 2 do artigo 13.º no tocante à realização de publicidade;

f) A contabilidade especial do jogo e a escrita comercial dos concessionários.

g) O cumprimento das obrigações tributárias.

2. As competências atribuídas à IGJ pelo número anterior, no que respeita à escrita comercial dos concessionários, às obrigações tributárias destes e ao cumprimento do que a lei impõe aos respectivos empregados, serão exercidas sem prejuízo das competências próprias da Direcção-Geral das Contribuições e Impostos nesses domínios.

3. A fiscalização será assegurada por inspectores da IGJ.

ARTIGO 33.º
Dever de informação

Os concessionários da exploração do jogo do bingo e os seus empregados devem facultar aos inspectores da IGJ as informações necessárias ao desempenho das funções daqueles e acatar e fazer cumprir os regulamentos daquela Inspecção.

ARTIGO 34.º
Consulta de documentos

1. Os concessionários da exploração do jogo do bingo devem manter à disposição dos inspectores da IGJ a documentação relativa à escrituração especial do jogo do bingo e da sua escrita comercial, bem como facultar-lhes os demais elementos e informações relativos ao objecto da concessão.

2. Na ausência ou impedimento dos administradores, directores, gerentes ou outros responsáveis, os inspectores da IGJ podem efectuar as diligências urgentes e necessárias para obter, em tempo útil, os elementos referidos no número anterior.

ARTIGO 35.º
Contabilidade especial do jogo do bingo

1. Sem prejuízo do estabelecido na lei geral, os concessionários da exploração do jogo do bingo são obrigados a possuir e manter escriturados em dia os livros e impressos da contabilidade especial do jogo do bingo, de modelo a aprovar pela IGJ.
2. Os livros, com folhas numeradas e rubricadas, terão termos de abertura e de encerramento assinados por inspector da IGJ e cada operação será neles registada no momento da respectiva realização.
3. Os impressos, depois de numerados, são rubricados ou chancelados por inspector da IGJ, podendo ser adoptados outros meios de autenticação, designadamente a utilização de máquinas.
4. Os livros, impressos e demais suportes documentais previstos no presente Regulamento e em legislação complementar podem ser substituídos por registos informáticos, em termos a fixar pela IGJ, ouvidos os concessionários.

ARTIGO 36.º
Autos de notícia

Os autos de notícia levantados pelos inspectores da IGJ por infracções previstas no presente Regulamento têm o valor juridicamente atribuído aos autos levantados por autoridade policial.

CAPÍTULO VII
Das infracções e sua sanção

SECÇÃO I
Da responsabilidade

ARTIGO 37.º
Responsabilidade administrativa

1. O incumprimento, pelos concessionários, ainda que sem culpa, das obrigações legal e contratualmente estabelecidas constitui infracção administrativa punida com multa e rescisão do contrato, nos termos dos artigos 38.º a 40.º.
2. O disposto no número anterior é aplicável aos concessionários quando as infracções sejam cometidas por empregados ou agentes destes.
3. A responsabilidade dos concessionários não prejudica a responsabilidade penal ou contra-ordenacional dos respectivos empregados ou agentes pelas infracções cometidas.
4. Pelo pagamento das multas são responsáveis os concessionários e, subsidiariamente, quando aquelas multas respeitem a factos ocorridos no período da respectiva gerência, os titulares dos órgãos executivos de tais concessionários, ainda que estes hajam sido extintos ou perdido essa qualidade.

5. Sem prejuízo do disposto no número anterior, não haverá lugar a responsabilidade dos titulares dos órgãos executivos quando aqueles provem que não lhes é imputável nem a infracção cometida nem a insuficiência do património do concessionário para o pagamento da multa.

6. Os concessionários são subsidiariamente responsáveis pelas coimas aplicadas aos respectivos empregados, nos termos do artigo 41.º

7. Quando a responsabilidade dos concessionários for imputada a título de mera negligência, os valores mínimos e máximos das multas a aplicar serão reduzidos a dois terços dos valores estabelecidos no n.º 1 do artigo 39.º, não podendo, em caso algum, exceder o montante previsto na alínea *b)* do n.º 3 do artigo 17.º do Decreto-Lei n.º 433/82, de 27 de Outubro, com a redacção que lhe foi dada pelo Decreto-Lei n.º 356/89, de 17 de Outubro.

8. Quando a responsabilidade dos concessionários não se funde na culpa destes, os valores mínimos e máximos das multas a aplicar serão reduzidos a metade dos valores estabelecidos no n.º 1 do artigo 39.º

9. As multas e as coimas previstas, respectivamente, nos artigos 39.º, 41.º e 43.º encontram-se expressas em escudos com poder aquisitivo referido ao ano de 1995 e serão actualizadas com efeitos a partir do dia 1 de Março de cada ano, tendo em conta o índice médio de preços no consumidor, no continente, excluindo a habitação, publicado pelo Instituto Nacional de Estatística, arredondando-se para a dezena de contos imediatamente inferior.

SECÇÃO II
Das infracções administrativas

ARTIGO 38.º
Infracções cometidas pelos concessionários[152]

As violações do presente Regulamento, quando imputáveis aos concessionários da exploração de salas de jogo do bingo, constituem infracções administrativas consideradas:

1) Leves, quando não expressamente qualificadas como graves ou muito graves, salvo se da sua prática resultarem prejuízos para terceiros ou benefícios para o concessionário, caso em que serão qualificadas como graves;

2) Graves, as seguintes:
   a) O início da exploração do jogo sem prévia autorização da IGJ;
   b) A inobservância do disposto nos n.ºs 1 e 2 do artigo 11.º;
   c) A inobservância do disposto no n.º 2 do artigo 13.º;
   d) A inobservância do disposto nos n.ºs 1 e 2 do artigo 14.º;
   e) A cobrança de bilhetes de acesso às salas cujo preço exceda o montante máximo a que alude o n.º 1 do artigo 15.º;
   f) O incumprimento do disposto nos n.ºs 2 e 3 do artigo 15.º;
   g) A admissão nas salas de indivíduos em violação do disposto no n.º 2 do artigo 17.º;
   h) A violação dos conteúdos funcionais previstos no decreto regulamentar a que alude o n.º 1 do artigo 18.º;
   i) A violação do disposto no n.º 2 do artigo 18.º, quando reconhecida nos termos previstos no n.º 4 do mesmo artigo;
   j) A venda de cartões de numeração não seguida ou de séries diferentes;
   l) A recusa em referir no livro próprio as reclamações apresentadas pelos jogadores;

---

[152] V. Ac. STA de 09/12/2004 [54, p. 598].

m) A falta de entrega atempada das receitas de que são fiéis depositários;
  n) A inexistência ou falta de escrituração dos livros e impressos ou dos suportes informáticos exigidos pela IGJ;
  o) A inobservância dos prazos estabelecidos para o cumprimento de obrigações legais ou contratuais no âmbito da concessão
  p) A utilização de equipamento de jogo cujo modelo não haja sido aprovado pela IGJ;
  q) A recusa de colaboração devida aos inspectores da IGJ, quando no exercício das respectivas funções;
  r) O incumprimento dos regulamentos e despachos emitidos pela IGJ nos termos do artigo 31.°, quando o mesmo não for muito grave.
3) Muito graves, as seguintes:
  a) A violação do disposto no artigo 12.°;
  b) A venda de cartões por preço superior ao valor facial dos mesmos;
  c) A concessão de empréstimos aos jogadores, independentemente da forma que a mesma revista;
  d) A participação no jogo, na qualidade de jogadores, de membros dos órgãos sociais dos concessionários;
  e) A inobservância das regras do jogo do bingo constantes do RB;
  f) O incumprimento do disposto no n.° 4 do artigo 24.° pelo director da concessão, ou quando este haja exercido as faculdades previstas no n.° 5 do mesmo artigo, pelo delegado do director da concessão ou pelo substituto daquele;
  g) A não apresentação dos planos e relatórios referidos no artigo 28.° nos prazos legal e contratualmente estabelecidos ou nas suas eventuais prorrogações, bem como a disposição ou aplicação de verbas de forma diversa da autorizada ou sem autorização;
  h) As infracções previstas no n.° 1 do artigo 40.°, quando a gravidade das mesmas não justifique a rescisão do contrato.

ARTIGO 39.°
Sanções([153])

1. As infracções a que alude o artigo anterior serão sancionadas do seguinte modo:
  a) As infracções leves, com multa de 50 000$00 a 200 000$00;
  b) As infracções graves, com multa de 200 000$00 a 500 000$00;
  c) As infracções muito graves, com multa de 500 000$00 a 2 000 000$00.

2. As multas referidas no número anterior serão aplicadas pelo inspector-geral de Jogos, com recurso para o membro do Governo responsável pela área do turismo, sem prejuízo da responsabilidade criminal a que haja lugar.

3. Na falta de pagamento voluntário das multas no prazo de 30 dias a contar da notificação ou, tendo havido recurso hierárquico dentro dos 5 dias posteriores à notificação da respectiva decisão, proceder-se-á à sua cobrança coerciva, nos termos prescritos para as contribuições e impostos do Estado, mediante certidão emitida pela IGJ, da qual devem constar a proveniência da dívida, a importância da mesma, a data de vencimento, a designação da entidade devedora e a respectiva sede.

4. As multas previstas no n.° 1 constituem receita do FT.

5. Sob proposta da IGJ, o membro do Governo responsável pela área do turismo poderá ordenar, sem prejuízo da aplicação das multas previstas, o encerramento das salas de jogo do bingo por um período de oito dias a seis meses, quando se trate de infracções muito graves.

([153]) V. Acs. STA de 10/11/2004 e de 24/06/2004 [**54**, p. 598].

ARTIGO 40.º
Rescisão dos contratos

1. Constituem comportamentos susceptíveis de determinar a rescisão dos contratos de concessão:

a) A utilização de cartões não editados nos termos previstos no artigo 25.º;

b) A não prestação das garantias a que os concessionários se encontram obrigados;

c) A comissão reiterada de infracções graves ou muito graves;

d) O incumprimento das obrigações assumidas no contrato de concessão;

e) A cessão da exploração do jogo ou de qualquer outra actividade que constitua objecto da concessão, quando não autorizada pelo membro do Governo responsável pela área do turismo;

f) A constituição em mora do concessionário, por dívidas ao Estado relativas a contribuições ou impostos ou à segurança social.

2. A rescisão dos contratos de concessão é da competência do membro do Governo responsável pela área do turismo.

SECÇÃO III
Das contra-ordenações

ARTIGO 41.º
Contra-ordenações cometidas pelos empregados([154])

1. Constituem contra-ordenações puníveis com coima de 30 000$00 a 300 000$00:

a) Tomar parte no jogo, directamente ou por interposta pessoa;

b) Usar de meios fraudulentos na prática do jogo;

c) Fazer empréstimos nas salas de jogo do bingo ou nos seus anexos;

d) Vender cartões por preço superior ao valor facial dos mesmos.

2. Constituem contra-ordenações puníveis com coima de 20 000$00 a 200 000$00:

a) A violação do disposto nas alíneas *b)* e *c)* do artigo 19.º;

b) Solicitação de gratificações ou manifestação, por qualquer forma, do propósito de as obter;

c) Retenção em seu poder de cartões de jogo do bingo, cheques ou dinheiro cuja proveniência não possa ser justificada pelo desenrolar normal do jogo;

d) Permissão de acesso às salas em violação do disposto nas alíneas *a)* e *c)* do n.º 3 do artigo 15.º;

e) Incumprir os regulamentos emanados da IGJ ao abrigo do artigo 31.º, quando notificados nos termos do n.º 6 do artigo 18.º.

3. A negligência e a tentativa são puníveis.

ARTIGO 42.º
Sanções

1. Além da coima aplicável, a prática das contra-ordenações previstas no artigo anterior pode implicar, como sanção acessória, a interdição temporária do exercício da profissão até 180 dias, no caso das infracções previstas no n.º 1, ou até 60 dias, no caso das infracções previstas no n.º 2.

([154]) V. Acs. STA de 10/11/2004 e de 24/06/2004 **[54**, p. 598].

2. A aplicação da coima e da sanção acessória de interdição temporária do exercício da profissão compete ao inspector-geral de Jogos, ouvido o Conselho Consultivo de Jogos, cabendo aos inspectores da IGJ instruir os respectivos processos.

3. A decisão do inspector-geral de Jogos que aplica a coima e a sanção acessória é susceptível de impugnação judicial.

ARTIGO 43.º
**Contra-ordenações cometidas
pelos frequentadores**

1. Constituem contra-ordenações puníveis com coima de 50 000$00 a 500 000$00:

a) A falsificação de cartões não pertencentes à série anunciada e postos em circulação para determinada jogada ou vendidos para jogadas anteriores;

b) A reincidência em infracções da mesma natureza em prazo não superior a um ano, contado do despacho definitivo sancionatório da anterior infracção.

2. Constituem contra-ordenações puníveis com coima de 20 000$00 a 200 000$00:

a) A recusa de identificação a pedido do responsável pela sala ou dos inspectores da IGJ;

b) A interrupção da partida sem motivo atendível;

c) A prática de actos que perturbem a ordem, a tranquilidade e o desenrolar normal do jogo, bem como o ambiente da sala e do respectivo vestíbulo;

d) A falta de colaboração devida aos inspectores da IGJ, quando no exercício das suas funções.

3. Constitui contra-ordenação punível com coima de 5 000$00 a 50 000$00 a entrada nas salas sem estar na posse de um dos documentos a que alude o n.º 1 do artigo 17.º.

4. A negligência e a tentativa são puníveis.

ARTIGO 44.º
Sanções

1. Além da coima aplicável, a prática das contra-ordenações previstas no artigo anterior pode implicar, como sanção acessória, a proibição de entrada nas salas de jogo do bingo até dois anos, no caso das infracções previstas no n.º 1, ou até um ano, no caso das infracções previstas no n.º 2.

2. A aplicação da coima e da sanção acessória de interdição temporária de entrada nas salas de jogo do bingo compete ao inspector-geral de Jogos, ouvido o Conselho Consultivo de Jogos, cabendo aos inspectores da IGJ instruir os respectivos processos.

3. A decisão do inspector-geral de Jogos que aplica a coima e a sanção acessória é susceptível de impugnação judicial.

ARTIGO 45.º
Destino das coimas

As coimas previstas no presente Regulamento revertem:
a) 60% para o Estado;
b) 40% para o FT.

CAPÍTULO VIII
Disposições finais

ARTIGO 46.º
Direito subsidiário

Em tudo o que não estiver previsto no presente Regulamento, observar-se-á, com as necessárias adaptações, o disposto na legislação que disciplina a exploração dos jogos de fortuna ou azar nos casinos.[155]

ARTIGO 47.º
Salas de jogo de bingo instaladas em casinos

Na exploração e prática do jogo do bingo nos casinos observar-se-á o disposto no presente Regulamento, com excepção das normas que não lhe sejam aplicáveis e das que sejam prejudicadas pela legislação respeitante à exploração de jogos nos casinos.

---

[155] V. Decreto-Lei n.º 422/89, de 2 de Dezembro, com a redacção alterada pelo Decreto-Lei n.º 10/95, de 19 de Janeiro, e pelo Decreto-Lei n.º 28/2004, de 16 de Julho.

[53]

Resolução do Conselho de Ministros n.º 17/96, de 8 de Fevereiro[156]

Distribuição da receita de exploração das salas de jogo do bingo concessionadas a clubes desportivos

O n.º 1 do artigo 27.º do Regulamento da Exploração do Jogo do Bingo, aprovado pelo Decreto-Lei n.º 314/95, de 24 de Novembro, determina que as percentagens da receita bruta da venda de cartões que constituem receita dos concessionários das salas de jogo do bingo fora dos casinos são estabelecidas por resolução do Conselho de Ministros.

Em cumprimento de tal disposição foi publicada no *Diário da República*, 1.ª série, n.º 272, de 24 de Novembro de 1995, a Resolução do Conselho de Ministros n.º 150/95, aprovada pelo anterior Governo em 12 de Outubro de 1995, a qual vem estabelecer que constituem receitas dos concessionários que sejam pessoas colectivas de utilidade pública 33% da receita bruta da venda de cartões.

De entre tais concessionários avultam os clubes desportivos, que, atentas as funções sociais e de interesse público que prosseguem, desde 1982 – ano da criação do bingo em Portugal – beneficiaram de um regime especial, nos termos do qual as importâncias correspondentes a 35% daquelas receitas têm constituído receita do concessionário.

Porém, de 1990 até 1995, os diversos diplomas que se publicaram vêm diminuindo sistematicamente a percentagem que constitui receita dos clubes desportivos ou que está afecta a outras finalidades desportivas, num tratamento de desfavor em relação aos restantes concessionários que se não justifica.

Nestes termos, importa estabelecer regras específicas para o caso das explorações concessionadas a clubes desportivos, propósito que se prossegue com a presente resolução.

Assim:

([156]) Publicada no *Diário da República*, I Série-B, n.º 48, de 26/02/1996, p. 374.

Nos termos da alínea g) do artigo 202.º da Constituição, do artigo 3.º do Decreto-Lei n.º 314/95, de 24 de Novembro, e do n.º 1 do artigo 27.º do regulamento por ele aprovado, o Conselho de Ministros resolveu:

1. Constitui receita dos clubes desportivos concessionários de salas de jogo do bingo a percentagem de 35% da receita bruta da venda de cartões.

2. A parte da receita bruta não reservada a prémios nem destinada a remuneração dos concessionários será distribuída da forma e nas percentagens seguintes:

Instituto do Desporto (INDESP) – 50%;
Inspecção-Geral de Jogos (IGJ) – 25%;
Modernização de estádios – 25%.

3. O montante destinado à modernização de estádios será entregue ao INDESP, a quem compete a sua posterior repartição.

Presidência do Conselho de Ministros, 8 de Fevereiro de 1996. – O Primeiro--Ministro, *António Manuel de Oliveira de Guterres.*

TÍTULO V
JURISPRUDÊNCIA SELECCIONADA

ÍNDICE DE JURISPRUDÊNCIA

JURISPRUDÊNCIA NACIONAL

– Acidentes desportivos

– Agente de jogadores

– Animais

– Apostas

– Competência jurisdicional

– Contratos-programa

– Corrupção desportiva

– Danos morais

– Direito à imagem

– Eventos desportivos

– Impostos

– Inscrição de jogadores

– Infra-estruturas desportivas

– Relação laboral desportiva

– Seguro desportivo

– Símbolos olímpicos

– Subsídios ao desporto

– Treinador

– Violência

JURISPRUDÊNCIA COMUNITÁRIA

[54]
JURISPRUDÊNCIA NACIONAL

ACIDENTES DESPORTIVOS

Acórdão TRG de 03-12-2009
Relator Conceição Bucho; Processo 2321/05.7TBVCT.G1
Descritores: Actividades perigosas; Ónus da prova

Sumário: I – O art. 493.º, n.º 2, do CC estabelece uma inversão do ónus da prova presumindo a culpa do demandado, ao qual cabe provar que empregou todas as cautelas exigidas pelas circunstâncias com o fim de prevenir os danos ocorridos;

II – Em relação às actividades perigosas, o lesante só poderá exonerar-se da responsabilidade provando que empregou todas as providências exigidas para evitar o efeito danoso;

III – Explorando a ré um kartódromo, que cede para corridas e competições organizadas por outros e aluga individualmente karts, tal actividade pode considerar-se perigosa, o que deve ser aferido em face do circunstancialismo concreto;

IV – De harmonia com o Regulamento Nacional de Circuitos de Karting, Competição e Lazer, em vigor desde 01.01.1998, todas as provas desportivas dessa natureza só podem efectuar-se mediante a existência de seguro que garanta a responsabilidade civil dos concorrentes em relação a terceiros;

V – Os organizadores de provas desportivas são responsáveis pelos danos causados por essa actividade, a menos que haja culpa do próprio lesado na produção desses danos;

VI – Tendo o autor saído do kart, infringindo as regras de segurança que lhe impunham a permanência nesse veículo, há culpa da sua parte na produção do acidente, pelo que não pode ser imputada à recorrente a responsabilidade pelos danos que aquele sofreu.

Acórdão STJ de 21-10-2009
Relator Bravo Serra; Processo 1051/03.9TTSTB.S1
Descritores: Acidente de trabalho; Praticante desportivo; Cedência de trabalhador; Liberdade contratual; Nexo de causalidade; Pensão por incapacidade

Sumário: I – A circunstância de, no âmbito de um contrato de cedência temporária de jogador, se ter estipulado que o cedente pagaria ao jogador todos os compromissos do contrato de trabalho desportivo – como efectivamente pagou – não é, por si só, suficiente para que se afirme ser aquele o seu real empregador.

II – Com efeito, atendendo ao princípio da liberdade contratual e atendendo ao disposto no art. 20.º, n.º 3, da Lei n.º 28/98 de 26 de Junho, nada impede que no contrato de cedência de praticante desportivo sejam estabelecidas condições remuneratórias diversas das acordadas no contrato de trabalho desportivo e, portanto, que se estabeleça que quem assume a obrigação do pagamento das remunerações devidas ao jogador seja o cedente ao invés do cessionário (como resultaria, na falta de disposição contratual em contrário, do disposto no n.º 4 do acima citado preceito).

III – Assim, não obstante o cedente ter assumido tal obrigação, não será de lhe impor a reparação do acidente de trabalho ocorrido com o jogador cedido, quando é certo ter sido acordado entre cedente e cessionário que seria este último responsável pela situação física do jogador, tanto mais que até foi quem realizou o contrato de seguro do ramo de acidentes de trabalho que abrangia o jogador.

IV – Pese embora o sinistrado fosse, em momento anterior ao acidente, portador de determinadas lesões no joelho direito, tendo-lhe sido diagnosticada condropatia do grau IV, é de concluir pela existência do nexo de causalidade entre o acidente ocorrido e a lesão traumática que sofreu por não ter resultado provado que aquela patologia apresentasse um patamar de gravidade tal que demandasse a incapacidade que, nos autos, veio a ser atribuída ao sinistrado, e por não ter resultado provado que não fora a lesão sofrida por via do acidente que, agravando a anterior patologia, veio a produzir aquela incapacidade.

V – Tendo o legislador do regime jurídico dos acidentes de trabalho distinguido, nas prestações em dinheiro, as situações em que a reparação deve operar pela via da conferência de uma pensão vitalícia ou pela via de um capital indemnizatório, não é possível afirmar que, naquele primeiro caso, devam as pensões vitalícias corresponder a um capital cujo rendimento assegure apenas a perda da capacidade de ganho do sinistrado, antes devendo assegurar também a perda da capacidade de trabalho que, naturalmente, vem causar outra sorte de danos que não só necessariamente decorrentes dessa incapacidade.

VI – No âmbito das denominadas profissões de desgaste rápido, em que o respectivo desempenho inculca limites etários em alguns casos muito inferiores aos decorrentes do exercício de outras profissões, a incapacidade permanente absoluta para o seu exercício vai projectar-se num quantitativo prestacional que perdurará para além daqueles limites.

VII – Todavia, é essa uma realidade que o legislador não contemplou até Maio de 2003, não dispondo, por isso, os órgãos aplicadores do direito de comandos legais que possam fundar uma, à primeira vista, disparidade de situações.

Acórdão STJ de 13-10-2009
Relator Urbano Dias; Processo 318/06.9TBPZ.S1
Descritores: Actividades perigosas

Sumário: A Lei civil não define (e bem: essa é tarefa da doutrina e da jurisprudência) o que é uma actividade perigosa, para efeitos da previsão contida no artigo 493.º, n.º 2, do Código Civil.
De um modo geral, considera-se "actividade perigosa" toda aquela actividade que, pela sua própria natureza ou pela natureza dos meios utilizados, "tenha ínsita ou envolva uma probabilidade maior de causar danos do que a verificada nas restantes actividades em geral".
O simples facto de a prática da natação na modalidade apneia exigir certas e determinadas cautelas, sob pena, de não sendo cumpridas, a tornar perigosa para quem a executa, não permite tirar a conclusão de que a exploração de uma piscina, onde, ao lado daquela modalidade se podem praticar muitas mais, constitui, em si, uma actividade perigosa, nos termos assinalados.

Como assim, a vítima de um qualquer acidente ocorrido nas mesmas piscinas, durante a prática de natação na modalidade assinalada de apneia, com vista a poder responsabilizar, na base da responsabilidade extra-contratual, a entidade exploradora das mesmas por qualquer falha causadora de danos, terá de alegar e provar todos os elementos constitutivos da responsabilidade, não beneficiando, pois, da presunção de culpa, prevista naquele citado artigo.

Acórdão STJ de 27-01-2009
Relator João Bernardo; Processo 08B3988
Descritores: Acidente de viação; Contrato de seguro

Sumário: 1 – O seguro relativo a uma aeronave certificada para recreio e desporto (incluindo a instrução de pilotos para esses fins) não cobre os danos sofridos quando está a ser usada em trabalho aéreo.

2 – E está em trabalho aéreo quando utilizada, mediante um preço, para filmagens duma série televisiva, quer dela se filme, quer seja objecto de filmagem.

Acórdão STJ de 17-11-2005
Relator Pires da Rosa; Processo 04B4372
Descritores: Acidente de viação; Acidente desportivo; Actividades perigosas; Responsabilidade civil

Sumário: 1 – Um acidente ocorrido com um veículo automóvel que participa numa prova desportiva de velocidade (um "rally") mais do que um acidente de viação (que não deixa de ser) é um acidente desportivo.

2 – E porque tem esta diferente e (mais) perigosa natureza aplica-se-lhe o disposto no n.º 2 do art. 493.º do CCivil.

3 – Precisamente porque é um "acidente desportivo" é que, para além dos mais responsáveis em matéria de acidentes de viação, são também responsáveis civilmente por eventuais danos sua consequência os organizadores de tais provas desportivas.

4 – Mais do que a culpa ou o risco da circulação terrestre dos veículos, os organizadores garantem (também) a responsabilidade pelo risco acrescido da circulação terrestre como desporto de velocidade.

Acórdão STJ de 06-07-2004
Relator Ponce de Leão; Processo 04A2070
Descritores: Desporto; Violência; Omissão

Sumário: I – *Questões a resolver* para os efeitos do artigo 660, n.º 2, são apenas as que contendem directamente com a substanciação da causa de pedir ou do pedido, não se confundindo quer com a *questão jurídica* quer com *considerações, argumentos, motivos, razões ou juízos de valor* às quais o tribunal não tem de dar resposta especificada.

II – Na interpretação do artigo 12.º do DL n.º 270/89, de 18 de Agosto, há que atender ao facto de estarmos perante uma enunciação exemplificativa das normas de conduta a adoptar com vista à obtenção do fim visado: a prevenção e controlo das manifestações de violência associada ao desporto – artigo 1.º do mesmo DL.

III – Assim, a Federação Portuguesa de Futebol, ao não ter imposto – como lhe incumbia enquanto entidade organizadora da Final da Taça de Portugal, por força do artigo 12.°, n.° 1, do citado DL – todas as medidas especiais de segurança reconhecidamente adequadas à situação concreta – tratava-se de um jogo de alto risco, num Estádio cujas condições não foram pensadas para as exigências de segurança que os tempos actuais impõe – violou aquela previsão legal, nomeadamente, por não ter aplicado as medidas de vigilância e controlo adequadas, nem efectuado o obrigatório controlo efectivo no acesso, de modo a impedir a introdução de objectos susceptíveis de possibilitarem actos de violência, como eram os "very light" que o réu D detinha em seu poder.

IV – Por força da violação do referido normativo, a respectiva omissão é *ilícita*.

V – A ré Federação Portuguesa de Futebol, aquando da realização da Final da Taça de Portugal de 1996, ao não impor a adopção de um sistema de controlo individual das entradas eficaz que permitisse a detecção de material perigoso, como os "very light", nem impor a existência de um sistema de controlo por câmaras de vídeo que permitisse a imediata detecção e expulsão de indivíduos com condutas perigosas, não actuou com a diligência exigível e que veio a adoptar em 1997, à qual uma entidade com as suas responsabilidades na segurança dos eventos se julgaria obrigada, até em face das situações que internacionalmente se têm vivido.

VI – Por não ter actuado com a diligência a que uma pessoa razoável e ordenada (o bom pai de família) se julgaria obrigada, tal violação é também *culposa*.

Acórdão STJ de 06-06-2002
Relator Abel Freire; Processo 02B1620
Descritores: Corrida de automóveis; Actividades perigosas; Presunção de culpa; Inversão do ónus da prova

Sumário: I – É de considerar como "actividade perigosa" nos termos e para os efeitos do n.° 2 do art. 493.° do Código Civil a realização, na via pública, de uma prova desportiva de "karting".

II – A organização de um tal tipo de provas desportivas com veículos terrestres motorizados só pode ser efectuada mediante a realização de um seguro específico, extensivo aos proprietários desses veículos e aos respectivos participantes.

III – A entidade organizadora responderá pelos danos causados pelo atropelamento de um intruso peão entrado na pista para assistir a um concorrente seu filho acidentado se não provar ter usado de todas as providências exigidas pelas circunstâncias para prevenir o sinistro.

Acórdão STA de 08-07-99
Relator João Cordeiro; Processo 045007
Descritores: Responsabilidade civil extracontratual; Estado; Culpa *in vigilando*; Professor do ensino secundário

Sumário: I – Para que se pudesse configurar a responsabilidade de um professor de educação física, por "culpa in vigilando" por acidente ocorrido com uma baliza de andebol, necessário se tornaria que o acidente houvesse ocorrido na sua presença e no espaço físico destinado à acção lectiva.

II – Não se verifica tal responsabilidade se o acidente ocorreu num espaço exterior para onde a baliza havia sido removida para reparação.

III – Por tal acidente não são responsáveis os órgãos directivos da Escola, demonstradas que estão as contínuas advertências para os perigos do uso indevido dos aparelhos de ginástica e desporto e por terem ordenado a remoção das balizas para espaço exterior ao da sua utilização, de reduzido acesso de alunos e de determinar que as balizas aí permanecessem deitadas.

AGENTE DE JOGADORES

Acórdão RL de 14-10-2008
Relator Abrantes Geraldes; Processo 7929/2008-7
Descritores: Empresário desportivo; Federação Portuguesa de Futebol

Sumário: I – A Federação Portuguesa de Futebol tem legitimidade para produzir regulamentação relativa à actividade de empresário desportivo prevista na Lei n.° 28/98, de 26-6.

II – As prerrogativas de regulamentação da actividade desportiva legalmente atribuídas à FPF tanto legitimam a aprovação de Regulamentos exclusivos como a "apropriação", ainda que através de transcrição e tradução, de Regulamentos aprovados por outras entidades, designadamente pela FIFA, entidade a que hierarquicamente se encontra subordinada.

III – Na ordem jurídico-desportiva interna, na área do futebol, a regulamentação da actividade de empresário desportivo é a que consta do Regulamento da FIFA cujo texto traduzido para português foi divulgado pela FPF, sendo aceite designadamente pelos órgãos federativos e invocado pelo empresário desportivo no exercício da sua actividade.

IV – Proibindo-se nos termos do art. 12.°, n.° 2, de tal Regulamento a renovação tácita dos contratos de representação desportiva, deve considerar-se inválida a cláusula contratual que contraria tal disposição.

V – A invocação pelo empresário desportivo, que se intitula "agente-FIFA", de uma cláusula que prevê a renovação tácita do contrato inserida num contrato de formação desportiva celebrado quando o desportista ainda era menor sempre integraria a violação das regras da boa fé, nos termos do art. 334.° do CC.

VI – A falta de inscrição do empresário desportivo na Liga Portuguesa de Futebol Profissional que, pelo art. 23.°, n.° 4, da Lei n.° 28/98, de 26-6, determina a "inexistência" do contrato em que intervenha, constitui um facto impeditivo cujo ónus da prova recai sobre a parte que invoca esse vício.

ANIMAIS

Acórdão RP de 10-04-2007
Relator Cândido Lemos; Processo 0721017
Descritores: Legitimidade; Legitimidade activa; Legitimidade do Ministério Público; Interesses difusos; Protecção dos animais

Sumário: I – O Ministério Público tem legitimidade activa e interesse em agir nas acções que visam a defesa de interesses difusos.

II – As corridas de galgos com lebres vivas são permitidas por lei.

Acórdão STJ de 15-03-2007
Relator Gil Roque; Processo 06B4413
Descritores: Protecção da natureza; Protecção dos animais; Interpretação da lei

Sumário: 1 – A prática desportiva de tiro com chumbo aos pombos em voo, apesar de se proceder ao arranque prévio das penas da cauda e só depois serem lançados em voo, a morte ou a lesão física que resulta dos tiros que se lhe seguem, tal não envolve sofrimento cruel nem prolongado.

2 – O tiro aos pombos em voo constitui uma modalidade desportiva, com longa tradição cultural em Portugal, regulada pela Federação Portuguesa de Tiro com Armas de Caça, com estatuto de utilidade pública desportiva, e não se enquadra na proibição prevista pelo artigo 1.º, n.ºs 1 e 3, alínea e), da Lei n.º 92/95, de 12 de Setembro, nem por qualquer outra disposição legal.

3 – A Lei n.º 92/95, de 12/09, tem em vista proteger os animais contra violências cruéis ou desumanas, que não se verificam com o tiro aos pombos em voo, por essa prática não caracterizar crueldade ou desumanidade e se justificar por existir reconhecida tradição cultural enraizada numa grande camada do povo português, não estando por isso abrangida na referida previsão legal.

Acórdão STJ de 19-10-2004
Relator Salvador da Costa; Processo 04B3354
Descritores: Protecção dos Animais; Desporto; Violência; Tratamento degradante; Legalidade

Sumário: 1 – O fim da Lei n.º 92/95, de 12 de Setembro, não assente na ideia da titularidade de direitos por parte dos animais, é o de os proteger contra violências cruéis ou desumanas ou gratuitas, para as quais não exista justificação ou tradição cultural bastante, isto é, no confronto de meios e de fins ao serviço do Homem num quadro de razoabilidade e de proporcionalidade.

2 – Os conceitos de violência injustificada, de morte, de lesão grave, de sofrimento cruel e prolongado e de necessidade a que se reporta o artigo 1.º, n.º 1, da Lei n.º 92/95, de 12 de Setembro, significam essencial e respectivamente o acto gratuito de força ou de brutalidade, a eliminação da estrutura vital, o golpe profundo ou extenso ou a dor intensa, a dor física assaz intensa e por tempo considerável, e a não justificabilidade razoável ou utilidade no confronto com o Homem e o seu desenvolvimento equilibrado.

3 – A prática desportiva de tiro com chumbo aos pombos em voo, embora lhes implique prévio arrancamento de penas da cauda, a morte e a lesão física desta instrumental, tal não envolve sofrimento cruel nem prolongado.

4 – A referida modalidade desportiva, já com longa tradição cultural em Portugal, disciplinada por uma federação com o estatuto de utilidade pública desportiva, é legalmente justificada ou não desnecessária no confronto com o Homem e o seu desenvolvimento equilibrado, pelo que não é proibida pelo artigo 1.º, n.ºs 1 e 3, alínea e), da Lei n.º 92/95, de 12 de Setembro, nem por qualquer outra disposição legal.

Acórdão STJ de 13-12-2000
Relator Lemos Triunfante; Processo 00A3282
Descritores: Procedimentos cautelares; Desporto; Crueldade

Sumário: I – O tiro aos pombos ou tiro ao voo constitui uma modalidade desportiva que assume uma grande tradição.

II – Tratando-se de modalidades desportivas em que se sacrificam animais as razões que as justificam são essencialmente idênticas às que justificam a caça e a pesca desportiva e as touradas.

III – Na Lei 92/95 acolheu-se uma posição no prisma de que, não tendo os animais a titularidade de direitos, tal não obsta a que os homens tenham de acatar deveres para com eles.

IV – No tiro aos pombos ou tiro ao voo não se verifica crueldade por a sua morte ocorrer rapidamente, sendo essa morte legal.

APOSTAS

Acórdão Tribunal Constitucional N.º 633/2006
Data do Acórdão 21-11-06
Processo n.º 579/98
Relatora Conselheira Maria Fernanda Palma
[Publicidade das apostas mútuas hípicas (art. 27.º do DL 268/92)]

Pedido

O Provedor de Justiça requer, ao abrigo do artigo 281.º, n.º 2, alínea a), da Constituição, a declaração de inconstitucionalidade com força obrigatória geral da norma constante do artigo 27.º do Decreto-Lei n.º 268/92, de 28 de Novembro, que estabelece o regime de exploração das apostas mútuas hípicas.

A norma em causa tem o seguinte teor:
"A publicidade das apostas mútuas hípicas beneficia do regime de excepção previsto no n.º 2 do artigo 21.º do Decreto-Lei n.º 330/90, de 23 de Outubro."

Decisão

Pelo exposto e em conclusão, o Tribunal Constitucional decide não declarar a inconstitucionalidade da norma ínsita no artigo 27.º do Decreto-Lei n.º 268/92, de 28 de Novembro.

COMPETÊNCIA JURISDICIONAL

Acórdão STA de 15-10-2009
Relator Madeira dos Santos; Processo 0527/09
Descritores: Federação desportiva; Processo disciplinar; Questão estritamente desportiva

Sumário: I – Nos termos do art. 22.º da Lei n.º 30/2004, de 21/7, as federações desportivas com o estatuto de utilidade pública desportiva podiam exercer poderes «disciplinares» de «natureza pública».

II – À luz dos arts. 46.º e 47.º da mesma Lei, as «decisões e deliberações definitivas» emitidas nesse âmbito disciplinar eram «impugnáveis nos termos gerais de direito», salvo se respeitassem a «questões estritamente desportivas» – cuja regra, embora sujeita a excepções, era a da inimpugnabilidade.

III – As questões estritamente desportivas eram as que se fundavam em regras técnicas ou disciplinares relativas às leis do jogo e à organização e funcionamento das competições.

IV – Assim, não eram estritamente desportivas as questões relacionadas com a sanção disciplinar de um praticante por atitudes incorrectas ou injuriosas assumidas nos serviços de atendimento da respectiva federação ou com o acerto de se condicionar, ao depósito de certa caução, a admissibilidade do recurso que ele deduziu da decisão sancionatória para uma outra instância da justiça desportiva.

Acórdão STA de 27-07-2009
Relator Rosendo José; Processo 0642/09
Descritores: Recurso de revista excepcional; Pressupostos

Sumário: O recurso de revista interposto de decisão proferida pelo TCA em segundo grau de jurisdição, cuja fundamentação se empenha em demonstrar que o acto que fixou o "handicap" de um jogador de golf, embora praticado por uma Comissão que actua no âmbito de uma pessoa colectiva de direito privado, tem a natureza jurídica de acto de autoridade, quando o Acórdão recorrido tinha decidido, noutra linha de fundamentação, pela incompetência absoluta dos tribunais administrativos para apreciar a questão por entender que era de natureza estritamente desportiva e relativa, exclusivamente, às regras do jogo, versa questão diferente da que foi decidida e desloca o tema principal para questão processual comum, sem relevância jurídica ou social. Nestas circunstâncias não estão preenchidos os pressupostos capazes de justificar a admissão de um meio processual excepcional como o previsto no n.º 1 do artigo 150.º do CPTA.

Acórdão STA de 27-05-2009
Relator Santos Botelho; Processo 0527/09
Descritores: Recurso de revista; Pressupostos

Sumário: Dada a sua relevância jurídica, é de admitir a revista que passa em especial pela interpretação e aplicação feita no acórdão recorrido do artigo 18º da Lei de Bases da Actividade Desportiva (Lei n.º 5/2007, de 16/01/07).

Acórdão RP de 03-02-2009
Relator Rodrigues Pires; Processo 0825802
Descritores: Tribunal Arbitral; Liga Portuguesa de Futebol

Sumário: Uma vez que, no tocante à área laboral/desportiva, não se poderá atribuir carácter imperativo à Lei de Arbitragem Voluntária designadamente ao seu art. 6.º, terá que se concluir que a Comissão Arbitral Paritária prevista no Anexo II do Contrato Colectivo de Trabalho celebrado entre a Liga Portuguesa de Futebol Profissional e o Sindicato de Jogadores Profissionais de Futebol, estando autorizada, pelo Ministro da Justiça, a realizar arbitragens voluntárias, se trata de tribunal arbitral que, apesar de composto por seis membros, se encontra regularmente constituída.

Acórdão TCAS de 22-01-2009
Relator Fonseca da Paz; Processo 04036/08
Descritores: Federações desportivas; Questões estritamente desportivas; Actos impugnáveis

Sumário: I – As Federações com estatuto de utilidade pública desportiva, além de actuarem na esfera do direito privado, actuam no âmbito do direito público e no âmbito desportivo.

II – São apenas as decisões federativas que correspondem à actuação no âmbito desportivo ou seja, as decisões sobre questões desportivas relativas às "leis do jogo", incluindo a punição das infracções ao que nestas se estabelece que são inimpugnáveis, dado que, em rigor, elas não aplicam regras jurídicas mas regras técnicas.

III – Estando em causa uma sanção disciplinar que puniu um comportamento ofensivo do recorrente na delegação Norte da FPAK não se está perante uma infracção às "leis do jogo" nem, consequentemente, perante uma questão estritamente desportiva.

Acórdão TCAS de 16-10-2008
Relator Rogério Martins; Processo 04293/08
Descritores: Federação Portuguesa de *Rugby*; Punição disciplinar de um treinador; Competência dos tribunais administrativos

Sumário: Compete aos tribunais administrativos, nos termos das disposições conjugadas dos n.os 1, 2, 3 e 4, do artigo 18.º da Lei de Bases da Actividade Física e do Desporto (Lei n.º 5/2007, de 16.01), a apreciação do pedido de suspensão da eficácia do acto, praticado pelo Conselho de Jurisdição da Federação Portuguesa de Rugby, que puniu disciplinarmente um treinador daquela modalidade desportiva por uma agressão a um árbitro, no decorrer de um jogo.

Acórdão RL de 24-09-2008
Relator José Feteira; Processo 4827/2008-4
Descritores: Jogador profissional; Comissão arbitral; Competência material

Sumário: 1 – O Tribunal do Trabalho é incompetente, em razão da matéria, para conhecer do pedido de anulação de decisão proferida pela Comissão Arbitral Paritária constituída no âmbito do CCT celebrado entre a Liga Portuguesa de Futebol o Sindicato dos Jogadores Profissionais de Futebol.

2 – O juiz pode indeferir liminarmente a petição.

Acórdão STA de 10-09-2008
Relator São Pedro; Processo 0120/08
Descritores: Federação Portuguesa de Futebol; Questão estritamente desportiva

Sumário: I – Conforme o disposto no artigo 25.º, 1 da Lei de Bases do Desporto (Lei n.º 1/90, de 13 de Janeiro), são impugnáveis nos termos gerais de direito as decisões e deliberações definitivas das entidades que integram o associativismo desportivo.

II – Porém, nos termos do número 2 do artigo 25.º da mesma Lei de Bases do Desporto, não susceptíveis de recurso fora das instâncias competentes na ordem desportiva as decisões e deliberações sobre questões estritamente desportivas.

III – Segundo o disposto no mesmo preceito, são questões estritamente desportivas aquelas que tenham por fundamento normas de natureza técnica ou de carácter disciplinar, emergentes da aplicação das leis do jogo, dos regulamentos e das regras de organização das respectivas provas.

IV – Por leis do jogo deve entender-se o conjunto de regras que, relativamente a cada disciplina desportiva, têm por função definir os termos da confrontação desportiva e que se traduzem em regras técnico-desportivas que ordenam a conduta, as acções e omissões, dos desportistas nas actividades das suas modalidades e que, por isso, são de aplicação imediata no desenrolar das provas e competições desportivas.

V – Face à garantia constitucional do direito ao recurso contencioso de todos os actos administrativos lesivos, impõe-se uma interpretação restritiva do art. 25.°, 1 da Lei 1/90, de modo a não se considerarem questões estritamente desportivas subtraídas à jurisdição do Estado as decisões que ponham em causa direitos fundamentais, direitos indisponíveis ou bens jurídicos protegidos por outras normas jurídicas para além dos estritamente relacionados com a prática desportiva (corrupção, "dopagem", etc.).

VI – Não é uma questão estritamente desportiva a deliberação que, nos termos do art. 38.°, 1, d), do Regulamento Disciplinar da Federação Portuguesa de Futebol, reordenou a classificação final de um campeonato de futebol, na sequência da desclassificação de um outro clube, designadamente no que respeita à questão de saber se tal preceito viola ou não o 30.°, n.° 4, da Constituição e 65.° do Código Penal, isto é, se tal preceito viola o princípio segundo o qual só pode haver pena se houver ilicitude e culpa.

Acórdão STA de 13-02-2008
Relator Políbio Henriques; Processo 0875/07
Descritores: Acto contenciosamente recorrível; Federação Portuguesa de Golfe; Associação desportiva

Sumário: I – Nos termos do disposto no art. 25.°/1 da Lei n.° 1/90 (Lei de Bases do Desporto), ao tempo em vigor, "as decisões e deliberações definitivas das entidades que integram o associativismo desportivo são impugnáveis, nos termos gerais de direito".

II – Não é contenciosamente recorrível, ao abrigo do previsto no art. 25.°/1 da LPTA, por não estarem ainda esgotados os meios internos de impugnação, uma deliberação da Comissão Técnica da Competição, da qual, nos termos estatutários, cabe recurso para a Direcção da Federação Portuguesa de Golfe e desta para o respectivo Conselho Jurisdicional.

Acórdão STA de 07-06-2006
Relator Adérito Santos; Processo 0262/06
Descritores: Federação desportiva; Cancelamento de licença; Questão estritamente desportiva; Competência dos tribunais administrativos

Sumário: I – Conforme o disposto no artigo 46.° da Lei de Bases do Desporto (Lei n.° 30/2004, de 21 de Julho), são impugnáveis nos termos gerais de direito as decisões e deliberações definitivas das entidades que integram o associativismo desportivo.

II – Porém, nos termos do número 1 do artigo 47.° da mesma Lei de Bases do Desporto, são susceptíveis de recurso fora das instâncias competentes na ordem desportiva as decisões e deliberações sobre questões estritamente desportivas.

III – Segundo o disposto no número 2 deste artigo 47.°, são questões estritamente desportivas aquelas que tenham por fundamento normas de natureza técnica ou de carácter disciplinar, emergentes da aplicação das leis do jogo, dos regulamentos e das regras de organização das respectivas provas.

IV – Por leis do jogo deve entender-se o conjunto de regras que, relativamente a cada disciplina desportiva, têm por função definir os termos da confrontação desportiva e que se traduzem em regras técnico-desportivas que ordenam a conduta, as acções e omissões, dos desportistas nas actividades das suas modalidades e que, por isso, são de aplicação imediata no desenrolar das provas e competições desportivas.

V – Não constituem decisões sobre questões estritamente desportivas os actos de órgãos de uma federação desportiva, a que foi atribuído o estatuto de utilidade pública, pelos quais foi decidido o cancelamento de licença desportiva atribuída a determinado desportista, por alegada falta de requisitos para tal atribuição e determinada a respectiva suspensão preventiva, por incumprimento da ordem de entrega daquela licença e participação em competição sem autorização da autoridade desportiva nacional.

VI – Os actos referidos em 5 são impugnáveis perante os tribunais administrativos.

Acórdão RP de 16-03-2006
Relator José Ferraz; Processo 0631317
Descritores: Comissão arbitral; Desporto; Competência

Sumário: O tribunal civil é o tribunal competente para a acção de impugnação ou anulação da decisão da Comissão Arbitral Paritária, constituída ao abrigo do Contrato Colectivo de Trabalho celebrado entre a Liga Portuguesa de Futebol Profissional e o Sindicato dos Jogadores Profissionais de Futebol (publicado no *BTE* n.º 33, 1.ª Série, de 8/8/99), com fundamento em omissão de pronúncia, por a Comissão Arbitral não ter conhecido de questão que o ora recorrente diz-lhe ter colocado para decidir.

Acórdão TCAS de 26-01-2006
Relator Rogério Martins; Processo 01270/05
Descritores: Competência dos tribunais administrativos; Acto de cancelamento de uma licença desportiva; Acto de suspensão preventiva de um desportista; Acto administrativo

Sumário: I – Saber se o acto *sub judice* é administrativo ou, ao invés, tem natureza jurídico-privada reconduz-se a apreciar a competência material dos Tribunais Administrativos, e não a impugnabilidade do acto.

II – O acto de cancelamento de uma licença desportiva e o acto de suspensão preventiva de um desportista são materialmente administrativos, praticados ao abrigo de normas de direito público administrativo, pelo que a apreciação da respectiva validade cabe no âmbito da jurisdição administrativa.

III – Só as infracções disciplinares cometidas no decurso da competição, envolvendo questões de facto e de direito emergentes da aplicação das leis do jogo, dos regulamentos e das regras de organização das respectivas provas, ou seja, as questões estritamente desportivas – desde que não integradas na previsão do n.º 3 do art. 47.º da Lei de Bases do Desporto –, estão sujeitas ao controlo privativo das instâncias competentes na ordem desportiva.

Acórdão TCAS de 06-10-2005
Relator Fonseca da Paz; Processo 01039/05
Descritores: Federações desportivas; Contencioso eleitoral; Incompetência em razão da matéria

Sumário: I – As federações desportivas, apesar da sua natureza privada, estão investidas de poderes de autoridade no cumprimento da missão de serviço público de organização e gestão do desporto federado, praticando actos administrativos em matérias que se conexionem directamente com aquele serviço.

II – No que concerne ao contencioso eleitoral, o ETAF aprovado pela Lei n.º 13/2002, de 19/02, estabeleceu no art. 4.º, n.º 1, al. m), que compete aos tribunais de jurisdição administrativa a apreciação de litígios que tenham por objecto o "contencioso eleitoral relativo a órgãos de pessoas colectivas de direito público para que não seja competente outro Tribunal", ficando excluídas as eleições no seio de quaisquer pessoas colectivas privadas, sejam de interesse público ou de utilidade pública administrativa, mesmo que exerçam funções públicas.

Acórdão STA de 09-12-2004
Relator Edmundo Moscoso; Processo 01396/03
Descritores: Infracção administrativa; Competência dos tribunais administrativos; Jogos de fortuna ou azar; Bingo

Sumário: I – É da competência dos tribunais administrativos o conhecimento de um recurso contencioso interposto contra despacho de membro do Governo que em recurso hierárquico manteve na ordem jurídica a decisão do Inspector-Geral de Jogos que aplicou a um concessionário do jogo do bingo uma multa prevista e punida pelos arts. 38.º3/h), 39.º1/c) e 40.º1/f) do Regulamento da Exploração do Jogo do Bingo, aprovado pelo DL n.º 314/95, de 24 de Novembro.

II – Correspondendo essa multa a uma infracção administrativa, nos termos do art. 39.º, n.º 2, do referido Regulamento, o Inspector-Geral de Jogos tem competência para proceder à sua aplicação.

Acórdão STA de 10-11-2004
Relator Madeira dos Santos; Processo 01136/03
Descritores: Multa; Competência dos tribunais administrativos; Infracção às leis da segurança social; Jogos de fortuna ou azar; Bingo

Sumário: I – Compete aos tribunais administrativos conhecer do recurso contencioso que tem por objecto o acto que manteve na ordem jurídica a decisão do Inspector-Geral de Jogos de aplicar, a um concessionário do jogo do bingo, uma multa pelo não pagamento tempestivo de impostos e contribuições para a segurança social.

II – Porque essa multa corresponde a uma infracção administrativa, o Inspector-Geral de Jogos tem competência para a aplicar, nos termos do art. 39.º, n.º 2, do Regulamento de Exploração do Jogo do Bingo, aprovado pelo DL n.º 314/95, de 24/11.

Acórdão STA de 24-06-2004
Relator Santos Botelho; Processo 01131/03
Descritores: Multa; Competência dos tribunais administrativos; Infracção às leis da segurança social; Jogos de fortuna ou azar; Bingo

Sumário: I – A competência do Inspector-Geral de Jogos prevista no n.º 2 do artigo 39.º do Regulamento da Exploração do Jogo do Bingo, aprovado pelo DL n.º 314/95, de 24/11, decorre das funções inspectiva e de fiscalização atribuídas à Inspecção-Geral de Jogos em matéria de cumprimento das obrigações assumidas pelos concessionários das salas de jogo do Bingo.

II – A multa a que alude o citado preceito legal reporta-se à punição de uma infracção administrativa.

Acórdão STJ de 18-12-2003
Relator Ferreira de Sousa; Processo 03B3936
Descritores: Competência material; Tribunal cível; Tribunal administrativo; Deliberação social; Anulação de deliberação social

Sumário: Cabe aos tribunais cíveis a competência para conhecer da acção em que se pede a declaração de nulidade de deliberação tomada em assembleia geral da Liga Portuguesa de Futebol Profissional.

Acórdão STA de 09-07-2003
Relator Ferreira Girão; Processo 07/03
Descritores: Tribunal de Conflitos; Federação Portuguesa de Tiro; Competência dos tribunais administrativos

Sumário: Os tribunais administrativos, e não os tribunais cíveis, são os competentes para conhecerem da acção ordinária intentada por uma Associação protectora de animais contra a Federação Portuguesa de Tiro com Armas de Caça e um Clube de Tiro e Caça na qual se pediu que fosse declarada ilícita por violação, designadamente, da Lei n.º 92/95, de 12 de Setembro, a actividade dos réus consistente na prática de tiro a animais (pombos).

Acórdão STA de 17-06-2003
Relator Álvaro Figueira; Processo 07/02
Descritores: Conflito de jurisdição; Competência dos tribunais administrativos; Providência cautelar não especificada; Tiro aos pombos; Federação Portuguesa de Tiro; Sociedade protectora dos animais

Sumário: São competentes, em razão da matéria, os tribunais administrativos, e não os tribunais cíveis, para decretarem providência cautelar não especificada em que se pede a interdição da realização de prova de tiro aos pombos em voo com armas de fogo, organizada por C... sob a coordenação da B....

Acórdão RP de 15-05-2003
Relator Gonçalo Silvano; Processo 0330197
Descritores: Acto de gestão privada; Competência; Federação Portuguesa de Futebol

Sumário: I – Apesar da Liga Portuguesa de Futebol Profissional ser um órgão autónomo da Federação Portuguesa de Futebol não deixa de continuar a ser uma associação de direito privado.

II – Por isso, nem todos os actos praticados pela Liga se podem considerar como de natureza administrativa, por via da competência que recebeu da FPF – que é uma pessoa colectiva de utilidade pública desportiva.

III – A deliberação da Assembleia-Geral da Liga, sobre a criação de diversos escalões para a fixação de compensações financeiras dos seus associados, a composição de cada escalão e o valor das comparticipações, consubstancia a prática de acto de gestão privada.

IV – Os tribunais competentes, em razão da matéria para apreciar o pedido de declaração de nulidade da deliberação, com o objecto referido em III, são as Varas Cíveis do Porto e não o Tribunal de Comércio de Vila Nova de Gaia, já que não se trata de questão relacionada com qualquer acto de comércio.

Acórdão RL de 09-05-2002
Relator Granja da Fonseca; Processo 0029486
Descritores: Desporto; Sanção disciplinar; Recurso; Tribunal competente

Sumário: São materialmente competentes os Tribunais Administrativos para conhecerem duma acção proposta contra a Federação Portuguesa de Futebol, visando a impugnação judicial da decisão do Conselho de Justiça da mesma Federação atinente à aplicação da "sanção desportiva de impedimento".

Acórdão STA de 04-06-97
Relator Ferreira de Almeida; Processo 025785
Descritores: Federação Equestre Portuguesa; Poder disciplinar; Competência dos tribunais administrativos; Pessoa colectiva de utilidade pública; Acto administrativo

Sumário: I – A Federação Equestre Portuguesa é uma pessoa colectiva de direito privado, à qual se aplica, por conseguinte, e em princípio, o regime jurídico das associações de direito privado.

II – Em 2-3-87 – data do acto contenciosamente impugnado – não se encontravam revogados o DL 32 421 de 5-9-42 e o D 32 946 de 3-8-43, este último que, nos seus artigos 80.°, 81.°, 82.°, 86.° e 87.°, devolveu ou delegou na Federação Equestre Portuguesa o poder disciplinar originário do Estado sobre os desportistas, clubes, juízes, árbitros e fiscais. Será pois à luz desse ordenamento legal que deve ser aferida a legalidade *versus* a competência do tribunal para o respectivo conhecimento, segundo o princípio "tempus regit actum".

III – Tais diplomas apenas foram expressamente revogados pelo art. 43.° da chamada "Lei de Bases do Sistema Desportivo" – a L 1/90 de 13/1 –, a qual, embora condicionada à concessão do estatuto de pessoa colectiva de utilidade pública desportiva, procedeu a uma verdadeira devolução ou delegação de poderes normativos do Estado às federações desportivas no campo regulamentar e disciplinar e outros de natureza pública, em termos de tais entes, embora pessoas colectivas de direito privado, haverem de ser hoje considerados, mormente após a publicação do DL 144/93 de 26/4 (regime jurídico das federações desportivas), como verdadeiras instâncias de auto-regulação pública do desporto.

IV – Os órgãos federativos, ao punirem uma dada infracção disciplinar, fazem-no baseados em norma provinda, não da autonomia privada, mas de preceitos de diplomas dimanados do poder normativo público, inerentes à realização obrigatória de finalidades compreendidas nas atribuições do Estado e que envolvem perante terceiros o desempenho de prerrogativas de autoridade.

V – A deliberação de Conselho Jurisdicional da Federação Equestre Portuguesa que, em decisão de recurso para tal órgão interposto de deliberação da direcção dessa Federação, confirmou a punição de um cavaleiro filiado com a pena disciplinar de um mês de suspensão, é – porque praticado no exercício de um poder público de autoridade, sancionador da violação da ética desportiva, que não de uma mera regra técnica própria da competição ou de um regulamento de provas – um acto materialmente administrativo cujo conhecimento compete, em primeiro grau de jurisdição, aos tribunais administrativos de círculo nos termos do art. 3.°, n.° 1 e da al. j) do n.° 1 do art. 51.° do ETAF84 (conf. hoje o art. 8 do DL 144/93 de 26/4).

Acórdão STA de 13-11-90
Relator Artur Maurício; Processo 027407
Descritores: Federação Equestre Portuguesa; Associação desportiva; Pessoa colectiva privada de utilidade pública; Acto administrativo; Competência dos Tribunais Administrativos de Círculo; Poder disciplinar

Sumário: I – Os Tribunais Administrativos de Círculo são competentes para conhecer de recursos que tenham por objecto actos administrativos, ainda que estes não dimanem dos órgãos expressamente referidos nas als. a) a d1) do art. 51 do ETAF.

II – As federações desportivas estão investidas de poderes de autoridade no cumprimento da missão de serviço publico de organização e gestão do desporto federado, praticando actos administrativos em matérias que se conexionem directamente com aquele serviço.

III – O poder disciplinar exercido pela Federação Equestre Portuguesa, com expressa invocação do disposto nos arts. 86.º, d) e 87.º, n.º 1 do Dec. n.º 32946, em matéria estranha à infracção das regras técnicas do desporto equestre, dimana de uma fonte normativa pública.

IV – Nas circunstancias referidas na conclusão anterior, a Federação Equestre Portuguesa (através do seu Conselho Jurisdicional) pratica um acto administrativo e o Tribunal Administrativo de Círculo é competente para conhecer do recurso que o tenha como objecto.

CONTRATOS-PROGRAMA

Acórdão STA de 25-02-2009
Relator Rosendo José; Processo 0123/09
Descritores: Recurso de revista excepcional; Pressupostos

Sumário: A interpretação do art. 3.º, n.º 3, do DL n.º 432/91, de 6 de Novembro, relativo à proibição de o desporto profissional receber comparticipação ou patrocínios financeiros, revista a forma que revestir, salvo no tocante à organização de competições desportivas de manifesto interesse público ou à realização de projectos de construção ou melhoramento de infra-estruturas ou equipamentos desportivos, é questão nova, que interessa a um leque alargado de pessoas, para cujo esclarecimento a pronúncia do STA pode contribuir e ter efeitos positivos na uniformização do direito.

Acórdão TCAN de 09-10-2008
Relator Jorge Miguel Aragão Seia; Processo 00749/06.4BECBR
Descritores: Estádio municipal; Organização e gestão; Contrato-programa; Comparticipações financeiras; Desporto profissional; DL n.º 432/91

Sumário: I – O art. 3.º, n.º 3, do DL n.º 432/91, de 6/11 não podem ser concedidas ao desporto profissional comparticipações financeiras, seja a que título for, que se destinem a garantir a sua existência, isto é, que sirvam para fazer face às despesas correntes que o mesmo origina.

II – A violação daquela norma não pode ser aferida pela mera possibilidade em abstracto, da existência do "perigo", do contrato em crise poder gerar vantagens e benefícios económicos que possam ser aplicados no futebol profissional.

III – Para se concluir pela sua violação é preciso que se conclua que a vantagem ou benefício económico é concreto ou concretizável por recurso a elementos contabilísticos que permitam concluir pela existência de uma receita efectiva que de outro modo não existiria e que é efectivamente destinada ao desporto profissional.

Acórdão TCAN de 06-05-2004
Relator Carlos Luís Medeiros de Carvalho; Processo 00051/04
Descritores: Suspensão de eficácia; Requisitos – Art. 76.º LPTA

Sumário: I – Para a concessão da suspensão de eficácia de um acto administrativo é necessária a verificação cumulativa de todos os requisitos enunciados no art. 76.º, n.º 1, da LPTA, pelo que a ausência ou não verificação de um desses requisitos basta para se ter como prejudicado e mesmo inútil o conhecimento e apreciação dos demais.

II – A verificação do requisito da existência de prejuízos de difícil reparação traduz-se na insusceptibilidade de avaliação pecuniária mercê desta avaliação se apresentar imprecisa, imperfeita ou duvidosa, ou seja, por não ser possível o seu cálculo com a necessária exactidão ou mesmo pela irreversibilidade de situações e danos cuja compensação poderá ser sempre desajustada.

III – Incumbe ao requerente da suspensão de eficácia, por um lado, concretizar e especificar os prejuízos irreparáveis advindos da execução do acto e, por outro lado, alegar factos concretos e determinados que convençam o tribunal de que os prejuízos invocados são, em geral, segundo o decurso normal das coisas e os ditames da experiência comum, consequência adequada, típica, provável da execução do acto.

IV – Estando em causa decisão administrativa que procedeu à denúncia do contrato programa celebrado com a Direcção Geral de Desportos e que permitia a utilização da piscina pela agremiação desportiva requerente é de deferir o pedido de suspensão de eficácia porquanto tal acto é gerador de prejuízos de difícil reparação mercê de impedir a mesma de prosseguir na sua actividade desportiva, de continuar a competir nos escalões e disciplinas em que está envolvida, de ver seus atletas ficarem impedidos de treinar e abandonarem o clube rumando a outros que lhe fornecem as condições necessárias.

V – O deferimento do pedido de suspensão nos termos definidos em IV) não envolve ofensa grave ao interesse público enquanto violação de interesses considerados fundamentais para a existência, conservação e desenvolvimento da sociedade, tanto para mais que a entidade requerida nem sequer alegou, como lhe era imposto, factualidade da qual se concluísse pela existência de grave lesão do interesse público.

VI – Numa situação em que não é líquida ou inequívoca a solução jurídica a adoptar no quadro das diversas soluções plausíveis em direito permitidas, como é o caso da recorribilidade contenciosa do acto através do qual a Administração denuncia um contrato (questão controvertida na doutrina e na jurisprudência), não se pode concluir pela existência de "fortes" indícios de manifesta ilegalidade.

CORRUPÇÃO DESPORTIVA

Acórdão STJ de 30-10-97
Relator Dias Girão; Processo 97P230
Descritores: Alteração substancial dos factos; Corrupção; Crime formal; Consumação; Crime continuado

Sumário: I – A expressão "alteração substancial dos factos" (alínea f) do artigo 1.º do Código de Processo Penal) adopta uma noção de "facto" que não é exclusivamente normativa nem exclusivamente naturalística; antes, pedaço da vida social, cultural e jurídica de um sujeito.

II – O tipo de corrupção que o Decreto-Lei 390/91, de 10 de Outubro, prevê configura um crime formal ou de consumação antecipada, por lhe bastar a promessa de vantagem indevida.

III – Se a promessa se concretizar, é correcto dizer que o delito se consumou continuadamente, até à entrega da dita vantagem – crime de consumação continuada.

DANOS MORAIS

Acórdão STJ de 20-01-2010
Relator Fonseca Ramos; Processo 1839/06.9TVLSB.L1.S1
Descritores: Jornalista; Liberdade de Imprensa; Direito de personalidade; Direito à honra e ao bom-nome; Direito de crítica; dirigente desportivo

Sumário: I – Um dos limites à liberdade de informar, que não é por isso um direito absoluto, é a salvaguarda do direito ao bom-nome. Os jornalistas, os *media*, estão vinculados a deveres éticos, deontológicos, de rigor e objectividade.

II – Assiste aos *media* o direito, a função social, de difundir notícias e emitir opiniões críticas ou não, importando que o façam com respeito pela verdade e pelos direitos intangíveis de outrem, como são os direitos de personalidade.

III – O direito à honra em sentido lato, e o direito de liberdade de imprensa e opinião são tradicionais domínios de conflito.

IV – O sentido crítico dos leitores que seguem o fenómeno desportivo, mormente as discussões em torno do futebol, é exacerbado por questões de toda a ordem, já que o constante debate na imprensa escrita e falada, sobredimensiona a importância de questões que, numa sociedade onde os valores cívicos deveriam ser a preocupação maior dos cidadãos, são relegados para segundo plano pela constante evidência de acontecimentos distractivos, sejam os da imprensa desportiva, cor-de-rosa, ou quejanda.

V – A crítica tem como limite o direito dos visados, mas não deixa de ser legítima se for acutilante, acerada, desde que não injuriosa, porque quantas vezes aí estão o estilo de quem escreve.

VI – No âmbito do desporto e do futebol os actores do palco mediático nem sempre convivem de modo são com a crítica, quantas vezes por culpa dos *media* que se dividem entre apoiantes de uns e antagonistas de outros, não mantendo a equidistância postulada por uma actuação objectiva, com respeito pelos valores da ética jornalística.

VII – Não lidando bem com as críticas do Autor, o Réu pôs em causa a idoneidade pessoal e profissional daquele, afirmando *"que era um opinador pago para dizer mal, diariamente"*, referenciando o seu nome e afirmando *"que se pagasse jantares, wkiskeys e charutos seria uma pessoa muito bem vista"*. O Autor foi, publicamente, apelidado pelo Réu, de *jagunço* que, notoriamente, é um termo injurioso. Segundo o "Dicionário Houaiss da Língua Portuguesa", *jagunço* significa – "valentão que serve de guarda-costas a fazendeiros", "homem que serve de guarda-costas a fazendeiros e caciques", "capanga", "guarda-costas", "pistoleiro contratado para matar", [...] pessoa torpe, reles, que vive de expedientes".

VIII – Qualquer leitor, medianamente avisado, colherá destas afirmações a ideia que o Autor, como jornalista, é um mau profissional, dado a influências em função de pagamentos e favores, o que é demolidor para o seu trabalho que deve ser isento, e para a sua imagem de pessoa que deve ser incorruptível e séria na suas apreciações, e também o lesa como cidadão que preza a sua honra.

IX – Criticar implica censurar, a censura veiculada nos *media* só deixa de ser legítima como manifestação da liberdade individual quando exprime *antijuricidade objectiva*, violando direitos que são *personalíssimos* e que afectam, mais ou menos duradouramente segundo a memória dos homens, bens que devem ser preservados como são os direitos aqui em causa, à honra, ao bom nome e ao prestígio social.

Acórdão RL de 14-05-2009
Relator Jorge Leal; Processo 1839/06.9TVLSB.L1-2
Descritores Liberdade de expressão; Liberdade de imprensa; Direito de personalidade; Ofensas à honra; Responsabilidade extra-contratual

Sumário: I – Contém-se dentro dos limites do legal exercício da liberdade de expressão e da liberdade de imprensa o jornalista e comentador que, em três artigos publicados em dois jornais diários, qualifica de "farsa" e "chantagem" a atitude do presidente de um clube desportivo que declarara que se os simpatizantes desse clube não adquirissem o total de 300 000 "kits" de sócios se demitiria, e depois não o fez.

II – Ultrapassa os limites da liberdade de expressão, incorrendo em responsabilidade civil por ofensa à honra do visado, o presidente do clube desportivo referido em I que, no decurso de uma entrevista transmitida por um canal de televisão e sem indicar qualquer razão ou facto que lhe permita fundar a veracidade do por si declarado, afirma que o comentador *supra* referido é pago para dizer mal, com o sentido de que não diz aquilo em que acredita mas tão só aquilo que, a troco de vantagens patrimoniais, lhe dizem para escrever.

Acórdão STJ de 08-03-2007
Relator Salvador da Costa; Processo 07B566
Descritores: Jornal; Publicação; Pessoa colectiva; Liberdade de imprensa; Liberdade de expressão; Direito de personalidade; Crédito; Indemnização; Danos não patrimoniais

Sumário: 1 – A capacidade de gozo das pessoas colectivas abrange os direitos de personalidade relativos à liberdade, ao bom-nome, ao crédito e à consideração social.

2 – A eficácia dos meios de publicação informativa deve ter por contraponto os máximos rigor e cautela na averiguação da realidade dos factos que divulgam, sobretudo quando essa divulgação, pela natureza do seu conteúdo, seja susceptível de afectar aqueles direitos.

3 – O conflito entre o direito de liberdade de imprensa e de informação e o direito de personalidade – de igual hierarquia constitucional – é resolvido, em regra, por via da prevalência do último em relação ao primeiro.

4 – Ofende o crédito da pessoa colectiva a divulgação jornalística de facto susceptível de diminuir a confiança nela quanto ao cumprimento de obrigações, e o seu bom-nome se for susceptível de abalar o seu prestígio ou merecimento no respectivo meio social de integração.

5 – Ofende ilícita e culposamente o crédito e o bom-nome do clube de futebol, que disputa a liderança da primeira liga, sujeitando os seus autores a indemnização por danos não patrimoniais, a publicação, em jornal diário citadino conceituado e de grande tiragem, da notícia de que resulta não ser o visado cumpridor das suas obrigações fiscais e a conduta dos dirigentes ser passível de integrar o crime de abuso de confiança fiscal.

Acórdão RL de 19-04-2006
Relator Mário Morgado; Processo 11862/2006-3
Descritores: Difamação; Direito de resposta; Liberdade de imprensa

Sumário: I – Carácter injurioso ou difamatório de determinada expressão ou atitude é muito relativo, estando fortemente dependente do lugar ou ambiente em que ocorre, das pessoas entre quem ocorre e do modo como ocorre.

II – Igualmente é notório que "a linguagem usada no meio do futebol, (...) [é] uma linguagem mais grosseira e forte em termos nomeadamente de adjectivação, que reflecte assim a paixão que este desporto faz despertar nos homens em geral (...)" (...).

III – Apesar de lhe ser exigível [como figura pública e homem do futebol...] um qualificado "poder de encaixe", não se discute que o arguido tivesse toda a legitimidade para, em defesa da sua honra e consideração, responder publicamente ao assistente, em termos enérgicos e, até, com agressividade adequada a tal objectivo, uma vez que se encontrava no contexto de uma forte polémica pública provocada pelo próprio assistente.

IV – Nesta perspectiva, é evidente carecerem de tipicidade as declarações do arguido na parte em que afirma, *v.g.*, que o levantamento contabilístico feito pelo assistente "não tem credibilidade nenhuma" e que este não tem "perfil para a tarefa". Como careceria até, por exemplo, a afirmação de o próprio assistente não ter credibilidade.

V – Mas o "jus retorquiendi" não é ilimitado e o conteúdo de outras expressões utilizadas pelo arguido é (objectivamente) muito ofensivo e vexatório, com especial destaque para: "não tem escrúpulos, é um lambe–botas das direcções que passam. São gente baixa, sem carácter" e "(...) pessoas que utilizam métodos verdadeiramente pidescos".

À luz das mensagens que legitimamente pretendia expressar, não se vislumbra qualquer racionalidade/proporcionalidade no registo retórico do arguido, o qual – desprovido de qualquer necessidade/pertinência – se situa, pura e simplesmente, no domínio do insulto gratuito: objectivamente, as palavras proferidas não têm outro conteúdo ou sentido que não o da ofensa.

Acórdão RP de 18-05-2005
Relator Élia São Pedro; Processo 0416201
Descritores: Ofensas ao bom nome; Difamação; Pessoa colectiva

Sumário: I – Não ofende a honra e a consideração dos dirigentes de uma Câmara Municipal dizer-se que entre eles e um determinado Clube de Futebol existe uma perigosa promiscuidade.

II – Não ofende a credibilidade de uma Câmara Municipal, com vista ao preenchimento do crime do art. 187.º do CP95, dizer-se dela que é "uma organização verdadeiramente tentacular que põe em causa a independência, a legalidade e a imparcialidade das decisões dos órgãos municipais"

Acórdão RP de 03-05-2005
Relator Marques de Castilho; Processo 0326079
Descritores: Colisão; Direitos; Direito de personalidade; Ruído [*limitação da realização de jogos de futebol durante o período de fim-de-semana e outros períodos fixados para permitir o exercício do direito ao repouso de terceiros*]

Sumário: I – O direito ao repouso, ao descanso e ao sono pode ser ofendido mesmo no caso de o ruído se conter dentro dos limites legalmente fixados, havendo que ter em conta o tipo de vida e a sensibilidade das pessoas que estão sujeitas ao ruído produzido por actividades de outros.

II – A solução para o conflito de direitos deve ser hoje analisada numa perspectiva mais evolucionista da sociedade, mais dinâmica na procura de soluções actuais que permitam a harmonização do exercício dos direitos e não propriamente a eliminação de um direito em detrimento de outro.

Acórdão RP de 03-03-2005
Relator Ataíde das Neves; Processo 0530280
Descritores: Ofensas à honra; Liberdade de expressão; Liberdade de imprensa [*eventual ofensa ao bom nome e reputação de uma SAD por declarações proferidas por um seu jogador na imprensa*]

Sumário: I – O direito de liberdade de imprensa e o direito à consideração e à honra, ambos constitucionalmente garantidos, quando em confronto, devem sofrer limitações, de modo a respeitar-se o núcleo essencial de um e outro.

II – Sendo embora os dois direitos de igual garantia constitucional, é indiscutível que o direito de liberdade de expressão e informação, pelas restrições e limites a que está sujeito, não pode, ao menos em princípio, atentar contra o bom nome e reputação de outrem, sem prejuízo, porém, de em certos casos, ponderados os valores jurídicos em confronto, o princípio da proporcionalidade conjugado com os ditames da necessidade e da adequação e todo o circunstancialismo concorrente, tal direito poder prevalecer sobre o direito ao bom nome e reputação.

III – Designadamente assim sucede nos casos em que estiver em causa um interesse público que se sobreponha àqueles e a divulgação seja feita de forma a não exceder o necessário a tal divulgação, sendo exigível que a informação veiculada se cinja à estrita verdade dos factos.

Acórdão RP de 10-03-2004
Relator Manuel Braz; Processo 0313418
Descritores: Crime de imprensa; Dever de informar

Sumário: I – A prova obtida através de meio enganoso (câmara oculta) é nula e não pode ser utilizada para perseguição criminal pelo eventual crime que visa provar.

II – Pode, todavia, ser utilizada pelo arguido no interesse da sua defesa.

III – O interesse público que há em noticiar casos de dopagem de atletas sobrepõe-se ao interesse lesado com a sua divulgação – a honra e a consideração do ofendido.

Acórdão RL de 12-02-2004
Relator Fernanda Isabel Pereira; Processo 1050/2002-6
Descritores: Desporto; Violência; Federação Portuguesa de Futebol; Responsabilidade civil

Sumário: Ao abrigo do Dec. Lei n.º 270/89, de 18-8, a entidade organizadora de desafios de futebol tem o dever de garantir a segurança dos espectadores através de meios preventivos e repressivos.

Tal dever não se considera cumprido se, deixando entrar no recinto desportivo adepto ou adeptos com dispositivos "very light" e depois de ter sido efectuado um primeiro disparo de um desses dispositivos, foi omitida pela entidade organizadora – a Federação Portuguesa de Futebol – a reacção necessária a neutralizar esse perigo, de modo a impedir um outro disparo.

A circunstância de a Ré, enquanto organizadora, ter requisitado o policiamento do evento desportivo não a libertava do dever de previsão e de manutenção dos meios adequados, nem a impedia de actuar.

Ocorrendo um segundo disparo de "very light" que foi causa da morte de um espectador, a FPF incorre em responsabilidade civil culposa.

É ajustada a indemnização de 5.000.000$00 pela perda do direito à vida, de 5.000.000$00 pelas dores sofridas antes de morrer. A título de danos morais, ajusta-se a indemnização de 7.000.000$00 a favor da viúva e 5.000.000$00 a favor de cada um dos dois filhos menores.

A título de lucros cessantes, tendo em conta a perda dos alimentos que o falecido lhes prestaria, é ajustada a quantia de 20.000.000$00, repartidos por 10.000.000$00 para a viúva e 5.000.000$00 para cada um dos menores.

Acórdão RC de 13-12-2000
Relator Rosa Maria Ribeiro Coelho; Processo 2971/2000
Descritores: Jogador profissional; Comissário; Responsabilidade civil do comitente; Indemnização

Sumário: I – O art. 501.º do C.C. estende ao sector público o regime comum constante do art. 500.º para a regulação da responsabilidade do comitente.

II – Desta forma, e porque cabe ao juiz seleccionar livremente o direito aplicável, o facto do assistente invocar o art. 501.º do C.C., em lugar do 500.º do C.C., não invalida, só por si, a sua pretensão.

III – O art. 377.º do CPC não condiciona a condenação do arguido em indemnização cível com base na responsabilidade fundada na culpa, já que pode o mesmo ser condenado no âmbito do pedido cível ainda que tenha sido absolvido no que respeita à responsabilidade criminal que lhe era imputada.

IV – Sendo o arguido, jogador de futebol, um comissário do Clube a que pertence, está caracterizada a existência, entre ambos, de um vínculo jurídico susceptível de fazer funcionar o disposto no art. 500.º.

V – Desta forma, os danos causados pela actuação do jogador a qualquer outro jogador ou árbitro encontram-se, na generalidade dos casos, adequadamente conexionados com a comissão encarregue, o que determina a correspondente responsabilidade civil do comitente.

VI – Porém, o exercício por parte do comissário jogador de violência física sobre o árbitro ou outro jogador está fora do âmbito da comissão, pelo que, *in casu*, fica excluída a responsabilidade do comitente.

VII – É justa e equitativa a indemnização por danos não patrimoniais a quantia de 150.000$00 resultantes do facto do arguido ter afrontado uma base essencial do desporto de competição (a não violência) e ter desautorizado publicamente o árbitro, ora assistente, enquanto autoridade máxima do encontro.

Acórdão STJ de 27-06-95
Relator Torres Paulo; Processo 087207
Descritores: Direito de personalidade; Violação; Montante da indemnização; Dolo directo; Danos morais; Responsabilidade civil

Sumário: I – A honra civilmente tutelada abrange a projecção do valor da dignidade humana, incluindo também o bom nome e a reputação, enquanto sínteses do apreço social pelas qualidades de cada indivíduo e demais valores pessoais, adquiridos, no plano moral, intelectual, sexual, familiar, profissional ou político.

II – São pressupostos da responsabilidade por facto ilícito: voluntariedade e ilicitude, nexo de imputação do facto ao lesante, o dano, nexo de causalidade entre o facto e o dano.

III – O Réu age com dolo directo, grave e intenso, se, apesar do Autor negar as acusações, em vez de se retratar, ainda tudo confirmou em conferência de imprensa.

IV – A indemnização pelos danos não patrimoniais deve ser fixada de acordo com o disposto no artigo 496.°, n.° 3, do Código Civil e artigo 494.°.

V – Dada a gravidade do dolo, o vexame, desprestígio e desgosto sofrido pelo Autor, sendo manifestamente boa a situação económica do Réu, sendo elevada a reputação social do autor, sendo extrema a gravidade dos factos atribuídos pelo Réu, sendo a honra do Autor violentamente atingida, com enorme publicidade, o que abalou o bom nome e reputação do Autor, como cidadão, como homem ligado ao meio desportivo, com reflexo na sua vida profissional, é de aceitar a indemnização de 3.000.000 escudos fixados pela Relação, no acórdão recorrido.

DIREITO À IMAGEM

Acórdão RP de 22-09-2008
Relator Fernanda Soares; Processo 0842844
Descritores: Contrato desportivo; Direitos de imagem

Sumário: Tendo as partes acordado que o contrato de direitos de imagem vigoraria enquanto vigorasse o contrato de trabalho desportivo, tal acordo implica que, tendo o autor rescindido o contrato de trabalho, tal rescisão "arrastasse" consigo o contrato de direitos de imagem, deixando o mesmo, assim, de vigorar.

Acórdão RL de 18-12-2007
Relator Jorge Leal; Processo 7379/2007-2
Descritores: Direito à imagem; Jogador profissional; Fotografia ilícita; Indemnização

Sumário: I – Embora o direito à imagem seja irrenunciável e inalienável, não estão proibidas limitações ao exercício desse direito, nomeadamente a cedência a terceiro, por futebolistas, do direito à exploração comercial da sua imagem de desportistas profissionais.

II – Viola o disposto no artigo 79.º, n.º 1, do Código Civil e no artigo 10.º da Lei n.º 28/98, de 26.6 (Lei do Contrato de Trabalho Desportivo) a empresa, proprietária de uma revista, que nesta publica cromos contendo imagens de futebolistas profissionais, sem obtenção de autorização por parte destes nem da sociedade a quem aqueles haviam concedido o direito de explorar comercialmente, com exclusividade, a sua imagem, sob a forma de cromos, alusiva à sua condição de futebolistas.

III – Tal conduta fundamenta a condenação da referida empresa no pagamento, à sociedade detentora do exclusivo, de indemnização por dano patrimonial e no pagamento, aos futebolistas envolvidos, de indemnização por danos não patrimoniais.

Acórdão STJ de 14-06-2005
Relator Nuno Cameira; Processo 05A945
Descritores: Direitos fundamentais; Direito à imagem; Direito à reserva sobre a intimidade; Vida privada; Liberdade de imprensa; Direito à informação; Figura pública

Sumário: 1 – O direito à imagem e direito à reserva sobre a intimidade da vida privada, enquanto direitos fundamentais de personalidade, são inatos, inalienáveis, irrenunciáveis e absolutos, no sentido de que se impõem, por definição, ao respeito de todas as pessoas.

2 – O que se passa no interior da residência de cada pessoa e na área, privada, que a circunda, integra o núcleo duro da reserva da intimidade da vida privada legalmente protegida.

3 – A publicação numa revista pertencente à ré de uma reportagem fotográfica legendada divulgando, sem consentimento do autor, uma visita por ele feita na companhia da mulher à residência familiar então em fase de construção na cidade de Madrid, integra a violação simultânea dos seus direitos à imagem e à reserva da intimidade da vida privada.

4 – A ilicitude desta conduta não é afastada, nem pelo facto de o autor ser uma pessoa de grande notoriedade, adquirida graças à sua condição de futebolista profissional mundialmente reconhecido (figura pública), nem pela circunstância de as fotografias mostrarem apenas a entrada da casa e de esta se encontrar em fase de construção.

5 – O direito da liberdade de imprensa tem como limite intransponível, entre outros, a salvaguarda do direito à reserva da intimidade da vida privada e à imagem dos cidadãos.

6 – De igual modo, também a invocação do direito de informar consagrado no art. 37.º, n.º 1, da Constituição não legitima a conduta do lesante se não houver qualquer conexão entre as imagens ou factos divulgados pertencentes ao foro privado do lesado e a actividade profissional por ele desempenhada que originou a sua notoriedade pública.

Acórdão RE de 24-02-2005
Relator Bernardo Domingos; Processo 2788/04-3
Descritores: Direito de personalidade; Direito à imagem; Jogador profissional [contrato de cedência da exploração da imagem de jogador de futebol]

Sumário: I – O direito à imagem como direito fundamental da personalidade, incluído no rol dos direitos liberdades e garantias, é um "direito pessoalíssimo", que não pode ser alienado nem exercido por outrem.

II – Assim a transmissão genérica do direito à exploração da imagem, por configurar uma cedência do próprio direito é nula e de nenhum efeito por ofensa da ordem pública nacional (art. 81.º, n.º 1, e 280.º do CC).

EVENTOS DESPORTIVOS

Acórdão TRL de 10-11-2009
Relator Abrantes Geraldes; Processo 4292/1999.L1-7
Descritores: Transmissões televisivas; Regulamento; Transmissão televisiva; Violação das regras de concorrência; Empresa

Sumário: 1 – A UEFA é uma organização privada regida pelo ordenamento jurídico suíço cujo poder regulamentar apenas é susceptível de vincular pessoas singulares ou colectivas que integram tal organização.

2 – O art. 14.º dos Estatutos da UEFA, na redacção vigente em Setembro de 1997, sobre transmissão televisiva de jogos de futebol, assim como o Regulamento de Transmissões Televisivas elaborado em aplicação de tal normativo estatutário, não são vinculativos para terceiros, designadamente para empresas que exercem a actividade de transmissão televisiva.

3 – Por isso, a transmissão por uma empresa de televisão de um jogo de futebol fora do condicionalismo previsto em tal regulamentação não constitui facto ilícito, não podendo servir de fundamento para outro clube prejudicado pela referida transmissão invocar o direito de indemnização.

4 – Para efeitos de sujeição às regras da concorrência decorrentes do Tratado CE, a UEFA é de qualificar como "empresa".

5 – A regulamentação da UEFA sobre transmissão televisiva de jogos de futebol que vigorava em Setembro de 1997 e que foi comunicada às Federações Nacionais e aos clubes de futebol que integram tal organização violava as regras de concorrência então definidas pelo art. 85.º, n.º 1 (actual art. 81.º, n.º 1) do Tratado CE, estando, por isso, afectada de nulidade.

6 – A nulidade de tal regulamentação sempre impediria que o clube prejudicado pela transmissão televisiva fundasse uma pretensão indemnizatória contra a empresa de televisão.

Acórdão STJ de 21-05-2009
Relator Custódio Montes; Processo 4986/06.3TVLSB.S1
Descritores: Competência internacional; Direito ao espectáculo; Transmissão televisiva; Venda de bens; Prestação de serviços; Lugar do cumprimento; Reenvio

Sumário: I – A incompetência internacional, como pressuposto processual, deve aferir-se em face da forma como a acção é configurada na PI.

II – O regulamento (CE) 44/2001 do Conselho de 20 de Dezembro de 2000 tem por objectivo uniformizar o regime da competência judiciária e do reconhecimento das sentenças estrangeiras.

III – O regime regra que adopta é o do foro do R. mas com excepções, regendo em matéria contratual a regra de que o tribunal internacionalmente competente para acção é o do lugar onde a obrigação foi ou deva ser cumprida, art. 5.º, 1, a).

IV – Na alínea b) desse artigo e número, especificam-se dois casos em matéria contratual – venda de bens e prestação de serviços – em que o tribunal competente é o da entrega dos bens ou o da prestação de serviços; mas tais casos – não susceptíveis de serem alargados por via interpretativa ou integrativa – integram apenas realidades factuais que sejam susceptíveis de ser entregues (mercadorias ou prestação de serviços).

V – O direito ao espectáculo constituído pela realização de dois jogos de futebol é um direito intelectual que pertence ao dono do espectáculo.

VI – A transmissão televisiva desses jogos integra, por um lado, o direito intelectual transmitido – o espectáculo – e, por outro, a transmissão televisiva em si.

VII – Consistindo o contrato dos autos na cedência da A. à R. do direito de transmitir para Itália os dois jogos de futebol realizados em Portugal sem dos seus termos resultar que cabia à A. colher as imagens a transmitir em Itália, esse contrato não pode integrar a al. b) do n.° 1 do art. 5.°, citado, porque o contrato não constitui venda de bens nem prestação de serviços, cabendo, antes, no contexto da regra da al. a).

VIII – Para saber qual o lugar do cumprimento do contrato – art. 5.°, 1, a) do Regulamento – deve lançar-se mão do direito internacional privado, analisando o estatuto do contrato, regulando o caso a Convenção de Roma de 1980, por não ter sido escolhida pelas partes a lei aplicável.

IX – Tendo a obrigação por objecto o pagamento do preço estabelecido, o lugar do cumprimento é o do lugar do domicílio do credor que, no caso, é em Lisboa.

X – O reenvio previsto no art. 234.° do Tratado da UE tem como pressuposto o facto de o juiz nacional, ao aplicar a norma comunitária convocada, ter dúvidas sobre a interpretação ou sobre a validade da concreta norma ou acto comunitário; o reenvio não se justifica quando a questão colocada seja materialmente idêntica a uma questão que já tenha sido objecto de decisão a título prejudicial num caso análogo, o que acontece no caso dos autos, como se decidiu já nos Acs do TJCE que se seguem: a. Acórdão de 4.3.1982 – caso EFFER: compete ao juiz nacional decidir as questões relativas ao contrato e seus elementos constitutivos, mesmo que haja litígio entre as partes sobre os termos do contrato ou mesmo sobre a sua existência; b. Acórdão de 23.4.2009 – caso RABISCH: não se integra no contexto do art. 5.°, 1, b) do Regulamento o contrato pelo qual o titular de um direito de propriedade intelectual concede a outrem o direito de o explorar mediante remuneração.

Acórdão RC de 27-11-2007
Relator Falcão Magalhães; Processo 204/2002.C1
Descritores: Comissões especiais; Qualidade de membro; Responsabilidade dos seus membros para com terceiros [*natureza jurídica da Comissão Executiva do 3.° Campeonato do Mundo de Kayak-Polo*]

Sumário: I – Na vida social ocorrem situações de organizações de facto transitórias, que não chegam a adquirir personalidade jurídica, de fins diversos – artístico, científico, religioso, desportivo, etc. –, mas cujo objecto não é económico e que se conhecem sob a designação de comissões – arts. 199.° a 201.° C. Civ.

II – As comissões especiais costumam constituir-se para finalidades transitórias, esgotando-se a respectiva actividade com a realização do escopo a que se propuseram.

III – As comissões especiais, na prossecução da finalidade para a qual se formam, podem repartir tarefas entre os respectivos membros, atribuindo funções específicas a alguns deles (ou mesmo a terceiros), designadamente funções de administração e de gestão – art. 200.°, n.° 1, C. Civ.

IV – A qualidade de membro de uma comissão especial depende apenas da participação nesta, ou seja, está apenas dependente da circunstância de se fazer parte da organização, não reconhecida como associação, constituída nos termos do art. 199.° do C. Civ.

V – De harmonia com o disposto no n.º 2 do art. 200.º C. Civ., os membros (todos eles) da comissão respondem, pessoal e solidariamente, pelas obrigações contraídas em nome dela.

Acórdão RP de 04-07-2007
Relator Madeira Pinto; Processo 0730829
Descritores: Apresentação de cassete vídeo; Não obrigatoriedade de entrega da cópia; Fiscalização de actos administrativos; Eficácia; Licenciamento administrativo

Sumário: I – Embora englobada na prova documental, a apresentação de cassete vídeo fica sujeita ao ónus previsto no art. 527.º do CPC, mas não à obrigatoriedade de logo o apresentante entregar cópia, por não ser documento escrito e não caber na previsão do art. 152.º, n.º 2, do CPC.

II – A fiscalização dos actos administrativos (nomeadamente, a concessão de licença especial de ruído, ao abrigo do disposto no art. 9.º, n.ºs 2 e 4, do DL n.º 292/2000, de 14.11, na redacção introduzida pelo DL n.º 259/02, de 23.11), compete, no nosso Estado de Direito, "a posteriori" e mediante acção ou procedimento do interessado, aos tribunais administrativos, de acordo com o ETAF.

III – O licenciamento administrativo de práticas desportivas e festejos em recintos desportivos não tem o condão de tornar lícitos os comportamentos ruidosos e violadores da qualidade de vida de moradores vizinhos.

Acórdão STJ de 31-05-2005
Relator Salvador da Costa; Processo 05B1717
Descritores: Expropriação; Preço; Ampliação da matéria de facto; Poderes do Supremo Tribunal de Justiça [natureza jurídica da Comissão Executiva do 3.º Campeonato do Mundo de Kayak-Polo]

Sumário: 1 – No domínio da vigência da Lei n.º 100/84, de 29 de Março, em 1998, as juntas de freguesia, embora sem personalidade jurídica, tinham personalidade judiciária.

2 – É uma comissão especial sem personalidade jurídica, sujeita ao regime dos artigos 200.º e 201.º do Código Civil, a comissão organizadora de um campeonato de kayak pólo, integrada por várias entidades públicas e privadas, incluindo uma junta de freguesia e uma região de turismo, com vista à conjugação de meios humanos e materiais para o efeito.

3 – O regime do artigo 200.º, n.ºs 1 e 2, do Código Civil, imperativo, visa acautelar os direitos de terceiros que contratem com a comissão, em termos de os seus membros responderem pessoal e solidariamente pelas obrigações contraídas em nome dela, ainda que por via de comissão executiva de que não façam parte, independentemente do que a propósito da contribuição de cada um para o fim comum hajam deliberado.

4 – Tendo a freguesia, através da respectiva junta, autorizado o seu presidente a participar na referida comissão organizadora para o mencionado fim, não pode declinar sua obrigação solidária de pagamento da retribuição de um contrato de prestação de serviço de alojamento celebrado entre um terceiro e a comissão executiva da comissão organizadora.

5 – A invocação pela junta de freguesia da falta de autorização concedida ao seu presidente para a vincular à referida obrigação constitui facto integrante de excepção peremptória cujo ónus de prova lhe incumbia.

Acórdão RC de 19-04-2005
Relator Monteiro Casimiro; Processo 4001/04
Descritores: Acção de indemnização; Obrigação de meios e obrigação de resultados; Distinção entre elas [*responsabilidade contratual decorrente da violação da obrigação de realização de provas do* Rally *de Portugal em determinados concelho*]

Sumário: I – Na obrigação de meios o devedor apenas se compromete a desenvolver diligentemente certa actividade para a obtenção de um determinado efeito, mas sem assegurar que o mesmo se produza. Contrapõem-se-lhes as obrigações de resultado, que se verificam quando se conclua da lei ou do negócio jurídico que o devedor está obrigado a conseguir um certo efeito útil.

II – Estamos perante uma obrigação de resultado se consta de uma cláusula de um protocolo que "O ACP se compromete a incluir no itinerário significativo número de provas de classificação nos concelhos que integram a Região de Turismo do Centro e/ou subscritores deste protocolo".

IMPOSTOS

Acórdão STA de 19-03-2009
Relator Pimenta do Vale; Processo 0866/08
Descritores: Oposição à execução fiscal; Associação desportiva; Assunção de dívida; Legitimidade; Dívida fiscal

Sumário: I – A assunção de dívida, que consiste no acto pelo qual um terceiro se vincula perante o credor a efectuar a prestação devida por outrem (artigo 595.º do CC), pode também ocorrer no domínio das dívidas tributárias, o que, de resto, se encontra contemplado no art. 7.º do Decreto-Lei n.º 124/96 de 10/8.

II – Assim, assume voluntariamente a dívida exequenda a associação desportiva que interveio em nome de um seu associado num auto de aceitação de dação em pagamento.

III – Em tal auto, a referida associação interveio não só na qualidade de representante dos clubes mas também, sem dúvida, em nome próprio, dada a presença e intervenção dos seus legais representantes.

IV – O facto de ter iniciado todo este procedimento na qualidade de gestora de negócios dos clubes de futebol e de ter subscrito o aludido auto de dação na qualidade de representante desses clubes não significa, nem é impeditivo, que a associação desportiva não pudesse assumir, como o fez, na qualidade de terceiro, responsabilidades na garantia da dívida ou que o credor não pudesse condicionar a aceitação da dação à assunção da dívida remanescente por parte daquela.

V – Deste modo, a Federação Portuguesa de Futebol, que, assim, assumiu as dívidas tributárias contraídas pelos clubes de futebol seus associados, é parte legítima na oposição à execução fiscal deduzida para cobrança de tais dívidas.

Acórdão TCAS de 15-07-2008
Relator José Correia; Processo 02389/08
Descritores: Impugnação de IRS; Falta de fundamentação; Tributação dos pagamentos efectuados pela FPF a jogadores da selecção nacional não residentes a título de prémios de jogo e de presença, publicidade e participação; Decisão surpresa; Não sujeição ao abrigo do n.º 5 do art. 12.º do CIRS

Sumário: I – Fundamentar o acto tributário consiste na indicação dos factos e das normas jurídicas que o justificam, na exposição das razões de facto e ou de direito que determinam a AF a proferir uma decisão, enfim, em deduzir expressamente a resolução tomada das premissas em que assenta, ou em exprimir os motivos por que se resolve de certa maneira, e não de outra.

II – Assim, o acto tributário tem de ser sustentado por um mínimo suficiente da fundamentação expressa, ainda que operada por forma massiva e sendo produto de um poder legalmente vinculado, aspectos estes que só poderão ser valorados dentro do grau de exigibilidade da declaração de fundamentação, quer porque a massividade intui maior possibilidade de entendimento dos destinatários, quer porque a vinculação dispensa a enunciação da motivação do agente que decorrerá imediatamente da mera descrição dos factos-pressupostos do acto.

(...)

VII – Da conjugação do estatuído nos arts. 14° e 17° com o disposto no n.° 1 [do] art. 74° do CIRS e operando com as regras de incidência subjectiva, conclui-se que os titulares dos rendimentos têm de ser pessoas singulares não residentes em território nacional e que os rendimentos em causa sejam auferidos em território português.

VIII – E, de harmonia com o preceituado no artigo 17.°, n.° 1, do CIRS, consideram-se obtidos em território português os rendimentos de trabalho dependente decorrentes de actividades nele exercidas.

IX – A essa luz, os atletas que foram convocados e aceitaram a representação, encontram-se ao serviço da Selecção Portuguesa, ficando sob a autoridade e direcção desta pelo que, independentemente do lugar onde são disputados os jogos, é sempre ao serviço da selecção nacional que os atletas se encontram, sendo irrelevante para o caso que sejam disputados fora de Portugal, já que estão ao serviço da selecção, seja onde for que os jogos tenham lugar.

X – Daí que os rendimentos auferidos por não residentes e pagos pela Federação Portuguesa de Futebol a título de prémios de jogo, de presença, de publicidade e de participação, foram auferidos em território nacional, atento ao disposto nos arts. 2°, 14°, 17°e 74°, todos do CIRS.

XI – O artigo 3°, n.° 3, do Código de Processo Civil é plenamente aplicável em processo judicial tributário e tem como finalidade declarada evitar, proibindo-as, as denominadas decisões-surpresa. Assim, caso não fosse dada possibilidade à Recorrente de se pronunciar sobre um facto decisivo para a decisão recorrida, o Acórdão em causa incorreria em nulidade, por violação do princípio do contraditório e do artigo 3° do Código de Processo Civil.

XII – O artigo 3.°, n.° 3, do Codigo de Processo Civil estipula que o Juiz deve observar e fazer cumprir ao longo de todo o processo o princípio do contraditório, não lhe sendo lícito, salvo caso de manifesta desnecessidade, decidir questões de direito ou de facto, mesmo que de conhecimento oficioso, sem que as partes tenham tido a possibilidade de sobre elas se pronunciarem.

XIII – O princípio do contraditório, que é um dos princípios fundamentais do nosso direito processual civil, assegura não só a igualdade das partes, como, no que aqui interessa, é um instrumento destinado a evitar as decisões-surpresa.

XIV – Tendo o recurso sido decidido com base nos factos alegados e provados, factos esses de que a recorrente teve conhecimento e contra os quais poderia esgrimir os argumentos que entendesse convenientes, na altura própria, a decisão tomada no acórdão em nada afecta quer a pretensão deduzida, quer a defesa.

XV – Acrescente-se que a audição das partes será dispensada nos termos do artigo 3.°, n.° 3, em casos de manifesta desnecessidade e naqueles em que, objectivamente, as partes não possam alegar de boa fé desconhecimento das questões de direito ou de facto a decidir pelo Juiz e das respectivas consequências.

XVI – O n.º 5 do art. 12.º do CIRS consagra uma situação de não sujeição e não de isenção, através da qual se excluem de tributação determinadas situações aí tipificadas, mas por classificações relevantes.

XVII – Porém, essas classificações só serão relevantes mediante a verificação dos requisitos tipificados na citada norma, designadamente, elevado prestígio e nível competitivo em jogos olímpicos, campeonatos do mundo ou campeonatos da Europa como tal reconhecidas pelo Ministro das Finanças e pelo membro do governo que tutela o desporto.

XVIII – E a mera participação em quaisquer jogos da Selecção não preenche, *a se*, esse conceito, sendo necessário para fazer operar aquela não sujeição que a impugnante apresentasse prova do referido reconhecimento (que, de resto, não existiu), pelo que a situação factual não cai no âmbito da norma de delimitação negativa de incidência da citada disposição legal.

XIX – E de acordo com o disposto na Portaria n.º 953/95 de 04/08, por remissão do art. 3º do DL 125/95, de 31/05, só são concedidos prémios se as classificações (em Jogos Olímpicos, Campeonatos do Mundo e da Europa) atingirem um dos três primeiros lugares, e só nesses casos haverá lugar a exclusão de tributação.

Acórdão TCAN de 15-11-2007
Relator Dulce Neto; Processo 00231/04 – Viseu
Descritores: Iva; Matraquilhos

Sumário: As prestações de serviços que consistam em proporcionar a utilização de jogos reconhecidos como desportivos, tais como os jogos de matraquilhos, têm enquadramento na 2.13 da Lista anexa ao Código do IVA, devendo ser tributadas em IVA à taxa reduzida de 5%.

Acórdão TCAS de 12-06-2007
Relator Valente Torrão; Processo 05850/01
Descritores: IRC; Associação desportiva; Actividades sujeitas a IRC; Actividades não sujeitas; Receitas do bingo

Sumário: I – Os rendimentos directamente derivados do exercício de actividades culturais, recreativas e desportivas encontram-se isentos de IRC (art. 10.º, n.ºs 1 e 2, alíneas a) e c) do CIRC).

II – Relativamente a outras actividades prosseguidas por uma associação desportiva (nomeadamente bares e receitas provenientes de exploração de Bingo) estão as mesmas sujeitas a IRC.

III – Deste modo, a determinação do rendimento global terá de ser efectuada ao abrigo do disposto nos arts. 47.º e 48.º do CIRC, uma vez que, não sendo uma associação desportiva uma sociedade que exerce a título principal uma das actividades previstas no art. 3.º, n.º 1, alínea a) daquele diploma, é-lhe inaplicável o disposto no art. 17.º, também do mesmo diploma.

Acórdão Tribunal Constitucional N.º 331/2007
Data do Acórdão 29-05-2007
Processo n.º 330/07
Relator João Cura Mariano

Decisão
(…) decide-se:
a) Julgar inconstitucionais, por violação das disposições conjugadas dos artigos 103.º, n.º 2, e

165.º, n.º 1, alínea i), da Constituição da República Portuguesa, as normas constantes dos números 1 e 2 do art. 39.º do Decreto-Lei n.º 67/97 [*regime jurídico das sociedades anónimas desportivas*], na parte em que as mesmas admitem a responsabilidade pessoal, ilimitada e solidária, pelo pagamento das dívidas fiscais ao credor tributário das pessoas aí mencionadas;

b) Confirmar o juízo de inconstitucionalidade feito pela decisão recorrida e, consequentemente, negar provimento ao recurso.

Acórdão Tribunal Constitucional N.º 311/2007
Data do Acórdão 16-05-2007
Processo n.º 127/07
Relator Benjamim Rodrigues

Decisão
(...) atento tudo o exposto, o Tribunal Constitucional decide:
a) Julgar inconstitucionais, por violação das disposições conjugadas dos artigos 103.º, n.º 2, e 165.º, n.º 1, alínea i), da Constituição da República Portuguesa, as normas constantes dos números 1 e 2 do art. 39.º do Decreto-Lei n.º 67/97, na parte em que as mesmas admitem a responsabilidade pessoal, ilimitada e solidária, pelo pagamento das dívidas fiscais ao credor tributário das pessoas aí mencionadas;
b) Confirmar o juízo de inconstitucionalidade feito pela decisão recorrida e, consequentemente, negar provimento ao recurso.

Acórdão TCAN de 23-11-2006
Relator Dulce Neto; Processo 00002/05. 0BCPRT
Descritores: Liga Portuguesa de Futebol; Acção Administrativa Especial; Adesão dos Clubes de Futebol ao regime de regularização de dívidas ao fisco previsto no DL n.º 124/96; Dação em pagamento

Sumário: I – Para aferir da tempestividade da acção administrativa especial fundada em nulidade do acto, o tribunal deve atender à situação de facto tal como vem descrita na petição, incumbindo-lhe apenas determinar se, na hipótese de existir o vício invocado, dele advirá, como consequência lógico-jurídica necessária, a nulidade ou, antes, a anulabilidade do acto, sem que tal implique o reconhecimento antecipado da sua existência.

II – A aceitação do acto, como causa excludente do direito ao recurso, só funciona em face de actos anuláveis, pois que quando estão em causa actos nulos a sua inoponibilidade jurídica geral sobrepõe-se, em regra, à existência de um comportamento incompatível com a vontade de impugnar.

III – O acto administrativo autorizativo da dação em pagamento é o acto que habilita a Administração Fiscal a aceitar a dação, enquanto o auto de dação posteriormente lavrado funciona como mera condição de eficácia daquele acto, e cuja subscrição não elimina as ilegalidades àquele imputadas nem implica que o destinatário subscritor esteja a declarar a sua conformação ao conteúdo dispositivo e substantivo do acto autorizativo, pelo que essa subscrição não configura uma situação de aceitação do acto incompatível com o direito de reclamar ou de recorrer de que trata o art. 56.º do CPTA.

IV – O despacho ministerial proferido no âmbito de procedimento conducente à regularização das dívidas fiscais dos clubes de futebol previsto no DL 124/96, de 10.08, assume a natureza de acto administrativo em matéria fiscal, impugnável à luz do artigo 51.º, n.º 1, do CPTA, estando sujeito à normatividade jurídica ao abrigo da qual foi emitido.

V – Os elementos a atender na interpretação desse acto administrativo são constituídos pelos termos da declaração (elemento textual), pelo tipo legal do acto, seus antecedentes procedimentais e demais circunstâncias em que foi emitido (elemento histórico), pelos motivos que levaram o órgão a actuar e fim ou interesse que procurou (elemento racional), pelas praxes administrativas e pelos elementos do mesmo procedimento ou de procedimentos relativos à mesma situação ou com ela conexos e que possam revelar o sentido com que o acto foi adoptado pela Administração, por se dever presumir que esta pretende agir coerentemente.

VI – Sempre que o teor literal do acto comporta mais do que um sentido, deve prevalecer aquele que mais se harmoniza com os fundamentos invocados, por dever presumir-se que as autoridades administrativas decidem em conformidade com os motivos que representam.

VII – Um dos princípios básicos do regime jurídico de regularização das dívidas ao Fisco e à Segurança Social previsto no DL 124/96 é o princípio de que essa regularização não implicava, em momento algum, a redução da dívida de capital, apenas possibilitando a redução do montante dos juros devidos, o que se harmoniza, aliás, com o interesse público de que os contribuintes satisfaçam integralmente as suas dívidas tributárias, com o carácter indisponível da relação jurídica tributária e do crédito de imposto, e com o princípio da legalidade em matéria de impostos.

VIII – Não resultando do teor literal do despacho proferido no âmbito de procedimento conducente à regularização das dívidas fiscais dos clubes de futebol que tenha havido a intenção de desobrigar esses clubes do cumprimento integral da dívida que detinham ao Fisco em 31/07/96, ou que tenha, sequer, sido admitida a possibilidade de esse cumprimento não vir a ser integralmente satisfeito, importa proceder à interpretação desse despacho à luz daquela directriz básica presente no DL 124/96 e à luz do interesse público, do carácter indisponível do crédito de imposto e do princípio da legalidade, dos quais decorre, igualmente, a impossibilidade de redução, através de mero acto administrativo, dos impostos liquidados aos contribuintes.

IX – A dação em cumprimento (dação *in solutum* ou dação em pagamento) consiste na realização de uma prestação diferente da que é devida (que pode ter um valor igual ou superior ao desta prestação), com o fim de, mediante acordo do credor, extinguir imediatamente a obrigação, enquanto a dação em função do cumprimento (*datio pro solvendo*) não tem como fim extinguir imediatamente a obrigação, mas o de facilitar o seu cumprimento.

X – A dação em cumprimento e a dação em função do cumprimento constituem meios de extinção da obrigação tributária, nos termos dos artigos 109.°-A, 284.° e 284.°-A do Código de Processo Tributário, e 837.° a 840.° do Código Civil, pois que o facto de o legislador ter utilizado nas normas tributárias as expressões "dação de bens em pagamento", "dação em pagamento" e "bens dados em pagamento", que constituem fórmulas próprias da figura da dação *in solutum*, não implica que não possa ocorrer a dação *pro solvendo*.

XI – A Liga e a Federação, enquanto gestores de negócios dos clubes aderentes, ofereceram ao Estado a dação de um direito de crédito a uma quota parte das receitas das apostas mútuas desportivas a que os clubes têm legalmente direito (nos termos do art. 17.°-A, n.° 2, als. a) a d), do DL n.° 84/85) e o Estado, através do despacho impugnado, aceitou essa forma de satisfação do seu crédito. Tal cedência, a longo prazo, de um direito de crédito actual, concretiza a efectivação de uma prestação diferente da inicialmente devida, transferindo-se para o Estado o direito às aludidas receitas (com periodicidade mensal) com vista a permitir-lhe obter, por uma via facilitada, a satisfação do seu crédito, o que consubstancia nitidamente uma dação em função do cumprimento (*pro solvendo*) pois que as obrigações tributárias dos clubes somente se extinguem à medida que forem sendo satisfeitas.

XII – Os Despachos n.ᵒˢ 7/98-XIII, de 4.03.98, e 9/98-XIII, de 23.03.98, ambos do Secretário de Estado dos Assuntos Fiscais, proferidos no âmbito do DL n.° 124/96, de 10.08, prefiguram, por preenchimentos dos respectivos requisitos, uma hipótese de satisfação de dívidas fiscais por meio de dação em função do cumprimento, não violando, por isso, o disposto nos artigos 109.°-A, 284.° e 284.°-A do CPT.

XIII – E mesmo que o teor literal desses despachos comportasse dois sentidos possíveis quanto à vontade real ou presumível do seu autor, teria de prevalecer a vontade normativa que mais se harmonizasse com o tipo legal em causa, por dever presumir-se que a autoridade governamental decidiu em conformidade com a lei, com a natureza pública dos interesses em jogo e com o carácter indisponível da relação jurídica tributária e do crédito de imposto, razão por que se impunha a sua interpretação no sentido de autorizar a extinção das dívidas somente à medida que iam sendo entregues as receitas das apostas mútuas desportivas, e não no sentido da sua imediata extinção.

XIV – O Código Civil admite e regula a figura da assunção de dívida, a qual consiste no acto pelo qual um terceiro (assuntor) se vincula perante o credor a efectuar a prestação devida por outrem (art. 595.°) e que pode perfeitamente ocorrer no domínio das dívidas tributárias, sabido que qualquer pessoa – um terceiro (que é todo aquele que não é sujeito passivo ou interessado directo no pagamento do tributo) – pode, sem qualquer título de representação, pagar por outrem um imposto, como consta expressamente do art. 111.°, n.° 1, do CPT e do actual art. 41.°, n.° 1, da LGT, estando essa figura igualmente prevista no art. 7.° do DL n.° 124/96, ao abrigo do qual foi emitido o acto impugnado.

XV – O facto de a Liga e a Federação terem iniciado a sua intervenção como gestores de negócios dos clubes de futebol aderentes e de terem subscrito o Auto de Dação como representantes, com procuração, desses clubes, não significa que não pudessem assumir, na qualidade de terceiros, responsabilidades na garantia da dívida, ou que o credor não pudesse condicionar a aceitação da dação a cláusulas de salvaguarda destinadas a neutralizar qualquer risco financeiro, designadamente à anuência da Liga e da Federação em assumirem directamente a responsabilidade pela dívida remanescente. E essa conduta não é proibida pelo texto constitucional.

XVI – No domínio do direito das obrigações, a lei não contém nenhuma proibição absoluta de as pessoas colectivas celebrarem contratos e, dessa forma, contraírem direitos e deveres obrigacionais, a cujo cumprimento ficam adstritos. E a Liga, enquanto pessoa colectiva, tem capacidade contratual e de assunção de obrigações, em harmonia, aliás, com o preceituado no art. 160.° do Código Civil, com a Lei de Bases do Desporto (actual Lei n.° 30/2004, de 21.07.04, que revogou a Lei n.° 1/90, de 13.01) e com os seus Estatutos.

XVII – A alegação de que a Liga está, com a assunção da citada dívida, a afectar o seu património à satisfação de dívidas que não são suas e a praticar um acto contrário aos seus fins e ao escopo que deve prosseguir consubstancia não um ataque à legalidade do acto autorizativo da dação em si (acto administrativo impugnado), mas um ataque ao acto (negocial) de assunção da dívida materializado no Auto de Dação em Pagamento, o qual exorbita do objecto e âmbito desta acção administrativa especial.

Acórdão TCAN de 05-05-2005
Relator Dulce Neto; Processo 00002/05. 0BCPRT-A
Descritores: Providência conservatória; Suspensão de eficácia; Requisitos legais; Artigo 120.° do CPTA

Sumário: I – A alínea a) do n.° 1 do art. 120.° do CPTA contém uma norma derrogatória para aquelas situações excepcionais em que é manifesta a ilegalidade do despacho suspendendo, em que é incontestável a procedência da pretensão formulada no processo principal.

II – Não se verificando a situação prevista nessa alínea a) do n.° 1, torna-se essencial analisar a natureza da providência pretendida, com vista a determinar os requisitos que a lei exige para o seu decretamento, sabido que na alínea b) se enunciam os requisitos das providências conservatórias e na alínea c) se enunciam os requisitos das providências antecipatórias.

III – A pedida suspensão de eficácia do despacho do SEAF no segmento que condicionou a aceitação da dação em pagamento proposta pelos clubes de futebol para regularização das dívidas fiscais (dação efectuada com as receitas das apostas mútuas desportivas obtidas durante o período que medeia entre 1/07/1998 a 31/12/2010) à responsabilização da Liga pelo pagamento da diferença que porventura viesse a ser encontrada no 2.º semestre de 2004 e de 2010 entre metade do valor arrecadado e metade da dívida global configura uma providência conservatória.

IV – O decretamento dessa providência depende da verificação cumulativa dos requisitos previstos na alínea b) e no n.º 2 do art. 120.º, consubstanciados: – no carácter não manifesto da falta de fundamento da pretensão formulada no processo principal ou da existência de circunstâncias que obstem ao seu conhecimento de mérito (*fumus boni iuris*); – no fundado receio da constituição de uma situação de facto consumado, ou da produção de prejuízos de difícil reparação para os interesses que o requerente visa assegurar no processo principal (*periculum in mora*); – na ponderação dos interesses públicos e privados em presença, de forma a que os danos que resultariam da concessão da providência não se mostrem superiores àqueles que podem resultar da sua recusa, ou que possam ser evitados ou atenuados pela adopção de outras providências.

V – Basta a existência de um mínimo de verosimilhança dos fundamentos invocados, em termos de se evidenciar o carácter não manifesto da falta de fundamento da pretensão formulada no processo principal ou da existência de circunstâncias que obstem ao conhecimento de mérito, para se dar por verificado o primeiro requisito (*fumus boni iuris*, na vertente *fumus non malus*).

VI – O requisito do *periculum in mora* visa acautelar não só o fundado receio da constituição de uma situação de facto consumado, isto é, o risco da infrutuosidade da sentença (favorável) que venha a ser proferida no processo principal, de forma a impedir que ela se torne platónica, inútil e ineficaz, como também visa acautelar o fundado receio da produção de prejuízos de difícil reparação para os interesses que a requerente visa assegurar no processo principal, de forma a evitar o risco do retardamento da sentença (favorável), seja porque a reintegração se perspectiva difícil, seja porque existirão prejuízos que se produzirão ao longo do tempo e que a reintegração da legalidade não será capaz de reparar ou, pelo menos, de reparar integralmente.

VII – A alegada incapacidade financeira da Requerente para prestar garantia a fim de obter a suspensão da execução fiscal instaurada para cobrança da dívida tributária que foi liquidada com base naquele despacho do SEAF, e os prejuízos que lhe advêm da penhora de bens para obter o mesmo efeito, não preenchem o requisito do *periculum in mora*, seja na vertente do risco da infrutuosidade da sentença, seja na vertente do risco do retardamento da tutela, já que é à instauração da execução e à imposição legal da prestação de garantia ou de penhora de bens para obter a suspensão daquela que a Requerente imputa os prejuízos que invoca.

VIII – Esses prejuízos constituem fundamento para solicitar a dispensa da prestação de garantia, de harmonia com o disposto no n.º 4 do art. 52.º da LGT e no art. 170.º do CPPT, a apreciar e decidir pelo órgão de execução fiscal, com recurso da decisão para o tribunal nos termos do art. 276.º do CPPT.

INSCRIÇÃO DE JOGADORES

Acórdão STJ de 03-07-2003
Relator Salvador da Costa; Processo 03B1442
Descritores: Federação Portuguesa de Futebol; Pessoa colectiva de direito privado; Jogador profissional; Acto administrativo; Inscrição; Transferência; Interpretação da vontade

Sumário: 1 – A Federação Portuguesa de Futebol assumia, no triénio de 1986 a 1988, a natureza de mera pessoa colectiva de direito privado e de utilidade pública.

2 – Nessa altura, os seus actos [de] actividade de inscrição de jogadores com vista à sua participação nas competições futebolísticas nacionais eram de natureza administrativa.

3 – O acto administrativo praticado pela Federação Portuguesa de Futebol, consubstanciado na inscrição do jogador N'Dinga Mbote pelo Vitória de Guimarães na época futebolística de 1986/1987, violou a lei, com a consequência da sua anulabilidade, por o certificado internacional daquele jogador não haver dado entrado nos serviços da primeira até ao dia 30 de Abril de 1987.

4 – A entrada nos serviços da Federação Portuguesa de Futebol do certificado internacional do jogador N'Dinga no dia 29 de Maio de 1987 dispensava a apresentação de novo certificado com vista à inscrição daquele jogador para a época futebolística de 1987/1988.

5 – A rigidez dos processos de inscrição de jogadores na Federação Portuguesa de Futebol, coenvolvida pela realidade dos clubes e os princípios da boa [fé] e da economia processual, inexigiam que o Vitória de Guimarães reiniciasse um novo processo de inscrição, com transferência, do jogador N'Dinga Mbote, porque já estavam em poder da primeira os documentos justificativos dessa inscrição para a época futebolística de 1987/1988, tendo em conta que, na época anterior, ele exerceu de facto, ao serviço daquele clube, a sua actividade futebolística.

6 – Ponderando, além do mais, que os impressos de inscrição de jogadores inseriam as expressões primeira inscrição, revalidação da inscrição e inscrição com transferência, a vontade dos representantes do Vitória de Guimarães ao pedir a revalidação da inscrição de N'Dinga Mbote para a época futebolística de 1987/1988, e a dos representantes da Federação Portuguesa de Futebol no sentido de a revalidar conforme documentação em seu poder, entre ela o certificado internacional, devem interpretar-se no sentido de pedido e de aceitação da inscrição daquele jogador para essa época.

7 – A ilegalidade da inscrição de N'Dinga Mbote pelo Vitória de Guimarães na época futebolística de 1986/1987 não afectou a legalidade da sua inscrição por aquele clube na época futebolística de 1987/1998.

8 – Inexistia fundamento legal para que a Federação Portuguesa de Futebol, pelo facto de N'Dinga Mbote ter jogado pelo Vitória de Guimarães no jogo realizado no dia 15 de Maio de 1988 com a Associação Académica de Coimbra, tivesse punido o primeiro com a conversão da vitória em derrota e perda de dois pontos.

INFRA-ESTRUTURAS DESPORTIVAS

Acórdão RP de 16-10-2003
Relator Oliveira Vasconcelos; Processo 0331796
Descritores: Arrendamento

Sumário: I – Um contrato de arrendamento de um prédio para nele ser instalado um campo de jogos que se destinava directamente ao exercício de práticas desportivas reveste a natureza de um contrato de arrendamento rústico não rural nem florestal para fim diverso do exercício do comércio, indústria ou profissão liberal.

II – Tal contrato é passível de ser denunciado no fim do prazo.

Acórdão STJ de 23-05-89
Relator Eliseu Figueira; Processo 077126
Descritores: Acção de despejo; Arrendamento; Prédio rústico; Comodato; Sublocação; Empréstimo

Sumário: O arrendamento de prédio rústico tendo por fim a prática de futebol e a promoção e desenvolvimento da prática do desporto e da educação física envolve a sujeição às regras federativas do desporto, cuja observância o senhorio tem de aceitar; daí que não integre o conceito de cedência ilícita para efeito de resolução do contrato de arrendamento a realização, no prédio arrendado, de treinos e jogos por outras equipas, com autorização da ré, a título de empréstimo, determinado pela interdição a que ficara sujeito o campo dessas equipas e por indicação da Associação de Futebol a que pertencem.

RELAÇÃO LABORAL DESPORTIVA

Acórdão STJ de 19-11-2008
Relator Vasques Dinis; Processo 08S1690
Descritores: **Futebolista profissional; Contrato de trabalho desportivo; Caso julgado; Comissão Arbitral; Despedimento; Princípio da segurança no emprego; Rescisão pelo trabalhador**

Sumário: I – Tendo o acórdão impugnado decretado a absolvição do Réu da instância, quer por preterição de tribunal arbitral, quer por verificação da excepção de caso julgado (ponderando, para tanto, que quer no litígio da causa, quer naquele que correu termos na Comissão Arbitral Paritária, há identidade de sujeitos, de causa de pedir e do pedido na parte atinente à declaração de inexistência de justa causa de rescisão do contrato), não ocorre o trânsito em julgado da decisão quanto a este fundamento se o Autor/recorrente, não obstante não ter discutido a verificação, no caso concreto, dos requisitos nucleares intrínsecos de tal figura explanados no acórdão da Relação – identidade das partes, do pedido e da causa de pedir –, atacou o pressuposto basilar da autoridade do caso julgado, no caso a possibilidade legal de a um órgão estranho à ordem judiciária comum (Comissão Arbitral Paritária) ser, por vontade das partes, cometida a resolução do litígio.

II – Face ao estatuído no artigo 12.º, n.º 2, do Regime Jurídico da Cessação do Contrato Individual de Trabalho e da Celebração e Caducidade do Contrato a Termo (LCCT) anexo ao Decreto-Lei n.º 64-A/89, de 27 de Fevereiro – a que corresponde, no regime actualmente em vigor, o artigo 435.º, n.º 1, do Código do Trabalho –, nos termos do qual «[a] ilicitude do despedimento só pode ser declarada pelo tribunal judicial em acção intentada pelo trabalhador», é de excluir, com fundamento na garantia constitucional do direito à segurança no emprego, a possibilidade de, por acordo entre empregador e trabalhador, um litígio, em que haja de apreciar-se a existência de justa causa invocada como fundamento de despedimento promovido pelo empregador, ser objecto de convenção de arbitragem voluntária.

III – Relativamente à justa causa da rescisão (ou resolução) do contrato por parte do trabalhador, não existia na LCCT, nem existe no Código do Trabalho, qualquer norma de conteúdo idêntico, o que se compreende, por não serem simétricas, quanto ao aspecto em causa, as posições das partes na relação juslaboral, já que a vocação duradoura do vínculo laboral comum se impõe ao empregador em termos de lhe não ser permitido livremente fazer cessá-lo, com a consequência de se sujeitar, em caso de ilicitude do despedimento, a reintegrar o trabalhador, enquanto o trabalhador que, por sua iniciativa, rescinda (ou resolva) o contrato, fora das condições em que é totalmente livre de o fazer, nunca poderá ser obrigado a manter o vínculo.

IV – Assim, a norma especial que impõe a submissão exclusivamente aos tribunais judiciais dos litígios que envolvam a apreciação da ilicitude do despedimento promovido pelo empregador não tem aplicação aos conflitos cuja resolução pressuponha a apreciação de justa causa de rescisão por iniciativa do trabalhador.

V – Nestas situações não está em causa a garantia de segurança no emprego, consignada no artigo 53.º da Constituição da República a favor dos trabalhadores, daí que nada impeça que os conflitos emergentes de contrato de trabalho desportivo, em que se questione a justa causa da rescisão pelo trabalhador, independentemente da natureza dos direitos e obrigações que se pretendam ver definidos, sejam objecto de convenção de arbitragem voluntária, e possam ser dirimidos pela Comissão respectiva.

Acórdão STJ de 18-06-2008
Relator Bravo Serra; Processo 08S1156
Descritores: Contrato de trabalho desportivo; Despedimento sem justa causa

Sumário: I – Não constando da Lei n.º 28/98, de 26 de Junho (Lei do contrato de trabalho desportivo) a noção de «justa causa» de despedimento, deve ser feito apelo, por força do disposto no art. 3.º daquela Lei e para aquisição desse conceito, ao que se encontra estipulado, no Código do Trabalho, designadamente o que vem prescrito no seu art. 396.º.

II – A justa causa de despedimento que se extrai do n.º 1 deste normativo legal exige a cumulação dos requisitos consubstanciados, por um lado, numa actuação ou comportamento ilícitos do trabalhador – actuação ou comportamento esses, imputáveis ao trabalhador e violadores dos seus deveres de conduta ou dos valores inerentes à disciplina laboral, sendo que se exige um grau de acentuada gravidade, quer reportado a esses comportamento e actuação, quer referente às respectivas consequências; por outro, que, em razão de uma tal actuação, se torne imediata e praticamente impossível a subsistência da relação de trabalho; e, por último, que exista um nexo de causalidade entre a actuação do trabalhador e a situação de impossibilidade na manutenção do vínculo laboral.

III – A impossibilidade prática e imediata da subsistência da relação laboral alcança-se quando, em consequência da actuação do trabalhador, se crie uma situação de absoluta quebra, por parte da empregadora, da *fides* que deve iluminar aquela relação, por forma a criar nela um estado de espírito de acordo com o qual a futura conduta do trabalhador, plausivelmente, não se irá desenvolver sob a regência das características de idoneidade e probidade que devem pautar tal relação.

IV – Para tal, não se deverá atentar no suporte psicológico concreto da entidade empregadora, mas sim recorrer-se a critérios de objectividade e razoabilidade em face de uma prospectiva actuação que, perante a corte das circunstâncias concretas, seria de esperar de um empregador «médio» e, também, razoável.

V – Mostra-se desadequada a sanção disciplinar de despedimento com justa causa, aplicada pela ré (colectividade desportiva que disputou, na época de 2004/2005, o campeonato nacional de futebol da Liga de Honra da Liga Portuguesa de Futebol) ao autor (futebolista profissional da ré) que, de 23 de Agosto de 2004 a 5 de Março de 2005, sempre desempenhou com zelo e dedicação as suas funções de jogador e que nesta última data, no decorrer de uma jogada integrada num exercício de treino da equipa de futebol profissional da ré, após chocar e cair no relvado com um outro jogador da ré, que fazia parte da equipa de treino contrária, por considerar que o envolvimento daquele outro jogador tinha sido desleal para consigo, ficou exaltado e, estando os dois ainda caídos no relvado, agrediu-o com um pontapé, tendo-se de seguida agarrado reciprocamente, após o que vieram a ser separados por outros colegas de equipa, constatando-se ainda que o jogador que esteve envolvido com o autor não sofreu quaisquer consequências pessoais para além da dor física resultante do pontapé e não apresentou queixa contra o mesmo autor.

Acórdão STJ de 30-04-2008
Relator Bravo Serra; Processo 07S4749
Descritores: Acidente de trabalho; Incapacidade permanente absoluta para o trabalho habitual; Contrato de trabalho desportivo; Praticante desportivo; Futebolista; Trabalho de curta duração

Sumário: I – As disposições insertas na Lei n.º 8/2003, de 12 de Maio, cuja vigência se operou no sequente dia 13, só são aplicáveis aos acidentes de trabalho dos praticantes desportivos profissionais surgidos após a sua entrada em vigor.

II – Anteriormente, no domínio da Lei n.º 100/97, de 13 de Setembro, e do Decreto-Lei n.º 143/99, de 30 de Abril, que aquela regulamentou, não se surpreendia qualquer disposição que, relativamente às incapacidades permanentes – sejam elas parciais ou absolutas (e estas, quer para o trabalho habitual, quer para todo e qualquer tipo de trabalho) –, impusesse qualquer ponderação quando em causa se postavam situações a que, comummente, se dá o epíteto de «profissões de desgaste rápido».

III – Por isso, em tais situações, como é o caso de um futebolista, aplicava-se o regime legal atinente às incapacidades permanentes de modo idêntico a quaisquer outros casos em que se verificasse um evento subsumível ao conceito de acidente de trabalho (definido no art. 6.º da Lei n.º 100/97 e no art. 6.º do Decreto-Lei n.º 143/99) e respectivas consequências.

IV – O escopo da previsão das pensões nos casos de incapacidade permanente absoluta para todo e qualquer tipo de trabalho ou para o trabalho habitual não se confina unicamente a «compensar» a concreta perda de incapacidade de ganho advinda do sinistrado, mas sim de incapacidade de trabalho, o que poderá causar outros danos que não só necessariamente decorrentes dessa incapacidade.

V – As «profissões de desgaste rápido» não se inserem na previsão constante das alíneas a) ou b) do n.º 1 do art. 8.º da Lei n.º 100/97 (que funcionam para retirar do âmbito aplicativo do diploma as situações aí contempladas), ao nelas se fazer reporte a serviços «de curta duração» e execução «de trabalhos de curta duração», pois que a primeira exige a prestação de serviços eventuais ou ocasionais a pessoas singulares em actividades que não têm por objecto exploração lucrativa, e a segunda pressupõe que a entidade a quem for prestado o serviço trabalhe habitualmente só ou com membros da sua família, chamando, para a auxiliar, acidentalmente, um ou mais trabalhadores.

VI – Em conformidade com o descrito nas proposições anteriores, deverá efectuar-se nos termos previstos no art. 17.º, n.º 1, alínea b), da Lei n.º 100/97 o cálculo das prestações por incapacidade, decorrentes de um acidente de trabalho sofrido por um futebolista profissional, em 24 de Setembro de 2002, que lhe provocou lesões determinantes de incapacidade permanente absoluta para o trabalho habitual, com incapacidade permanente parcial de 5% a partir de 30 de Junho de 2003.

Acórdão Tribunal Constitucional N.º 181/2007
Data do Acórdão 8-03-2007
Processo n.º 343/05
Relator Paulo Mota Pinto

Decisão:
Pelos fundamentos expostos, o Tribunal Constitucional decide:

a) Não tomar conhecimento do recurso quanto ao artigo 212.º do Regulamento Geral da Liga Portuguesa de Futebol Profissional;
b) Não tomar conhecimento do recurso de legalidade dirigido ao artigo 18.º da Lei n.º 28/98, de 26 de Junho;
c) Não julgar inconstitucionais as normas dos n.ºs 2 e 3 do artigo 18.º da Lei n.º 28/98, de 26 de Junho;
d) Em consequência, negar provimento ao recurso, confirmar a decisão recorrida no que à questão de constitucionalidade respeita, e condenar a recorrente em custas, fixando em 20 (vinte) unidades de conta a taxa de justiça.

Acórdão RP de 08-01-2007
Relator Ferreira da Costa; Processo 0612342
Descritores: Contrato de trabalho

Sumário: Deve qualificar-se como contrato de trabalho e não como contrato de prestação de serviços o contrato através do qual o autor se comprometeu a integrar a equipa de futebol da ré, utilizando os instrumentos de trabalho desta, cumprindo horário, obedecendo à equipa técnica e a um regulamento interno e auferindo uma remuneração mensal.

Acórdão STJ de 20-09-2006
Relator Vasques Dinis; Processo 06S378
Descritores: Lei aplicável; Contrato de trabalho; Contrato desportivo; Caducidade do contrato de trabalho; Comunicação; Compensação

Sumário: I – As normas do contrato de trabalho comum, subsidiariamente aplicáveis ao contrato de trabalho do praticante desportivo (de acordo com o art. 3.º da Lei n.º 28/98 de 06.06) são, apenas, as que forem compatíveis com os princípios e o regime deste.

II – No regime da LCCT o contrato de trabalho não está apenas sujeito a um termo certo mas, também, a um facto voluntário de um dos titulares, de verificação incerta: a comunicação do empregador no sentido da não renovação.

III – Este esquema inabitual da caducidade decorre do carácter excepcional da contratação a termo, radicado no princípio da segurança e estabilidade do emprego previsto no art. 53.º da CRP.

IV – O contrato de trabalho do praticante desportivo – dadas as particulares características da área socio-económica em que se insere, bem como da natureza da actividade profissional que contempla – apresenta-se como um contrato de trabalho especial, que repele o carácter de perenidade da relação laboral comum, pois que lhe é essencial (e não acidental ou acessória, como no contrato de trabalho comum) a duração limitada, ou seja, a fixação de um prazo de vigência.

V – No âmbito dos contratos de trabalho desportivos não é admissível a contratação por tempo indeterminado, confinando-se a garantia da segurança e estabilidade no emprego ao que, de harmonia com a vontade das partes, for acordado relativamente ao prazo de duração, respeitado que seja o critério de fixação por épocas desportivas e os limites legalmente estabelecidos (arts. 8.º e 9.º da Lei n.º 28/98).

VI – O regime da Lei n.º 28/98 consigna a caducidade como causa de extinção da relação laboral, mas não prevê a renovação tácita do contrato por período igual ao inicialmente estipulado, nem exige a prévia comunicação do empregador ao trabalhador da vontade de não renovar o contrato, embora faça depender a eficácia da cessação de uma comunicação às entidades competentes para o registo do contrato.

VII – Do silêncio do legislador não é lícito inferir que tenha pretendido sujeitar os efeitos da caducidade a uma comunicação prévia ao trabalhador, a qual só faz sentido no esquema de renovação e conversão previstos na LCCT, que é incompatível com o contrato desportivo.

VIII – A compensação pela caducidade prevista no n.º 3 do art. 46.º da LCCT constitui uma compensação pela natureza precária do vínculo que o trabalhador celebrou e visa tornar mais onerosa para o empregador a contratação a termo.

IX – Atendendo a que a limitação temporal é da essência do contrato de trabalho desportivo, não existem em relação a ele as razões (de protecção do trabalhador e desincentivo à contratação a termo) que justificam o estabelecimento da compensação no regime do contrato de trabalho comum.

X – As especificidades do regime jurídico do contrato de trabalho desportivo constante da Lei n.º 28/98 não consentem, pois, a aplicação do preceituado nos art. 46.º, n.ºs 1, 2 e 3 da LCCT, cuja disciplina conduz a uma solução incompatível com os princípios legais do regime do contrato desportivo.

Acórdão STJ de 25-06-2002
Relator Mário Torres; Processo 01S3722
Descritores: Futebolista profissional; Contrato de trabalho; Forma escrita; Formalidades *ad substantiam*; **Prova testemunhal; Matéria de facto; Especificação; Poderes da Relação; Poderes do Supremo Tribunal de Justiça**

Sumário: I – É lícito à Relação, ao abrigo dos artigos 646.º, n.º 4, e 712.º do Código de Processo Civil, eliminar oficiosamente quer "factos" constantes da especificação, por entender que os mesmos integravam matéria de direito, quer factos resultantes de respostas aos quesitos, por entender que estas se fundaram em prova testemunhal, no caso inadmissível por força do disposto no artigo 394.º, n.º 1, do Código Civil.

II – O Supremo Tribunal de Justiça pode sindicar, em sede de recurso de revista, a correcção dessa decisão da Relação.

III – Nos contratos de trabalho de praticante desportivo, é admissível o recurso a prova testemunhal para demonstração de que a retribuição efectivamente acordada não coincide com a mencionada no contrato escrito.

IV – Não constitui óbice a este entendimento a circunstância de ser imposto o registo, na federação desportiva respectiva, quer do contrato inicial, quer das suas alterações, pois esse registo apenas é exigível para efeitos de participação do praticante desportivo em competições promovidas por essa federação.

Acórdão RP de 28-03-2001
Relator Sousa Peixoto; Processo 0140177
Descritores: Suspensão do despedimento; Período experimental; Rescisão

Sumário: I – Dispensar de comparecer às actividades do clube não exprime suficientemente a vontade de rescindir o contrato de trabalho.

II – Um declaratário normal não pode deduzir um tal sentido dessa declaração.

III – Se a vontade do Clube era realmente essa, cabia-lhe provar que o jogador conhecia essa sua vontade.

IV – A declaração de rescisão do contrato, comunicada por via postal, só produz efeitos quando a carta for recebida pelo jogador.

V – A rescisão é nula, se o período experimental já tiver decorrido quando a carta foi recebida pelo jogador.

SEGURO DESPORTIVO

Acórdão STJ de 23-09-2009
Relator Sousa Peixoto; Processo 08S3918
Descritores: Praticante desportivo; Acidente de trabalho; Contrato de seguro

Sumário: 1 – Tendo o sinistrado, praticante desportivo profissional, ficado afectado, em consequência de acidente de trabalho, de uma IPP de 5%, com incapacidade permanente absoluta para o trabalho habitual, e não constando das Condições da apólice a exclusão da responsabilidade da seguradora relativamente à incapacidade permanente absoluta para o trabalho habitual (IPTAH), a seguradora responde, em função do salário transferido, pelo pagamento da pensão correspondente àquelas duas incapacidades e não só pelo pagamento da pensão correspondente à IPP de 5%, independentemente da idade do sinistrado.

2 – A Grelha de Comutação anexa ao contrato de seguro não exclui a responsabilidade decorrente da IPATH.

Acórdão STJ de 06-05-2004
Relator Bettencourt de Faria; Processo 03B2984
Descritores: Desporto; Seguro

Sumário: I – Estabelecendo o art. 6.º do DL 146/93 de 24.04 que o seguro colectivo de actividades desportivas produz efeitos, em relação a cada agente desportivo, desde o momento em que este se inscreve na respectiva federação, a falta desta última, não comunicando à seguradora tal inscrição, situa-se no plano das relações entre elas, não podendo afectar a garantia legal de cobertura do beneficiário do seguro.

II – Se na apólice que tem como objecto "actividades desportivas" se prevê a cobertura dos riscos derivados da utilização dos meios de transportes, tem de se entender que actividade desportiva para efeitos do seguro em questão engloba não só todas as actuações que visam a prática do desporto em causa, mas também aquelas que são a consequência de se o haver praticado.

Acórdão RP de 11-02-99
Relator Alves Velho; Processo 9930014
Descritores: Seguro; Seguro de acidentes pessoais; Desporto; Dano causado por coisas ou actividades

Sumário: Num contrato de seguro contra danos, a cláusula contratual que exclue danos provenientes da prática de "Sky" aquático deve ser interpretada no sentido de abranger também os danos provenientes do transporte de uma pessoa em cima de uma "banana" pneumática rebocada por uma embarcação.

SÍMBOLOS OLÍMPICOS

Acórdão RL de 29-11-2007
Relator Granja da Fonseca; Processo 9218/2007-6
Descritores: Denominação social; Erro; Confusão

Sumário: I – A denominação "Fórum Olímpico Portugal" não é proibida por lei pois que não põe em causa o direito exclusivo do Autor (Comité Olímpico de Portugal) sobre a divisa, o emblema ou a bandeira olímpicas, e a palavra "olímpico" não causa erro ou confusão com as expressões "jogos olímpicos" ou "olimpíadas".

II – A Carta Olímpica Internacional, sendo embora vinculativa para o Autor, não vincula o Estado Português, pois que não faz parte integrante do ordenamento jurídico português, nos termos e para efeitos do artigo 8.º da Constituição da República.

III – A denominação "Fórum Olímpico Portugal" não é enganadora não só porque dá a conhecer de forma clara a natureza associativa da pessoa colectiva que identifica mas também porque não sugere actividade diferente da que constitui o objecto social do Réu.

IV – Também as denominações do Autor e do Réu, embora ambas incluam a expressão "Olímpico de Portugal", não são susceptíveis de confusão ou de erro, segundo a opinião de um homem médio de diligência normal, pois que, quer numa, quer na outra denominação, resulta claro qual o seu âmbito, qual a sua actividade, bem como a sua diferenciação em termos de impressão de conjunto.

V – Igualmente se não verifica violação do princípio da verdade, na vertente de utilização de expressão com apropriação ilegítima pelo Réu de instituição cujo nome ou significado seja de salvaguardar por razões institucionais e culturais.

VI – A reprodução, no *site* do Réu, dos anéis olímpicos e do sinal identificador dos Jogos Olímpicos de Pequim, a realizar em 2008, serve para ilustração do tema de notícias ou artigos de opinião ali transcritos, pelo que se não poderá inferir deste facto que o Réu pretende usar em seu benefício os sinais olímpicos, designadamente como sinais distintivos seus, uma vez que tem um logótipo do Autor ou dos anéis olímpicos ou da bandeira olímpica, insusceptível de se confundir com os mesmos.

VII – Como também se não pode inferir qualquer intenção do Réu pretender enganar o público e causar confusão, nem tão pouco beneficiar da notoriedade reconhecida ao Autor, pelo que inexiste qualquer utilização abusiva dos símbolos olímpicos pelo Réu.

SUBSÍDIOS AO DESPORTO

Acórdão RP de 12-06-2006
Relator Albertina Pereira; Processo 0640408
Descritores: Execução de sentença; Penhora

Sumário: I – De acordo com o preceituado no art. 821.º do CPC, "estão sujeitos à execução todos os bens do devedor susceptíveis de penhora que, nos termos da lei substantiva, respondem pela dívida exequenda".

II – São susceptíveis de penhora os subsídios atribuídos por um Município (Câmara Municipal) a um Clube de Futebol.

Acórdão RP de 22-05-2006
Relator Abílio Costa; Processo 0651458
Descritores: Pessoa colectiva de direito público; Subsídio; Penhora; Embargos de executado; Ónus da prova

Sumário: I – A lei – art. 823.º, n.º 1, do Código de Processo Civil – ao isentar de penhora os bens de pessoas colectivas de utilidade pública, especialmente afectados à realização desses fins, consagra uma impenhorabilidade relativa.

II – A prova dessa afectação especial cabe à pessoa colectiva, caso deduza embargos de executado à penhora de bens que considera impenhoráveis.

III – Se um clube desportivo, beneficiando do estatuto referido em I), celebra um protocolo com uma Câmara Municipal de apoio à prática desportiva regular, no contexto do qual lhe atribui subsídios pecuniários – considerados receita – eles podem ser penhorados.

TREINADOR

Acórdão TRL de 11-11-2009
Relator Isabel Tapadinhas; Processo 3987/03.8TTLSB.L1-4
Descritores: Contrato de trabalho a termo; Desporto; Interpretação analógica; Aplicação da lei no tempo

Sumário: I – O contrato de trabalho do praticante desportivo (CTPD) constitui uma espécie própria de vínculo laboral, cujo regime normativo – Decreto-Lei n.º 305/95, de 18 de Novembro, posteriormente revogado pela Lei n.º 28/98, de 26 de Junho –, consagra as especificidades da relação jurídica que se propõe regular.

II – Nos termos e para os efeitos enunciados nos referidos diplomas, um treinador de modalidades desportivas não deve ser qualificado como praticante desportivo.

III – Todavia, a falta de regulação própria para os contratos de trabalho de outros agentes desportivos, que não se encontram regulados naqueles diplomas, designadamente dos treinadores, não determina, sem mais, a aplicação da lei geral do trabalho, antes impõe, face a uma reconhecida lacuna de previsão, o recurso aos instrumentos de integração previstos no art. 10.º do Cód. Civil e, por via deles, a aplicação, a tais agentes, do regime vertido nos mencionados diplomas – Decreto--Lei n.º 305/95 e Lei n.º 28/98.

IV – Daí que, por via da referida integração de lacuna, a um contrato de trabalho celebrado com um treinador de futebol seja de aplicar o regime normativo do CTPD, do qual decorre que o contrato a termo é a única categoria contratual admitida na relação laboral do praticante desportivo não havendo lugar à sua conversão em contrato por tempo indeterminado e não o Código do Trabalho ou a legislação pré vigente que aquele revogou.

V – À relação jurídica que se iniciou em 1 de Agosto de 1989 e cessou em 30 de Junho de 2003, aplica-se o regime instituído pela Lei n.º 28/98, de 26 de Junho.

Acórdão STJ de 25-06-2009
Relator Bravo Serra; Processo 09S0620
Descritores: Jogador de futebol; Jogo de homenagem; Caducidade do contrato de Trabalho; Abuso do direito; Poderes do Supremo Tribunal de Justiça; Confissão

Sumário: I – Cabe nos poderes do Supremo Tribunal de Justiça, nos termos do n.º 2 do art. 722.º do Código de Processo Civil, o de verificar se, ao dar por demonstrado que determinados documentos denominados "certificados" foram feitos chegar à ré pelo autor "em datas não concretamente apuradas", o tribunal recorrido não atendeu à confissão do autor quanto às datas em que os referidos documentos teriam sido recebidos pela ré – por não ter este impugnado na resposta à contestação o alegado pela ré quanto às indicadas datas e por ter reconhecido que posteriormente a ela enviou outros "certificados" –, pois o que com isso se quer significar é que aquele segmento fáctico foi apurado com inobservância da força de um determinado meio de prova.

II – Da circunstância de o autor, na resposta, não ter impugnado os "certificados" juntos pela ré com a contestação ou referido serem inverídicas as datas dos carimbos da sua entrada nos serviços da ré, não pode afirmar-se a confissão do autor quanto à data da recepção pela ré daqueles documentos em determinada data, se a ré não retirara, em sede de contestação, qualquer argumento concreto daquela junção e dos carimbos apostos em alguns deles.

III – Não é sustentável defender-se que a ré, em determinada data, tinha para si que se deparava um caso de forte perturbação do programa contratual que outorgara com o autor, impossibilitador da continuação do vínculo obrigacional que entre ambos fora firmado, se nessa data a mesma ré envia ao autor uma carta em que lhe pede para se apresentar ao trabalho.

IV – Os casos redutíveis a um exercício abusivo do direito por *supressio* impõem que, patente ou ostensivamente, se crie, no obrigado, a convicção de que a prestação já não virá a ser exigida, sob pena de a posterior exigência representar para ele um incomportável sacrifício.

V – Esse incomportável sacrifício resulta, não na mais acentuada *difficultas praestandi* pelo passar do tempo, mas sim numa consciência que se assumiu de que a prestação não mais viria a ser pedida.

VI – A demora na realização da prestação, com acrescidos custos para tanto, não pode, por si só, demandar o apelo à figura do abuso do direito se não vier, ou não puder, ser alcançado que a actuação do credor foi de tal sorte que, num prisma objectivo, havia de criar no devedor a consciência convicta do não exercício do direito.

VII – Não integra abuso do direito a conduta do treinador desportivo que exercita o direito conferido por um "aditamento" ao contrato de trabalho desportivo em que a sua entidade empregadora se comprometeu a realizar um jogo de despedida em homenagem ao treinador, revertendo a favor do mesmo a respectiva receita líquida e a favor daquela as receitas da transmissão televisiva até ao limite de Esc. 15.000.000$00, sendo que o excedente, a havê-lo, reverteria em favor do treinador, ainda que este tenha já recebido a quantia de Esc. 30.000.000$00 também acordada naquele aditamento, e apenas quatro anos depois venha exigir o cumprimento da obrigação consistente naquela realização, uma vez que ficou provado pretenderem as partes com o referido "aditamento", por um lado, proporcionar ao autor o recebimento de uma quantia em dinheiro que compensasse a diminuição da sua retribuição mensal e, por outro, homenagear o autor.

VIII – Perante esta dualidade de intenções que presidiu ao estabelecimento do clausulado, e uma vez que a realização do jogo não pode ser desligada daquele intuito de natureza não patrimonial – o de ele vir a representar um preito de homenagem que se quis dirigir ao autor –, não se pode considerar que a recepção pelo autor do valor de Esc. 30.000.000$00 logo no ano subsequente à subscrição do negócio tenha levado a ré a ficar convicta de que a outra parte se conformaria com a não realização do "jogo de homenagem" e que, por isso, não mais exigiria o cumprimento da obrigação.

IX – Não implica igualmente o exercício abusivo, por parte do autor, do direito de exigir a efectivação do jogo, a alegada circunstância de o decorrer do tempo (os referidos quatro anos depois de firmado o "aditamento" ao contrato) implicar um acréscimo dos custos de realização e perdas de receitas da transmissão televisiva, se, por um lado, a ré compara as receitas da transmissão televisiva de um jogo deste tipo com as de jogos de eliminatórias da Taça de Portugal entre equipas da Primeira Liga e jogos das ligas profissionais de futebol de outros países, nada demonstrando quanto a jogos com as mesmas características, no confronto entre aquelas épocas, e se, por outro, nos termos do "aditamento" somente reverteriam a favor do autor as receitas líquidas do jogo, não provando a ré que os agravados custos derivados da realização do jogo quatro anos depois seriam sempre superiores às receitas.

Acórdão STJ de 20-05-2009
Relator Sousa Grandão; Processo 08S3445
Descritores: Contrato de trabalho a termo; Treinador; Lacuna; Analogia; Praticantes desportivos; Instrumento de regulamentação colectiva de trabalho; Dano; Ónus da prova

Sumário: I – O contrato de trabalho do praticante desportivo (CTPD) constitui uma espécie própria de vínculo laboral, cujo regime normativo – Lei n.º 28/98, de 26 de Junho – consagra as especificidades da relação jurídica que se propõe regular.

II – Nos termos e para os efeitos enunciados no aludido diploma, um treinador de modalidades desportivas não deve ser qualificado como praticante desportivo.

III – Todavia, a falta de regulação própria para os contratos de trabalho de outros agentes desportivos, que não se encontram regulados naquele diploma, designadamente dos treinadores, não determina, sem mais, a aplicação da lei geral do trabalho, antes impõe, face a uma reconhecida lacuna de previsão, o recurso aos instrumentos de integração previstos no artigo 10.º do Código Civil e, por via deles, a aplicação, a tais agentes, do regime vertido na Lei n.º 28/98.

IV – Daí que, por via da referida integração de lacuna, a um contrato de trabalho celebrado com um treinador de futebol seja de aplicar aquela lei, e não o Código do Trabalho.

V – Nesse quadro, verificando-se a resolução com justa causa do contrato de trabalho, o trabalhador/treinador tem direito a uma indemnização pelos danos causados, não podendo esta exceder o valor das retribuições que lhe seriam devidas se o contrato de trabalho tivesse cessado no seu termo (artigo 27.º, n.º 1, do referido normativo legal).

VI – Sobre o demandante recai o ónus de alegar e provar os danos, patrimoniais e não patrimoniais, efectivamente suportados, pois só assim poderá o tribunal conferi-los, relevá-los e quantificá-los.

VII – Diversamente, de acordo com o Contrato Colectivo de Trabalho celebrado entre a Associação dos Treinadores de Futebol e a Liga Portuguesa de Futebol Profissional (publicado no *BTE*, 1.ª Série, n.º 27, de 22-07-97 e com portaria de extensão no *BTE*, 1.ª Série, n.º 37, de 10-10-97), a rescisão com justa causa do contrato confere ao treinador o direito a uma indemnização correspondente ao valor das retribuições que lhe seriam devidas se o contrato tivesse terminado no seu termo, deduzidas das que eventualmente venha a auferir pela mesma actividade durante o período em causa.

VIII – Esta norma convencional, em confronto com o n.º 1 do artigo 27.º do CTPD, não pode ser considerada mais penalizante para o trabalhador, pois, embora mande operar a referida dedução – e o texto legal não o faz –, quantifica expressamente o montante da indemnização, fazendo-o sempre pelo limite máximo (retribuições devidas como se o contrato tivesse terminado no seu termo).

IX – Acresce, ainda, que sendo notória a similitude entre as situações factuais que suportam um despedimento ilícito e uma resolução com justa causa – ambas se ancoram num comportamento infraccional do empregador –, mal se entenderia que a lei, ao menos expressamente, tivesse reservado a faculdade dedutiva para as situações de despedimento, como faz no n.º 3, do mencionado artigo 27.º.

X – Por isso, a um treinador de futebol que resolveu com justa causa o contrato de trabalho com o clube/empregador em Junho de 2004, por aplicação do aludido CCT, às retribuições que lhe são devidas como se o contrato tivesse terminado no seu termo, devem ser deduzidas as que ele veio a auferir pela mesma actividade, ao serviço de outra entidade desportiva, durante o período em causa.

XI – E, tendo ao serviço desta entidade auferido remuneração superior à que auferia ao serviço da ré, não lhe é devido qualquer valor indemnizatório por esta.

XII – Mas ainda que ao caso não fosse aplicável o CCT – mas sim o n.º 1 do artigo 27.º da LCTD –, idêntica seria a solução, pois o trabalhador não alegou nem provou, como lhe competia, os danos decorrentes da resolução do contrato, uma vez que dos autos apenas resulta que a perda das retribuições, decorrente da resolução vinculística, foi compensada pelos proventos auferidos, durante o mesmo período, pela prestação de actividade similar a favor de outra entidade desportiva.

Acórdão STJ de 10-07-2008
Relator Mário Pereira; Processo 07S3660
Descritores: Contrato de trabalho a termo; Treinador; Lacuna; Analogia; Cláusula de remissão; Motivação; Caducidade

Sumário: I – O treinador de modalidades desportivas não é de qualificar como praticante desportivo, nos termos e para os efeitos previstos no regime jurídico do contrato de trabalho do praticante desportivo e do contrato de formação desportiva (CTPD – Lei n.º 28/98, de 26-06).

II – O contrato de trabalho do praticante desportivo constitui uma espécie do género contrato de trabalho, com um regime legal consagrador das respectivas especificidades, designadamente quanto à estatuição do contrato a termo como única categoria contratual admitida.

III – A inexistência de regulação legal própria para os contratos de trabalho de outros agentes desportivos (v.g. os treinadores) não determina, sem mais, a aplicação da "lei geral do trabalho", antes possibilitando, face a uma eventual lacuna de previsão, o recurso aos instrumentos de integração previstos no art. 10.º do CC, e, por essa via, ao regime especial do CTPD, por valerem na situação em causa as razões justificativas da concreta regulação normativa da Lei n.º 28/98.

IV – Não há obstáculo legal, no quadro do princípio da liberdade contratual, à validade das cláusulas de remissão para o regime de um instrumento de regulamentação colectiva contidas em contrato individual de trabalho, ainda que entretanto aquele instrumento haja perdido validade.

V – Celebrado por escrito um contrato de trabalho a termo para o exercício, pelo autor, na época desportiva de 2004/2005 (de 25-08-2004 a 30-06-2005), do cargo de treinador adjunto de futebol e constando desse contrato que ao mesmo se aplicam, no omisso, as disposições do CCT outorgado entre a Associação Nacional dos Treinadores de Futebol e a Liga Portuguesa do Futebol Profissional (publicado no *BTE*, 1.ª série, n.º 27 de 22-07-97 e com PE no *BTE*, 1.ª série, n.º 37 de 10-10-97), deve o contrato individual em causa reger-se pela regulamentação deste CCT, em tudo o que nele não for contemplado.

VI – Ao contrário do regime laboral comum, não se exige na Lei n.º 28/98 a indicação do concreto motivo justificativo da celebração do termo ajustado, bastando a indicação da actividade desportiva ajustada e das datas de início da produção de efeitos do contrato e do termo de vigência deste (no mesmo sentido o art. 6.º do CCT).

VII – Além disso, o contrato de trabalho caduca, sem mais, expirado o prazo nele estipulado, a menos que seja prorrogado por mútuo acordo das partes (art. 8.º do CCT), não estando, pois, sujeito à regra da renovação automática prevista no art. 388.º do Código do Trabalho.

Acórdão STJ de 24-01-2007
Relator Mário Pereira; Processo 06S1821
Descritores: **Contrato de trabalho a termo; Treinador; Lacuna; Analogia; Despedimento sem justa causa**

Sumário: I – O treinador de modalidades desportivas não é de qualificar como praticante desportivo, nos termos e para os efeitos previstos no regime jurídico do contrato de trabalho do praticante desportivo e do contrato de formação desportiva (CTPD – Lei n.º 28/98, de 26-06).

II – O contrato de trabalho do praticante desportivo constitui uma espécie do contrato de trabalho, com um regime legal consagrador das respectivas especificidades, designadamente quanto à estatuição do contrato a termo como única categoria contratual admitida.

III – A inexistência de regulação legal própria para os contratos de trabalho de outros agentes desportivos (*v.g.* os treinadores) não determina, sem mais, a aplicação da "lei geral do trabalho", antes possibilitando, face a uma eventual lacuna de previsão, o recurso aos instrumentos de integração previstos no art. 10.º do CC, e, por essa via, ao regime especial do CTPD.

IV – Assim, a não redução a escrito de um contrato de trabalho a termo, para o exercício do cargo de treinador de voleibol, pode, por aplicação analógica do disposto no art. 5.º, da Lei n.º 28/98, de 26-06, determinar a sua invalidade, e não a conversão em contrato por tempo indeterminado.

V – E, nesse quadro, verificando-se o despedimento ilícito do treinador, os efeitos do mesmo são, quanto àquele, e por analogia, apenas os previstos no art. 27.º da Lei n.º 28/98, pelo que o empregador deve ser condenado no pagamento das retribuições que seriam devidas ao trabalhador se o contrato tivesse cessado no seu termo, não havendo lugar ao pagamento da indemnização de antiguidade prevista no art. 13.º, n.º 3, da LCCT.

Acórdão STJ de 08-06-2006
Relator Sousa Grandão; Processo 05S4032
Descritores: **Intervenção provocada; Intervenção principal; Intervenção acessória; Federação Portuguesa de Futebol**

Sumário: I – A intervenção principal (provocada) destina-se às situações em que está exclusivamente em causa a própria relação jurídica invocada pelo autor ou em que os terceiros sejam garantes da obrigação a que se reporta a causa principal (situações que antes da reforma do CPC de 95/96 eram configuradas como incidentes de nomeação à acção e de chamamento à demanda).

II – A intervenção acessória (provocada) destina-se aos casos em que ocorre a existência de uma relação jurídica material conexa com aquela que é objecto da acção (situação que antes da reforma do CPC 95/96 era configurada como de incidente de chamamento à autoria).

III – Não se verificam os pressupostos do incidente de intervenção (acessória) provocada da Liga Portuguesa de Futebol Profissional em acção intentada por um trabalhador (treinador de futebol) contra um clube de futebol com fundamento na existência de um contrato de trabalho sem termo entre eles, e em que o réu, alegando ter celebrado um contrato a termo em obediência à convenção colectiva outorgada por aquela Liga e de que ele (réu) é associado, pretende chamar esta à acção com vista ao exercício futuro de um eventual direito de regresso.

IV – Na outorga do referido CCT, a Liga Portuguesa de Futebol Profissional interveio em nome dos seus representados (associados), em cuja esfera jurídica se produziram os efeitos correspondentes.

V – A lei e os Estatutos da Federação Portuguesa de Futebol, no âmbito da coordenação geral da actividade futebolística, conferem a este organismo prerrogativas de autoridade pública no quadro de decisões unilaterais e executivas sobre os agentes desportivos, designadamente jogadores, treinadores e clubes.

VI – Por isso, consubstanciam actos administrativos os actos decisórios praticados pela Federação Portuguesa de Futebol no que respeita ao licenciamento de treinadores.

VII – A referida Federação encontra-se investida de autoridade no cumprimento da missão de serviço público de organização e gestão do desporto federado (futebol), praticando actos administrativos em matérias que se conexionam directamente com aquele serviço, pelo que não pode (também) em relação a ela ser admitido o incidente de intervenção (acessória) provocada.

Acórdão RL de 16-12-2003
Relator Ramalho Pinto; Processo 8121/2003-4
Descritores: Garantia bancária; Seguro caução; Penhor; Compensação; Responsabilidade contratual; Sanção pecuniária compulsória; Mora

Sumário: I – Estando previsto, no Protocolo celebrado entre a Liga de Clubes de Basquetebol e a Associação Nacional de Treinadores de Basquetebol, que aquela primeira entidade cativará as verbas devidas aos clubes por forma a garantir o recebimento de importâncias devidas a treinadores, não pode a mesma Liga invocar a compensação de eventuais créditos que detenha sobre esses clubes, por forma a eximir-se a tal cativação de verbas.

II – Essa cativação reveste a natureza de uma obrigação, e não de simples faculdade.

III – Nestas situações, a Liga de Clubes de Basquetebol é demandada não como sujeito de uma relação juslaboral, mas, sim e por complementaridade, como sujeito duma relação negocial e regulamentar, conexa com a relação de trabalho entre o treinador e o clube respectivo.

IV – O regime de responsabilidade da Ré-Liga, que aqui aparece como garante do pagamento da importância devida ao treinador pelo clube, é meramente subsidiário.

V – A cativação de verbas pela Liga só se deverá verificar em relação à época desportiva em que é apresentado o pedido de importâncias devidas pelo clube.

VIOLÊNCIA

Acórdão Tribunal Constitucional N.° 730/95
Data do Acórdão 14.12.95
Processo n.° 328/91
Relator Guilherme da Fonseca

Pedido
O Provedor de Justiça veio requerer a apreciação e declaração de inconstitucionalidade material, com força obrigatória geral:
a) dos artigos 3.°, 4.°, 5.°, e 6.° do Decreto-Lei n.° 270/89, de 18 de Agosto, diploma que estabelece "medidas preventivas e punitivas de violência associada ao desporto";
b) do artigo 106.° do Regulamento Disciplinar aprovado na assembleia geral extraordinária da Federação Portuguesa de Futebol de 18 de Agosto de 1984, com alterações introduzidas na assembleia geral extraordinária de 4 de Agosto de 1990, preceito que responsabiliza os clubes "que não assegurem a ordem e a disciplina dentro da área dos recintos ou complexos desportivos, antes, durante e após a realização dos jogos" e "desde que se verifique qualquer distúrbio provocado por espectador ou espectadores seus adeptos ou simpatizantes";
c) "para obviar à repristinação", dos artigos 3.°, 4.°, 5.°, 6.° e 7.° do Decreto-Lei n.° 61/85, de 12 de Março, diploma que "estabelece normas de disciplina e ordenamento dentro dos complexos, recintos e áreas de competição desportivos, com o objectivo de prevenir e reprimir a violência nesses locais", bem como dos artigos 3.°, 4.°, 5.° e 6.° do Decreto-Lei n.° 339/80, de 30 de Agosto, diploma que "estabelece um conjunto mínimo de medidas tendentes a conter, a curto prazo, a violência em recintos desportivos" (os artigos 3.°, 5.° e 6.° na redacção que lhes foi dada pela Lei n.° 16/81, de 31 de Julho, ou seja, a lei que altera, por ratificação, o referido Decreto-Lei n.° 339/80).

Decisão
a) Desatender as questões prévias da incompetência do Tribunal Constitucional e da ilegitimidade do requerente, relativamente à norma do artigo 106.° do Regulamento Disciplinar da Federação Portuguesa de Futebol, aprovado na assembleia geral extraordinária de 18 de Agosto de 1984, com as alterações introduzidas na assembleia geral extraordinária de 4 de Agosto de 1990;
b) Não declarar a inconstitucionalidade das normas dos artigos 3.°, 4.°, 5.° e 6.° do Decreto-Lei n.° 270/89, de 18 de Agosto, nem a da norma do artigo 106.° do citado Regulamento Disciplinar da Federação Portuguesa de Futebol;
c) Consequentemente, não tomar conhecimento do pedido de declaração de inconstitucionalidade das normas já revogadas dos Decretos-Leis n.os 61/85, de 12 de Março, e 339/80, de 30 de Agosto, este na redacção da Lei n.° 16/81, de 31 de Julho, constantes do pedido.

JURISPRUDÊNCIA COMUNITÁRIA

Acórdão do Tribunal de Justiça das Comunidades Europeias (Grande Secção) de 12 de Abril de 2005
Ref. Euro-lex: 62003J0265
Igor Simutenkov contra Ministerio de Educación y Cultura e Real Federación Española de Fútbol.
Pedido de decisão prejudicial: Audiencia Nacional – Espanha
Acordo de parceria Comunidades-Rússia – Artigo 23.°, n.° 1 – Efeito directo – Condições de emprego – Princípio da não discriminação – Futebol – Limite do número de jogadores profissionais nacionais de Estados terceiros por equipa que podem jogar numa competição nacional
Processo C-265/03

Sumário:

1. O artigo 23.°, n.° 1, do Acordo de Parceria e de Cooperação entre as Comunidades Europeias e os seus Estados-Membros, por um lado, e a Federação da Rússia, por outro, na medida em que consagra, em termos claros, precisos e incondicionais, a proibição de qualquer Estado-Membro tratar de modo discriminatório, relativamente aos seus próprios nacionais, em razão da sua nacionalidade, os trabalhadores russos, no que diz respeito às condições de trabalho, remunerações ou despedimento, tem efeito directo, de modo que as pessoas singulares a que se aplica podem invocá-lo nos órgãos jurisdicionais dos Estados-Membros. (cf. n.os 22, 29)

2. O artigo 23.°, n.° 1, do Acordo de Parceria e de Cooperação entre as Comunidades Europeias e os seus Estados-Membros, por um lado, e a Federação da Rússia, por outro, opõe-se à aplicação a um desportista profissional de nacionalidade russa, contratado regularmente por um clube com sede num Estado-Membro, de uma regulamentação adoptada por uma federação desportiva do mesmo Estado, por força da qual os clubes só podem utilizar nas competições de âmbito nacional um número limitado de jogadores de Estados terceiros não pertencentes ao Acordo sobre o Espaço Económico Europeu. (cf. n.° 41, disp.)

Acórdão do Tribunal de Primeira Instância (Quarta Secção) de 26 de Janeiro de 2005
Ref. Euro-lex: 62002A0193
Laurent Piau contra Comissão das Comunidades Europeias
Regulamento da Fédération internationale de football association (FIFA) que regula a actividade dos agentes de jogadores – Decisão de uma associação de empresas – Artigos 49.° CE, 81.° CE e 82.° CE – Queixa – Falta de interesse comunitário – Rejeição
Processo T-193/02

Sumário:

1. As conclusões do um pedido de intervenção devem limitar-se a sustentar as pretensões de uma das partes em litígio. Um interveniente não pode, portanto, suscitar uma excepção de inadmissibilidade que não foi suscitada pela parte em apoio da qual intervém.

Contudo, em virtude do artigo 113.° do Regulamento de Processo do Tribunal de Primeira Instância, o Tribunal pode, a todo o tempo, examinar oficiosamente os fundamentos de inadmissibilidade de ordem pública, incluindo os invocados pelos intervenientes. (cf. n.os 35-37)

2. A recusa por parte da Comissão em prosseguir um processo desencadeado a partir de uma denúncia feita ao abrigo do Regulamento n.° 17 e a rejeição dessa denúncia causa prejuízo ao seu autor, o qual, segundo jurisprudência constante, deve dispor de uma via de recurso destinada a salvaguardar os seus legítimos interesses. Do mesmo modo, uma empresa terceira a que a Comissão reconheceu um interesse legítimo em apresentar observações no quadro desse processo tem legitimidade para interpor recurso contra a decisão que o dá definitivamente por concluído. (cf. n.° 38)

3. As associações nacionais que agrupam clubes de futebol para os quais a prática do futebol constitui uma actividade económica e que são, por consequência, empresas na acepção do artigo 81.° CE, são associações de empresas na acepção da mesma disposição.
A circunstância de essas associações nacionais agruparem clubes ditos amadores, ao lado de clubes ditos profissionais, não é susceptível de pôr em causa esta apreciação. A este respeito, a qualificação unilateral, por uma associação ou uma federação desportiva, de atletas ou clubes como «amadores» não é, por si só, apta a excluir que estes exerçam actividades económicas na acepção do artigo 2.° CE. (cf. n.os 69, 70)

4. A Fédération internationale de football (FIFA) constitui igualmente uma associação de empresas na acepção do artigo 81.° CE. Com efeito, agrupa associações nacionais que são, por sua vez, associações de empresas pois os seus membros são clubes que têm uma actividade económica e simultaneamente empresas, dado que exercem elas próprias uma actividade económica, devido ao facto de que, segundo os estatutos da FIFA, são obrigadas a participar nas competições por ela organizadas, estão obrigadas a pagar-lhe uma percentagem da receita bruta de cada jogo internacional e são consideradas, segundo estes mesmos estatutos, proprietárias, com a FIFA, dos direitos exclusivos de difusão e de transmissão das manifestações desportivas em causa.
Com efeito, o artigo 81.° CE aplica-se às associações, na medida em que a sua actividade própria ou a das empresas que a elas aderem se destina a produzir os efeitos nele visados. O quadro jurídico em que são tomadas as decisões de empresas e a qualificação que é dada a esse quadro pelas diferentes ordens jurídicas nacionais não são relevantes para a aplicabilidade das regras comunitárias da concorrência. (cf. n.os 71, 72)

5. O regulamento adoptados pela Fédération internationale de football (FIFA) para reger a actividade dos agentes de jogadores, actividade económica de prestação de serviços que não releva da especificidade desportiva tal como definida na jurisprudência do Tribunal de Justiça constitui uma decisão de associação de empresas na acepção do artigo 81.°, n.° 1, CE, que fica sujeita ao respeito das regras comunitárias da concorrência a partir do momento em que a mesma tenha efeitos na Comunidade.
Com efeito, por um lado, foi adoptado pela FIFA no exercício de uma autoridade própria e não em virtude de poderes normativos que lhe tenham sido delegados pelas autoridades públicas no quadro de uma missão de interesse geral tendo em vista a actividade desportiva e, por outro, visto o seu carácter obrigatório para as associações nacionais membros da Federação internacional, que são obrigadas a estabelecer uma regulamentação análoga sujeita a aprovação por parte dessa Federação, bem como para os clubes, para os jogadores e para os agentes de jogadores, este regulamento traduz a expressão da vontade da FIFA de coordenar o comportamento dos seus membros relativamente à actividade dos agentes de jogadores. (cf. n.os 73-75)

6. Uma regulamentação que se enquadra nas funções de polícia de uma actividade económica e que afecta as liberdades fundamentais, é, em princípio, da competência das autoridades públicas. Com efeito, o próprio princípio da regulamentação de uma actividade económica, que não diga respeito à especificidade desportiva nem à liberdade de organização interna das associações desporti-

vas, por um organismo de direito privado, que não dispõe de qualquer delegação de uma autoridade pública para tal, não pode ser imediatamente considerado compatível com o direito comunitário.

A fiscalização jurisdicional operada no quadro de um recurso relativo à legalidade de uma decisão tomada pela Comissão na sequência de um processo iniciado com base numa denúncia apresentada com base no Regulamento n.º 17, para o tratamento da qual a Comissão não podia utilizar outros poderes além daqueles de que dispõe neste quadro, está necessariamente circunscrita às regras da concorrência e à apreciação efectuada pela Comissão sobre as infracções a estas pela decisão controvertida. Esta fiscalização só pode, portanto, estender-se ao respeito de outras disposições do Tratado na medida em que a sua eventual violação corresponda a uma violação concomitante das regras da concorrência. Também só pode incidir sobre a eventual violação de princípios fundamentais na medida em que isso se traduza numa infracção às regras da concorrência. (cf. n.ºs 76-79)

7. Quando a Comissão examina uma denúncia em matéria de concorrência à luz do interesse comunitário, a avaliação deste último depende das circunstâncias factuais e jurídicas de cada caso concreto, que podem diferir consideravelmente de um processo para outro, e não de critérios predeterminados de aplicação obrigatória. Não se deve, pois, limitar o número dos critérios de apreciação a que a Comissão se pode referir, nem, inversamente, impor-lhe a utilização exclusiva de determinados critérios.

Por outro lado, a Comissão, investida pelo artigo 85.º, n.º 1, CE da missão de velar pela aplicação dos artigos 81.º CE e 82.º CE, é chamada a definir e a pôr em prática a política comunitária da concorrência, dispondo para esse efeito de um poder discricionário para o tratamento das denúncias. Contudo, este poder não é ilimitado e a Comissão deve apreciar em cada caso a gravidade e a duração das infracções à concorrência e a persistência dos seus efeitos.

Além disso, a fiscalização do órgão jurisdicional comunitário sobre o exercício, pela Comissão, do poder discricionário que lhe é reconhecido nesta matéria não deve levá-lo a substituir a apreciação do interesse comunitário da Comissão pela sua própria apreciação, antes se destinando a verificar que a decisão em litígio não se baseia em factos materialmente inexactos e que não está ferida de qualquer erro de direito nem de qualquer erro manifesto de apreciação ou de desvio de poder. (cf. n.ºs 80, 81, 120)

8. A licença de agente de jogadores, imposta por um regulamento da Federação internacional de futebol (FIFA) e que condiciona o exercício da referida profissão, constitui uma barreira ao acesso a esta actividade económica e afecta necessariamente, por isso, o jogo da concorrência.

No entanto, atendendo a que, por um lado, a FIFA prossegue um duplo objectivo de profissionalização e de moralização da actividade de agente de jogadores, a fim de proteger estes últimos, cuja carreira é curta, e a que, por outro lado, a concorrência não é eliminada pelo sistema da licença, parecendo este levar mais a uma selecção qualitativa, apta a satisfazer o objectivo de profissionalização da actividade de agente de jogadores, do que a uma restrição quantitativa ao seu acesso, e que, por fim, as condições actuais do exercício da actividade de agente de jogadores, são caracterizadas por uma inexistência quase geral de regulamentações nacionais e pela falta de uma organização colectiva dos agentes de jogadores, as restrições que decorrem do carácter obrigatório da licença são susceptíveis de beneficiar de uma isenção com base no artigo 81.º, n.º 3, CE. (cf. n.ºs 101-104)

9. O artigo 82.º CE visa o comportamento de um ou vários operadores económicos que explorem de forma abusiva uma situação de poder económico e que impede desta forma a manutenção de uma concorrência efectiva no mercado em causa, dando a esse operador a possibilidade de adoptar, numa medida apreciável, comportamentos independentes relativamente aos seus concorrentes, aos seus clientes e, finalmente, aos consumidores.

A expressão «mais empresas» que aí figura implica que uma posição dominante pode ser detida por duas ou mais entidades económicas, juridicamente independentes uma da outra, na condição de, do ponto de vista económico, se apresentarem ou actuarem em conjunto num mercado específico, como uma entidade colectiva.

A conclusão de que existe uma posição dominante colectiva depende da verificação de três condições cumulativas: em primeiro lugar, cada membro do oligopólio dominante deve poder conhecer o comportamento dos outros membros, a fim de verificar se eles adoptam ou não a mesma linha de acção; em segundo lugar, é necessário que a situação de coordenação tácita possa manter-se no tempo, quer dizer, deve existir um incitamento a não se afastar da linha de conduta comum no mercado; em terceiro lugar, a reacção previsível dos concorrentes actuais e potenciais, bem como dos consumidores não põe em causa os resultados esperados da linha de acção comum. (cf. n.os 109-111)

10. A Federação internacional de futebol (FIFA) detém uma posição dominante colectiva no mercado das prestações de serviços dos agentes de jogadores, uma vez que o seu regulamento que rege a sua actividade pode, ao ser aplicado, ter como consequência que empresas que operem no mercado em causa, ou seja, os clubes, se associem no sentido de concertar os respectivos comportamentos num mercado determinado, de modo que se apresentam nesse mercado como uma entidade colectiva em relação aos seus concorrentes, parceiros comerciais e consumidores.

Ora, devido ao carácter obrigatório do regulamento para as associações nacionais membros da FIFA e os clubes que as mesmas agrupam, essas instâncias ficam ligadas duradouramente quanto aos seus comportamentos por regras que aceitam e que os outros actores (jogadores e agentes de jogadores) não podem desafiar sob pena de sanções que podem levar, em especial no caso dos agentes de jogadores, à sua exclusão do mercado. Tal situação caracteriza, assim, uma posição dominante colectiva dos clubes no mercado das prestações de serviços dos agentes de jogadores, uma vez que os clubes, através da regulamentação a que aderem, impõem as condições em que se devem efectuar as prestações de serviços em causa.

A circunstância de a FIFA não ser, ela própria, um operador económico, adquirente das prestações de serviços dos agentes de jogadores no mercado em causa e de a sua intervenção proceder de uma actividade normativa, que ela própria se atribuiu o poder de exercer relativamente à actividade económica dos agentes de jogadores, é indiferente para a aplicação do artigo 82.° CE, uma vez que a referida Federação é a emanação das associações nacionais e dos clubes, adquirentes efectivos dos serviços dos agentes de jogadores e que, por consequência, actua neste mercado através dos seus membros. (cf. n.os 112-116)

Acórdão do Tribunal de Primeira Instância (Quarta Secção) de 30 de Setembro de 2004
Ref. Euro-lex: 62002A0313
David Meca-Medina e Igor Majcen contra Comissão das Comunidades Europeias
Concorrência – Livre prestação de serviços – Regulamentação antidopagem aprovada pelo Comité Olímpico Internacional (COI) – Regulamentação puramente desportiva
Processo T-313/02

Sumário:
1. Tendo em conta os objectivos da Comunidade, a prática de desportos só é abrangida pelo direito comunitário na medida em que constitua uma actividade económica na acepção do artigo 2.° CE. (cf. n.° 37)

2. Sempre que uma actividade desportiva tenha a natureza de prestação de trabalho assalariado ou de prestação de serviços remunerada, insere-se no âmbito de aplicação, consoante o caso, dos artigos 39.° CE e seguintes ou dos artigos 49.° CE e seguintes. É assim que as proibições fixadas nestas disposições do Tratado se aplicam às regras adoptadas no domínio do desporto relativas ao aspecto económico que pode revestir a actividade desportiva. Em contrapartida, essas proibições não se aplicam às regras puramente desportivas, isto é, às regras que dizem respeito apenas a questões de desporto e que, enquanto tais, são alheias à actividade económica. Esta restrição do âmbito de aplicação das referidas disposições do Tratado deve, contudo, manter-se dentro dos limites do seu próprio objecto.

Estes princípios, enunciados no que respeita à aplicação das disposições do Tratado em matéria de livre circulação de pessoas e de serviços às regulamentações desportivas do Tratado, também são válidos no que respeita às disposições do Tratado relativas à concorrência. Com efeito, o facto de uma regulamentação puramente desportiva ser alheia à actividade económica, com a consequência de não ficar sob a alçada dos artigos 39.° CE e 49.° CE, também significa que é alheia às relações económicas de concorrência, o que conduz a também não integrar o âmbito de aplicação dos artigos 81.° CE e 82.° CE.

Inversamente, uma regulamentação que, apesar de ter sido adoptada no domínio do desporto, não é puramente desportiva, mas respeita ao aspecto económico que pode revestir a actividade desportiva, é abrangida pelo âmbito de aplicação das disposições tanto dos artigos 39.° CE e 49.° CE como dos artigos 81.° CE e 82.° CE e pode, se for o caso, constituir uma infracção às liberdades garantidas por estas disposições.

Uma vez que a proibição da dopagem assenta em considerações puramente desportivas e é, portanto, alheia a qualquer consideração económica, as regras da luta antidopagem fixadas por organizações desportivas não entram no âmbito de aplicação das disposições do Tratado sobre as liberdades económicas, especialmente dos artigos 49.° CE, 81.° CE e 82.° CE. (cf. n.os 39-42, 47)

Acórdão do Tribunal de Justiça das Comunidades Europeias (Quinta Secção) de 8 de Maio de 2003
Ref. Euro-lex: 62000J0438
Deutscher Handballbund eV contra Maros Kolpak
Pedido de decisão prejudicial: Oberlandesgericht Hamm – Alemanha
Relações externas – Acordo de associação Comunidades-Eslováquia – Artigo 38.°, n.° 1 – Livre circulação de trabalhadores – Princípio da não discriminação – Andebol – Limitação do número de jogadores profissionais nacionais de países terceiros que podem alinhar por equipa no campeonato de uma federação desportiva
Processo C-438/00

Sumário:
1. O artigo 38.°, n.° 1, primeiro travessão, do acordo de associação Comunidades-Eslováquia, que dispõe que o tratamento concedido aos trabalhadores de nacionalidade eslovaca, legalmente empregados no território de um Estado-Membro, não pode ser objecto de qualquer discriminação baseada na nacionalidade, no que respeita a condições de trabalho, remunerações ou despedimentos, em relação aos nacionais daquele Estado-Membro, tem efeito directo, o que implica que os nacionais eslovacos que dele se prevalecem o podem invocar nos órgãos jurisdicionais nacionais do Estado-Membro de acolhimento. (cf. n.° 30)

2. O artigo 38.°, n.° 1, primeiro travessão, do acordo de associação Comunidades-Eslováquia aplica-se a uma regra instituída por uma federação desportiva que determina as condições de exercício de uma actividade assalariada por desportistas profissionais. (cf. n.° 37)

3. O artigo 38.°, n.° 1, primeiro travessão, do acordo de associação Comunidades-Eslováquia opõe-se à aplicação, a um desportista profissional de nacionalidade eslovaca, regularmente contratado por um clube sedeado num Estado-Membro, de uma regra instituída por uma federação desportiva do mesmo Estado, segundo a qual os clubes apenas estão autorizados a fazer alinhar, em jogos para o campeonato ou para a taça, um número limitado de jogadores originários de países terceiros não signatários do acordo sobre o Espaço Económico Europeu.

Acórdão do Tribunal de Justiça das Comunidades Europeias (Sexta Secção) de 13 de Abril de 2000
Ref. Euro-lex: 61996J0176
Jyri Lehtonen e Castors Canada Dry Namur-Braine ASBL contra Fédération royale belge des sociétés de basket-ball ASBL (FRBSB)

Pedido de decisão prejudicial: Tribunal de première instance de Bruxelles – Bélgica
Liberdade de circulação dos trabalhadores – Regras de concorrência aplicáveis às empresas – Jogadores profissionais de basquetebol – Regulamentações desportivas relativas à transferência de jogadores provenientes de outros Estados-Membros
Processo C-176/96

Sumário:
1. A necessidade de se chegar a uma interpretação do direito comunitário que seja útil ao órgão jurisdicional nacional exige que este defina o quadro factual e legal em que se inscrevem as questões que põe ou que, pelo menos, explique as hipóteses factuais em que assentam essas questões. Estas exigências são particularmente válidas em determinados domínios, como o da concorrência, caracterizados por situações de facto e de direito complexas. As informações fornecidas nas decisões de reenvio não servem apenas para permitir ao Tribunal de Justiça dar respostas úteis, mas também para dar aos Governos dos Estados-Membros, bem como às demais partes interessadas, a possibilidade de apresentarem observações nos termos do artigo 20.° do Estatuto do Tribunal de Justiça. Incumbe ao Tribunal garantir esta possibilidade, tendo em conta o facto de, por força da disposição acima referida, apenas as decisões de reenvio serem notificadas às partes interessadas. (cf. n.os 22-23)

2. Tendo presentes os objectivos da Comunidade, a prática de desportos é abrangida pelo direito comunitário na medida em que constitua uma actividade económica na acepção do artigo 2.° do Tratado (que passou, após alteração, a artigo 2.° CE). Assim sucede com a actividade dos jogadores profissionais de basquetebol, se efectuarem uma prestação de trabalho assalariado ou uma prestação de serviços remunerados e se a actividade exercida for real e efectiva e não de natureza tal que se possa considerar como puramente marginal e acessória. (cf. n.os 32, 43-44)

3. As disposições do Tratado em matéria de livre circulação de pessoas não se opõem a regulamentações ou práticas no domínio do desporto que excluam os jogadores estrangeiros da participação em determinados encontros, por razões que não sejam económicas, mas inerentes à natureza e ao contexto específicos destes encontros, que têm, assim, uma natureza unicamente desportiva enquanto tal, como acontece nos encontros entre equipas nacionais de diferentes países. Esta restrição do âmbito de aplicação das disposições em causa deve ser mantida dentro dos limites do seu próprio objecto e não pode ser invocada para excluir toda e qualquer actividade desportiva do âmbito de aplicação do Tratado. (cf. n.° 34)

4. As disposições comunitárias em matéria de livre circulação das pessoas e de livre prestação de serviços não regulam apenas a acção das autoridades públicas, mas abrangem também as regulamentações de outra natureza destinadas a disciplinar, de forma colectiva, o trabalho assalariado e as prestações de serviços. Com efeito, a abolição dos obstáculos à livre circulação de pessoas e à livre prestação de serviços entre os Estados-Membros seria comprometida se a supressão das barreiras de origem estatal pudesse ser neutralizada por obstáculos resultantes do exercício da sua autonomia jurídica por associações e organismos que não sejam de direito público. (cf. n.° 35)

5. Deve ser qualificado como trabalhador no âmbito do artigo 48.° do Tratado (que passou, após alteração, a artigo 39.° CE) o jogador profissional de basquetebol nacional de um Estado-Membro que, tendo celebrado um contrato de trabalho com um clube de outro Estado-Membro, a fim de exercer uma actividade assalariada no território desse Estado, responde assim a uma oferta de emprego efectivamente feita na acepção do artigo 48.°, n.° 3, alínea a), do Tratado. (cf. n.° 46)

6. O artigo 48.° do Tratado (que passou, após alteração, a artigo 39.° CE) opõe-se à aplicação de regras adoptadas num Estado-Membro pelas associações desportivas que proíbem a um clube de basquetebol, nos jogos do campeonato nacional, fazer participar jogadores provenientes de outros Estados-Membros que foram transferidos após determinada data, quando essa data é anterior à que se aplica às transferências de jogadores provenientes de determinados países terceiros, a menos que

razões objectivas, que interessem apenas ao desporto enquanto tal ou que digam respeito a diferenças existentes entre a situação de jogadores provenientes de uma federação pertencente à zona europeia e a dos jogadores provenientes de uma federação não pertencente à referida zona, justifiquem esta diferença de tratamento. (cf. n.º 60 e disp.)

Acórdão do Tribunal de Justiça das Comunidades Europeias de 11 de Abril de 2000
Ref. Euro-lex: 61996J0051
Christelle Deliège contra Ligue francophone de judo et disciplines associées ASBL, Ligue belge de judo ASBL, Union européenne de judo (C-51/96) e François Pacquée (C-191/97).
Pedido de decisão prejudicial: Tribunal de première instance de Namur – Bélgica
Livre prestação de serviços – Regras de concorrência aplicáveis às empresas – Judocas – Regulamentações desportivas que prevêem quotas nacionais e processos de selecção pelas federações nacionais para a participação em torneios internacionais
Processos apensos C-51/96 e C-191/97

Sumário:
1. A necessidade de se chegar a uma interpretação do direito comunitário que seja útil ao órgão jurisdicional nacional exige que este defina o quadro factual e legal em que se inscrevem as questões que coloca ou que, pelo menos, explique as hipóteses factuais em que assentam essas questões. Estas exigências são particularmente válidas em determinados domínios, como o da concorrência, caracterizados por situações de facto e de direito complexas. As informações fornecidas nas decisões de reenvio não devem só servir para permitir ao Tribunal de Justiça dar respostas úteis, mas também para dar aos Governos dos Estados-Membros, bem como às demais partes interessadas, a possibilidade de apresentarem observações nos termos do artigo 20.º do Estatuto do Tribunal de Justiça. Incumbe ao Tribunal garantir que esta possibilidade seja salvaguardada, tendo em conta o facto de, por força da disposição acima referida, apenas as decisões de reenvio serem notificadas às partes interessadas. (cf. n.ºs 30-31)

2. Tendo presentes os objectivos da Comunidade, a prática de desportos só é abrangida pelo direito comunitário na medida em que constitua uma actividade económica na acepção do artigo 2.º do Tratado (que passou, após alteração, a artigo 2.º CE). Tal sucede com a actividade profissional ou semiprofissional de judocas se efectuarem uma prestação de trabalho assalariado ou uma prestação de serviços remunerados e se as actividades exercidas forem reais e efectivas e não de natureza tal que se possam considerar como puramente marginais ou acessórias. (cf. n.ºs 41, 53-54)

3. As disposições do Tratado em matéria de livre circulação de pessoas não se opõem a regulamentações ou práticas no domínio do desporto que excluam os jogadores estrangeiros da participação em determinados encontros, por razões que não sejam económicas mas inerentes à natureza e ao contexto específicos destes encontros e que interessam unicamente ao desporto como tal, como acontece com os encontros entre equipas nacionais de diferentes países. Esta restrição do âmbito de aplicação das disposições em causa deve ser, contudo, mantida dentro dos limites do seu próprio objecto e não pode ser invocada para excluir toda actividade desportiva do âmbito de aplicação do Tratado. (cf. n.º 43)

4. As disposições comunitárias em matéria de livre circulação de pessoas e de livre prestação de serviços não regulam apenas a acção das autoridades públicas, antes se estendem também às regulamentações de outra natureza destinadas a disciplinar, de modo colectivo, o trabalho assalariado e as prestações de serviços. Com efeito, a abolição dos obstáculos à livre circulação de pessoas e à livre prestação de serviços entre os Estados-Membros seria comprometida se a abolição das barreiras de origem estatal pudesse ser neutralizada por obstáculos resultantes do exercício da sua autonomia jurídica por associações ou organismos que não são abrangidos pelo direito público. (cf. n.º 47)

5. As actividades desportivas e, nomeadamente, a participação de um atleta de alto nível numa competição internacional são susceptíveis de implicar a prestação de diversos serviços distintos, embora estreitamente interligados, que podem ser abrangidos pelos artigos 59.° do Tratado (que passou, após alteração, a artigo 49.° CE) e 60.° do Tratado (actual artigo 50.° CE), mesmo que alguns destes serviços não sejam pagos por quem deles beneficia. (cf. n.os 55-56)

6. Uma regulamentação desportiva que exija de um atleta profissional ou semiprofissional, ou candidato a uma actividade profissional ou semiprofissional, que possua uma autorização da sua federação para poder participar numa competição internacional de alto nível que não opõe equipas nacionais, desde que resulte de uma necessidade inerente à organização dessa competição, não constitui em si própria uma restrição à livre prestação de serviços proibida pelo artigo 59.° do Tratado (que passou, após alteração, a artigo 49.° CE). (cf. n.° 69 e disp.)

Acórdão do Tribunal de Justiça das Comunidades Europeias de 15 de Dezembro de 1995
Ref Euro-lex: 61993J0415
Union royale belge des sociétés de football association ASBL contra Jean-Marc Bosman, Royal club liégeois SA contra Jean-Marc Bosman e outros e Union des associations européennes de football (UEFA) contra Jean-Marc Bosman
Pedido de decisão prejudicial: Cour d'appel de Liège – Bélgica
Livre circulação dos trabalhadores – Regras de concorrência aplicáveis às empresas – Jogadores profissionais de futebol – Regulamentações desportivas relativas à transferência de jogadores que obrigam o novo clube a pagar uma indemnização ao antigo – Limitação do número de jogadores nacionais de outros Estados-Membros que podem ser utilizados em competição
Processo C-415/93

Sumário:
1. O pedido de que o Tribunal ordene uma diligência de instrução nos termos do artigo 60.° do Regulamento de Processo apresentado por uma das partes após o encerramento da fase oral apenas pode ser deferido se se fundar em factos susceptíveis de exercerem influência decisiva e que o interessado não tenha podido invocar antes do encerramento da fase oral.

2. No âmbito da cooperação entre o Tribunal de Justiça e os órgãos jurisdicionais nacionais instituída pelo artigo 177.° do Tratado, compete apenas ao juiz nacional, a quem foi submetido o litígio e que deve assumir a responsabilidade pela decisão jurisdicional a tomar, tendo em conta as especificidades de cada processo, apreciar, tanto a necessidade de uma decisão prejudicial para poder proferir a sua decisão, como a pertinência das questões que coloca ao Tribunal de Justiça. Consequentemente, como as questões colocadas pelo juiz nacional são relativas à interpretação do direito comunitário, o Tribunal de Justiça é, em princípio, obrigado a conhecer delas.

No entanto, compete ao Tribunal de Justiça, a fim de ajuizar da sua própria competência, apreciar as condições em que foi chamado, pelo juiz nacional, a pronunciar-se sobre as questões. Efectivamente, o espírito de colaboração que deve presidir ao funcionamento do reenvio prejudicial implica que o juiz nacional tenha em atenção a função confiada ao Tribunal de Justiça, que é contribuir para a administração da justiça nos Estados-Membros e não emitir opiniões consultivas sobre questões gerais ou hipotéticas.

Atendendo a esta missão, o Tribunal de Justiça considerou não poder pronunciar-se sobre uma questão prejudicial colocada por um órgão jurisdicional nacional quando é manifesto que a interpretação ou a apreciação da validade de uma norma comunitária, solicitadas pela jurisdição nacional, não têm qualquer relação com a realidade ou com o objecto do litígio nos processos principais ou ainda quando o problema é hipotético e o Tribunal de Justiça não dispõe dos elementos de facto e de direito necessários para responder utilmente às questões que lhe são colocadas.

A este propósito, deve considerar-se que correspondem a uma necessidade objectiva para a decisão de um litígio pendente num tribunal nacional questões por este colocadas para decisão de acções declarativas propostas para evitar a violação de um direito gravemente ameaçado, que, efectivamente, se baseiam necessariamente em previsões incertas por natureza, mas que considera admissíveis nos termos do respectivo direito nacional.

3. Tendo presentes os objectivos da Comunidade, a prática de desportos só é abrangida pelo direito comunitário na medida em que constitua uma actividade económica na acepção do artigo 2.º do Tratado. É o caso da actividade dos jogadores de futebol, profissionais ou semiprofissionais, uma vez que exercem uma actividade assalariada ou efectuam prestações de serviços remuneradas.

4. Para efeitos da aplicação das disposições comunitárias relativas à livre circulação dos trabalhadores, não é necessário que a entidade patronal tenha a qualidade de empresa, apenas se exigindo a existência de uma relação de trabalho ou a vontade de estabelecer tal relação.

5. Regras que regulam as relações económicas entre as entidades patronais de um sector de actividade são abrangidas pelo âmbito de aplicação das disposições comunitárias relativas à livre circulação dos trabalhadores desde que a sua aplicação afecte as respectivas condições de emprego. Tal é o caso de regras relativas às transferências de jogadores entre clubes de futebol que, embora rejam mais especialmente as relações económicas entre os clubes do que as relações de trabalho entre clubes e jogadores, afectam, através da obrigação imposta aos clubes de pagarem indemnizações pelo recrutamento de um jogador que provenha de outro clube, as possibilidades de os jogadores encontrarem emprego, bem como as condições em que esse emprego é oferecido.

6. As disposições comunitárias em matéria de livre circulação de pessoas e de serviços não impedem regulamentações ou práticas no domínio desportivo justificadas por razões não económicas e que respeitem ao carácter e quadro específico de determinadas competições. Esta restrição do âmbito de aplicação das disposições em causa deve no entanto limitar-se ao seu objecto específico não podendo ser invocada para excluir toda a actividade desportiva do âmbito de aplicação do Tratado.

7. A livre circulação dos trabalhadores, garantida pelo artigo 48.º do Tratado, que constitui uma liberdade fundamental no sistema das Comunidades, não pode ser limitada no respectivo âmbito pelo dever que incumbe à Comunidade de, ao fazer uso das competências de extensão limitada que lhe confere o artigo 128.º, n.º 1, do Tratado CE, no domínio da cultura, respeitar a diversidade nacional e regional das culturas dos Estados-Membros.

8. O princípio da liberdade de associação consagrado no artigo 11.º da Convenção Europeia para a Protecção dos Direitos do Homem e das Liberdades Fundamentais e resultante das tradições constitucionais comuns aos Estados-Membros, faz parte dos direitos fundamentais que, segundo jurisprudência assente do Tribunal de Justiça, reafirmada no preâmbulo do Acto Único Europeu e no artigo F, n.º 2, do Tratado da União Europeia, são protegidos na ordem jurídica comunitária.
No entanto, não se pode considerar que regras susceptíveis de restringir a livre circulação dos desportistas profissionais adoptadas por associações desportivas, sejam necessárias para garantir o exercício desta liberdade pelas referidas associações, pelos clubes ou pelos jogadores, ou que constituam uma consequência inelutável dessa liberdade.

9. O princípio da subsidiariedade, mesmo na acepção ampla de que a intervenção das autoridades comunitárias se deve limitar ao estritamente necessário no domínio da organização das actividades desportivas, não pode ter por efeito que a autonomia de que dispõem as associações privadas para adoptarem regulamentações desportivas limite o exercício dos direitos, tal como o da livre circulação, conferidos pelo Tratado aos particulares.

10. O artigo 48.º do Tratado não se aplica apenas à actuação das autoridades públicas, abrangendo igualmente as regulamentações de outra natureza destinadas a disciplinar, de forma colectiva, o trabalho assalariado.

Efectivamente, por um lado, a abolição dos obstáculos à livre circulação de pessoas seria comprometida se a supressão das barreiras de origem estatal pudesse ser neutralizada por obstáculos resultantes do exercício da sua autonomia jurídica por associações ou organismos de direito privado. Por outro lado, se a referida disposição tivesse como objecto apenas os actos da autoridade pública poderiam daí resultar desigualdades quanto à sua aplicação tendo em conta que, conforme os Estados-Membros, as condições de trabalho são regidas quer por disposições de ordem legislativa ou regulamentar quer por convenções e outros actos celebrados ou adoptados por entidades de direito privado.

11. Nada se opõe a que particulares invoquem, para justificar limitações à livre circulação dos trabalhadores de que sejam acusados, razões de ordem pública, de segurança pública e de saúde pública admitidas pelo artigo 48.º do Tratado. O alcance e conteúdo das referidas justificações não variam conforme a natureza pública ou privada de uma regulamentação restritiva em apoio da qual sejam invocadas.

12. O artigo 48.º do Tratado aplica-se a regras adoptadas por associações desportivas que estabeleçam as condições de exercício de uma actividade assalariada por parte dos desportistas profissionais.

13. Não se pode qualificar de puramente interna e considerar que não releva, portanto, do direito comunitário, a situação de um jogador profissional de futebol nacional de um Estado-Membro que, tendo celebrado um contrato de trabalho com um clube de outro Estado-Membro para exercer no território deste uma actividade assalariada, responde a uma oferta de emprego efectivamente feita na acepção do artigo 48.º, n.º 3, alínea a), do Tratado.

14. O artigo 48.º do Tratado opõe-se à aplicação de regras adoptadas por associações desportivas, nos termos das quais um jogador profissional de futebol nacional de um Estado-Membro, no termo do contrato que o vincula a um clube, só pode ser contratado por um clube de outro Estado-Membro se este último pagar ao clube de origem uma indemnização de transferência, de formação ou de promoção.

Efectivamente, estas regras, ainda que não se distingam das regras que regulam as transferências no interior de um mesmo Estado-Membro, são susceptíveis de restringir a livre circulação dos jogadores que desejem exercer a sua actividade noutro Estado-Membro, impedindo-os ou dissuadindo-os de deixar os respectivos clubes mesmo após a expiração dos contratos de trabalho que a eles os ligam.

Além disso, não poderão constituir um meio adequado para atingir objectivos legítimos, tais como a preocupação de manter o equilíbrio financeiro e desportivo entre os clubes e apoiar a busca de talentos e a formação de jovens jogadores, uma vez que:
  a) por um lado, essas regras não impedem que os clubes mais ricos obtenham a colaboração dos melhores jogadores nem que os meios financeiros disponíveis sejam um elemento decisivo na competição desportiva e que o equilíbrio entre clubes daí resulte consideravelmente alterado,
  b) por outro lado, as indemnizações previstas por tais regras caracterizam-se pela sua natureza eventual e aleatória e são, de qualquer forma, independentes dos custos reais de formação suportados pelos clubes,
  c) e, finalmente, os mesmos objectivos podem ser atingidos de modo igualmente eficaz por outros meios que não restringem a livre circulação dos trabalhadores.

15. O artigo 48.º do Tratado opõe-se à aplicação de regras adoptadas por associações desportivas nos termos das quais, nos encontros por elas organizados, os clubes de futebol apenas podem fazer alinhar um número limitado de jogadores profissionais nacionais de outros Estados-Membros.

Efectivamente, aquelas regras são contrárias ao princípio da não discriminação em razão da nacionalidade em matéria de emprego, remuneração e condições de trabalho, pouco importando, para o efeito, que não respeitem ao emprego destes jogadores, que não é limitado, mas à possibilidade de os respectivos clubes os fazerem alinhar num encontro oficial porque, na medida em que a participação em tais encontros constitui o objecto essencial da actividade de um jogador profissional, é evidente que uma regra que a limite restringe igualmente as possibilidades de emprego do jogador abrangido.

Além disso, as mesmas regras, que não respeitem a encontros específicos que oponham equipas representativas do respectivo país, mas se apliquem ao conjunto dos encontros oficiais entre clubes, não podem justificar-se por razões não económicas, que interessem unicamente ao desporto enquanto tal, como a preservação do elo tradicional entre cada clube e o seu país, porque o elo entre um clube e o Estado-Membro em que está estabelecido não pode considerar-se inerente à actividade desportiva; a criação de uma reserva de jogadores nacionais suficiente para permitir às equipas nacionais alinharem jogadores de alto nível em todas as suas actividades, porque, mesmo se as equipas nacionais tiverem de ser constituídas apenas por jogadores com a nacionalidade do país em causa, estes não têm de ser necessariamente qualificados para clubes desse país; a manutenção do equilíbrio desportivo entre clubes, porque nenhuma regra limita a possibilidade de os clubes ricos recrutarem os melhores jogadores nacionais, facto que compromete da mesma forma aquele equilíbrio.

16. Para além dos casos em que tais competências lhe são expressamente atribuídas, a Comissão não está habilitada a dar garantias quanto à compatibilidade com o Tratado de determinado comportamento e não dispõe, em nenhuma circunstância, do poder de autorizar comportamentos contrários ao Tratado.

17. A interpretação que o Tribunal de Justiça faz de uma norma de direito comunitário, no exercício da competência que lhe confere o artigo 177.°, esclarece e precisa, quando é necessário, o significado e o alcance dessa norma, tal como deve ou deveria ter sido compreendida e aplicada desde o momento da sua entrada em vigor. Donde se conclui que a norma assim interpretada pode e deve ser aplicada pelo juiz mesmo às relações jurídicas surgidas e constituídas antes de ser proferido o acórdão que decida o pedido de interpretação, se se encontrarem também reunidas as condições que permitam submeter aos órgãos jurisdicionais competentes um litígio relativo à aplicação da referida norma.

Só a título excepcional o Tribunal de Justiça pode, em aplicação do princípio geral da segurança jurídica inerente à ordem jurídica comunitária, ser levado a limitar a possibilidade de qualquer interessado invocar uma disposição que o Tribunal interpretou para pôr em causa relações jurídicas estabelecidas de boa fé. Tal limitação só pode ser admitida no próprio acórdão que decide sobre a interpretação solicitada.

Atentas as especificidades das regras instituídas pelas associações desportivas para as transferências de jogadores entre clubes de diferentes Estados-Membros, bem como a circunstância de as mesmas regras, ou regras idênticas, se aplicarem tanto às transferências entre clubes pertencentes à mesma associação nacional como às que envolvem clubes pertencentes a associações nacionais diferentes dentro do mesmo Estado-Membro, podem ter criado uma situação de incerteza quanto à compatibilidade das referidas regras com o direito comunitário, opondo-se considerações imperiosas de segurança jurídica a que situações jurídicas que produziram todos os seus efeitos no passado sejam objecto de reavaliação.

Consequentemente cabe decidir que o efeito directo do artigo 48.° do Tratado não pode ser invocado em apoio de reivindicações relativas a uma indemnização de transferência, de formação ou de promoção que, na data do presente acórdão, já tenha sido paga ou seja devida em execução de uma obrigação nascida antes desta data, excepto se, antes desta data, já tiver sido proposta acção judicial ou apresentada reclamação equivalente nos termos do direito nacional aplicável.

Acórdão do Tribunal de Justiça das Comunidades de 15 de Outubro de 1987
Ref Euro-lex: 61986J0222
Union nationale des entraîneurs et cadres techniques professionnels du football (Unectef) contra Georges Heylens e outros
Pedido de decisão prejudicial: Tribunal de grande instance de Lille – França
Livre circulação de trabalhadores – Equivalência de diplomas – Treinador desportivo
Processo 222/86

Sumário:
1. A exigência legítima que consiste, nos diferentes Estados-membros, em subordinar o acesso a determinadas profissões à posse de diplomas, constitui um entrave ao exercício efectivo da livre circulação de trabalhadores garantida pelo Tratado, cuja eliminação deve ser facilitada por directivas tendentes ao reconhecimento mútuo dos diplomas, certificados e outros títulos. A circunstância de tais directivas ainda não terem sido adoptadas não autoriza, tendo em conta as exigências do artigo 5.° do Tratado, um Estado-membro a recusar o benefício efectivo desta liberdade a uma pessoa abrangida pelo direito comunitário, quando esta liberdade possa ser assegurada nesse Estado-membro, nomeadamente devido ao facto de as suas disposições legislativas e regulamentares permitirem o reconhecimento de diplomas estrangeiros equivalentes.

Devendo conciliar a exigência das qualificações exigidas para o exercício de uma determinada profissão com os imperativos da livre circulação de trabalhadores, o processo de reconhecimento de equivalência deve permitir às autoridades nacionais assegurarem-se objectivamente de que o diploma estrangeiro certifica, em relação ao seu titular, conhecimentos e qualificações, senão idênticas, pelo menos equivalentes, às atestadas pelo diploma nacional. Esta apreciação da equivalência do diploma estrangeiro deve fazer-se exclusivamente em consideração do grau dos conhecimentos e qualificações que este diploma, tendo em conta a natureza e a duração dos estudos e as formações práticas de que comprova a realização, permite presumir relativamente ao seu titular.

2. Constituindo o livre acesso ao emprego um direito fundamental conferido pelo Tratado individualmente a todo e qualquer trabalhador migrante da Comunidade, a existência de uma via de recurso de natureza jurisdicional contra qualquer decisão de uma autoridade nacional que recusa o benefício desse direito é essencial para assegurar ao particular a protecção efectiva do seu direito. Esta exigência constitui um princípio geral de direito comunitário que decorre das tradições constitucionais comuns aos Estados-membros e que foi consagrado nos artigos 6.° e 13.° da Convenção Europeia dos Direitos do Homem.

3. Quando num Estado-membro o acesso a uma profissão assalariada estiver subordinado à posse de um diploma nacional ou de um diploma estrangeiro reconhecido como equivalente, o princípio da livre circulação de trabalhadores consagrado pelo artigo 48.° do Tratado exige que a decisão que recusa a um trabalhador nacional de um outro Estado-membro o reconhecimento da equivalência do diploma emitido pelo Estado-membro de que é nacional seja susceptível de um recurso de natureza jurisdicional que permita verificar a sua legalidade relativamente ao direito comunitário e que o interessado possa ter conhecimento dos fundamentos subjacentes à decisão.

Judgment of the Court of Justice of the European Communities of 14 July 1976
Ref Euro-lex: 61976J0013
Gaetano Donà v Mario Mantero
Reference for a preliminary ruling: Giudice conciliatore di Rovigo – Italy. – Case 13-76

Summary:
1. Rules or a national practice, even adopted by a sporting organization, which limit the right to take part in football matches as professional or semi-professional players solely to the nationals of

the state in question, are incompatible with article 7 and, as the case may be, with articles 48 to 51 or 59 to 66 of the treaty, unless such rules or practice exclude foreign players from participation in certain matches for reasons which are not of an economic nature, which relate to the particular nature and context of such matches and are thus of sporting interest only. It is for the national court to determine the nature of the activities submitted to its judgment and to take into account articles 7, 48 and 59 of the treaty, which are mandatory in nature, in order to judge the validity or the effects of a provision inserted into the rules of a sporting organization.

2. Article 48 on the one hand and the first paragraph of article 59 and the third paragraph of article 60 of the treaty on the other – the last two provisions at least in so far as they seek to abolish any discrimination against a person providing a service by reason of his nationality or the fact that he resides in a member state other than that in which the service is to be provided – have a direct effect in the legal orders of the member states and confer on individuals rights which national courts must protect.

Judgment of the Court of Justice of the European Communities of 12 December 1974
Ref Euro-lex: 61974J0036
B.N.O. Walrave and L.J.N. Koch v Association Union cycliste internationale, Koninklijke Nederlandsche Wielren Unie et Federación Española Ciclismo
Reference for a preliminary ruling: Arrondissementsrechtbank Utrecht – Netherlands – Case 36-74

Summary:
1. The practice of sport is subject to community law only in so far as it constitutes an economic activity within the meaning of article 2 of the treaty.

2. The prohibition of discrimination based on nationality in the sphere of economic activities which have the character of gainful employment or remunerated service covers all work or services without regard to the exact nature of the legal relationship under which such activities are performed.

3. The prohibition of discrimination based on nationality does not affect the composition of sport teams, in particular national teams, the formation of which is a question of purely sporting interest and as such has nothing to do with economic activity.

4. Prohibition of discrimination does not only apply to the action of public authorities but extends likewise to rules of any other nature aimed at regulating in a collective manner gainful employment and the provision of services.

5. The rule on non-discrimination applies to all legal relationships which can be located within the territory of the community by reason either of the place where they are entered into or of the place where they take effect.

6. The first paragraph of article 59, in any event in so far as it refers to the abolition of any discrimination based on nationality, creates individual rights which national courts must protect.

ÍNDICE CRONOLÓGICO

1986 – 1987

Decreto-Lei n.º 55/86, de 15 de Março – Medalha desportiva 301

Resolução da Assembleia da República n.º 11/87, de 10 de Março – Convenção Europeia sobre a violência e os excessos dos espectadores por ocasião das manifestações desportivas e nomeadamente de jogos de futebol... 371

1989

Portaria n.º 68/89, de 31 de Janeiro – Regulamento de utilização do parque desportivo escolar... 361

Decreto-Lei n.º 300/89, de 4 de Setembro – Regime contributivo aplicável às entidades empregadoras de profissionais de futebol abrangidos pelo regime de segurança social ... 103

1990 – 1994

Decreto-Lei n.º 153-A/90, de 16 de Maio – Requisição de infra-estruturas desportivas...... 343

Decreto-Lei n.º 334/91, de 6 de Setembro – Gestão do parque desportivo escolar 355

Decreto-Lei n.º 238/92, de 29 de Outubro – Policiamento dos espectáculos desportivos realizados em recintos desportivos 515

Decreto n.º 2/94, de 20 de Janeiro – Convenção contra o *Doping* 405

1995

Portaria n.º 1100/95, de 7 de Setembro – Licenciamento de provas desportivas na via pública   521
Decreto-Lei n.º 267/95, de 18 de Outubro – Estatuto dos dirigentes desportivos em regime de voluntariado 109
Decreto-Lei n.º 314/95, de 24 de Novembro – Regulamento da exploração do jogo do bingo   559

1996

Resolução do Conselho de Ministros n.º 17/96, de 8 de Fevereiro – Distribuição da receita de exploração das salas de jogo do bingo concessionadas a clubes desportivos 581
Contrato Colectivo de Trabalho dos Treinadores, de 9 de Novembro de 1996, entre a Liga Portuguesa de Futebol Profissional e a Associação Nacional dos Treinadores de Futebol 123

1997

Decreto-Lei n.º 67/97, de 3 de Abril – Regime jurídico dos clubes e sociedades desportivas ... 177
Portaria n.º 393/97, de 17 de Junho – Concessão de prémios em reconhecimento do valor e mérito dos resultados desportivos obtidos pelos cidadãos deficientes em competições internacionais 305
Decreto Regulamentar n.º 31/97, de 6 de Setembro – Comissão de Educação Física e Desporto Militar 233
Lei n.º 103/97, de 13 de Setembro – Regime fiscal específico das sociedades desportivas . 191
Decreto-Lei n.º 272/97, de 8 de Outubro – Clubes de praticantes 195
Decreto-Lei n.º 279/97, de 11 de Outubro – Associações promotoras de desporto 203

1998

Decreto-Lei n.º 74/98, de 27 de Março – Plano Oficial de Contabilidade para as federações desportivas, associações e agrupamentos de clubes 199
Portaria n.º 205/98, de 28 de Março – Concessão de bolsas académicas a praticantes de alta competição 289
Portaria n.º 211/98, de 3 de Abril – Prémios a conceder aos praticantes desportivos das disciplinas das modalidades integradas no programa olímpico 309
Lei n.º 28/98, de 26 de Junho – Regime jurídico do contrato de trabalho do praticante desportivo e do contrato de formação desportiva 44

1999

Contrato Colectivo de Trabalho dos Jogadores, de 15 de Julho de 1999, entre a Liga Portuguesa de Futebol Profissional e o Sindicato dos Jogadores Profissionais de Futebol. 61
Lei n.º 112/99, de 3 de Agosto – Regime disciplinar das federações desportivas 171
Lei n.º 119/99, de 11 de Agosto – Assistência médico-desportiva 501
Decreto-Lei n.º 345/99, de 27 de Agosto – Medicina desportiva 505
Decreto-Lei n.º 393-A/99, de 2 de Outubro – Regimes especiais de acesso e ingresso no ensino superior 293
Decreto-Lei n.º 407/99, de 15 de Outubro – Regime jurídico da formação desportiva no quadro da formação profissional 253

2000

Resolução da Assembleia da República n.º 31/2000, de 30 de Março – Conselho Ibero-Americano do Desporto 237

2002

Portaria n.º 1522-B/2002, de 20 de Dezembro – Assistente de recinto desportivo, no âmbito da actividade de segurança privada 525
Portaria n.º 1522-C/2002, de 20 de Dezembro – Obrigatoriedade do recurso à segurança privada nos recintos desportivos e condições do exercício de funções pelos assistentes de recinto desportivo 532

2003 – 2005

Lei n.º 8/2003, de 12 de Maio – Regime específico de reparação dos danos emergentes de acidentes de trabalho dos praticantes desportivos profissionais 99

Decreto-Lei n.º 79/2004, de 6 de Abril – Reconhecimento do direito de livre entrada a certas categorias de agentes públicos em recintos desportivos 537

Decreto Regulamentar n.º 2-A/2005, de 24 de Março – Utilização das vias públicas para a realização de actividades de carácter desportivo, festivo ou outras que possam afectar o trânsito normal 349

2007

Lei n.º 5/2007, de 16 de Janeiro – Lei de bases da actividade física e do desporto 23
Decreto n.º 4-A/2007, de 20 de Março – Convenção Internacional contra a Dopagem no Desporto 419
Decreto-Lei n.º 169/2007, de 3 de Maio – Instituto do Desporto de Portugal, I. P. 211
Portaria n.º 662-L/2007, de 31 de Maio – Estatutos do Instituto do Desporto de Portugal, I. P. 217
Lei n.º 50/2007, de 31 de Agosto – Regime de responsabilidade penal por comportamentos susceptíveis de afectar a verdade, a lealdade e a correcção da competição e do seu resultado na actividade desportiva 493
Decreto-Lei n.º 315/2007, de 18 de Setembro – Conselho Nacional do Desporto 225

2008

Decreto-Lei n.º 248-A/2008, de 31 de Dezembro – Regime de acesso e exercício da actividade de treinador de desporto 113
Decreto-Lei n.º 248-B/2008, de 31 de Dezembro – Regime jurídico das federações desportivas e das condições de atribuição do estatuto de utilidade pública desportiva 147

2009

Decreto-Lei n.º 10/2009, de 12 de Janeiro – Regime jurídico do seguro desportivo obrigatório 315
Decreto-Lei n.º 141/2009, de 16 de Junho – Regime jurídico das instalações desportivas de uso público 327
Lei n.º 27/2009, de 19 de Junho – Regime jurídico da luta contra a dopagem no desporto. 439
Lei n.º 39/2009, de 30 de Julho – Regime jurídico do combate à violência, ao racismo, à xenofobia e à intolerância nos espectáculos desportivos 381
Decreto-Lei n.º 272/2009, de 1 de Outubro – Medidas específicas de apoio ao desenvolvimento do desporto de alto rendimento 268
Decreto-Lei n.º 273/2009, de 1 de Outubro – Regime jurídico dos contratos-programa de desenvolvimento desportivo 543
Portaria n.º 1123/2009, de 1 de Outubro – Execução regulamentar do regime jurídico da luta contra a dopagem no desporto 471

2010

Portaria n.º 82/2010, de 10 de Fevereiro – Lista de substâncias e métodos proibidos no âmbito do Código Mundial Antidopagem 487